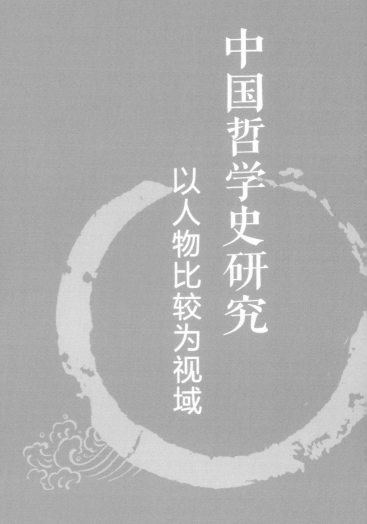

中国哲学史研究

以人物比较为视域

魏义霞 著

人民出版社

目　录

第一章　孔子与墨子天命论比较

了解中国传统文化的人都知道，在其活水源头处——先秦时期，中国哲学是以天人关系的独特方式表达出来的。孔子与墨子作为先秦两大"显学"的创始人和主要代表，在厘定天人关系时，都推崇天的权威。一方面，孔子、墨子都将天与人的命运直接联系起来，不仅是儒家与墨家在天命观、命运观上呈现出极大的相似性，而且与道家、法家渐行渐远。另一方面，两人对天命的理解和界定各不相同，直观呈现出儒家与墨家的区别。比较孔子与墨子天命论的异同，无论对于理解先秦学术的思维方式还是儒家与墨家迥异悬殊的历史命运都具有重要意义。

第一节　孔子与墨子天命论之同

在先秦时期的百家争鸣中，孔子和墨子共同站到了天本论的阵营之中。由于都关注宇宙本原与人的命运之间的关系，孔子和墨子都属于天命论者，并且使祭天成为两人思想的又一共性。

一、人命天定

作为天本论者，孔子、墨子都推崇天的权威。两人在断言天是世界万物本原的同时，将天视为人之命运的主宰。

首先，孔子笃信天命论，断言人的寿夭、富贫、贵贱、贤否和吉凶等都是上天的安排，一切都是命中注定的。

孔子认为，天注定人的生死和寿夭，人的寿命长短、健康良否以及所有际遇都是上天决定的。循着这个逻辑，人生病也是命运的安排。据《论语·雍也》记载，有一次，学生伯牛染了重病，孔子前去探望，从窗户外握着伯牛的手说："亡之，命矣夫！斯人也而有斯疾也！斯人也而有斯疾也。"在孔子的意识深处，一切都是命中注定的。看到自己的学生病情严重，孔子马上确定这是命运的安排，然后不禁脱口而出："斯人也而有斯疾也！斯人也而有斯疾也！"

孔子认为，天决定人的家庭组成和社会地位。循着他的逻辑，人的死生寿夭等自然属性由天而定，人的家庭成员构成以及贫富贵贱等社会属性也逃遁不了上天的安排。据《论语》记载，司马牛忧愁地说："别人都有兄弟，单单我没有。"对此，子夏劝慰说："商闻之矣：'死生有命，富贵在天。'"（《论语·颜渊》）子夏的回答是说，人的生死是命运的安排，人的贫富贵贱由天注定，一切都是命该如此。至于有无兄弟或弟兄几个，当然也归于天命了。值得注意的是，子夏声称这并不是自己的观点，而是听说（"闻之"）的。对此，人们不禁要问：子夏听谁说的呢？作为孔子的高足，子夏之所闻十有八九来源于孔子。

孔子断言，天注定人的德才贤良。按照孔子的看法，人的才华和品德都是天生的，上天在生人之时就把人分成了"生而知之"、"学而知之"、"困而学之"和"困而不学"四个等级，赋予他们不同的才华和品德。孔子虽然非常谦虚地声称自己不是"生而知之"者、只是"敏以好学"而已，但是，孔子对上天给予自己的偏爱很自负，总好以上天委任的承命者自居。《史记·孔子世家》中有这样一段记载："孔子去曹，适宋，与弟子习礼大树下。宋司马桓魋欲杀孔子，拔其树。孔子去，弟子曰：'可以速矣。'孔子曰：'天生德于予，桓魋其如予何！'"孔子的意思是说，自己的才德是天上注定的，任何人（包括桓魋在内）都不能把自己怎么样，对于他人的挑衅和非难当然也用不着害怕和恐慌。又有一次，孔子离开卫国准备去陈国时，经过匡地。匡人曾经遭受鲁人阳货的掠夺和残杀，对阳货恨之入骨。孔子与阳货相貌酷似，匡人误以为孔子是阳货而囚禁了孔子。对此，孔子说：

"文王既没，文不在兹乎？天之将丧斯文也，后死者不得与于斯文也；天之未丧斯文也，匡人其如予何？"（《论语·子罕》）在孔子看来，是主宰人类命运的上天把人类的一切文化遗产都托付给了自己。从保护人类的文化遗产计，上天也会保佑自己平安无事的。因此，匡人根本无法奈何自己。

孔子宣称，天注定人的际遇成败。这就是说，一个人际遇如何，包括主张能否实现都是上天的安排，并非人力所及。这正如《论语·宪问》所载：

> 公伯寮诉子路于季孙。子服景伯以告，曰："夫子固有惑志于公伯寮，吾力犹能肆诸市朝。"

> 子曰："道之将行也与，命也；道之将废也与，命也。公伯寮其如命何！"

在孔子看来，人的政治际遇和成败得失都由上天操纵，他人的挑唆和诋毁无法改变上天对一个人的既定的安排。

总之，孔子断言："巍巍乎！唯天为大。"（《论语·泰伯》）只有上天才是宇宙间最神圣的存在和人类社会的最高主宰，始终把持着包括祸福吉凶在内的人的所有际遇和命运。

其次，与孔子类似，墨子也崇尚天的权威，宣称上天具有种种美德。墨子断言："天之行广而无私，其施厚而不德，其明久而不衰。"（《墨子·法仪》）这些特点使天成为宇宙间最高贵、最智慧的存在，天是宇宙间的最高权威。世界上的万事万物都是上天创造的，上天可以主宰一切。对于天这个高高在上的统治者，墨子有时也称之为上帝。

墨子坚信自然界的一切都是上天创造的，天地万物及其运动变化都是上天的安排：上天"磨为日月星辰，以昭道之"；安排了季节变化，"制为四时春秋冬夏，以纪纲之"；播降雨雪霜露，以长五谷；"陨降雪霜雨露，以长五谷麻丝，使民得而财利之"；创造了山川溪谷，来"播赋百事，以临司民之善否"；"赋金木鸟兽，以事乎五谷麻丝，以为民衣食之财。自古及今，未尝不有此也"（《墨子·天志中》）。在墨子看来，自然界的一切事物都是上天创造的，万事万物之所以能够有条不紊地变化、运行，也都出自天意的安排。进而言之，上天之所以创造自然和安排自然秩序，完全是为了让人民百姓亨利。

墨子笃信人类社会的存在和设立也是上天的安排，人与人之间的长幼尊卑出于天意。他不止一次地断言：

古者上帝鬼神之建国设都、立正长。（《墨子·尚同中》）

我之所以知天之为政于天子者也。（《墨子·天志上》）

在墨子看来，人类社会的建国立都和设置正长都是上天的安排。因此，他把城池叫做"天邑"，把人民叫做"天臣"，把君主叫做"天子"。不仅如此，墨子还断言，"天子"意即天之子，是上天在人间的代理人，"天子"的职责就是替天行道、代天理物。这成为中国古代君权神授说的集中体现。

二、对天之祭

在尊天这个相同的大前提下，孔子、墨子都渴望寻求上天的庇护和保祐，试图让人通过祈祷和祭祀与上天沟通。这成为两人思想的另一个相同之点。

孔子敬畏天命，却不消极待命。事实上，孔子主张通过"祭"、"祷"等手段与上天和祖先沟通，以求挽回和弥补天命。

孔子对祭非常重视，态度也特别虔诚。《论语》有言："祭如在，祭神如神在。子曰：'吾不与祭，如不祭。'"（《论语·八佾》）这就是说，孔子每次都亲自参加祭祀仪式，从不请别人代祭。孔子在祭祀祖先和鬼神时，犹如祖先和鬼神就在面前一样，虔诚无欺、毕恭毕敬。不仅如此，孔子还强调祭祀要依礼而行，指出"非其鬼而祭之，谄也"（《论语·为政》）。孔子的这句话是说，不是自己应该祭祀的鬼神却去祭祀的，这是献媚。为了把祭祀做得礼仪圆满、一丝不苟，孔子不惜钱财物品竭力而为。例如，有一次子贡想把鲁国每月初一告祭祖庙的活羊去而不用，孔子语重心长地说："赐呀！你可惜的是羊，我珍惜的是礼。"（《论语·八佾》）

与祭不同，祷指直接向上天祈祷，以得福寿和吉安。孔子并不否认祷能祛凶求吉。王孙贾问孔子："与其媚于奥，宁媚于灶，何谓也？"孔子答道："不然。获罪于天，无所祷也。"（《论语·八佾》）奥指屋内西南角的神，灶指灶君司命。孔子的回答是说，上天是人之命运的最高和最后主宰。祈祷是人与天沟通的一种方式，目的是乞求上天的庇护。如果得罪了上天，舍本求末的祈祷还有什么用呢？另据《论语》记载："子疾病，子路请祷。子曰：'有诸？'子路对曰：'有之。《诔》曰："祷尔于上下神祇。"'子曰：'丘之祷久矣。'"（《论语·述而》）这则故事更加清楚地表明了孔子试图通过祈祷来保全福寿安康的初衷。

墨子与孔子一样强调对天之祭，所不同的是，在墨子这里，祭祀不仅是人与天、人与神以及人与鬼沟通的方式，而且是人事奉天、效法天和上同于天的一种举动。因此，祭祀并非可有可无，而是必须举行的。按照墨子的说法，人在举行祭祀时，不仅要虔诚无欺、毕恭毕敬，"斋戒沐浴，洁为酒醴粢盛"，而且要合乎礼节、不失时机。例如，"酒醴粢盛不敢不蠲洁，牺牲不敢不腯肥，珪璧币帛不敢不中度量，春秋祭祀不敢失时机"（《墨子·尚同中》），等等。

众所周知，先秦哲学是以天人关系为主线展开的，形成了丰富多彩的天人观。一方面，在诸子百家之中，只有儒家和墨家把其哲学的最高范畴定位于天。正是天本论和对天之祭显示了孔子与墨子思想的相同性，同时也在诸子百家中拉近了儒家与墨家之间的距离。另一方面，通过上述比较可以看出，虽然孔子与墨子都对上天充满了尊崇和敬意，都把上天视为人之命运的本体依托和最终主宰，但是，两人的思想在这个大前提下却呈现出明显的差异。这主要包括两个方面：第一，在对天之所为的具体描述上，孔子侧重上天决定人的命运的人生哲学，墨子的天本论着意天生成宇宙万物的本体哲学。第二，在待天之方上，如果说孔子以"畏天命"为前提的"祭"和"祷"是人单方面的对天的倾诉的话，那么，墨子的祭天、法天则是天人之间相互的交流。在前者的视界中，人的主观能动性凝固了；在后者的思维中，人的主动性却在悄然崛起。

第二节　上天不同的命定方式

孔子、墨子都推崇天的权威，认为人的命运与上天息息相关。尽管如此，对于上天如何影响乃至决定人的命运，两人的看法并不完全一致。

一、先天与后天

孔子认为，人的命运是上天事先安排好的，在人受生之初，还没有被抛到世上之前，命就已经注定了。这就是说，命对于人是先天的，与生俱来。确切地说，人在没有出生之前，就已经有命了——何时生、何时死以及如何生、如何死也属于命的范畴。

墨子尽管在弘扬上天之权威上与孔子投到了同一麾下，然而，他否定先天而抽象的命。墨子反对孔子的上天在冥冥之中主宰人之吉凶祸福的看法，并用"三表"法证明命是不存在的。墨子指出，古代圣王事鬼神厚、听狱诉勤，却从不讲命之有。亘古亘今，从未有人亲眼见过命为何物。据此可见，命为子虚乌有。墨子断言："自古以及今，生民以来者，亦尝见命之物，闻命之声者乎？则未尝有也。"（《墨子·非命中》）基于这种认识，墨子主张"非命"。值得注意的是，被墨子所非之命不是指来自上帝——天的命令，而是特指孔子宣扬的冥冥之中的神秘主宰。因此，"非命"论集中体现了墨子对天命不同于孔子的理解。按照通常的理解，"非命"与"天志"是矛盾的："天志"讲的是天有意志，能够主宰人的命运，这实际上已经承认了命运既定。既然如此，为什么又讲"非命"、否认命运的存在呢？在墨子看来，天能决定人命运的吉凶，这种决定并非随意而行。这使天没有了专横跋扈，而多了几分公平和公正。因为天对人命运的决定及赏罚都不再是先天的，而是后天的，是视人后天的行为造作而定的，归根结底取决于人的作为。这样一来，每个人的命运便成了他个人无数次选择和造作的结果。后天性决定和预示了人之命运不可能完全随机或无迹可寻，而应具有一定的标准和依据。事实正是如此，墨子认为上天注定人之命运的这个依据就是人行为的善恶和良否。

孔子断言人的命运与后天的行为无关，这挫伤了人的积极作为以及参与命运的信心和热情。面对这个既不可望又不可及的命，人充满敬畏。于是，"畏天命"成为君子的"三畏"之首。墨子认为，这种观点助长了人对待命运的沮丧、惰怠情绪，长此以往，必然会导致国家的混乱和贫困。墨子对之深恶痛绝，故而非之。

墨子主张"非命"，旨在向人们昭示：每个人都是自己命运的主宰，恶有恶报，善有善报。只要坚持不懈，一切都会美梦成真。这无疑增强了人的自信，点燃了人参与命运的热望。墨子的这种观点在人类尚未征服自然的时代显得尤为难能可贵。不过，话又说回来了，如果真的把命运理解得如此精确，认为人的耕耘与收获之间不差毫分的话，便显得幼稚和肤浅了。如果把孔子对命的如履薄冰与墨子的乐观坦真结合起来，或许会别有洞天。

二、一次与数次

孔子认为，上天在人受生之初即为人定好了命，命一次成型、不可更改。对于这个命，人不仅不能参与，而且不能预知。既然命运之吉凶与人后天行为的臧否没有直接关系——尽管德行好坏是命中注定，然而，反过来，行为的好坏不能影响或改变命，那么，人也就没有必要视后天行为的好坏而对命运有所改变或重写了。这种观点的显著特征是凸显上天的绝对权威。既然天对人命的注定是一次成型、永无更改的，那么，上天便是决

7

定人命运的唯一因素和力量。对于自己的命运，人只能束手无策。命吉者一劳永逸，完全出于侥幸；命凶者无可奈何，完全出于无辜。如此说来，天对人之命运的注定是何等霸道和不公——人在此丝毫没有发言权。

墨子认为，人之行为与命运直接相关。只要人活着，总会时时发出行动，做出或善或恶、或良或否的举动来。这决定了与行为有关、受后天行为影响和左右的命不可能是一次完成的，而必须随着人的行为的发出和鬼神对人的行动的考察、监督而时时充填着。具体地说，上天通过鬼神时时在俯瞰着人的行动，对之作出反应：人为天之所欲，天便赏之；人为天所不欲，天便罚之。这表明，天能对人之行为做出赏罚，进而决定每个人的贫富、贵贱、吉凶和祸福。尽管如此，上天对人命运的主宰并不是随意的，而是根据每个人的行动进行赏罚的结果。这样一来，为了赏善罚恶，上天必须先考察每个人的行为。

大千世界，芸芸众生，民人何其众、何其多也！幽林溪谷，无边无垠，天地何其广、何其阔也！庶民今而东，明而西，举措何其杂、何其繁也！对此，上天要时时刻刻、无一遗漏地做出考察，其工作何其辛苦、何其艰巨也！独此一上天岂能堪任哉！为了协助上天的工作，墨子抬出了鬼神。他指出，鬼神具有暗中监察的本领，能够监察人的行动，人的一切行动都逃不过鬼神的视线。上至王公大人，下至黎民百姓，都在鬼神的监视、考察之中。墨子声称："是以吏治官府之不絜廉，男女之为无别者，鬼神见之。民之为淫暴寇乱盗贼，以兵刃毒药水火，退无罪人乎道路，夺人车马衣裘以自利者，有鬼神见之。"（《墨子·明鬼下》）在此，墨子强调，鬼神的监察是道法无边、无远弗届的。因此，他一再重申：

> 虽有深谷博林、幽涧毋人之所，施行不可以不董，见有鬼神视之。（《墨子·明鬼下》）

> 故鬼神之明，不可为幽闲广泽、山林深谷，鬼神之明必知之。（《墨子·明鬼下》）

由此可见，在改变和操纵人的命运方面，鬼神具有非凡的神威。正因为如此，墨子宣称："鬼神之明智于圣人，犹聪耳明目之于聋瞽也。"（《墨子·耕柱》）

总之，在墨子那里，上天对人的赏罚是由鬼神完成的，鬼神的监察是上天赏善罚恶的依据。监察之必，注定了赏罚之果；监察之清，注定了赏罚之明："鬼神之罚，不可为富贵众强，勇力强武，坚甲利兵，鬼神之罚必胜之。"（《墨子·明鬼下》）在他看来，人或得福或遭祸，或得疾或得寿，都是鬼神考察了每个人的行为之后做出审判的结果，都可以循着鬼神的考察最终在上天那里找到理由。《墨子》中记载了这样一则故事：墨子生了病，跌鼻对他说，您说鬼神能赏善罚恶，您是圣人，为什么患病遭祸呢？是不是您的言论不对呢？墨子答曰："虽使我有病，何遽不明？人之所得于病者多方，有得之寒暑，有得之劳苦。百门而闭一焉，则盗何虚无从入？"（《墨子·公孟》）鬼神的出现使人获得了一丝心理平衡，上天委任鬼神对人之行为的考察给了人相同的机遇与挑战，表明人人皆站在命运的相同的起跑线上。在受生之初，人的命运是一张没有任何色彩或线条的空白图纸，后天的色彩及图案完全靠你自己去描画。命运面前，人人平等。

三、随机与因果

按照孔子的说法，人的生死贵贱都属于命中注定，得到富贵并非贤德而是命吉，遭受贫贱并非残暴而是命凶。一切都是天事先安排好的，是人命该如此，与人的后天行为没有任何关系。从这个意义上说，就人自身而言，命出于外因，是外在的因素；就天的决定而言，命出于内因——自身的随机，不受任何外在因素（包括人的好恶和行为）的干扰或影响。换言之，在孔子那里，对于人而言，天完全是一种异己力量，人的一切命运都出于天。天就是人之命运的最终依托，一个一劳永逸的答案。凡是人对于自己的际遇找不出谜底、讲不出所以然的地方，都可以在天那里找到解答——更确切地说，是在天那里得到最终化解。

在孔子那里，正因为命是先天的，在人出生之前业已注定——这时，人的生命是一片空白，人还没有做出任何举动和言行；正因为命是一次成型的——上天不会因为人后天的行为而重写或改变既成的决定。所以，命与人的后天行为没有直接关系，一个人勤勉惰怠、上进颓废、中正乖戾与命无关。这方面的典型例子是颜渊。颜渊是孔子最得意的学生，不论人品还是学识都在七十二子之首。这种卓然超群的人，命却不佳——生时贫困交加，并且英年早逝。其实，这一切对于孔子来说并不矛盾：人的生死寿夭由天注定，贫富贵贱由天注定，品德才华也由天注定……命运便是各种因素的随机组合。这样的命，只能是随机的。就大多数人而言，组成命运的各种因素不和谐（如德高命短、富贵德劣、长寿识浅等）也在情理之中。因为命与人后天的行为没有直接关系，所以就不能从人的行为善恶来理解其命运的变幻多舛。由此可见，在孔子那里，一个人究竟要遭遇什么样的命，从其自身来说，完全是不可预知、无法捉摸的偶然，只能说取决于天，是上天注定的。如果接下去再问，上天为什么或依据什么给人定以如此之命呢？回答是没有原因、没有理由，因为这一切都是随机的。命好者是运气好，命凶者是运气坏，怪不得别人，也由不得自己。鉴于种种认识，孔子一面断言天命是存在的，人的一切吉凶祸福、生死寿夭都是天的安排；一面宣称天对人命运的安排是在冥冥之中进行的。这种朦胧性和神秘性增加了天在人心中的神圣性。

与此同时，综观孔子的论述可以发现，作为天地万物和人类主宰的天总是在冥冥之中实施自己无所不至的威力，从不用语言向人们暗示或交代什么。孔子说："天何言哉？四时行焉，百物生焉。天何言哉！"（《论语·阳货》）天不言而生物，人便得不到暗示，只能懵懵懂懂地被天推着走。这在增强天的神秘和魅力的同时，加剧了人对天的恐惧、压抑和无助。在孔子看来，就存在状态而言，主宰人类命运的天不用言语与人进行任何沟通和交流，让人对其无法揣摩和把握。并且，这种孤傲冷漠的天喜怒无常、举止不定，在注定每个人的命运时没有任何标准和凭证。这使人无法洞察天意。

在墨子那里，上天不再"任性"，因为上天决定人之命运的随机性发生了改变。墨子认为，天的神通和权威无边无境、无远弗届，即使是人迹罕至的幽林密谷也逃不脱上天的视野。他说："夫天不可为林谷幽门无人，明必见之。"（《墨子·天志上》）上天不仅对人的行为明察秋毫，而且进行赏罚。墨子强调，上天对人的赏罚不是随意的，而是有原则的，赏罚的原则是：为天之所欲者得赏，为天所不欲者遭罚。墨子宣称："天子为善，天能赏之；天子为暴，天能罚之。"（《墨子·天志中》）天子尚且承受天之赏罚，王公大人和普通百姓当然也不例外。既然如此，上天依据什么原则对人之行为进行赏罚呢？这具体包括四个方面：第一，墨子认为，义是天之所欲，不义是天之不欲。率领天下从事于义，便是为天之所欲。人为天之所欲，天亦为人之所欲。人之所欲者何？福禄也。因此，从事于义则得福禄。反之，从事于不义，便是为天所不欲。人为天所不欲，天亦为人所不欲。人所不欲者何？祸祟也。因此，从事不义则得祸祟。第二，墨子指出，天欲人兼相爱交相利，"爱人利人者，天必福之"（《墨子·法仪》）。从前禹、汤、文、武等圣王兼爱天下百姓，率领天下人民事奉天鬼，其利人多，因而天赐福给他们，立为天子，使天下诸侯敬事他们。不仅如此，上天还让他们流芳百世，被后世子孙所赞扬和称道。第三，墨子强调，上天不愿人们征伐、厮杀和无辜者惨遭杀戮，"恶人贼人者"和"杀不辜者"必遭天罚。墨子反复断言：

恶人贼人者，天必祸之。（《墨子·法仪》）

杀一不辜者必有一不祥。杀不辜者谁也？则人也。予之不祥者谁也？则天也。（《墨子·天志上》）

由此可见，桀纣幽厉等暴君兼恶天下，残害的人多，天祸之，使他们失家丧国，并遭杀身之祸。不仅如此，上天还让他们遗臭万年，被后人毁之，至今不息。第四，王公大人和农夫织女行动勤勉则天赏，得治得富；

其行为怠慢则天罚之，得乱得贫等等。

墨子进而指出，个人的命运掌握在天的赏罚之中，国家的命运也是如此。他宣称："顺天意者，义政也；反天意者，力政也。"（《墨子·天志上》）在此，墨子强调，实行义政的国家得天赏，必治、必强、必富、必众；实行力政的国家遭天罚，必乱、必弱、必贫、必寡。由此推而广之，墨子把国家的贫弱和混乱视为不祭祀天鬼而遭天罚的结果。这正如《墨子》书中所载：

> 若苟贫，是粢盛酒醴不净洁也；若苟寡，是事上帝鬼神者寡也；若苟乱，是祭祀不时度也。今又禁止事上帝鬼神。为政若此，上帝鬼神始得以上抚之曰："我有是人也，与无是人也，孰愈？"曰："我有是人也，与无是人也，无择也。"则推上帝鬼神降之罪厉之祸罚而弃之。（《墨子·节葬下》）

墨子声称，个人和国家的命运都是上天赏罚的结果，而天之赏罚并非毫无由来的一时起意，而是依据鬼神对人之行为的具体考察。行善、为天之所欲是因，得天赏、命吉是果。作恶、为天所不欲是因，遭天罚、命凶是果。在此，有因才有果，无因便无果。有因必有果，果必出于因。因与果，一一对应，既无可逃遁，又丝毫不忒。这表明，墨子虽然宣称天能主宰人的命运，赐福或降祸于人，但是，这不是事先注定的，也不是随机的，而是对人的行为考察之后作出的裁决。从这个意义上说，一个人的命运究竟如何，完全是其自身行为的必然结果——行善者得福，作恶者遭祸。如此说来，天只是充当因果报应的工具而已。难怪有学者评价说，墨子的"天志"主张是泛神论外衣掩盖下的唯物论。不论这种评价恰当与否，有一点是可以肯定的，那便是：墨子把人的福寿祸夭都视为人自身行为的结果，相信一切都归于自取。正是在这个意义上，他宣称："是故比干之殪，其抗也；孟贲之杀，其勇也；西施之沈，其美也；吴起之裂，其事也。故彼人者，寡不死其所长。"（《墨子·亲士》）墨子进而指出，个人的命运由其自身决定，国家的命运也概莫能外。循着这个思路，在人受生之初或没有发出行为之前，命运是一片空白。进入生命洪流之中的命运是什么？要靠自己去写。天主宰人的命运，是随时随地根据人的行为而定的。虽然实施者是天鬼，但是，最终的决定因素还是人及人的行为本身。

第三节　待命方法的差异

孔子、墨子都将人的命运与天联系起来，这使两人的命运观既与对天的理解密不可分，又与对命的理解息息相关。正是对知天与待命的理解使孔子、墨子的命运观渐行渐远。

一、知天

孔子、墨子一致认为，人之命天注定。尽管如此，两人对天的界定并不相同，并由此导致在知天命问题上的巨大差异。

既然孔子所讲的命是上天一次注定、永无更改的，那么，对于命运已定、既成事实的人而言，知不知命本无区别，知命是不必要的。与此同时，从天的存在状态来看，天既不言不语，又随机莫测，这使人不可能洞悟天机。从这个意义上说，认识天又是不可能的。尽管如此，这只是问题的一个方面，问题的另一方面是，既然天命无所不在，人的一切命运都时时操纵在天的手中，无法摆脱又无法逃遁，那么，有智慧或道德修养高的人对天命也就不能佯装不知了。正因为如此，孔子断言："不知命，无以为君子也。"（《论语·尧曰》）孔子希望人"知命"，他所讲的"知命"，内涵又是什么呢？在回忆自己学道和修养过程时，孔子曾说："吾十有五而志于学，三十而立，四十而不惑，五十而知天命。"（《论语·为政》）这明白无误地表明，孔子"知天命"整整花掉了35年的时间！这是多么漫长的岁月！在古代那种社会条件下，大概有许多人还没有知命就早已毙命

13

了。更何况 35 年的时间还是就孔子而言的，对于天资不殊、困而不学的一般人而言，即使是寿比彭祖，恐怕也难知天命了。

值得注意的是，孔子所讲的"五十而知天命"是说自己明白了天命是存在的，知道人的一切命运咸由天定呢？还是说弄懂了命运的真谛，洞彻了天注定人吉凶祸福的规律呢？答案恐怕是前者，可以作为证据的是：弄懂了天命便可依此而行，再不必敬而远之地"畏天命"了；弄懂了天命便可谈论和讲述之，而孔子并非如此。据《论语》和其他文献记载可知，孔子对天与命的阐释不多。即使在授徒讲学时，孔子也很少谈论天命之事。难怪子贡发出了如是感慨："夫子之文章，可得而闻也；夫子之言性与天道，不可得而闻也。"（《论语·公冶长》）就连孔子平生最得意的弟子之一——子贡都这么说，孔子罕言天命也就可想而知了。

由上可见，孔子所勾勒的天是冥冥不得视、默默不得闻的神秘主宰。在安排人的命运时，随机而行更加剧了天的高深莫测。这样的天，人无法接近和了解。在天面前，人永远无法摆脱的是无名的恐惧和莫名的悲哀，无助、卑微和渺小成为人改变不了的宿命，圣鲁皆同，良否无异。孔子对天的界定是天命论的组成部分，为他的待命之方预设了理论前提和逻辑框架。

与孔子视界中的天相比，墨子之天多了几分明朗和清晰，尤其是"天志"的出现增加了上天的透明度。按照墨子的说法，上天创造自然界和人类社会的过程既不是下意识的自然而然，也不是偶然的随机，而这是天表现和宣泄其意志和好恶的过程。通过观察上天的创造和进行逻辑推理，墨子窥探到了种种之"天机"。

"兼爱"。墨子断言，天有"兼爱"之志，欲人之相爱相利。他论证说："天必欲人之相爱相利，而不欲人之相恶相贼也。奚以知天之欲人之相爱相利，而不欲人之相恶相贼也？以其兼而爱之、兼而利之也。奚以知天兼而爱之、兼而利之也？以其兼而有之、兼而食之也。今天下无大小国，皆天之邑也。人无幼长贵贱，皆天之臣也。"（《墨子·法仪》）在这里，墨子不仅肯定"兼爱"是"天志"，而且用自己的逻辑特长进行了论证。通过墨子逻辑推理的层层推演，始于天国的"天志"逐渐明朗，并由于落脚于人间、与人密切相关而变得真实可信起来。

"非攻"。墨子认为，与"兼爱"相对应，上天欲人"非攻"，不欲人相害相贼，不愿意看到国与国、人与人之间的相互攻伐和戕害。其实，上段引文已经表明，墨子认为上天具有这方面的意志。此外，对于天欲"非攻"，墨子还有多处表达。例如，他断言："天之意不欲大国之攻小国也，大家之乱小家也。强之暴寡，诈之谋愚，贵之傲贱，此天之所不欲也。不止此而已，欲人之有力相营，有道相教，有财相分也。"（《墨子·天志中》）在墨子看来，上天对天下的百姓"兼而有之""兼而食之"，体现了对百姓之爱。战争和攻伐却杀人如蚁如麻，耗财不计其数，这样做天必恶之。这用他本人的话说便是："夫取天之人，以攻天之邑，此刺杀天民，剥振神之位，倾覆社稷，攘杀其牺牲，则此上不中天之利。……夫杀之人，灭鬼神之主，废灭先王，贼虐万民，百姓离散，则此中不中鬼之利矣。……夫杀之人，为利人也博（即薄——引者注）矣。又计其费此，为周生之本，竭天下百姓之财用，不可胜数，则此下不中人之利矣。"（《墨子·非攻》）

"贵义"。墨子宣称，"天欲义而恶不义"。这表明，上天贵义。他的逻辑是，义不从愚且贱者出，而必从贵且知者出。而宇宙之间，天最贵、最知。因此，义必然生于天。正是在这个意义上，墨子断言："义不从愚且贱者出，必自贵且知者出。……然则孰为贵？孰为知？曰：天为贵，天为知而已矣。然则义果自天出矣。"（《墨子·天志中》）按照他的说法，义从天出，说明"天欲义而恶不义"。对于这个说法，墨子给出的理由是："然则天亦何欲何恶？天欲义而恶不义。……然则何以知天之欲义而恶不义？曰：天下有义则生，无义则死；有义则富，无义则贫；有义则治，无义则乱。然则天欲其生而恶其死，欲其富而恶其贫，欲其治而恶其乱，此我所以知天欲义而恶不义也。"（《墨子·天志上》）

"尚贤"。墨子认为，天欲人不分门第贵贱、出身贫富和亲疏远近推选贤才而举之，而非任人唯亲。这证明了"尚贤"是天之志。他宣称："故古圣王以审以尚贤使能为政，而取法于天。虽天亦不辨贫富、贵贱、远

迩、亲疏，贤者举而尚之，不贤者抑而废之。"(《墨子·尚贤中》)

除此之外，在墨子的视界中，上天还欲人勤勉而不欲人怠堕，欲社会分财平均而不欲不均，欲人事奉天鬼、祭祀以礼以敬等等。

总而言之，墨子把自己的是非好恶和价值意趣统统说成是上天的意志，这使他所讲的天具有了某种人格神的意蕴。正是对上天的种种意志、欲望和好恶的阐述逐层揭开了上天的神秘面纱，使天在人面前豁然开朗起来。上天的这种从未有过的明朗化和清晰度预示了某种必然法则和一定之规，为人之命运的因果决定奠定了理论前提。

二、待命

无论对孔子还是对墨子而言，知命都不是目的。在笃信天命无所不在的前提下，时时处处以天为哲学依托和行为准则，进而为人寻找安身立命之所才是两人的立言宗旨，当然也是两人的最终目标。

就孔子而言，既然天命不可逃遁又不可确知，只好终日战战兢兢、谨慎从事，惟恐越雷池一步而触犯了天条。正是由于这个原因，"畏"成了孔子对待天命的基本原则和主要态度。孔子宣称："君子有三畏：畏天命，畏大人，畏圣人之言。小人不知天命而不畏也。"(《论语·季氏》)正是在"畏天命"的前提下，孔子主张通过祭、祷与上天和祖先沟通，以此对天命给予弥补。当然，最主要的是，孔子主张通过加强道德修养来对待命运。富与贵，乃人之所欲；贫与贱，乃人之所恶。孔子则把富贵与道德联系起来，对于富和贵，不以其道得之则不处；对于贫和贱，不以其道去之则不去。身居贫贱时，能把贫贱视为命中注定而心安理得地去接受。《论语》有云："子罕言利，与命与仁。"(《论语·子罕》)这表明，孔子很少谈利，谈利时总是结合命和仁一起谈。换言之，孔子不排斥富贵和名利，却总是考虑这种利是否符合道德规范（仁）、是否应该（命）。基于对利的这种理解，孔子断言"君子忧道不忧贫"，对颜渊安贫乐道、不求富贵的精神极为欣赏。

此外，孔子还强调自强和弘毅，以此激励人勇敢地接受命运的挑战。

他把是否可以迎接重大考验、承受命运的不公看作是衡量君子与小人的标准，鼓励人像松柏遇寒而不凋一样来面对挫折和失败。感人至深的是，孔子是这样说的，也是这样做的。孔子抱定"知其不可而为之"的决心为推行德治所进行的步履维艰的悲壮之旅未能如愿，却给后人留下了永久的回味。

墨子对天的种种界定为人厘定了法天的行为准则。他指出，每个人做事都要有一定的法仪，没有法仪则一事无成，这正如工匠不以规矩则无以成方圆一样。既然如此，什么是人的规矩？人究竟应该效法什么呢？墨子的回答是："莫若法天。"（《墨子·法仪》）在他看来，只有上天才是宇宙间吉凶祸福的真正主宰，人只上同于天子而未上同于天，天灾犹未可免。这是因为"天之贵且知于天子"（《墨子·天志中》），是主宰吉凶的最高权威。天子的高贵靠上天的恩赐，天子尚不能保障自身的安康和吉福，何暇顾及、庇护他人！"天子有疾病祸祟，必斋戒沐浴，洁为酒醴粢盛，以祭祀天鬼，则天能除去之。然吾未知天之祈福于天子也。"（《墨子·天志中》）议论至此，墨子得出结论，"法天"是唯一的出路。

进而言之，墨子所讲的"法天""上同于天"，具体要求和操作途径有二：第一，以天为是非标准来判断一切善恶、衡量一切曲直。墨子宣称："我有天志，譬若轮人之有规，匠人之有矩。轮匠执其规矩，以度天下之方圆。曰：'中者是也，不中者非也。'"（《墨子·天志上》）这就是说，犹如轮匠有规矩一样，人有了"天志"便有了标准。以"天志"为标准，人之言论和行动都放在天的审判台上，顺天者为善为仁、逆天者为恶为非，一切都变得黑白分明、一目了然。这正如《墨子》所载："故子墨子之有天之意也，上将以度天下之王公大人为刑政也，下将以量天下之万民为文字出言谈也。观其行，顺天之意，谓之善意行；反天之意谓之不善意行。观其言谈，顺天之意，谓之善刑政；反天之意，谓之不善刑政。故置此以为法，立此以为仪，将以量度天下之王公大人卿大夫之仁与不仁，譬之犹分黑白也。"（《墨子·天志中》）第二，为天之所欲，不为天所不欲。墨子断言："天之意，不可不顺也。"（《墨子·天志中》）人法天，就是顺天之意，使自己的行为以天为准则，做到"动作有为，必度于天。天之所欲则为之，天所不欲则止"(《墨子·法仪》)。例如，天欲勤劳、平均，古代圣人就"听狱不敢不中，分财不敢不均，居处不敢怠慢"(《墨子·兼爱下》)。

第四节　思维方式与社会影响

上述内容显示，孔子与墨子在尊天、祭天的前提下对天与人的关系、天决定人命的方式和人的待命之方提出了不同的设想，展示了两人命运观的分歧。透视这些分歧，有助于深刻把握儒家与墨家不同的思维方式、社会影响和历史命运。

一、必然—偶然与偶然—必然

孔子与墨子天命论的差异不仅反映了对待命运的不同态度和方法，而且折射出相去甚远的思维方式。

孔子在解释人的命运时，勾勒出必然—偶然的模式：一方面，就每个人类个体的命运而言是必然的，每个人都必然按照上天事先安排好的轨迹活着。无论他后天行为如何，际遇与上天事先安排好的命运没有一丝一毫的背离和偏差，一切都在必然之中。另一方面，把每个人的命运放到人类这个大群体中予以考察，则一切都出于偶然。这就是说，为什么人与人之间的命运如此悬殊，际遇如此迥异？一切都是天在不经意中随机安排的，其间没有一定之规和必然法则可循。

墨子在解释人的命运时，勾勒出偶然—必然的模式：一方面，就单个人的先天命运而言，所有人的命运相同——都是未确定的，或吉或凶，可福可祸。从这个意义上说，人的一切命运皆属偶然。另一方面，对于现实人的命运而言，尽管人与人之间的命运相差悬殊，然而，所有人的吉凶祸福都不是偶然的，其中有因果必然性。在此过程中，履行因果报应的是天和鬼神，出因者和受果者是人，即人不论得福还是遭祸都是自食其果。这实际上是把主宰命运的权利交给了人自身。

墨子所讲的善恶有报，不由使人想起了佛教的因果报应。其实，墨子看到了命运中的必然因素即人的命运与人之道德优劣和行为勤懒有关，具有督人向善的警世作用，对某些偶然事件和际遇——诸如行善者不福、作恶者不祸之类问题的解释则显得牵强附会，难以令人信服。对于这一点，时人对墨子的当面诘难便是明证。

从表面上看或在理论领域，孔子、墨子天命论的差异只是偶然与必然的换位和颠倒。一旦触及实践领域或社会现实，两人学说的不同后果和社会效果立即凸显出来，并集中反映在命运的可变与不可变上。在人生追求和待命态度上，孔子的重点在于让人去承受无法改变的必然之命；墨子让人去努力进取，充实命运之必然——得善报而享福享寿。

孔子认为，命是不可改变的异己力量。既然命不可变，只好通过道德修养俟命、待命，用心理的平衡去冲淡现实生活中经济和物质方面的不平衡。孟子的这段话绝好地表达了包括孔子在内的儒家的思想意图："求则得之，舍则失之，是有益于得也，求在我者也。求之有道，得之有命，是求无益于得也，求在外者也。"（《孟子·尽心上》）这就是说，自己想要而又得不到的，没有办法，只好从心理上视之为命中注定不该归己。这很像是一种心理慰藉。从命的具体内容来看，儒家的命为道德修养、"忧道不忧贫"奠定了思想基础。在不幸意外袭来、当人为某种意料不到的偶然事故悲痛欲绝、痛不欲生时，如果把这一切的来临都归推于无法言说的天命，或许可以帮助人们排遣心中的失衡，尽快从悲哀中挣脱出来。从这个意义上说，孔子的天命论就像是"心灵鸡汤"。如果像墨子那样一定执着于因果，非要问个清楚明白，难免导致更大的心理失衡。

二、随机而差等与因果而平等

从社会效果上看，孔子对人之先天命定的强调助长了上天面前人与人的不平等。尽管孔子一再强调天随机莫测，然而，同样由天注定的人之命运的参差不齐还是不由使人怀疑上天对不同的人怀有偏袒或敌意。在孔子那里，正如同样是"爱人"，却要对不同的被爱对象分出尊卑厚薄、分别对待而不能一视同仁一样，同样是人命天定，上天却给了每个人不同的际遇、福祸、贫富和贵贱。在中国古代社会，孔子创立了儒家的天命论为君权和宗法等级制度蒙上了一层天经地义、不可侵犯的神圣光环，并且在民间盛行不衰。

墨子认定命是可变的，变的因素在于人，在于自己的行为造作。命可变，便可通过自己的行为造命，不必抱怨自己时运不济，不必羡慕他人命运好。只要辛勤耕耘，一定能获得收获。这给人一种奋斗、进取、只争朝夕的蓬勃生气。具体地说，墨子提出的"天志""非命"强调进取和后天的人为，给了人平等的机会和作为。墨子认为，命运面前人人平等，上天给了每个人同等的机会。人在出生前，命运都是空白；人在出生后，行为善恶有报，遵循同样的必然法则。对于墨子来说，人与人平等可以上升为人与天的平等：天赏人罚人，人受天之利害，天也受人之利害。墨子判断善和真理的标准就是上中天之利，下中百姓人民之利，中中鬼之利。墨子主张"非命"，最主要的原因就是命之有损害了天鬼、国家和人民之利。他坚信，王公大人之所以早朝晚退，听讼治政而不敢怠慢，是因为他们知道：勤奋必治、懒惰必乱，勤勉必宁、懒惰必危；卿大夫之所以竭股肱之力、殚思虑之知，内治官府，外敛关市、山林、泽梁之利来实官府而不敢怠慢，是因为他们知道：勤奋必贵、不勤必贱，勤勉必荣、不勤必辱；农夫之所以早出晚归，勤于耕稼树艺、多聚菽粟而不敢怠慢，是因为他们知道：勤勉必富、不勤必贫，勤勉必饱、不勤必饥；妇女之所以夙兴夜寐，勤于纺棉织纴，多织麻葛而不敢怠倦，是因为她们知道：勤勉必富、不勤必贫，勤勉必暖、不勤必寒。由此可以推断，如果从王公大人、卿大夫到农夫妇女都相信生死吉凶由命注定，便会失去进取的动力，进而给社会和百姓带来无穷的灾难：王公大人不勤而俟命，则国必乱必危；卿大夫不勤而俟命，则家必贱必辱；农夫不勤而俟命，则国必贫、身必饥；妇女不勤而俟命，则国必贫、身必寒。在墨子那里，天赏善罚恶不是追求道德完善，而是为了自己的利益。天兼爱人类，是为了享受人类祭天、奉天和法天之利。墨子宣称：

> 然则何以知天之爱天下百姓？以其兼而明之。何以知其兼而明之？以其兼而有之。何以知其兼而有之？以其兼而食焉。何以知其兼而食焉？四海之内，粒食之民，莫不刍牛羊，豢犬彘，洁为粢盛酒醴，以祭祀于上帝鬼神，天有邑人，何用弗爱也？（《墨子·天志中》）

这表明，在墨子构建的天人关系中，天与人之间的利益关系，都不再是唯一的决定力量。在共同的利益原则的驱动下，天人互动，相互作用和影响。在此，天不再只是布施者，也是受利者；人不再只是被操纵者，也是自主者——因为人如何作为，是勤是怠、是廉是贪、是善是恶完全由他自己选择，而他选择的结果反过来又影响鬼神的监察、上天的赏罚以及自己的命运。墨子命运观隐藏的平等思想一定程度上反映了下层人民的心声。正因为如此，它一方面成为古代平均主义思潮之滥觞，又为历代农民起义所利用。这也从一个侧面表明，墨子的命运观与中国古代社会正统的价值观念和人伦道德是抵触的。

综上所述，孔子、墨子思想的差异既显示了儒家与墨家思想的不同，又带给人诸多昭示。从历史命运来看，在先秦时期，孔子创立的儒家与墨子创立的墨家并驾齐驱，享有同样显赫的学术盛誉，并称"显学"。后来，与儒家在汉代被独尊、在南宋之后成为官方哲学形成强烈反差的是，墨学在汉代便开始走向衰微，从此一蹶不振，在此后的古代社会中几乎成为绝学。到了近代，孔子的地位一落千丈，而墨子则与释迦、耶稣并提，被奉为世界和平使者和博爱大师；儒家遭遇前所未有的质疑，墨学则出现复兴气象。形成这种鲜明对照的原因是多方面的，就在古代社会的际遇来说，除了墨学热衷于自然科学、与推崇治国平天下的传统价值取向相左，故而在古代社会中被人蔑视与轻漫之外，最主要的原因便是墨子的平等思想观念与中国古代的宗法等级制度相抵牾。在这方面，儒家则起了辩护作用。儒家与墨家的分歧聚焦在道德理想和功利诉求上。在中国历史上，义利之辨一直是核心话题。中国传统文化注重义与利的差别，墨子侧重两者的融通。在这方面，儒家代表了古代社会的主流观点，墨家则处于非主流地位。尽管儒家、墨家的思想主旨并没有变，然而，在思想启蒙的近代，社会需要和文化语境的变化却使两家的命运发生逆转。

第二章　孔孟与墨子之爱比较

　　先秦时期，学术繁荣，百家争鸣。在先秦时期的诸子百家之中，思想最为相近的莫过于儒家与墨家。无论对天的尊崇还是热心于公共事业都拉近了两家之间的距离，而与道家、法家渐行渐远。从学术传承和历史命运来看，儒家与墨家在先秦时期都十分盛行，同时号称"显学"。在秦后的历史长河中，两家的命运则差若云泥：一边是儒家成为主流，一度被"独尊"、二次被奉为官方哲学；一边是墨家在秦汉之后走向衰微，乃至成为绝学。面对儒家与墨家的绝殊际遇，人们不禁要问：儒家和墨家在先秦共显的原因何在？在秦后一荣一毁的悬殊命运又是为何？儒学与墨学的比较，既有助于深刻把握儒学有别于墨学的特质，又有助于深入体悟儒学的初衷以及儒家与墨家不同的历史际遇。对于儒家与墨家的比较，选择仁爱与兼爱进行则饶有趣味。

第一节　共同的交往原则和立论根基

　　先秦时期是中国文化的"轴心时代"，出现了"百家争鸣"的繁荣景象。在这一时期，学说蜂起，异彩纷呈。先秦时期的诸子百家之所以可以展开争鸣，除了宽松的社会环境和自由的学术氛围之外，还有一个重要的思想前提，那就是：诸子百家之间拥有共同的热点话题，先秦诸子面对相同的问题发出不同声音，由此形成了对话和争鸣。事实上，正如中国哲学侧重人生问题，旨在为人寻找安身立命之所一样，先秦时期诸子百家的思想都围绕着人如何安身立命展开：在安身即进行道德修养和处理人与人之间的关系问题上，儒家和墨家走到了一起——都把治理国家和处理人际关系的希望寄托于爱；在立命即探寻人的本体依托和形上玄思上，儒家和墨家不约而同地企盼上天的庇护。呼吁爱和奉天祭天不仅构成了儒家和墨家思想的相同之处，而且成为两家与道家、法家的学术分野。

一、仁和兼爱

孔子的思想非常博大，甚至有人攻击其博而寡要。或许正是针对这一讥讽，对于自己博大的思想体系，孔子明言"吾道一以贯之"。尽管孔子表示自己的学说有一条贯穿始终的主线，然而，他并没有对此进行具体说明或解释。对于孔子学说一以贯之的这条主线究竟是什么，孔子的亲炙弟子——曾子一语破的："夫子之道，忠恕而已。"（《论语·里仁》）依据曾子的说法，忠恕是孔子整个思想体系的核心，即一以贯之的主题。被曾子用以概括孔子思想的"忠恕"，质言之，也就是仁。曾子以"忠恕"作为"夫子之道"的逻辑主线彰显了仁对于孔子思想的首屈一指。在孔子那里，仁最基本的含义就是爱人。《论语》记载："樊迟问仁。子曰：'爱人。'"（《论语·颜渊》）从积极方面看，仁是忠；从消极方面看，仁是恕。作为爱人之方，忠和恕合而言之即是仁。正因为如此，曾子以仁贯道突出了孔子思想的仁爱主题。在对仁的彰显和弘扬上，孟子与孔子相比有过之而无不及——不仅从人性哲学的角度论证了仁即不忍人之心"人皆有之"，是人与生俱来的本能，而且在本体哲学、认识哲学领域为仁的确证提供论据。更为重要的是，孟子提出的仁政思想直接阐述了仁的贯彻实施，使仁从道德观念、先天本性转化为具体行动和治国方略。

无独有偶，在诸子百家之中，墨家的思想同样表现出对爱的渴望和呼唤。墨子作《兼爱》三篇，旨在通过"兼相爱"达到"交相利"的目的。在此过程中，墨子竭力劝导天子及圣明的君主以兼爱行政，臣众以兼爱处世。墨家向往"兼以易别"，试图以此来避免战争、争夺、厮杀和犯罪。

儒家提倡的仁爱也好，墨家呼吁的兼爱也罢，基本含义和思想主旨都是爱。孔子、孟子对仁的大声疾呼和墨子对兼爱的奔走呼号表明，儒家和墨家都把爱作为人的行为规范和交往原则，都试图通过设身处地、将心比心来达到最真诚、最切实的爱人目的。呼唤爱、渴望用爱来处理人与人之间的关系是儒家和墨家思想的相同之处。儒家和墨家思想的这一相同点在与道家和法家的比较中则看得更加清楚、明白。

众所周知，道家尤其是庄子主张"君子之交淡若水"，把人情视为人生的累赘和自由的羁绊，因而追求摆脱相濡以沫的拖累之后的相忘于江湖之大乐。无论老子的"鸡犬之声相闻，民至老死不相往来"（《老子·第80章》）还是庄子淡若水的"君子之交"都在透露出豁达和超脱的逍遥自在之时，总难免给人一种凄凉、沧桑之感。老子、庄子代表的道家对人际关系的处理淡化了人对亲情的渴望，法家的做法则有悖人性和亲情。为了推行法治，韩非代表的法家把自私自利说成是人的本性。在韩非眼里，人与人之间的关系——包括血肉亲情的父子、家庭关系和君臣、上下关系都成了血淋淋的利益关系、战争关系和买卖关系。法家基于人性的自私自利所勾勒的尔虞我诈、勾心斗角的人际关系令人冰冰刺骨、不寒而栗。如果人与人之间的关系果真如韩非描述得那样险恶和残酷，那么，人生还有什么意义和价值呢？如果这样，即使是取得了霸主地位，享受着荣华富贵，人就拥有幸福了吗？

与道家的超脱出世、对他人的漠不关心和法家的冷酷无情、阴险狡诈形成强烈反差的是，儒家和墨家对人的美好情感、善良之心的呼唤和渴望。儒家对仁爱的执着追求和墨家对兼爱的奔走呼号便是这种美好情愫及良好愿望的宣泄和倾诉。孔子强调："能近取譬，可谓仁之方也已。"（《论语·雍也》）爱人最好的办法就是自己想要的，要想着别人，给别人机会；自己不想要或不愿面对的，也不强加于人。这用孔子本人的话说便是：

己欲立而立人，己欲达而达人。（《论语·雍也》）

己所不欲，勿施于人。（《论语·卫灵公》）

与孔子的主张相似，墨子强调，兼爱的具体做法设身处地。对此，墨子提出的设想是："视人之国若视其国，视人之家若视其家，视人之身若视其身。"（《墨子·兼爱中》）引文中的"其"，指自己。兼爱就是在感情上和心理上把别人的一切（包括国、家乃至身）都看成是自己的，就像对待自己的一样倍加爱护和关心。试想，天底下还有什么比这更真诚、更实在的爱呢！

二、尊天祭天

如果说追求爱、渴望爱是儒家和墨家思想的共同点的话，那么，两家思想的另一个共同之处便是请天为爱作证。换言之，为了表明仁和兼爱的正当性、合理性和权威性，儒家和墨家都到上天那里寻找立论根基。孟子认为，正如公侯伯子男是人爵一样，仁是上天赋予人的天爵。因此，仁是天下最尊贵的爵位，也是人最安逸的住宅。三代以仁得天下，以不仁失天下；个人则以仁保家和保身，以不仁毁家和自毁。沿着相同的思路，墨子一面声称天是宇宙间之最尊贵、最智慧的存在，一面断言上天具有意志和好恶。在此基础上，墨子让上天为兼爱张目，断言兼爱就是上天最大的意志和愿望。

大致说来，百家争鸣的先秦哲学在本体哲学领域可以归结为两个阵营：一是天本论，一是道本论。在诸子百家之中，只有儒家和墨家哲学以天为本、把天奉为宇宙间的最高存在和绝对权威。同样，到天那里为爱寻找立论根据流露出儒家和墨家试图用上天抬高仁和兼爱的地位的理论初衷，表明了两家所讲的爱与他们的本体哲学（天论）之间具有某种内在联系。

孔子一面断言上天主宰人的命运、安排人的生死寿夭和贫富贵贱，一面宣称"天何言哉？四时行焉，百物生焉，天何言哉？"（《论语·阳货》）如此说来，既然上天对人的命运的注定是一种随机莫测的无言之举、人们无法洞察天机，那么，"畏"便成了人对待天命的最佳选择乃至无奈之举。因此，对于孔子来说，以仁爱等手段修身俟命也就是顺理成章的事了。当恪守天命论的孟子把仁说成是天爵时即暗含了仁是上天赋予人的神圣使命和人生追求之意，尽力行道而死、以得正命的主张便是孟子这一心态的最好注脚。

墨子一边坚信"天志"，断言上天可以对人事进行赏罚；一边竭力"非命"，否认既定之命，断言人的一切命运都与自身的行为有关。墨子要求人们法天，并且坚信天有一定之规：人为天之所欲得赏，为天所不欲遭罚。兼爱是"天志"，攻伐是天所不欲。如此一来，既然交相亲爱是天之所欲、相恶相贼是天所不欲，那么，兼爱也就成了人们顺天、法天的不二法门。

总之，渴望爱、呼唤爱、相信人都有爱使儒家和墨家在交往原则和为人处世上与心仪淡若水之交的道家分歧日显，更与血腥残酷的法家背道而驰。与此同时，天又使儒家、墨家与效法自然之道的道家、法家在本体依托和哲学建构上差若云泥。这表明，爱和天在彰显儒家、墨家与道家、法家的学术分野的同时，突出了两家的思想特色，当然也成为儒家和墨家思想的共同点。

第二节 相去霄壤的理论意蕴和价值旨趣

儒家、墨家都把爱作为处理人际关系的基本原则，并由此产生了与道家、法家的学术分野。进而言之，爱是什么？如何去爱？儒家与墨家对这些基本问题的回答大相径庭，充分展示了各自不同的意趣诉求和理论特色。简言之，儒家之爱的基本范畴是仁，仁的基本内涵是"爱人"；墨家之爱的基本范畴是兼爱，兼爱的基本含义是"兼相爱"。孔子、孟子所讲的"仁者爱人"与墨子所讲的"兼相爱"不论立言宗旨、意蕴内涵和存在方式还是价值目标、行政操作和社会效果都不可同日而语。这就是说，儒家和墨家都高举爱的大旗，各自的爱之旗帜上却书写着不同的内容，故而传达出不同的信息。

一、理论初衷和立言宗旨之分

同样是对爱的渴望和呼唤，孔孟与墨子的出发点和主观动机判然分明。如果说儒家之仁的理论初衷是道德之完善的话，那么，墨家之兼爱的立言宗旨则是功利之追逐。

孔子是一位道德主义者，一句"朝闻道，夕死可矣"（《论语·里仁》）将他对道义的殚精竭虑表达得淋漓尽致。令孔子魂牵梦绕的道不同于道家推崇的天道而是指人道，具体指以仁为核心的伦理道德和行为规范。孟子把仁奉为上天最尊贵的爵位和人心最安逸的住宅，于是，"杀身成仁"、"舍生取义"便成为最高的道德操守。与物质追逐有别，道德追求总是带有某种理想色彩。因此，与对仁的朝思暮想、寤寐以求形成强烈反差的是，孔子、孟子对物质利益和衣食住行的淡漠。正如孔子所言："士志于道，而耻恶衣恶食者，未足与议也。"（《论语·里仁》）孔子强调，君子具有"忧道不忧贫"、"谋道不谋食"的品格。孟子更是将为义与为利之动机作为判定为善与作恶的标准，并且得出了如下结论："鸡鸣而起，孳孳为善者，舜之徒也。鸡鸣而起，孳孳为利者，跖之徒也。欲知舜与跖之分，无他，利与善之间也。"（《孟子·尽心上》）从这个意义上说，儒家为仁而生，为仁而死，人生的意义和价值就是行仁义于天下。对于儒家来说，热衷于仁正是出于道德完善和精神追求，具有浓郁的道德理想主义情结。

墨子主张兼爱是出于现实的功利考虑，兼爱的目的是最大程度地获取利，即"兴天下之利"。在他看来，仁人从事以"兴天下之利，除天下之害"为主观动机和行为后果；要"兴天下之利"，必须先"除天下之害"。那么，所谓的天下之害是什么呢？墨子解释说：

> 若大国之攻小国也，大家之乱小家也，强之劫弱，众之暴寡，诈之谋愚，贵之敖贱，此天下之害也。人与为人君者之不惠也，臣者之不忠也，父者之不慈也，子者之不孝也，此又天下之害也。又与今人

之贼人，执其兵刃、毒药、水火以交相亏贼，此又天下之害也。(《墨子·兼爱下》)

　　墨子进而指出，天下之害"以不相爱生"，为了除天下之大害，必须兼爱。这就是说，兼爱的基本要求就是"兼爱天下之人"(《墨子·天志中》)，兼爱的作用原则就是"兼以易别"(《墨子·兼爱下》)。沿着这个思路，墨子坚信，兼爱是兴天下之利的根本途径和治天下的最好办法。这用他本人的话说便是："若使天下兼相爱，国与国不相攻，家与家不相乱，盗贼无有，君臣父子皆能孝慈，若此，则天下治。"(《墨子·兼爱上》)基于这种认识，墨子得出了如下结论："故圣人以治天下为事者，恶得不禁恶而劝爱？故天下兼相爱则治，相恶则乱。"(《墨子·兼爱上》)由此可见，追求功利是墨子所有理论和行为的最终动机，在围绕现实的功利主义展开论证上，兼爱的提出也不例外。具体地说，墨子之所以为实施兼爱奔走呼号，目的有二：第一，在人与人的关系层面，达到"交相利"的目的。墨子把人间的一切罪恶、不幸、犯罪和征伐等等都归结为人与人之间不能"兼相爱"。兼爱主张正是针对相恶相贼的局面有感而发的，是针砭时弊之策。第二，在天与人的关系层面，得天之赏。在墨子看来，天有意志，可以对人事进行赏罚。人与人"兼相爱"是天之所欲，必得天赏，故而为之。

　　尚需进一步澄清的是，墨家和法家都具有功利主义倾向，对功利的界定、追求利的手段相去霄壤。与法家的极端功利主义——损人利己、为富不仁有别，墨子反对"亏人自利"。兼爱的目的就是追求利益共享，确保天、鬼、人三方面的利益。这用他本人的话说便是："上中天之利，而中中鬼之利，而下中人之利。"(《墨子·非攻下》)由此可见，推行兼爱便是利益均沾、天鬼人共同获利的唯一出路和最好办法。墨子对人际关系的界定突出了利益原则，甚至把君臣、父子之间的关系都归结为利益关系。他断言："故虽有贤君，不爱无功之臣；虽有慈父，不爱无益之子。"(《墨子·亲士》)由此可见，在墨子那里，利益是人的最终目标和行为鹄的，具有至爱亲情的父子之间尚且如此，对于那些没有血缘关系、萍水相逢的路人而言，彼此之间的关系也就可想而知了。一方面，就诸子百家对人与人之间关系的分析和界定而言，墨家的观点与法家最为类似，墨子对功利的追逐与韩非代表的法家对利的趋之若鹜极为相似。儒家以血缘亲疏厘定人与人的关系，这用有子的话说便是："孝弟也者，其为仁之本与！"（《论语·学而》）道家从逍遥的角度审视人与人之间的关系，在心仪无情之情的过程中超越亲情和功利。一言以蔽之，就人与人的关系建构来说，儒家建构的是道德形态和样式，道家建构的是人与人关系的自由形态和样式，墨家和法家建构的则是利益形态和样式。如果说儒家和道家的道德和自由样式饱含理想的话，那么，墨家和法家的功利样式则更注重现实。另一方面，墨家与法家对利的理解有别，不可对二者等量齐观。具体到处理人际关系和如何获利等具体操作上，墨子的做法与韩非的极端自私自利和残酷狡诈截然不同。在这方面，如果说韩非是为了获利而不择手段的话，那么，墨子则期望运用善的手段——"兼相爱"达到善的目的——"交相利"。循着墨子的逻辑，正如素丝染之苍则苍、染之黄则黄一样，国或士皆有所染。在周围环境的影响和他人的感染下，人会有所染而改变自己——染之兼爱则兼爱矣。如此一来，我爱人，人必从而爱我；我利人，人必从而利我。墨子正是想通过爱人、利人来达到人爱我、利我之目的，从而获得自己之利。

二、思想内涵和心理机制之别

儒家之仁与墨家之兼爱的主观动机和理论初衷在一定程度上决定了两家之爱的思想内涵和心理机制之别。一言以蔽之，如果说孔子、孟子之仁的精神实质是别的话，那么，墨子兼爱的原初含义则是兼；如果说仁的心理机制是由己及人的层层推进的话，那么，兼爱的心理机制则是放射性的释放和平铺。

儒家历来强调"爱有差等"，注重分别是儒家爱人的理论特色，甚至是基本原则。在孔子关于仁的论述中，当作为思想内涵、内心情感和道德观念的仁转化为外在形式和道德行为——礼时，必须做到尊卑有等、亲疏有分、厚薄有别、长幼有序，以期达到整个社会"君君、臣臣、父父、子子"（《论语·颜渊》）的状态。为了凸显被爱者与爱者的名分和把握爱的分寸，孟子依据差等原则将仁者爱人概括为"亲亲"、"仁民"和"爱物"三个境界和等级，进而强调其先后、本末之分，其间的秩序是："亲亲而仁民，仁民而爱物。"（《孟子·尽心上》）

孔子、孟子之仁的差等原则决定了两人注重爱人在心理机制上恪守先后、远近和厚薄之别。对于仁的逻辑结构，有子曾言："其为人也孝弟，而好犯上者鲜矣；不好犯上而好作乱者，未之有也。君子务本，本立而道生。孝弟也者，其为仁之本与！"（《论语·学而》）这表明，儒家所讲的仁从爱自己的亲人（父兄）开始，然后将心比心，由己及人，推广到爱别人之亲。出于同样的逻辑，孟子宣称："老吾老，以及人之老；幼吾幼，以及人之幼。"（《孟子·梁惠王上》）由此可见，在仁之爱人的心理机制上，儒家试图从家庭关系开始，由此由点到面、由近达远、由己及人——从血缘关系为切入点，达到由爱己之亲、再爱路人乃至爱天下人以及天地万物的目的。正如孟子所言："仁者以其所爱，及其所不爱，不仁者以其所不爱，及其所爱。"（《孟子·尽心下》）这再次印证了仁之由己及人、由近及远的行为路线和逻辑思路。

如上所述，墨子提倡兼爱，要求"爱天下之人"。在向天下之人施予爱时，"兼以易别"——对所有人都平等地、一视同仁地、同时地予以对待。在这里，不仅没有了大国与小国、大家与小家的对峙，而且没有了君与臣、贵与贱、上与下、尊与卑的区分，当然也没有了强与弱、父与子、众与寡、诈与愚的差异。一旦达到这种境界，便可以弥合尊卑、长幼、厚薄和亲疏，不仅同时兼爱天下之人，而且平等地兼爱天下之人。

兼爱的平等、同时内涵预示了墨子推行兼爱的心理机制必然是超越尊卑、贵贱或人我之别的平面铺开。事实正是如此，墨子强调，在给予和承受爱时，人与人之间的关系平等。这种平等关系表现为时间上和心理上的同时而无先后、本末之分，同时表现为空间上和效果上的互动而无强权特权。换言之，兼爱的平等原则既体现在动机上，又体现在效果上：第一，从动机来看，兼爱并非"无私的奉献"而是"施恩图报"。兼爱具有强烈而明确的功利动机，墨子不从隐瞒兼爱的目的是为了得到他人的爱。逻辑很简单，为了得到他人的爱，我必须先去爱他人，所以才对天下人"兼相爱"。对此，墨子断言：

> 即必吾先从事乎爱利人之亲，然后人报我以爱利吾亲也。……《大雅》之所道，曰："无言而不仇，无德而不报。投我以桃，报之以李。"（《墨子·兼爱下》）

这清楚地表明，兼爱绝不是无偿的，我之所以爱利天下之人，就是为了收获天下人爱我利我之效。兼爱是有偿的。第二，从效果来看，只有先"兼相爱"才能达到"交相利"的目的。墨子认为，人与人之间的关系是相互的或曰互动的，并把人与人之间的这种互动关系称为"所染"。在这种关系中，要想获取别人的爱，必须先给予别人爱；你先给予他人爱，他人也会以爱来回报你。正是在这个意义上，墨子写道："爱人者，人亦从而爱之；利人者，人亦从而利之。恶人者，人必从而恶之；害人者，人必从而害之。"（《墨子·兼爱中》）

在孔子那里，人与人之间也是相爱的，仁就是爱。与此同时应该看到，在孔子设想的人与人之间的爱的关系中，人与人之间的权利与义务并不对等。换言之，上者对下者的爱——君对臣之惠和父对子之慈等与下者对上者的爱——臣对君之忠和子对父之孝等并不等价：上者所享有的权利远远大于其承担的义务，下者则相反。不仅如此，基于血缘关系的亲人与路人之差则突出了被爱人群的亲疏、远近和厚薄之别。与儒家之仁的爱人方式和原则截然不同，墨家向往的兼爱完全是平面铺开的，其中没有差别、没有等级、没有远近以至于没有人我之分，因而是完全平等和相互的。

三、价值取向和人生追求之差

尽管孔子、孟子和墨子都讲爱，然而，大相径庭的立言宗旨却使爱在儒家与墨家的价值系统中占有的位置和拥有的地位不可能相同。具体地说，从价值取向和人生追求来看，仁在追求道德完善的孔子、孟子那里是人生目的和最高价值，兼爱在追逐功利的墨子那里是获得利益、达到"交相利"这一价值目标的手段。

孔子、孟子视仁为价值目标和人生追求。孟子声称："仁也者，人也。"（《孟子·尽心下》）这就是说，作为人的本质，仁是人之所以成为人的内在规定。因此，人要由野蛮臻于文明、成为真正意义上的人，就必须时时刻刻"以仁存心"。正是在这个意义上，孟子一再强调：

> 恻隐之心，人皆有之。（《孟子·告子上》）

> 无恻隐之心，非人也。（《孟子·公孙丑上》）

对于孟子来说，仁是判断君子与小人的衡量标准，也是人的神圣使命。对仁的追求使人"穷则独善其身，达则兼善天下"（《孟子·尽心上》），以天下为己任。有鉴于此，儒家不放过任何机会，以便把仁之道德和理想普播天下。孔子、孟子和荀子周游列国，目的皆在于斯。这表明，儒家把仁视为人生的价值目标和神圣使命，仁也由此成为人生的唯一意义和最高价值。仁不仅是人安身立命之本，而且是为人处世之方。

在墨子那里，兼爱既非人的本质，也不是人的本性。这意味着兼爱与人之所以成为人并无直接关系。对于兼爱，人们可为可不为。为与不为，对人之所以成为人没有直接影响，不同的只是结果——或得赏而天下治和富贵饱暖，或遭罚而天下乱和贫贱饥寒。换言之，兼爱或不兼爱对人的影响只在于生活境况不同，对人的本质和人之为人却毫发无损。从这个意义上说，墨子大声疾呼兼爱，具有权衡利弊做出选择的意味。其实，墨子的兼爱是"兴天下之利，除天下之害"的一个步骤和手段，是达到"交相利"目的的过渡环节——总之，绝非目的本身。正因为如此，在墨子的话语结构中，"兼相爱"与"交相利"如影随形，总是同时出现。"兼相爱"之后总有"交相利"跟随不仅反映出墨子以"兼相爱"之名行"交相利"之实的良苦用心，而且体现了"兼相爱"是手段和前提、"交相利"是目的和后果的精神实质。不仅如此，手段是为目的服务的。与此相一致，墨子讲"兼相爱"总是紧紧围绕着"交相利"这个终极目的展开、并且受制于后者。对于墨子来说，之所以"兼相爱"，归根结底是为了"交相利"，因为兼爱是天之所欲，而"我为天之所欲，天亦为我所欲。"（《墨子·天志中》）具体地说，天之所欲为何？天所不欲为何？人何为而得天赏？人何为又遭天罚？墨子宣称："顺天意者，兼相爱，交相利，必得赏。反天意者，别相恶，交相贼，必得罚。"（《墨子·天志上》）如此说来，兼爱与其说是人的道德操守，不如说是人与天的一种交换。人之所以兼爱即使不是迫于天的威力——求天之赏，也是权衡利弊——怕天之罚的结果。主张"天志""明鬼"的墨子坚信，天与人的祸福息息相关，不止一次地发出了如下断语：

　　爱人利人者，天必福之；恶人贼人者，天必祸之。（《墨子·法仪》）

　　今若天飘风苦雨，臻臻而至者，此天之所以罚百姓之不上同于天者也。（《墨子·尚同上》）

这清楚地表明，墨子之所以坚定不移地提倡兼爱，根本原因在于，兼爱是天之所欲，福禄是我之所欲。循着他的逻辑，我行兼爱，天予我以福禄；我不行兼爱，必遭天罚。

四、立论根基和存在方式之异

从立论根基和存在方式来看，孔子、孟子和墨子都在上天那里为爱找到了合理依托和本体证明，这是儒家和墨家思想的共同之处。接下来的问题是，上天如何为爱作证？儒家、墨家做出的具体解释并不相同。在这方面，儒家尤其是孟子把仁视为人与生俱来的本能，使仁成为人的内在本质和先天本性；墨子把兼爱说成是天之所欲，兼爱对于人来说成为上好之、下从之的外在约束。这样一来，儒家之仁与墨家之兼爱便显示出内与外、先天本能与后天抉择等差异。

按照孔子的一贯主张，人的一切命运包括生死富贵、智力才华等都是上天注定的，道德观念也在上天生人之时的命定之列，所以才有了"天生德于予"（《论语·述而》）的自负。道德是天生的，仁也概莫能外。这就是说，仁对于人而言与生俱来，是先天的。孔子的这一思想端倪被其后学孟子发挥得淋漓尽致。在孟子那里，正因为仁是上天生人之时就已经赋予人的一种本性和本能，所以，人见孺子入井便会产生怵惕之心。这种同情、恻隐之心的产生，既非想在乡党之间沽名钓誉、也不是与小孩的父母有交情、更不是讨厌小孩的哭声，而是先天的一种本能反应。有鉴于此，他断言："仁义礼智，非由外铄我也，我固有之也。"（《孟子·告子上》）孔子、孟子乃至后来的儒家都众口一词地强调仁与生俱来，是人的一种先天本能或本性。这些共同证明，儒家所讲的仁，从存在方式来看，是内在的。

墨子的兼爱与上天具有某种内在联系，在这个层面上显示出与儒家的某种相似性。尽管如此，墨子所讲的兼爱对于人而言绝不是孟子所说的先天赋予，这从他的"非命"思想中便可一目了然。事实上，墨子的兼爱是上天对人的行为的一种外在约束。墨子强调，天是宇宙间最高贵、最智慧的存在，人的行为"莫若法天"。对于如何"法天"，墨子写道："既以天为法，动作有为，必度于天，天之所欲则为之，天所不欲则止。然而天何欲何恶者也？天必欲人之相爱相利，而不欲人之相恶相贼也。"（《墨子·法仪》）这清楚地表明，墨子呼吁的"法天"就是指人的一切行为都以天为法——上天喜欢的便做，上天不喜欢的便止。具体地说，相爱相利是天之所欲，人们必须为之；相恶相贼是天所不欲，人们决不能为。由此可见，兼爱是天之所欲，并非人之所欲，当然更谈不上是人之本性或本能。正因为兼爱并非人的本性或人之所欲，而是天之所欲，所以，兼爱只是对于人顺天、法天的要求，或者说人上同于天的一种方式。准确地说，人之所以兼爱只不过是敬畏上天、讨好上天的一种权宜之计而已。这再次表明，兼爱对于人而言，充其量只不过是来自上天的外在约束而已，绝不是内在本性或本质。

五、行政贯彻和操作措施之殊

从行政贯彻和操作措施来看，儒家和墨家的设想具有相同之处——因循上层路线，注重由上而下的运作，都把推行爱的希望寄托在统治者的身上。在这个前提下尚须看到，两家的具体做法迥然相异。孔子、孟子之仁的贯彻实施依靠君主以及统治者的礼乐教化和率先垂范，寄希望于道德感化和引导；墨子兼爱的推行凭借上天、君主的好恶、赏罚，诉诸行政命令和赏罚措施。在此过程中，儒家侧重主体的自觉和道德的自律，墨家则侧重上天的权威和利益的驱使。

孔子相信道德自觉，对仁的践行也是如此。正是在这个意义上，他反复宣称：

> 为仁由己，而由人乎哉？（《论语·颜渊》）

> 我欲仁，斯仁至矣。（《论语·述而》）

正如仁者爱人在孔子那里是道德追求和伦理规范一样，仁的推行和实施信凭统治者的人格力量和道德感召力，而不是——至少主要不是依靠行政命令。基于"道之以政，齐之以刑，民免而无耻。道之以德，齐之以礼，有耻且格"（《论语·为政》）的认识，孔子把仁的推行寄托在统治者自身的道德感召力和榜样作用上。他宣称："其身正，不令而行；其身不正，虽令不从。"（《论语·子路》）这套主张表明了孔子的德治路线，而德治的突出特征就是依靠统治者的榜样作用来带动百姓。按照孔子的说法，"君子之德风，小人之德草。草上之风，必偃。"（《论语·颜渊》）既然风往哪边吹，草自然就向哪边倒，那么，风向便起着决定作用。对于国家治理来说，在上者就是方向标，决定着国家的治乱和百姓的走向。这用孔子本人的话说便是："上好礼，则民莫敢不敬；上好义，则民莫敢不服。上好信，则民莫敢不用情。夫如是，则四方之民襁负其子而至矣。"（《论语·子路》）孟子行仁义于天下的仁政讲的也是以德服人，基本思路和要义便是通过统治者率先垂范的榜样作用和道德说教使老百姓心悦诚服，从而达到王天下的目的。孟子的仁政主张进一步继承和发挥了孔子注重主体自觉的思想倾向，并且为其具体操作提出了经济上（井田制）、管理上（劳心劳力的社会分工）和思想上（庠序之学）的保护措施。

深入分析孔子、孟子关于仁的贯彻措施和推行操作不难发现，在儒家的视界中，无论统治者还是被统治者都是出于主体自愿和道德自觉。行之，没有好处——行仁于天下没有物质利益和经济奖赏；不行，没有恶果——不行仁不会遭罚。这从一个侧面印证了一个事实，儒家推崇的仁始终是纯粹的道德观念和伦理范畴，不具有法律效力或威严。韩非正是据此揭露儒家伦理道德的软弱无力进而推行法治的。

与儒家所讲的仁相比，墨子的兼爱与其说是伦理、道德范畴，不如说更接近于一种法律条文——上天所欲、上者（天子、君主等）所命。在墨子的视界中，正因为兼爱具有法律意蕴，所以，人行或不行兼爱结果不同——正如行之得赏一样，不行遭罚。从这个意义上说，墨子提倡的兼爱最先考虑的不是人的主观意愿和主体自觉，而是看中了兼爱的行为后果。具体地说，墨子呼吁"尚同"，"尚同"的意思是同于上：在天与人的关系层面，人同于天；在君与民的关系层面，民同于君。总之，"尚同"强调下级对上级的绝对服从，以至于在下者必须以在上者的是非为是非。这用墨子本人的话说便是："上之所是，必亦是之；上之所非，必亦非之。"（《墨子·尚同中》）据此，墨子把推行兼爱的希望寄托在君主的命令和好恶上。他相信，只要君主提倡，便可以上行下效，兼爱很快便会成为一种时尚风行天下。为了阐明其中的道理，以此证明自己此言不虚，墨子列举了晋文公好士之恶衣、楚灵王好士之细腰和越王勾践好士之勇等例子予以证明。在他看来，晋文公、楚灵王和越王勾践的嗜好十分荒诞，因为恶衣、少食和杀身而为名都是老百姓所难以做到的。尽管如此，"苟君悦之，则众能为之"（《墨子·兼爱中》）。晋文公好士之恶衣、楚灵王好士之细腰和越王勾践好士之勇而得偿所愿的例子足以证明，只要国君大力提倡，没有做不到的。恶衣、少食和杀身而为名如此难为的嗜好都是如此，更何况兼爱既容易做到又可以获利，只要君主肯行，老百姓何乐而不为呢！

第三节　儒学与墨学荣辱原因之探讨

一种学说的历史命运取决于内与外两方面的因素：一是理论精神，一是社会需要；前者是内因，后者是外因。社会需要最终受理论精神的决定和制约。以此观之，儒家和墨家思想在先秦时期并称"显学"和后来一盛一衰强烈对比的历史命运与中国古代的社会环境和政治需要密切相关，同时也要到儒学、墨学的理论本身探寻根本原因。

一、相同点是同为"显学"的原因

如上所述，儒家和墨家思想的共同点主要集中在两个方面：一是对上天的尊崇，一是对爱的呼吁。这两点在春秋战国之时具有一定的现实需要，与儒学、墨学成为"显学"不无关系。

作为中国哲学的萌芽和初始阶段，先秦哲学与宗教处于浑沌未分的合一状态。中国古代始终没有形成与世俗世界截然二分的出世宗教，这并不意味着中国人没有宗教观念。事实上，中国古人的宗教情结绵长而浓厚。在中国先民的世界里，巫术出现很早，祭祀之风盛行不衰。祭天不仅是个人日常生活中的大事，而且是国家政治生活的主要内容。《左传》上记载的"国之大事，在祀与戎"便是对先秦社会的真实写照。早在殷周之际，中国人的上天观念就已根深蒂固。孔子、孟子和墨子以天为本，伸张了上天的地位和权威。孔子断言："巍巍乎！唯天为大。"（《论语·泰伯》）孔子一再告诫人们，对决定其生死寿夭的上天要敬畏，并虔诚地进行祭祀。即使主张天时不如地利，地利不如人和的孟子也呼吁人祭祀上天。墨子宣称："天之行广而无私，其施厚而不德，其明久而不衰。"（《墨子·法仪》）上天的这些美德和品质使其成为宇宙间最高贵、最智慧的存在，人的一切行为"莫若法天"；天有意志和好恶，人不仅要为天之所欲、不为天所不欲，而且包括天子在内都要"斋戒沐浴，洁为酒醴粢盛，以祭祀天"（《墨子·天志中》）。孔子、孟子和墨子的言论使天具有了某种宗教意蕴，俨然成了一尊人格之神。这些观点既符合中国人的心理传统，又满足了人的感情需要，并且弥补了出世宗教的欠缺。这或许是儒学和墨学在先秦时期的诸子百家中能够出类拔萃、进而成为"显学"的原因吧！

与儒家、墨家崇奉、祭祀的天相比，在先秦哲学中与天分庭抗礼的道，既缺乏心理传统和宗教基础，又恍惚寂寥、若有若无。尽管道比天更富形而上学色彩，却终归难以被普罗大众为主体的大多数中国人所接受，进而成为世俗文化的主流。因此，在与诸子百家的抗衡中，推崇道的道家和法家没有进入"显学"行列。

有人说，东周时期是中国历史上最酷烈、最黑暗的一页，臣弑君、子杀父事件屡屡发生，致使西周之礼遭受致命打击。与此同时，法先王和复古情结更让人感到今非昔比。面对群雄逐鹿的混乱不堪，爱对于礼崩乐坏、人心不古不啻为一种心理安慰和理论补偿。正因为如此，尽管用道德手段治理国家和以爱处理人际关系不如法家的法治主张来得直接实惠、收效明显，然而，爱的主张和以爱为核心的德治、仁政表面上并不被统治者所拒绝。这一点在孔子、孟子周游列国的遭遇中得到了绝好的说明。各诸侯国的国君在骨子里不想采纳儒家以道德手段治理国家的主张，却在表面上表示欢迎，孟子还被"加齐之卿相"（《孟子·公孙丑上》）。这从一个侧面表明，爱的呼吁和主张在先秦时期具有一定的现实土壤，迎合了统治者的某些需要。例如，春秋战国时期的各国战争是军事和经济实力的角逐，背后隐藏的则是人才的争夺。对于亟须收买人心、笼络人才的各个诸侯国来说，不好断然拒绝儒家、墨家对爱的呼唤。除此之外，墨家的主张如向往和平、改善人际关系等也反映了平民百姓的心声，因而拥有更为广泛的大众基础。循着这个逻辑，为爱奔走呼号的儒家和墨家成为"显学"也就是顺理成章的事了。

二、不同点解释了儒墨历史命运的迥然悬殊

一方面，儒家和墨家思想存在诸多相同之处，这一点通过与道家、法家的比较可以看得更加清楚。另一方面，儒家与墨家的思想存在着不容忽视的差异和对立。正是这些差异和对立，使儒家和墨家之间的理论官司在先秦时期从未间断。墨子的许多言论如天志、明鬼、兼爱、尚贤、非命、节用、节葬、非乐等都是针对孔子的观点有感而发的，甚至可以说是与后者针锋相对的。不仅如此，墨子还直接作《非儒》上下篇，历陈儒学之弊。以其人之道还治其人之身，身为儒家的孟子指责墨子的兼爱是禽兽逻辑，措辞可谓激烈之至。荀子即使接纳法家也不能容忍墨家，对墨家的谴责、批判可谓连篇累牍。

墨子的这段话概括了儒家与墨家的理论分歧：

> 儒之道足以丧天下者，四政焉。儒以天为不明，以鬼为不神；天鬼不说，此足以丧天下。又厚葬久丧，重为棺椁，多为衣衾，送死若徙，三年哭泣，扶后起，杖后行，耳无闻，目无见，此足以丧天下。又弦歌鼓舞，习为声乐，此足以丧天下。又以命为有，贫富寿夭、治乱安危有极矣，不可损益也。为上者行之，不必听治矣；为下者行之，必不从事矣。此足以丧天下。（《墨子·公孟》）

这段议论出自《墨子》的《公孟》篇，将儒家与墨家的分歧概括为四

个要点：第一，以孔子为代表的儒家所讲的天是冥冥之天，墨子所讲的天则是意志之天。第二，孔子代表的儒家主张厚葬，墨子主张节葬。第三，儒家推崇礼乐教化，墨子主张非乐。第四，儒家将人的生死寿夭和社会治乱皆归于命，墨子旗帜鲜明地呐喊"非命"。其中，第一点是本体哲学之辨，第二点和第三点再现了儒家道德主义与墨家功利主义的对立，第四点折射出儒家的等级观念与墨家平等思想的不同。墨子对儒家弊端的揭露基本上对应着儒家与墨家思想的差异。正是这些差异和对立决定了两家在秦后的历史变迁中的悬殊命运。

其实，作为儒家思想核心的仁与墨家的兼爱不仅浓缩了儒家与墨家思想的差异和对立，而且生动地展示了两家悬殊命运的真正原因。

1.根深蒂固的宗法等级观念

中国古代是以血缘关系为纽带建立起来的宗法社会，自然亲情和人伦纲常被视如神圣。与此同时，中国是闻名于世的"礼仪之邦"，礼在古代中国人的政治生活和日常生活中占有举足轻重的地位。从思想内涵和社会功效来看，礼在中国古代社会集道德与法律为一身，是国家和百姓必须遵守的行为规范。众所周知，中国古代社会之礼，最基本的特征和功能就是分别。在这方面，儒家关于"礼之用，和为贵"（《论语·学而》）的说法以及"爱有差等"的原则可以为宗法等级辩护，得到历代统治者的青睐——儒学在汉代和南宋之后两次被奉为官方哲学便是明证。与此不同，墨子的兼爱要求视人之国、之家乃至之身若视其国、其家和其身，这淡化了人、己之别，甚至剥夺了吾之父优于人之父的特权。更有甚者，兼爱中流露的天与人、上与下的平等、互惠和互利原则冲击了在上者的利益。正因为如此，孟子抨击墨子的兼爱思想是禽兽逻辑，君和父是兼爱最直接的"受害者"。正是在这个意义上，孟子抨击说："墨氏兼爱，是无父也。无父无君，是禽兽也。"（《孟子·滕文公下》）孟子的看法在某种程度上代表了中国人的大众心理，也从一个侧面揭示了统治者不喜欢墨家的深层原因。至此，儒家与墨家一传一绝的不同命运也就在情理之中了。

2. 注重道德完善、漠视物质需求的义利观

中国人的义利之辨由来已久、根深蒂固。辨，指分别。义利之辨强调义——道德完善和精神追求与利——物质利益和生理需要的区别乃至对立。面对义与利的这种泾渭分明、不容混淆，中国的主流意识形态始终是热衷于义而耻于言利。这种义利观、价值观显然与儒家的思想更为契合。

上述内容显示，孔子、孟子与墨子所讲的爱具有道德主义与功利主义之别，这在仁与兼爱的理论初衷、思想内涵、操作方式和社会效果等各个方面均有反映。孟子宣称："王何必曰利？亦有仁义而已矣！"（《孟子·梁惠王上》）与孟子标榜仁义相反，墨子公然宣布"兴天下之利"。孟子的"何必曰利"符合中国人耻于言利的大众心理和价值取向，为历代统治者所提倡。墨子的尚利倾向却为中国人所不耻，至少在表面上如此标榜。儒家与墨家不同的历史命运可以在各自思想对中国人心理倾向和价值评判的一迎合、一逆忤中得到解释和说明。

3. 轻视自然科学的价值取向

大致说来，人文科学满足人的精神需要，自然科学满足人的物质需要。与义利之辨相对应，中国人历来对自然科学以及相关的科学技术采取避之而惟恐不及的态度。于是，修身、齐家、治国、平天下的道德修养和政治学说被奉为"大学"，意即高深、高等的学问；与之对应的小学是文字学、音韵学和训诂学。一目了然，无论高等的还是低级的学问之中都没有自然科学的位置，自然科学以及与之相关的科学技术根本不在学问之列！孔子、孟子所讲的仁涵盖了哲学、伦理、政治等人文科学的方方面面，唯独没有自然科学方面的内容。墨子所讲的兼爱不仅具有哲学和政治内涵，而且包括自然科学和工艺技术等内容。技术是达到利益的手段——在这一点上，科学技术与墨子所讲的兼爱异曲同工——价值是一样的。例如，为了兼爱，必须非攻；为了非攻，墨子研制了备城门、备高临、备梯、备水、备突和备蛾傅等技术、技艺和设备。这些科学技术和设施不再

是冰冷的器械，而是由于与兼爱的密不可分而有了爱的温度。除此之外，墨子的思想体系中还有一些自然科学方面的内容，如力学、物理学、光学、天文学和地理学等。工艺技巧在中国古代被贬为雕虫小技，热衷于自然科学被视为玩物丧志和不务正业，甚至被排斥在作为正途的科举考试的内容之外。由此不难看出，蔑视与崇尚自然科学与儒家、墨家之间一荣一辱的历史命运具有某种因果关系和内在联系。

总而言之，如果说以天为本和爱的呼唤是儒家、墨家在先秦成为"显学"的共同原因的话，那么，儒家、墨家之天和爱的意蕴内涵和社会效果的迥然相异则是两家历史命运相差悬殊的根本原因。具体地说，正如维护宗法等级制度、追求道德完善和轻视自然科学是儒家显赫地位的理论基石一样，兼爱平等、利益追逐和浓厚的自然科学情结及工艺技巧之长则是拉开墨家与儒家的学术地位之距离乃至使墨学最终沦为绝学的主要原因。

第三章　孔子与孟子思想比较

儒学拥有不同于道家、墨家、法家的思想内容和鲜明特征，这些通过儒家人物的思想具体展示出来。作为儒家思想的致思方向和价值旨趣的体现，儒家人物的思想之间具有不容否认的相似性和相同性。孔子与孟子常常被后人合称并提为"孔孟"，两人的学说即所谓的"孔孟之道"。"孔孟之道"一词侧重思想的相同、相合之处，而淡化乃至回避了其间的差异和不同之处。其实，孔子与孟子的思想既有相同的一面，又有相异的一面。这一点，通过对两人思想的比较可以看得更加清楚、明白。

第一节　"死生有命"与"天视自我民视"

天对于儒学至关重要，从儒学创始人——孔子开始，天便成为举足轻重的概念。与老子、庄子代表的道家和韩非代表的法家用道建筑哲学大厦不同，孔子和孟子都在天那里找到了人安身立命的最后依托。

一、孔子的冥冥之天

天在孔子那里有世界万物的本原之义。孔子断言："天何言哉？四时行焉，百物生焉。天何言哉？"（《论语·阳货》）言外之意是，天主宰着四时的运行和万物的生长，是宇宙万物的本原和主宰。天的主宰作用不是用言语命令完成的，一切都在自然而必然之中。值得注意的是，不尚虚谈的孔子在讲天时，并不关注天的本体状态和形上属性，而是始终从天与人的命运之间的关系入手谈论天。因此，在孔子那里，天本论是以天命论的形式表述出来的，天命论成为孔子本体哲学的主要内容。

孔子恪守天命论，信奉天对人吉凶祸福的决定和安排。因此，他把人的生死、寿夭、贫富和贵贱均视为上天事先安排好的命中注定，把人的道德禀赋、家庭组成、遇与不遇归结为天命。不仅如此，孔子遇事总要拿上天做解释，天也成为他诅咒发誓的终极凭证——对于这一点，在见南子之后面对子路的不悦，孔子的辩解便是明证。

这样一来，在对待天的态度上，孔子的做法便呈现出极大张力：一方面，孔子罕言天之状态，正如孔子的亲炙弟子——曾子所言："夫子之言性与天道，不可得而闻。"（《论语·公冶长》）另一方面，孔子断言人命天定，强调"不知命，无以为君子也"（《论语·尧曰》）。并且，孔子一面视天为不言不语、自然随机之物，一面又设想天关注人类、命人以命。孔子的论证旨在强调，上天与其赋予的人命究竟有何必然联系？只能说天决定人命，天对人命的注定在自然随机之中，完全出于无意之偶然。这样一来，在上天面前，就人既定的命运而言，人是完全消极、被动的受体。天命中没有任何人意因素，其包含的唯一成分就是天意——如果这个冥冥之中的上天还有意志的话。

二、孟子的天时地利人和

孟子认为，人的一切行为和命运都有一个主宰在操纵，这个神秘的主宰就是天命。他指出："莫之为而为者，天也；莫之致而至者，命也。"（《孟子·万章上》）这就是说，没有人叫它这样做，而竟然这样做了的，是天意；没有人叫它来，而竟然这样来的，是命运。对于人来说，天命就是一种无法预知的外在力量。

据《孟子·梁惠王下》记载，有一次鲁平公准备外出拜访孟子。鲁平公的宠臣——臧仓挑拨说："您为什么不尊重自己的身份，而先去拜访一个普通人呢？您以为孟子是贤德的，贤德之人的行为应该合乎礼义。可孟子未必是贤德之人。您还是不要去看他吧！"鲁平公说："好吧！"于是放弃了拜访孟子的念头。乐正子把这件事告诉了孟子。对此，孟子解释说："行，或使之；止，或尼之。行止，非人所能也。吾之不遇鲁侯，天也。臧仓之子焉能使予不遇哉？"（《孟子·梁惠王下》）在孟子看来，一个人去干什么或不干什么都不是单凭自己的力量可以做得到的，一切都是天意使然。自己之所以不能与鲁君相遇，这是天意，并非臧仓三言两语的挑拨离间所能改变的。

到此为止，孟子把天命视为一种外在于人的、人无法干预又受制于它的异己力量，与孔子对天命的理解别无二致。接下来的内容显示，与孔子不同的是，在许多场合，孟子把人为的力量与天命相提并论，用人和天的双重因素来论证政权的更替和胜败得失。例如，相传远古之时，尧感到自己老了，便把王位禅让给舜，而没有世袭给自己的儿子——丹朱。对此，孟子的弟子——万章请教说：听说尧把天下给了舜，有这回事吗？孟子回答说：没有这回事，因为天子不能把天下传给别人。万章问道：那么，舜有天下，是谁给他的呢？孟子回答说：是天给他的。万章又问：是天反复叮咛告诫他的吗？孟子回答说：不是的。天不能说话，只是拿行动和工作来表达罢了。他进一步解释说，天子能向天推荐人，却不能强迫天把天下给他。尧将舜推荐给了天，叫舜主持祭祀，所有的神明都来享用，这表明天接受了；尧又把舜公开介绍给老百姓，叫他主持工作。工作搞得很好，老百姓很满意，这表明老百姓接受了。舜帮助尧治理天下共28年，这不是某一个人的意志能够做得到的，这是天意。尧死了，三年之丧期满后，舜为了使丹朱继承王位，自己逃到了南河的南边。可是，天下的诸侯不到丹朱而到舜那里去朝见天子，打官司的人不到丹朱而到舜那里去，歌颂的人不歌颂丹朱而歌颂舜。这样，舜才回到了朝廷。这表明，舜有天下，是天授予的，也是人授予的。最后，孟子引用《尚书·泰誓》中的诗曰"天视自我民视，天听自我民听"，在天命中加入了民意的内容。

更有甚者，在某些场合，孟子把人心的向背和人为的努力视为决定胜负的关键力量，得出了"天时不如地利，地利不如人和"（《孟子·公孙丑上》）

的结论。在他看来，个人的荣辱、家世的成毁和国家的安危都取决于人自身，都是人自身行为的结果。在这个意义上，他断言："夫人必自侮，然后人侮之；家必自毁，而后人毁之；国必自伐，而后人伐之。"（《孟子·离娄上》）

第二节　"唯上智与下愚不移"与"万物皆备于我"

认识哲学的全部问题都可以还原为能不能认识和如何认识的问题。对于人的认识能力和认识方法，孔子与孟子的观点主要集中在以下几个方面：

一、能否认识

一方面，孔子断言人的认识能力生来平等，一切差别都是后天形成的——"性相近也，习相远也。"（《论语·阳货》）这表明，在对人的认识能力的认定上，孔子从人性哲学的角度否认了先天的君子与小人之别，宣称人人具有相同的认识能力。另一方面，孔子相信人生来就有上智与下愚之分，这种差异是后天的努力无法改变的——"唯上智与下愚不移。"（《论语·阳货》）不仅如此，他还按照认识能力的不同，把人分为四个等级。孔子声称："生而知之者上也，学而知之者次也，困而学之，又其次也；困而不学，民斯为下矣。"（《论语·季氏》）在他看来，生而知之者具有上等的智慧，不用学习便可通晓天下所有的道理；下等的愚鲁之人遇到困惑也不肯学习，永远摆脱不了愚昧的状况。这就是说，循着孔子的逻辑，上等人的智慧是上天的恩赐，这种先天的优势后天无法改变；同样，下等人的先天不足无望在后天有所改变，只能永远生活在下贱的困扰和阴影之下。

在此，孔子强调，生而知之者只是极少数人，并且自称"吾非生而知之者，好古敏以求之者也。"（《论语·述而》）对于大多数人而言，都是学而知之和困而学之的中等人。有鉴于此，他重视后天的学习，主张"多闻阙疑"、"择其善者而从之"，试图通过后天的学习丰富知识，提高道德修

47

养。这肯定了一般人具有认识和学习的能力。不仅如此，孔子在因材施教的过程中，善于根据学生不同的认识和理解能力教以不同内容。正如他自己所说："中人以上，可以语上也；中人以下，不可以语上也。"(《论语·雍也》)按照这个逻辑，具有中等以上智慧的人，可以教给他高深的学问；具有中等以下智慧的人，不能教给他高深的学问。诚然，智高教低，味如嚼蜡，是对人才的浪费；智低教高，不知所云，是对时间和知识的浪费。从这个意义上说，因材施教本身具有积极意义，是值得提倡的教学方法。问题的关键是，就人的认识能力和权利而言，如果智低者只能学低级的知识，反过来，低等的知识又使智力低下者永远在低智中徘徊。这种恶性循环在拒绝对鲁愚之人进行高深学问教育的同时，是不是也否定了有些人具有的认识能力和理解能力、部分地剥夺了他们受教育的权利？这与"下愚不移"一样否定了一些人的认识能力和权利。进而言之，对这部分人的认识能力的否定与上智不移一起从认识和人性哲学的高度加固了人与人之间的不平等，其实是本体哲学领域上天赋予人不同命运的观点在人的认识能力方面的具体反映。

孟子宣称："人之所不学而能者，其良能也；所不虑而知者，其良知也。"(《孟子·尽心上》)这就是说，人生来就有认识本能，这种认识本能人人皆有，是一种与生俱来的先天良知。作为先验之知，良知无所不知、无所不包，涵盖宇宙间的一切道理。因此，凭此良知便可分辨一切是非、真伪和曲直。正是由于良知是人的先天本能，人人皆有、圣凡同具，与生俱来的前提下，他进而指出，只要保养这种先天的良知、良能不使丧失，并在养心、尽心和存心中使之得以充分显露和发挥，"人皆可以为尧舜"。这从可能性的角度论证了人都具有认识能力，同时肯定了这种认识能力的人人平等。

二、如何认识

在孔子那里，从主体的认识能力来看，对于智商平平、不可语上的一般人而言，知天命已属奢望。从认识客体——天的存在状态来看，天之不言神秘、随机莫测更是堵塞了人窥视天机的途径。因此，尽管孔子说过"不知命，无以为君子"（《论语·尧曰》）之类的话，并自述"五十而知天命"，给人一种天命可知的印象，可是，孔子所讲的"知天命"不仅耗时甚久、劳神甚巨，而且从其整个思想和上下文的语意来看，不是弄懂、洞彻天命真谛之意，而是指知道了人的一切生死、贵贱最终都由上天操纵，人对之无可奈何。至于上天根据什么法则安排每个人的命运、人与人之间命运不同的最终原因是什么，恐怕还是不得而知。

基于对天命的这种理解，在待命的方法上，孔子以"畏"为主，把"畏天命"置于君子的"三畏"之首。不仅如此，他还主张人用祭和祷等手段与鬼神、上天沟通，用后天的恭敬、审慎和安贫乐道来承受命运。

孟子所讲的"万物皆备于我"（《孟子·告子上》）便是人知性、知命、知天的状态。进而言之，人之所以可以知命、知天，是因为人生来就有良知、良能，并且"心之官则思，思则得之"（《孟子·告子上》）。在他看来，心具有思维功能，通过充分扩大和发挥心的作用，便可把握万物之理，知晓人性天命。对此，孟子解释说，心与耳目之官不同，耳目等感觉器官不会思维，往往被外物蒙蔽而误入歧途；心具有思维本能，通过思考可以通晓万物之理。因此，通过充分扩张心的作用，便可获取认识上的绝对自由，达到知性、知天进而事天、立命的境界。于是，孟子宣称："尽其心者，知其性也。知其性，则知天矣。存其心，养其性，所以事天也。夭寿不贰，修身以俟之，所以立命也。"（《孟子·尽心上》）在此，孟子不仅主张天命可知，而且以知天命为基础，提出了安身立命之方。为了更好地安身立命，孟子告诫人们一切顺应天命，以接受正命。他断言："莫非命也，顺受其正；是故知命者，不立乎岩墙之下。尽其道而死者，正命也；桎梏而死者，非正命也。"（《孟子·尽心上》）这表明，死亡有两种类型：一种是尽力行道而死，这种人所受的是正命；一种是犯罪而死，这种人所受的不是正命。因此，懂得命运真谛的人不站在将要倾倒的墙壁之下，而是顺理而行、接受正命。为了迎接正命，孟子倡导人居天下之安宅（仁）、行天下之正路（义），做充满浩然正气的大丈夫。

第三节 "性相近"与"道性善"

人性论是中国哲学恒提恒新的话题，早在先秦时期就成为热门话题。儒家尤为关注人性问题，孟子与荀子展开了人性的善恶之争。在对人性的看法上，孔子与孟子的观点并不相同。

一、"性相近也"

关于人性，《论语》留下了一句"子曰：'性相近也，习相远也。'"（《论语·阳货》）在此，孔子对人性先天的善恶不加理会，强调的是后天作为和修养造就的君子与小人之别。在他看来，从本性上说，人与人之间的差别并不大，是后天的因素拉大了其间的距离。那么，归根到底，在本性上、在人性之初，人究竟近于什么——是同于善还是同流合污？孔子并没有定论。这种避而不谈不禁使人想起了他在本体哲学领域相信天命与远敬鬼神的矛盾。在中国传统哲学中，天命与鬼神具有某种内在联系，这正如"天志"、"明鬼"与"非命"构成了墨子本体哲学的三位一体一样。可是，孔子一面相信天命为有，一面淡漠鬼神。这除了理论上的困惑和迷惘之外，最主要的是出于道德方面的考虑。在孔子看来，如果认定人死后有知，可能导致孝子贤孙弃生而送死；如果认定人死后无知，可能导致不孝子孙遍弃死者、不予埋葬。无论哪种问答都不利于人的现实生活，最后只得对鬼神存而不论。循着这个逻辑，认定人性本善，便淡漠了后天学习的重要性；断言人性为恶，便杜绝了从善的可能性。所以，思前想后，只得语焉不详。

此外，《论语》有云："子不语怪、力、乱、神。"（《论语·述而》）孔子坚持"毋我"原则，不谈论高远虚玄、渺不可闻之事。根据孔子的一贯作风，对于有伤道德礼义的事，不仅不去做，而且连看也不看、说也不说——力、乱属于此；对于没有事实根据的事，也不屑去评说——怪便属于此，性与命也在其列。所以，孔子不加妄断。这与孔子讲究事实依据、反对道听途说的做法是相通的。孔子把道听途说的无稽之谈视为与道德相悖的坏毛病，指出"道听而涂说，德之弃也"（《论语·阳货》）。

二、"孟子道性善"

孟子对人性的本质进行了界定，阐释了人性的内容，还从先天的人性与后天的行为修养和社会环境的关系入手说明了人性的失与养。

孟子不仅最早建构了完备的人性理论，而且是性善说的首创者。《孟子》曰："孟子道性善，言必称尧舜。"（《孟子·滕文公上》）具体地说，孟子之所以断言人性善，是因为他认为人生来就有"四心"（即不忍人之心——又称恻隐之心、羞恶之心、辞让之心——又称恭敬之心和是非之心）。"四心"是仁义礼智的萌芽，其与生俱来说明人心都悦理义、良知为人性所固有。与此同时，孟子强调，尽管心与身都是人与生俱来的，然而，耳目口鼻四肢以及由此产生的寒而欲暖、饥而欲食等并非人的本质属性，凭此不能把人与禽兽区别开来。他指出："人之有道也，饱食、暖衣、逸居而无教，则近于禽兽。"（《孟子·滕文公上》）只有"四心"才是人的本质属性，正是它们使人真正脱离动物界而成为天地之间最高贵的存在，并且促成了人群之中君子与小人之别。于是，孟子一再宣称：

> 人之所以异于禽兽者几希，庶民去之，君子存之。舜明于庶物，察于人伦，由仁义行，非行仁义也。（《孟子·离娄下》）

> 君子所以异于人者，以其存心也。君子以仁存心，以礼存心。（《孟子·离娄下》）

基于上述认识，孟子断言："从其大体为大人，从其小体为小人。"（《孟子·告子上》）这表明，孟子所讲的性善，是就人的社会属性而言的，其具体内容就是"四心"即仁、义、礼、智。正是基于对人性本善的认定，孟子督促人养心、存心和尽心，以保持善良本性常驻不失。

与此同时，孟子注意到了后天环境对人性的改变和影响。他举例解释说，要想让某人学习齐国话，请一个齐国人教他，众多的楚国人在旁边干扰。这样一来，即便每天拿着鞭子打他，他也学不会齐国话；如果把这个人带到齐国住上几年，你再拿着鞭子让他说楚国话也不可能。再有，丰收之年，弟子多半懒惰；灾荒之年，弟子多半暴乱。造成这种差别的原因并非不同年头生下来的孩子天然资质不同，而是后天的环境改变了人的心性。懒惰和暴乱之行的产生并不是因为人性天然如此，而是其本性丧失的缘故。孟子又以"牛山之木"为例说，牛山曾经郁郁葱葱、茂盛俊美，由于位于繁华人多的大国之郊，人们总用斧斤去砍伐它。尽管树木在雨露的滋润下日夜生长，时时萌发新的幼芽，然而，由于牛羊的践踏和啃食，牛山最终还是变成了濯濯的不毛之地。人们看到牛山光秃秃的寸草不生，还以为牛山本性如此、从来没有长过树木呢。其实，这哪是牛山的本来面目呢？牛山之木如此，人性也是这样。人之所以会犯上作乱、行为暴戾，并非本性如此，而是后天的环境使然——是后天的环境使其本性丧失的缘故。循着这个逻辑，孟子呼吁，要使善良的本性在心中永驻，不仅要存心、养心，而且还必须"求放心"——把丢掉的善良本性找回来。

孟子进而指出，"求放心"的根本途径是"寡欲"——保养人性最好的办法就是减少欲望。他断言："养心莫善于寡欲。其为人也寡欲，虽有不存焉，寡矣；其为人也多欲，虽有存焉，寡矣。"（《孟子·尽心下》）孟子认为，要真正做到"寡欲"，不为物利而忘掉理义，就必须"养吾浩然之气"，用"志"来主宰身体，使耳目口鼻不为物欲所引，从而达到"穷不失义，达不离道"、"穷则独善其身，达则兼善天下"（《孟子·尽心上》）的道德自觉，居天下之仁、立天下之礼、行天下之义，始终如一、坚贞不屈，"富贵不能淫，贫贱不能移，威武不能屈"（《孟子·滕文公下》）。这样一来，人便可以日夜与仁义为伴，使善良之性不为外物所夺，从而达到养心、尽性的目的了。

第四节 "为政以德"与"行不忍人之政"

儒家具有治国平天下的道义担当，因而热衷于治世。在政治哲学领域，孔子主张德治，孟子向往仁政。

一、"为政以德"

孔子主张德治，反对一味地惩罚和刑杀。他认为，刑罚可以使老百姓免于犯罪，却不能从根本上解决问题。与刑罚不同，道德可以通过内在力量进行自我约束，不仅使人具有羞耻心，而且可以让人行动起来规规矩矩。于是，孔子说："道之以政，齐之以刑，民免而无耻；道之以德，齐之以礼，有耻且格。"（《论语·为政》）基于这种认识，他呼吁统治者实行德治："为政以德，譬如北辰，居其所众星共之。"（《论语·为政》）凭借道德来治理国家，像北极星一般安静地居于一定的位置，所有别的星辰都环绕着自己。这句话的意思是说，统治者以德治国，便可使人心悦诚服，得到老百姓的拥护和爱戴。一次，鲁哀公的正卿季康子向孔子请教政治。季康子问："杀无道，以就有道，何如？"孔子对曰："子为政，焉用杀？子欲善而民善矣。君子之德风，小人之德草。草上之风，必偃。"（《论语·颜渊》）孔子的回答意思是说，只要您想把国家治理好，老百姓自然会好起来。原因在于，统治者的作风好比是风，老百姓的作风好比是草。风向哪边吹，草自然向哪边倒。例如，"临之以庄，则敬；孝慈，则忠；举善而教不能，则劝。"（《论语·为政》）在他看来，统治者对待老百姓的事情严肃认真，老百姓对他的命令也会严肃认真；统治者带头孝敬父母、慈爱幼小，老百姓就会对他尽心竭力；统治者带头重用有才能的人，教导没有才能的人，老百姓就会相互勉励。如此说来，仁、义、礼、智、信等道德足以治理好国家，还用什么刑罚和杀戮呢？必须指出的是，孔子主张以道德来治理国家，并不完全否认法律的作用。孔子曾说："君子怀刑，小人怀惠。"(《论语·里仁》)君子心中时刻怀念法度,只有小人才总想着恩惠。他认为,统治者治理国家,对于道德和法律两种手段只能是道德为主、法律为辅。

进而言之,孔子用道德力量统治国家的具体做法,除了"使民以时"、轻征薄敛等经济措施之外,主要是实行礼乐教化。其中,最重要一条就是统治者以身作则的道德表率作用。对于什么是政治,孔子解释说:"政者,正也。子帅以正,孰敢不正?"(《论语·颜渊》)意思是说,所谓的政治,其实就是端正自己。如果统治者率先端正了自己,那么,老百姓谁还敢不端正自己呢?对于统治者来说,"其身正,不令而行;其身不正,虽令不从。"(《论语·子路》)统治者端正了自身的思想和行为,不用发号施令,事情也行得通;如果自身不正,虽然三令五申,老百姓也不会信从。于是,孔子得出了这样的结论:

> 上好礼,则民莫敢不敬;上好义,则民莫敢不服;上好信,则民莫敢不用情。(《论语·子路》)

> 苟正其身矣,于从政乎何有?不能正其身,如正人何?(《论语·子路》)

这就是说,统治者是否能自正其身是能否治理好国家的关键。如果统治者带头端正了自己的行为,那么,上行下效,治理好老百姓便没有困难;如果当权者连自己都端正不了,那还谈什么端正别人呢?这便是"为政以德"的根本所在。

二、"行不忍人之政"

孟子从人皆有不忍人之心出发,推出了不忍人之政。他说:"人皆有不忍人之心。先王有不忍人之心,斯有不忍人之政矣。以不忍人之心,行不忍人之政，治天下可运于掌上。"（《孟子·公孙丑上》）"不忍人之政"又称"仁政"，是孟子追求的理想制度，也是其政治思想的核心。具体地说，仁政包括以下几个方面：

1. 井田制和经济保护措施

孟子指出，没有固定的产业或收入却坚守一定的道德观念和行为准则，只有士才能做到。对于一般老百姓来说，无恒产则无恒心。无恒心，便会胡作非为、违法乱纪。等老百姓犯了罪再去处罚他们，那等于陷害。因此，英明的君主治理国家先要规定人们的产业，使之有一定的恒产。孟子进而指出，使民有恒产的最好办法是实行井田制。因此，实行仁政要以划分井田为开端："夫仁政，必自经界始。……经界既正，分田制禄可坐而定也。"（《孟子·滕文公上》）在他看来，实行井田制的具体办法是：每一方里的土地为一块井田，每一块井田有900亩，当中100亩为公田，以外800亩分给8家作私田。这8家共同耕种公田，先把公田耕种完毕，再来料理私人的事务。关于赋税，郊野用9分抽1的助法，城市用10分抽1的贡法。公卿以下的官员分给供祭祀的圭田，每家50亩；如果还有剩余的劳力，每个劳力再分给25亩。这样，无论是埋葬或者搬家都不离开本乡本土。共同耕作同一井田的各家各户平日出入相互友爱，防御敌人或盗贼相互帮助，有了疾病相互照顾。这样一来，老百姓之间便亲爱和睦了。（详见（《孟子·滕文公上》）

与此同时，孟子强调，实行仁政必须采取经济保护政策。这些措施主要有：减少税收，轻征薄敛以减轻老百姓的经济负担；让老百姓有时间深耕细作、早日除草，以保证不违农时、使收获的谷物吃不了；规定太细的网（即"数罟"——古代4寸即现在9.2厘米也就是说2寸7分6厘以下的网叫密网）不得入池捕鱼，这样才能保护鱼苗，使鱼吃不完；规定以时入山林，使树木用之不竭。

孟子认为，实行了井田制、并采取了经济保护措施之后，老百姓的生活基本上就有了保障："仰足以事父母，俯足以畜妻子，乐岁终身饱，凶年免于死亡。"（《孟子·梁惠王上》）老百姓生活上有了保障，再驱之向善也就容易了。

2."或劳心或劳力"的社会分工和秩序

孟子指出，每个人的生活都需要各种工匠的成品。如果从耕种到纺织再到制造机械等每件事都自己一个人来做，就会疲于奔命，这是行不通的。对于一个社会来说，既有官员的管理工作，又有人民的劳动工作。有的人从事脑力劳动，有的人从事体力劳动。从事脑力劳动的人统治别人，从事体力劳动的人受人统治；受人统治的人养活别人，统治别人的人靠人养活，这是天经地义的。有鉴于此，孟子强调，实行仁政必须有良好的社会分工。只有进行"或劳心，或劳力"的社会分工，才能使统治者有闲暇时间做管理工作、公益事业和教化百姓，才能使人民不仅丰衣足食，而且民风淳厚。

3.以德服人、保民而王

孟子具有民本意识，实行仁政的一个重要方面就是对人民给予一定的同情和关照。他不止一次地宣称：

> 民为贵，社稷次之，君为轻。（《孟子·尽心下》）

> 天下之本在国，国之本在家，家之本在身。（《孟子·离娄上》）

这就是说，对于一个国家来说，最宝贵的是人民。只有得到人民的理解和支持，才能保全社稷和天下。在这个意义上，孟子又说："保民而王，莫之能御也。"（《孟子·梁惠王上》）基于对人民的同情和统治的需要，孟子告诫统治者治理国家的根本和关键在于安民保民。进而言之，安民保民的具体措施主要包括两个方面：第一，省刑罚，以德服人。孟子认为，治理国家的主要手段是礼乐教化，只要统治者带头行仁义，便可安保四海。于是，他说："老吾老，以及人之老；幼吾幼，以及人之幼。天下可运于掌。……故推恩足以保四海。"(《孟子·梁惠王上》)基于这种认识，孟子要求统治者"贵德而尊士，贤者在位，能者在职；国有闲暇，及是时，明其政刑。"与此同时，统治者还必须以德服人，而不应该仗势欺人。这是因为，"以力服人者，非心服也，力不赡也；以德服人者，中心悦而诚服也。"(《孟子·公孙丑上》)因此，孟子宣称："天下有道，小德役大德，小贤役大贤；天下无道，小役大，弱役强。斯二者，天也。顺天者存，逆天者亡。"(《孟子·离娄上》)第二，实行礼乐教化。孟子设想，在老百姓有了衣食保障之后，办理各种学校，反复讲述孝悌忠信之道，使之"入以事其父兄，出以事其长上"(《孟子·梁惠王上》)。在此，孟子特别强调礼乐教化和教育的重要性。他写道："善政不如善教之得民也。善政，民畏之；善教，民爱之。善政得民财，善教得民心。"(《孟子·尽心上》)这就是说，统治者只有善于教化，才能深得人心；只有深得人心，才能称王于天下。

总之，在孟子看来，只要统治者实行仁政，天下的人便不召自来，于是称王于天下易如反掌。他断言："今王发政施仁，使天下仕者皆欲立于王之朝，耕者皆欲耕于王之野，商贾皆欲藏于王之市，行旅皆欲出于王之涂，天下之欲疾其君者皆欲赴愬于王。"(《孟子·梁惠王上》)

第五节　比较的结论

通过孔子、孟子思想的比较可以得出一些认识。这些既有助于把握孔子与孟子思想的异同关系，又有助于体悟儒学的一贯诉求和思想特色。

一、本体哲学领域

与汉儒、宋儒相比，孔子和孟子代表的原始儒家疏于纯粹的形而上学的建构，两人的本体哲学主要是通过对天和天命的阐释而展开的。

正如以道为本使老子、庄子和韩非的本体哲学富有形上意蕴一样，以天为本使孔子、孟子的本体哲学滑向颇具形下色彩的人生哲学和道德哲学。与老子把道描绘得"玄之又玄"、"惚兮恍兮"不同，孔子和孟子所讲的天尽管有虚无缥缈的成分，然而，两人所讲的天始终与人生密切相关。两人都把人的命运寄托于天，表现了对天的极大尊崇。一方面，孔子、孟子在本体哲学的建构上与效法自然之道的老子、庄子和韩非相去甚远，却拉近了与墨子的距离。另一方面，孟子的天命论在继承孔子的基础上又有新的拓展和发挥——在强调人命天定的同时，给人为的进取和努力留下了用武之地。孟子的这一做法使孔孟的本体哲学显示了不容忽视的差异性：如果说孔子之天俨然一尊不可泄露的神秘之神的话，那么，孟子之天则加入了人意之气息；如果说天命论是孔子本体哲学的唯一内容的话，那么，孟子的本体哲学则是天命论和人命论的综合；如果说天命论推崇的天是不以人的意志为转移的绝对的异己力量的话，那么，天命人命论所膜拜的天似乎在倾听和理解人的呼声，天意中融汇了某种人的主观精神之暗流。这些差异证明孔子、孟子所宣扬的天尤其是上天对人的命运的决定不可同日而语。

对天的本体建构直接影响到人对上天的认识和把握。从心理感受上看，孔子觉得心中"空空如也"，一点知识也没有；孟子却说"万物皆备于我"，心中充满了宇宙万物之理。这使孔子、孟子的认识哲学在某种程度上显现了不可知论与可知论之差。从对人的认识能力的鉴定上看，孔子的"唯上智与下愚不移"注重人的认识能力的参差不齐，孟子的良知人皆有之宣称人人都有与尧舜等同的认识能力。正因为如此，孔子与孟子的思想呈现出等级与平等之别。从待命的方法上看，孔子主张敬畏天命，战栗慎独；孟子向往尽心、知性而知命、知天。这显然与两人在本体哲学领域的不同观点，一脉相承，同时流露出消极与积极、等待与进取的不同态度。

二、政治哲学领域

孔子向往德治，反对一味地刑罚。孟子反对以力服人的力政、暴政，倡导不忍人之政。可见，两人以道德手段治国平天下的政治理念别无二致。在礼乐教化的过程中，孔子一再讲统治者要宽容，宽则容众，容则民信。统治者宽宏大量，便可使近者仰慕爱戴，远者投奔而来，从而使臣民日益增多；宽容可以得到老百姓的信任，使百姓更容易听从统治者的感召、引导和教化。孟子强调，王道、仁政的重要标志就是以理服人、以德感人。在此，孔子、孟子都用积极主动的手段达到治国平天下的目的，相信人有向善的欲望和能力、能够听从说服教育。如果说前者拉开了与提倡无为而治的道家的距离的话，那么，后者则在积极有为的层面上与热衷于功利的墨家泾渭分明。

孔子、孟子思想的相同性和差异性为界定孔孟之道的真实内涵提供了第一手材料和直接证据。从逻辑上讲，孔孟之道不应该囊括孔子和孟子的全部思想，也不可能是两者的不同点，而只能是其相同之处。那么，通过上面的分析，孔子与孟子思想的相同之处究竟是什么呢？

孔子与孟子在本体哲学和认识哲学领域的差别是原则性的，思维方式和价值旨趣大相径庭。因此，两人思想的相同之处显然不存在于这两个领域。两人思想的相同之处显然集中于政治哲学领域。进而言之，在政治哲学领域，孔子、孟子思想的共同之点又是什么呢？

其一，在教民理国上，孔子、孟子都信任仁义道德的力量而反对一味地暴力或刑杀，强调统治者自身的表率作用。两人设想在统治者的感化下，以理服人、以德服人，实施礼乐教化，推行上行下效的统治路线。尤其需要指出的是，孟子的仁政思想是对孔子以德为主、刑罚为辅思想的继承和发展。这一思想倾向成为儒家治国的基本主张。

其二，孔子、孟子都主张先富后教，强调在礼乐教化的过程中采取适当的经济保障措施。孔子周游列国时，看到某一地区人口稠密，就想着尽快使其富裕起来；富了之后加以教育——设庠序之学，教以君臣父子、人伦日用之礼。孟子无恒产则无恒心的说法也是先让百姓老有所赡、幼有所养，在凶年不至饿死、丰年得以温饱的基础上实施礼乐教化。

其三，孔子、孟子提倡的教化内容既不是法家的法律条文，也不是墨家的功利主义，而是先王圣贤垂训的仁义道德。

不难看出，孔子、孟子思想的相同点一言以蔽之即洋溢着人文关怀的道德主义。两人都崇尚道德，其道德的至高无上性的观点不囿于政治领域，而且辐射到各个领域。例如，孔子、孟子所讲的仁义礼智信等道德观念和道德行为与天、天命有着某种必然联系，所以，天命论才成为两人本体哲学的中心内容、知天待命则随之成为其认识哲学的核心话题之一。这也解释了为什么尽管孔子、孟子对天的具体界定和对待不同，却都沿袭了殷周以来"以德配天"的思路，企图通过后天的道德修养来体认和顺从天命。其实，不论是对宇宙本体的追求和对待，还是对社会群体的治理，以至于对家庭关系的理顺，孔子、孟子都把希望寄托于道德手段的行使。这使其本体哲学、认识哲学和人性哲学都与伦理道德以及人的道德修养密切相关。就本体和认识哲学而言，孔子"畏天命"而以安贫乐道来待命、孟子在四心与生俱来的前提下让人通过尽心行仁义于天下而修身、事天。再如，孔子孟子人性哲学的差异从一个侧面证明了两人相同的道德主义情结。如前所述，孟子对人性的界定主要做法是把仁义礼智"四心"说成是人与生俱来的本能，告诉人"四心"是天经地义的行为规范，人理所当然地要加以弘扬和遵循。这实际上是从人性哲学的角度论证了仁义礼智的正当性和合理性。孟子的这个做法与孔子建构庞大的伦理思想体系以突出仁、忠、恕、孝、悌等伦理范畴具有异曲同工之妙——弘扬仁义礼智信忠孝之善。在此，孔子、孟子论证的道德哲学与人性哲学的角度之差恰好证明了两人坚贞不渝的道德主义情怀和视域。

三、孔孟之道

不论如何界定孔孟之道，有一点是不容忽视的，那就是：作为孔子、孟子思想的共同特征，对仁义礼智之道德的提倡和道德主义情怀应该是孔孟之道的主要内涵之一。接下来的问题是，这一内涵表明，孔孟之道在确切的意义上是政治学或伦理学概念，而不是哲学范畴——尤其不适合在审视孔子、孟子的本体和认识哲学领域使用。推而广之，与孔孟之道类似的还有儒家乃至诸子百家等称谓。这不能不引发这样的问题：孔子、孟子的本体或认识哲学是否能并提为孔孟之道？进而言之，在研究先秦哲学或对先秦诸子百家的哲学进行分类时，把孔子与孟子归为一家是否合适？如果非把两人归在一起不可，那么，其视角和标准是什么？这种划分和孔孟之道的提法是否适用于对先秦乃至整个中国传统哲学的分类和研究？明确了孔孟之道的内涵则不难看出，用孔孟之道去表达孔子和孟子的思想学说时还在无形中隐去两人的本体、认识哲学思想，其政治、伦理思想则被无端扩大乃至成为唯一内容。

与此相联系，目前学术界流行一种看法，那就是：中国没有哲学。由此缘起，中国哲学面临尴尬处境，其存在的合理性、合法性成为亟待辩护的问题。退而言之，即使有人承认中国有哲学，也认为中国哲学疏于本体论证、充其量是一种道德哲学。这些评价和看法的产生，除了用西方哲学的标准来衡量中国哲学这个原因之外，在某种程度上是否受了诸如孔孟之道提法的影响？哲学不是宗教，它的家园在人间。这使人作为哲学恒提恒新的主题，是永远也不应缺席的主角。从这个意义上说，只有把自己的目光投入到人的世界，关注人的存在、人的发展和人的价值，哲学才有旺盛的生命力。与此相关，关心人的存在、境遇和未来，并不损害哲学的崇高和神圣。以此为准来衡量中西哲学，也许会发现中国哲学更具哲学神韵。在这方面，儒家哲学也是如此。儒家乃至中国哲学之所以会给人不是哲学的印象，孔孟之道之类的称谓以及与此相关的用政治、伦理标准划分诸子百家的做法难辞其咎。有鉴于此，在回答中国是否有哲学或重新解读中国哲学时，必须抛开类似于孔孟之道的话语称谓和思维框架，用内涵确定、严谨的范畴，按照先秦乃至整个中国哲学发展的实际情况和特点来诠释其内涵意蕴和精神风采，还原其本真状态，进而揭示其脉络沿革和递变规律。

第四章　孔子与孟子之仁比较

孟子未能亲自聆听孔子的教诲，却对孔子倾慕不已，矢志不渝地奉孔子为精神导师。孟子的真情告白"予未得为孔子徒也，予私淑诸人也"(《孟子·离娄下》)坦率真诚、感人至深，而私淑的直接后果便是"乃所愿，则学孔子也"(《孟子·公孙丑上》)。孟子对孔子的心仪注定了与孔子学说一脉相承的渊源关系，也预示了两人思想的相似性和一致性。不仅如此，在后续的历史发展中，孟子被确定为孔子思想的正宗传人，与孔子一起被并称为"孔孟"，二人的思想被合称为"孔孟之道"。在这种审视维度和话语模式中，孔子与孟子思想的相同点、相似性一再被凸显、被放大，其间的相异性、不同点却被有意无意地隐去了。其实，正如两人思想的相同性无可辩驳一样，孔子与孟子思想的不同点同样不容置疑。否认或夸大任何一方都不利于理解孔子与孟子的思想以及两人的思想关系。

仁是孔子和孟子共同关注的焦点，体现出来的同异参半是两人学术关系的生动写照。因此，以仁为切入点，可以更直观地领略孔子与孟子学说的辩证关系。研究、比较孔子与孟子之仁，既可以从中体会孔子与孟子思想的相似处和相同点，也能够领略两人思想的相异性和不同处。

第一节　相同的价值目标和理想追求

孔子以博学著称，建构了庞大的思想体系。对于自己的学说，孔子声明："吾道一以贯之。"(《论语·里仁》)值得注意的是，孔子并没有直接点明贯通自己思想、把自己的整个学说统一起来的"一"究竟是什么。对此，他的弟子曾子一语道破的解释——"夫子之道，忠恕而已矣"（《论语·里仁》）证明了"一"就是仁所标志的忠恕之道，仁是贯穿孔子整个思想体系的主线。孟子终身为弘扬仁而不遗余力，并在本体、认知、人性和政治等诸多领域对仁加以阐扬。孔子、孟子对仁的推崇和理解使两人的思想呈现出极大的相同点和相似性。

一、仁义道德而非物质利益

人生的意义何在？人们言论的理论初衷和行动的最终目的是什么？孔子和孟子都把这些问题的答案归结为仁。

孔子对道义如饥似渴，坦言"朝闻道，夕死可矣"（《论语·里仁》）。对道义的渴望使孔子不仅甘愿为仁义而独守贫贱，恪守"不义而富且贵，于我如浮云"（《论语·述而》）；而且视道重于生命，宣称"志士仁人，无求生以害仁，有杀身以成仁"（《论语·卫灵公》）。不仅如此，孔子极力彰显仁对于人的至关重要性，断言"人而不仁，如礼何？人而不仁，如乐何？"（《论语·八佾》）沿着这个思路，他大声疾呼人不可须臾违仁——"君子无终食之间违仁，造次必于是，颠沛必于是。"（《论语·里仁》）这表明，孔子把仁奉为人生的最高境界和美好品德——"好仁者，无以尚之。"（《论语·里仁》）仁也因此成为人生的价值目标和理想追求。

孟子对人的行为进行剖析，把人的行为动机划分为势不两立的两个阵营。正是在这个意义上，他断言："鸡鸣而起，孳孳为善者，舜之徒也。鸡鸣而起，孳孳为利者，蹠之徒也。欲知舜与蹠之分，无他，利与善之间也。"（《孟子·尽心上》）这就是说，在孟子的视界中，仁义之善与物质之利是截然对立、不可调和的，人们的行为或为善、或为利，只能选择其一，绝没有妥协的余地。至于选择什么，循着他的价值观，当然毅然决然地惟仁义之善莫属。他坚信，人生的目的就是排斥物利而臻于仁义之善——终身追求仁义。由是，孟子呼吁以仁义为志，以居仁由义为人生的价值目标和生存意义。据载：

王子垫问曰："士何事？"孟子曰："尚志。"曰："何谓尚志？"曰："仁义而已矣。杀一无罪，非仁也；非其有而取之，非义也。居恶在？仁是也；路恶在？义是也。居仁由义，大人之事备矣。"（《孟子·尽心上》）

"尚志"、"养浩然之气"是孟子所首推的，而这些归根结底都与仁义有关——具体操作和基本内容便是以居仁由义为事业。更有甚者，孟子断言："仁也者，人也。合而言之，道也。"（《孟子·尽心下》）这个定义把仁说成是人的本质属性，由此强化了仁对于人的意义，在肯定是仁使人与禽兽区别开来、拥有自身的本质规定的同时，明确了人的作为、价值和存在意义——由仁义行。基于此，孟子一再强调：

仁，人之安宅也；义，人之正路也。（《孟子·离娄上》）

仁，人心也；义，人路也。（《孟子·告子上》）

孟子的上述说法使仁由君子之德和得道者的高尚之举转变成人人都不可推诿的责任和义务，在使仁下放的同时扩大了仁的行为主体，从而更加普遍化。

总之，在孔子、孟子的人生目标和价值系统中，人的生存意义在于为仁，"杀身成仁"是死得其所。为仁而生、为仁而死是孔子、孟子之间的共识。

二、爱人而非人情淡漠或尔虞我诈

孔子、孟子不仅都好仁、为仁，而且都用爱来诠释仁，致使爱人或本着怜爱、恻隐之心处理人际关系成为仁最基本也最主要的含义。

孔子最早赋予仁以"爱人"的涵义。据《论语》记载："樊迟问仁。子曰：'爱人。'"（《论语·颜渊》）于是，爱人便成为孔子之仁最基本、最固定的含义之一。在此基础上，为了达到最真诚、最切实的爱人目的和效果，孔子从积极、消极两个方面入手，倡导"己欲立而立人，己欲达而达人"（《论语·雍也》）和"己所不欲，勿施于人。"（《论语·卫灵公》）其实，在孔子用仁的爱人精神即忠恕之道来整合自己的全部思想的举动中，对爱人的重视即可略见一斑。

孟子也一直用爱来充实仁的内涵，不仅直呼"仁者爱人"，而且明确指出仁发端于同情、恻隐之心。于是，便有了"恻隐之心，仁也"（《孟子·告子上》）和"恻隐之心，仁之端也"（《孟子·公孙丑上》）的著名命题。对于仁所传递和表达的爱人之心，孟子举例说："今人乍见孺子将入于井，皆有怵惕恻隐之心。非所以内交于孺子之父母也，非所以要誉于乡党朋友也，非恶其声而然也。"（《孟子·公孙丑上》）在这里，作为人的先天良知和行为本能，仁所内蕴和传达的爱人之心称为"不忍人之心"或"恻隐之心"，是"四心"之首，指对他人的同情、怜悯和关爱之心。孟子的"无恻隐之心，非人也"（《孟子·公孙丑上》）把仁、不忍人之心提升到人的本质规定的高度，从而使作为人之为人的根本原则和必要条件的爱人、同情他人具有了非同寻常的意义。

总之，孔子和孟子所讲的仁，其基本含义都是爱人。两人对仁的诠释、对爱人的呼吁表明了用仁爱而非物质利益处理、协调人际关系的愿望和思路。爱是孔子、孟子处理人际关系的出发点和指导原则，也是其理想社会应有的秩序和境界。

三、德治仁政而非暴政力政

孔子、孟子所讲的仁既是道德观念，又是行为规范。而要使作为道德观念和行为规范的仁得到最大程度和最广空间的贯彻实施，最好也最行之有效的办法便是使之政策化而成为国家政治制度的一部分。这是儒家都有仕途情结的原因所在，也预示着两人之仁不能完全脱离政治而必然在政治领域占有重要一席。

孔子明确提出了"为政以德"的口号，相信"为政以德，譬如北辰，居其所而众星共之。"(《论语·为政》)不仅如此，在刑与德一个能使百姓免于犯罪却不能具有廉耻心、一个既能使百姓有廉耻之心又行动起来规规矩矩的对比中，孔子更加坚定了德治的行政路线和政治理念，告诫统治者"子为政，焉用杀？子欲善，而民善矣。小人之德草，君子之德风。草上之风，必偃。"(《论语·颜渊》)据此可见，孔子试图通过为政者自身的道德表率作用达到国治民安的目的，表现了好仁之德，而他对百姓先庶再富后教的主张更是尽显爱人本色。

孟子从人皆有不忍人之心出发推出了仁政的可能性和必然性，不仅坚信心怀不忍的先王必将行不忍人之政，而且相信百姓会听从统治者的道德引导和召唤而从善如流。同时，本着爱民、保民的精神，孟子提出了制民之产的井田制以及省刑罚、轻赋敛、不违农时等一系列行政或经济措施，以期百姓老有所赡、少有所养，在保障其生存权利、解决衣食住行之忧的前提下推行礼乐教化、王道仁政，其中袒露的恻隐之心和爱人之情清晰可见。

孔子、孟子之仁贯彻在政治领域即以道德手段治国平天下的政治理念和思路，德治、仁政作为政治制度和指导思想成为仁发扬光大的最好途径。有鉴于此，孔子、孟子包括荀子在内不仅讲学和为学时以道德完善为旨归，而且都怀抱平治天下的宏图大愿周游列国、说服诸侯国君推行仁义。尽管他们的行程并没有如愿以偿，试图凭借仕途而广播仁义于天下的初衷却留下了千古佳话。

从上可见，孔子和孟子所讲的仁都有内在的道德观念、外显的行为规范和公共的行政制度三个层面。这三个层面所显示的价值目标、人际关系和政治路线反映了两人的共同理想和一贯追求。正是孔子、孟子的提倡和弘扬，使仁成为儒家文化的头号招牌。

第二节　不同的思维走向和理论意蕴

孔子、孟子把仁视为人最基本的道德观念和行为规范，而老子、庄子、墨子或韩非等人并不这样看。现在的问题是，为什么不是墨子的兼爱、非攻、贵义或道家"绝仁弃义"的崇尚本真而偏偏是仁应该成为人的伦理规范？换言之，仁具有正当性和权威性吗？谁为仁的存在正名？为了树立仁的权威，孔子、孟子从不同角度进行了论证。与此同时，仁是两人最核心的概念之一，使用频率之高在某种程度上预示了仁的内涵、外延的复杂性和多变性。由于在不同场合和情境中对仁各有侧重，更由于不同的理论走向和思维视角，孔子与孟子所讲的仁呈现出明显区别：

一、仁之何来

孔子对仁的界说很多，致使其成为《论语》中出现频率最高的范畴之一。尽管如此，孔子并没有对仁的正当性和合理性进行直接论证。《论语》中的"子罕言利，与命与仁"（《论语·子罕》）或许是理解这个问题的理论突破口：淡泊物利，为追求仁义伏下了契机；赞成天命，与赞成仁之间具有某种内在关联。进而言之，孔子一面宣称人的贫富、贵贱、通塞和吉凶都为上天命中注定，一面断言上天不言不语、随机莫测，对人命运的注定没有任何必然法则或因果规律可循。上天的权威和做派使人对它始终处于"如临深渊，如履薄冰"的畏惧之中。伴随着君子"畏天命"的无助和无奈，有道之君子选择加强自身的道德修养来安身立命。于是，"不怨天，不尤人"、使人无忧而乐的仁便成了人安身立命的最好依凭。

与孔子的迂回、间接有别，对于仁的必要性、正当性和权威性，孟子明言声称：

> 有天爵者，有人爵者。仁义忠信，乐善不倦，此天爵也；公卿大夫，此人爵也。（《孟子·告子上》）

> 夫仁，天之尊爵也，人之安宅也。（《孟子·公孙丑上》）

在此，孟子从两个角度为仁进行了辩护：第一，正如公卿大夫是君主赋予人的爵位一样，仁义忠信是上天赋予人的爵位。由于上天是宇宙间的最高权威，因此，天爵身份便证明了仁不仅高于、优于人爵，而且拥有天然的合理性和正当性。第二，因为仁是宇宙间最尊贵的爵位，是上天赋予人的神圣使命和人生意义，所以，仁是人最安全的住宅。人只有时时刻刻、事事处处"以仁存心"、由仁义而行，才能因为"居天下之广居"（《孟子·滕文公下》）而保身、保家、保天下，安全并快乐着。孟子的这些说法使仁作为上天赋予人的使命和本性在受到上天庇护的同时、在上天那里找到了身份证明，因而拥有了天然的合理性和正当性。

至此可见，在仁的身份说明和合理性阐述上，孟子的论证显然比孔子更直接、更有力。孔子只说仁对于人尤其是君子至关重要，却很少讲为什么；孟子不仅申明仁对于人的极端重要、是人之为人的根本，而且阐明了其中的原因。由是，仁在孔子那里是君子、仁人的专利或超凡脱俗的修养和境界，在孟子这里则转化为一般人——圣凡同具的品质和使命。与此相关，孔子、孟子之仁存在的必要性和意义都与作为宇宙本体、并且决定人之命运的上天有关，这种关系在两人那里却有间接与直接之分。孔子之仁与上天的联系是间接的，充其量是作为内在的道德修养而"以德配天"、畏天待命的手段之一。因此，仁属于形而下的存在，只具有道德属性而囿于人间，并不具有形而上的意义。孟子所讲的仁直接与上天相对接、作为上天赋予人的至尊爵位是人生的意义、价值和使命。因此，从来源处看，仁的裁决权不属于人而属于天，这使仁具有了形而上的意蕴。

二、仁为何物

仁的身份本身即蕴涵着仁与人的关系。孔子、孟子对此问题的不同解答即潜藏着仁对于人而言是先天还是后天的分别：孔子侧重于仁是后天的，孟子则把仁视为人与生俱来的先天本能和本性。

孔子认为人的吉凶祸福由天注定，却始终没有说仁为上天所命。这在否认仁之形上意蕴的同时，使仁作为人的后天品德而不具有与生俱来的先天特征。同样的逻辑，形上意蕴使孟子所讲的仁成为上天生人之时赋予人的先天本能和本性。对此，孟子一再声明：

> 人之有是四端也，犹其有四体也。（《孟子·公孙丑上》）

> 人之所不学而能者，其良能也；所不虑而知者，其良知也。孩提之童，无不知爱其亲者；及其长也，无不知敬其兄也。亲亲，仁也；敬长，义也。（《孟子·尽心上》）

接下来的问题是，仁的后天与先天之差进一步引发了其内在与外在之别。具体地说，孔子之仁的后天性无法强化仁的内在性。虽然孔子一再强调为仁靠主观自觉和自我反省，但是，在某种程度上仁与义礼智等对于人的本质存在而言具有某种程度的外在性倾向。孔子强调仁要通过礼表现出来即是佐证。孔子把仁视为思想情感和内容实质，却把礼视为外在礼节和表现形式，进而凸显礼的外在性和强制性。这样做的后果在客观上使仁外在化，其中的外在强制意味有时甚至淹没了主观自觉。据《论语》记载：

> 孟懿子问孝。子曰："无违。"樊迟御，子告之曰："孟孙问孝于我，我对曰'无违。'"樊迟曰："何谓也？"子曰："生，事之以礼；死，葬之以礼，祭之以礼。"（《论语·为政》）

孔子不否认孝包含情感、先要对父母存有孝敬之心——如果对父母不敬、不是心中充满敬爱之情，养父母与养犬马便没什么两样。正是在这个意义上，孔子说孝"色难"。尽管如此，综观孔子的理解，孝最终还是被淹没在外在的礼节之中。孝是"无违"的结论便是典型的例子。

在孟子那里，仁的形上性和先天性本身即蕴涵着仁对于人而言的内在性。于是，孟子每每明言：

仁义礼智根于心。(《孟子·尽心上》)

仁义礼智,非由外铄我也,我固有之也。(《孟子·告子上》)

这恰好说明,仁的与生俱来在某种程度上决定了仁对于人来说是先天固有的、内在的。正因为如此,孟子不仅在与告子的争论中阐明仁义皆内的主张,而且凭借"恻隐之心,仁也;羞恶之心,义也;是非之心,智也"(《孟子·告子上》)把仁义归到了属于内在精神、意识的"心"之行列。同样,被孔子视为外在形式的礼也被孟子内化为心,"辞让之心"、"恭敬之心,礼也"的命题使礼得到了与仁义无异的内在规定性。当然,加入到"心"这一行列的还有作为"是非之心"的智。由此看来,仁、义、礼、智非由外铄便成了必然结论。

在对于仁的存在状态的认定上,孔子认为仁是后天而外在的,孟子认为仁对于人而言是先天而内在的。两人的这些看法继续和加大了仁与上天的关系中间接与直接的差别,同时奠定了各不相同的践履之方。

三、仁之何为

无论在孔子还是在孟子那里,仁都有多层内涵和各种条目。这在加剧仁之内涵复杂性的同时,也为仁的践履带来了某种困惑。从爱人、忠恕到刚毅木讷——"刚毅木讷近仁"(《论语·子路》)乃至恭宽信敏惠等,仁俨然是包罗万象的总纲条目繁多,让人无从下手。更有甚者,仁之对象的广泛性又为仁的复杂性推波助澜。孔子强调爱人时要"泛爱众",普遍地爱一切人,无论臧获还是黎民百姓一样要爱——"博施于民而能济众"。物这一新成员的加入更是扩大了孟子仁爱对象的阵营。鉴于仁之内涵的复杂和仁爱对象的广泛,为仁从哪里做起成为一个迫切的现实问题。

本着忠恕原则,孔子为仁近取诸身,这就是所谓的"能近取譬,可谓仁之方也已"(《论语·雍也》)和"我不欲人之加诸我也,吾亦欲无加诸人。"(《论语·公冶长》)为仁近取、将心比心的结果是为仁在家庭之内、从爱自己的父兄做起，这使孝悌成为仁之根本。正如有子所说："其为人也孝弟，而好犯上者鲜矣；不好犯上，而好作乱者，未之有也。君子务本，本立而道生。孝弟也者，其为仁之本与!"(《论语·学而》)有子在此运用孝悌—预防犯罪—社会和谐之间的逻辑推演证明了孔子之仁以孝为根基。

孟子继承了孔子重视孝的传统，同样遵循由己及人的思想路线和行动原则。于是，"老吾老，以及人之老；幼吾幼，以及人之幼，天下可运于掌"(《孟子·梁惠王上》)成了顺理成章的必然结论。鉴于这种认识，孟子把对亲之亲说成是仁的本质：

亲亲，仁也。(《孟子·告子下》)

仁之实，事亲是也；义之实，从兄是也。智之实，知斯二者弗去是也；礼之实，节文斯二者是也；乐之实，乐斯二者，乐则生矣。(《孟子·离娄上》)

孔子、孟子的这些言论表明，仁爱要从爱自己的亲人开始，只有先爱自己的亲人、把对亲人之爱推而广之、由己及人，才能爱他人以及他人之亲。这决定了孝在仁中的基础地位和核心内容。爱的对象广泛，要从爱亲开始；仁的条目众多，应从对父母的孝做起，这是两人的共同主张和程序，体现了二人思想的一致性。

与此同时，孟子对孝、对仁的践履程序的说明和设计以及对孝的强化展示了不同于孔子的思想意蕴和理论走势。

首先，孟子把仁之践履划分为亲亲、仁民和爱物三个等级。仁在孔子那里是爱人之情感和本质内容，忠、孝、惠和慈等都是仁面对不同被爱对象的具体表现和外在形式。这表明仁是平面直推或由一个中心辐射出来的。与此不同，孟子把仁的对象划分为亲、民和物三种类型和等级、进而使仁的内涵和程序呈现出亲亲、仁民和爱物三个层次和阶段。对此，他写道："君子之于物也，爱之而弗仁；于民也，仁之而弗亲。亲亲而仁民，仁民而爱物。"（《孟子·尽心上》）在此，亲亲—仁民—爱物展开的思路和逻辑显示双层意义：一方面，亲亲—仁民—爱物是一个爱之情由浓至淡、由厚渐薄的过程——对亲之亲不仅有仁而且饱含至爱亲情；对于一般人的爱虽然别于对物的爱、但只是出于一般的恻隐而已。另一方面，亲亲—仁民—爱物是一个爱之迫切由先到后、由急至缓的过程，这用孟子的话说便是：

　　知者无不知也，当务之为急；仁者无不爱也，急亲贤之为务。（《孟子·尽心上》）

　　仁者以其所爱，及其所不爱。不仁者以其所不爱，及其所爱。（《孟子·尽心下》）

其次，孟子更注重家庭伦理。孔子虽然强调仁以孝悌为基础，但是，他忠孝并提，且常常在外事君、内事父的双向维度中力图忠孝两全，仁的最高境界为"君君，臣臣，父父，子子"（《论语·颜渊》）即是证明。孔子有时还把忠置于孝之上，这无疑会冲击孝的地位。

孔子把众多内容塞进仁中：在仁的条目和内涵上，从爱人、忠、孝、慈、直（"巧言令色，鲜矣仁。"）到刚毅木讷、恭宽信敏惠，如此等等，不一而足；在为仁之方上，忠恕之道、克己复礼、视听言动、为仁由己纷纷登场。孔子的这一做法在使仁得以充实丰满的同时，也使仁显得凌乱不堪以至孝的地盘越来越小。此外，孔子所讲的仁侧重个人修养——即使这个个人是君主也不例外。换言之，个人有时指普通百姓，有时指君主。当仁之主体是君主时，孔子之仁也侧重其作为个体的道德，而不是从其推行的公共伦理或家庭伦理立论。在下面的故事中，恭宽信敏惠即侧重君主的个人之德：

子张问仁于孔子。孔子曰："能行五者于天下，为仁矣。"请问之。曰："恭、宽、信、敏、惠。恭则不侮，宽则得众，信则人任焉，敏则有功，惠则足以使人。"(《论语·阳货》)

孟子对仁以亲亲为大的理解致使亲—人—物的先后、亲疏成了题中应有之义。孟子对仁的阐释和对仁之程序的设定使亲不仅是爱之最急、最先而且是爱之至深、至浓的对象，这实际上是突出了亲亲在仁中首屈一指的地位和作用。更为明显的是，为了突出对亲之亲无可替代的地位，孟子不惜隐蔽了对民和物之仁，"亲亲，仁也"便流露出孟子的这一思想倾向。鉴于亲亲在仁中至高无上的地位，孟子将亲亲、事亲视为人之为人的标准和人生的最大快乐。孟子有关这方面的言论很多，下仅举其一斑：

不得乎亲，不可以为人；不顺乎亲，不可以为子。(《孟子·离娄上》)

君子有三乐，而王天下不与存焉。父母俱存，兄弟无故，一乐也。仰不愧于天，俯不怍于人，二乐也。得天下英才而教育之，三乐也。(《孟子·尽心上》)

富，人之所欲，富有天下，而不足以解忧；贵，人之所欲，贵为天子，而不足以解忧。人悦之、好色、富贵，无足以解忧者，惟顺于父母，可以解忧。(《孟子·万章上》)

按照孟子的观点，得到父母的认可，是人之为人的本分；顺从父母的意愿，是为人子的责任。由此观之，富贵、名利、财色都不足以与父母相提并论。父母双全、家人健康才是人生第一快乐。可见，在孟子这里，对仁的等级、次序的设定突出了对父母之爱的地位和作用，对父母之爱的强调又必然强化孝的重要性。于是，孟子修改圣人标准、在各项指标中突出孝的内容，以至把圣人说成是以孝之德行超凡入圣的典型。对此，他指出："尧舜之道，孝弟而已矣。子服尧之服，诵尧之言，行尧之行，是尧而已矣；子服桀之服，诵桀之言，行桀之行，是桀而已矣。"(《孟子·告子下》)孟子的做法在裁剪圣人形象、树立圣人为孝之典型的同时，通过圣人的榜样作用为人指明了一条道德完善、通往圣人之路。那就是：述孝悌之言、躬孝悌之行。顺是，圣人；违之，罪人。其间善恶分明、没有商量或回旋的余地。

孔子、孟子对为仁程序的设立以及对孝的重视显示了不同的理论侧重和思想动向。与孔子注重社会和谐的共同伦理——至少兼顾公共伦理、家庭伦理和个体伦理的倾向有别，孟子之仁更注重家庭伦理，尤其是对公共伦理用情不多。正是这种分野，决定了两人对孝的不同侧重和诠释。孔子所讲的孝除了对父母的至爱亲情和孝敬之心，还包括外在的形式——礼。如果说孔子之孝包括内在之仁心和外在之礼节两个部分的话，那么，孟子则把孝完全内化。因此，在继承孔子强调孝之孝心、情感的同时，孟子淡化孔子津津乐道的孝之外在形式和礼节强制，反映了重视家庭的血缘延续、家族的内部和谐的理论动机和心理意图。前者即"不孝有三，无后为大"(《孟子·离娄上》)——最大的不孝是无后、有后传宗接代使家族血缘得以延续便是最大的孝道；后者即"责善，朋友之道也；父子责善，贼恩之大者"(《孟子·离娄下》)——为了情感甚至放弃善恶是非，无非是怕善恶争论影响家庭内部的稳定、和谐和团结。两者合而为一，即其乐融融的天伦之乐。

第三节　孔孟思想的异同与命运

综上所述，孔子与孟子所讲的仁既有相同之处，也有相异之点。其实，这是两人全部思想关系的缩影和再现。对于孔子、孟子之仁以及两人学说的异同关系，任何夸大一方而忽视或否认另一方的做法都是不客观和不明智的。对于孔子与孟子学说之间既相一致又相区别的辩证关系，只有客观、公正地透视其中的同中之异和异中之同，才能洞察儒家一以贯之的思想学脉和理论精髓，进而真正理解两人及其儒家在不同时期迥然悬殊、跌宕起伏的历史命运。

一、相同点和相似性

孟子被认定为孔子的学术传人、被奉为"亚圣"，除了其对孔子的倾慕之外，主要在于他传习了孔子之道，而仁也在其中。不仅如此，孔子与孟子对仁的热衷追逐、内涵解释和推行路线都体现了惊人的相同性和一致性。这一点在与其他思想家的对比中则显得更加清楚和明显。

首先，孔子、孟子都为追求仁义而呕心沥血，并视仁为高于生命的永恒价值。两人对仁的渴望和呼吁与老庄保持本性之真的主张和墨子、韩非等人对利的追逐相去甚远。从此，伴着学术分野的日益清晰，随着道家在淡泊名利、绝仁弃义的道路上越走越远，法家成为极端自私、为富不仁的标志，孔子、孟子代表的儒家成为中国传统文化中仁义道德的代名词。

其次，孔子、孟子把仁解释为爱人、并用爱来看待和处理人际关系。与此不同，老子、庄子向往"君子之交淡若水"（庄子）而"民至老死不相往来"（老子），韩非则在人性自私自利的前提下把包括父子、君臣在内的所有人都编织在为利而来的关系网中，用利来处理人与人之间的所有关系乃至放纵尔虞我诈、不择手段。孔子、孟子高擎的爱之旗帜在道家人情淡漠和法家利字当头的映照下更加鲜明。应该承认，在用爱来处理人际关系的层面上，孔子、孟子和墨子一起投于爱之麾下。尽管如此，孔子、孟子以仁爱的名义推行的爱人路线的道义寻求又拉开了其与以"兼相爱"邀"交相利"的墨家之间的距离。从此，提起仁爱、恻隐之心，人们最先想到的便是孔孟开启的儒家，因为用爱而非利或力处理人际关系（包括日常生活的人际交往和国家生活的行政措施）是其主要内容和必然结果。

再次，孔子、孟子为推行仁提出的德治、仁政成为儒家一以贯之的政治路线和行政原则。这种以礼乐教化、道德引导为手段的治国方略不仅与老庄任其本性、放任自然的无为而治具有积极有为与消极无为的本质区别，而且与韩非卖弄法术势的伎俩、以严刑酷法为强制手段的奉法路线针锋相对。正是在与诸家——尤其是法家长期不息的聚讼争辩中，孔子、孟子代表的儒家成为以德治国的典型。德治仁政主张尽管在先秦备受冷落，却是中国漫长的封建社会主要的政治原则之一，被大多数统治者所标榜和遵从。

总之，孔子、孟子之仁的相同性凸显了儒家不同于诸子百家的理论特色，也浸透着儒家一贯的理论主张和价值追求。除了上面提到的好仁义而轻物利、好仁爱而非冷漠、好德治而非法治之外，两人的一贯主张及儒家的理论特色还包括轻视外在的强制而注重内在的自觉。孔子强调为仁由己，一再指出仁的实现要由自身做起、全凭主观自觉。对此，孔子反复申明：

> 为仁由己，而由人乎哉？（《论语·颜渊》）

> 我欲仁，斯仁至矣。（《论语·述而》）

> 克己复礼为仁。一日克己复礼，天下归仁焉。（《论语·颜渊》）

进而言之，孔子所讲的为仁依凭主观自觉的一项重要内容和手段就是直视内心、拷问灵魂的自我反省。孔子对不贰过的反省赞誉甚高，以至宣布"已矣乎！吾未见能其过而内自讼者也。"（《论语·公冶长》）于是，"吾日三省吾身"便成为志于道的君子每天的必修课，反省也随之成为可贵的美德。这表明，孔子之仁走的是主观自觉和内心反省的路线。

孟子沿着孔子引导的道路、把仁的实现寄托于宽人责己的内省，并把在反省中获得的愉悦看作是人生最大的快乐。正是在这个意义上，他指出：

> 仁者爱人，有礼者敬人。爱人者，人恒爱之；敬人者，人恒敬之。有人于此，其待我以横逆，则君子必自反也：我必不仁也，必无礼也。（《孟子·离娄下》）

万物皆备于我矣。反身而诚,乐莫大焉。(《孟子·尽心上》)

孔子、孟子开创的以反省、自觉为主要手段的为仁之方不仅贯穿于两人作为价值目标的道德观念、处理人际关系的行为规范和作为行政路线的德治仁政等各个方面,而且与法家的外在强制和武力威慑南辕北辙而尽显儒学本色。

孔子、孟子对仁的推崇和提倡奠定了仁在儒家思想体系中的核心地位。作为仁义道德的代名词,儒家建构了完整、系统的伦理学说,三纲五常是其核心。仁始终是三纲五常的核心和灵魂,并且处于三纲与五常的汇合点上,因而在中国传统道德乃至古代文化中具有至关重要的意义。正如在孟子的论述中"四心"以仁即"恻隐之心"、"不忍人之心"为首一样,在中华伦理思想体系的构架中,仁义礼智信五常、五行以仁为首,根深蒂固的地位置信不疑;三纲中父为子纲、夫为妻纲和君为臣纲则是仁外显于礼的具体形态(孔子)或爱有等差的直接结果(孟子)。从此,仁一直是中国传统文化的基石和核心范畴,以仁延展的仁政成为历代统治者标榜的治国路线。换言之,正如儒家是仁义道德的代名词一样,仁则是仁义道德的代名词;如果说中国传统道德的核心是三纲五常的话,那么,仁则是三纲五常的核心。在这个意义上可以说,没有仁,便没有儒家;离开了仁,中国传统道德乃至传统文化是不可想象的。

二、不同点和差异处

孔子、孟子之仁的不同浓缩了孟子思想源于孔子又超越孔子的双重品质。就仁而言,孟子思想的新动向具体表现为使仁形上化、先天化、内心化、家庭化和等级化。从上面的介绍可以看出,如果说仁的家庭化、等级化在孔子那里已经初露端倪、孟子只是步孔子后尘使之进一步发扬光大的话,那么,仁的形上化、先天化和内心化则是孔子不曾有过的、完全属于孟子的理论创新。具体地说,孔子之仁是有道君子的品德和修养、因为不是上天所命而不具形上性，孟子之仁虽是人的品质和本性、但其"天爵"身份使之从本源处即具形而上的烙印和属性；孔子之仁不是上天生人之初赋予人的、并非天赋之仁对于人来说只能是后天的，孟子之仁作为天赋之爵对于人来说与生俱来、因而具有不证自明的先天性；孔子之仁的后天性伏下了仁外在性乃至强制性的理论缺口，孟子之仁的先天性表明了其对于人的内在性——始终根于心、为人心所固有。

必须看到，孔子、孟子之仁的不同围绕仁的形上属性、存在状态和践履方式展开，具体表现为形上形下、后天先天以及外在内在之别，却又不仅仅停留于此。实质上，这是两种不同的哲学思维、价值取向和理论走势。进而言之，仁的形上属性、存在状态和践履方式这三个问题相互连接和制约，具有内在一致性和逻辑贯通性。正如孔子之仁的形下性、后天性与外在性密切相关一样，孟子之仁的形上性、先天性和内在性环环相扣，使仁呈现为非人化（由于人不是本体，仁的本体化、形上化即体现为非人化）和人化（内在为人与生俱来、内心固有的先天本性）的两极互动，彰显逻辑上的内在一致性。正是仁的形上性——先天性——内在性之间的逻辑关联乃至三位一体牵动了孟子哲学不同于孔子的理论走向和思维模式。那就是：天人合一的思维模式和价值诉求、注重心学的理论走势和最终归宿以及认识哲学与道德修养的盘根错节和合二为一。

首先，正如仁的天赋性决定了仁对于人是先天的而非后天的、内在的而非外在的一样，对于人的先天固有和内在性使仁作为人的本性和本能始终左右着人的行为。人把心中固有、作为本性之仁显示出来即证明了仁并非外在强制的天爵身份和形上品格。很显然，这是一个互动的过程：一方面，仁的形上性、天爵身份决定了仁对于人的先天性和内在性，强化了仁的天然合理性，这是天本论和天命论的一部分。另一方面，仁对于人的内在性和与生俱来的先天性反过来强化了为仁由己的自觉性和必然性。当人通过自己的行为把仁践履出来之后，仁的天爵身份才得以最终贯彻落实。前者是基础，属于本体哲学；后者是升华，覆盖认识、道德和人性哲学等诸多领域。这两条路线和逻辑层次构成了孟子天人合一的主要内容。仁的形上化和天爵身份奠定了儒家以道德完善、践履上天赋予人的善端来参天地之化育的模式，这种模式在与道家保持天然本性的天人合一的对比中独树一帜、别具一格。同样的道理，孟子的这一模式又因遵循尽心、养心、存心和求放心的内求路线而呈现为不同于孔子的心学的思维走向和理论归宿。

其次，天人合一的思维方式和价值取向决定了与天合一是人的使命和价值。这并不限于孟子一个人的看法，而是适用于具有天人合一倾向的大多数古代哲学家，是中国古代哲学有别于西方哲学的基本特征之一。各家各派的分歧主要聚集在对天人合一的内涵诠释和天人合一方式的设计上。与其他学派不同、且开理论先河的是，孟子提出了一套以存心、尽心、养心和求放心为基本内容的行动方案。由于天人合一的所有前提和步骤方法都是围绕心展开的，归根结底都离不开心，孟子非常重视心的作用，认为心中固有仁义礼智善端。只要把上天赋予人的先天的、心中固有的仁义礼智之端完全、彻底、充分地展露出来，就可以与天合一。这样一来，孟子试图通过尽心、存心、养心、求放心等步骤、方法来充分发挥先天良知、良能的作用而知性知天、安身立命的过程体现为主观唯心主义的认识和行为路线：一方面，人与天合一具体化为尽心、存心、求放心和养心寡欲的过程，心被提升到至关重要的地步；另一方面，天人合一的结果——"万物皆备于我"的理想境界更是用主观吞没了客观。孟子开创的这套注重心学的认识路线和散发道德情调的天人合一是一种不同于道家、墨家及法家的模式。这一模式成为后续儒家尤其是宋明理学家共同的遵循。

再次，被孟子寄予厚望、津津乐道的心具有与生俱来的双重性：一方面，心是思维器官，具有认知功能。这便是所谓的："心之官则思，思则得之，不思则不得也。"（《孟子·告子上》）另一方面，心有道德属性，是价值和实践理性。孟子把仁义礼智归于心这一范畴，冠之以"恻隐之心"（"不忍人之心"）、"羞恶之心"、"恭敬之心"（"辞让之心"）和"是非之心"的称谓。不仅如此，对于人与生俱来的本性和本能，孟子如是说："人之所不学而能者，其良能也；所不虑而知者，其良知也。孩提之童，无不知爱其亲者；及其长也，无不知敬其兄也。亲亲，仁也；敬长，义也。无他，达之天下也。"（《孟子·尽心上》）在这里，良知和良能与其说是与生俱来的认识本能和行为本能，不如说是先天的道德本能和本性。正因为如此，孟子对此的具体诠释是仁义之善而非纯粹的智力水平。心在孟子思想中集认知理性和道德理性为一身的双重规定和内涵直接决定了尽心、存心、养心和求放心的双重内涵和意义。与此相关，尽心—知性—知命—知天既是认识过程和手段，也不失为道德修养的方法和途径。这使孟子的认识哲学始终与道德修养混沌未分、合二为一，认识方法沦为道德修养术或被道德修养扼杀殆尽。

孔子、孟子对仁的不同阐释及其思想的差异性注定了后人对两人思想关系的认定，并且解释了两人学说不同的历史命运。在先秦典籍中，孔子与孟子的思想并没有被联系在一起。例如，《天下》篇虽然没有把孔子或孟子纳入视野，但是，《庄子》书中时不时地拿孔子说事，却始终不见孟子的身影。荀子在《非十二子》中不是把孔子与孟子归为同一学派，而是把孔子与子弓并提、孟子与子思同列，并对他们的学术做了分别。与此同时，荀子对两人的态度更是反差极大——在赞许孔子的同时，抨击孟子对孔子学说难辞其咎的误导，对孟子尤其是性善说大放厥词，其性恶论就是对此有感而发的论战性作品。韩非子力主法术势、反对德治路线，把批判的矛头直指孔子，却没有涉及孟子。此后，经过秦代"焚书坑儒"的凤凰涅槃，儒学在西汉得以重生，被定为一尊。而汉代儒学——董仲舒思想主要伸张了孔子《春秋》"屈人伸天"的微言大义，走的依旧是孔子路线，基本上忽视了孟子。这些事实至少表明在此之前学术界并没有把孔子与孟子的思想直接联系在一起，而是分别对待的。鉴于南北朝和隋唐时期佛教肆虐对儒家的致命冲击，为了抵抗佛教的教统说以与之分庭抗礼，唐代韩愈提出了儒家的道统论，把孟子说成是孔子的继承人。至此可见，从先秦到唐代，经历了千年的等待和历史评说，孟子才得以与孔子频繁地被联系在一起。此前，二人基本上是分离的。这些至少说明了孔子与孟子思想的差异性。

唐代之前孔子与孟子的分离从一个侧面反映了两人学术地位的悬殊，孟子的默默无闻与孔子的显赫不可同日而语。孟子地位的决定性改变是在古代社会后期，始于宋代。南宋朱熹编撰《四书集注》时把《孟子》与《论语》、《大学》和《中庸》并称为"四书"，奠定了孟子思想的权威地位，孟子从此跻身于圣人之列。更有甚者，孟子在宋明时期被关注、被提及的次数以及思想被阐扬的程度有时甚至超过了孔子。无论是气本论者（张载）、理本论者（二程和朱熹）还是心本论者（陆九渊、王阳明），不管是气学、理学抑或心学都对孟子表现出浓厚的兴趣，致使孟子的光彩甚至盖过了孔子。孟子开创的内蕴以道德完善来与天合一的儒家模式被宋明理学家所推崇，朱熹干脆把以仁为核心的伦理道德奉为天理、作为其哲学的宇宙本体和第一范畴。孟子的基本观点和命题——尽心、养心、存心和求放心被一再提起、奉为圭臬，以至于孟子开启的心学路线成为"显学"，出现了以心为本体的哲学流派——陆王心学。孟子把仁义礼智归于人心的性善说更是占领了宋明理学的学术阵地，无论张载、朱熹的双重人性论，还是王阳明的致良知学说都有"四心"性善的影子，都是对孟子人性理论的致意。

在近代，孔子与孟子的地位和命运更是出现了戏剧性的颠覆。与孔子声誉的一落千丈、成为众矢之的境地形成强烈反差的是，孟子的地位骤然倍增。即使撇开五四时期"打倒孔家店"给孔子造成的尴尬不提，鸦片战争至五四运动之前的思想家尤其是维新派的康有为、梁启超和谭嗣同等人对孟子心学的推崇备至也远非孔子所能企及。康有为把孔子包装成"托古改制"的祖师爷、为自己的变法维新寻找理论根据，并且著有《论语注》，其哲学核心范畴仁不无孔子的思想要素。尽管如此，撑起其博爱哲学脊梁的仁、不忍人之心无论是对其理解还是理论走势显然更倾向于孟子。《孟子微》是其哲学的基本脉络。如果说康有为还是兼顾孔孟、只是偏向孟子的话，那么，在其高足梁启超那里，孔子虽然被尊为与创立佛教的释迦牟尼、缔造美国的华盛顿比肩的英雄豪杰即文化名人，但孔子的哲学思想并没有引起梁启超的足够兴致。相反，他把继续孟子思想的陆王心学说成是中国文化的千古学脉，孟子的心学则是其研究和吸取的不尽源泉。谭嗣同的《仁学》和仁学走的是心学路线，其中的孟学成分远远大于孔学。

孔子与孟子不同的历史命运以无可辩驳的事实反衬乃至证明了两人思想的差异性。孟子在宋明理学和近代被推崇的主要原因是其通过对心的重视而对人的主体力量的弘扬。宋明时期，尽管信奉的宇宙本体各异，但是，张载、朱熹和陆王都依循基于心学路线、以道德完善与天合一的天人合一的模式展开本体哲学、认识哲学和人性哲学，并在尽心、大心的前提下坚守修养方法和认识途径的合二为一。至于宋明理学家坚持的心学则是他们与近代哲学家从孟子那里获得的共同的遗传基因。

第五章　孔孟与韩非治世思想比较

儒家作为"显学"在先秦时期产生了重大影响，并且从不同角度与法家展开了争鸣。如果说儒家与墨家的争鸣在有为的视域内展开的话，那么，儒家与法家的争鸣便是有为与无为之争。或有为而治，或无为而治；或德治，或法治，由此汇成了先秦政治哲学领域的争鸣乃至对立。在有为而治的阵营之内，儒家与法家一个以德治国，一个奉法而治，由此拉开了中国历史上争辩不休的学术公案。事实上，奉法而治在法家看来就是无为而治。这不仅模糊了有为与无为之间的界限，而且加大了儒家与法家争鸣的复杂性。通过与法家政治方略的比较，可以对儒家的道德理想拥有更为直观地感悟。

第一节　不同的价值理想、治国方略和行政路线

对于先秦时期的百家争鸣来说，思想差异最大、持续时间最久的非儒家与法家的争论莫属。在对世界万物本原的回答上，孔子、孟子代表的儒家尊奉天，作为法家集大成者的韩非则崇尚道。神秘之天与自然之道使儒家与法家显示了天本论与道本论的对立。尽管如此，两家争论的焦点显然不在天（宇宙本原是什么）而在人（对人生意义和目标的回答）。在这方面，孔子、孟子代表的儒家以仁义道德为价值目标，以君君臣臣父父子子的和谐建构为社会理想；韩非代表的法家以功利为鹄的，其理想目标是称霸天下。循着不同的价值目标，儒家、法家提出了不同的行动方案和政治策略，建构了各自的政治哲学。

一、义与利、君臣父子与国富民强

儒家崇尚仁义道德，把道德完善视为人生目标。正如《论语》所云："子罕言利，与命与仁。"(《论语·子罕》)孔子虽然不反对所有的利益，但是，他始终将义置于首位，因而在谈利时总是想到义与不义。有鉴于此，孔子总把物质利益与天命、道德联系在一起，对不属于自己的利益不强求、不奢望。与对待利的淡漠相反，孔子对道德如饥似渴、日思夜想。不仅如此，孔子把忧道、闻道、学道视为不懈的价值目标，表白"朝闻道，夕死可矣"(《论语·里仁》)。对道的忧虑和渴望使儒家淡漠了物质利益和物质享乐。正如欣赏了美妙的韶乐而三月不知肉味一样，孔子主张"忧道不忧贫"、"谋道不谋食"，始终将对道德追求奉为最高目标。孔子特意强调："士志于道，而耻恶衣恶食者，未足与议也。"(《论语·里仁》)孟子更是对义与利做对立理解，在何必曰利、惟义而已的视界中把利归结为义的对立面，进而在追求道义中将利置之度外。

出于追求道德完善的初衷，儒家为人类设计的理想社会模式是"君君、臣臣、父父、子子"(《论语·颜渊》)。在这个社会中，君有君的威仪，臣有臣的忠贞，父有父的慈祥，子有子的孝顺。国君以道德垂范天下，境内之民的仰怀，境外之民的归顺；高贵者、尊长者受到爱戴，卑贱者、幼弱者得到关照。人人皆有自己的一种安全感和身份感，一片祥和、一派温馨。这便是其乐融融、共享天伦的理想社会。

法家并不隐讳自己的功利动机，韩非更是一位极端的功利主义者。韩非在人性论上为功利张目，把贪图功利说成是人与生俱来的本性，以此肯定追逐利的合理性。沿着这个思路，韩非断言，人的行为都以逐利为目的，人与人之间的关系都是利益关系。在此基础上，韩非把人生的追求目标和人之价值的实现都锁定在利上。对利的贪婪和渴望体现在理想的社会模式中便是，韩非怀抱国富民强之梦想，成就霸主事业和霸主的股肱之臣也随之成为他的人生宏愿。在他看来，社会的理想境界应该是繁荣昌盛、国富民强，不仅有丰衣足食的生活用品和资料，而且具有辽阔的疆土和霸主的地位。

儒家与法家的价值目标和理想社会是两种不同类型，归根结底是对义与利的不同坚守与诉求。儒家的理想模式烙有宗法等级的印记，显然与人人平等的当今潮流相去甚远，它的道德礼乐却对于人类社会似乎有不可抵挡的永恒魅力。法家的理想模式较之儒家要理智、现实得多，其达到目的的手段却让人望而却步，进而对之理想彼岸不敢问津。如果人性和人与人之间的关系像韩非描绘得那么丑恶可怕、鲜血淋淋的话，人所追求的国富民强还有什么意义呢？面对儒家与法家的争议，合理、科学地融通两家之精华，是弘扬传统文化无法回避的现实课题。

二、以德以理与以力以利

儒家的道德追求落实到政治领域，就是希望统治者正己以感民、用道德引导的手段达到平治天下的目的。这既是一条有别于百家的统治路线，又是儒家治国的目的和动机。孔子向往德治，把道德视为治理国家的主要手段。他之所以对道德如此器重，归根结底在于其对道德与法律的作用和功能的如下界定："道之以政，齐之以刑，民勉而无耻；道之以德，齐之以礼，有耻且格。"（《论语·为政》）在这里，孔子承认刑罚能起到"齐之以格"（让人行动起来规规矩矩）的作用，同时揭露了其治标不治本的缺陷，结果是"勉而无耻"；道德标本兼治，故而为孔子所倾慕，道德手段所达到的结果正是孔子倾心的理想境界。这表明，孔子承认治理国家的主要手段是法律和道德，对这两种治国方式的态度却迥然不同：法律是无可奈何时不得不采取的手段，带有不可掩饰的消极、迫不得已和不情愿的情绪；道德才是积极的、主要的、长久的统治手段。如果说孔子对道德与刑罚的比较曾经使法律在国家的治理中占有一席之地的话，那么，这里的回答则完全取缔了法律的地盘。孔子凸显道德的思想倾向在其后学孟子那里得到了淋漓尽致的发挥。在孟子"以不忍人之心，行不忍人之政，治天下可运之掌上"（《孟子·公孙丑上》）的自信中，道德已经轻而易举、游刃有余了，法律非但不需要而且显得多余。可见，尽管德主刑辅，孔子的政治哲学毕竟容纳了两种统治手段，到了孟子那里，只剩下了道德手段（仁政、王道），法律不再在孟子的视野之内。

为了达到对利益的追逐，为了早日实现富民强国的梦想，韩非弘扬法术。他直言不讳地表白，法术的推行并非好法而法，而是迫于对功利的追逐。具体地说，实行法治，暂时痛苦却可以长久得利；实行仁道，苟乐而后患无穷。圣人权衡利弊轻重，出于大利的考虑，才狠心地采用法术而放弃了相怜的仁道。可见，圣人采用法术并非由于残忍，实属不得已而为之。在韩非看来，法具有实用性和工具性，可以使人收到事半功倍的效果。对此，他一再强调：

> 法者，事最适者也。（《韩非子·问辩》）

> 法所以制事，事所以名功也。法有立而有难，权其难而事成，则立之；事成而有害，权其害而功多，则为之。（《韩非子·八说》）

在韩非看来，法是处理各种事物、理顺各种关系的有效手段。因此，要做大事，必须实行法治。不仅如此，推行法治，君主可受其利。法治可国富民强、拓疆辟土，帮助君主巩固自身的统治；并在国家强盛之时，使域内百姓承蒙恩泽，获取功利。鉴于法之方便、快捷和有效，韩非把法视为治国的不二法门。对此，他指出："国无常强，无常弱。奉法者强，则国强；奉法者弱，则国弱。"（《韩非子·有度》）可见，功利是韩非立法的原则。

与此同时，按照韩非的说法，臣民效力君主并不是因为这位君主是仁君，而是由于其重用自己、给自己以功名利禄等诸多实惠；如果别的君主给自己更多、更好的待遇，完全可以另择明主而不必从一而终，其间没有什么道义、承诺可言，只是一个利字。反过来，君主调使臣民没有丝毫爱怜、宽惠之心，只是利用自己手中的法码进行利益的引诱。在国君的眼中，臣民就是一个棋子、一个工具，凭着法术随时可以决定其生死去留，其间不存在惠和礼，权衡的唯一尺度是国君的利益——一己之私。可见，人对利的追逐推出了法的必要。正因为人皆为利而来，韩非才以功利为诱饵，增强法治的诱惑力。

如果说道德与法律是调节人与人之间的关系、治理国家的两种手段的话，那么，孔子、孟子代表的儒家与韩非为首的法家各自选择了其中的一条。正是在或德治或法治的选择上，儒家与法家针锋相对、各不相让。这使其政治主张基本上持敌对态度。由是，儒法之争似乎在所难免。这是历史上儒法争论不休以至有人把中国哲学史归结为儒法斗争史的原因所在。

第二节　二千年的历史公案

在儒家与法家的德治与法治之争中，儒家坚持以道德引导为主的礼乐教化是治国的最好方法，法家则把法术势奉为富国称霸的不二法门。作为国家的大政方针和统治原则，儒家与法家的主张张显了不同的价值旨趣和行为模式，在具体贯彻中体现为不同的入手处和切入点。在治国方略上，或曰关于德治与法治的具体贯彻和实施，儒家与法家的分歧集中在以下几个方面。

一、先王与后王

追求道德完善的儒家以争做圣贤而超凡入圣为人生的价值追求和最高理想。循着道德引导的思路，为了发挥榜样的带头作用，富于幻想和诗化的儒家把古代的帝王或政治家诗化和神化，说成是道德完善和治国有方的圣人。这些圣人主要有：尧、舜、禹、汤、文王、周公和武王等。他们具有共同的特点——内圣外王，是内在修养与外在功绩的完美统一。在儒家的眼中，圣人的言论和行动美玉无瑕、名垂千古，不仅为后人留下了道德之绝唱，而且树立了治国理民的光辉典范。因此，不论做人还是为政都可以到圣人那里找到最后的依据和绝对的权威。孔子不仅要求人们时时处处向圣人看齐，而且求圣若渴，经常思慕圣人、梦遇先贤，说自己很久没梦见周公是道德堕落的表现。孟子断言"五百年必有王者兴"，是在"言必称尧舜"的圣贤情结的鼓动下成就的。在治国方略上，孟子的法先王更是溢于言表。

具有现实主义精神的韩非不再恪守陈规、照搬旧法，而是强调时代和社会历史的变迁性，呼吁因时制宜、不断变法，随着时代和社会历史的改变及时更换统治策略。在他看来，古今的社会状况存在巨大的差异。古代资源多、人口少，男人不耕种、女人不编织，草木之实、禽兽之皮足以可以让人吃饱穿暖。生活不用费力就有充足的养备，人民不必争夺。如今的人口越来越多，致使财货匮乏，纷争日益激烈。时代变了，事情也随之发生变化。治理国家的措施也要相应地有所改变。换言之，今人所面对的是前人不曾遇到甚至不曾想到的新局面和新情况，再用先人的老一套方法对待今天的新情况，显然会力不从心、措手不及。聪明人应该抛弃先王的老框框，制定出适应新情况的新方法和新对策。这便是韩非"世异则事异，事异则备变"（《韩非子·五蠹》）的法后王主张。

圣，超凡、出众、卓越也。脱离庸俗和平凡的人就是圣人。正如在西方与人相对的是神类似，在古代中国与凡相对的则是圣；如果说在佛教那里，与人相对的是佛，那么，在儒家那里，与众相对的便是圣。其实，圣不仅是儒家而且是墨家、法家乃至道家的理想人格。当然，正如道家清高脱俗与法家尚力称霸的圣人相去天壤一样，儒家与法家的圣人也各有模式，其中最明显的差别就是儒家崇尚的是先王，法家推崇的是后王。

儒家法先王，一切遵照先王之言行，这极易助长因循守旧、裹足不前之风气。尽管其一再敦促人们终日乾乾、勤奋不懈，总难免不思进取之嫌。在历史领域，法先王的并发症便是复古主义和循环论。孔子所讲的"百世可知"、对周代的赞叹以及孟子"一治一乱"的递嬗循环都说明了这个问题。韩非的法后王在一定程度上鼓励了人的开拓进取精神，旨在告诉人们，识时务者为俊杰，只有认识到时局的态势，赶上时代的步伐，才能做时代的弄潮儿而不被后浪所吞没。辅王佐帝与惨淡经营，法家与儒家人物生前悬绝的仕途际遇无声地凸显了这一道理。

二、文行忠信与以吏为师

治理国家，就是让被统治者按照统治者的要求和意图去做。而为了把统治者的意图传达给被统治者，教育便成了不可缺少的中间环节和主要手段。因此，无论是身为儒家的孔子、孟子还是身为法家的韩非都强调教育在治理国家中的重要作用。当然，想要达到的政治目的不同，教育的内容会有所改变也在常理之中。

众所周知，孔子是中国历史上第一个开办私塾讲学的人。他普及了教育，不论是收容门徒还是讲授内容都扩大了教育的范围。孔子之所以主张"有教无类"，最大限度地扩大教育对象，是因为他认识到，无论何人接受教育对于统治者的统治都是有益的。孔子说："君子学道则爱人，小人学道则易使也。"（《论语·阳货》）在孟子向往的仁政、王道中，设庠序之学、对百姓进行教化是主要内容之一。在百姓保障基本的温饱之后，孟子念念不忘对之加以君臣父子、人伦日用的道德引导和教化。有鉴于此，"教化"一直是儒家政治和伦理思想的主题之一，以至于儒家的治国方案被称为礼乐教化。

韩非也强调教育的重要性，在某种程度上，这种教育是普及的，必须人人皆知。当然，韩非提倡的是法制教育。他建议政府派遣专人主管通报工作，郎中每天在郎门外传达法律，致使境内之民每天都知道新的法律法规。与此同时，为了让法律观念根于人心，成为人们思想意识中根深蒂固的行为信念，韩非呼吁："故明主之国，无书简之文，以法为教；无先王之语，以吏为师。"（《韩非子·五蠹》）在他看来，为了树立法术的至高无上性，必须排斥百家之学，防止其他思想观念妨碍人对法家思想的接纳和认同。法制教育让人不仅知法懂法，而且执法服法。为了达到这一目标，必须忘掉先王的谆谆教导，以官吏为师。也只有这样，才能确保人们听到的、学到的都是法律条文，看到的都是依法办事。通过这样的教育，人们便会有法可依、行不逾矩。

至此可见，如果说认识到教育在治理国家、规矩百姓中的重要性是儒家和法家的相同之处的话，那么，由于动机不同，两家的教育内容也大相径庭。强调礼乐教化的儒家把仁义之道德视为教育的唯一内容和目的。孔子以"文、行、忠、信"四教示人。其中，除了文指古代文化典籍之外，行、忠和信都可以归为道德教育。这表明，孔子以道德教育为主。孟子的教育内容为忠义孝悌之义。韩非把知法懂法视为教育的唯一内容，普及法律成为教育的唯一目的。

三、表率引导与法术威慑

儒家为政主要依靠人的道德自觉，而不赞同一味地暴力刑杀。孔子所讲的德治就是以圣贤为楷模，国君率先垂范，在道德的感召下使老百姓从善如流，心服口服地听从统治者的安排，犹如众星围绕着北斗星一样。孟子所讲的仁政、王道把以理服人的道德感化视为基本手段。对此，他明言："以力服人者，非心服也，力不赡也；以德服人者，中心悦而诚服也，如七十子之服孔子也。"（《孟子·公孙丑上》）在儒家看来，口服心不服或行动规矩没有廉耻心都没有达到高度自觉的道德境界，没有解决思想意识深处的问题，对于统治者来说还潜伏着危险。要从根本上解决问题，统治者不能依靠暴力，只能靠自身的表率作用。正是基于这种理解，孔子给政下了这样一个定义："政者，正也。子帅以正，孰敢不正？"（《论语·颜渊》）按照孔子的说法，统治者治国理民主要靠自身的榜样作用来带动民众，刑杀是万不得已而为之，也是统治者自身不正、无能为力的表现。据《论语》记载，有人问孔子说："杀无道，就有道，如何？"孔子回答道："子为政，焉用杀？子欲善，而民善矣。君子之德风，小人之德草。草上之风，必偃。"（《论语·颜渊》）孔子的意思是说，只要领导者想把国家治好，老百姓自然会好起来，其中的秘诀便是统治者带头端正自己的行为、行礼义于天下。所以，孔子连篇累牍地告诫统治者：

> 其身正，不令而行；其身不正，虽令而不从。（《论语·子路》）

> 苟正其身，于从政乎何有？不能正其身，如正人何？（《论语·子路》）

> 临之以庄，则敬；孝慈，则忠；举善而教不能，则劝。（《论语·为政》）

> 上好礼，则民莫敢不敬；上好义，则民莫敢不服；上好信，则民莫敢不用情。（《论语·子路》）

这表明，与墨家一样，儒家设想的乃是一条自上而下的上行下效之策略。

韩非指出，人性自私趋利、相互争斗。在物与物、人与人之间弱肉强食的竞争中，获胜者必有利器。老虎能制服犬狗，是因为老虎有锋利的爪牙。假如老虎把爪牙送给狗，反会被狗所制服。君主要制服群臣、威临天下，必须执握利器。君主的利器便是法、术、势。法即国家颁布的法律，术是君主隐藏不宣的权术，势即君主高高在上的威势。韩非强调，对于国君而言，法、术、势一个都不可少。质而言之，依凭法、术、势而治就是利用刑德两种权柄实施赏罚。对此，韩非断言："明主之所导制其臣者，二柄而已矣。二柄者，刑德也。何谓刑德？曰：杀戮之谓刑，庆赏之谓德。"（《韩非子·二柄》）在他看来，有了刑与德，在残酷的暴力镇压和君主威力的压制下，人们不敢妄为；有了德与赏，在利与名的诱惑下，人们效死力为君主卖命。这样，统治者便可高枕无忧了。显而易见，奉法赏罚的韩非贯彻的是高压、强硬路线。事实上，韩非公开宣扬武力、暴政，

以力服人。他宣称："力多则人朝，力寡则朝于人，故明君务力。"(《韩非子·显学》)

是靠统治者自身的道德感召、相信老百姓的道德自觉，还是依傍法术、靠威镇利诱，这反映了儒、法两家德服与力服的不同思路。儒家的道德感化相信人都有道德自觉、从善如流的可能性，体现了人类善良、光明的一面。面对暴徒，这套理论又显得软弱无力，尤其是统治者利用怀柔政策大施淫威时，不能不使这条路线带有无法克服的虚伪性和迂腐性。法家的暴力镇压体现了人类残酷、凶猛的一面，在征伐连绵、狼烟四起的战国时期，确实迎合了某种社会需要，有其历史进步的一面。与此同时，毋庸讳言，法家以力服人带有惨无人道的酷烈性和残忍性。例如，韩非为君主设计的防奸禁奸、深藏不露的法术已令人不寒而栗、冰凉透骨，而他草菅人命，怂恿国君杀戮无一罪名、仅仅不为君用的无辜隐士的做法更令人发指。正是由于这个原因，法家渐渐不得人心。

四、中庸与必固

儒家倡导中庸之道，把之视为最高的精神境界。孔子指出："中庸之为德也，其至矣乎!"(《论语·雍也》)所谓中庸之道，就是在思考问题、作出决策时，权衡利弊、左右、正反、好坏两个方面，力图做到中正不倚，既不过分，也无不及。在儒家那里，中庸之道作为经常可用的思想方法，不仅适用于道德修养、接人待物，而且适用于从政为政、治理国家。根据中庸的原则，处理问题没有固定的、事先想好的答案，一切都根据实际情况推敲而来。孔子自称："吾有知乎哉? 无知也。有鄙夫问于我，空空如也。我叩其两端而竭焉。"(《论语·子罕》)

儒家的中庸之道落实到从政上便是没有统一的规定，一切都根据具体情况加以权衡。例如，"叶都大而国小，民有背心"，所以，"叶公子问政于仲尼，仲尼曰：'政在悦近而来远。'""鲁哀公有大臣三人，外障距诸侯四邻之士，内比周而以愚君，使宗庙不扫除，社稷不血食"，所以，"哀公问政于仲尼，仲尼曰：‘政在选贤。’”"齐景公筑雍门，为路寝，一朝而以三百乘之家赐者三"，所以，"齐景公问政于仲尼，仲尼曰：‘政在节财。’"（《韩非子·难三》）

在行政操作和法律的制定、执行上，韩非始终强调法律的固定统一、不可更改。无论何人必须依法办事，有法必依，不得以任何理由变动或篡改法律。《韩非子》中的很多故事形象而生动地说明了这个道理。其一曰：

> 吴起示其妻以组曰："子为我织组，令之如是。"组已就而效之，其组异善。起曰："使子为组，令之如是，而今也异善，何也？"其妻曰："用财若一也，加务善之。"吴起曰："非语也。"使之衣归。其父往请之，吴起曰："起家无虚言。"（《韩非子·外储说右上》）

组织好了，美丽漂亮，吴妻工作完成得这么出色却遭到谴责，并因为这事被休回了娘家，吴起的做法看起来似乎太不近人情了。从另一个角度来看，执法首先必须维护法律的尊严，惟法必从。加入自己的好恶和修饰，便是对法律的轻漫和亵渎。循着这个逻辑，吴妻被出，亦属必然。

对于灵活性与原则性，儒家与法家各执一端。孔子注重灵活性，德治希冀的是整个社会自上而下的道德自觉，既不受制于物质利益的驱使，也不迫于外力的压逼。只要应该就去做，不应该、不符合礼义的便不去做。所以，孔子断言："君子之于天下也，无适也，无莫也，义之与比。"（《论语·里仁》）这与《论语》所讲的"子绝四：毋意、毋必、毋固、毋我"（《论语·子罕》）是一个意思。不悬空猜测、不绝对肯定、不拘泥固执、不唯我独尊，作为方法论和大的思想原则，无疑具有辩证的、可以肯定的一面。尽管如此，如果用这种脱离原则的灵活性无备而来，一切都随机应变，则难免唐突和随意，让人无法遵循。韩非强调原则性却漠视灵活性。法律的固定、统一让人有章可循、有法可依，过分强调原则性使法生硬、强硬，不仅出现合法不合理、不合情的现象，而且会为了法而法，最终使法流于空洞的形式。

五、简约与详尽

由于靠内在信念起作用，所以，道德不可能像宗教的清规戒律或法律的条款明文那样做具体而详尽的规定。在儒家那里，尽管善恶美丑、义与不义时刻存乎胸中，在现实操作上，究竟达到什么境界，儒家的目标（圣贤）往往可望而不可及。即使可及，也绝不是靠繁琐、冗长的戒律约束培养出来的。正因为如此，讲究礼乐教化、人伦道德的儒家对伦理观念和行为规范的界定并不详尽，尤其与韩非的变法、治国对策相比更显简约。例如，君子是孔子的理想人格，对于怎样做才能成为君子，孔子言曰君子具有谦虚、忧道不忧贫、随和而不苟同、坦荡无戚等特点，这样说来说去，究竟什么样的人是常人、什么样的人是君子、什么样的人又是德人，其间没有硬件标准和明文规定，全期他人的评价和社会的舆论。

在韩非看来，民无法必乱，法是用来禁止臣民作奸犯科的。在这个意义上，他说："圣人之治，审于法禁。法禁明著，则官治。"（《韩非子·六反》）为了达到这一目的，法律条文必须公开、清楚和明白。对此，韩非解释说，法与术虽然都是君主理国的凭证，但是，两者具有严格的区别：不同于术的深藏不露，"法莫若显"。为此，韩非强调法律的详尽和公开："法者，编著之图籍，设之于官府，而布之于百姓者也。"（《韩非子·难三》）与此同时，为了更好地发挥法的作用，法律条文必须详细。对此，韩非声称："书约而弟子辩，法省而民讼简。是以圣人之书必著论，明主之法必详尽。"（《韩非子·八说》）这就是说，法是人行为的依据，办事、论功的凭证。人时时处处都在活动。要想有凭有据，法律条文必须兼顾细枝末节，做到详细、完备，事无巨细，一览无余。

第三节　不同的社会功效、客观影响和历史命运

儒家与法家不同的治国手段和从政原则产生了不同的社会影响，也预

示了不同的历史命运。

一、等差与平等

儒家的政治主张带有浓郁的宗法等级色彩。正如对于利，尊者、长者可以优先于卑者、少者一样，儒家强调尊贵者在法律面前的特殊权利。在这方面，最典型的是"刑不上大夫，礼不下庶人"。正如普通老百姓唤不起别人的特殊恭敬一样，大夫以上的高级官员可以免于法律的酷刑。这在认定法律的行使权限时，姑息了法律之外的特殊公民。儒家认为三纲五常、以尊压卑、以长制幼就是天理。朱熹的这段话最能说明这个道理："凡有狱讼，必先论其尊卑、上下、长幼、亲疏之分，而后听其曲直之辞。凡以下犯上、以卑凌尊者，虽直不右；其不直者，罪加凡人之坐。"（《戊申廷和奏扎》，《朱子文集》卷十四）

为了维护法律的尊严，法家突出法律面前的一视同仁。春秋时期的管仲提出："君臣上下贵贱皆从法，此之谓大治。"韩非尤其重视法律面前人人平等，强调推行法治必须一视同仁，不论亲疏、贵贱、尊卑都要依法赏罚或举弃。量才录用、论功行赏是唯一原则，其中不存在亲疏、远近或尊卑之别。于是，韩非不厌其烦地重申：

法不阿贵，绳不挠曲。……刑过不避大臣，赏善不遗匹夫。（《韩非子·有度》）

明主赏不加于无功，罚不加于无罪。（《韩非子·难一》）

是故诚有功，则虽疏贱必赏；诚有过，则虽近爱必诛。疏贱必赏，近爱必诛，则疏贱者不怠，而近爱者不骄也。（《韩非子·主道》）

故行之而法者，虽巷伯信乎卿相；行之而非法者，虽大吏诎乎民

萌。(《韩非子·难一》)

在此,韩非强调法律面前人人平等,没功者不赏,有罪者必罚,即使是大夫世卿、王公太子也没有特权。这样的例子在《韩非子》中屡见不鲜。不仅举其一斑:

> 荆庄王有茅门之法曰:"群臣大夫诸公子入朝,马蹄践霤者,廷理斩其辀,戮其御。"于是太子入朝,马蹄践霤,廷理斩其辀,戮其御。太子怒,入为王泣曰:"为我诛戮廷理。"王曰:"法者,所以敬宗庙,尊社稷。故能立法从立尊敬社稷者,社稷之臣也,焉可诛也?……"于是太子乃还走,避舍露宿三日,北面再拜请死罪。(《韩非子·外储说右上》)

由此可见,无论赏还是罚,韩非都把之纳入到法律条文之中加以规范;无论王公大人还是平民百姓,其行为都以法律为准。

王子犯法与庶民同罪,这是执法者应有的姿态和气度。没有特殊的公民和特殊的机构。政府的各级组织、部门和领导者都应遵章运作、依法办事,决不允许利用本部门的优越条件或自己手中的权力随意赏罚乃至以权谋私。这是韩非等法家的真知灼见。

二、渎职与越职

出于杜绝犯上作乱的动机,儒家强调人之思和行都不应超出自己的名分。没有职权、不担任社会组织工作的平民不应该考虑治国的大问题。所以,短短《论语》中,"不在其位,不谋其政"(《论语·宪问》)就出现了两次——另一处是《泰伯》。对此,曾参解释说:"君子思不出其位。"(《论语·宪问》)害怕老百姓参政议政是孔子正名思想的一部分,也反映了统治阶级对下层民众的抵防、敌视心理。

韩非写道："夫善赏罚者，百官不敢越职。"（《韩非子·难一》）不僭越、不是自己应该干的事不要参与，这是儒家与法家的共同认识。所不同的是，儒家强调不越职，对不渎职却卷舌不议。与孔子代表的儒家不同，韩非强调越职者罚，渎职者也罚。《韩非子》中的许多寓言伸张了这个原则。其一曰：

> 昔者韩昭侯醉而寝，典冠者见君之寒也，故加衣于君之上，觉寝而说，问左右曰："谁加衣者？"左右对曰："典冠。"君因兼罪典衣与典冠。其罪典衣，以为失其事也；其罪典冠，以为越其职也。非不恶寒也，以为侵官之害甚于寒。（《韩非子·二柄》）

所做的事一定要与所受的职相符，言大而功小者罚，言小而功大者亦罚。有功者必赏，有罪者必罚，从而使人既不懈怠也不妄为。从这个意义上说，法家不再像儒家那样挫伤人的政治热情和参与意识了。儒家强调职位与思谋的一致性，侧重不越职的一面。或许由于道德靠自觉，别人说得再多也没有用，或许如孔子所言那样"中人以下，不可以语上"，老百姓没有理解高深的治国谋略的能力而不屑对他们去说。对于一般老百姓，孔子不求使之知，只求他们顺从长者的意愿。他指出："民可使由之，不可使知之。"（《论语·泰伯》）对于这句话，从可能性的高度来理解，反映了孔子对下层人民的蔑视，或许流露几分同情；如果从必要性的角度来理解，则是不折不扣的愚民政策。尽管孔子说过让不会作战的人去打仗等于陷害他们，云"不教而杀谓之虐"（《论语·尧曰》），还从完善道德的角度强调对人实施教育，而这些都是从爱惜生命、提高生命质量的人道主义出发的。一落实到政治领域，为了杜绝人们参政议政、僭越夺权、犯上作乱，孔子宁可让人不思不想，乃至听任摆布。

三、护私与废私

儒家的"爱有差等"反映到政治领域就是视人之地位尊卑和血缘亲疏

分别对待。尽管君与父要对臣与子以惠、以慈，然而，这比起臣与子对君与父之忠孝简直不足一提。所以，儒家思想助长了上位者之私。锦衣美食，下层人想都不应该想，位尊者却可以心安理得地穿之、食之，便是这个道理。

法律面前人人平等本身即露出了法不阿贵、不凌弱的端倪。韩非主张法治，目的之一便是避免君主以个人的喜怒和好恶来治理国家。法治在禁奸时，也禁私、废私。所以，韩非宣称："夫立法者以废私也，法令行而私道废矣。"（《韩非子·诡使》）在他看来，法不仅可以杜绝君主以自己的好恶强加于国，而且可以使群臣为官廉洁、防止腐败。真的吗？韩非讲了这样一个故事：

> 公仪休相鲁而嗜鱼，一国尽争买鱼而献之，公仪子不受。其弟谏曰："夫子嗜鱼而不受者，何也？"对曰："夫唯嗜鱼，故不受也。夫即受鱼，必有下人之色；有下人之色，将枉于法；枉于法，则免于相。虽嗜鱼，此不必致我鱼，我又不能自给鱼。既无受鱼而不免于相，虽嗜鱼，我能长自给鱼。"（《韩非子·外储说右下》）

美味佳肴，非不欲得。尽管如此，考虑到枉法、守法之利弊，还是为守职而不受鱼。这不禁令人联想到，对于那些发改革之财、公饱私囊的人而言，如果有了令人生畏的法律，他们还会如此肆无忌惮吗？

四、荣辱与显隐

正如人的命运很大程度上取决于自身的作为一样，学术思想的历史命运与其理论本身具有某种必然联系。儒法两家思想的不同之处在后续的历史沧桑中演绎成荣辱兴衰的轮回。

早在春秋时代，在异军突起、喧喧嚷嚷的众多学说中，儒家便脱颖而出、名声鹊起，很快成为百家之冠，而这时法家则显得相形见绌。从社会影响上看，与门徒三千、桃李遍天下的孔子相比，早期法家如商鞅、申不害、慎到等尽管靠君主大树之荫凉，面对门前冷落鞍马稀之惨状也不能不自愧弗如。

到了战国，孔子创立的儒家在其后学孟子、荀子等人那里进一步得到光大和阐扬，其"显学"地位日益巩固。法家思想同样在战末的韩非那里集其大成，对当时诸侯各国的政治、军事产生了巨大影响。但总的说来，在先秦时期，法家势力一直没有胜过儒家。

随着儒术在西汉被独尊，儒家在传统文化中的主干地位日益明朗，而人们对法家却讳莫如深。为了寻找传播的契合点，东汉传入的佛教曾与中国本土文化中的儒学、玄学、道家、道教进行比附、合流，却始终没有向法家靠拢。儒、释、道三教一体的宋明理学的出现在宣布儒学再次成为官方哲学的同时，也宣布了作为先秦四雄之一的法家与墨家一样被甩到了历史后面。

同是先秦四雄之一，墨家历经衰微之后在近代得以复活，进行了一次凤凰涅槃，而法家在近代依然昏睡沉靡、生还无望。这时的儒家，尽管创始人孔子的圣贤地位受到威胁，然而，康有为等人却把孔子奉为变法维新的祖师爷加以供奉，至于孟子地位之抬升更是有目共睹。在近代的文化革命和文化重建中，有道德革命、圣贤革命、诗界革命等数十个革命和建设，尤其对道德建设倍加关注，而唯独没有法学革命或建构。更意味深长的是，在严复翻译的八大西学名著中，有一部就是法学著作，即法国学者孟德斯鸠的《法意》（今译为《论法的精神》）。尽管如此，这部书在近代中国产生的影响主要不是法律内容，而是书中涉及的地理环境决定论。严复和近代思想家所热衷的不是原著对西欧各国法律风俗的具体研究，而是不同地理环境对社会风气和人的精神面貌、文化习俗的决定性影响。近代思想家对《法意》进行的这种顾左右而言他的取舍方式是耐人寻味的。

与儒家和法家不同的学术命运及社会影响形成强烈反差的是，诸侯各国和历代统治者对儒家与法家、德治与法治的态度和对待。先秦的儒家虽然产生了巨大的社会影响，孔子、孟子、荀子等人虽然都周游列国贩卖儒学，但是，他们受到同样的敬而远之的冷遇，政治抱负无一被采纳。孟子昙花一现的"加齐之卿相"不得不因齐宣王不采纳自己的仁政主张而辞官出走。饶有兴趣的是，各诸侯国不想采纳儒家的德治、仁政主张，却在表面上对儒家的游说者表示欢迎、以礼相待。与儒家的怀才不遇相比，法家可谓是官运亨通，从商鞅、李悝、申不害到韩非、李斯均成为君主成就霸主事业之股肱。出乎意料又在意料之中的是，这些被重用的法家人物在伴君如伴虎的政治生涯中均不得善终，饮尽法术之酷刑。在此之后的历代统治者都标榜自己走的是儒家路线、以德治国，而暗地里却采用法家的高压政策。

出现以上种种戏剧性场面的主要原因是，以礼仪之邦著称于世的中国人喜谈道德、忌讳法律。君主推行仁政会赢得仁德的美誉，推行法治则换来残酷的恶名。中国人的这种心态与法家崇尚严刑酷法之间具有一定的关系。

第四节　历史的回响和时代的呼唤

儒家与法家对立的焦点、也是最代表两家特色的便是，德治与法治之争——采取什么方式和手段达到天下平治的目的。德治与法治、仁政与暴政以及其间的温良与激进之差，一言以蔽之，即关于道德与法律的分歧，其间的差别只存在于对其手段和效果的事实判断上，而不存在于善恶、良暴的价值判断上。只有以公正、平和的心态重新审视道德与法律的作用，才能更客观地理解儒家与法家的争论。

一、怀刑与适古

孔子、孟子与韩非生前并未进行过正面交锋，通过对其思想资料的具体研究和整体把握，可以看到他们对道德与法律以及德治和法治所持的态度。

　　儒家崇尚道德，追求德治之世，那只是一种理想的最高境界。对于并不尽如人意的现实社会，孔子在原则上并不反对法律。相反，孔子还把是否心中想着刑罚、不触犯法律视为判断君子与小人的标准。《论语》中记载："子曰：'君子怀刑，小人怀惠。'"（《论语·里仁》）可见，儒家并不否认法律的作用，它不同于法家的只不过在承认法治必要性的同时，看到离开道德的法律的局限和法治路线推至极端的可怕流弊。

　　法家力推法治，并为达到"以法为教"的目的而禁绝百家之学，这不能不冲击作为百家之显的儒家及其宣扬的仁义道德。韩非本人曾对儒家道德之说的软弱无力、漏洞百出进行过揭露，那是在总结和评价先秦思想之时，并不说明他对儒家及道德说教的特殊敌意。在当时，韩非光大法术，主要是考虑到战国时代的社会情况，面对人心不古的局面道德会束手无策。事实上，韩非不否定道德适用于物多人少的古代，并对周文王用道德手段行仁义而王天下予以肯定。不难想象，在他向往的井井有条的理想社会，道德也会显得并不软弱和无力。这表明，与儒家夸大道德的至上性和法律的消极性类似，法家在隆法的过程中夸大了道德的局限性。尽管如此，正如儒家并不一味反对刑罚和法律一样，法家也承认道德的适用性，在某些时代为道德留下了一席之地。

　　从历史上看，道德与法律从来都不是隔绝无涉、互不相容的。历代统治者阳儒阴法便恰好证明了道德与法律、怀柔与高压缺少任何一手，都会力不从心。从思想渊源上看，尽管儒、法两家有种种差异，然而，许多思想家兼承两家之学脉，最突出的是战末的荀子——一面对孔孟之儒推崇备至，一面又主张隆法以法，以至有人把荀子归为法家。这种归属恰当与否，另当别论。问题的关键是，这反映了儒家与法家、道德与法律在历史沿革中不可否认的血缘关系。

　　儒家与法家的态度以及历代统治者的做法凸显了一个朴实无华的道理，那就是：道德与法律各有所长、各有所短，两者缺少任何一方，都会陷入极端，最终妨碍人类的文明和进步。

二、道德与法律的不同特点

儒家与法家的争论暗示了道德与法律具有不同的理论特征和社会功用，对于人们领悟道德与法律的不同作用和相互关系具有不可忽视的启迪价值。

1.鼓励与禁防——手段的积极与消极之差

道德以鼓励为手段。道德靠内心信念和社会舆论起作用，不带有暴力或强制性。它起作用的最终凭据是人的良知和道德心，运作机制是在廉耻心和荣誉感的督促下，使人从善如流、争先恐后。正是由于这个原因，孟子说假如人没有羞恶之心，不以不如别人为耻，也就不可救药、永远赶不上别人了。这表明了道德催人奋进、鼓励上进的积极作用，也暗示了道德的非强制性——只要自己不以为耻，别人便奈何不得。

法律的手段是禁止和严防，把人的行为规范在某一许可的界限之内。无论理解与否、愿意与否，都要在此划定的圈内活动，超出界限就要受到惩罚——这种惩罚的方式不是舆论谴责或自我反省，而是暴力或武力镇压。

2.自律性与他律性——对主体的不同模塑

道德的最高境界不是惧怕什么而不敢为恶，而是从内心认识到作恶的可耻、可憎和可恨。它的前提是相信人有知善、向善、从善和行善的能力，表现了对人自身本性和素质的自信乐观。道德始终是用积极主动的手段达到某种目的，道德的运用和长足进展有助于人的自律性。

法律体现了人的他律性，它在历史上的出现表示人类放任、自发的幼年时代已经过去，开始会理性地规划自己的行为了。它的出现对于天性喜欢自由的人类来说，不能不带来某种冲击。从本质上说，法律毕竟是以消极方式去达到目的，这就是说，正如道德体现了主体的能动性一样，法律在某种程度上带有他律性。

3.最高目标与现实操作——普适程度不同

道德是理想的，给人提供了最高理想和审美目标。去做了，便成为圣人、君子，超凡入圣——这个圣人、君子往往离普通人又那么遥远；不去做，还可以堂堂正正地做一个平平凡凡的人。无可无不可，去不去做关键取决于每个人不同的觉悟境界和价值取向。

法律是现实的，从禁止的角度规定了做人的最低点，那就是不要做什么，然后才有生存和发展的权力。对于这种禁止，任何人都不例外，不能违背。至于在这个最低起点上，还想做些什么更高觉悟的事，那由你自己决定。这从不应该的角度规定了人能够做什么，虽然是最低限度的，但又只能这样做；否则，就要受到制裁。

有人说，法律是"先小人而后君子"，道德则是防得了君子而防不了小人。道德所感召的恰恰是那些安纪守法、循规蹈矩的人。一旦道德的天平失衡，道德信念发生动摇或偏离，道德便拿不出行之有效的办法来制裁其叛逆者。这种评价或许偏激，却道出了一个不容否认的事实，那就是：在阶级社会中，法律比道德更具有普适性。

道德为人提供了无限的可塑空间，使人充分发挥其内在潜能，自由挥洒，变得理想而浪漫；法律则规定了为人的时空限度，使人变得实际和现实。从理论特征上看，道德可以帮助人们模塑理想人格、追求人性醇美。只有道德，才能使人类不断冲破自我，摆脱庸俗，进而充分展示人性的光辉，使人在精神上不断超越和升华。道德无疑是人类进步和社会发展的一项重要标识。法律在道德规定的"应该"之前为人类界定出共守的"不应该"，这是人生存的基本点和第一步。法律使人充实和脚踏实地。

总之，道德与法律具有不同的特点和作用。一方面，在不同的历史时期，二者的地位和作用各不相同。这正如道德原始社会就有、并不会随阶级的消失而骤然消失，而法律作为暴力机器和捍卫国家的工具将与国家一起消亡一样。儒家和法家不同的个人际遇和学术命运也从一个角度证明了道德与法律的根本差异。另一方面，道德与法律都是针对人而言的。人是多面的，丰富的。对于不同的人而言，道德与法律的不同具有互补之势。

三、道德与法律的相辅为用

儒家与法家的相互态度和道德与法律的特征从历史和现实两个维度相互印证，道德与法律具有互容性。建构和谐社会需要道德，也需要法律。道德建设与法律建设犹如双翼，任何一方都不可或缺。

建构社会主义和谐社会是一场空前的伟大壮举，时代呼唤社会主义核心价值观念，和谐社会需要与之适应的道德观念和行为规范，这是毋庸置疑的。如果说"两手抓，两手都要硬"是指物质文明和精神文明建设的话，那么，经济建设应该是社会主义和谐社会物质文明建设的主项，道德文明建设则无疑是精神文明建设的核心。

承认道德建设是社会主义和谐社会精神文明建设的核心，并不意味着道德是万能的。如果以为只有道德文明，社会主义和谐社会也就大功告成了，那就大错特错了。我国正处在社会主义初级阶段，人们的道德水平也参差不齐，加之物质利益的诱惑，并不是每个人都能从国家的长远利益出发考虑问题。在这种情况下，用带强制性的法律规定不应该，比用建议性的道德引导应该要现实和迫切得多。如果把贪污受贿、玩忽职守、以权谋私、吸毒贩毒和卖淫嫖娼等丑恶现象仅仅说成是道德滑坡和精神堕落，这是不全面的。如果说这些现象的泛滥是道德滑坡的一种结果，那么，导致这种后果的主要原因则是法制观念的不健全，缺乏严惩的力度，打击不力致使问题越聚越多。

上述现象表明，建构社会主义和谐社会关键在于德治与法治的齐头并进。和谐社会必须以法律为依据来理顺各种关系。增强法律意识、强化法律观念是社会文明和进步的一种表现。

对于建设社会主义和谐社会的精神文明而言，"两手抓，两手都要硬"一个指道德建设，一个指法制建设。道德与法律的互补互济、相辅相成、互动相长、协调发展，是建构社会主义和谐社会的有力保障。

第五节　儒家与法家之争留下的思考

儒家与法家的争论证明了道德与法律各具特色，对于和谐社会的建设缺以不可。进而言之，在建构社会主义和谐社会时，道德建设与法制建设应该如何运作？儒家与法家的回答——因人而治现实而有效，是儒、法之争乃至古代政治哲学留下的可贵启示。

一、关注人性问题

儒家、法家都注重对人性的挖掘和研究。儒家开发人的光明面和善良处，得出了人性善的结论；法家侧重人的阴暗面和丑恶处，得出了人性自私自利的结论。前者的代表是孟子，后者的代表是韩非。

"言性与天命，不可得而闻"（《论语·公冶长》）的孔子对人性的建构单薄得近乎空白，只留下了"性相近也，习相远也"（《论语·阳货》）的垂训，言语匆匆中让人弄不懂他说的是人性近于恶还是近于善。孔子设置的这一悬案在孟子那里亮出了谜底。孟子不仅明确宣布人性为善，在中国历史上首当其冲地举起了性善论的大旗。"孟子道性善"（《孟子·滕文公上》），并且从逻辑推理、经验证明两个方面对性善说做了深入阐释和哲学论证。

在逻辑证明方面，孟子指出："凡同类者，举相似也。"（《孟子·告子上》）在他看来，天下所有的东西，凡是同类者都具有相同的特征。这正如给某人做鞋，即使不看他的脚，也不会把鞋做成筐——天下所有人的脚都是相同的。就人的五官而言，口对于味有相同的嗜好，所以，天下所有人都喜欢吃名厨易牙做的食物。假如美味因人而异，犹如犬马与人之间那样不同，天下的人为什么偏偏都喜欢吃易牙做的食物呢？人对于美味都期于易牙表明：天下人之口具有相同的嗜好。至于声音，天下人都喜欢听名乐师旷演奏的音乐。这表明，天下人的耳朵有相同的嗜好。看见子都的人都认为子都是个美男子表明，天下人的眼睛具有相同的嗜好……孟子归纳说，既然口对于味有相同的美食、耳对于声有相同的美音、目对于色有固定的美貌，为什么说到心便"独无所同然"？这在逻辑上讲不通。唯一合理的解释是：心有相同的祈向。进而言之，天下人之心都喜欢的是什么呢？那就是理义。孟子断言："故理义之悦我心，犹刍豢之悦我口也。"（《孟子·告子上》）

在经验证明方面，孟子指出，任何人突然看见孺子入井都会产生惊骇、同情之心。这种心情的产生不是为了与那个小孩的父母攀结交情，也不是为了在乡里乡亲中博取名誉，更不是因为厌恶那个小孩的哭声。那么，产生这种同情心的根源是什么呢？舜在深山老林隐居时，在家与树木、土石为伴，出游与麋鹿、野猪为伍。这时的舜与野人没有什么不同。然而，等舜听到一善言、见到一善行时，就像江河决口一样沛然不能自御，这又是什么力量的驱使呢？其实，这些行为都出自于人之本能。它们的发生证明"四心"为人心所固有，并非强加于人的外来之物。于是，孟子宣称："恻隐之心，人皆有之；羞恶之心，人皆有之；恭敬之心，人皆有之；是非之心，人皆有之。"（《孟子·告子上》）人都有"四心"，犹如人都有四肢一样，"四心"是人与生俱来的东西。在此基础上，孟子指出："恻隐之心，仁也；羞恶之心，义也；恭敬之心，礼也；是非之心，智也。"（《孟子·告子上》）"四心"是仁、义、礼、智的萌芽，与生俱来证明仁、义、礼、智为人性所固有。因此，孟子又断言："仁、义、礼、智，非由外铄我也，我固有之也。"（《孟子·告子上》）仁、义、礼、智，善也。人心先天地含有仁、义、礼、智，表明人性生来就是善的。

韩非指出："夫民之性，恶劳而乐佚。"（《韩非子·心度》）在他看来，人不仅好逸恶劳、天性懒惰，而且自私自利、勾心斗角。人皆好利而恶害，好利恶害是人的本性。因此，韩非一再重申：

> 好利恶害，夫人之所有也。……喜利畏罪，人莫不然。（《韩非子·难二》）

夫安利者就之，危害者去之，此人之情也。……人焉能去安利之
道而就危害之处哉？（《韩非子·奸劫弑臣》）

从人皆好利出发，韩非断言人性是自私的，人的一切社会关系无非是
利益关系，无不表现出人的自私性：第一，人与人之间的关系都建立在利
己的基础上。韩非指出："舆人成舆则欲人之富贵，匠人成匠则欲人之夭
死也，非舆人仁而匠人贼也。人不贵则舆不售，人不死则棺不卖，情非憎
人也，利在人之死也。"（《韩非子·备内》）循着他的逻辑，舆人欲人富贵、
匠人欲人早死。这并不能证明前者善而后者恶，究其极都是利益的驱使。
舆人与匠人的做法不同，其用心却是一样的。第二，君臣之间是相互利用
的买卖关系，甚至是相互争夺、残杀的战争关系。韩非写道：

主卖官爵，臣卖智力。（《韩非子·外储说右下》）

且臣尽死力以与君市，君垂爵禄以与臣市。君臣之际，非父子之
亲也，计数之所出也。（《韩非子·难一》）

在韩非看来，君臣之间"上下一日百战"，君主与王室宗亲之间更是
血淋淋的厮杀关系。韩非指出："后妃、夫人、太子之党成而欲君之死也，
君不死则势不重，情非憎君也，利在君之死也。"（《韩非子·备内》）第
三，家庭中的父子、夫妻关系也是利益关系。对于父母与子女之间的相互
算计，韩非揭露说："且父母之于子也，产男则相贺，产女则杀之。此俱
出父母之怀衽，然男子受贺，女子杀之者，虑其后便，计之长利也。故父
母之于子也，犹用计算之心以相待也，而况无父子之泽乎？"（《韩非子·六
反》）第四，韩非强调，即使是一种利他的行为，其实质仍然是为了利
己。正是在这个意义上，他一而再、再而三地指出：

故王良爱马，越王勾践爱人，为战与驰。医善吮人之伤，含人之

血，非骨肉之亲也，利所加也。(《韩非子·备内》)

吴起为魏将而攻中山。军人有病疽者，吴起跪而自吮其脓。伤者之母立泣，人问曰："将军于若子如是，尚何为而泣？"对曰："吴起吮其父之创而父死，今是子又将死也，今吾是以泣。"(《韩非子·外储说左上》)

夫买庸而播耕者，主人费家而美食，调布而求易钱者，非爱庸客也，曰：如是，耕者且深，耨者熟耘也。庸客致力而疾耘耕者，尽巧而正畦陌者，非爱主人也，曰：如是，羹且美，钱布且易云（有——引者注）也。此其养功力，有父子之泽矣，而心调于用者，皆挟自为心也。(《韩非子·外储说左上》)

更有甚者，韩非强调，人自私自利的本性先天注定，因而不能改变。教人实行仁义、变自利为利他，如同教人学习智寿和美貌一样是不可能的。于是，他写道："性命者，非所学于人也。……以仁义教人，是以智与寿说也，有度之主弗受也。故善毛嫱、西施之美，无益吾面。"(《韩非子·显学》)

循着善与恶、公与私两种不同的思路，儒家与法家对人性进行了不同的解剖和厘定。两家认定的人性不同，决定了后天行为和追求的天壤之别。高喊性善的孟子把仁、义、礼、智说成是人不懈的追求目标。人都有恻隐之心，会对他人产生怜悯、同情之心。没有恻隐之心，简直不算是个人。人人皆有仁之萌芽的恻隐之心表明，仁是做人的起码原则。人都有一种知荣辱的羞恶之心，都以不如别人为耻。在羞耻心的驱动下，人会争先恐后、自强不息。羞恶之心就是义的端倪，心中有义，表明"义，人路也。"(《孟子·告子上》)义是人们为人处世、安身立命遵循的法则。人都有恭敬之心（又称辞让之心），为人处世、接人待物都"以礼存心"、"以礼敬人"，在人与人的交往中，能给对方以恭敬和尊重。人都有是非之心，在对不同事物进行裁决和权衡时，能够分辨善恶美丑、应不应该。

孟子强调"四心"是人性的主要内容，是性善的根本标志。每一心都是人成为人的必要条件，人生的价值就是践履仁、义、礼、智之善。他断言："无恻隐之心，非人也；无羞恶之心，非人也；无辞让之心，非人也；无是非之心，非人也。"（《孟子·公孙丑上》）循着这个逻辑，既然人性天然自美、无所欠缺，那么，只有保持先天固有的善之本性而不丧失，便可人格完美、社会安宁、天下太平了。何必还要用法律加以干涉呢？

主张人性自私自利的韩非把人的一切行动都说成是对利益的追逐。他申明："利之所在，民归之；名之所彰，士死之。"（《韩非子·外储说左上》）既然人只好名利，道德显然失去了应有的说服力和吸引力；既然名利为人所好，只能用法术来进行赏罚。

二、彰显人性与治世的关系

儒家和法家都认识到了人性与国家治理之间的必然联系，当然也从一个侧面揭示了先秦诸子对人性问题的津津乐道。

孟子直接论证了性善说与治国方略——仁政的关系。他断言："人皆有不忍人之心。先王有不忍人之心，斯有不忍人之政矣。"（《孟子·公孙丑上》）这就是说，仁政——治国的正确途径是不忍人之心——善良本性的必然结果：从仁政的产生来看，先王有不忍人之心，不忍心用残酷的法律桎梏万民，只能采取礼乐教化的道德手段来治国平天下。这表明，先王的不忍人之心发之于外，便有了不忍人之政——仁政；从仁政的实施来看，因为人人皆有仁义礼智之善根，都有闻一善言、观一善行而莫之能御的趋善本能，所以才使礼乐教化、德治仁政成为可能。至此可见，性善说为仁政的确立提供了人性哲学方面的辩护。

韩非同样在人性中找到了法治的依据。按照他的说法，作为宇宙本原的道"无状之状，无物之象"（《韩非子·解老》），是一种无任何规定性的存在。道因为虚静无为，所以能放任自然而无所不为。人要图谋远虑、功

109

成名就，必须效法道的虚静无为。君主治理国家更是这样。具体地说，君主无为而治的最好办法就是摆脱喜恶之心，真正做到无喜无恶、任其自然，因循人性之本然。他宣称："凡治天下，必因人情。"（《韩非子·八经》）因为人性自私自利、好利恶害，道德的说服教育显得空洞虚伪、无能为力，而法术之赏迎合了人的好利本性、罚则针对人的恶害本性，是整治群臣的有效手段。法术治国富民的后果更是满足了君臣百姓的功利追求。

上述内容显示，儒家和法家都到人性之中寻找其治国的理论依据和合法证明，或者说都从人的本然状态、从人性出发寻找治理方法和对策。虽然儒家与法家在人性是什么的回答上观点截然不同，但是，两家在人性中寻找治人的初衷和思路却惊人的一致。不同的本性和行动目的注定了不同的行为准则和管理对策，儒家与法家不同的治国之道取决于各自的人性主张：对于天性本善、追求仁义礼智的循规蹈矩者，说教劝导足以使之对善驱之若鹜——见善思齐、从善如流完全出于本能，是发自内心、自然而然的；对于见利忘义、图谋不轨的亡命犯上者，只有利诱、威镇才能使之规规矩矩——说教、劝导常常达不到目的，不如法术来得简捷明快。进而言之，就人性论为政治路线和治国方案提供立论根基而言，性善说论证了德治仁政的可能性，人性自私自利论伸张了法治的必要性和迫切性。从这个角度看，儒家与法家的全部政治主张和治国策略都是在其人性论的基础上展开的，理论分歧也导源于对人性的不同审视。正是基于对人性的不同揭示，儒家与法家毅然决然地踏上了泾渭分明的德治与法治之途。如果从双方对人性的不同透视出发来理解其不同的政治主张，二者的对立随即变得可以理解甚至在意料之中了。

三、展示中国哲学的人本情怀

中国哲学注重人文情怀和人本关怀，在政治哲学领域也不例外。人是社会存在的前提和发展的动力，更是其目的和价值本身。因此，无论何种统治方案都应是具体的，是基于人、通过人、为了人而展开的。这就要求其必须符合人的存在、人的需要、人的价值、人的本性和人的全面发展。在这方面，儒家和法家从人出发、以人的本性为根基的思维理路具有启迪意义。这是儒家和法家政治哲学的优点，也是先秦各家政治主张的共同之处。例如，身为道家的庄子主张无为而治，是因为他断言人性素朴为美，任何刻意的修饰都是对天然之美的破坏，是一种伤生损性害命的行为——道德与法律当然也不例外，因此才有"殉仁义"之说。同样，墨家主张兼爱、非攻，是因为人性染之苍则苍，染之黄则黄。既然人皆有所染，爱人者人必从而爱之，利人者人必从而利之，贼人者人必从而贼之，那么，良性与恶性循环的强烈对比注定了不言自明的结论。可以作为例证的还有荀子。荀子之所以主张礼法并重，是因为：一方面，他宣称人性恶，声称人生来就有各种欲望，如果不加以节制和引导势必危害社会，这为法律的强制和严惩提供了发挥作用的空间。另一方面，荀子坚信"涂之人可以为禹"，通过后天的学习积善、化性起伪可以改善人性中恶的萌芽而成为圣人，这无疑又为道德的介入修筑了一条绿色通道。

历史经验证明，只有从人出发、从人的本性中寻求治国理民之术才能使政治主张奠基于坚实的现实土壤而落到实处；离开具体人的政治主张则是一厢情愿的主观玄想，不仅丧失其立论根基，而且难以收到良好的效果。其实，人的存在和人的本性不仅决定着采取道德或法律何种手段进行治理的问题，而且是对道德或法律条文进行何种定位的先决条件。离开了人的存在、人的需要、人的价值和人的全面发展，法治与德治都难免空谈之嫌，在贯彻落实中难以收到预期效果，司法实践领域的执行难便是典型表现。在这方面，儒法的做法值得深思和借鉴。这表明，政治哲学应该始终凝聚着人文情愫，洋溢着人文关怀。

同样毋庸讳言的是，儒家和法家到人性之中寻找统治方略的做法具有不容忽视的致命缺陷。这是因为，以人性为根基并非倡导人治，因人而治与人治是两个完全不同的概念。问题恰恰在于，先秦哲学往往混淆两者的区别，在因人而治时推崇人治。于是，可以看到，无论是法先王还是法后王，各家都坚持自上而下的统治路线，历史和政治领域的圣贤情结便突出地流露了这一思想倾向。例如，儒家把天下太平的希望托付给统治者的表率作用，由此导致渴望贤王明君的出现。有了尧舜禹汤文武周公，便有了唐虞盛世和三代之兴；有了桀纣幽厉，夏商周之亡在所难免。人存政举，人亡政息。国家的命运乃至天下的发展趋势完全系于一人。法家怂恿君主以深藏不露之术制服群臣，使统治术最终演义为君主的权术，君主成为法的化身。由此看来，无论法先王还是法后王，其实都是以王（国君、天子或统治者）为法，这与封建社会的君主专制一拍即合，是滋生君主集中制、家长制、一言堂的政治和学术土壤。这些都窒息了古代政治哲学的人文关怀。

作为内与外、宽与紧、温与猛两种不同手段和方式，道治与法治在古代社会不可或缺、相辅相成。尽管如此，儒家与法家所讲的道德和法术都存在僭越现象。儒家的德治依凭统治者自身带头作用的后果是一言堂、家长制，于是，尊贵长者成为法律；法家奉法而治理、让一切领域和方面都付诸法律，使法成为唯一的解决办法和调节手段。在道德与法律的相互僭越中，道德和法律从工具变成目标本身。与此相对应，人的价值被贬损、甚至沦为工具，政治哲学的人文关怀有时会随之丧失殆尽。

第六章　老子与庄子之道比较

在中国哲学史上，老子与庄子并提，合称为老庄。这是因为，两人都是道家的代表，并且都推崇道为世界万物的本原。在这个前提下尚须进一步看到，老子与庄子对道的界定和道生万物的理解并不相同。这一点通过庄子将道称为"物物者"集中反映出来。"物物者非物"在《庄子》中有两处表述，一处是"物物者非物"（《庄子·知北游》）。另一处的具体表述与此处略有差异，基本思想却别无二致。这句原话是："物物者之非物也。"（《庄子·在宥》）哲学界给庄子哲学定性，往往习惯于援引"物物者非物"这句名言，并把之翻译为物质性的宇宙万殊只能派生于非物质性的精神存在，并且断言这是典型的唯心主义命题。学术界选取"物物者非物"来判断庄子哲学性质的做法是明智的，因为这一命题是庄子哲学的最佳切入点和关键处。令人遗憾的是，由于对"物物者非物"理解的偏颇，不能借此窥探庄子哲学的精髓。事实上，"物物者非物"不仅展示了庄子哲学的独特意蕴和思想主旨，而且从一个侧面展示了庄子与老子哲学异同互见的思想关系。

第一节　"物物者"与道之别名

对于道的无名，《老子》开门见山。庄子同样反复声称道不当名。两人的做法使道拥有了诸多别名。在老子、庄子使用的道之别名中，有些是两人共用的，有些却是各自独有的。其中，"物物者"为庄子哲学所独有，也显示了庄子与老子之道的差异。在庄子哲学中，"物物者"又称"造化者"，指宇宙万物的本原，也就是道。作为庄子哲学特有的概念和术语，"物物者"是庄子对道不同于老子的称谓。因此，了解"物物者非物"要从道的规定性以及道的别名说起。

一、道与名

老子、庄子代表的道家在本体哲学领域具有两个共同特征：一是奉道为宇宙本原，一是强调道对语言的排斥。把道说成是宇宙间的最高存在是判定道家身份的哲学条件，老子、庄子对道的本原地位坚信不疑，也是两人被冠名道家身份的通行证之一。如果说第一点即视道为宇宙本原并非道家专利的话，那么，宣称道对语言的排斥则是先秦道家——老子和庄子的独有观点，这是两人之间的默契和共识。

在先秦，道家与法家均奉道为宇宙本原，而与推崇天的儒家、墨家渐行渐远。尽管如此，道家和法家对作为宇宙本原的道与语言关系的认识相去甚远，因为韩非等法家人物并不像老子、庄子那样强调道的不可言说。在道家后续的发展中，道教和玄学尽管继承了先秦道家——老子、庄子的思想，却对语言把握道的无能为力保持缄默，玄学家王弼甚至大讲言意之辨。在王弼的论述中，虽然得意忘形、得意忘言，但是，言作为得意的必要条件和工具不可逾越，有其固定因而不容置疑的作用和价值。大而言之，在中国哲学史上，强调宇宙本原（道）与语言殊绝的只有老子、庄子代表的先秦道家。这也因而成为两人标志性的哲学观点。老子、庄子宣称道对语言的排斥主要出于两个原因：一是对道的特征的规定，二是对语言的看法和认定。

在老子、庄子看来，道没有任何规定性，因而不可命名或言说。对此，老子一再强调：

> 道之为物，惟恍惟惚。惚兮恍兮，其中有象；恍兮惚兮，其中有物。窈兮冥兮，其中有精。（《老子·第二十一章》）

视之不见，名曰夷；听之不闻，名曰希；搏之不得，名曰微。此三者不可致诘，故混而为一。……是谓无状之状，无物之象。(《老子·第十四章》)

循着这个逻辑，既然道无形无象、无声无臭，没有任何规定性，那么，人就无法用名字去称谓或用语言来描述道。正因为如此，《老子》开头第一句话即说："道可道，非常道；名可名，非常名。"(《老子·第一章》)有鉴于此，老子坚持道不可言说，不可命名。他反复断言："道常无名。"(《老子·第三十二章》)"道隐无名。"(《老子·第四十一章》)与老子怀抱相同的心态，庄子恪守道不可命名、不可言说和不可传授：

夫大道不称，大辩不言。(《庄子·齐物论》)

道昭而不道，言辩而不及。(《庄子·齐物论》)

夫道有情有信，无为无形；可传而不可受，可得而不可见。(《庄子·大宗师》)

老子、庄子均认定语言本身具有致命的缺陷，故而对道无能为力。正是在这个意义上，老子一而再、再而三地声称：

信言不美，美言不信。善者不辩，辩者不善。(《老子·第八十一章》)

大巧若拙，大辩若讷。(《老子·第四十五章》)

知者不言，言者不知。(《老子·第五十六章》)

在老子那里，既然语言之真、之美令人不敢恭维，那么，放弃语言而不言似乎成了明智的选择。庄子指出，语言充其量只能描绘物之粗，而不能表述"物之精"。对于道，语言更是捉襟见肘；道不可名、不可言，并且不可授。语言无法为道命名、言说或讲授（表达或描述等），说明道与语言之间没有同一性。

二、道之多名

老子、庄子对语言的贬低是导致道之别名滋生的重要原因之一。这与同样推崇道为宇宙本原的韩非哲学相比便可一目了然。以天为本原的儒家和墨家以及阴阳家、名家等除了墨子把天称为"上帝"（意即高高在上的统治者）之外，很少以别名称谓宇宙本原。与此不同，老子、庄子极力宣称道不可名和不可道，却又禁不住不约而同地道不可道之道，否则也就没有后人看到的老庄哲学了。老子、庄子这样做的结果是，与当初宣称道无名、拒绝用语言给道命名的初衷适得其反，两人对道的言说使道别名叠出。之所以如此，原因在于：道本身不可命名，为了说明道必须用一个名称去指示或称谓它——即使明知这种做法不恰当也别无选择。因此，为了侧重道某一方面的属性或功能，就可能用其他的、不同的名字来说明它。更有甚者，从逻辑上说，因为道没有名，哪个名称对于道都不合适。这使其他所有的名都有了可能性。

上面的介绍表明，物极必反。老子、庄子断言道无名的结果不唯没有杜绝道之名，反而导致了道的多名，使道拥有了诸多的别名。老子在"吾不知其名，字之曰道，吾强为之名曰大"（《老子·第二十五章》）的名义下，把道"名曰大"。除此之外，道在老子那里又名曰无、无名、母、玄和门等等。在老子用以称谓或形容道的诸多别名中，最著名的是"无"。与此相关的是，"天下万物生于有，有生于无"（《老子·第四十章》）成为老子哲学的核心命题。之后，"有生于无"成为道家乃至玄学家共同关注并且津津乐道的核心话题。与老子相似，庄子在肯定道不称、不言和不辩的同时，也赋予道以诸多别名——如"造化者"、"无有"、"天门"、"一"和"物物者"等等。其中，最具庄子哲学特色的便是"物物者"，这注定了"物物者非物"对于庄子哲学的至关重要。

显而易见，老子、庄子否认语言可以指称、描述和把握道的宣言如出一辙，在否定道可以命名的前提下增加道的诸多别名的做法别无二致。不仅如此，两人对道的别称呈现出诸多相似甚至重合之处。例如，庄子称道为"无有"与老子释道为"无"密切相关，称道为"天门"是受了老子"玄之又玄，众妙之门"（《老子·第一章》）的启发，道"一之所起，有一而未形"（《庄子·天地》）的观点显然与老子在"道生一，一生二，二生三，三生万物"（《老子·第四十二章》）的表述中对"一"的重视和凸显有关。当然，"无名"则是老子、庄子之道的通用名。

语言、概念负载着意义和信息。老子与庄子关于道的这些相似或相通的别称不仅展示了两人哲学的相似性，而且从一个侧面重申了道家的一贯主张，从而显示了道家有别于诸子百家的特色观点：道无形无象、超言绝象，不同于具体事物的有规定性，因而称"无"或"无有"；道是万物的根源和由来，是其出生入死之门径，故而称"门"，犹如出口处一般；道作为天地万物的本原，使宇宙万殊统一、一致，故而称"一"。不难想象，"无"就道与万物的差别而言，"门"就道对万物的派生而言，"一"就道对万物的作用而言。尽管这些别名立论的角度不同，然而，它们却都是对道的说明和规定。

进而言之，道的别名突出了老子、庄子哲学的共同点，又使两人哲学的差异初露端倪。透过对道之别名的不同侧重可以看出，老子强调道的无形无象，以道的存在方式和道与万物的区别为立论根基，着重回答道是什么以及是什么使道具有了宇宙本原的资格等问题。正因为如此，"无"首当其冲地成为老子哲学的核心概念。庄子侧重道产生万物的功能和过程，着重回答道为什么是本原（即道怎样成为本原——因为产生了万物）等问题。正因为如此，庄子哲学的核心概念是"物物者"。就精神意蕴和具体内容而言，"物物者"之"非物"、"不物"的真正含义是道有不同于具体事物的形态、声音或名称等，这即是"无"。在这个意义上，称道为"无"与称道为"物物者"并没有区别。换言之，在对"物物者非物"的表达中，庄子重申了老子视道为"无"、视物为有的有无之辨或宇宙本原与世界万殊之别。这意味着道无形是"物物者非物"的题中应有之义。在这个话语结构中，"物物者"与具体事物——"物"不同，前者是"非物"，后者是"物"。显然，A 不是 B，A 具有不属于 B 的属性或功能。从这个意义上说，庄子对道与万物关系的理解与老子把道视为"无"以别于有形有象的具体存在别无二致。除此之外，"物物者"还有一层意思，这是老子所讲的道之"无"所没有的，那就是：作为"物物者"的"物物"的功能和过程。庄子凭借"物物者"揭示，道是派生万物的根源，前一个"物"是动词，指造化、造物过程或动作；后一个物是名词，指道所造化之物。在这个意义上，"物物者"又称"造化者"。可见，"物物者非物"的前一层意思突出道与万物的区别和对立，与"无"异名而同实，体现了与老子之道的一致性；后一层意思着眼道与万物的联系和统一，体现了庄子对道有别于老子的界定和理解。这预示着老子与庄子对道别名的运用和选定不仅具有术语、概念等话语结构和言说方式之差，而且兼具致思方向和价值旨趣之异。

弄懂了道的特点和别名，便找到了理解"物物者非物"的大背景。"物物者非物"的字面意思是：万物的本原不同于万物本身，这犹如说父子有别、父亲不是儿子一样。从中既推不出父亲是谁，也推不出世界本原不是物质而是精神性存在的结论。如此说来，把"物物者非物"理解为派生世界万物（物质）的东西一定不是物质性的（物）带有很大的臆想成分。这句话只说派生世界万物的"物物者"不具有（"非"）万物（"物"）的属性，至于"物物者"如何"非物"、"物物者"与"物"究竟有哪些不同（即如何"非"），则不是这个命题所涵盖的。就"物物者非物"而言，它传递的信息是：道只有"非物"（即具有不同于物的属性和功能），才能成为"物物者"。这套用《庄子》的话语结构便是："物而不物，故能物。"（《庄子·在宥》）照此说法，"物物者"不是物（不具有物的特征和性状），才能不被物所局；正因为"物物者"不被外物所局限，所以才能"物物"。"物而不物"是道成为"物物者"的前提条件和秘密所在。

第二节　"物物者非物"与道和万物的关系

上述分析显示，在老子、庄子所使用的道的诸多别名中，如果说"无"是老子之道的首选的话，那么，"物物者"则是庄子之道的最爱。"无"与"物物者"之称不仅反映了两人对道的不同理解，而且体现了两人对道与万物关系的不同厘定。

一、无与无有

在老子之"无"的框架和视界中，道无形无象、无声无状、无名无为，便为"无"；万物有形有象、有名有为，便为"有"。老子偏爱用"无"表示或称谓道，是就道的存在方式和属性特征而言的，侧重道与万物的区别：道没有形象、没有现象（即"无状之状，无物之象"），万物有形有象；道没有声音、看不见、听不到、抓不着，万物可以被看见、听到或抓住；道不可道而无名（正是在这个意义上，"无名"成为道的别名），万物则有名。一言以蔽之，这些差异就是道没有任何规定性，因而称为"无"。当然，"无为而无不为"也是称道为"无"的题中应有之义。庄子对道的称谓带有某些"无"的印记，除了"无名"与老子对道的称呼相吻合、也表示道不可言说和没有恰当的名称之外，庄子还习惯于把道称为与"无"有关的"无有"。在对道为"无"的界说中，庄子始终让有紧随无后。庄子的这一思想倾向在下面的议论中即可略见一斑：

> 泰初有无，无有无名。一之所起，有一而未形。（《庄子·天地》）

天门者，无有也。万物出乎无有。有不能以有为有，必出乎无有，而无有一无有。(《庄子·庚桑楚》)

庄子的这一做法和表述方式意味深长，其别用之心和言外之意在于试图弥补老子之"无"由于过分凸显道与万物的区别而造成的二者之间的割裂，从而使道与万物统一起来。"一无有"试图将道与万物连接起来，证明道不仅有无，而且有有。庄子的这个意图在"物物者非物"那里得到印证和彰显。换言之，老子对道为"无"的称谓和说明已经表露出道与万物的分离，庄子对道"一无有"的称谓则将道与万物联系起来，因为道本身即包含着有——有是道的一部分。这表明，庄子的"无有"与"物物者"一样，既体现了道与万物的区别，又昭示着二者之间的联系。

二、道与万物

在老子那里，称道为"无"既然仅仅表明道有别于万物，便不能直接证明道派生了万物，道与万物之间缺乏直接的统一和逻辑贯通。正因为如此，对于老子来说，最紧迫的问题不是道派生万物而是道如何能够派生万物。或许意识到了这个问题，老子讲道生万物时，在道与万物之间加了一、二、三等诸多环节和中介。沿着这个思路可以发现，老子讲道生万物不如庄子把道称为"物物者"来得简捷、明快和直接。其实，这不唯是表达方式的问题，更是思维方式和思想内容的问题。与此相关，庄子不是刻意回答道能否生物、道如何生物，而是着重回答道派生了何物。"物物者"的道不仅含有"物物"的可能性，而且具有"物物"的事实性。当庄子之道被称为"物物者"时，能否派生万物——"物物"的问题已经不是问题了。"物物者非物"传递了这样的讯息：道是"物物者"，"非物"的属性使道具有"物物"的功能。这就是说，道要成为"物物者"必须在物被物之后，只有把物物出来，道才能成为真正意义上的"物物者"。这说明，作为一种存在，道不是完满自足的。尽管庄子强调道的优先性，如道

"自本自根，未有天地，自古以固存；神鬼神帝，生天生地；在太极之先而不为高，在六极之下而不为深，先天地生而不为久，长于上古而不为老"（《庄子·大宗师》）等，然而，道是一种实体存在，更是一种对象性的存在。道只有使自己与物融为一体、体现于具体事物时，才能使自己的本质得以显露，从而获得具体规定性。这就是说，道与其所物之物是一种互动关系：前者造化、创生后者，后者呈现、生成前者。于是，庄子写道："物物者与物无际，而物有际者，所谓物际者也。不际之际，际之不际者也。"（《庄子·知北游》）这就是说，物与物之间是有界限的，所谓的界限是就物与物而言的。与此不同，道与物之间没有界限，道即体现在万物之中。

老子称道为"无"使道与万物分离的后果是，道先于天地万物而生，于是便出现了完全与万物分离的道。这用他本人的话说便是：

> 有物混成，先天地生。（《老子·第二十五章》）

> 吾不知谁之子，象帝之先。（《老子·第四章》）

在这个视界中，道与万物之间在逻辑上有不可逾越的本末关系，由此衍生出时间上的先后关系。反过来，道在时间上的优先性证明了其宇宙本原和万物本原的资格。所以，老子对道脱离万物的优先存在极为重视。不仅如此，为了保持道高高在上的优越性，即使在道派生万物之后，老子仍然强调道"寂兮寥兮，独立而不改"（《老子·第二十五章》），以此强化和固定两者之间的分离关系。正是在这个意义上，他一而再、再而三地断言：

> 生而不有，为而不恃，成功不居。（《老子·第二章》）

> 生之畜之，生而不有，为而不恃，长而不宰，是谓玄德。（《老子·第十章》）

　　道常无为而无不为。侯王若能守，万物将自化。(《老子·第三十七章》)

　　老子的表述使道"无为而无不为"的自然变化在万物这里转化为离开道的统辖的"自己变化"。从这个意义上说，老子之道是在本体论层次上立论的。在这层意义上，万物的任何变化都对道无所损益或影响。

　　庄子之道"物物者"的称谓和身份本身即包含着如下涵义：在没有具体事物之前——在没有"物物"时，道由于没有行使自己的权利或没有履行自己的义务便不能称为"物物者"；只有物物之后，道才能成为名副其实的"物物者"。这表明，道在本质上不能完全脱离具体事物而孤立存在，道展现为万物产生和相互转化的过程——道即世界的呈现过程。这就是说，庄子之道是在发生学或生成论层次上立论的。在这层意义上，道随万物的生死变化而变化。

　　道与万物的关系不仅仅表达一种关系，反过来影响道本身的存在和性质。具体地说，过分强调道与万物的区别势必割断道与万物之间的联系和统一，以"无"著称的老子之道在本质上只能是静止的、恒常的存在。老子对道的表述用了"恒"、"久"等字眼，除了表示时间的长久之外，无疑具有永恒不变的意图。其实，老子之道对万物的派生是一劳永逸的，道的存在本身是万古不变、恒常如一的。正是基于道的这一特征，以宣扬与世无争著称的老子却在人法道的立场下怀抱强烈的长久愿望。庄子以"物物者"界定的道必然随其所物之物的变化而变化，"物物者"的身份使道成为一个过程。庄子强调："一而不可不易者，道也。"(《庄子·在宥》)对道的这个界定恰与"无有一无有"相吻合。两者相互印证，共同指向一个结论，那就是：道 = 无 + 有，即万物产生之前的无形阶段和万物产生之后的有形阶段都属于道的范畴，道便是二者之和。在这个意义上，老子和庄子之道在存在方式和本质特征上具有静与动之别。就道的功能和作用方式而言，老子之道侧重于功能。尽管如此，由于道与万物的疏隔、没有道派生万物的过程证明，道生万物的功能在老子哲学中始终停留在潜在的可能性上——可能派生万物，也可能没有去生物。老子在价值观上推崇静，宣称"静为躁君"，并且断言"夫物云云，各归其根。归根曰静，静曰复命"（《老子·第十六章》）。尽管如此，他并不完全否认道本身是变化的。恰恰相反，老子认为，道"周行而不殆"（《老子·第二十五章》），所以才有"反者道之动"（道沿着相反的轨迹运行）的著名论断，并成为其辩证法思想的形而上支撑。尽管如此，老子把变化、运动视为道的特点，而非道的本身。庄子之道着重于过程。具体地说，庄子尽管以"物物者"称谓道与老子一样强调道的运动变化，然而，他却不是把变化视为道的外在规定，而是将变化奉为内在本质和存在方式，进一步说成是道的本身。庄子宣称："通天下一气耳。"（《庄子·知北游》）可见，把道视为一个过程是庄子的独特之处。

通过上面的剖析可以看出，老子之道本质上是静的，庄子之道是变化不已的过程，动才是其本真状态。饶有趣味甚至有些不可思议的是，在后人对两人哲学的论述和评价中，往往称赞老子有丰富的辩证法思想，如大小相生从量变到质变的飞跃、对立面的相互转化以及"反者道之动"的否定之否定等；与此同时，对庄子的变易思想只字不提，甚至视其为形而上学（与辩证法对立的方法论意义上的）的典型。老子、庄子对道的上述诠释或许可以动摇上述评价。由于道与具体事物的分离，"反者道之动"成为空洞的抽象。被誉为老子辩证法核心命题的"合抱之木，生于毫末；九层之台，起于累土；千里之行，始于足下"（《老子·第六十四章》）以及"天下皆知美之为美，斯恶已；皆知善之为善，斯不善已。故有无相生，难易相成，长短相形，高下相倾，音声相和，前后相随"（《老子·第二章》）等是就形而下的具体事物而言的，并非指形而上的宇宙本原。

第三节 "物物者非物"与人和动物的关系

基于古代哲学的思维方式和价值取向，老子、庄子对道与其派生物的关系都强调道是本原，万物是第二性的存在；道与万物之间是派生与被派生的关系，其间的地位和价值不容混淆。在这个视界中，人属于后者；作为道的派生物，人与道无疑不是同一层次的存在——前者隶属于、受制于后者。这一点在老子或庄子那里均是如此。于是，老子云"人法地，地法天，天法道，道法自然"（《老子·第二十五章》），《庄子》曰"何谓道？有天道，有人道。无为而尊者，天道也；有为而累者，人道也。主者，天道也；臣者，人道也。天道之与人道也，相去远矣，不可不察也。"（《庄子·在宥》）一个让人效法道、因循自然，一个主张以天道主宰人道。老子与庄子说的是一个意思，归根结底都是让人从属于、服从于道。

一、道与人

在老子、庄子的哲学中，道与万物和人与道的关系泾渭分明、不容颠倒，这是不容置疑的。那么，人与道所派生的其他存在是什么关系？换言之，就道所派生的万物（包括人、动植物和非生物等）而言，其间的关系如何？在这个问题上，"物物者非物"再次挑起了庄子与老子的分歧。

老子认为，人与万物一样源于道，与万物却并非平等关系，宇宙间的存在按照道→天→地→人→物的尊卑、先后程序依次展开。这既是逻辑上的时间先后，也是价值上的轻重贵贱。这表明，老子尽管让人屈服于道和天地，然而，他却强调人在宇宙中的特殊性。这用老子本人的话说便是："故道大，天大，地大，人亦大。域中有四大，而人居其一焉。"（《老子·第二十五章》）有学者认为，引文中的人字应该是王字。其实，人也好，王也罢，总之都是人，并不影响老子对人在宇宙中的位置以及人与道的关系的总体看法，在此不再赘述。可以肯定的是，在老子设定的这个等级层次中，人比不上道、天地之尊贵，却也不同于天地之间的万事万物（各种动物、植物或非生物等），因而被归为"四大"之一。在老子那里，尽管是对道"强之曰"的结果，然而，作为道的别名之一，"大"有尊贵之意。因此，当人被并入"四大"时，已经把人与万物安插在不同的等级系统中了，凸显的是人与万物的区别而非平等。

　　庄子的"物物者非物"把宇宙间的存在一分为二：一种是"物物者"（"非物"），另一种是物；前者是本原，后者是派生物。"物物者"所物之物与第一性的、形而上的道相对应，广而言之包括宇宙万殊，精而言之特指人和动物。对于"物"，《庄子》有云："凡有貌象声色者，皆物也，物与物何以相远！"（《庄子·达生》）由此可见，"物"是"有貌象声色"者，符合这一条件的，应属于非生物或植物之上的存在。正因为如此，庄子在谈论物时，中心是动物和人。一方面，在"物物者"是"非物"的层次上，庄子侧重宇宙本原与其派生物（包括人）之间的区别，与老子的有无之辨基本同义。另一方面，与"物物者"所物之"物"息息相通，庄子弥合人与动物的界限，与老子对两者关系的理解相去甚远。具体地说，"物物者"所物之物同时兼指且主要指人和动物，"物"的这种特定外延在遮蔽其他存在物的同时，模糊了人与万物的区别，进而在人与道的其他派生物的平等中凸显人与动物的平等。在庄子那里，人与动物都是"物物者"的杰作，作为"物物者"所物之物，从道物物的程序和高度来看，人与动物具有相同的出身和价值。从这个意义上说，人是动物，动物也是人。对于人来说，生也天行，死也物化，人与动物处于相互转化之中。结果是，与老子相比，庄子不再凸显人有别于世界万物的特殊性。因此，在庄子对道的变化轨迹和世界图景的描绘中，人被淹没在各种动物乃至植物的汪洋大海之中。正如《庄子》所云："种有几，得水则为继，得水土之际则为蛙蟆之衣，……乌足之根为蛴螬，其叶为胡蝶。胡蝶胥也化而为虫，生于灶下，其状若脱，其名为鸲掇。鸲掇千日为鸟，其名为干余骨。干余骨之沫为斯弥，斯弥为食醯。颐辂生乎食醯，黄軦生乎九猷。瞀芮生乎腐蠸，羊奚比乎不箰，久竹生青宁，青宁生程，程生马，马生人，人又反入于机。"（《庄子·至乐》）庄子对人之特殊性的漠视拉近了人与道所派生的其他存在物之间的距离，剥夺了人在第二性的存在中的特殊性。在此基础上，他对"物"的特殊规定则在万物之中抽掉了人和动物之外的其他存在，进而使人与动物合一。"物物者非物"在指出人也是动物的同时，表明了庄子漠视人的特殊性的宏观背景和理论初衷。

二、人与动物

关系不仅仅归结为关系，而是直接影响着关系的实体本身。庄子关于人与动物平等的观点既影响了他对人的看法、又改变了他对动物的态度，同时也拉开了与老子哲学之间的距离。

首先，对于人的存在和生命，庄子认定生死不由自主。

在庄子看来，一切都迫于道的变化和作用，人对自己的生死无能为力。这就是生命的真相。更有甚者，与道的无限相比，人的生命如白驹过隙一般转瞬即逝，简直微不足道、不值一提。是动物以及动物与人的关系使人的存在以及人的生命发生了转机。既然人从动物（马）变化而来，便意味着动物是人的最初形态；既然动物是人的最初形态，那么，人的存在便不应该从人形显现为始，而应追溯到物的状态。这就是说，未成人形的阶段是人最初的本真状态，人形消失的死亡状态不是人的完结，而是人向原初阶段——本真状态的复归。有鉴于此，庄子对生死的界定标志着对人生本质的全新洞彻。在这方面，与荀子等人宣称"生，人之始也；死，人之终也"（《荀子·礼论》）不同，庄子断言："生也死之徒，死也生之始，孰知其纪！人之生，气之聚也。聚则为生，散则为死。若死生为徒，吾又何患。故万物一也。"（《庄子·知北游》）由此可见，荀子以生为始，庄子以死为始，称谓截然相反。其实，这不仅仅是称谓的不同——生死之前后顺序的颠倒，而是流露出对生死本质的不同感悟：植根于人与万物截然不同的界限，荀子以人之出生到死亡为生，以死亡为人之躯体的根本消逝，故有生始死终之说。奠基于人与万物一体、人与动物的相互转化之上，庄子认为，人之生从动物开始、对于人之未形的状态是一种否定，可谓之死；人之死复归于未生状态，又是对人形的否定。对于人来说，死为生之始，生与死相伴。这用庄子本人的话说便是："万物一府，死生同状。"（《庄子·天地》）

庄子进而指出,明白了"有乎生,有乎死;有乎出,有乎入。入出而不见其形,是谓天门"(《庄子·庚桑楚》)的真相,便可以臻于视"死生存亡之一体者"、"死生一条"或"有无死生之一守"的觉悟境界,从而不再计较生命的长短或死生之别。只有不计较生命的长短或生死之别,与动物联为一体,合二为一,真正投入到与动物的生死转化之中,人才能真正超越生死。换言之,只有在与各种动物的相互转化中,人才能从有限臻于无限。这就是说,与动物的相互转化是人的唯一归宿,也是人超越生死的不二法门。正是在这个意义上,庄子每每重申:

> 特犯人之形而犹喜之。若人之形者,万化而未始有极也,其为乐可胜计邪?故圣人将游于物之所不得遁而皆存。(《庄子·大宗师》)

> 彼方且与造物者为人,而游乎天地之一气。……假于异物,托于同体;忘其肝胆,遗其耳目;反复终始,不知端倪。(《庄子·大宗师》)

> 物之生也,若骤若驰。无动而不变,无时而不移。何为乎,何不为乎?夫固将自化。(《庄子·秋水》)

循着庄子的逻辑,从道的高度看,人与万物均为"造物者"所造之物,其间相去不远;从道的流程看,人形只是人的暂时形态,非人则是人的本真和原始状态。因此,人若迷恋于人形便是不明天道,这是愚蠢可笑的。人若达于大道,由有限达到无限,唯一的途径就是"假于异物,托于同体"。"异物"与"万化"一样,都指动物以及人与动物的相互转化,"同体"即视道为人与万物的共同母体。

其次,在从人与动物的关系中理解人的存在和生命真相的同时,庄子对物进行了崭新的界定。

"物物者非物"和人与动物平等思想的直接后果,便是动物与人一样成为主体、主人和主角。《庄子》以动物开篇,第一句话就是"北冥有鱼"。

这使动物捷足先登，成为第一个出场的主角。在后续的阐释和论述中，动物在《庄子》中大量出现，不仅数量可以与实有的、虚构的各色人物相抗衡，而且肩负起喻人、示人和教人的重任。这一切共同证明，《庄子》中的动物与人平分秋色，它们的真实身份是主角、主体和主人。基于对动物的身份定位，庄子在论述他的哲学观点时把各种动物从居住、饮食到审美等方面的本能考虑在内，尊重动物的发言权，由此推出了相对主义的认识主张。他写道：

> 民湿寝则腰疾偏死，鳅然乎哉？木处则惴栗恂惧，猨猴然乎哉？三者孰知正处？民食刍豢，麋鹿食荐，蝍蛆甘带，鸱鸦耆鼠，四者孰知正味？……麋与鹿交，鳅与鱼游。毛嫱丽姬，人之所美也；鱼见之深入，鸟见之高飞，麋鹿见之决骤，四者孰知天下之正色哉？（《庄子·齐物论》）

这个结论看似荒诞不经，对于庄子来说却合情合理。道理很简单，既然动物与人一样是认识、价值和判断主体，那么，动物便具有与生俱来的认识、判断和生存权利。正因为如此，人必须也应该尊重动物，而不应该单凭自身的判断和认识来进行独断。如此说来，相对主义是庄子的人与动物平等观念在认识哲学和价值哲学领域的必然结论。

在庄子哲学中，人与动物的关系影响着对人、对动物的看法，对人、对动物的看法又反过来促成了人与动物之间全新关系的生成。这就是说，既然人和动物都是主体，那么，人便失去了独断权；没有独断权的人应该也必须在与动物的平等相处中不仅要尊重动物的本性，而且要基于动物的立场为动物谋划。一言以蔽之，主体的多元化决定了人类中心主义是错误的。

进而言之，庄子所讲的人与动物的平等不仅取决于"物物者非物"和对物的界说，而且受制于浓郁的动物情结和素朴无知无欲无情的审美情趣、价值取向。道家崇尚自然无为，反对知识、技巧和欲望对本性的破坏。为此，老子教导人复归于赤子、婴儿，以保持心中无欲素朴；庄子则走得更远，让人模仿、同于动物。大致说来，中国古代哲学家所宣布的人的优越性或者源于宇宙本原对人的格外观照和偏袒（如董仲舒），或者基于人具有知识、意识或道德观念（如孟子、荀子或王充等）。这两点在庄子看来都难以成立。就第一点——宇宙本原对人的观照而言，庄子对道变化轨迹的描述已经明确否定了这种可能性；就第二点——人具有知识、意识和道德观念而言，由于追求淡泊素朴，庄子提倡无知、无欲、无情、无心的人生态度和处世原则。对于这样的人生来说，知不仅不是人赖以自豪的资本，反而成为人不能保持天然本性的祸根。在这方面，无知的动物反而比人更有优势。沿着这个思路，庄子号召人们以动物为师，并且断言圣人之所以超凡脱俗、成为圣人，秘密就在于：圣人模仿动物的生存方式。基于这种认识，他声称："夫圣人，鹑居而鷇食，鸟行而无彰。"（《庄子·天地》）在这里，庄子以动物喻人、示人和教人的初衷以及对圣人模仿动物成为圣人的成功许诺流露出鲜明的价值追求和人生取向，使他的人生哲学呈现出仿生哲学的学术意向和价值旨趣。

第四节　庄子与老子哲学比较

在中国古代哲学中，天人合一的思维方式和价值取向决定了宇宙本原的至关重要和特殊地位。作为整个哲学体系的浓缩和精华，哲学家所尊奉的宇宙本原是解开其全部哲学的钥匙；把握了某种哲学的宇宙本原，也就找到了解读这种哲学的正确门径。对于老子、庄子的哲学来说，道便有这种地位和作用。

一、超越情怀

作为对宇宙本原的表述和核心命题，"物物者非物"对于庄子哲学具有提纲挈领的作用和意义。上述分析从道与别名、道与万物和人与万物三个层面凸显了庄子哲学的具体内容和思想意蕴，不仅显示了庄子有别于老子哲学的造诣和运思方式，而且解释了庄子哲学的一系列重大问题。

对于庄子与老子哲学之间的联系和区别，学术界流行的普遍看法是：庄学是老学的直接继承者，庄子由于对老子之道进行了虚无化的消极发挥，反映出极端悲观、厌世的情绪和心态。对"物物者非物"的分析和审视表明，一方面，庄子哲学表现出与老子哲学的一致性，即对道的追求和强烈的形上意识。另一方面，庄子流露出与老子哲学迥异其趣的独特意蕴和思维向路，即突出道生成形而下之物的过程。正是由于这个原因，在庄子那里，由于道的对象性的存在，形而上的道拥有了某种程度的形而下的规定——尽管庄子本人或许没有意识到这一点。这从一个侧面表明，庄子之道乃至庄子哲学与老子相比不是虚化了而是实化了，庄子对物所进行的人与动物的观照表明他谈生死既不是厌生恶生也非乐死好死，而是基于道之变化、人之生命真相的智慧洞察和豁达选择。其中，超越生命局限达到无限以及对人生自由的渴望和追求不言而喻。

二、重心转移

"物物者非物"在凸显老子、庄子哲学差异的同时，体现并完成了先秦道家理论重心的转移。

老子侧重对道的形上描述和观照，道与物一分为二的思维方式使他的哲学分为形而上之道与形而下之物（即政治哲学或统治方略）两个部分。在具体论述时，老子关于前者主要侧重道之特点，关于后者主要突出人对道的模仿和效法（即通过层层传递，最终归结为"人……法道，道法自然"）。深入剖析不难发现，老子哲学的这两个部分之间缺少必然的内在统一性。"先天地生"之道已经表明存在着道与人分离的阶段，道派生万物之后对万物的"生而不有，为而不恃"更是为万物（包括人）的自我行事留下了余地。既然如此，人为什么非要效仿道呢？这就是说，人法道、效仿自然在老子哲学中并非不证自明的公理，而是亟待乃至必须证明的前提。对这一理论前提的论证阙如致使老子哲学缺乏内在的逻辑一致性。如果使二者一致、统一起来，除非道具体化为统治之道（即方法、道理或道路之道）。而这样一来，势必给老子哲学的形上意蕴带来致命的打击。

在庄子那里，由于道即展现为"物物"的过程，人作为道所物之物必然要遵循道的自然法则便有了与生俱来的必然性和强制性。这表明，正是"物物者非物"打通了形而上之道与形而下之物的隔绝。庄子之道具有形而上与形而下的双重蕴涵，这便是庄子把道分为天道与人道两个方面，进而用天道统辖、主宰人道的动机和目的所在。与此同时，由于道所物之物主要是人和动物，又引申出两个重要结论：第一，人的出现使庄子哲学的理论重心转入人生哲学，基于道的造化的人的生死命运问题成为探讨的中心议题。第二，人与动物同为物在表明二者血缘近亲关系的同时，拉近了二者之间的距离。借此，庄子找到了人超越生命极限达到永恒的途径，让人置身于与动物无穷的转化过程即是与道合而为一。这不仅解释了庄子的哲学兴趣有别于老子的原因，而且凸显了庄子并非悲观而是豁达的心态和思路，并且与他的不悦生、不厌死的齐生死以及相对主义相互印证。

上述内容显示，透过"物物者非物"，不仅可以直观感受庄子与老子哲学的差异，而且使庄子哲学的一系列重大问题迎刃而解。例如，为什么庄子哲学会发生从本体哲学向人生哲学的转向？庄子的本体哲学与老子相比是虚化还是实化了？庄子的人生哲学究竟是悲观的还是达观的？庄子究竟是厌生还是乐生？这些问题构成了庄子哲学的重要方面和内容，对它们的正确理解有助于深刻挖掘庄子哲学的意蕴内涵和独特气质，从而还之以客观、公允的评价。而所有这些疑问，都可以在"物物者非物"中得到或多或少的解答。

第七章　墨子与韩非哲学比较

墨子与韩非，一个属于墨家，一个属于法家。或许是因为两人分属于不同的学术派别，后人往往只留意两人思想的迥异悬隔之处而漠视或回避彼此思想的相通、相同之处。其实，通过对墨子与韩非思想的比较则不难看到，两人的某些具体主张表面上看相互抵触乃至犹如冰炭，深入追究下去便会发现其中的异曲同工之处。墨子与韩非思想的这种奇妙态势和相互关系，用中国哲学的话语结构来表达便是殊途而同归。正如墨子与韩非思想的关系代表了墨家与法家的关系一样，透过两人思想的异同可以直观感受墨家与法家思想的微妙关系。

第一节　哲学依托和实践根基

早在秦汉时期，墨子与韩非就被归结为不同的学术派别，一为墨家的创始人，一为法家的集大成者；时至今日，学界依然习惯于把墨子与韩非哲学归属为不同的哲学阵营：前者宣扬"天志"、属于天本论——即使是无神论也披着泛神论的外衣，后者是战斗的无神论，始终坚持道本论的阵地。这些评价和做法有其合理性，至少突出了一个事实，那就是：墨子与韩非的思想带有不可否认的差异性。墨子与韩非思想的差异性是客观存在的，也是认识和评价两人思想时最先必须肯定的。

一、意志之天与无为之道

在哲学领域，墨子与韩非的哲学既颇具先秦特色，又彼此泾渭分明。众所周知，先秦时期百家争鸣，在对世界万物本原的回答上形成了两种声音：一是天，一是道。墨子与韩非哲学恰恰就分属于这两大阵营：墨子明天志，属于天本论；韩非阐道德，属于道本论。于是，两人的学术分野就此拉开。

墨子认为，天是宇宙间的最高权威，能创造一切、主宰一切。自然界的一切变化都是天的造作，人类社会的长幼尊卑乃至建国立都、设置正长也是天的安排。不仅如此，天具有意志和好恶，上天对自然界和人类社会的创造体现了自己的意志和好恶。并且，天通过鬼神来监察人之行为，进而作出赏罚。具体地说，人为天之所恶，天便罚之；人为天之所欲，天便赏之。基于上天的意志好恶和无所不在的威力，墨子把天称为"上帝"，意为"高高在上的主宰"。从天统辖整个自然界和时时俯瞰人类社会的认识出发，墨子喋喋不休地教导人"法天"、上同于天——不仅要时时处处通过祭祀鬼神与天沟通，而且在行动中体现天的意志。至此可见，墨子建构的哲学是一种带有某种神学色彩的宇宙图景。

韩非是从有别于墨子的思路来探究宇宙本原的，并最终找到了道。于是，韩非不止一次地宣称：

道者，万物之始也。（《韩非子·主道》）

道者，万物之所以成也。（《韩非子·解老》）

在韩非看来，道是宇宙万有的本原和存在依据，万物之所以存在、变化都是道的作用和功能。有鉴于此，韩非声称："万物得之（指宇宙本原——道道、下同——引者注）以死，得之以生；万事得之以败，得之以成。"（《韩非子·解老》）具体地说，道成为万物之本始，除了道永恒无极，在时空上无边无际、无所不在之外，关键在于道是"无状之状，无物之象"（《韩非子·解老》）的存在。正因为道无形无象、无声无状，所以虚静淡泊、无事无为；正因为道没有任何规定性或欲望造作，所以自在自然、无为而无不为。按照韩非的说法，作为万物万事的总根源，道广大而无边，宇宙万殊是由于或多或少地得到道的一部分而产生的。这用韩非本人的话说便是："夫道者，弘大而无形，……至于群生，斟酌用之，万物皆盛。"（《韩非子·扬权》）进而言之，万物都禀道而来，所得到的那一部分道便是德。对此，韩非断言："德者，得身也。"（《韩非子·扬权》）作为万物存在的内在依据，德所表现出来的种种特征和规定性如方圆、轻重、大小、黑白或坚脆等便是理。至此，韩非建构了以道、德、理为基本框架的哲学体系，这套哲学具有鲜明的自然主义倾向。

墨子与韩非哲学的差异不仅表现在本体建构上，而且表现为基于不同的哲学建构而来的不同的实践哲学上。

二、法天、兼爱、非攻与体道、缘理、法治

对于中国哲学而言，哲学的建构是为了给人搭建安身立命的平台。对于这一点，无论墨子还是韩非哲学都概莫能外。具体地说，墨子、韩非对世界本原的认定是为两人的实践哲学和人生追求服务的，一本天、一本道的哲学建构的差别表现在实践哲学上便是一个在法天、兼爱、非攻的倡导中流露出温和仁爱之风情，一个在对"体道""缘理"、法治的呼吁中展示出猛威戾恨之雄骨。

墨子认为，上天具有"行广而无私""施厚而不德"和"明久而不衰"等美德，是宇宙间最智、最贵的存在。因此，人的行为"莫若法天"。既然以天为法，那么，人的行动和作为就应该考虑上天的喜怒好恶，必须做到天所欲者为之，天所不欲者止之。对此，墨子提出了这样的具体要求："我有天志，譬若轮人之有规，匠人之有矩。轮匠执其规矩，以度天下之方圆。曰：'中者是也，不中者非也。'"（《墨子·天志上》）

接下来的问题是，既然人的行为必须以"天志"为规矩，就必须先明白天有何志，即天志所欲与不欲是什么。那么，天之所欲、天所不欲又是什么？墨子的回答是："天必欲人之相爱相利，而不欲人之相恶相贼也。"（《墨子·法仪》）他解释说，天下之诸侯不论大国小国，都是天之城邑；人不论长幼尊卑贵贱，都是天之臣民。天对国、人"兼而有之，兼而食之"，目的就是让国与国、人与人"兼相爱，交相利"。从"兼爱"出发，墨子主张"非攻"，反对攻人之国、攻人之身，试图"兼以易别"。"兼爱"的基本含义就是大家不分等级、门第和身份地相亲相爱、相协相帮，进而反对攻伐、欺诈和厮杀，最终臻于"有力相营，有道相教，有财相分"（《墨子·天志中》）的理想境界，在一片兼爱互利中共建一个爱的理想家园。此外，墨子认为，天欲人"尚贤""尚同"。于是，不分门弟推举贤人和上同于天也成为人的行为原则和法天的具体内容。

基于道、德和理的哲学建构，韩非提出了"体道""缘理"和"积德"的行为原则。在他看来，道虚静无为，故而能包罗万象、囊括万理；人要深谋远虑、功成名就，必须体现和效法道，实行虚静无为。与"体道"一样，"积德"和"缘理"要求人虚心保持客观的态度，不受意念的牵制和主观的干扰，以此尊重万物的本性，并积累自身的精气。韩非进而指出，"体道""积德""缘理"和虚静无为的行为原则体现在社会政治领域就是君主应该"循天顺人"，因时制宜地推行法术，以法术为尺度进行赏罚。对于一般人来说，君主"喜之，则多事；恶之，则生怨。故去喜去恶，虚心以为道舍。"（《韩非子·扬权》）这要求君主治理国家必须清静淡泊，不存喜怒饰伪之心。那么，君主如何摆脱喜恶之心，真正做到任其自然呢？韩非的回答是依法而治，循名责实核功，奉法赏罚。这样一来，赏非出于所喜，罚非出于所怨，一切"缘理"而为。韩非强调，国君只有这样，才能事半而功倍，衣垂而天下治。

与此同时，韩非强调，无论"体道"还是"缘理"都要求国君因人情而治天下。那么，人性的本来状态又如何呢？韩非与所有法家人物一样认为人是自利自为的，并且提出了一套较为完备的人性自私自利论。他认为，人皆好利恶害，好利而恶害是人的本性。正是在这个意义上，韩非一再断言：

> 好利恶害，人之所有也；喜利畏罪，人莫不然。（《韩非子·难二》）

> 夫安利者就之，危害者去之，此人之情也。……人焉能去安利之道而就危害之处哉？（《韩非子·奸劫弑臣》）

从人皆好利出发，韩非进而断言人是自私自利的，人的一切社会关系上至君臣父子、下至普通路人无非利益关系，无不表现出人的自私利己性。更有甚者，韩非强调，人自私自利的本性先天注定，无法改变。引导人实行仁义，变自私自利为利他，就如同教人学习智寿和美貌一样是根本不可能的。他宣称："性命者，非所学于人也……以仁义教人，是以智与寿说也，有度之主弗受也。故善毛嫱、西施之美，无益吾面。"（《韩非子·显学》）按照韩非的说法，道德面对人的这种本性无能为力，只能用法律手段严加惩处。可见，韩非的这套人性理论为他的法治思想提供了理论依据。

春秋战国之时，群雄逐鹿、狼烟四起。是以爱来平息战争、呼吁和平，还是乘势而上、在耕战之事中建立自身的霸权地位？各家的主张见仁见智，聚讼纷纭。如果说墨子选择了前者的话，那么，韩非代表的法家则选择了后者。

爱与和平的呼声是学术界的主旋律，也是墨家与儒家的共识。儒家主张德治仁政，以爱来处理国与国、人与人之间的关系。孔子伦理思想的核心是仁，仁的基本内涵是爱人。孟子坚信："老吾老，以及人之老；幼吾幼，以及人之幼。天下可运于掌。"（《孟子·梁惠王上》）除了儒家，墨子也采取了温和、仁爱的治世之方。他呼吁的"兼爱"就是设身处地地为别人着想，把别人之国、之家、之身视如自己的，从而达到最真诚、最切实的爱人目的。从心理上说，墨子强调，"兼爱"就是"视人之国若视其国，视人之家若视其家，视人之身若视其身"（《墨子·兼爱中》）。儒家的仁者爱人、德治仁政和墨家的"兼爱""非攻"流露出人类善良、朴实、热爱和平的美好情愫，尤其是在战争年代，这种呼声更显迫切和可贵。

与儒家、墨家对爱的呼唤不同，韩非主张依法而治，论功赏罚：一方面，韩非向往的赏罚分明不失为一条现实而果敢的解决途径，也体现了历史发展的一种必然趋势。尤其是与儒家"刑不上大夫，礼不下庶人"的等级尊卑相比，依法赏罚具有法律面前人人平等的味道，给予人的是相同的生存权利和发展机遇。另一方面，韩非的法治思想带有无法掩饰的残忍性和冷酷性。例如，韩非以"以刑去刑"和罚一儆百为由，主张轻罪处以酷刑，甚至怂恿君主用残忍而卑鄙的手段谋害无辜的大臣。更令人齿冷的是，韩非教唆国君随时诛戮无辜的隐士，仅仅是因为他们"不为君用"。对于这套惨绝人寰的做法，韩非振振有词地辩解说："今有马于此，如骥之状者，天下之至良也。然而驱之不前，却之不止，左之不左，右之不右，则臧获虽贱，不托其足。臧获之所愿托其足于骥者，以骥之可以追利辟害也。今不为人用，臧获虽贱，不托其足焉。已自谓以为世之贤士而不为主用，行极贤而不用于君，此非明主之所臣也，亦骥之不可左右矣，是以诛之。"（《韩非子·外储说右上》）韩非提出的这种草菅人命的做法充分暴露了先秦法家法治思想的残酷性，也从一个侧面反映了韩非代表的法家无视个体生命价值的嗜血本性。

三、法先王与法后王

熟悉中国哲学的人都对孔子思慕先贤、梦见周公津津乐道，事实上，膜拜古代圣王并非孔子一个人的特殊渴望，儒家如此，墨家、阴阳家也不例外。正因为如此，复古情结、法先王一直是中国古代历史哲学的主流。出身于小手工业者的墨子自感人微言轻、形单势孤，于是便试图借助先王的权威来宣扬自己的政治主张。以法先王和复古为口号，墨子断言，天子治理国家要以夏商周三代的圣王为榜样。对此，他写道："若昔者三代圣人，足以为法矣。"(《墨子·明鬼下》)出于对古代圣王的顶礼膜拜，墨子真理观的"三表"法中第一表便是"于何本之？上本之于古者圣王之事"(《墨子·非命上》)。墨子把古代圣王的事迹奉为判断是非、识别善恶的标准，是为了强调人在认识和行动上与古代圣王的事迹相符合。正如墨子呼吁"非命"的理由之一是在古代圣王的事迹中没有关于命的记载一样，墨子倡导"天志""明鬼"是因为古代圣王有祭祀天鬼的事迹。

韩非认为，古今的社会状况存在着巨大差异：古代资源多、人口少，男人不耕种，草木之实足可以食饱；女人不编织，禽兽之皮足可以衣暖。到了如今，人有5子不为多，每个儿子又有5个儿子。这样一来，爷爷还健在，就有了25个孙子。人口越来越多，致使货财匮乏，由此引起纷争。韩非进而指出，时代变了，古今的社会状况发生了许多变化。既然时代和环境变化了，事情随之发生了变化，那么，治国的办法也应该做出相应的改变。由此，韩非断然否定了法先王的可能性，呼吁惟后王是法。在此基础上，他强调，圣王明君不循古道、不守定则，而是审时度势、因时制宜。更为重要的是，一国之君只有这样法后王，才能国富民强，建立霸主功业。相反，如果国君墨守成规、一味循古，最终只能落个亡国的下场。韩非用讲故事的方式阐明了自己法后王的主张，《韩非子》中的许多寓言如"守株待兔"、"郑人买履"等都形象地说明了这个道理。

值得一提的是，儒家与墨家都主张法先王，思想内涵和具体做法并不完全相同。尽管如此，在对待先王的态度上，儒家和墨家一起站在了韩非代表的法家的对立面。诚然，法先王往往容易带来不思进取、保守懦弱之流弊。问题的关键是，如果一味地法后王，弊端也不可不察。例如，韩非就从法后王的认识出发，劝导君主弃绝一切传统文化，做到"无书简之文，以法为教；无先王之语，以吏为师"(《韩非子·五蠹》)。果真如此，法从何来？吏何为师？其实，作为人类延续的过去和现在两个不同时代的精神导师，先王与后王各有千秋、缺一不可。正如离开了先王而只法后王，一切文化都要从头开始而延误了人类的历史进程一样，离开了后王而只法先王，人类将永远依偎在先王的护翼之下，难以摆脱幼稚、走向成熟。对待先王与后王的态度问题，具体到哲学史、文化史中就是传统与创新的关系问题。在这个问题上，客观的态度应该是尊重传统，勇于创新——先王要效法，后王也要效法。而恰恰在这个问题上，墨子与韩非做了各不相同甚至是截然相反的回答。正因为两人各执一端，墨家与法家的主张最终都难免走向极端。

分析至此可以发现，墨子与韩非的哲学存在巨大差异，这些差异体现在本体、实践和历史哲学等诸多领域，共同展示了墨家与法家不同的理论特色和学术分歧。甚至可以说，无论墨子与韩非的个人际遇还是墨家与法家不同的历史命运都源于此。墨家思想早在先秦就成为"显学"，法家则一直被统治者阳抑阴为；墨子被后世奉为博爱大师、和平大使，韩非却背负骂名、身遭惨祸。墨子与韩非悬殊的个人际遇及其墨家与法家的历史命运都可以在两人思想的差异中得到解释和说明。

第二节　价值取向和功利鹄的

上述内容显示，墨子与韩非的哲学思想呈现出种种对立和差异。深入分析可以看到，两人思想的种种差异在某种程度上只限于达到目的的手段和方式，背后隐藏的思想主旨和价值诉求则是一致的。这一点通过墨子、韩非与当时各派思想的比较看得更加清楚、明白。换言之，墨子与韩非哲学的不同可以在更高的层面——本质和目的中得到解释。有鉴于此，两人的哲学经历了殊途的分离之后，驶向了目标的同归。具体地说，墨子和韩非思想的同归之处可以概括为三个方面：一是尚力非命的人为进取，二是注重经验的实证原则，三是追逐功利的价值主旨。

一、尚力非命的人为进取

在本体哲学领域，墨子与韩非一个仰慕天，一个倾心道，貌似对立。

在这个大背景下，人如何安身立命？如何实现自身的价值？墨子与韩非所见略同——以人补天、积极作为。具体地说，墨子与韩非都重人道，不是把主要精力投入到乞求上天的庇护和恩赐，而是凭借自己的力量改变贫富贵贱等社会地位和强弱兴衰等社会状况，从而实现人之价值。

墨子一面高呼"天志""明鬼"，一面竭力呐喊"非命"。这似乎是不可思议的。按照通常理解，所谓的命即是上天之命。沿着这个思路，墨子既然肯定天有意志，必然赋人以命，何以又极力主张"非命"呢？在墨子那里，这一切都可以得到合理解决：天有意志一面表明天有"兼爱""非攻""尚贤"之欲望，一面表明天会对人的行为作出裁决，并通过鬼神实行赏罚。尽管如此，天对人实施赏罚不是随意性的，至于赏谁罚谁取决于人的行为——人为天所欲者得赏，为天所不欲者遭罚。从这个意义上说，先天的、与人之行为无关的命是不存在的。墨子所非的正是这种命。"非命"之命，不是来自上帝——天的命令，而是特指早期儒家宣扬的在冥冥之中主宰人之命运的异己力量。这种观点认为，人之生死贵贱皆命中注定，得到奖赏并非贤德而是命中该奖，遭到惩罚并非残暴而是命中该诛，一切都命该如此。对此，墨子反驳说："世未易，民未渝，其在汤、武则治，其在桀、纣则乱。安危治乱在上之发政也，则岂可谓有命哉？"（《墨子·非命中》）按照他的说法，人的命运都与他的行为直接相关，是其行为的必然结果。例如，王公大人听狱治政，勤必治，惰必乱；勤必宁，惰必危。卿大夫辅佐天子，勤必贵，不勤必贱；勤必荣，不勤必辱。根据这个原则，墨子告诫人要尚力、进取，通过"兼爱""非攻""尚同""尚贤"为天之所欲。这个途径表面上看是得天赏，实质上则是用自己的气力和才华在法天的大背景下尽情涂抹，勾勒自己亮丽的人生。与此同时尚须看到，墨子的尚力、非命与他的人性哲学一脉相承。墨子虽然没有提出具体而系统的人性理论，但是，透过他面对染丝的感叹可以推断，墨子把人性归结为后天环境和教化的影响。逻辑很简单，既然墨子肯定国和士染之苍则苍，染之黄则黄，那么，他必然反对既定的天命。事实上，墨子呼吁"非命"在让人摆脱先天宿命的同时，崇尚后天的努力。

　　韩非呼吁人"体道"而虚静无为，这本身就是一条有为路线。这是因为，虚静无为并非消极坐待，也非无所事事，而是"缘理"而为。不仅如此，韩非把这套行为原则贯彻到人生哲学和政治领域，进而提出了相互竞争、争于气力的处世原则。按照他的说法，古代人民少而物产多，生存较容易。在这种情况下，人君推行仁义可以治国，实行谦让可以存活。到了当今，生活资料的匮乏必然引起纷争，实行仁义不行了，不竞争就不能生存。当今就是一个"争于气力"的时代。与此同时，依据人性自私自利理论，韩非认定人与人之间的关系就是一种尔虞我诈、勾心斗角的竞争关系、厮杀关系和战争关系。人与人之间的这种你死我活的利害冲突决定了人只有进行竞争、以力相争才能获得生存的机会；否则，一再退让、谦逊势必被他人所吞噬。不仅如此，为了更好地竞于气力，韩非为君主提出了法、术、势相结合的竞争原则和统治权术，以便辅佐君主在群雄互竞中建立霸主地位。他指出，人物竞争除了靠自己的力量，还要靠其"势"。例如，飞龙可以乘云，腾蛇可以游雾。如果云雾退掉，失其所乘，龙蛇与蚓蚁没有什么区别。尧尽管贤德，若为匹夫，不能治三人；桀尽管昏庸，由于处在君位上，所以能使天下混乱。这些都是势位而不是智贤在起作用。同样的道理，虎豹如果不用爪子，必与家鼠之类的小动物同威；万金之家如果不用其富厚，必与守门人之类的下贱人同资。对此，韩非进一步解释说，在位的君主如果不用自己的权势给人以利害，自己的威信和君主的位置就难以保全。于是，韩非得出了这样的结论："人主之大物，非法则术也。"（《韩非子·难三》）这旨在向人昭示，要利用一切有效的手段、条件和优势参与竞争。人只有利用自己的优势、发挥自己的特长积极投入到竞争、进取之中，才能立于不败之地。

　　天人关系以及由此衍生的力命观是先秦哲学的聚焦点，也是引发各家争端的发源地。在天人观、力命观上，道家崇尚自然无为。庄子更是在"无以人灭天，无以故灭命"的口号下让人顺应道的造化，即"知其不可而安之若命"。孔子相信"死生有命，富贵在天"，进而在"畏天命"中让人接受上天随机的既定安排。孟子在天命中加入了民意的内容，虽然声称"天时不如地利，地利不如人和"，但是，他的真实意图无非是唤起人的道德责任感，从完善自身道德的角度"参天地之化育"，而绝非改变或重写先天既定之命。由此可见，尽管彼此崇奉的世界本原不同，然而，老子、庄子代表的道家与孔子、孟子代表的儒家都在对待力命的关系上偏袒命而漠视力、重视先天而漠视后天。由此反观墨子和韩非对力的推崇可以看到，两人对后天因素和人为努力的重视显示了墨家、法家与其他各家的区别，也拉近了彼此之间的距离。

就墨子、韩非对力命观的认识来说，一方面，人活着就要靠自己，这给人一种自信心和奋进力。另一方面，人活着就要竞争，这又使人心中充塞着危机感和紧迫感。或许正是由于上进心与危机感的双重作用，墨子和韩非在人生的旅途上孜孜不倦、自强不息。墨子出身卑微而不自暴自弃，韩非怀才不遇而不心灰意冷。这或许正是人类精神的闪光所在。

二、注重经验的实证原则

一个人的真理观影响着他的价值取向，甚至直接决定着他的人生追求。在天道与人道的关系上，墨子与韩非都不再奢盼天的恩赐而主张在天道的既定条件下积极进取，这本身就是一种现实的处世态度和行为原则。

首先，重人道的现实原则决定了墨子、韩非思想带有注重经验的实证倾向，推崇经验实证、注重实际效果的做法反过来又贯彻了重人道的现实原则。

在真理观上，墨子断言："言必有三表。"（《墨子·非命上》）这便是著名的"三表"法。"三表"分别从认识的本、原和用三个角度来判断认识和行为的正确与否，其中，本之表体现了法先王的思想，用之表体现了功利原则，原之表则反映了注重经验的实证原则。对于原之表，墨子解释说："于何原之？下原察百姓耳目之实。"（《墨子·非命上》）在这里，墨子明确把符合百姓日常生活中耳闻目见的实际经验作为真理的标准之一，既体现了墨子对普通百姓的尊重，又反映了他对耳目等感觉经验的重视和肯定。从这个意义上说，墨子的真理观带有鲜明的经验主义倾向，恪守实证原则。在他看来，正如判断义与不义应该"志功为辩"、从主观动机与客观效果两个方面来考察一样，认识的真理性也应该在实际效果中得到证明。

韩非提出了参验的真理观，体现了经验实证的原则。参验全称参伍之验，即将各方面的情况分类梳理、进行比较，借此找出反映事实真相的依据，从中做出分析和裁判，最终获取正确认识。在检验认识的过程中，韩非依照经验原则，推崇实际效果。他以论剑和相马为例解释说，只看铸剑所用的铜与锡的比例多少和颜色的青黄，即使是铸剑的专家——欧冶也不能断定剑的好坏；如果在水上用来斩鹄雁，在陆上用来斩驹马，就连奴婢也不会怀疑剑是锋利还是迟钝。掰开马口看看牙齿，端详马的外貌，就连著名的相马专家——伯乐也不能断定其优劣；如果套上拉车看它跑到终点，就连皂隶也不会怀疑马究竟是好还是坏。

到此为止，墨子与韩非在真理观上基本遵循了同一条注重经验、看中效果的实证路线。

其次，墨子与韩非在以实际效果来检验认识时表现出某种差别。

墨子注重效果，却并不把效果视为唯一的判断标准，而是强调效果与动机的统一。可以作为证据的是，有一次，鲁君向墨子请教了这样一个问题：我有两个儿子，一个好学，一个好分人财。您认为哪一个做太子合适？墨子答曰，这还不能判定。因为有人做事是为了得到奖赏和名誉，正如钓鱼者毕恭毕敬是为了使鱼上钩、捕鼠者喂鼠虫饵并不是出于爱鼠一样。鉴于这种情况，我还是希望您"合其志功而观焉"（《墨子·鲁问》）。墨子对行为动机的考虑显示了与韩非思想的差异。更为重要的是，墨子认为，即使是在还没有造成客观效果时，义与不义、是与非的界限也是泾渭分明的，因而不可混淆。据《墨子》书中记载：

> 巫马子谓子墨子曰："子兼爱天下，未云利也。我不爱天下，未云贼也。功皆未至，子何独自是而非我哉？"子墨子曰："今有燎者于

此，一人奉水，将灌之；一人掺火，则益之。功皆未至，子何贵于二人？"巫马子曰："我是彼奉水者之意，而非夫掺火者之意。"子墨子曰："吾亦是吾意，而非子之意也。"（《墨子·耕柱》）

与墨子兼顾动机与效果不同，韩非走向了狭隘的效果论。韩非所追求的实际效果主要指社会功利，具体包括法制和耕战之事。因此，韩非往往根据当前经济、政治的实用性来判断一种技艺或认识的价值，就连与他一起注重实效、追逐功利的墨子也在他的揶揄之列。对此，《韩非子》讲述了这样一则故事：

> 墨子为木鸢，三年而成，蜚一日而败。弟子曰："先生之巧，至能使木鸢飞。"墨子曰："吾不如为车辖者巧也。用咫尺之木，不费一朝之事，而引三十石之任，致远力多，久于岁数。今我为鸢，三年成，蜚一日而败。"惠子闻之曰："墨子大巧，巧为辖，拙为鸢。"（《韩非子·外储说左上》）

在韩非看来，墨子制作木鸢不惟不能证明墨子巧夺天工，反而暴露出墨子的愚蠢。原因在于，墨子制作木鸢费时费力，却事倍功半。由于木鸢在经济方面并无实用价值，墨子反而为拙；造车轮费时费力少而致功大，有实用价值故为大巧。除此之外，韩非还从注重实用价值的角度出发，否认精神生活和思想建设的意义，反对人主推崇学问、德行或尊养不耕不战的学问修行之士。他指出："博习辩智如孔、墨，孔、墨不耕耨，则国何得焉？修孝寡欲如曾、史，曾、史不战攻，则国何利焉？"（《韩非子·八说》）更有甚者，为了巩固君主的权势和推行法术，韩非劝谏君主为了达到目的可以不择手段。这样一来，他的效果论便走向极端而陷入荒谬。

墨子、韩非注重的经验往往与感性有关。中国传统哲学的伦理本位决定了对理性——实践理性的推崇，儒家尤其如此。老子、庄子推崇的世界本原——道的超言绝象注定了感性经验对之无能为力，致使直观、玄想和顿悟成为最佳选择，感性认识则被排斥在正确的认识手段或认识途径之外。与儒家、道家的思想迥异其趣，墨子和韩非在注重经验、重视感性方面汇合了。不仅如此，经验和感性不仅与实证密切性格，而且往往与功利主义一脉相承。墨子和韩非的经验主义、实证原则在某种程度上隐藏着功利主义的价值旨趣。

三、追逐功利的价值旨趣

墨子、韩非着眼于现实的功利去思考问题，这使两人的思想烙有极深的功利主义痕迹。尽管墨子、韩非的具体主张不尽相同，然而，两人思想的最终归宿都是一个"利"字。

墨子义利并举，把义与利一致化。对于义，他界定说："义，利也。"（《墨子·经上》）墨子认定义本身就是利，这意味着义与利连为一体，因为只有能够带来好处的才是义，不能带来好处或者只能带来害处的就是不义。墨子所讲的利，从广义上说，包括天之利、鬼之利，也包括百姓人民之利。墨子把"兴天下之利，除天下之害"（《墨子·兼爱下》）看作行为的出发点，能否"兴天下国家人民鬼神之利"也就成了墨子判断一切言论和行动的是非标准。在真理观上，墨子把利写进真理的标准，断言"于何用之？废之以为刑政，观其中国家百姓人民之利"（《墨子·非命上》）。把是否能给国家百姓带来好处作为判断一切认识是否是真理的必要条件表明，在墨子的真理观中，一种认识尽管逻辑严谨，讲起来头头是道，如果在实际操作中不能带来功利便不能称之为真理。

综观墨子的思想可以发现，他的一切思想和主张都可以在利中找到印证。换言之，墨子各方面的思想都带有功利的烙印：第一，在本体哲学领域，利是天之志。墨子断言"天欲义而恶不义"，以利释义使利在上天那里得到了合理辩护。不仅如此，墨子把天人关系说成是利益关系——天欲人为天之所欲，人顺天、法天是为了得天之赏，从天那里得到好处和实惠。于是，天与人构成了利益共同体。从这个意义上说，天只不过是墨子达到功利目的的一种手段和工具而已。第二，墨子大声疾呼"非命"，主要因为有命论对国家和人民不利，是为了避免有命论导致的不良后果。在他看来，假如人都相信生死吉凶由命注定的话，那么，便会失去进取的动力，进而给社会和百姓带来无穷的灾难：农夫不勤而俟命，则国必贫、身必饥；妇女不勤而俟命，则国必贫、身必寒……鉴于种种可怕的后果，有命论不可不绝。第三，墨子把人与人之间的关系说成是利益关系，进而用功利的眼光审视、分析一切事物，处理一切关系，解决一切问题。第四，墨子主张的"兼爱"并不是单向的付出，更不是无私的奉献，因为"兼爱"不是无偿的爱。从效果上看，"兼爱"所追求的是交相利。他坚信："爱人者，人必从而爱之；利人者，人必从而利之。"（《墨子·兼爱中》）这样一来，你投之以桃，我报之以李，在一片相亲相爱的温情之中，国与国、人与人之间便可以免去战乱和争夺，大家一起获利。在墨子那里，与"兼爱"相似的还有"非攻""尚贤""尚同""节葬""节用"等等。

韩非对功利的追逐与墨子相比有过之而无不及，他的全部思想都围绕着功利主义之鸿秘展开。韩非认为，人的本性是追求功利，功利是人的行动准则和奋斗目标。事实上，他之所以不遗余力地提倡法治，就是为了迎合人趋利背害的本性。韩非之所以不怕重蹈商鞅、申不害、慎到等法家人物的覆辙而推行法治，就是出于功利的驱使。他写道："法者，事最宜者也。"（《韩非子·问辩》）法具有功利性，能够带来好处。韩非弘扬法术，目的和宗旨是为了利，是出于功利主义的考虑。在他看来，实行法治，暂时痛苦却可以长久得利；实行仁道，苟乐而后患无穷。圣人正是权其轻重，出于大利的考虑，才选择了法术来治理国家。这表明，圣人奉法治理国家并非由于残忍，而是为了长远利益着想。正是在这个意义上，韩非宣称："法所以制事，事所以名功也。法有立而有难，权其难而事成，则立之；权其害而功多，则为之。"（《韩非子·八说》）不仅如此，韩非认为，法术可以防止犯罪。人依法而行，并非行为高尚，而是出于利的驱使。《韩非子》有这样一则故事：鲁国的宰相公仪休爱吃鱼，满国之人都争先恐后地买鱼来进献，公仪休从不接受。公仪休的弟弟劝谏说，您爱吃鱼却不接受鱼，为什么呢？公仪休回答说："夫唯嗜鱼，故不受也。夫即受鱼，必有下人之色；有下人之色，将枉于法；枉于法，则免于相。虽嗜鱼，此不必致我鱼，我又不能自给鱼。既无受鱼而不免于相，虽嗜鱼，我能长自给鱼。"（《韩非子·外储说右下》）美味佳肴，非不欲得。面对他人献鱼，公仪休考虑到枉法守法的利弊得失，结果还是为了长利而守职，为了守职而不受鱼。

至此可见，墨子、韩非都有浓郁的功利主义情结，对功利的追逐是两人共同的人生理想和价值目标。尽管如此，墨子与韩非的功利诉求存在巨大差异，故而不可同日而语：第一，就利之主体而言，墨子所讲的利包括天之利、鬼之利和人之利。因此，他呼吁"上中天之利，而中中鬼之利，而下中人之利"（《墨子·非攻下》）的"三利，无所不利"。在墨子对人之利的追求中，既有国家、群体之利，又有百姓、人民之利。韩非之利主要是上者、国君之利。第二，就利之内涵而言，韩非的功利思想极其狭隘，仅指耕战之利。其三，就谋利之方而言，墨子主张以兼相爱达到交相利的目的，追逐功利的手段温和甚至温馨。韩非则为了达到功利目的不择手段，极端自私自利，甚至不惜以尔虞我诈、草菅人命的手段谋取私利和暴利。

尽管如此，墨子、韩非对功利的热衷有目共睹，尤其在先秦诸子的映衬下格外引人注目。作为自然属性与社会属性的有机体，人同时生活在物质和精神两个世界中。对于这个问题，追求义一直是中国古代哲学的主导倾向。"君子喻于义，小人喻于利"（《论语·里仁》）不仅是儒家义利观的主流，而且代表了大多数古代思想家的价值取向。孔子重义轻利，孟子强调人的行为在或为利、或为善中势不两立。老子、庄子代表的道家则把名利说成是损性害生的洪水猛兽，进而加以拒斥。在这个背景下，墨子和韩非对利的奔走呼号便显得志同道合了。

第三节　墨法关系与百家划分

通过对墨子与韩非思想的比较可以看出：一方面，墨子与韩非思想具有不同的理论特色，对世界、对人生的看法大相径庭。另一方面，墨子与韩非的思想具有惊人相似的动机，最明显的一点便是，都谋求功利。这使两人的人生追求和价值取向越靠越近，最终演绎成殊途同归。这就是说，墨子与韩非哲学同异参半，相映成趣，因而既非完全不同，又非完全相同。

一、异同分析

墨子与韩非思想的同异是同中之异还是异中之同，同与异的大小多少究竟如何判断等等并不重要，重要的是，两人哲学同异的背后是否隐藏着更为深刻、更为本质的东西？如果回答是肯定的，那么，本质的东西是什么？进而言之，这个共同的本质说明了什么？如上所述，墨子与韩非一个以具有人格意志欲望的天为世界依托，一个以无为无欲无形无象的道作为宇宙本原，其间的差别昭昭朗朗、一目了然。尽管如此，正如韩非勾勒无为之道是为了给现实生活中的人提供一条"体道""积德""缘理"的行动原则和安身立命的方法一样，墨子讲"天志"无非是借助天的权威抒发自己的渴望和诉求。换言之，先秦哲学是以天人关系为维度、以人为中心建构起来的，关注人的生存方式和人生价值是先秦哲学的共同点。墨子与韩非哲学的同与异从根本上说就是对人之生存和价值的认识的同与异：就异而言，为人存在的合理性和行为方式的正当性找到了不同的依托本体——一个是天，一个是道；就同而言，都把目光投射到人的现实社会，试图在物质生活及功利的满足中展示人的价值。同与异两个方面共同证明，墨子与韩非哲学的理论旨趣和立言宗旨是一致的，只不过是实现目的的手段和方法有别而已。

推而广之，先秦时期的诸子百家都是以人为核心来探讨学术、著书立说的。先秦哲学的百家争鸣就是对人在宇宙中的位置和人与天交往的方式即天人关系之争。如果要对先秦的争鸣厘划一个流派分野的话，那么，也只有从天人关系入手、以对世界万物本原的回答为切入点展开才具有哲学意义。

二、七子关系

以天人关系为切入点审视先秦诸子的思想，各家的关系又如何呢？以"先秦七子"——老子、孔子、墨子、孟子、庄子、荀子和韩非为例，在本体哲学领域，孔子、墨子和孟子都以天为世界本原，老子、庄子和韩非以道为世界本原；荀子则游离于两者之外，因为荀子既讲以天为本，又在"明于天人之分"的名义下强调天与人无涉。在价值哲学领域，老子、庄子追求精神上的自由和解脱，孔子、孟子以道德完善（仁、义、礼、智）为人生鹄的，墨子、韩非则以功利为圭臬，荀子恰恰介于孔子与墨子之间，试图义利兼得。在人生哲学领域，老子、庄子主张无欲无为，孔子、孟子、荀子和韩非主张积极有为，韩非有为的方式却相去甚远。大致说来，在入世有为、自强不息的方式上，孔子、孟子和墨子向往尚圣即榜样的作用（孔子、孟子以圣贤礼乐加以教化，墨子期盼由国君带动的上行下效），韩非和荀子却为法治张目。

这张纵横交错的关系之网的各项指标揭示，在"先秦七子"中，从整体思想予以审视、考察，有两对思想家的哲学最为贴近：其中，最相似的是荀子与韩非，其次便是孔子与墨子。荀子与韩非，一个是儒家、一个是法家，两人思想的契合之处令人深思：无论本体领域的物学思维、认识哲学的感觉经验、辩证法中的质量转化、人性领域的性恶自私还是政治领域对法治圣王的向往，都使人感到彼此思想的相互印证，英雄所见略同。孔子与墨子从力主敬祭上天、到合唱仁爱之歌、再到思慕先王，拥有的是同一个梦，表现出天设神使般的和谐。有趣的是，与荀子和韩非一样，孔子与墨子出自两个不同的学术派别。

上述考察同时显示，在"先秦七子"中，与思想极为相似却分属于不同学派相反，有两对思想家被归为同一派别，彼此的哲学思想却呈现出原则性差异。这两对思想家便是被后人合提并称的老庄和孔孟：第一，就老子与庄子哲学而言，不容否认，庄子的道本论继承了老子的思想，在这个前提下尚须看到，庄子对道的理解——如道的特征、道创造宇宙的模式等与老子显然不同，对人的看法更是与老子相去霄壤。显而易见，无论庄子对人之本质的界定、齐生死还是交往哲学等都远非老子的本义。第二，就孔子与孟子的哲学思想而言，其间的契合远远不及老子和庄子。孔子、孟子虽然都恪守天命论，但是，两人对于天命的存在态势及人与天沟通方式的看法大不相同：孔子主张天随机而莫测、神秘而不言，人永远不可捉摸和把握天和人对人之命定，故而只能战战兢兢地"畏天命"。孟子则把天命从遥远的天国植入人心，断言天意即是民意，进而在"天时不如地利，地利不如人和"中由天命论走向人命论，并沿着心学的思路用道德追求的完善改写天命。孟子的尽心、知性、知命、知天更是开创了不同于孔子的致思方向。天命论的貌合神离使孔子、孟子在认识途径和道德修养方面越离越远。至此可见，如果说老子、庄子哲学的差异还是在道本论的阵营之内进行的话，那么，孔子、孟子哲学的差异则演变为天本论与心学的不同阵营的对垒。孔子、孟子思想的根本性差异在两人历史命运的映衬下体现得更加突出。汉代以前，孔子名声显赫，孟子却一直默默无闻。从北京开始，孟子的地位骤升，孔子在唐代被封为王之后，宋明再无根本性的突破。到了近代，孟子不惟没有因为儒家备受质疑而受到连累，反而得到康有为、谭嗣同和梁启超等众多近代哲学家追捧。孔子在近代的地位却一落千丈，在五四新文化运动时期更是成为众矢之的。这种鲜明对比从一个侧面证明了孔子与孟子思想的差别性，因为正是思想的差别和不同导致了两人学说在不同时代的不同历史命运。

分析至此，人们不禁要问：在对先秦诸子百家的划分中，为什么哲学主张相似的人不属于同一个学术派别？哲学思想不同的人却属于同一家？要找到这个问题的答案，关键在于弄懂先秦学术是依据什么标准划分的。正如后人所谈论的孔孟之道除了先秦儒家所讲的天命论外，更主要的是指孔子、孟子代表的儒家的治国方略即德治仁政、礼乐教化一样，先秦百家的思想主要是按照不同的政治主张和人生旨趣划分的。

尽管哲学史与思想史的划分具有一致性，然而，两者之间并不是完全重合的。哲学作为时代精神的精华，与当时的政治运动和思想家个人的政治倾向显然不无关系。尽管如此，籍此以政治主张为标准来划分哲学派别，结果势必导致由于政治性割裂了哲学的异同分野和沿革脉络，使哲学史的研究误入歧途。有鉴于此，哲学史的划分——无论学派、分期还是人物都应该以哲学而不是政治为标准。如果以思想史的标准或政治观点为标准来划分哲学史，势必造成两个不良后果：第一，用政治倾向掩盖哲学史的本来面目。第二，造成人物归属混乱，出现哲学理念不同的人归于同一学派、相同主张的人不属于同一学派的怪事。先秦哲学诸子百家的划分就是政治标准的产物，这种划分导致了对哲学家的哲学思想的遮蔽。于是，出现了上面的一幕。

其实，并不限于先秦哲学，对近代哲学的研究和划分以及人物归属也存在这样的问题。研究近代中国哲学史，如果以政治活动和政治主张为依据，将近代哲学家划分为地主阶级开明派、资产阶级早期维新派、资产阶级维新派和资产阶级革命派，导致有些哲学家如夏曾佑、王国维和杨度等人无法纳入其中。先秦哲学对儒、墨、道、法等诸子百家的划分也应确定一个哲学的内在维度和坐标来进行。只有这样还哲学以自身的标准，以哲学的标准来划分学派和进行人物归属，才能还先秦哲学史以本来面貌。

第八章　孟子与荀子人性论比较

儒家对人性问题的重视由来已久，早在先秦就已开始。孟子与荀子作为先秦儒家的主要代表则拉开了人性的善恶之争。孟子"道性善"，荀子主性恶。在人性问题上，两人的观点针锋相对。事实上，孟子与荀子的人性哲学不仅有分歧、有对立，而且有一致性和相通性。孟子性善说与荀子性恶论之间的异同关系突出了儒家的理论意蕴和学术特色，同时展示了儒学的丰富性和多样性。

第一节　不同判断和论证

《孟子》书中明确记载："孟子道性善，言必称尧舜。"（《孟子·滕文公上》）性善是孟子对人性的基本看法和总体评价。对于人性，荀子旗帜鲜明地指出："人之性恶，其善者伪也。"（《荀子·性恶》）在此，荀子申明了自己的两点主张：一是人性是恶，一是善是人为。其实，这两点主张可以归结为一个结论——人性恶。善是人为，是对人性恶的纠正和补充。荀子之所以在论证人性恶的同时指出善是人为，与人性恶一样是针对孟子的观点有感而发，甚至可以说是为了反驳孟子的观点。

一、"孟子道性善"

孟子的性善主张是针对告子的人性论提出的，这使孟子的性善说面临着双重任务，既要反驳告子的人性主张，又要对自己的性善主张进行论证。对于后者，孟子沿着逻辑推理与行为经验两个不同的方向展开。

首先，在逻辑推理上，孟子以同类的东西具有相似性为前提，推出了仁义之善为人心所固有的结论。

孟子把先秦流行的类推原则运用到自己对人性问题的论证中，使同类相似成为他的人性哲学的逻辑前提。正是在这个意义上，孟子宣称："故凡同类者，举相似也，何独至于人而疑之？圣人与我同类者。"（《孟子·告子上》）这就是说，凡是同类的东西都是相似的，因而具有相同的属性、特点和功能。同类相似是中国哲学的一贯思路和逻辑原则，墨子乃至荀子等人的类推或推类思想都不出此范围。所不同的是，墨子和荀子侧重认知和逻辑领域的演绎，孟子则把同类相似运用于人性领域、并且奉为论证人性善的逻辑前提。

正是循着同类相似这个逻辑前提，孟子得出了圣人与我是同类的结论。圣人与我同类的言外之意是，圣人与我具有相似性。那么，圣人与我所同然者又是什么呢？对此，孟子进一步展开了如下论证：虽然众口难调，但是，人人都爱吃名厨——易牙做的食物，可见天下人之口具有相同的嗜好；天下人都爱听师旷演奏的音乐，可见天下人之耳具有相同嗜好；看见子都的人都说他是位美男子，可见天下人之目具有相同的嗜好。既然天下人之口、耳和目都有相同的嗜好，为什么说到心就没有相同的嗜好了呢？这在逻辑上讲不通。唯一合理的解释是，天下人之心与口、耳、目一样具有相同的嗜好。进而言之，天下人之心的这个相同嗜好是什么呢？那就是：理义。

在孟子看来，圣人与我都有仁、义、礼、智之心，人心都悦以仁、义、礼、智为核心的理义。于是，他断言："口之于味也，有同耆焉；耳之于声也，有同听焉；目之于色也，有同美焉。至于心，独无所同然乎？心之所同然者，何也？谓理也，义也。圣人先得我心之所同然耳。故理义之悦我心，犹刍豢之悦我口。"（《孟子·告子上》）按照孟子的说法，正如天下人之口、耳、目具有相同的嗜好一样，理义是天下人之心的共同嗜好，也是圣人与我心所同然。天下人之心都好仁义表明，人心都有向善的本能，人性是善的。

其次，在行为经验上，孟子通过具体例子反复证明善出自人的先天本能，仁、义、礼、智之善为人心所固有。

支撑孟子人性理论、使他坚信人性善的两个著名的例子分别是：

> 所以谓人皆有不忍人之心者，今人乍见孺子将入于井，皆有怵惕恻隐之心。非所以内交于孺子之父母也，非所以要誉于乡党朋友也，非恶其声而然也。（《孟子·公孙丑上》）

> 舜之居深山之中，与木石居，与鹿豕游，其所以异于深山之野人者几希。及其闻一善言，见一善行，若决江河，沛然莫之能御也。（《孟子·尽心上》）

第一个例子证明，人面对孺子入井自然会产生惕怵之心，不由自主地上前救助。对此，孟子分析说，人之所以对小孩发出救助的行为，绝非与小孩的父母有交情，也不是想在乡里乡亲面前沽名钓誉，更不是讨厌那个小孩的哭声。既然如此，人对孺子施救的行为背后的动机和真正原因是什么呢？第二个例子揭示，常年独居深山老林中的舜在家与土石为伴、出门与野兽为伍，无异于没有经过教化和文明洗礼的野人。可是，当他听一善言、闻一善行时，心中之善就像江河决堤一般势不可挡。这又是为什么呢？按照孟子的说法，这两个问题只有一个答案，那就是：人都有善良的不忍人之心，人的善举没有任何功利之心，完全出于先天本能。

至此，正是在逻辑推理与行为经验的双重印证下，孟子完成了自己关于人性善的理论阐述和证明。

二、荀子阐性恶

对于荀子来说，面对性善说的先声夺人，性恶论的论证显得尤为必要和紧迫。荀子对人性的论证从澄清概念内涵入手，始于对性伪、善恶的界定。

对于性与伪，荀子界定说："生之所以然者谓之性。性之和所生、精合感应、不事而自然谓之性。性之好、恶、喜、怒、哀、乐谓之情。情然而心为之择谓之虑。心虑而能为之动谓之伪。虑积焉、能习焉而后成谓之伪。"（《荀子·正名》）在荀子的视界中，性是生而自然、与生俱来的，属于先天的范畴；伪是人心思虑、选择和作为的结果，属于后天的范畴。性与伪是两个不同的概念，具有不容混淆的本质区别。一言以蔽之，性出于自然之本能，伪出于后天之积习。

与此同时，荀子对善与恶进行了界定："凡古今天下之所谓善者，正理平治也；所谓恶者，偏险悖乱也。是善恶之分也已。……今当试去君上之势，无礼义之化，去法正之治，无刑罚之禁，倚而观天下民人之相与也；若是，则夫强者害弱而夺之，众者暴寡而哗之，天下之悖乱而相亡不待顷矣。用此观之，然则人之性恶明矣，其善者伪也。"（《荀子·性恶》）按照这个说法，善是符合仁、义、礼、智，维护社会治安，恶是违背仁、义、礼、智，危害社会安定。

澄清了性与伪、善与恶的概念内涵之后，荀子以性伪、善恶的定义为标准，通过对性伪、善恶进行比对，证明善与性没有交叉，善只是人为、不属于人性的范畴。依据荀子对人性进行的分析和鉴定，如果对人性中先天固有的本性任其自然、不加节制，势必带来分争，影响社会治安。这证明人性中先天具有为恶的萌芽，故曰人性恶。至此可见，通过给性伪、善恶等概念下定义，荀子完成了两方面的论证：第一，人性为恶。第二，善是人为——总之，善不属于人性范畴。

两方面的结论相互印证，人性恶已成定局。尽管如此，荀子并没有就此停下探究，而是从各个角度反复对人性善恶予以阐释和论证。

其一，从人性的具体内容来看，人性中先天包含利欲成分。对此，荀子指出："饥而欲食，寒而欲暖，劳而欲息，好利而恶害，是人之所生而有也，是无待而然者也，是禹、桀之所同也。"（《荀子·荣辱》）在荀子看来，人与生俱来地欲利本性潜在着巨大危险，如果不能有效地对之加以节制的话，势必危害社会或冲击仁义之善。

其二，从人的后天追求来看，人对仁、义、礼、智的追求不能证明这些是人性所固有，反而恰恰证明了人性中没有这些东西。荀子指出，相反相求，人对自己没有的东西梦寐以求，对自己已有的东西则兴趣索然。正如富有者不再追求财富，权贵者不再梦想权势一样，贫穷者梦想发财，卑贱者梦想权贵。人对仁、义、礼、智孜孜以求，恰好论证仁、义、礼、智不在人性之中。这在《荀子》中的表达是：

> 凡人之欲为善者，为性恶也。夫薄愿厚，恶愿美，狭愿广，贫愿富，贱愿贵，苟无之中者，必求于外；故富而不愿财，贵而不愿势，苟有之中者，必不及于外。用此观之，人之欲为善者，为性恶也。今人之性，固无礼义，故强学而求有之也；性不知礼义，故思虑而求知之也。然则性而已，则人无礼义，不知礼义。人无礼义则乱，不知礼义则悖。然则性而已，则悖乱在己。用此观之，人之性恶明矣，其善者伪也。（《荀子·性恶》）

其三，人性中没有向善的因素，善是圣人后天人为的结果。荀子特意强调，人之性恶，圣人之性也是如此。圣人制定了仁、义、礼、智之善并非圣人性善，因为善源于圣人之伪而非圣人之性。为了阐明其中的道理，荀子运用陶匠制造器皿的比喻解释说：

> 夫陶人埏埴而生瓦，然则瓦埴岂陶人之性也哉？工人斲木而生器，然则器木岂工人之性也哉？夫圣人之于礼义也，辟亦陶埏而生之也，然则礼义积伪者，岂人之本性也哉？……然则圣人之于礼义积伪也，亦犹陶埏而生之也。用此观之，然则礼义积伪者，岂人之性也哉？……故人之性恶明矣，其善者伪也。（《荀子·性恶》）

其四，从现实存在来看，圣王、礼义的出现都是为了矫正人性之恶的，这些存在本身就已经雄辩地证明了人性中包含为恶的可能性。对此，荀子写道："直木不待檃栝而直者，其性直也。枸木必将待檃栝烝矫然后直者，以其性不直也。今人之性恶，必将待圣王之治、礼义之化，然后皆出于治、合于善也。用此观之，然则人之性恶明矣，其善者伪也。"（《荀子·性恶》）

荀子的上述论证交互辉映，重重递进，在一步步加固性恶的同时，把善从人性中彻底剔除，最终完全排除了有善存在于人性之中的可能性，从而坐实了人性恶。

第二节　不同认定和取材

或道性善，或言性恶，孟子、荀子的观点显示了不可调和的差异和对立。究其原因，两人是从不同角度立论的，对人性的审视沿着不同的方向展开：如果说人包括自然属性与社会属性两个方面的话，那么，孟子与荀子则分别裁取了其中的一个方面。具体地说，孟子选取了人的社会属性，并由此得出了性善的结论；荀子则选取了人的自然属性，并由此得出了性恶的结论。孟子、荀子切入人性的不同视角与两人对人性或善或恶的不同判断和认定息息相关，乃至互为表里。从这个意义说，孟子、荀子对人性或社会属性或自然属性的取材是判定人性善恶的延伸和证明材料。与此同时应该看到，两人对人性的不同截取是导致对人性不同判断的原因。如果认为仁、义、礼、智为心中固有势必得出性善的结论，正如把与生俱来的利欲视为走向偏险背乱的先天可能必然导致性恶的结论一样。在某种程度上可以说，正是切入点和取材的不同注定了孟子与荀子对人性的不同判断和认定。

一、人之四端与四体

孟子指出："人之有是四端也，犹其有四体也。"（《孟子·公孙丑上》）

按照这个说法，人之四肢与四端（指仁、义、礼、智之善端，即"四心"）一样与生俱来，人应该兼具自然属性与社会属性。既然四肢与四心一样与生俱来，理应拥有相同的身份证明和来源出处，因而具有同等的天然合理性和意义价值。不仅如此，如上所述，孟子在逻辑上是根据人之口、耳、目等生理器官具有相同性而推导出人心固有理义而得出性善结论的。尽管如此，孟子却对四肢与四心区别对待，一面对四端寄予厚望，一面漠视四肢的存在——至少没有像对待四心那样由于与生俱来而将之归于性的范畴。孟子这样做的结局可想而知：与四端被归结为人性形成强烈反差——或者说伴随着四端成为人性的全部内容，与四端一样与生俱来的四肢被拒之人性门外。孟子不把人的自然属性——四体、形色归入人性的范畴，人性只指社会属性——仁、义、礼、智而言。对此，孟子强调："口之于味也，目之于色也，耳之于声也，鼻之于臭也，四肢之于安佚也，性也，有命焉，君子不谓性也。仁之于父子也，义之于君臣也，礼之于宾主也，智之于贤者也，圣人之于天道也，命也，有性焉，君子不谓命也。"（《孟子·尽心下》）

由此可见，孟子有意识地对人性进行了甄别和取舍。正是这种甄别和取舍使孟子尽管看到了四体与四心一样与生俱来，却始终把四肢排斥在人性之外。正是基于对人之存在的如此甄别和划分，孟子宣称："恻隐之心，人皆有之；羞恶之心，人皆有之；恭敬之心，人皆有之；是非之心，人皆有之。恻隐之心，仁也；羞恶之心，义也；恭敬之心，礼也；是非之心，智也。仁义礼智，非由外铄我也，我固有之也。"（《孟子·告子上》）在此，孟子明确把恻隐之心、羞恶之心、辞让之心和是非之心说成是人皆有之的共同本性，致使仁、义、礼、智成为人性的全部内容。更有甚者，与对四肢的冷漠形成强烈对比的是，孟子对四心如饥似渴，强调四心的每一心对于人之为人都不能少。这用他本人的话说便是："无恻隐之心，非人也。无羞恶之心，非人也。无辞让之心，非人也。无是非之心，非人也。"（《孟子·公孙丑上》）按照这个说法，四心都是人之为人的必要条件，不可缺少并不充分，只有四心同俱人才能成为人。不仅如此，孟子把仁义道德说成是天爵，由是，非由外铄、我固有之便成了仁、义、礼、智的题中应有之义。孟子之所以对人性的内容进行如此界说，基于对人之存在的有意识的甄别和选取。正如孟子所言："人之于身也，兼所爱。兼所爱，则兼所养也。无尺寸之肤不爱焉，则无尺寸之肤不养也。所以考其善不善者，岂有他哉？于己取之而已矣。体有贵贱，有小大。无以小害大，无以贱害贵。养其小者为小人，养其大者为大人。"（《孟子·告子上》）

进而言之，孟子之所以做如是选择，主要是在人与动物的区别层面立论的。有鉴于此，孟子强调仁、义、礼、智是人之为人的本质："仁也者，人也。合而言之，道也。"（《孟子·尽心下》）在他看来，作为人的本质规定，仁、义、礼、智对于人至关重要：第一，仁、义、礼、智使人异于禽兽。孟子宣称："人之有道也，饱食煖衣，逸居而无教，则近于禽兽。圣人有忧之，使契为司徒，教以人伦：父子有亲，君臣有义，夫妇有别，长幼有序，朋友有信。"（《孟子·滕文公上》）第二，仁、义、礼、智是人间正道。这用孟子本人的话说便是：

夫仁，天之尊爵也，人之安宅也。（《孟子·公孙丑上》）

仁，人之安宅也；义，人之正路也。（《孟子·离娄上》）

仁，人心也；义，人路也。（《孟子·告子上》）

二、人之自然欲望

与孟子选取人的社会属性充实人性内容的做法恰好相反，荀子给性下的定义和对人性的论证都是截取人的自然属性进行的。沿着这个思路，把人性限制在自然属性之内是荀子的一贯做法。例如，他宣称："若夫目好色，耳好声，口好味，心好利，骨体肤理好愉佚，是皆生于人之情性者也，感而自然、不待事而后生之者也。"（《荀子·性恶》）

在此，荀子把耳目口心肢体和由此而来的物质欲望视为人生而具有的东西，并归为性之范畴。这一规定使荀子对人性的界定着眼人的自然属性。正由于对人的自然属性和生理欲望的选取，致使利和欲成为荀子所讲的人性的主要内容：第一，对于人性之利的成分，荀子宣称："今人之性，生而有好利焉。"（《荀子·性恶》）这表明，人生来就有好利的本能，对利的追逐是人性的重要方面。第二，对于人性之欲的成分，荀子断言："今人之性，饥而欲饱，寒而欲暖，劳而欲休，此人之情性也。"（《荀子·性恶》）在此，荀子把贪图物利、饥食渴饮和好逸恶劳说成是人性的基本内容，致使贪利和欲望成为人性的两个重要方面。

第三节　不同态度和作为

对人性是什么的回答奠定了对人性做什么的基础，甚至可以说，人性是什么本身就包含着对人性能做什么、应该做什么的回答。与此同时，如果说对人性的判断和选取还停留在理论层面的话，那么，对人性的态度和作为则提升到了操作层面，具有前者没有的实践意义。具体地说，孟子、荀子对人性的不同判断和选材奠定乃至决定了两人对人性的不同态度和作为：基于对人性为善的判断和对四心的取材，孟子主张保养人性，存心、尽心是他对待人性的总体态度和主要做法；基于对人性为恶的判断和对利欲的取材，荀子主张变化人性，化性起伪、积习臻善成为他对人性的基本要求和主要作为。

一、保养先天与施以人为

认定人性善的孟子急切呼吁保持天然之善性使之不失，尤其强调后天环境对人的本性的影响。为了强调后天环境对本性的破坏和保持本性的重要性，孟子以牛山之木为例生动地指出：

牛山之木尝美矣，以其郊于大国也，斧斤伐之，可以为美乎？是其日夜之所息，雨露之所润，非无萌蘖之生焉，牛羊又从而牧之，是以若彼濯濯也。人见其濯濯也，以为未尝有材焉，此岂山之性也哉？虽存乎人者，岂无仁义之心哉？其所以放其良心者，亦犹斧斤之于木也，旦旦而伐之，可以为美乎？其日夜之所息，平旦之气，其好恶与人相近也者几希，则其旦昼之所为，有梏亡之矣。梏之反复，则其夜气不足以存；夜气不足以存，则其违禽兽不远矣。人见其禽兽也，而以为未尝有才焉者，是岂人之情也哉？故苟得其养，无物不长；苟失其养，无物不消。（《孟子·告子上》）

牛山之木尝美，人的本性至善。尽管如此，"尝"只是说本来或曾经如此，并不代表现在或将来。由于处在大国之郊，尽管牛山之上的树木在阳光雨露的滋润下日夜生长，可斧斤之伐、牛羊之牧最终还是使牛山变成了濯濯不毛之地。人性虽然生来本善，但是，物利的诱惑和环境的熏染使人随时都有丧失本性的可能。正如失去保养本性会丧失殆尽一样，呵护保养可以使本性充实丰沛。如此说来，保养对于人性（本心）至关重要，于是，孟子把"养心"奉为修养方法和人生追求。

与孟子谆谆教导养性有别，荀子一再动员人改变本性，对性加以后天的人为。这主要包括如下几个方面：第一，荀子揭示了人性自身的缺陷，在给人性所下的定义中已经包含着利欲的成分和犯上作乱的可能。第二，荀子界定了性伪，并论证了性伪关系："性者，本始材朴也；伪者，文理隆盛也。无性，则伪之无所加；无伪，则性不能自美。性、伪合，然后成圣人之名，一天下之功于是就也。故曰：天地合而万物生，阴阳接而变化起，性伪合而天下治。"（《荀子·礼论》）

在荀子看来，天然的人性是朴素的资质，后天的人为是美丽的华彩；二者不仅相互区别、不容混淆，而且相互联系、缺一不可。正如离开人性、人为由于没有加工的原料而失去用武之地一样，离开人为，人性不能自行完美。正是在朴素的人性与华美的人为的相互结合中成就了圣人。可见，在荀子的视界中，无论是人性自身的欠缺还是性伪关系都证明了改变人性的必要性、迫切性和正当性。所不同的只是，前者是从消极的方面说的——人性自身的缺陷使人不得不对之加以改变，后者是从积极的方面说的——要想文质彬彬、臻于圣人，就要在化性起伪中使人性日益完善。

二、存心尽心与化性起伪

在确定了对待人性的原则态度之后，孟子、荀子阐明了对待人性的具体作为。在这方面，如果说孟子突出存心、尽心的内在修养的话，那么，荀子则重视接近良师益友和君上师法的外在强制。

孟子讲人性主要是针对心而非身而言的，人性具体指四端、四心。因此，保养本性就是养心。具体地说，孟子养性的方法有积极与消极之分。

从积极的方面说，养性也就是充分扩大先天的善良本性。在这个意义上，保养本性之善就是存心，而存心、养心也就是充分显露先天固有的善良本性，即尽心。按照孟子的说法，人生来就有良知良能，保持本性、保养本心就是使仁、义、礼、智之善端大而化之。对此，孟子宣称："人之所不学而能者，其良能也；所不虑而知者，其良知也。孩提之童，无不知爱其亲者；及其长也，无不知敬其兄也。亲亲，仁也；敬长，义也。无他，达之天下也。"（《孟子·尽心上》）这就是说，仁、义、礼、智是人不待虑而知、不待学而能的本能，通过尽心使先天本能得以充分显露和发挥便可无往而不胜。在这个意义上，保持和显露善良本性的过程与尽心、存心是一致的：一方面，养心体现为存心和尽心。另一方面，通过尽心、存心可以使先天的善良本性充分发挥出来，从而达到养心的目的。于是，孟子自信地宣布："尽其心者，知其性也。知其性，则知天矣。存其心，养其性，所以事天也。殀寿不贰，修身以俟之，所以立命也。"（《孟子·尽心上》）

从消极的方面说，养性主要表现为"求放心"。孟子强调，后天环境的熏染和物质欲望的引诱使人的善良本性随时都有沦陷的可能，万一本性丧失也不能自暴自弃，而是应该不遗余力地把丢失的善良本性找回来。寻找丢失的善良本性，孟子称之为"求放心"。

总之，为了保护人性之善，孟子把养心、存心、尽心和求放心视为对待人性的主要办法。在他看来，对于善良本性的保持来说，消极的方法与积极的方法、求放心与存心、尽心一样重要。在有些时候，孟子甚至把全部的道德修养都归结为求放心。对此，孟子一再断言：

　　大人者，不失其赤子之心者也。(《孟子·离娄下》)

　　学问之道无他，求其放心而已矣。(《孟子·告子上》)

对人性恶的认定加剧了荀子改变人性的迫切心情，化性起伪的思路和做法更是使后天的人为具有了不容置疑的重要性。具体地说，荀子所讲的人为，一项重要的内容便是学习。荀子一直强调以后天的学习改变先天的性恶，告诫人一刻也不可以停止学习。《荀子》一书始于《劝学》，该篇的第一句话便是"君子曰：学不可以已"。荀子所讲的学习，内容是义；目的是远离禽兽，完善人性。这正如荀子所指出得那样："故学数有终，若其义则不可须臾舍也。为之，人也；舍之，禽兽也。"(《荀子·劝学》)在此，荀子不否认学习的主观自觉性，同时重视外部环境对人的影响和熏染。因此，他强调接近良师益友、在良师益友的影响和熏习下化性起伪，同时重视师法的作用，认为"人之生，固小人，无师、无法，则唯利之见耳。"(《荀子·荣辱》)这表明，在荀子那里，学习就是一个在良师益友以及礼法的帮助、影响和威慑下不断化性起伪、臻于性善的过程。

总之，在对待人性的态度上，孟子与荀子的做法一是养——保养本然状态，一是化——改变本来面目。这是两种不同——确切地说，相反的思路和做法。正是在相反思路的策划下，孟子寄希望于养心、存心、尽心和求放心，荀子着力于后天的学习尤其是良师益友的影响和君上师长的引导。尽管两人都不排除主观自觉，然而，其间还是呈现出一个诉诸内因、一个渴望外力的差异。在这方面，如果说孟子遵循反省内求路线的话，那么，荀子则踏上了向外求索的征程。

第四节　不同调控和利导

在中国哲学中，人性问题从来都不是纯粹的理论问题。这是因为，中国的人性哲学不仅包含着较强的休养践履和现实操作，而且往往牵涉政治哲学和统治方略。在孟子、荀子那里，对人性的作为不仅是个人的道德修养，而且是国家的行政行为；人性完善的目标不仅是个人的超凡入圣，而且是社会的稳定和谐。不仅如此，两人之所以对人性问题兴趣盎然，其理论初衷无非是在人性之中寻找治国平天下的理论根基。在这方面，孟子由性善说引出了仁政王道，荀子从性恶论推出了隆法尚礼。

一、仁政王道与隆礼重法

关于治国方案和政治原则，孟子继承了孔子的德治传统，高擎仁政的大旗。如果说在孔子那里由于缺少合理性证明、德治只能停留于一厢情愿的话，那么，在孟子这里，人性的根据和依托使仁政获得了正当性和合理性。进而言之，为了给仁政提供可行性和正当性辩护，孟子推出了"恻隐之心，人皆有之"的性善说。仁政与人性的内在联系，正如孟子所云："人皆有不忍人之心。先王有不忍人之心，斯有不忍人之政矣。以不忍人之心，行不忍人之政，治天下可运之掌上。"（《孟子·公孙丑上》）在此，孟子在肯定人性与政治方案之间具有内在联系、把人性说成是为政之前提的基础上，用人生来性善的性善说论证了仁政（不忍人之政）的可能性：第一，从仁政的制定和出台来看，先王的善性决定了其不忍心用残酷的法治桎梏人民，由于心怀恻隐推出了不忍人之政。第二，从仁政的贯彻和执行来看，百姓的善性保证了仁政的贯彻和落实。人皆有不忍人之心、不忍人之心并非先王所特有，百姓与先王一样嗜悦仁义、听从仁政的引导。

关于性善与仁政的一脉相通，韩非的思想是极好的佐证。基于人性自私自利、信凭法术而治的韩非举了这样一个例子：

> 今有不才之子，父母怒之弗为改，乡人谯之弗为动，师长教之弗为变。夫以父母之爱、乡人之行、师长之智，三美加焉，而终不动，其胫毛不改。州部之吏，操官兵，推公法，而求索奸人，然后恐惧，变其节，易其行矣。故父母之爱不足以教子，必待州部之严刑者，民固骄于爱、听于威矣。(《韩非子·五蠹》)

在这个例子中，韩非通过父母、乡邻和师长的教诲与酷吏、官兵和法律的威慑之间的鲜明对比揭示了道德说教的软弱与法制手段的有效，在表达其推行法制及反道德主义的思想主张的同时从反面证明了性善说对仁政的理论支持和奠基作用。试想，如果人性诚如韩非所言自私自利、唯利是图的话，那么，以礼乐教化、道德引导等说教手段为主的仁政便显得空洞虚伪、苍白无力，而不如法律的强制来得有力和直接。孟子的性善说对仁政的支持着重从两方面展开，在施治与受治主体的道德素质的相互印证、相得益彰中彰显了仁政的合理性和正当性。

如果说以道德手段治国平天下是儒家的共同主张的话，那么，荀子的思想则带有某种特殊性。这方面的具体表现就是，荀子主张隆礼尚法，重视法律在治理国家中的作用。于是，他一而再、再而三地断言：

> 礼义者，治之始也。(《荀子·王制》)

> 法者，治之端也。(《荀子·君道》)

> 隆礼尊贤而王，重法爱民而霸。(《荀子·王制》)

其实，荀子对性恶的判断已经流露出弘扬法律的思想端倪，而他对人性具体内容的选取更是为法律的行使提供了广阔空间。最能反映荀子依法而治的是他对待人性的具体做法，化性起伪少不了法礼，法礼与君上、师长一起成为化性起伪的标准、途径和方法。可见，荀子对法制的重视与他的人性理论休戚相关，在某种程度上可以说，激发荀子法律兴致的主要原因之一便是对人性恶的认定。换言之，性恶论决定了荀子对礼法的重视和推崇。正因为认定人性中先天包含着利欲成分而不能自行完美、不加节制就可能引起社会混乱，荀子才推崇礼法，把礼法视为调控人性之恶的基本方法和主要手段。

二、可行性与必要性

孟子的性善说引出了仁政的可行性，荀子的性恶论推导出礼法的必要性。在行政理念和价值取向的层面上，仁政与礼法是两种完全不同的统治方案和行政路线，具有崇尚道德自觉与信奉法律强制之异。在具体贯彻和实际操作的层面上，性善说坚信受众基于善性的主观自觉，在施政方针和治国手段上，坚持以道德引导和说教为主，心仪以理服人的王道、蔑视以力服人的霸道。孟子心仪的王道以礼乐教化为本，判断王道与霸道的根本标志之一便是推行仁政还是力政。无论是王道与霸道的区别还是在仁政的具体规划中，孟子都一再强调以德服人王天下，并反对以武力威慑为主要手段的暴政。在他看来，王道、仁政以仁得天下，暴政、力政必然由于不仁而失天下。有鉴于此，孟子始终把礼乐教化、道德引导奉为主要的行政手段。性恶论着眼于受众作恶的可能性，信凭外在的威慑——无论是君上、师长还是礼法在荀子的化性起伪中都有强制因素。在荀子那里，除了接近良师益友学习积善之外，君师长的作用不可低估。荀子对君上、师长和礼义法度的推崇本身就使强制成为题中应有之义。正因为信凭强制、并在此基础上推崇法制的作用，有人把荀子归为法家学派。这从一个侧面反映了孟子与荀子对人性的引导和基于人性的政治路线具有温良与威猛之别。

与对道德自觉、法律强制的不同侧重相联系，从社会效果和实际功用来看，如果说性善说论证了受众（受治主体）接受统治的可能性和统治秩序的可行性的话，那么，荀子的性恶论则为受众接受统治及统治秩序的必要性和迫切性做辩护。正如孟子在仁政的产生和推行、施治和受治主体的双重印证中阐明了仁政的可能性和可行性一样，荀子的性恶论使受众接受教育和统治拥有了十足的必要性，师法也成为必不可少的。

对于性善说与性恶论对于统治秩序的可行性与必要性的不同侧重，荀子本人具有清醒的认识和理解。众所周知，正如孟子的性善说是针对告子的人性无善无不善有感而发一样，荀子的人性学说在某种程度上可以说是为了反驳孟子而提出来的。他之所以坚决反对孟子的性善说，一个主要理由就是性善说会导致"去圣王，息礼义"的后果——不仅圣王、礼法变成了多余的，而且淡化百姓接受统治的必要性和迫切性，造成不良的社会影响。循着荀子的逻辑，檃栝的产生由于枸木的存在，绳墨的兴起由于曲线的存在，君上、师长和礼义等规范的存在是因为人之性恶。这样说来，正如枸木、曲线证明了檃栝、绳墨的价值一样，君上、师长和礼义法度的价值存在于性恶之中。循着这个逻辑，如果人性真的如孟子所说的那样先天就有仁义礼智之善、能够自觉从善如流的话，那么，圣王、礼义对于这样的人性又何以复加呢？可见，主张性善等于否定了圣王、礼义的存在价值，圣王、礼义成了没有任何必要的虚设。对于荀子来说，这显然是无法接受和容忍的。反过来，承认了人性恶，也就等于证明了圣王、礼义和法度的必要性。于是，荀子不止一次地宣称：

> 故善言古者，必有节于今；善言天者，必有征于人。凡论者，贵其有辨合、有符验。故坐而言之，起而可设，张而可施行。今孟子曰"人之性善"，无辨合符验，坐而言之，起而不可设，张而不可施行，岂不过甚矣哉？故性善，则去圣王、息礼义矣；性恶，则与圣王、贵礼义矣。故檃栝之生，为枸木也；绳墨之起，为不直也；立君上，明礼义，为性恶也。（《荀子·性恶》）

今诚以人之性固正理平治邪，则有恶用圣王、恶用礼义矣哉？虽有圣王礼义，将曷加于正理平治也哉？今不然，人之性恶。故古者圣人以人之性恶，以为偏险而不正、悖乱而不治，故为之立君上之势以临之，明礼义以化之，起法正以治之，重刑罚以禁之，使天下皆出于治、合于善也。是圣王之治而礼义之化也。（《荀子·性恶》）

第五节　孟子、荀子的人性哲学与儒家特色

上面的介绍表明，孟子的性善说与荀子的性恶论显示了种种差异和对立：在对人性的判定上，一为善，一为恶；在对人性的截选上，一为社会属性，一为自然属性；在对人性的作为上，一为养、一为化，一内求、一外索；在对人性的利导上，一尚仁、一隆法，一可能、一必要……尽管如此，透过这些现象便会发现，无论是性善说、性恶论的理论本身还是其对中国后续思想的影响都有互补、相通的一面，尤其是二者的价值取向和思维方式呈现出深层的相通性和相同性。

一、价值判断而非事实判断

对人性问题的探讨可以是事实层面的，也可以是价值层面的。事实式的探讨围绕人性是何展开，注重事实之真伪，对客观性情有独钟；价值式的探讨围绕人性如何展开，关心善恶之价值，洋溢着主观情怀。面对事实与价值两种不同的思维方式和致思理路，孟子、荀子对人性的研究都毅然决然地投于价值之麾下。

孟子、荀子在价值而非事实层面对人性的探讨主要表现在三个方面：第一，在对人性的认定和判断上，两人不仅认定人性是什么，而且更热衷于对人性的善恶判断。正如《孟子》书中明确地说"孟子道性善"、把性与善联系在一起一样，荀子明确宣布人性恶，致使"故人之性恶明矣，其善

者伪也"成为名言名句。与此同时，荀子还著有《性恶》篇，直接申明自己的性恶判断和主张，并从各个角度进行了论证。这表明，孟子、荀子对人性的认定和探讨都属于价值判断而非事实判断。第二，在理论侧重和言说方式上，孟子、荀子对人性的阐释始终围绕着善恶展开，不仅使性善、性恶成为著名的命题和响亮的口号，而且对之倾注了极大的热情，都有对人性究竟是善还是恶的证明。孟子对性善的论证从逻辑推理和行为经验同时进行，使两个方面的结论相互印证，可谓用心良苦。荀子对性恶的论证始于性伪、善恶的逻辑概念，又包含对人性的本然状态、后天追求以及圣凡比较等内容，构成其人性哲学的主体内容。与对性善、性恶的过分关注和热衷相对应，孟子、荀子对人性具体内容的说明显得单薄，且很多时候是作为性善或性恶的证明材料出现的，显然不是关注的焦点。第三，孟子、荀子没有停留在人性是什么上，而是始终对人"应是"什么充满期待，通过人性的作为而成为道德完善的圣人是两人的宏图大愿和共同理想。

价值判断与事实判断是两种不同的思路，体现了不同的思维方式和价值取向。循着这个逻辑，孟子、荀子对人性进行价值判断的同时，已经流露了扬善抑恶的价值取向和人生追求。

二、善恶标准的一致性

热衷于对人性进行价值判断和探讨决定了在孟子、荀子的人性哲学中善恶比真伪更引人注目，因此，用善恶标准去框定、衡量人性便成为两人性哲学的相同之处。其实，不仅用善恶来衡量人性、对人性进行价值判断的做法相同，孟子、荀子对善恶的认定、理解也别无二致。换言之，被孟子、荀子用以判断人性的善恶标准是一样的。这一点在两人对人性的善恶判断中已经初露端倪：孟子之所以断言人性善，理由是良知、良能与生俱来，人性中包含仁、义、礼、智之萌芽；反过来，理义的与生俱来本身即证明人性是善的。这表明，孟子所讲的善指仁义礼智之道德或符合道德的行为。在荀子对善恶的界定中，善即正理平治，仁、义、礼、智之道德或符合理义法度的行为为善；恶即偏险悖乱，利欲带来的违背礼义法度或不利于社会安定的观念和行为为恶。可见，在对善恶的理解上，孟子、荀子的看法基本一致——善与道德如影随形、以道德为唯一标准，并且都把欲、利归之于恶。孟子、荀子都强调欲利与善对立，并在此基础上对耳目口鼻身体器官和生理欲望存有戒心。例如，孟子对待人性的根本态度和主要做法是保养本心之善，而具体方案即摈弃物质欲望、远离物利。在此，孟子强调人心的最大敌人就是物质欲望，养心就应该减少物质欲望，进而得出了"养心莫善于寡欲"的结论。他断言："养心莫善于寡欲。其为人也寡欲，虽有不存焉者，寡矣；其为人也多欲，虽有存焉者寡矣。"（《孟子·尽心下》）

这从一个侧面表明，孟子之所以尽心是为了加强道德修养的主观自觉，用道德理性来约束人的生理欲望，以免被物欲所蒙蔽而使善良本性丧失殆尽。同样，荀子之所以判定人性恶——是因为人性中生来具有欲、利等成分，断言人性恶的本身就含有利欲是恶的价值判断。更为明显的是，在通常情况下，天然性往往代表着正当性和合理性。荀子却在宣称利和欲为人性所固有的同时，不是对其放任自流，而是一面以死而后已的不倦学习改变人性，一面对利欲加以道义引导和合理节制。对于欲，荀子指出："故虽为守门，欲不可去，性之具也。"（《荀子·正名》）欲的与生俱来没有作为纵欲的借口，恰恰相反，荀子呼吁用礼来节制和引导之，正确的做法是用礼来"养人之欲，给人之求。"同样，对于利，荀子主张先义而后利。

三、圣人情结

孟子、荀子对人性进行价值而非事实判断本身就意味着两人的兴奋点不在人是什么上，而是饱含着对人"应是"什么的渴望和期盼。接下来的问题是，由于以仁、义、礼、智之道德为善，由于儒家历来视圣人为道德完善的榜样，于是，圣人便成为孟子、荀子对人的最大期待和模塑。无论是对人性的判断、选取还是对待都以超凡入圣为鹄的，圣人是孟子、荀子人性哲学共同的理想人格和最终目标。

孟子、荀子对待人性的态度恰好相反：一个保养，一个改变。之所以如此，是因为两人对人性一善一恶的价值判断。基于对人性的不同判断，凭着对待人性的不同方法，孟子、荀子的人性哲学最后都驻足于使人臻于善而远离恶、成为圣人上，可谓殊途同归。

孟子对人性的论述始终强化人与动物的界限，这使完善人性还原为远离人的自然本性而成为圣人的过程。对此，孟子一再强调：

> 形色，天性也；惟圣人然后可以践形。(《孟子·尽心上》)

> 从其大体为大人，从其小体为小人。……耳目之官不思，而蔽于物。物交物，则引之而已矣。心之官则思，思则得之，不思则不得也。此天之所与我者。先立乎其大者，则其小者弗能夺也。此为大人而已矣。(《孟子·告子上》)

按照孟子的说法，体与心虽然都与生俱来，但是，二者的功能和作用却截然不同。正是在或为利或为义、或纵体或尽心的作为中，人有了君子与小人之分。面对这两种迥然悬殊的后果，孟子让人"先立乎其大者"，在尽心中成就大人事业。

荀子把学习的目标锁定在为圣人上，并且呼吁："学恶乎始？恶乎终？曰：其数则始乎诵经，终乎读《礼》；其义则始乎为士，终乎为圣人。"(《荀子·劝学》)荀子之所以振臂高呼学习的至关重要性，是因为学他认定习是通往圣人之途。在此，与其说荀子是对学习如饥似渴，不如说是朝圣的情真意切。

孟子、荀子不仅表达自己对圣人的期待和渴望，而且在人性中挖掘人成为圣人的先天资质和潜能。在人成为圣人的资格论证方面，孟子的名言是"人皆可以为尧舜。"(《孟子·告子下》)"涂之人可以为禹"(《荀子·性恶》)则是荀子的座右铭。声称人生而性善，只要保持本性而不使其丧失，便可以道德完满，于是成为圣人。在孟子那里，一切都顺乎自然，成为圣人似乎是先天注定、顺理成章的事。与此相比，断言人性恶似乎使人远离了圣人。其实不然。在荀子那里，天然的性恶不仅不是成圣的障碍，反而使圣人事业有了切实的下手处和着力点。荀子认为，义与利是"人之所两有"，义为人通往圣人大开方便之门。不仅如此，在对可能性与现实性关系的阐释中，荀子强调人人皆具备成为圣人的资格："故小人可以为君子而不肯为君子，君子可以为小人而不肯为小人。小人君子者，未尝不可以相为也，然而不相为者，可以而不可使也。故涂之人可以为禹，则然；涂之人能为禹，未必然也。虽不能为禹，无害可以为禹。"（《荀子·性恶》）

在荀子看来，成为君子或小人不仅有客观条件而且有主观条件，不仅有先天资质而且有后天人为。就可能性而言，人人都具备成为圣人的先天条件和资质，之所以没有成为圣人绝对不是因为不具备资格。也就是说，普通人之所以没有成为圣人，不是因为没有先天的条件，而是因为后天的努力不够。其实，从先天本性和潜能来看，人与圣人是一样的。圣人并不是天然成就的，圣人的过人之处不是先天的资质而是后天的人为和努力。于是，荀子声称："尧、禹者，非生而具者也，夫起于变故，成乎修，修之为，待尽而后备者也。"（《荀子·荣辱》）

如果断定圣人天生就是圣人的话，也就等于把一部分甚至是大多数人排斥在圣人的门外。在此，荀子之所以不厌其烦地宣布圣人与普通人在先天本性上是一样的，目的是在常人与圣人具有相同的资质中督人向善、成为圣人。

四、人性与礼乐教化

孟子、荀子的人性哲学并没有始终囿于这一领域，最终都延伸到了政治领域。正如两人对人性的甄别与政治原则有关一样，在两人的视界中，人性是实施治国的根基。因此，人性哲学在前，政治哲学紧随其后。与此同时，孟子、荀子所投身的圣人事业并不限于精英层面而是面向大众的全民式运动，这使人性只是作为起点存在，并且只有与后天的学习和教化联系起来才有意义。有鉴于此，无论是性善说还是性恶论均与统治方案有关，无论是保养还是改变人性均必须动用后天的人为和努力。后天的人为和努力从个人来说即道德修养，从统治方案来说即推行礼乐教化。于是，举办各类学校、实施礼乐教化成为孟子、荀子的共同设想。

孟子向往的仁政、王道在百姓衣食无忧之后设立各种学校，宣讲人伦道德，实行礼乐教化。他多次写道：

> 不违农时，谷不可胜食也。数罟不入洿池，鱼鳖不可胜食也。斧斤以时入山林，材木不可胜用也。谷与鱼鳖不可胜食，材木不可胜用，是使民养生丧死无憾也。养生丧死无憾，王道之始也。五亩之宅，树之以桑，五十者可以衣帛矣。鸡豚狗彘之畜，无失其时，七十者可以食肉矣。百亩之田，勿夺其时，数口之家可以无饥矣。谨庠序之教，申之以孝悌之义，颁白者不负戴于道路矣。七十者衣帛食肉，黎民不饥不寒，然而不王者，未之有也。（《孟子·梁惠王上》）

> 设为庠序学校以教之；庠者，养也；校者，教也；序者，射也。夏曰校，殷曰序，周曰庠，学则三代共之，皆所以明人伦也。人伦明于上，小民亲于下。（《孟子·滕文公上》）

荀子对学习的如饥似渴、竭力呼吁都与教化有关。不仅如此，荀子对礼十分重视，奉之为自己伦理体系的核心。对于礼，荀子不仅阐明了其来源、作用和特征，而且从个人的日常生活到国家的政治生活、从情感到内容逐一进行了规定，使礼乐教化落到实处、具体而详尽。正因为对礼乐教化的重视，荀子不仅著有《礼论》，而且著有《乐论》，试图在两者的相互作用中成就圣人事业。

孟子、荀子重视礼乐不是为了"极口腹耳目之欲"，满足感官刺激，而是陶冶人的心灵，达到"同民心而出治道"的境界。进而言之，对人性进行价值判断、善恶引导和道德审视注定了孟子、荀子政治哲学的伦理本位，即儒家有别于其他各家的伦理政治。在这里，政治是伦理、道德的推行和强化。孟子要求统治者与民同乐，荀子强调君人者的榜样作用以及两人的哲学王情结和仕途情结均属于此。在这方面，孟子不仅以救世者自居、发出了"当今之世，舍我其谁"的豪言壮语，而且具有"达则兼善天下"的抱负。荀子与孟子一样有周游列国、寻找仕途的经历，并且拥有同样的圣贤在位的渴望。归根结底，这些都是为了推行礼乐教化、并在督人向善中成就全民的圣人事业。

总之，对人性的价值判断、善恶标准、圣人情结和礼乐教化构成了孟子、荀子人性哲学的一致性，也是儒家的道德理想和追求在人性哲学领域的具体反映。其实，孟子、荀子对人性的不同看法如善与恶的判断、养与化的对待以及道德自觉与法律强制的调控等都基于对人性或社会属性或自然属性的不同截取，其中洋溢着相同的伦理本位和道德诉求。伦理本位和道德诉求不仅拉近了孟子、荀子人性哲学的距离、体现了儒家的一贯追求，同时显示了儒家与其他各家的学术分野：

其一，对人性进行价值判断。把人性归于善或恶是孟子、荀子的共识，也是儒家的一贯做法。例如，在对人性是什么的认定上，告子所说的"生之谓性"与荀子对性的界定——"生之所以然者谓之性"（《荀子·正名》）同义、都把性归为先天的范畴；同时，告子的"食色性也"与荀子所讲的"食，欲有刍豢；衣，欲有文绣；行，欲有舆马；又欲夫余财蓄积之富也；然而穷年累世不知不足，是人之情也"（《荀子·荣辱》）都把食色之欲视为人与生俱来的本性。此外，韩非每每指出：

> 好利恶害，夫人之所有也。……喜利畏罪，人莫不然。（《韩非子·难二》）

> 夫安利者就之，危害者去之，此人之情也。……人焉能去安利之道而就危害之处哉？（《韩非子·奸劫弑臣》）

　　不难看出，韩非的这些说法与荀子不仅思想一致，而且连话语结构都如出一辙。可见，在把人性的具体内容归结为自然属性上，荀子和告子、韩非同道，与孟子相去甚远。尽管如此，由于对人性进行的是价值而非事实判断，荀子并没有停留在人性是什么的层面上，而是及时地用恶去判断人性，这为他提倡通过后天的人为改变人性提供了前提。荀子的这一做法与告子、韩非等人大相径庭，在本质上与孟子相契合。

　　其二，对待人性的做法是有为而非无为。断言人性善的孟子并没有对人性坐享其成，而是呼吁通过尽心、存心和求放心保养善性；宣称人性恶的荀子也没有自暴自弃，而是竭力呼吁通过后天的人为改变人性。这表明，孟子、荀子没有放任人性之自然，相反，无论是养还是化都以人性可变为前提、并且本身就包含对人性施加作为的意思。孟子、荀子对人性的积极作为体现了儒家孜孜不倦、自强不息的一贯作风。在这方面，孟子、荀子代表的儒家的做法显示了不同于道家、法家的价值取向和人生追求。道家与法家一个认为人性是天然素朴，一个认为人性自私自利，可谓相差悬殊。尽管如此，在对人性的作为上，两家都崇尚无为而治。道家尤其庄子认为，人性的天然素朴状态是真、是善、是美，为了保持天然本性，必须去知、去情，一切都任其自然。在此，无为既是个人的修身养性之方，也是国家的平治之术。道家和法家无为的处世原则与统治方案密切相关，庄子要求对百姓实行"天放"，韩非的法治思想在某种程度上就是因循人性本然、无为而治的结果。

　　其三，对人性作为的实质是积善去恶。孟子、荀子之所以一个主张保养人性、一个主张变化人性，是因为一个认为善与生俱来、一个认为人性为恶。两人对人性的作为和切入点不同，对善的追求和对恶的摈弃却是一致的。正因为如此，在孟子、荀子那里，不仅讲人性是什么，更在意人性是善还是恶；不仅讲人性为善为恶，更把精力投入到扬善去恶上。与此不同，韩非只讲人性是什么而不对之做善恶划分，因此，人性的天然性必然隐藏着自然性和合理性。荀子依据人性中包含利欲成为断言人性恶、进而以后天之伪改变人性之恶。法家认定人皆自为即人都自私自利。慎到指出："人莫不自为也。"(《慎子·因循》)商鞅也说："民之于利也，若水之于下也。"(《商君书·君臣》)韩非认为，人"皆挟自为心也"，人们的所作所为都是为了利己。"自为心"是人的自然本性，不具有"仁"或"贼"的道德意义，而且是不可改变的。人人利己导致人人"异利"，相互以"计算之心相待"，是赤裸裸的利益关系。尽管韩非把人的本性和人与人之间的关系描述得如此丑恶，然而，对于对人性进行事实判断的他来说人性的自私自利并不是恶，相反，利、欲作为人性之本然成为正当性的代名词。在某种程度上可以说，"凡治天下，必因人情"的法治思想正是为了迎合人对利欲的追求。

其四，用以判断和对待人性的善恶标准是儒家式的道德。孟子、荀子对人性进行价值判断的标准是善恶，两人禀持的善恶标准的一致性在不同学派的映衬下更加鲜明和清楚。老子、庄子代表的道家也崇尚道德，所讲的道德绝非儒家所讲的仁义礼智。相反，庄子认为仁义尤其是礼破坏人性之本然，是导致虚伪的罪魁祸首。有鉴于此，他强调善恶并不是儒家的仁义道德，而是保持天然本性；与善相对应，恶指对天然本性的破坏、损伤或戕害，仁、义、礼、智当然也包括在内。在这个意义上，庄子把儒家提倡的仁义礼智视为道德之大敌：

> 屈折礼乐，呴俞仁义，以慰天下之心者，此失其常然也。天下有常然。常然者，曲者不以钩，直者不以绳，圆者不以规，方者不以矩，附离不以胶漆，约束不以纆索。故天下诱然皆生，而不知其所以生；同焉皆得，而不知其所以得。(《庄子·骈拇》)

> 吾所谓臧者，非仁义之谓也，臧于其德而已矣；吾所谓臧者，非所谓仁义之谓也，任其性命之情而已矣；吾所谓聪者，非谓其闻彼也，自闻而已矣；吾所谓明者，非谓其见彼也，自见而已矣。(《庄子·骈拇》)

第六节　先秦人性哲学的一致性以及对后世的影响

作为孟子、荀子人性哲学的相同之处，如果说两人思想的伦理本位体现了儒家思想的一贯追求、显示了儒家不同于诸子百家的理论特色的话，那么，强调人生而平等不仅是两人思想的相同点，而且是先秦人性哲学的共同特征。

一、人性平等

无论孟子的性善说还是荀子的性恶论都认为在本性或本能上人是平等的。在孟子那里，作为人生而性善的根据和内容，恻隐之心、羞恶之心、辞让之心和是非之心人人同具，无有不同。不仅如此，在人生来就有四体、四心上，人人平等，无一例外。与此同时，为了强调人在本性上是一样的，没有任何先天差别，孟子指出，人的一切差异都是后天形成的，与先天的本性无关。这用他本人的话说便是："富岁，子弟多赖；凶岁，子弟多暴。非天之降才尔殊也，其所以陷溺其心者然也。"（《孟子·告子上》）为了突出在本性上人人平等，主张人性恶的荀子宣称人人性恶——普通人如此，圣人也不例外。对此，他一而再、再而三地强调：

> 材性知能，君子、小人一也。好荣恶辱，好利恶害，是君子、小人之所同也。（《荀子·荣辱》）

> 凡人之性者，尧、舜之与桀、跖，其性一也；君子之与小人，其性一也。（《荀子·性恶》）

> 饥而欲食，寒而欲暖，劳而欲息，好利而恶害，是人之所生而有也，是无待而然者也，是禹、桀之所同也；目辨白黑美恶，耳辨音声

清浊，口辨酸咸甘苦，鼻辨芬芳腥臊，骨体肤理辨寒暑疾养，是又人之所常生而有也，是无待而然者也，是禹、桀之所同也。可以为尧、舜，可以为桀、跖，可以为工匠，可以为农贾，在势注错习俗之所积耳。是又人之所生而有也，是无待而然者也，是禹、桀之所同也。（《荀子·荣辱》）

这就是说，君子与小人的生理素质和知识能力都是一样的，君子也有与小人一样的欲望。换言之，圣人之性也含有与普通人一样的恶。欲和利圣人与普通人同具，耳目口鼻身体器官及其认知能力也是凡人与圣人同具的，圣人与凡人在本性上完全一样，是生而平等的，绝无任何差异。现在的问题是，既然圣人与凡人生而平等，站在同一起跑线上，为什么会有尧舜与桀跖、君子与小人之别呢？与孟子一样，荀子把人与人之间的差别都归结为后天的人为："今将以礼义积伪为人之性邪，然则有曷贵尧、禹，曷贵君子矣哉？凡所贵尧、禹、君子者，能化性，能起伪，伪起而生礼义；然则圣人之于礼义积伪也，亦犹陶埏而生之也。"（《荀子·性恶》）

其实，强调人生而平等不仅是孟子、荀子的共识，而且是先秦人性论的一致看法。可以看到，无论告子的"性无善，无不善也"（《孟子·告子上》）还是韩非的人性自私自利说都是就人"类"而非特殊的人群或个体而言的。作为先秦人性哲学的基本特征，强调在先天本性上人人平等而非差异充分体现了中国人性哲学的时代性。先秦人性哲学的这一特征在与后续的相互比较中则更加明显。

二、性分品级

汉唐人性论习惯于对人从本性上划分等级，董仲舒的性三品论、皇侃的性分九品和韩愈的性情三品等都是典型的例子。

性三品说在汉代较为流行，最典型的代表是西汉董仲舒的人性思想。在人副天数的前提下，董仲舒伸张了自己的人性哲学："天两，有阴阳之施；身亦两，有贪仁之性。"（《春秋繁露·深察名号》）根据人性之中所含成分的贪仁比例，董仲舒把人性分为上、中、下三品，即"圣人之性"、"中民之性"和"斗筲之性"（《春秋繁露·实性》）。其中，圣人之性只有仁而没有贪、至善而无需教化，"斗筲之性"只有贪没有仁、至恶而无法教化，中民之性贪仁兼具、根据后天的教化可善可恶。有鉴于此，董仲舒开诚布公地强调，他的人性哲学主要针对"中民之性"。

王充认为性善是中人以上之性，性恶是中人以下之性，善恶混是中人之性。荀悦发挥刘向"性不独善，情不独恶"的观点，明确提出了"性三品"的概念，认为上品君子性善，下品小人性恶，中人则善恶混；仁与义是"道之本"，体现在政治上是礼教与法治：礼教施于君子，"桎梏鞭扑"加于小人，对中人则"刑礼兼焉"。南朝时期，著名经学家皇侃（488—545）将性分为九品，这便是：

> 师说曰：就人之品识，大判有三，谓上、中、下也。细而分之，则有九也：有上上、上中、上下也，又有中上、中中、中下也，又有下上、下中、下下也，凡有九品。上上则是圣人，圣人不须教也；下下则是愚人，愚人不移，亦不须教也。而可教者，谓上中以下，下中以上，凡七品之人也。（《论语集解义疏·卷三》）

显而易见，皇侃沿袭了董仲舒的思路，只不过是更为细化了而已。唐代的韩愈第一次明确提出了性情三品说。对于人性的品级，他讲得更为详细："性之品有三，……上焉整者，善焉而已矣；中焉者，可导而上下也；下焉者，恶焉而已矣。"（《原性》）按照韩愈的说法，性是先天具有的，包括仁、义、礼、智、信五德；情是受到外界刺激产生的内心反映，包括喜、怒、哀、惧、爱、恶、欲七情。不同的人各自具有的五德参差不齐，致使人性呈现出上、中、下三品之分。上品的人性是善的，中品的人性可善可恶，下品的人性是恶的。上品和下品的人性都不能改变。人的情也分为三品。上品的情一发动就合乎"中"，中品的情有过或不及、大体上却合乎"中",下品的情则完全不合乎"中"。性的三品与情的三品相对应。

三、人性双重

如果说性分品级侧重在人群之中用善恶归类、把善恶分予不同的人,从而使之有善恶或高低之分的话,那么,宋明理学家则使善恶集于一人之身。宋明理学喜欢在人的共性与个性中伸张双重人性论,从二程、张载到朱熹都断言人性是双重的。他们一面在共性(天命之性或天地之性)至善中以圣贤为诱饵督人向善,一面在气质之性有善有恶中强化人的等级、并从本体哲学的高度为天生的等级做辩护。例如,朱熹一再断言:

> 禀得精英之气,便为圣,为贤,便是得理之全,得理之正;禀得清明者,便英爽;禀得敦厚者,便温和;禀得清高者,便贵;禀得丰厚者,便富;禀得长久者,便寿;禀得衰颓薄浊者,便为愚、不肖,为贫,为贱,为夭。(《朱子语类·性理》)

> 有人禀得气厚者,则福厚;气薄者,则福薄。禀得气之华美者,则富盛;衰飒者,则卑贱;气长者,则寿;气短者,则夭折。此必然之理。(《朱子语类·性理》)

汉唐哲学和宋明理学把人生来就分成三六九等,这种做法与先秦人性哲学完全不同。在此,需要说明的是,唐代李翱认为,"人之性皆善","百姓之性与圣人之性弗差"。孤立地看,这种说法承认百姓与圣人在本性上平等、与先秦并无差别。其实不然。事实上,李翱一面断言人性平等而无差别,一面断言人情有差,这用他本人的话说便是:"人之所以惑其性者,情也。喜、怒、哀、惧、爱、恶、欲七者,皆情之所为也。情既昏,性欺匿矣。"(《复性书·上》)这实际上是在圣人能保持先天本性、百姓为情所困甚至被情所惑中根据情之不同把人分成了不同等级。因此,在断言人性生而不等上，李翱的观点与汉唐人性哲学是一致的。

四、多元互补

孟子、荀子人性哲学的相同点、不同点以及与其他学派的区别和一致共同勾勒了先秦人性哲学的概貌，从中可以看出，先秦人性哲学是多元并开放的：既有事实判断，又有价值判断；既有人性为善，又有人性为恶；既看到了人的自然属性，又看到了人的社会属性；既有因循人性之自然，又有改变人性之作为；既有人性爱他，又有人性自私。这是良好的学术氛围，也为后续发展搭造了良好的理论平台。尽管如此，与先秦的争鸣局面极不协调的是，秦后人性哲学逐渐由多元走向一元、由宽松走向垄断。伴随着儒家思想成为主流文化，从两汉开始，对人性的探讨抛弃了事实判断。于是，道家和法家的人性论淡出了学术视野，只剩下孟子、荀子代表的价值判断，儒家的人性哲学成为强势话语乃至拥有了话语霸权。于是，人性论、心性之学仿佛成了儒家的专利。孟子、荀子对于儒家人性哲学在秦后取得霸权地位功不可没，秦后儒家人性哲学至尊地位的确定反过来也证明了两人的人性哲学存在相通、相合之处。

与此同时，孟子、荀子对人性进行价值判断时，一方选取人的社会属性，一方选取人的自然属性，而人带有自然和社会双重属性。同时，就对人性的调理和人性对统治秩序的支持而言，专注人的社会属性往往相信人内在的道德自觉，有助于伸张统治秩序的可能性和可行性；执著于人的自然属性常常依赖外在的法律强制，有助于突出统治秩序的必要性和迫切性。历代的经验证明，对于社会制度来说，可能性与必要性同样是必要的——正如对于统治方案的实施来说，道德引导和武力威慑一个都不能少一样。这使孟子、荀子一善一恶、一可能一必要、一自觉一威慑的各执一词恰成互补之势，后续者对两人的思想不是取一弃一，却是兼而取之。最明显的例子是，秦后对人性的认定不是单一的或善或恶，而是善恶兼备。例如，汉代的扬雄和王充都不再把人性归为单一的善或恶。扬雄认为，人之性善恶相混，修善则为善人，修恶则为恶人。王充认为，人性的善恶是先天禀气决定的："禀气有厚泊，故性有善恶也。"这表明，人性不是固定的或先天注定的，在后天的积习中人可以为善、也可以为恶。不惟扬雄和王充的人性哲学，秦后人性论在儒家价值判断的框架下一再融合孟子、荀子的观点，不论是汉唐的性分品级论还是宋明的双重人性论都是对人性善恶的综合。这不仅是对孟子、荀子的致敬，而且以事实证明了孟子性善说与荀子性恶论之间的理论相通性。

更为明显的是，孟子、荀子基于价值判断而对人的社会属性的弘扬和对自然属性的贬抑为后续哲学家所遵从和效仿。例如，主张性善情恶的李翱认为，至善的本性由于受到七情的蒙蔽藏而不露，唯有除去情欲，善性才能得以恢复。具体地说，他提出的去情复性的方法是"忘嗜欲"，认为只有排除物欲的干扰，加强内心修养，才能达到所谓空寂安静的"至诚"境界而超凡入圣。张载从气本论出发，认为气的本性就是人的本性。气之本来状态构成的"天地之性"清澈纯一无不善，为人和万物所共有；人禀受阴阳二气所形成的"气质之性"却驳杂不纯，是各种欲望和不善的根源。张载主张，人们应该通过修养功夫变化气质，以保存天地之性，恢复先天的善性。朱熹一面与张载一样在天命之性至善、气质之性有善有恶中让人改变气质使人性复归于善，一面在人心与道心的区分中宣布天理与人欲势不两立，在"去人欲，存天理"的说教中为人的超凡脱俗指点迷津。

有了秦后人性哲学发展走势这一历史维度，回过头来反观孟子、荀子乃至整个先秦人性哲学，不仅可以看到两人的不同点，而且容易透视两人的相同处。其实，孟子、荀子的人性哲学既有相同、相通之处，也有不同、差异之处。在关注其不同点的同时不应否认其相同点，在强调其相同点的同时也不应掩盖其差异点。这才是理智的态度和方法。对待孟子、荀子的人性哲学如此，对待两人其他方面的思想也应该这样。

第九章　庄子与列子之梦比较

在中国哲学史上，庄子首次对梦予以形上反思。庄子之后，对梦进行集中探讨的是《列子》，《列子·周穆王》通篇都是对梦的诠释。一方面，庄子和《列子》对梦的阐释具有相同性。《列子》从哲学角度阐释梦的做法与庄子大体相同，该书引用的文献也与《庄子》多有雷同。这种情况预示着庄子和《列子》之梦不可避免地带有某些相同之处。这些相同之处集中表现在两个方面：一是对梦予以寝时做梦解，一是以梦隐喻人生之虚幻。另一方面，不得不承认的是，庄子与《列子》所讲的梦无论理论初衷还是思想主旨都存在巨大差异。例如，庄子之梦含有梦想之意，同时是体道悟道的凭借。在这个意义上可以说，梦反映了庄子超越现实而达到自由的理论初衷。《列子》则由夸大梦的真实性进而模糊梦醒之分，在人生"尽幻"中醉生梦死而纵情享乐。与此相联系，梦带给庄子的是希望，带给《列子》的则是绝望。由此可见，对梦的不同理解显示了庄子与《列子》不同的价值目标和生存方式，也成为分辨二者思想差异的最佳视角。

第一节　梦与醒

梦最初、也是最基本的内涵是人在寝时做梦。对于这种常识性的认识，庄子和《列子》的看法并无不同。于是，将梦诠释为寝时做梦成了二者思想的相同点。问题在于，基于这一相同点，庄子和《列子》对梦予以不同引申：庄子追求"不梦"，《列子》则夸大梦的真实性。于是，彼此之间的分歧就此初露端倪。

一、梦为寝时做梦

庄子所讲的梦包括寝时做梦的含义，"古之真人，其寝不梦，其觉无忧"（《庄子·大宗师》）和"圣人……其寝不梦，其觉无忧。其神纯粹，其魂不罢。虚无恬愉，乃合天德"（《庄子·刻意》）等都是指人在寝时做梦的意思。除此之外，《庄子》书中记载的时人占梦以及对恶梦的使用等都将梦视为人在寝时做梦。

《列子》对梦的论述内容丰富，理论基点便是对梦做寝时做梦解。在梦为人在寝时做梦的意义上，《列子》对梦予以哲学概括，首次对梦醒做了判别，提出了"神遇为梦，形接为事"（《列子·周穆王》）的观点。按照这种划分标准，精神接触为梦，形体接触为觉。这与庄子所理解的昼醒寝梦一脉相承。不仅如此，在进一步对梦予以深入探究的过程中，《列子》提出了八征、六候说。对于其具体所指，《列子》断言："觉有八征，梦有六候。奚谓八征？一曰故，二曰为，三曰得，四曰丧，五曰哀，六曰乐，七曰生，八曰死。此者八征，形所接也。奚谓六候？一曰正梦，二曰噩梦，三曰思梦，四曰寤梦，五曰喜梦，六曰惧梦。此六者，神所交也。"（《列子·周穆王》）

进而言之，基于梦为人在寝时做梦的理念，《列子》将梦与人的生理状态联系起来。书中写道："故阴气壮，则梦涉大水而恐惧；阳气壮，则梦涉大火而燔焫；阴阳俱壮，则梦生杀。甚饱则梦与，甚饥则梦取。是以以浮虚为疾者，则梦扬；以沈实为疾者，则梦溺。藉带而寝则梦蛇，飞鸟衔发则梦飞。将阴梦火，将疾梦食。饮酒者忧，歌舞者哭。"（《列子·周穆王》）循着这个逻辑，既然昼想夜梦，那么，作为人白天形之所遇在夜晚睡眠时的延续，梦中出现的种种景象便与人的生理状态一一对应，其中包括阴阳失调、饥饱过度或醒时经历等。

上述内容显示，在梦为人在寝时做梦的意义上，《列子》的认识与庄子如出一辙：第一，肯定夜晚睡眠所做之梦与人在白天清醒时的精神状态或经历有关。庄子如此，《列子》也不例外：

子列子曰："神遇为梦，形接为事。故昼想夜梦，神形所遇。故神凝者想梦自消。信觉不语，信梦不达；物化之往来者也。古之真人，其觉自忘，其寝不梦；几虚语哉？"（《列子·周穆王》）

在这里，与庄子一样，《列子》将梦说成是白天日有所思的结果，白日无思与寝时不梦互为因果。第二，由于圣人觉时自忘，故而寝时不梦。按照《列子》的说法，圣人不梦的原因是因为觉时自忘而无所思虑。这与庄子所讲的圣人"其神纯粹，其魂不罢。虚无恬惔，乃合天德"故而不梦完全一致。

二、或"不梦"，或不辨"梦与不梦"

如上所述，庄子和《列子》都将梦视为人在寝时做梦，并且断言人在夜晚做梦与白天的状态相关。那么，如何认定或评价寝时之梦呢？对于这个问题的不同回答成为二者的学术分水岭：庄子否定寝时做梦的积极意义，提出了超越此梦的"不梦"追求；《列子》则夸大梦醒的相对性，在提升梦的真实性、进而混淆梦醒之分的基础上不辨"梦与不梦"。

由于认为寝时做梦是人在白天精神疲于奔命的延续，庄子在价值上否定寝时所做之梦的积极意义。基于这种认识，他追求"不梦"。不仅如此，为了摆脱精神的困扰，而达到"不梦"的状态，庄子以素朴为美、本性为真，以保持天然本性为善，引导人归于淡泊无欲，以期使人合于天道。

在夜间神遇为梦、白天形接为事的基础上，《列子》对做梦现象加以扩大，通过觉梦的相对性夸大梦的真实性。在一般情况下，人一觉一寝，作息各半。以此计算，梦作为睡眠时才可能出现的现象充其量只占人生境遇的二分之一。换言之，即使夜夜做梦，做梦时间也不会超过睡眠或清醒时间，更何况梦只是寝时可能发生的现象而不是说寝时一定做梦。这决定了梦出现的机率不高，甚至可以说带有某种偶然性——至少不是人存在的常态。为了加大梦的比例，《列子》将梦这一现象普遍化和扩大化，所采取的具体做法便是通过增加睡眠时间扩大做梦的几率，进而加大梦的真实性和可靠性。在《列子》看来，不同国度之人的生活方式是多元的，这决定了人的梦觉、真妄观念具有相对性和多样性。于是，《列子》写道："西极之南隅有国焉，不知境界之所接，名古莽之国。阴阳之气所不交，故寒暑亡辨；日月之光所不照，故昼夜亡辨。其民不食不衣而多眠。五旬一觉，以梦中所为者实，觉之所见者妄。四海之齐谓中央之国，跨河南北，越岱东西，万有余里。其阴阳之审度，故一寒一暑；昏明之分察，故一昼一夜。其民有智有愚。万物滋殖，才艺多方。有君臣相临，礼法相持。其所云为不可称计。一觉一寐，以为觉之所为者实，梦之所见者妄。东极之北隅有国曰阜落之国。其土气常燠，日月余光之照。其土不生嘉苗。其民食草根木实，不知火食，性刚悍，疆弱相藉，贵胜而不尚义；多驰步，少休息，常觉而不眠。"（《列子·周穆王》）

梦究竟真实与否？人究竟应该根据什么判断梦境与清醒？真实（实）与虚幻（妄）的划分标准是什么？《列子》彰显不同国度之人生活习惯的差异，旨在证明梦与醒是相对的，真实与虚幻是相对的，梦与醒的真实性也是相对的。这就是说，不存在统一的梦醒或真妄标准，究竟以梦境为真实还是以清醒为真实完全取决于梦醒在人生活中所占时间的长短，或者说，取决于人的生活习惯和生存方式。循着这个逻辑，可以看到：如果像南隅之国那样"多眠，五旬一觉"，必然"以梦中所为者实，觉之所见者妄"；如果像中央之国那样"一觉一寐"，"以为觉之所为者实，梦之所见者妄"便是正常的了；如果像北隅之国那样"少休息，常觉而不眠"，肯定又是另一番景象。在这里，《列子》对梦醒与真妄的认识道出了认识的主体性差异，表明人的认识、判断和价值坐标与自身的生存状态密切相关。这是富有哲理的认识。

与此同时，梦与醒的相对性本身也是相对的，这一相对性以两者之间的相互区别、不容混淆为前提。由于看不到或者说忽视了这一点，《列子》泯灭梦与觉的区别，进而不辨梦醒以至达到不知"梦与不梦"的地步。下面的记载充分表露了《列子》模糊甚至不分梦醒的精神旨趣：

郑人有薪于野者，遇骇鹿，御而击之，毙之。恐人见之也，遽而藏诸隍中，覆之以蕉。不胜其喜。俄而遗其所藏之处，遂以为梦焉。顺途而咏其事。傍人有闻者，用其言而取之。既归，告其室人曰："向薪者梦得鹿而不知其处；吾今得之，彼直真梦矣。"室人曰："若将是梦见薪者之得鹿邪？讵有薪者邪？今真得鹿，是若之梦真邪？"夫曰："吾据得鹿，何用知彼梦我梦邪？"薪者之归，不厌失鹿。其夜真梦藏之之处，又梦得之之主。爽旦，案所梦而寻得之。遂讼而争之，归之士师。士师曰："若初真得鹿，妄谓之梦；真梦得鹿，妄谓之实。彼真取若鹿，而与若争鹿。室人又谓梦仞人鹿，无人得鹿。今据有此鹿，请二分之。"以闻郑君。郑君曰："嘻！士师将复梦分人鹿乎？"访之国相。国相曰："梦与不梦，臣所不能辨也。欲辨觉梦，唯黄帝孔丘。今亡黄帝孔丘，孰辨之哉？且恂士师之言可也。"（《列子·周穆王》）

在这个寓言中，通过一次次的梦和对梦的一次次追问，《列子》昭示人们，可以认定人在清醒时的真实经历是梦，正如薪者起初那样；也可以将梦境中的经历视为真实，正如薪者后来那样，这表明了梦与不梦无法辨别。正因为如此，旁人、室人、士师和国相的参与不惟没有澄清问题，反而更增加了梦妄的相对性，使本来就分辨不清的梦醒变得更加扑朔迷离。由此可见，梦与醒、实与妄因人因时而异，彼此之间并没有固定的、绝对的界线，是人难以分清的。国相最终都不辨"梦与不梦"，更不用说普通人了。

总之，尽管都对梦做寝时做梦解，然而，在对待寝时所做之梦的态度上，庄子与《列子》的观点相去甚远：庄子坚守梦醒的界限，在看到寝时做梦的同时呼吁"不梦"。尤其需要提及的是，他具有浓郁的相对情结，提出了独树一帜的齐物论。在齐物论的视界中，可以齐大小、彼此、寿夭、是非，也可以齐美丑、生死。耐人寻味的是，庄子并没有因而齐梦醒。正是梦醒的分别既使庄子看到了寝时做梦的现象，又提出了超越之方——"不梦"。与庄子不同，《列子》基于梦醒的相对性进而夸大梦的真实性，并在混淆梦醒界限的前提下不辨"梦与不梦"。

第二节 梦与人生

庄子和《列子》讲梦都是为了以梦来隐喻人生，这使梦与人生密切相关成为二者思想的又一个相同点。庄子以梦隐喻人生具有双重意义：一是揭示人生的虚幻，一是期待大梦之后的"大觉"；《列子》则在不知"梦与不梦"的前提下将人生完全梦幻化，在人生"尽幻"中一切皆忘而肆情任性享乐。正因为如此，庄子与《列子》以梦勾勒出不同的人生景象。

一、梦与人生之虚幻不实

庄子之梦具有虚幻不实之义，这个意义上的梦大都用来象征人的生存状态。《庄子》第一次讲述梦就是在虚妄不实的意义上进行的，这也从一个侧面印证了庄子之梦与人生之虚的内在联系："梦饮酒者，旦而哭泣；梦哭泣者，旦而田猎。方其梦也，不知其梦也。梦之中又占其梦焉，觉而后知其梦也。且有大觉而后知此其大梦也，而愚者自以为觉，窃窃然知之。'君乎！牧乎！'固哉！丘也与女皆梦也，予谓女梦亦梦也。是其言也，其名为吊诡。万世之后而一遇大圣，知其解者，是旦暮遇之也。"（《庄子·齐物论》）在以梦隐喻生之情状的语境中，庄子所讲的梦主要有两层意义：第一，以梦醒之相对隐喻生死之相对，传达齐生死的信息。第二，以梦隐喻人生之虚幻，说明人之生命的本质是虚无的。在这个意义上，他再三宣称：

> 是亦近矣，而不知其所为使。若有真宰，而特不得其朕。可行己信，而不见其形，有情而无形。百骸、九窍、六藏，赅而存焉，吾谁与为亲？汝皆说之乎？其有私焉？如是皆有为臣妾乎？其臣妾不足以

相治乎？其递相为君臣乎？其有真君存焉！如求得其情与不得，无益损乎其真。一受其成形，不亡以待尽。与物相刃相靡，其行尽如驰而莫之能止，不亦悲乎！终身役役而不见其成功，苶然疲役而不知其所归，可不哀邪！（《庄子·齐物论》）

人生天地之间，若白驹之过郤，忽然而已。注然勃然，莫不出焉；油然漻然，莫不入焉。已化而生，又化而死。（《庄子·知北游》）

自本观之，生者，喑醷物也。虽有寿夭，相去几何？须臾之说也，奚足以为尧、舜之是非！（《庄子·知北游》）

由此可见，庄子以梦隐喻人生的情状是为了突出人生的短暂、不实和无奈——从中既可以推出人生不能自已，一切都不由自主的结论；又可以得出人生的苦乐、寿夭都是虚幻的、短暂的，所以不足为计的认识。

总之，庄子之梦具有消极影响，如在梦是寝时做梦的经历上，突出人的心神疲惫；在人生如梦的层面上，象征人生的虚幻不实、短暂无奈等。梦的困扰和如梦人生都是人的现实处境和拖累，这是人生的现实状态。梦与醒相对，人生如梦除了表示人生短暂、无助无奈之外，还有象征人对生死不明真相的愚昧之义。他写道："孟孙氏不知所以生，不知所以死。不知就先，不知就后。若化为物，以待其所不知之化已乎？且方将化，恶知不化哉？方将不化，恶知已化哉？吾特与汝，其梦未始觉者邪！且彼有骇形而无损心，有旦宅而无情死。……不识今之言者，其觉者乎？其梦者乎？"（《庄子·大宗师》）从与觉相对的维度上说，庄子以梦隐喻人生本身就说明固执于生是一种愚昧。

进而言之，在以梦隐喻人生本相的维度上，庄子试图告诉人们，人生的苦乐、寿夭和喜怒等等犹如"梦饮酒者，旦而哭泣；梦哭泣者，旦而田猎"一般瞬息万变，无确定性。既然人生的忧乐之分和寿夭之别都是相对的，那么，人便应该对之不予计较；在面对一切荣辱、毁誉和生死时应该从容不迫，任其自然，而不是对生死怀有悦恶之念。

《列子》由梦醒的相对性直接推出了真妄的相对性，进而混淆梦醒之分。在此基础上，《列子》进一步推出了苦乐、悲喜的相对性。书中的故事淋漓尽致地表达了这一思想，下面即是一例：

> 周之尹氏大治产，其下趣役者侵晨昏而弗息。有老役夫筋力竭矣，而使之弥勤。昼则呻呼而即事，夜则昏惫而熟寐。精神荒散，昔昔梦为国君。居人民之上，总一国之事。游燕宫观，恣意所欲，其乐无比。觉则复役。人有慰喻其勤者。役夫曰："人生百年，昼夜各分。吾昼为仆虏，苦则苦矣；夜为人君，其乐无比。何所怨哉？"尹氏心营世事，虑钟家业，心形俱疲，夜亦昏惫而寐。昔昔梦为人仆，趋走作役，无不为也；数骂杖挞，无不至也。眠中啽呓呻呼，彻旦息焉。尹氏病之，以访其友。友曰："若位足荣身，资财有余，胜人远矣。夜梦为仆，苦逸之复，数之常也。若欲觉梦兼之，岂可得邪？"尹氏闻其友言，宽其役夫之程，减己思虑之事，疾并少间。（《列子·周穆王》）

这个故事显示，如果说郑人薪者弄不清梦醒反映了《列子》不辨"梦与不梦"的话，那么，《列子》在这里则进一步主张不分梦醒：前者虽然不能分辨梦与醒哪个真实，至少还承认两者之间具有分别，后者则抹杀了梦醒之间的分别而使之相齐同一了；如果说前者尚且停留在理论上的困惑的话，那么，后者则在行动上以梦为醒、以醒为梦。更有甚者，在梦醒齐一的前提下，梦中的苦乐与醒时的苦乐一样具有了真实性。于是，昼苦夜乐的仆役与昼乐夜苦的富翁拥有了一样的人生。其实，在《列子》不辨梦醒的视野中，不惟苦乐如此，悲喜也是一样。为了说明这个道理，《列子》讲述了燕人的经历：

> 燕人生于燕，长于楚，及老而还本国。过晋国，同行者诳之，指城曰："此燕国之城。"其人愀然变容。指社曰："此若里之社。"乃喟

然而叹。指舍曰："此若先人之庐。"乃涓然而泣。指垄曰："此若先人之冢。"其人哭不自禁。同行者哑然大笑，曰："予昔绐若，此晋国耳。"其人大惭。及至燕，真见燕国之城社，真见先人之庐冢，悲心更微。（《列子·周穆王》）

需要说明的是，《列子》得出苦乐、悲喜相对的结论是基于梦醒、真妄的相对而不可分辨，与对梦的理解息息相通。在作者看来，正如梦醒、真妄不可分辨一样，生死、苦乐随时俱化，没有任何确定性。事实上，正是基于梦醒不分的理念，《列子》指出，人生并无悲喜之分，正如梦醒、真妄不可确定一样，人生的悲喜都是虚幻的；人的悲喜随境而发，正如燕人被人诳骗一样。

推而广之，不惟悲喜是虚幻的，人生的一切存亡、得失、哀乐和好恶等都概莫能外。书中写道：

秦人逢氏有子，少而惠，及壮而有迷罔之疾。闻歌以为哭，视白以为黑，飨香以为朽，尝甘以为苦，行非以为是：意之所之，天地、四方、水火、寒暑，无不倒错者焉。杨氏告其父曰："鲁之君子多术艺，将能已乎？汝奚不访焉？"其父之鲁，过陈，遇老聃，因告其子之证。老聃曰："汝庸知汝子之迷乎？今天下之人皆惑于是非，昏于利害。同疾者多，固莫有觉者。且一身之迷不足倾一家，一家之迷不足倾一乡，一乡之迷不足倾一国，一国之迷不足倾天下。天下尽迷，孰倾之哉？向使天下之人其心尽如汝子，汝则反迷矣。哀乐、声色、臭味、是非，孰能正之？且吾之此言未必非迷，而况鲁之君子迷之邮者，焉能解人之迷哉？容汝之粮，不若遄归也。"（《列子·周穆王》）

这个故事通过逢氏之子的歌哭、白黑、香朽、甘苦和是非颠倒，说明世间乃至宇宙的一切从"天地、四方、水火、寒暑"到"哀乐、声色、臭味、是非"都是虚幻的，原本就没有任何客观性、固定性或真实性可言。逢氏之子的迷惘之病恰恰使他处于众人皆迷我独醒的状态。在这里，一切都变得虚幻莫测、扑朔迷离起来，由相对而迷惑，以至不分迷觉。至此，《列子》将人生的虚幻性无限放大，成为其人生"尽幻"的理论根基。

梦醒都是人亲身的经历，然而，梦中的经历与醒时的经历相比无疑具有虚幻性，并不具有与醒时经历同等的真实性和效力性。这是因为，梦中的经历充其量只限于意识层面，没有进入实践领地，更不可能对他人或社会造成直接影响。从这个意义上说，梦醒之间具有虚实之别，其间的界限不容混淆。《列子》无视梦与醒之间的本质区别，一味夸大梦的真实性，把梦中的遭遇说成是真实的，让其拥有与醒时经历等同的真实性。这种做法的实质是贬低甚至抹杀醒的真实性。正是在极力夸大梦的真实性的过程中，《列子》由梦醒的相对性进一步淡化实妄之间的界限，进而将人生虚化。至此，梦由庄子那里的隐喻人生变成了直指人生。

二、或"大觉"，或"学幻"

与对寝时做梦的态度类似，庄子和《列子》在以梦来隐喻人生时引申出差若云泥的人生态度：庄子由梦醒后的"大觉"而"学生"，《列子》则由人生"尽幻"而"学幻"。

在以梦隐喻人生情状的过程中，庄子没有混淆梦醒界限或者对梦醒等量齐观；恰好相反，他一面以梦暗示人生的不由自主而不足留恋，一面期待梦后"大觉"。出于这一动机，用梦隐喻人生的庄子不是懵懂于不觉的梦之状态，而是期待通过大梦之后的"大觉"来领悟生死真相，进而齐生死。在这方面，他的做法是，借助齐生死的生存智慧，生而天行，死而物化，淡然从容，逍遥无待。与此同时，为了防止人们伤生、害性，庄子呼吁人们"学生"，而"学生"就是学习养生之道。书中记载：

> 田开之见周威公，威公曰："吾闻祝肾学生，吾子与祝肾游，亦何闻焉？"田开之曰："开之操拔篲以待门庭，亦何闻于夫子！"威公曰：

"田子无让，寡人愿闻之。"开之曰："闻之夫子曰：'善养生者，若牧羊然，视其后者而鞭之。'"威公曰："何谓也？"田开之曰："鲁有单豹者，岩居而水饮，不与民共利，行年七十而犹有婴儿之色，不幸遇饿虎，饿虎杀而食之。有张毅者，高门县薄，无不走也，行年四十而有内热之病以死。豹养其内而虎食外，毅养其外而病攻其内。此二子者，皆不鞭其后者也。"仲尼曰："无入而藏，无出而阳，柴立其中央。三者若得，其名必极。夫畏涂者，十杀一人，则父子兄弟相戒也，必盛卒徒而后敢出焉，不亦知乎！人之所取畏者，衽席之上，饮食之间，而不知为之戒者，过也！"（《庄子·达生》）

庄子重视"学生"，《庄子》书中有《达生》篇，让人通晓养生之道。在他那里，养生并非《列子》所讲的肆情纵欲，而是保养本性之真。以此为根据，庄子让人远离桎梏，淡泊名利，以便更好地尊生、重生而"尽天年"。

在混淆梦醒之分的基础上，《列子》宣称人生"尽幻"。对人生状态的"尽幻"界定是其待命的哲学基础，"学幻"也成为对待"尽幻"人生的方式。《列子》书中记载：

老成子学幻于尹文先生，三年不告。老成子请其过而求退。尹文先生揖而进之于室。屏左右而与之言曰："昔老聃之徂西也，顾而告予曰：有生之气，有形之状，尽幻也。造化之所始，阴阳之所变者，谓之生，谓之死。穷数达变，因形移易者，谓之化，谓之幻。造物者其巧妙，其功深，固难穷难终。因形者其巧显，其功浅，故随起随灭。知幻化之不异生死也，始可与学幻矣。吾与汝亦幻也，奚须学哉？"老成子归，用尹文先生之言深思三月，遂能存亡自在，幡校四时；冬起雷，夏造冰。飞者走，走者飞。终身不箸其术，故世莫传焉。子列子曰："善为化者，其道密庸，其功同人。五帝之德，三王之功，未必尽智勇之力，或由化而成。孰测之哉？"（《列子·周穆王》）

伴随着具有虚幻色彩的梦可以被视为与醒一样真实，幻成为人存在的本相——人之形态、人之生死"尽幻"。按照这种说法，生死皆幻，人的身体亦幻，"学幻"成为人的追求目标。"学幻"的结果和境界是将人生的一切都视若梦幻——不仅不辨梦醒、是非、苦乐，而且一切皆忘。在这方面，华子的病忘可以作为注脚：

> 宋阳里华子中年病忘，朝取而夕忘，夕与而朝忘；在途则忘行，在室则忘坐；今不识先，后不识今。阖室毒之。谒史而卜之，弗占；谒巫而祷之，弗禁；谒医而攻之，弗已。鲁有儒生自媒能治之，华子之妻子以居产之半请其方。儒生曰："此固非卦兆之所占，非祈请之所祷，非药石之所攻。吾试化其心，变其虑，庶几其瘳乎！"于是试露之，而求衣；饥之，而求食；幽之，而求明。儒生欣然告其子曰："疾可已也。然吾之方密，传世不以告人。试屏左右，独与居室七日。"从之。莫知其所施为也，而积年之疾一朝都除。华子既悟，乃大怒，黜妻罚子，操戈逐儒生。宋人执而问其以。华子曰："曩吾忘也，荡荡然不觉天地之有无。今顿识既往，数十年来存亡、得失、哀乐、好恶，扰扰万绪起矣。吾恐将来之存亡、得失、哀乐、好恶之乱吾心如此也，须臾之忘，可复得乎？"（《列子·周穆王》）

尽管不是"学幻"所得，然而，病忘中的华子一切皆忘，无所不忘，这是《列子》认可的人生态度，也是"学幻"之后达到的人生境界。

众所周知，庄子对"忘"情有独钟，并且将忘提升为得道和修身养性的基本方法。除了"坐忘"之外，他还推出了"忘人"、"忘已"、"忘亲"和"两忘"等。尽管如此，庄子讲"忘"是为了忘掉世俗的烦恼和拖累，而不是忘掉一切。与此相关，忘的前提是不忘天道，忘的目的是使天道自然呈现。《列子》则无所不忘，以至于"荡荡然不觉天地之有无"。与此相似，华子之忘是病得而非道得，治疗方法是"化其心"，这与庄子追求的形化而心不化相去甚远。正因为如此，在对"忘"的推崇中，庄子念念不忘的是道，忘的结果是人离道更近了；《列子》则无所不忘，醉生梦死。

总之，在以梦说明人生的问题上，如果说庄子认为人生如梦的话，那么，《列子》则认定人生是梦。具体地说，庄子在以梦隐喻人生，突出生死、苦乐和寿夭的相对性，以此期望大梦之后的"大觉"；《列子》则在夸大梦醒相对性的基础上，将人生的一切都梦幻化，认定人的生死、苦乐和是非包括生命、形体在内一切"尽幻"。这种差异表明，庄子所讲的梦与醒之间既有相对的一面，又有绝对的一面。因此，他承认人生如梦却没有将人生的一切都虚化，而是期待"大觉"，由梦之愚昧无知进而清醒，透视人生真相。《列子》的梦醒只有相对性，没有绝对性。从本质上说，梦醒也是虚幻的。因此，《列子》将醒时的经历虚幻化，在梦醒"尽幻"的前提下使梦拥有了与醒一样的"真实性"。循着这个思路，《列子》将人生的一切虚幻化，进而在不分梦醒、一切皆忘中肆意纵情任性。

第三节　梦与超越

如何看待世界，直接决定着如何对待世界；如何看待人生，直接决定着如何对待人生。庄子与《列子》对梦的诠释不仅勾勒出不同的人生景观，而且标示着不同的人生态度。具体地说，在对梦醒界限的坚守中，庄子无论对待寝时做梦还是人生如梦都不是消极坐视而是寻求超越：在寝时做梦的维度上，呼吁"不梦"；在人生如梦的维度上，期待梦后"大觉"。更为重要的是，作为对现实的超越，他所讲的梦具有梦想之意。这使庄子之梦既有现实维度，又有超越维度。《列子》夸大梦醒的相对性，在不辨梦醒中得出了人生"尽幻"的结论；面对"尽幻"人生，《列子》不是寻求超越，而是任其虚幻乃至荒谬。在认定人生一切虚幻化的前提下，《列子》随波逐流，看破红尘，寻求感官刺激。这表明，梦没有使《列子》超越生死，反而使肆意纵情足欲成为人生寄托。

一、庄子之梦的理想和超越

庄子承认人生如梦却不认可这种生命状态，呼吁梦醒后的"大觉"便是对如梦人生的超越。不仅如此，梦的梦想内涵更是淋漓尽致地展示了梦的超越维度，使庄子的人生充满理想，在体悟人生本相后齐生死而"独与天地精神往来"。

庄子之梦具有积极意义，本身就寄托着超越人生的渴望和追求。为此，他给梦插上理想的翅膀。这样一来，在梦之理想境界的彰显下，人生活于现实世界与梦想之间，进而超越现实处境的拖累和有待。

现实生活中的庄子"处昏上乱相之间"（《庄子·山木》），心身疲惫。雪上加霜的是，庄子"家贫，故往贷粟于监河侯"（《庄子·外物》）尽管政治环境和生活条件使他面对各种拖累和窘境，然而，庄子却以梦为马，心驰天下。梦给了庄子自由驰骋的天地，让他在现实世界之外开创了一个逍遥无待、惬意自得的新世界：

> 汝梦为鸟而厉乎天，梦为鱼而没于渊。（《庄子·大宗师》）

> 昔者庄周梦为胡蝶，栩栩然胡蝶也。自喻适志与！不知周也。俄然觉，则蘧蘧然周也。不知周之梦为胡蝶与？胡蝶之梦为周与？周与胡蝶则必有分矣。此之谓物化。（《庄子·齐物论》）

或者像飞鸟儿在蓝天翱翔，或者像鱼儿在大海遨游，或者变成蝴蝶在空中翩翩起舞；一份惬意，一丝浪漫，还有一种情怀。乘着梦的理想翅膀，庄子找到了人生的超越之路，将生存和生活艺术化、浪漫化，从而渐入佳境，人生步入诗意生存、审美生存的境界。为此，他排除一切外面的纷扰，在无欲、无知和无情中修身养性，怡然自得而自乐。

二、《列子》之梦的虚幻和放任

《列子》通过梦醒的相对性将世界和人生虚幻化，在用梦弥合了真实与虚妄之后，毫无真实、一切"尽幻"成为世界和人生的本相。于是，世界和人生都成为毫无意义、毫无本质的虚无存在。更为可怕的是，《列子》找不到超越和解脱之方，最终只能任由世界的荒诞和虚妄，以梦幻方式对待梦幻人生，致使人生幻化成一场游戏一场梦。可见，梦带给《列子》的不是超越，而是庸俗甚至是堕落。

进而言之，《列子》以梦象征人生并非像庄子那样为了追求超越或清醒，而是为了强化人生的虚幻性、任由其梦醒不分。在《列子》的逻辑中，既然人生到头来终究不过是一场空——人生是梦，一切"尽幻"，那么，在人生"尽幻"这个无本质的游戏中，所有的博弈规则便是娱乐。在这方面，管夷吾代表了《列子》的心声：

> 晏平仲问养生于管夷吾。管夷吾曰："肆之而已，勿壅勿阏。"晏平仲曰："其目奈何？"夷吾曰："恣耳之所欲听，恣目之所欲视，恣鼻之所欲向，恣口之所欲言，恣体之所欲安，恣意之所欲行。夫耳之所欲闻者音声，而不得听，谓之阏聪；目之所欲见者美色，而不得视，谓之阏明；鼻之所欲向者椒兰，而不得嗅，谓之阏颤；口之所欲道者是非，而不得言，谓之阏智；体之所欲安者美厚，而不得从，谓之阏适；意之所欲为者放逸，而不得行，谓之阏性。凡此诸阏，废虐之主。去废虐之主，熙熙然以俟死，一日、一月、一年、十年，吾所谓养。拘此废虐之主，录而不舍，戚戚然以至久生，百年、千年、万年，非吾所谓养。"（《列子·杨朱》）

在这里，养生变成了肆耳目之欲，肆意纵情任性成为对待"尽幻"人生的唯一方式。不难看出，《列子》之所以将人生娱乐化，宣扬肆情任性，寻求感官刺激，是因为既感叹人生的虚幻不实，又找不到超越之路，最终只剩下了不能自拔的沉沦。正是由于认定人生到头来终归是一场梦，一切皆虚幻，《列子》才以暂时的感官刺激和一时之欢娱忘掉对死的恐惧，遮掩对生命的无奈。循着这个思路，娱乐化生存成为唯一的出路。

梦的梦想意蕴是庄子超越如梦人生的法宝，也是进入审美生存的凭借。由于梦中不包含理想和梦想内涵，《列子》对生死、寿夭做极端狭隘和庸俗的理解，结果只能在生死皆个人之事中寻求一时之欢。梦不仅使《列子》将人生虚幻化，而且使《列子》梦待人生。这就是说，《列子》没有超越人生之虚幻和短暂，反而被虚幻人生所累而陷入虚无之中不能自拔。例如，《列子》肆情享乐的前提是无所不忘便说明了这一点。按照《列子》的说法，只有忘掉一切，才能纵情肆意；忘得越干净、越彻底，越能够更好地享乐。公孙朝和公孙穆的行乐之方即以无所不忘为前提：

> 子产……有兄曰公孙朝，有弟曰公孙穆。朝好酒，穆好色。朝之室也聚酒千钟，积麹成封，望门百步糟浆之气逆于人鼻。方其荒于酒也，不知世道之安危，人理之悔吝，室内之有亡，九族之亲疏，存亡之哀乐也。虽水火兵刃交于前，弗知也。穆之后庭比房数十，皆择稚齿婑媠者以盈之。方其耽于色也，屏亲昵，绝交游，逃于后庭，以昼足夜；三月一出，意犹为惬。乡有处子之娥姣者，必贿而招之，媒而挑之，弗获而后已。（《列子·杨朱》）

公孙朝和公孙穆是《列子》树立的人生典范，两人的追求皆在感官刺激——酒色之乐。公孙朝、公孙穆之所以成为"尽一生之欢，穷当年之乐"的榜样，是因为两人在沉溺于酒色时忘掉一切：一个是"不知……"，一个是"屏……，绝……，逃……"。这不由使人想起了病中皆忘的华子。所不同的是，如果说华子之忘是病中不自己的状态的话，那么，公孙朝和公孙穆则是有意识的无所不忘；如果说前者侧重人生的本相和状态的话，那么，后者则侧重对人生这种"尽幻"状态的认可和对待。一切皆忘是人生"尽幻"、一切虚化的表达，也是《列子》人心空虚、无所寄托的反映。

在这种极度空虚、百无聊赖中，肆意放纵似乎成了必然的结局。

总而言之，一方面，梦在庄子那里具有寝时做梦和人生如梦的现实意蕴，这一点和《列子》是一样的。另一方面，梦的理想意蕴和超越维度使庄子期待"不梦"和梦醒后的"大觉"。这表明，梦在庄子哲学中不仅表示人生的无奈和无助，而且体现着超越、喻示着自由，成为人审美生存、诗意生存的一部分。《列子》之梦在虚幻中隐去了梦想的内涵，也失去了超越的机会，只好在一虚到底中肆无忌惮而纵情享乐。与庄子提倡审美生存不同，娱乐化生存成为《列子》对待人生的唯一方式。至此，庄子以追求精神自由、修身养性为宗旨的养生蜕变为放纵和放任。如果说庄子对待人生的态度是"学生"的话，那么，《列子》则是"学幻"，肆意享乐是"学幻"的结果。

在这里，有两个相关问题需要澄清：第一，庄子也追求乐，乐是"学生"的内容之一。与此相关，《庄子》有《至乐》篇，庄子有天乐和人乐之说。总的说来，庄子追求的乐主要是精神境界，与《列子》的肉体、物质之乐天差地别。第二，从保持天然本性出发，庄子反对刻意有为，极力追求耳目之欲也在有为之列而被排斥。这便是："说明邪，是淫于色也；说聪邪，是淫于声也；说仁邪，是乱于德也；说义邪，是悖于理也；说礼邪，是相于技也；说乐邪，是相于淫也；说圣邪，是相于艺也；说知邪，是相于疵也。天下将安其性命之情，之八者，存可也，亡可也。"（《庄子·在宥》）尽管如此，正如一切都以自然素朴为宗旨一样，庄子并不反对欲望。为此，他讲述了这样一个故事：

　　尧观乎华，华封人曰："嘻，圣人！请祝圣人，使圣人寿。"尧曰："辞。""使圣人富。"尧曰："辞。""使圣人多男子。"尧曰："辞。"封人曰："寿，富，多男子，人之所欲也。女独不欲，何邪？"尧曰："多男子则多惧，富则多事，寿则多辱。是三者，非所以养德也，故辞。"封人曰："始也我以女为圣人邪，今然君子也。天生万民，必授之职。多男子而授之职，则何惧之有？富而使人分之，则何事之有？夫圣人，鹑居而鷇食，鸟行而无彰。天下有道，则与物皆昌；天下无道，则修德就闲。千岁厌世，去而上仙，乘彼白云，至于帝乡。三患莫至，身常无殃，则何辱之有？"封人去之，尧随之曰："请问。"封人曰："退已！"（《庄子·天地》）

可见，对于是否应该满足人的欲望，庄子以顺应自然、保持天然本性为出发点。与此相应，庄子所讲的乐与《列子》的肆意纵情不可同日而语。

第四节　梦与得道

与梦的理想意蕴和超越维度所展示的不同的人生态度相类似，庄子与《列子》对梦与道的关系的认识体现了不同的精神寄托和人生境界。梦的理想意蕴使庄子获得了精神上的满足，他以见梦、托梦的形式悟道更是在集中体现梦与超越密切相关的同时，找到了精神寄托。《列子》贵虚，梦从本体论上的至虚而来。这使《列子》所讲的梦不仅不包含梦想，而且与道无涉。

一、庄子之梦向道的靠近

在庄子哲学中，如果说梦的理想意蕴表明了超越意图的话，那么，托梦悟道则是超越的具体途径。在此过程中，梦不仅揭示了生之真相，指明了超越的方向，而且提供了体道的途径和方式。按照他的说法，梦体道、悟道和证道是通过托梦、见梦的方式进行的。《庄子》中的许多寓言、故事都反映了这一主题。不仅举其一斑：

匠石之齐，至于曲辕，见栎社树。其大蔽数千牛，絜之百围，其高临山十仞而后有枝，其可以为舟者旁十数。观者如市，匠伯不顾，遂行不辍。弟子厌观之，走及匠石，曰："自吾执斧斤以随夫子，未尝见材如此其美也。先生不肯视，行不辍，何邪？"曰："已矣，勿言之矣！散木也。以为舟则沉，以为棺椁则速腐，以为器则速毁，以为门户则液樠，以为柱则蠹，是不材之木也。无所可用，故能若是之寿。"

匠石归，栎社见梦曰："女将恶乎比予哉？若将比予于文木邪？夫柤梨橘柚果蓏之属，实熟则剥，剥则辱。大枝折，小枝泄。此以其能苦其生者也。故不终其天年而中道夭，自掊击于世俗者也。物莫不若是。且予求无所可用久矣！几死，乃今得之，为予大用。使予也而有用，且得有此大也邪？且也若与予也皆物也，奈何哉其相物也？而几死之散人，又恶知散木！"（《庄子·人间世》）

在这个寓言中，见梦是悟道的方式之一。匠石是世俗之人，以世俗的眼光看待树之有用与无用，故而将栎社树判为一无所用——"散木"。通过见梦，栎社树向匠石阐释了只有无用才能有大用——"尽天年"的道理。可见，匠石领悟无用即大用的道理全凭栎社树的见梦。

再如，庄子对死之逍遥的认识也是通过空髑髅的见梦完成的。据《庄子》书载：

庄子之楚，见空髑髅，髐然有形。撽以马捶，因而问之，曰："夫子贪生失理而为此乎？将子有亡国之事、斧钺之诛而为此乎？将子有不善之行，愧遗父母妻子之丑而为此乎？将子有冻馁之患而为此乎？将子之春秋故及此乎？"于是语卒，援髑髅，枕而卧。夜半，髑髅见梦曰："向子之谈者似辩士，视子所言，皆生人之累也，死则无此矣。子欲闻死之说乎？"庄子曰："然。"髑髅曰："死，无君于上，无臣于下，亦无四时之事，从然以天地为春秋，虽南面王乐，不能过也。"庄子不信，曰："吾使司命复生子形，为子骨肉肌肤，反子父母、

妻子、同里、知识，子欲之乎？"髑髅深矉蹙頞曰："吾安能弃南面王乐而复为人间之劳乎！"（《庄子·至乐》）

故事中的庄子起初不识生死之齐，更不谙死之逍遥，见空髑髅而不觉心生种种疑问和悲戚。空髑髅通过见梦，破解了庄子所言之苦皆生人之苦，死则逍遥至乐。在这里，是空髑髅的见梦使庄子明白了生死的真相并且体悟了死之逍遥的奥秘。

上面的例子共同表明，在庄子那里，见梦、托梦是体道、悟道和证道的主要途径。在这个意义上，梦不是对生死的困惑，更不是价值的迷惘，而是人籍此接近真相的方式。由于见梦者所言揭示了真相，托梦、见梦皆成为人悟道的玄机。在某种程度上可以说，梦对于悟道、体道的作用与坐忘、心斋是同等的。

进而言之，梦的体道、悟道对于庄子的思想而言至关重要：一方面，体道、悟道的功能避免了梦的虚幻化。从通过托梦可以悟道来说，梦是真实而非虚幻的。另一方面，庄子之道具有超言绝象性，是人通过耳闻目睹或语言无法把握的。梦的体道、悟道在证明道为实存而非虚幻的同时，为人提供了得道的方式。特别需要说明的是，庄子推崇道，得道是超越如梦人生和有限生命的不二法门。按照他的说法，得道之人齐生死、并万物，在与天道的合一中泯灭差异、物我合一，过着"同与禽兽居，族与万物并"（《庄子·马蹄》）的生活。在这个意义上，如果说梦的梦想内涵预示着解脱、超越的希望的话，那么，得道、悟道则直指超越和解脱的途径。至此，梦使人离道越来越近了。

二、《列子》之梦与"至虚"

《列子》所讲的梦没有理想意蕴，便没有超越的维度。除此之外，《列子》将梦虚幻化，一虚到底势必将道一同虚掉。这注定了《列子》之梦与道无关。准确地说，《列子》压根就没有体道、悟道的追求和愿望，因为

《列子》并不认为道是宇宙本原，并且在价值领域剔除了道。"或谓子列子曰：'子奚贵虚？'列子曰：'虚者无贵也。'"（《列子·天瑞》）《列子》的内容驳杂有目共睹，对于书中的思想主旨，张湛概括如下："明群有以至虚为宗，万品以终灭为验；神慧以凝寂常全，想念以著物自丧；生觉与化梦等情，巨细不限一域；穷达无假智力，治国贵于肆任；顺性则所之皆适，水火可蹈；忘怀则无幽不照。"（《列子注》序）张湛的归纳表明，《列子》在存在论、价值论上以"至虚为宗"，在人生追求上肆情任性。这个评价可谓入木三分，与《列子》思想的主旨相吻合。《列子》以至虚为宗，本体论上对至虚的推崇导致价值上的至虚。正如《列子》所言，虚则无所贵。推崇至虚就是无所推崇，这使《列子》在精神寄托和价值观念上陷入虚无。与这种虚无主义相印证，《列子》以梦指示人生不是隐喻，而是实指；或者说，与其至虚的思想主旨和价值取向一脉相承，《列子》讲梦正是为了强化人生之虚——不仅人生的实然态是虚的——一切"尽幻"，而且，人生的应然态也是虚的，"学幻"便充分说明了这一点。于是，梦之虚由存在论、价值论上的至虚而来，不具有超越人生之虚的维度和意蕴。更有甚者，为了将梦完全虚幻化，书中经常使用幻、幻化等概念，将梦与幻、化相提并论。于是，讲述梦的《周穆王》篇从幻化讲起，由幻化进而"学幻"，进而梦醒不分，进而肆情享乐。

与此相关，《周穆王》篇的第一个故事就是讲述幻化的。现摘录如下：

> 周穆王时，西极之国有化人来，入水火，贯金石；反山川，移城邑；乘虚不坠，触实不硋。千变万化，不可穷极。既已变物之形，又且易人之虑。穆王敬之若神，事之若君。推路寝以居之，引三牲以进之，选女乐以娱之。化人以为王之宫室卑陋而不可处，王之厨馔腥蝼而不可飨，王之嫔御膻恶而不可亲。穆王乃为之改筑。土木之功，赭垩之色，无遗巧焉。五府为虚，而台始成。其高千仞，临终南之上，号曰中天之台。简郑卫之处子娥媌靡曼者，施芳泽，正娥眉，设笄珥，衣阿锡，曳齐纨。粉白黛黑，珮玉环。杂芷若以满之，奏承

云、六莹、九韶、晨露以乐之。月月献玉衣，旦旦荐玉食。化人犹不舍然，不得已而临之。居亡几何，谒王同游。王执化人之祛，腾而上者，中天乃止。暨及化人之宫。化人之宫构以金银，络以珠玉；出云雨之上，而不知下之据，望之若屯云焉。耳目所观听，鼻口所纳尝，皆非人间之有。王实以为清都、紫微、钧天、广乐，帝之所居。王俯而视之，其宫榭若累块积苏焉。王自以居数十年不思其国也。化人复谒王同游，所及之处，仰不见日月，俯不见河海。光影所照，王目眩不能得视；音响所来，王耳乱不能得听。百骸六藏，悸而不凝。意迷精丧，请化人求还。化人移之，王若陨虚焉。既寤，所坐犹向者之处，侍御犹向者之人。视其前，则酒未清，肴未晞。王问所从来。左右曰："王默存耳。"由此穆王自失者三月而复。更问化人。化人曰："吾与王神游也，形奚动哉？且曩之所居，奚异王之宫？曩之所游，奚异王之圃？王间恒有，疑暂亡。变化之极，徐疾之间，可尽模哉？"王大悦。不恤国事，不乐臣妾，肆意远游。命驾八骏之乘，右服骅骝而左绿耳，右骖赤骥而左白义，主车则造父为御。……遂宾于西王母，觞于瑶池之上。西王母为王谣，王和之，其辞哀焉。西观日之所入，一日行万里。王乃叹曰："于乎！予一人不盈于德而谐于乐。后世其追数吾过乎！"穆王几神人哉！能穷当身之乐，犹百年乃徂，世以为登假焉。

这个故事在《列子》思想中具有提纲挈领的作用，集中反映了梦的虚幻性，透露出《列子》讲梦的理论初衷。透视这个故事不难发现，如果说化人的行为具有道教真人、神人风采的话，那么，周穆王的经历则在似梦似幻之间。在经历如此丰富的遭遇和如此漫长的时间之后，原来一切只是瞬间的梦境——"所坐犹向者之处，侍御犹向者之人。视其前，则酒未清，肴未晞"。起初，梦境中的周穆王不能享受幻化之人神仙般的享乐，因为他目眩、耳乱、心悸不凝。梦中经过化人点化，周穆王在醒后领悟到人生不过是穷当年之乐而已。于是，在抛弃一切、无所不忘之后，他终于像化人一般快乐似神仙。借助周穆王的经历和改变，《列子》企图申明，人生的唯一目的是"穷当身之乐"，达此目的的途径是视生死如梦幻。出于这一理念，《列子·周穆王》篇在幻化之后接着讲梦，以梦渲染人生的似梦似幻；再接下来，以梦醒、真妄的相对喻示人生苦乐、悲喜的虚幻。这种安排旨在说明，只有将人生幻化，才能无所不忘；人只有在一切皆忘中肆意享乐，才能不枉此生。

与此同时，这个故事也表明，梦在《列子》的思想中尤其重要，不只关涉表达方式的问题，而且成为其哲学本身。只有深入了解《列子》之梦，才能透视其论梦的精神实质和基本特征：第一，梦从至虚而来，进一步深化、渲染了人生的梦幻，并且成为肆情任性的人生论的根基。在这个意义上，梦具有形而上的至虚意义。第二，梦的至虚与《列子》价值上的虚无一脉相承，并且注定人与道毫不相干；由于人与道始终处于分离状态，人陷入存在上的孤立、孤独和价值上的虚无。这就是说，在《列子》那里，对人生的虚无认定与存在论上的以至虚为宗相互印证，汇成了信仰上的空虚和价值上的虚无。前面提到的病中的华子忘天地即从一个侧面流露出这一思想端倪。

在价值观上，庄子贵道，《列子》贵虚。这一差异在庄子与《列子》所讲的梦中充分显示出来：第一，庄子强调梦与道密切相关，《列子》之梦与道无涉。第二，与对道的推崇相一致，庄子期待托梦悟道；在至虚的价值引领中，《列子》不仅将梦和人生彻底虚幻化，而且虚掉了道。

第五节　梦与永恒

梦想侧重对现实生活的超越，得道还包括对生命无奈和肉体短暂的超越。对于庄子来说，梦想与得道成为超越的希望和途径。基于对梦的理解，庄子悟出了人生的永恒，《列子》执意于人生的短暂：庄子对现实社会的超越拓展了人的生存空间，并且使人在与万物的合一中超越了有限的生命而获得了永恒。缺乏超越意识因任人生短暂使《列子》只看到了人生的有限，丧失道的寄托以及与天地万物的割裂则更加剧了人生的短暂。在《列子》那里，人与道的分裂增加了人的孤独感，也堵塞了人从有限向无限的超越之路。

一、庄子之梦的永恒视域

人只有从道的角度透视世间万物和人的生命，才能彻底领悟生命的意义，从而战胜死亡，摆脱人生的局限。这是庄子解构生死情结的秘密。在这方面，是梦帮助他解构了生死情结，将人带入了无限境地。

庄子对生死情结的解构主要包括以下三个方面：第一，对生的解构。与人们通常所讲的出生入死不同，庄子对人之生命的认定从死开始，将人的存在归结为从无形到有形的无限循环。基于这种认识，他指出生死相贯，在死中看到了不死，进而在人与道合一、与天地万物的相互转化中由有限达到无限。对此，庄子一再声称：

> 生也死之徒，死也生之始，孰知其纪！人之生，气之聚也。聚则为生，散则为死。若死生为徒，吾又何患。故万物一也。（《庄子·知北游》）

> 以死生为一条，以可不可为一贯者，解其桎梏。（《庄子·德充符》）

第二，对死的解构。庄子指出："万物以形相生。"（《庄子·知北游》）循着这个逻辑，人形是人之生，转化为其他形状并不意味着人之死；死不是消逝而是化为他形。第三，对生死之分的解构。庄子指出，人和万物皆是道这个"造化者"、"物物者"所物之物，人形与非人形都出自大冶造化，人的生死犹如昼夜的自然更替一般。既然如此，人应该顺应自然，随遇而安、随处而顺。不仅如此，基于死生为昼夜的认识，庄子在超越生死的体验中，不仅坦然面对生死，而且善待生死。"夫大块载我以形，劳我以生，佚我以老，息我以死。故善吾生者，乃所以善吾死也。"(《庄子·大宗师》)在这里，超越生死、善待生死的前提是人与道的合一。按照庄子的说法，道无限变化和永恒无边，从道的高度看，万物的存在是短暂的、暂时的，处于"方生方死，方死方生"的无限转化之中。人与天道合一的过程就是与天地万物融为一体、相互转化的过程。他所讲的善生善死即顺应生死，不以好恶存于胸中，一切从容自若。由此可见，庄子解构生死情结具有两个秘密武器：一个是道，一个是梦。

首先，庄子对人之生死的解构与道息息相关，人获得永恒的秘诀是依托道的永恒。

在庄子哲学中，由于依托无限之道，人便可以与万物相互转化而生死不息。这是人由有限向无限的升华过程。没有道无限永恒、自本自根的形上根据，人的永恒便无从谈起。有鉴于此，庄子始终将人的存在与道联系起来，从道化而来，死后归于道让人获得了与道一样的永恒。在他那里，人和万物都是道这个"物物者"所物之物，这加固了人与道的自然关联，也拉近了人与万物之间的距离。由此，人在与万物的相互转化——"物化"中与天道合一，超越生命的有限而达到无限。这表明，是与道的关联使人成为一种整体性的存在，只要得道，人便可以与道一样转化不息。

其次，需要特别强调的是，在庄子设想的人与道的合一中，梦发挥了重要作用。

在某种程度上可以说，庄子对生死的解构和对人之永恒的期望皆与梦息息相通：第一，庄子认为，借助梦可以悟道，通过悟道与天道合一带给人的不仅是超越现实世界的精神自由，而且是肉体生命从有限向无限的飞跃。第二，在庄子那里，对生的解构是借助人生如梦和生死昼夜如梦醒之喻完成的。尽管人生如梦，然而，人在梦醒后的"大觉"预示着超越；梦想更是在人的现实生活之外创造了广阔的精神世界、自由境界，使人的生存丰富、浪漫和审美化。这在将人的生存诗意化的同时，开辟了人之精神自由的无限空间。这就是说，通过梦，庄子使人的生命超越了有限，人的存在也由此获得了永恒。换言之，凭着梦而悟道，庄子将人有限的生命融入到宇宙大道自然造化的无限变化之中，从而使人最终臻于未尝死的生命境界。

二、《列子》之梦的短视症结

在《列子》那里，梦没有理想内涵和超越维度，更没有解道、悟道的功能。这一切葬送了人与道合一而达到永恒的可能性。与此同时，人与道的分裂本身就包含着人与天地万物的割裂和分离。下面的故事表明了人与天地万物以及人与道之间的紧张关系：

> 齐之国氏大富，宋之向氏大贫；自宋之齐，请其术。国氏告之曰："吾善为盗。始吾为盗也，一年而给，二年而足，三年大穰。自此以往，施及州闾。"向氏大喜。喻其为盗之言，而不喻其为盗之道，遂逾垣凿室，手目所及，亡不探也。未及时，以赃获罪，没其先居之财。向氏以国氏之谬已也，往而怨之。国氏曰："若为盗若何？"向氏言其状。国氏曰："嘻！若失为盗之道至此乎？今将告若矣。吾闻天有时，地有利。吾盗天地之时利，云雨之滂润，山泽之产育，以生吾禾，殖吾稼，筑吾垣，建吾舍。陆盗禽兽，水盗鱼鳖，亡非盗也。夫禾稼、土木、禽兽、鱼鳖，皆天之所生，岂吾之所有？然吾盗天而亡殃。夫金玉珍宝，谷帛财货，人之所聚，岂天之所与？若盗之而获罪，孰怨哉？"向氏大惑，以为国氏之重罔己也，过东郭先生问焉。东郭先生曰："若一身庸非盗乎？盗阴阳之和以成若生，载若形；况外物而非盗哉？诚然，天地万物不相离也；仞而有之，皆惑也。国氏之盗，公道也，故亡殃；若之盗，私心也，故得罪。有公私者，亦盗也；亡公私者，亦盗也。公公私私，天地之德。知天地之德者，孰为盗耶？孰为不盗耶？"（《列子·天瑞》）

这个故事使人不禁想起了庄子的"大盗"之论。庄子说过"圣人不死，大盗不止"和"窃钩者诛，窃国者为诸侯"（《庄子·胠箧》）之类的话，并且通过盗跖之口颠覆了儒家代表的正统认识，指责孔子以仁义拨动天下是欺世盗名，直称孔子为"盗丘"。尽管如此，基于对道的推崇，庄子强调"盗亦有道"。与此同时，鉴于人与道的相互联系，他强调人与天地万物天然一体，彼此相互转化——"物化"。从这个意义上说，人与天地万物之间本来就不存在"盗"的关系。与《庄子》相反，在《列子》中，齐之国氏的盗论基于人与道的分离，他的盗天地之举以人与天地的分裂为前提。东郭先生的盗身、盗阴阳之说更是割裂了人与天地的亲缘关系，是人生"尽幻"的注脚，也印证了《列子》之"身非汝有"的真正含义。

事实上，坚持至虚的《列子》将天地均没有置于心中，完全割裂人与天地之间的关系。下面的记载更是直接地表达了《列子》将天地置之度外的思想："子列子闻而笑曰：'言天地坏者亦谬，言天地不坏者亦谬。坏与不坏，吾所不能知也。虽然，彼一也，此一也。故生不知死，死不知生；来不知去，去不知来。坏与不坏，吾何容心哉？'"（《列子·天瑞》）《列子》对人与天地万物关系的割裂使人自我封闭起来，成为一种孤立的存在；由于丧失了与万物打成一片的机会，于是关闭了人从有限向无限的超越之门。由于将人在宇宙中完全孤立起来，人生只好任其自身的短暂而看不到出路所在。

在庄子那里，人与天地息息相关使人找到了精神寄托和超越途径，也是人超越现实苦难和有限生命的方式。人与道和天地万物的疏离使《列子》没有如庄子一般齐生死，而是紧紧抓住生之享乐不放，因而不顾死后。换言之，《列子》之所以追求享乐，归根到底都源于人生的短暂和不可超越。"朝穆曰：'……凡生之难遇而死之易及。以难遇之生，俟易及之死，可孰念哉？而欲尊礼义以夸人，矫情性以招名，吾以此为弗若死矣。为欲尽一生之欢，穷当年之乐。唯患腹溢而不得恣口之饮，力惫而不得肆情于色；不遑忧名声之丑，性命之危也。'"（《列子·杨朱》）朝穆即上文中的公孙朝和公孙穆，两人的名字象征着生命短暂且没有明天之意。两人的人生态度表明,《列子》追求的肆意纵情之乐与不分梦醒有关,是其虚幻之梦的延伸,更是人无法超越短暂的生命而看不到人生无限的必然结果。

由于没有了梦的超越和道的寄托,《列子》只剩下了对短暂人生的感叹。何况人生譬如朝露一般短暂,及时行乐尚且自顾不暇,何必顾及其他!下面的记载反映了《列子》的这一心态:

> 杨朱曰:"天下之美归之舜、禹、周、孔,天下之恶归之桀纣。然而舜耕于河阳,陶于雷泽,四体不得暂安,口腹不得美厚;父母之所不爱,弟妹之所不亲。行年三十,不告而娶。及受尧之禅,年已长,智已衰。商钧不才,禅位于禹,戚戚然以至于死。此天人之穷毒者也。鲧治水土,绩用不就,殛诸羽山。禹纂业事雠,惟荒土功,子产不字,过门不入;身体偏枯,手足胼胝。及受舜禅,卑宫室,美绂冕,戚戚然以至于死:此天人之忧苦者也。武王既终,成王幼弱,周公摄天子之政。邵公不悦,四国流言。居东三年,诛兄放弟,仅免其身,戚戚然以至于死:此天人之危惧者也。孔子明帝王之道,应时君之聘,伐树于宋,削迹于卫,穷于商周,围于陈蔡,受屈于季氏,见辱于阳虎,戚戚然以至于死:此天民之遑遽者也。凡彼四圣者,生无一日之欢,死有万世之名。……桀藉累世之资,居南面之尊,智足以距群下,威足以震海内;恣耳目之所娱,穷意虑之所为,熙熙然以至于死:此天民之逸荡者也。纣亦藉累世之资,居南面之尊;威无不行,志无不从;肆情于倾宫,纵欲于长夜;不以礼义自苦,熙熙然以至于诛:此天民之放纵者也。彼二凶也,生有从欲之欢,死被愚暴之名。实者,固非名之所与也,虽毁之不知,虽称之弗知,此与株槐奚以异矣。彼四圣虽美之所归,苦以至终,同归于死矣。彼二凶虽恶之所归,乐以至终,亦同归于死矣。"(《列子·杨朱》)

> 杨朱曰:"太古之事灭矣,孰志之哉?三皇之事若存若亡,五帝

之事若觉若梦，三王之事或隐或显，亿不识一。当身之事或闻或见，万不识一。目前之事或存或废，千不识一。太古至于今日，年数固不可胜纪。但伏羲已来三十余万岁，贤愚、好丑、成败、是非，无不消灭；但迟速之间耳。矜一时之毁誉，以焦苦其神形，要死后数百年中余名，岂足润枯骨？何生之乐哉？"（《列子·杨朱》）

可见，《列子》在割裂与天地万物的联系和丧失道的寄托中彻底堵塞了人的超越之路。与道及天地万物的分离是《列子》短视、庸俗人生的形上前提。正是循着这一思路，《列子》将人生庸俗化。这主要表现在两个方面：第一，废任生死。据《列子·杨朱》篇记载：

孟孙阳问杨朱曰："有人于此，贵生爱身，以蕲不死，可乎？"曰："理无不死。""以蕲久生，可乎？"曰："理无久生。生非贵之所能存，身非爱之所能厚。且久生奚为？五情好恶，古犹今也；四体安危，古犹今也；世事苦乐，古犹今也；变易治乱，古犹今也。既闻之矣，既见之矣，既更之矣，百年犹厌其多，况久生之苦也乎？"孟孙阳曰："若然，速亡愈于久生，则践锋刃，入汤火，得所志矣。"杨子曰："不然；既生，则废而任之，究其所欲，以俟于死。将死，则废而任之，究其所之，以放于尽。无不废，无不任，何遽迟速于其间乎？"

值得注意的是，《列子》的废任之说与庄子基于道法自然的理念让人顺应自然的说法不可同日而语。这是因为，《列子》主张废任生死的前提是人生短暂而不可超越，其中包含着及时行乐的意图。与此不同，庄子断言生死相对，人与天地万物在道的作用下"方生方死，方死方生"。这既看到了人生的短暂，又在道的寄托和人与万物的联系中孕育着永恒。这样一来，由于梦想和以道为价值依托，短暂之中孕育永恒，相对之中包含绝对，不如意中含有超越。第二，人生"尽幻"，因而没有生死。据载：

子列子适卫，食于道，从者见百岁髑髅，攓蓬而指，顾谓弟子百丰曰："唯予与彼知而未尝生未尝死也。"此过养乎？此过欢乎？种有几：若蛙为鹑，得水为继，得水土之际，则为蛙蠙之衣。生于陵屯，则为陵舄。陵舄得郁栖，则为乌足。乌足之根为蛴螬，其叶为胡蝶。胡蝶胥也化而为虫，生竈下，其状若脱，其名为鸲掇。鸲掇千日化而为鸟，其名曰乾余骨。乾余骨之沫为斯弥。斯弥为食醯颐辂。食醯颐辂生乎食醯黄軦，食醯黄軦生乎九猷。九猷生乎瞀芮，瞀芮生乎腐蠸。羊肝化为地皋，马血之为转邻也，人血之为野火也。鹞之为鹯，鹯之为布榖，布榖久复为鹞也，燕之为蛤也，田鼠之为鹑也，朽瓜之为鱼也，老韭之为苋也，老羭之为猨也，鱼卵之为虫。亶爰之兽自孕而生曰类。河泽之鸟视而生曰鹢。纯雌其名大婹，纯雄其名稚蜂。思士不妻而感，思女不失而孕。后稷生乎巨迹，伊尹生乎空桑。厥昭生乎湿。醯鸡生乎酒。羊奚比乎不筍。久竹生青宁，青宁生程，程生马，马生人。人久入于机。万物皆出于机，皆入于机。（《列子·天瑞》）

在对生死的理解上，庄子认为"方生方死，方死方生"与《列子》的"未尝生未尝死"都包含生死相对的意思，呈现出某种相似性。不仅如此，庄子说过"未尝死、未尝生"。《庄子》云：

列子行，食于道，从见百岁髑髅，攓蓬而指之曰："唯予与汝知而未尝死、未尝生也。若果养乎？予果欢乎？"种有几，得水则为继，得水土之际则为蛙蠙之衣，生于陵屯则为陵舄，陵舄得郁栖则为乌足，乌足之根为蛴螬，其叶为胡蝶。胡蝶胥也化而为虫，生于竈下，其状若脱，其名为鸲掇。鸲掇千日为鸟，其名为干余骨。干余骨之沫为斯弥，斯弥为食醯。颐辂生乎食醯，黄軦生乎九猷。瞀芮生乎腐蠸，羊奚比乎不筍，久竹生青宁，青宁生程，程生马，马生人，人又反入于机。万物皆出于机，皆入于机。（《庄子·至乐》）

在这里，基于道的无限和人与万物的相互转化，庄子指出"未尝死、未尝生"。与此不同，《列子》宣称"未尝生未尝死"，基于人生的梦醒不分：前者是一种豁达、从容的生命智慧，后者不啻为醉生梦死的人生独白。这是因为，庄子看到的是永恒，《列子》眼中只有短暂。这些区别可以在庄子与《列子》对"身非汝有"的不同解释中见其一斑。试比较下面两段引文：

> 舜问乎丞曰："道可得而有乎？"曰："汝身非汝有也，汝何得有夫道？"舜曰："吾身非吾有也，孰有之哉？"曰："是天地之委形也；生非汝有，是天地之委和也；性命非汝有，是天地之委顺也；子孙非汝有，是天地之委蜕也。故行不知所往，处不知所持，食不知所味。天地之强阳气也，又胡可得而有邪！"（《庄子·知北游》）

> 舜问乎丞曰："道可得而有乎？"曰："汝身非汝有也，汝何得有夫道？"舜曰："吾身非吾有，孰有之哉？"曰："是天地之委形也。生非汝有，是天地之委和也。性命非汝有，是天地之委顺也。孙子非汝有，是天地之委蜕也。故行不知所往，处不知所持，食不知所以。天地强阳，气也；又胡可得而有邪？"（《列子·天瑞》）

这两段引文前者源于《庄子》，后者出自《列子》，只相差三个字——《列子》去掉了《庄子》中无关紧要的"也"和"之"，并把"味"改成了"以"。从表面看，这两段话似乎并无不同，其实不然。道不可得和"身非汝有"的含义是什么？人究竟应该如何面对这种生存状态？对于这些问题，庄子与《列子》的看法迥然相异：在庄子看来，人之身包括人的生命都是道的作用，并非自己主宰。因此，人应该顺应道的造化而不是偏执于此生之身。《列子》断言："有生不生，有化不化。不生者能生生，不化者能化化。生者不能不生，化者不能不化。"（《列子·天瑞》）人之生不得不生、不得不死，人之身也是如此。至此可见，庄子之"身非汝有"基于人与道的合一，是说人之身是道赋予的，既说明了人生的受动，又由于道的造化而获得解脱和永恒。《列子》在至虚中隐去了道，致使"身非汝有"由于人与道以及天地万物的割裂而侧重人生的不能自己——生、化皆不能自主，只有被动义，没有永恒义。作为这一分歧的结果，庄子找到了人由有限臻于无限、获得永恒的途径，《列子》却只能任凭人生的虚幻短暂，以"学幻"表达对人生的无能为力。

总之，知道"我是谁"、"我从哪里来"是人的需要。因此，人并非"不想知道我是从哪里来的，只想知道我是怎么没的"。恰好相反，人只有知道从哪里来的，才能更好地知道和对待如何没的。在这方面，庄子之梦引导人超越生死，由有限达到无限；《列子》之梦导致人生"尽幻"，并在一切"尽幻"中隐去了道乃至天地万物。进而言之，庄子与《列子》之梦之所以导致一永恒、一短视的悬殊，原因有二：一是因为庄子之梦的理想超越了现实，一是因为庄子之梦是体道的方式。在庄子那里，依托于道的无限，人获得了永恒，也因而找到了解脱和超越之途；在《列子》那里，梦的虚幻使人生陷于短暂，与道的隔绝更是使人的永恒无从谈起。

第六节　梦与希望

应该承认，梦具有虚幻性，这一点对于庄子和《列子》都是如此。一方面，以梦说明人生使庄子与《列子》的视界呈现出某种相似性，并且突出地表现在人生的不由自主上。在这方面，庄子惯于用梦隐喻人生的虚幻不实、没有自性，《列子》继承并淋漓尽致地发挥了庄子这方面的思想。不仅如此，《列子》多次援引《庄子》中的观点和典故，如"身非汝有"、"种有几"和梦见髑髅等等。另一方面，尽管庄子和《列子》都将人生"梦化"，却在这一点上引申出巨大的分歧，并且直接导致了不同的人生态度和价值旨趣。齐生死和与道合一使庄子获得了永恒，也找到了寄托和希望；由于梦中剔除了梦想，再加上丧失了道的寄托和割裂人与天地万物之间的联系，梦使《列子》一虚到底——没有超越虚幻人生，只能受制于人生之虚幻、任其虚幻。不难想象，由于只看到了人生的虚幻和有限，而看不到人生的无限和未来，到头来，《列子》只能紧紧抓住生而不顾死。这表明，对于庄子，梦带来的是理想和希望；对于《列子》，梦由虚幻导致绝望。

一、梦的希望与绝望

由于梦想存在，由于道的物物不止，庄子的心中充满希望。由于梦中没有梦想，更由于与万物和道的割裂，《列子》陷入了彻底的孤独和绝望，及时享乐是绝望的发泄和表现。

无论是梦的理想内涵、超越维度还是体道、悟道功能都使庄子的心不死，始终希望与大道合一。有希望便可以在期待中坚守，为了明天而执着不已。正因为如此，尽管眼中的世界满目不堪，庄子心中的世界却依然逍遥自在，这便是"梦哲学"的魅力所在。换言之，梦的理想意蕴和超越维度使人看到希望，道联结的人与万物的一体使人拥有了明天。在对明天和未来的关注中，人拥有了希望。可见，是在对人的整体性的关注中，庄子看到了希望和未来。

如果说梦的超越带给庄子的是希望的话，那么，梦的虚幻则把《列子》带入了无边的绝望深渊。由于将人孤立化，更由于阉割了人的整体性，《列子》迷失在对人生有限和生命短暂的嗟叹中不能自拔。更为致命的是，人与天地万物的割裂使人只剩下了今生今世的肉体存在；反过来，对人之存在的这种极端狭隘理解又增加了《列子》的短视。这是一种恶性循环，最终导致《列子》极度绝望而万劫不复。在《列子》中，梦的虚幻是世界、人生虚幻的缩影。由于没有希望，信仰坍塌，《列子》看不到未来和希望，进而对整个世界和人生心灰意冷、极度绝望，主张纵情肆欲、及时行乐便是丧失信心、极度绝望的扭曲反映。

杨朱曰："万物所异者生也，所同者死也。生则有贤愚、贵贱，是所异也；死则有臭腐、消灭，是所同也。虽然，贤愚、贵贱非所能也，臭腐、消灭亦非所能也。故生非所生，死非所死；贤非所贤，愚非所愚，贵非所贵，贱非所贱。然而万物齐生齐死，齐贤齐愚，齐贵齐贱。十年亦死，百年亦死。人圣亦死，凶愚亦死。生则尧舜，死则腐骨；生则桀纣，死则腐骨。腐骨一矣，孰知其异？且趣当生，奚遑死后？"（《列子·杨朱》）

进而言之，没有希望，不仅没有寄托，而且没有忌惮。这就是说，有希望的人生固然是快乐的，无希望的人生未必一定愁肠百结、郁郁寡欢。对于某些人来说，如果明天是世界末日，那么，今天就是狂欢节。杨朱宣扬肆情任性、及时行乐正是基于这种心态。《列子》记载：

> 杨朱曰：百年，寿之大齐。得百年者千无一焉。设有一者，孩抱以逮昏老，几居其半矣。夜眠之所弭，昼觉之所遗，又几居其半矣。痛疾哀苦，亡失忧惧，又几居其半矣。量十数年之中，逌然而自得亡介焉之虑者，亦亡一时之中尔。则人之生也奚为哉？奚乐哉？为美厚尔，为声色尔。而美厚复不可常厌足，声色不可常玩闻。乃复为刑赏之所禁劝，名法之所进退；遑遑尔竞一时之虚誉，规死后之余荣；偶偶尔顺耳目之观听，惜身意之是非；徒失当年之至乐，不能自肆于一时。重囚累梏，何以异哉？太古之人知生之暂来，知死之暂往；故从心而动，不违自然所好；当身之娱非所去也，故不为名所劝。从性而游，不逆万物所好；死后之名非所取也，故不为刑所及。名誉先后，年命多少，非所量也。（《列子·杨朱》）

二、梦——因为失望，所以才希望着

如果无梦，人生未免枯燥乏味而狭隘；如果不顾现实，将梦完全虚幻化，人最终将失去心灵的守候而丧失理想。庄子与《列子》之梦的差异显示，梦可以带来希望，也可能导致绝望。人生活在现实与理想两个世界之中，梦应该成为沟通现实与理想的桥梁，而不应该成为认定人生如梦而拒绝走向未来的理由。退一步说，像庄子那样以梦表达梦想和理想，借助梦超越人生，固然可以获得精神上的自由；即使将人生如梦理解为人生无常，空如一梦，也可以为人提供一种豁达和淡然，而不必像《列子》那样糟践人生。例如，胡适在1929年5月13日的日记中写道：

> 知世如梦无所求，无所求心普空寂。
>
> 还似梦中随梦境，成就河沙梦功德。
>
> 王荆公小诗一首，真是有得于佛法的话。
>
> 认为人生如梦，故无所求。但无所求不是无为。人生固然不过一梦，但一生只有这一场做梦的机会，岂可不努力做一个轰轰烈烈像个样子的梦？岂可糊糊涂涂懵懵懂懂混过这几十年吗？①

胡适的话昭示人们，如果你不是一位乐观主义者，也不是一位理想主义者，你的心中没有梦，也没有理想，这也不能成为放浪形骸、空虚一生的理由。道理很简单，如果人生真的是梦的话，那么，人生也只有这一次做梦的机会。因此，人所能做的——也是唯一应该做的就是：无论如何都要把握住这唯一的一次做梦的机会，努力把梦做好；否则，连做梦的机会都丧失了。这就是说，如果明天是世界末日的话，那么，今天绝不是狂欢节，而应该是加班日——在加班中只争朝夕，将梦做完做好。即使不能做得像胡适所说的那样轰轰烈烈的话，至少应该做得让自己满意，感觉像是一场美梦。只有这样，人才不枉此生，人生才不虚此行。

进而言之，在人生有梦的意义上，梦应该代表希望而不是失望，更

---

① 《日记》，《胡适全集》第31卷，安徽教育出版社2007年版，第381页。

不应该代表绝望。理想尽管有些常有某种乌托邦的成分，却不是虚无缥缈的，而是寄托了希望。在庄子那里，由于梦中包含理想，梦尽管揭示了人生的种种不如意，却给了他超越的希望，使庄子的生存浪漫而审美。这也表明，越是失望，就越需要希望。只有在不如意的世界之外建构一个理想世界，才能使人内心平衡，有所寄托。在这个意义上，希望对于人不啻为黑暗中的明灯引领着人生的航程。

　　未来、希望对于人至关重要，构成了人生存的维度之一。立足现实、展望未来、充满希望是人奋进的动力和超越现实的途径。这一点是中外哲学家的共识。例如，梁启超直接用"将来的观念"表达人的希望。他宣称："夫社会的观念与将来的观念，正人之所以异于禽兽者也，苟其无之，则与禽兽无择也。同为人类，而此两观念之或深或浅或广或狭，则野蛮文明之级视此焉，优劣胜败之数视此焉。"① 梁启超认为，人与动物的区别在于具有关于"将来的观念"，并以此来判断人类的文明与野蛮。按照他的说法，人有两种生命：一为肉体生命，一为精神生命——后者比前者更重要；人拥有两个世界：一是现实世界，一是理想世界——前者有限而无奈，后者绚丽而无限。人的肉体和现实世界有限而短暂，人的精神却可以不死，理想世界充满希望。因此，人应该为未来活着，为希望活着，宁可牺牲当下而换取未来——"以今天购买明天"。基于这种认识，梁启超讴歌希望，写下了热情洋溢的《说希望》，并用佛教的来世观念引导人满怀希望，直面未来。

　　无独有偶，第一代西方马克思主义者布洛赫从"尚未存在"出发，借助"倾向性—潜在性"结构建构了希望哲学。在希望哲学的视界中，人是希望的主体，希望是人最本真的存在状态。存在主义者萨特也特别标举希望，断言"希望是人的一部分"。正是在这个意义上，他强调："希望存在于行动的性质本身之中。那就是说，行动同时也是希望，在原则上不能使之专注于某个绝对的失败。这绝不是说它必然要达到它的目的，但它总是

---

① 《余之死生观》，《梁启超全集》第三册，北京出版社1999年版，第1374页。

出现在一个表现为未来的目的的实现过程之中。而在希望本身之中有一种必然性。对于我，在此时此刻，失败的观念并没有坚实的基础；相反，希望就其作为人与他的目的的关系，一种即使目的没有达到而仍然存在的关系而言，它是我思想上最迫切的问题。"①

无论对于古人还是今人来说，有希望才有期待，有期待才有寄托，有寄托才有信心，有信心才有超越。这是庄子与《列子》之梦从正反两方面给予人们的启示。诚然，表达希望和理想不一定都要像庄子那样从梦讲起，采取"梦哲学"的形式。尽管如此，有一点是不容否认的，那就是：梦并没有将庄子引向虚无。既然是这样，叙事方式和话语结构何必强求一致，更何况梦可以增加浪漫和审美情趣，又有何不可。况且，庄子以梦讲述理想，在不如意甚至失望中讲述着希望，这一点正是她的智慧之处——因为志得意满之时，希望或许无关紧要；越是不如意，越需要希望加以超越。甚至可以说，所有思想家呼唤希望都不是在志得意满之时，而是在面对令人失望的现实、濒临绝望时才诉诸希望的。正如出于"不能使之专注于某个绝对的失败"的目的才特别重视希望一样，萨特讲述希望是基于对世界的绝望。对此，他坦言："不管怎样，这世界似乎显得丑恶、不道德而又没有希望。这是一个老人的平静的绝望，而他将在这种绝望之中死去。但是我抵制的恰恰就是绝望，而我知道我将在希望之中死去；但必须为这种希望创造一个基础。"②

其实，不只是萨特，庄子、梁启超和布洛赫推崇希望都是为了在失望乃至绝望中为人点燃心中的希望。所不同的是，庄子一面用梦之理想和见梦、托梦来解道、悟道给人希望，一面用梦揭示现实的不如意和困惑。这不仅使他的思想表达浪漫而生动，而且加固了思想体系的完整和统一。通过梦表达出来的虚幻由梦去超越，庄子之梦这种解铃还需系铃人的做法和优势是其他人所无法比拟的。

---

① 《存在主义是一种人道主义》，上海译文出版社 1988 年版，第 36 页。
② 《存在主义是一种人道主义》，上海译文出版社 1988 年版，第 93 页。

　　毋庸讳言，梦带有虚幻色彩，以至于有些哲学家将梦比作一只狡猾的蛇，每日喷射着迷幻的雾狸，籍此说明梦障蔽人对宇宙真相的透视。以梦讲述哲学总是带有吊诡、荒诞或怪异情调，甚至可能使人迷失在梦幻之境。在这方面，《列子》之梦的极端化、虚幻化便是典型的例子。《庄子》和《列子》以吊诡式的语言讲述的梦和哲学就是某种程度上的"梦哲学"或"梦幻哲学"。同样不容否认的是，梦带给人的不仅是遮蔽，而且有开启——不过是开启的方式带有某种程度的梦幻性而已。在这方面，即使是《列子》哲学也以特有方式带给人某种思想启迪。正因为如此，梦的魔幻性经久不息。当今社会，潜意识、催眠术以新的形式正在开启着隐藏在意识之表面现象背后的真相，呈现着梦的魔力。这就是说，无论过去还是现在，梦一直以经久不衰的魅力吸引着人们好奇而探索的目光。从这个意义上说，今人应该向庄子、《列子》及其"梦哲学"投以应有的敬意。

第十章 张载与王守仁哲学比较

张载是北宋大儒，"北宋五子"之一。王守仁是明代大儒，也是中国历史上为数不多的"三不朽"人物。如果说张载所在的北宋是宋明理学的发轫期的话，那么，王守仁所在的明中期则代表了正统理学的最后辉煌。从明末到清初，包括王守仁后学在内的李贽、黄宗羲等人被称为早期启蒙思想家，甚至被归为异端思想家。就作为正统理学家的张载和王守仁来说，一个恪守气学，一个皈依心学。从表面上看，两人的哲学构建相去甚远。深入剖析不难发现，张载、王守仁的哲学在致思方向和价值意趣上别无二致，共同伸张了宋明理学的道德形而上学。具体地说，张载的"民胞物与"说和王守仁的"天下一家，中国一人"说以典型形态极好地表达了宇宙秩序、社会秩序与家庭秩序相互通约的理念，也更直观地展示了宋明理学的思维向度和逻辑框架。

第一节 "民胞物与"说

张载是北宋时期的儒学大家，也是宋明理学家。宋明理学又被称为新儒家，与先前儒家不同的新在于，将儒家追求的伦理道德提升为宇宙秩序，完成了儒家的道德形而上学建构。与程朱理学和陆王心学相比，被张载奉为世界万物本原的气不像天理或吾心那样与儒家提倡的三纲五常密切相关。尽管如此，张载从本原之气出发，将儒家的和谐理念从宇宙贯彻到人类社会，完成了道德形而上学的建构。在张载那里，这一切是通过"民胞物与"完成并具体呈现出来的。

一、学说来由

张载的"民胞物与"说集中反映在著名的《西铭》一文中。《西铭》文章不长，却极负盛誉。《西铭》全文如下：

乾称父，坤称母；子兹藐焉，乃混然中处。故天地之塞，吾其体；天地之帅，吾其性。民吾同胞，物吾与也。大君者，吾父母宗子；其大臣，宗子之家相也。尊高年，所以长其长；慈孤弱，所以幼吾幼。圣其合德，贤其秀也。凡天下疲癃残疾，茕独鳏寡，皆吾兄弟之颠连而无告者也。于时保之，子之翼也；乐且不忧，纯乎孝者也。违曰悖德，害仁曰贼；济恶者不才，其践形，唯肖者也。知化则善述其事，穷神则善继其志。不愧屋漏为无忝，存心养性为匪懈。恶旨酒，崇伯子之顾养；育英才，颍封人之锡类。不驰劳而底豫，舜其功也；无所逃而待烹，申生其恭也。体其受而归全者，参乎！勇于从而顺令者，伯奇也。富贵福泽，将厚吾之生也；贫贱忧戚，庸玉女于成也。存，吾顺事；没，吾宁也。（《正蒙·乾称》）

熙宁三年（1070），张载回归故里，专事著书立说，撰《砭愚》和《订顽》两篇分别悬挂于东、西两牖，作为自己的座右铭。程颐见后，将《砭愚》改称《东铭》、《订顽》改称《西铭》。《西铭》由此得名，并被张载收入自己的代表作——《正蒙》的尾篇《乾称》中，成为该篇的首章。

二、主旨内容

通读《西铭》可以看到，全文尽管字数不多，却内容丰富。大致说来，《西铭》的思想可以归纳为六个层次和方面。

第一个层次是："乾称父，坤称母；子兹藐焉，乃混然中处。"《西铭》的开篇之语是："乾称父，坤称母。"这是全文立论的高度和根基，开宗明义且高屋建瓴，在宇宙秩序、社会秩序和家庭秩序的相互通约中，依托宇宙秩序，奠定了把社会秩序视为家庭秩序的恢宏基调和本体前提。张载是一位气本论者。正是基于天地万物同本于气的哲学根基和逻辑框架，他提出并阐发了"民胞物与"说。按照张载的理解，"天人一气"，气是宇宙原体，万物与人类都是气聚之形。作为气变化的结果，人与万物一样处于天地之间，与万物具有共同的存在根基和本原，原本是一体的，天地是人和万物共同的父母。这是对人在宇宙中的位置的定位。

第二个层次是："故天地之塞，吾其体；天地之帅，吾其性。"在人由本体层面进入存在层面、成为现实之人的转向中，"乾父坤母"的本体框架决定了人之为人的本质规定，人的本质规定也就是人与万物共同具有的天地之性。张载认为，宇宙本原——气是人与万物共同的祖先和存在根基，都禀气而生决定了人与万物拥有相同的本性——天地之性。具体地说，人与万物同具的天地之性源于气的本然状态——太虚，太虚之气的性质决定了天地之性的性质。太虚之气湛一纯净、至静无感，是善的，体现太虚之气的天地之性也是善的。在此，他以至善的天地之性作为人与万物和人与人的共性，证实并加剧了人与万物的亲近感。这个做法在定位人之为人的本质规定的同时，把人生的意义、价值和追求定位在追求至善的天地之性上。张载的这种做法不仅加固了宇宙秩序与社会秩序之间的联系，而且预示了人生的意义、价值和追求就是将宇宙秩序贯彻到社会秩序和家庭秩序之中。

第三个层次是："民吾同胞，物吾与也。""乾父坤母"的宇宙背景和天地之性的先天本性规定了人与宇宙万物和人与人之间割舍不断的亲缘关系，致使以民为同胞、以物为朋友成为人先天而无法选择的行为追求和交往方式。张载认为，人与万物一于气，人在天地之中既与万物"混然中处"，又"得其秀而最灵"。这种特殊情况不仅决定了人与万物的亲密无间，而且决定了人有责任而且有能力处理好人与人、人与物的关系，把他人当作自己的兄弟姐妹和同胞，视万物为自己的亲密朋友和伙伴。至此，张载议论的理论重心向人类社会倾斜。

第四个层次是："大君者，吾父母宗子；其大臣，宗子之家相也。尊高年，所以长其长；慈孤弱，所以幼吾幼。圣其合德，贤其秀也。凡天下疲癃残疾，茕独鳏寡，皆吾兄弟之颠连而无告者也。""乾父坤母"的宇宙背景和"民胞物与"的交往原则具体到人类社会和人与人之间的关系上便是彼此相爱、和睦相处，整个社会俨然一个洋溢着仁爱、充满着温馨的大家庭。在这个相亲相爱的大家庭中，每个成员都尊敬长辈、慈爱孤幼，同情、帮助身体有残疾或鳏寡孤独的人。其中，君主是家中的长子，大臣是辅助长子、管理家业的"家相"，家庭成员理当服从他们的管理；在这个大家庭中，气质生来合于天地之性的是圣人，能够自觉变化气质而使之与天地之性一致的杰出者是贤人，他们应当受到尊重。总之，这个大家庭既弥漫温馨、充满仁爱，又上下有序、秩序井然，完美理想，令人梦寐以求。尽管如此，这并不是问题的关键所在；问题的关键是，大家庭中的仁爱和秩序是以划分管理与被管理、被他人尊重与尊重他人的上下、尊卑界限来完成和实现的。这不仅论证了宗法等级制度的合理性，而且使上下、尊卑的残酷统治在不经意之中被隐藏在亲情之下，变得温情脉脉、随之天经地义起来。显然，这部分的重点是社会秩序，侧重社会秩序与家庭秩序的相互通约。通过将社会秩序家庭秩序化，张载不仅论证了宗法等级的合理性和合法性，而且使其变得容易接受和便于实行起来。

第五个层次是："于时保之，子之翼也；乐且不忧，纯乎孝者也。违曰悖德，害仁曰贼；济恶者不才，其践形，唯肖者也。知化则善述其事，穷神则善继其志。不愧屋漏为无忝，存心养性为匪懈。恶旨酒，崇伯子之顾养；育英才，颍封人之锡类。不弛劳而底豫，舜其功也；无所逃而待烹，申生其恭也。体其受而归全者，参乎！勇于从而顺令者，伯奇也。"沿着社会秩序与家庭秩序可以通约的逻辑，张载将家庭的和谐视为社会（大家庭）和谐的落脚点，坚信社会和谐从家庭和谐做起。基于这一构想，为了臻于人人相亲相爱、井然有序的理想境界，使大家庭的理想变为现实，他把希望寄托于加强道德修养、塑造理想人格上。在此，张载援引申生宁被烹杀也不外逃、伯奇被父亲逐放就顺令而去等著名的历史事例示意人们，对父母无怨、无违地尽孝。推而广之，做人应该责已无怨，即使蒙受了不白之冤，也自认是命中注定的劫难而不是以牙还牙，报复对方。在他看来，以自己的委曲求全"使不仁者仁"才是真正的"爱人"。以这种"使不仁者仁"的爱人原则处理父子、君臣关系，便会无论对父母、君主如何都要尽孝尽忠而绝对服从。在这里，基于将社会秩序家庭秩序化，张载将社会和谐归结为孝道的发扬光大。

第六个层次是："富贵福泽，将厚吾之生也；贫贱忧戚，庸玉女于成也。存，吾顺事；没，吾宁也。"在家尽孝、绝对服从父母，推而广之便绝对服从君上和等级名分，即安于自己在大家庭中的位置。这是确保家庭和谐而对每个成员的具体要求。每个人只有安于在大家庭中的位置，才能找到自己的安身立命之所，实现自己的价值和使命。为了保障大家庭的和谐，也为了确保道德践履的高度自觉和积极主动，张载劝导人树立豁达的人生观。在领悟了人的富贵贫贱皆由禀气而定、不可改变之后，贫贱者把困境看作是上天安排自己培养道德、磨练意志的机会，虽苦无怨地安于自己的位置、听从命运的安排。在他看来，这有利于大家庭的和谐、稳定。更为重要的是，如果人栖身于大家庭中而安于自己的位置，也就等于找到了最佳的安身立命之所，获得精神上的自由和道德上的满足，达到理想的人生境界：活着的时候顺天听命，心甘情愿地受苦受难；临死的时候内心宁静，无所怨恨。这便实现了人生的价值和意义，最终与"乾父坤母"的宇宙境界和"民胞物与"的天地境界合而为一。至此，家庭和谐定格为个人的内心和谐。在这里，张载从道德修养的角度让人安于自己在大家庭中的位置，根据自己的身份来处理与他人的关系。这是确保大家庭和谐的前提，也是大家庭中每位成员义不容辞的义务和责任。

总之，"民胞物与"说反映了张载试图通过提倡传统孝道把社会秩序说成是家庭秩序来整顿社会道德、稳定社会秩序的愿望。围绕着这一宗旨，《西铭》将社会秩序视为家庭秩序，整个论证由宇宙秩序到社会秩序，再到家庭秩序一脉相承。其中，第一、二层面侧重宇宙秩序，第三、四层面侧重社会秩序，第五、六层面侧重家庭秩序。在这个环环相扣、层层推进的逻辑结构中，先从宇宙秩序讲起，由宇宙秩序进而社会秩序和家庭秩序；前者是原则、蓝本，后者是贯彻、落实。在这六个方面的推进和论证中，贯穿其中的思维方式和逻辑框架是宇宙秩序、社会秩序与家庭秩序的相互通约。

就思想内涵和理论初衷而言，《西铭》表达了爱的主题。通过乾父坤母——→民胞物与——→仁民爱物——→无怨无违的依次推进，致使爱贯穿其间。爱是《西铭》的逻辑和思想主线，从宇宙境界、天地境界、人性境界和人生境界最终落实到伦理、道德境界。在这里，如果说宇宙、天地、人性和人生境界是背景、是前提的话，那么，人生和道德境界则是结果、是重心。正因为如此，在表达爱之主题的时候，张载把重心放在了人与人之间的关系上，通过宣称人与人同禀一气而生、皆是同胞兄弟，进而让人"立必俱立"、"爱必兼爱"（《正蒙·诚明》）。必须指出的是，《西铭》所论之爱是一种差等之爱。为此，张载曾明确表示："夷子谓'爱无等差'，非也。"（《张载集·张子语录上》）仁之差等性的现实表现即宗法等级，维护宗法等级的前提是每个人恪守自己的等级名分。这就是说，爱的差等性迫切需要顺，即绝对服从。于是，孝顺成为《西铭》的另一个主题。具体地说，在家绝对服从父母，外出绝对服从君上。进而言之，通过提倡孝道之所以能达到促进社会和谐的目的，在家孝顺父母之所以一定能外出服从君上，是因为家庭秩序与社会秩序相互通约，社会就是一个大家庭。《西铭》的主要目的是把宗法等级社会美化为一个大家庭，将社会地位的不同说成是家庭成员内部的分工。为了使这个大家庭得以安宁，家庭内部所有成员都必须服从社会的整体规划，尤其是处于社会底层的低贱、卑幼者更应该发扬顺德，无论面对何种境遇都安于现状，无怨无违。

《西铭》的理论根基——宇宙秩序、社会秩序与家庭秩序相互通约是理学家的共识，其中提倡的人人友爱、和睦相处，让社会充满温暖亲情的设想反映了多数理学家的共同愿望。正因为如此，《西铭》受到二程、朱熹等一批理学家的充分肯定和高度评价。程颢对《西铭》大加赞赏："《订顽》一篇，意极完备，乃仁之体也。"(《河南程氏遗书》卷二上）此后，"程门专以《西铭》开示学者。"南宋朱熹专门作《西铭解》，对《西铭》的思想予以阐发。此后的陈亮、叶适和王夫之等人也对《西铭》特别关注。不仅如此，二程和朱熹都肯定张载的《西铭》深藏"理一分殊"之精旨，故而对之赞不绝口。经由他们的宣传，《西铭》及"民胞物与"说的影响进一步扩大。

第二节　"天下一家，中国一人"说

《西铭》的中心思想是将社会秩序视为一种家庭秩序，在宇宙秩序、社会秩序与家庭秩序相互通约的前提下抒发社会秩序家庭秩序化的理想和信念。在某种程度上可以说，众多理学家对《西铭》的赞扬恰好印证了将社会秩序视为家庭秩序是宋明理学家的共识，或者说，宇宙秩序、社会秩序与家庭秩序的相互通约是他们和谐理念和建构的共同的思维方式和逻辑框架。

对于《西铭》的宇宙秩序、社会秩序和家庭秩序的相互通约，王守仁的"天下一家，中国一人"说以自己的方式作出了回应，与张载的"民胞物与"具有异曲同工之妙。"天下一家，中国一人"一语始见于《礼记·礼运》，却未作详论。对此作展开论述、并赋予这一命题以崭新内容的则是王守仁。

一、仁心之发

王守仁认为，"天下一家，中国一人"是仁心发泄的结果，也是理想的社会秩序。在他看来，天地万物与我原本是一体的，因为对于人来说，"其心之仁本若是"。对此，王守仁论证说，在仁的支配、驱使下，人"见孺子之入井而必有怵惕恻隐之心"，"见鸟兽之哀鸣觳觫而必有不忍之心"，甚至见"草木之催折"、"瓦石之毁坏"也有"悯恤"、"顾惜"之心。这样一来，在仁的沟通下，人把仁爱之心撒向天地之间，与他人以至与鸟兽、草木、瓦石连为一体，进而达到与天地万物为一体的境界。王守仁认为，人一旦达到"以天地万物为一体"，便能"视天下犹一家，中国犹一人焉"（《王阳明全集卷二十六·大学问》）。这就是说，"天下一家，中国一人"是人人具有的"其心之仁"发用、流行的结果。

进而言之，怎样才能通过仁者与天地万物为一体而实现"天下一家，中国一人"的理想呢？王守仁从正反两方面进行了论证：第一，在消极方面，他坚信，只要没有"私意间隔"，人人都可以达到天地万物与我一体的理想境界；之所以没有如此，只是小人"间形骸而分尔我者"，"自小之耳"（《王阳明全集卷二十六·大学问》）。循着这个逻辑，为了臻于理想境界，人必须从事道德修养、克服"私意"。第二，在积极方面，王守仁提出了显露吾心之仁的观点，同时发挥了《大学》"明明德"和"亲民"等主张。他写道："明明德者，立其天地万物一体之体也。亲民者，达其天地万物一体之用也。"（《王阳明全集卷二十六·大学问》）按照王守仁的说法，彰明吾心之仁德（"明明德"）是"以天地万物为一体"的根本和实质，亲民是达到"以天地万物为一体"的手段和途径，二者合起来就是把吾心之仁德推广于天下。正因为如此，通过"明明德"和"亲民"，人便可以成为推行吾心之仁的仁者；作为一个仁者，人会把吾心之仁推广于天下的每个人以至每一物，使一人一物无不沐浴在仁爱之下。在这个意义上，他断言："仁者以天地万物为一体，使有一物失所，便是吾仁有未尽处。"（《王阳明全集卷一·传习录上》）毫无疑问，当天地万物无一所失地沐浴在仁爱之下时，天地万物与我一体的理想便真的实现了。

二、仁爱世界

王守仁所讲的天地万物与我一体的仁之境界是一个爱的世界，更是一种人间秩序。对于这种理想境界，他多次展望道：

夫圣人之心，以天地万物为一体，其视天下之人，无外内远近，凡有血气，皆其昆弟赤子之亲，莫不欲安全而教养之。(《王阳明全集卷二·答顾东桥书》)

视民之饥溺犹己之饥溺，而一夫不获，若己推而纳诸沟中者。(《王阳明全集卷二·答聂文蔚》)

王守仁用仁爱之心编织的与天地万物为一体的境界始于世界秩序，这种秩序的最终实现是人与人建构的社会秩序。其实，植根于与天地万物为一体的"天下一家，中国一人"就是他为了挽救当时的社会危机开出的药方，也是王守仁把社会秩序家庭秩序化的理论构想。这套思想具有泛爱色彩，仁爱是贯穿始终的主线，是手段似乎也是目的。尽管如此，在本质上，这套理论以维护上下、尊卑的宗法等级制度为出发点和目的地。与此相联系，王守仁一面鼓吹"万物一体""天下一家"和"中国一人"，一面强调"一体""一家"之中的厚薄之分。这使与天地万物为一体之仁爱成为一种差等之爱。请看下面这段记载：

问："大人与物同体，如何《大学》又说个厚薄？"先生（指王守仁——引者注）曰："惟是道理，自有厚薄。比如身是一体，把手足捍头目，岂是偏要薄手足，其道理合如此。禽兽与草木同是爱的，把草木去养禽兽，又忍得。人与禽兽同是爱的，宰禽兽以养亲，与供祭祀，燕宾客，心又忍得。至亲与路人同是爱的，如箪食豆羹，得则生、不得则死，不能两全，宁救至亲，不救路人，心又忍得？这是道理合该如此。……《大学》所谓厚薄，是良知上自然的条理，不可逾越，此便谓之义；顺这个条理，便谓之礼；知此条理便谓之智；终始这个条理，便谓之信。"(《王阳明全集卷三·传习录下》)

在这里，王守仁不仅把人与万物、人与人之间的关系定位于洋溢着爱的"一体""一家"的秩序之中，而且着重强调"一体""一家"乃至"一身"之中的等级之分。在他看来，尽管人与天地万物是一体的，然而，一体之中的条理使人对人类、禽兽与草木的爱显示出厚薄，进而分别对待：在"与万物同体"中——"人与禽兽同是爱的，宰禽兽以养亲，与供祭祀、燕宾客"；在"天下一家，中国一人"中，人与人都是被爱的对象，"一家""一人"之中的厚薄又使爱先由至亲后推及路人——"至亲与路人同是爱的，如箪食豆羹，得则生、不得则死，不能两全，宁救至亲，不救路人"。在此，王守仁强调，人在与天地万物为一体中，对天地万物分别对待，完全是自然而然、天经地义的，正如一身之中手足与头目同是爱的，遇到危难时自然"把手足捍头目"一样。这就是说，因为"一体""一家"之中的厚薄同样是天然合理、天经地义的，所以，"一体"之中，草木养禽兽，禽兽养人，小人养大人；"一家"之中，先至亲后路人；"一身"之中，手足捍卫头目。这种关系和位置不可颠倒或改变。如此一来，通过把人与禽兽、草木之间的宇宙秩序与人与人之间的社会秩序相提并论，并在此基础上将社会秩序说成是基于血缘关系的家庭秩序乃至生理秩序而使宗法等级秩序具有了天然性，王守仁论证了上下、尊卑的合理性，进而为宗法等级制度张目。

至此可见，王守仁的"天下一家，中国一人"说循着仁与天地万物为一体的思路，从宇宙秩序讲起，进而将社会秩序家庭秩序化。经过如此一番包装和处理之后，宗法等级社会中的上下尊卑、劳心劳力的关系统统变成了家庭内部的分工，甚至如同一身之中生理器官的自然分工一样与生俱来、天然如此。循着这个逻辑，人应该像"目不耻其无聪"、"足不耻其无执"（《王阳明全集卷二·答顾东桥书》）那样安于劳苦卑贱的地位。当然，统治阶级成员更应该安于自己已有的地位，不做非分的追求。基于这种考虑，在"拔本塞源论"中，他对理想社会的秩序进行了这样的安排：其才能高者，"出而各效其能"，"其才质之下者，则安其农工商贾之分，各勤其业"。在此，王守仁要求人皆"不以崇卑为轻重，劳逸为美恶"，特别是才质下者要"终身处于烦剧而不以为劳，安于卑琐而不以为贱"（《王阳明全集卷二·答顾东桥书》)。至此可见，与所有理学家一样，王守仁宣传"天下一家，中国一人"，目的是让人把宗法等级制度视为天然合理的，从而心安理得地安于自己所处的社会地位，以保持宗法等级社会的和谐和安宁。他设想的与天地万物为一体的途径就是建构宗法和谐的途径。例如，依据王守仁的分析，人之所以不安于自己的名分，是因为"间于有我之私，隔于物欲之蔽"的缘故；要摈弃非分之想，就必须"克其私，去其蔽，以复其心体之同然"（《王阳明全集卷二·答顾东桥书》）。与此相联系，他提倡"拔本塞源"，就是要拔去私欲之根，堵塞私欲之源，彻底去人欲，致良知，破心中贼。王守仁坚信，人一旦克私去蔽，"则自能公是非，同好恶，视人犹己，视国犹家"（《王阳明全集卷二·答聂文蔚》）。如果人人如此，到那时，"求天下无治不可得矣"。

上述内容显示，王守仁的"天下一家，中国一人"说与张载的"民胞物与"说具有惊人的相似之处，都在宇宙秩序与社会秩序、家庭秩序的相互通约中，彰显社会秩序的天然合理、神圣有效。所不同的是，如果说张载的论述从宇宙本原——气开始，由宇宙秩序向社会秩序、家庭秩序层层推进的话，那么，王守仁则把重心放在了人类社会，在论证中将社会秩序说成是家庭秩序甚至延伸为人的生理秩序。理论重心的转变使王守仁对社会秩序的关注更加密切，与现实社会的宗法等级制度的联系也更为直接。

第三节　宇宙秩序、社会秩序与家庭秩序的相互通约

张载的"民胞物与"说与王守仁的"天下一家，中国一人"说因循不同的哲学理念而来，却都是基于宇宙秩序对社会秩序的建构。作为宗法和谐建构的途径和方式，"民胞物与"和"天下一家，中国一人"内涵着两人对和谐的理解和追求，不仅隐藏着相同的思维方式，而且流露出相同的价值取向。

一、相互通约

上述分析显示，张载的"民胞物与"说与王守仁的"天下一家，中国一人"说植根于两人不同的哲学理念：前者基于气是宇宙本原、万物皆气所生的气学思路，后者基于仁心之发泄、流行的心学逻辑。除此之外，两者的理论渊源显然有别：深谙《周易》的张载著有《横渠易说》，他对宇宙秩序和社会秩序的洞彻基本因循《周易》模式；王守仁对《大学》情有独钟，其"天下一家，中国一人"之说虽然语出《礼记》，但是，他的思想主旨基本上是对《大学》的阐发。尽管如此，两者的思维方式如出一辙，那就是：将社会秩序家庭秩序化，为宗法等级制度披上温情脉脉的亲情面纱。其实，朱熹早就指出了两者之间的联系，并在《西铭解》中写道：

> 《西铭》之作，意盖如此，程子以为"明理一而分殊"，可谓一言以蔽之矣。盖以乾为父，以坤为母，有生之类，无物不然，所谓理一也。而人物之生，血脉之属，各亲其亲，各子其子，则其分亦安得而不殊哉！一统而万殊，则虽天下一家，中国一人，而不流于兼爱之弊，万殊而一贯，则虽亲疏异情，贵贱异等，而不牿于为我之私。此《西铭》之大指也。

在张载、王守仁的视界中，社会秩序之所以可以被家庭秩序化，是因为二者之间可以通约。其实，在宋明理学家那里，社会秩序与家庭秩序可以通约，社会秩序、家庭秩序与宇宙秩序之间同样可以通约。这就是说，他们的和谐理念和建构秉承同一个秘密，即宇宙秩序、社会秩序与家庭秩序相互通约。正是对宇宙秩序、社会秩序与家庭秩序相互通约的心照不宣，张载和王守仁不约而同地一面把宇宙本体派生万物的过程说成是宇宙秩序社会秩序化、家庭秩序化的过程，一面将宗法社会的等级秩序说成是基于宇宙秩序的天经地义。在这方面，王守仁甚至以生理秩序的天然合理为宗法等级秩序的长幼尊卑进行辩护，致使宇宙秩序、社会秩序、家庭秩序的相互通约延伸到生理秩序。这种做法使宇宙秩序、社会秩序与家庭秩序的相互通约成为宋明理学家和谐建构的最大秘密。正是在这个前提下，他们将宗法等级秩序说成是充满温情的家庭秩序，将不平等的森严等级说成是与天然的生理分工一样的与生俱来、自然而然，致使宗法社会中森严的统治关系成为家庭成员之间应有的血缘亲情关系。

进而言之，在宋明理学家为宗法等级秩序辩护的过程中，宇宙秩序、社会秩序与家庭秩序的可通约性使三者之间呈现出三位一体的态势。在这个三位一体的逻辑结构和运行机制中，一方面，社会秩序、家庭秩序因为来源于宇宙秩序而拥有了正当性和神圣性，甚至成为一种无可辩驳的预定规则。另一方面，宇宙秩序贯彻到社会和家庭之中，转换为君臣父子和上下尊卑的宗法等级秩序。对于宋明理学家来说，宇宙秩序、社会秩序与家庭秩序的三位一体指明了宗法和谐的建构之路，那就是宗法社会的和谐建构与宇宙秩序和家庭秩序息息相关：第一，社会和谐作为对宇宙秩序的贯彻，包括天人和谐，内容之一就是人与自然的和谐相处、天然一体。第二，社会和谐包括家庭和谐和个人的身心和谐，以每个人认定宗法等级秩序犹如生理秩序不可颠倒那样绝对服从为前提。

值得一提的是，在宇宙秩序、社会秩序与家庭秩序的相互通约中，社会秩序得天独厚，占据中间位置，这种位置使其作为宇宙秩序与家庭秩序的中介举足轻重。更为重要的是，在宇宙秩序与家庭秩序的相互印证中，社会秩序的绝对权威性、天然合理性得以极度张扬和证明：如果说宇宙秩序带给它的是天经地义、万古永恒的绝对权威的话，那么，家庭秩序带给它的则是与生俱来、天然合理；前者侧重神圣性辩护，后者兼顾操作实施。至此可见，在宇宙秩序、社会秩序和家庭秩序的相互通约中，社会秩序成为最大的受益者，其合理性得以最大程度地彰显：第一，由于依托于宇宙秩序，社会秩序具有了名副其实的天经地义和宇宙法则的普遍意义。这是对社会秩序的大而化之。这种做法赋予社会秩序以形上意蕴，与宋明理学道德哲学与本体哲学合二为一的思维方式一脉相承。第二，等级制度转化为家庭秩序乃至生理秩序。这是对社会秩序的小而化之。这种做法使社会秩序家庭秩序化，乃至成为一身之中的生理秩序，绝好地展示了宋明时期加强对人的身心控制、道德教化生活化的时代特征。正是在对社会秩序或大而化之、或小而化之的相互印证中，作为社会秩序的宗法等级制度的权威性和合理性得到了充分辩护，也有了落脚点和笃行处。不仅如此，在社会秩序的大而化之中，规范社会秩序的"君为臣纲"与规范家庭秩序的"父为子纲"和"夫为妻纲"由于天理的庇护在某种程度上拥有了宇宙法则的意味；在家庭秩序的小而化之中，"君为臣纲"体现在"父为子纲"和"夫为妻纲"统辖的家庭秩序中，事上之忠从父子、夫妻关系做起，细化、落实在家庭的日常生活之中。至此，通过家庭秩序大而化之与小而化之的相互印证，忠、孝、节相互推演、互为表里。三纲既有不同的侧重，又相互支撑，共同组成了一个有机系统。宇宙秩序、社会秩序、家庭秩序的相互通约打通了三纲之间的壁垒，淡化了"君为臣纲"与"父为子纲"和"夫为妻纲"之间的统辖权限，为宗法社会的和谐建构提供了可行性论证。正是宇宙秩序、社会秩序与家庭秩序的相互通约使宋明理学家对宗法等级秩序的论证意境高远，措施缜密，既有恢宏之高度，又不乏精微之切实。

二、相互通约的现实模本

张载、王守仁将社会秩序视为家庭秩序的做法代表了宋明理学家一贯的思维方式和价值取向，也就是说，认定宇宙秩序、社会秩序、家庭秩序可以通约是宋明理学家的共识。不仅如此，"民胞物与"和"天下一家，中国一人"表达的将社会秩序家庭秩序化的做法具有现实的社会基础。只有结合当时的社会存在理解其出现的必然性，才能体会这种做法对于维护宗法等级秩序的重要作用。

从社会存在来看，宋明时期大家庭的急剧增多提供了家庭秩序社会秩序化的现实模本，为宇宙秩序、社会秩序和家庭秩序的相互通约奠定了基础。具体地说，家庭一般分为三个类型，即小家庭、折衷家庭和大家庭。

小家庭指由一对夫妇或加上子女的家庭，也称"核心家庭"；折衷家庭指一对夫妇加上其父母和子女，即包括祖孙三代的家庭，也称"主干家庭"；大家庭指大到包含直系亲属的夫妇、父母、子孙及其妻子在内的"本房"加上旁系亲属的伯叔、兄弟、侄及其妻子的"别房"，数百人同居的家庭，也称"联合家庭"。如果依照这个标准进行划分的话，那么，宋明社会的家庭以大家庭为主。

中国人的家庭、家族观念向来十分浓厚，大家庭更是宋明社会的普遍现象：一方面，受多子多孙为福观念的影响，中国人不仅以人丁兴旺为福，而且向往儿孙绕膝、子孙满堂的生活，这使父母一般都选择与儿孙同住。另一方面，中国素有敬老、养老之美德，为父母养老送终是每个人的基本义务和责任，与父母分开居住往往被视为不孝；受孝顺观念的影响，一般人都选择与父母一齐居住。这使子孙与父母、祖父母同居共爨成为中国古代最常见的生活方式和家庭模式。于是，可以看到，在中国古代社会中，家庭形态决少"核心家庭"，甚至连"主干家庭"也不多见，而是以"联合家庭"为主。这就是所谓的大家庭。这种同居的亲属集团被明代法律称之为"户"。这种大家庭的成员不仅是直系亲属，而且包括家族的成员。古代社会提倡和表彰"联合家庭"，以四室同堂、五室同堂为耀、为荣。宋明统治者特别提倡、表彰大家庭。在统治者的提倡下，宋明社会的大家庭数量越来越多，规模越来越大，四代、五代同堂者层出不穷，有的大家庭人口高达数百人之多。从量上看，以此规模推演下去，大家庭可以成为社会乃至天下。

与此同时，伴随着家庭的规模不断扩大乃至膨胀为数百人的大家庭，家庭成员之间的血缘关系逐渐弱化，代之而起的是各种家法族规的维系。这就是说，尽管以血缘为纽带，然而，从内部结构和运行机制来看，一个大家庭俨然就是一个结构完整的小社会。在大家庭内部，有严格的管理系统和机制，有完备的奖励或惩罚措施，有自给自足的经济供给等等。在宋明大家庭中，家产是大家的，归家庭成员共有。例如，福州杨崇其家法规定："子弟无私财，若田圃所入谷米之属，必白于长，藏之廪；若商贾所得，钱帛之属必白于长，藏之库"，以供家庭成员"婚姻、丧葬、祭祀、饮食之用。"① 家庭中如买卖土地、购置房产虽要"父子兄弟商议"，然而，家长（尊男）对家庭财产拥有绝对的管理权和处理权。例如，《大明会典·户部·户口·分户继绢》规定："凡祖父母、父母在者，子孙不许分财异产，其父祖许令分析者听。"② 更为重要的是，大家庭内部等级森严，成员之间不仅是基于血缘的亲属关系，而且是尊卑森严的等级关系。其中，家长具有绝对权威，乃至掌握生杀大权。与此同时，家庭成员之间也是不平等的，彼此之间地位悬殊。例如，明代家庭是"同居共财"的亲属组织，理论上家产是"公家物事"，为家庭成员所共有，实际上却是由家长所拥有、管理或控制的。再如，大家庭分产时，以诸子均分为原则。在具体操作中，女性成员待遇要低：若已嫁人，不能参与分产；若未嫁人，如守节妇，则由大家庭负责养老送终。大家庭的运行机制表明，血缘亲情在淡化和松弛，逐步让位于家法族规。家法族规虽然是"私法"，但是，它却具有国家承认的法律效力。它与公法的并行不悖使之拥有了某种意义的"公法"性质，也表明了大家庭与社会管理模式的相通性。这就是说，宋明大家庭的运行机制表明，家庭秩序与社会秩序具有可通约性。

总而言之，随着人数的增加和规模的扩大，大家庭在量上无限伸展，具有了"社会"的意义，管理方式更是与社会趋同：第一，从规模的扩大和人数的增加来看，大家庭为家庭秩序社会秩序化提供了支持。随着规模、人数的扩大和增加，大家庭在量上急速膨胀，就此规模和逻辑无限推演，大家庭具有膨化为国家乃至天下的可能性。第二，从运作机制和管理模式来看，随着人数的增加和血缘关系的松弛，家法族规的作用明显增强，尤其是其中的等级尊卑之别掩盖、代替了家庭成员之间天然的血缘亲情，成为了调节人际关系的主要力量。从具有国家认可的公法效益的角度看，家法族规为家庭秩序社会秩序化提供了支持。正是在这种社会存在和

---

① 龚书铎主编《中国社会通史·明代卷》，山西教育出版社，1996 年版，第 379 页。
② 李东阳等《大明会典》，万历十五年礼监刊本。

历史背景下，出现了宋明理学家把社会秩序视为家庭秩序的做法。这就是说，大家庭规模的越来越大和数量的不断增多打通了社会秩序家庭秩序化的思维通道，也在家庭秩序可以社会秩序化中印证了社会秩序可以宇宙秩序化。反过来，天下、社会和国家也就是一个大家庭。

第四节　家国同构和天人合一

张载的"民胞物与"与王守仁的"天下一家，中国一人"是对由来已久且根深蒂固的天人合一的全新表达和细化。两人在认定宇宙秩序、社会秩序与家庭秩序可以通约的前提下将社会秩序家庭秩序化的做法，植根于家国同构观念。四书与五经虽然都是儒家经典，但是，不同时期的儒家对二者具有不同的偏袒。一言以蔽之，如果说汉儒注重五经的话，那么，宋儒则推崇四书。对于张载和王守仁的宇宙秩序、社会秩序与家庭秩序相互通约来说，构成六经甚至作为六经之首的《周易》和构成四书的《大学》从不同方面提供了论证。相比较而言，张载对《周易》情有独钟，王守仁则是《大学》顶礼膜拜。

一、宇宙秩序家庭秩序化和社会秩序化的通路

儒家历来看中《周易》，甚至将之奉为五经之首。对于儒家来说，《周易》最大的魅力在于，通过天、地、人三个世界建构了宇宙秩序家庭秩序化和社会秩序化的天人合一模式。就天人合一而言，《周易》阐释的宇宙生成论不仅讲天道、地道，而且讲人道，其形而上学就是天人和谐之道。这正如其书所云："《易》之为书也，广大悉备。有天道焉，有人道焉，有地道焉。兼三才而两之，故六。六者非它也，三才之道也。"（《周易·系辞下》）这就是说，《周易》既讲天道、地道，又讲人道，同时建构了天、地、人三个世界：对《周易》的三画经卦来说，上、中、下分别符示天、

人、地；对由经卦相重的六画别卦而言，五上、三四、初二之爻分别符示天、人、地。不仅如此，在对天、地、人三个世界的位置排列上，天在上，地在下，人在中间。这种安排寓意着人有沟通天道与地道的能力和使命。与此同时，《周易》的卦画系统是"变动不居，周流六虚"（《周易·系辞下》）的，预示着人只有与天、地、人和谐相处，才能实现人与天地自然的"保合太和"。

在《周易》的视界中，人与天、地、人的和谐包括相互作用的两个方面：第一，天、地、人三个世界遵循不同的法则，"立天之道，曰阴与阳；立地之道，曰柔与刚；立人之道，曰仁与义。"（《周易·说卦》）三个世界的不同法则决定了它们的不同地位和作用。天之阴阳是万物变化的总纲，是地之柔刚和人之仁义的本原所在，地道与人道因循天道而来。第二，三个世界以及万物的不同决定了它们的相互作用，人与天地之道合一是和谐的根本保障。只有整个生态环境中的万物得以"各正性命"，即各种事物皆得以圆满实现自己的性命，才能实现大环境与小环境之间、小环境与小环境之间以及小环境内部的协调平衡。可见，阴阳协调平衡是《周易》思想的精髓，和谐是从天而地而人的一脉相承。具体地说，《周易》的立论根基是"三才之道"，即本天道以立人道，开天文以立人文，效法天道以"自强不息"（《周易·乾·象》），效法地道以"厚德载物"（《周易·坤·象》），效法天地之道以"遏恶扬善"（《周易·大有·象》）。这一切可以概括为："乾道变化，各正性命。保合太和，乃利贞。首出庶物，万国咸宁。"（《周易·乾·卦》）

《周易》建构的宇宙模式具有两个基本特征：第一，人道与天道密切相关，是因循天道而来的——没有天道，人道便无从谈起。因此，因循天道、与天道合一是人道的根本法则。第二，天道、地道与人道各有侧重，功能不同。无论是天道之阴阳还是地道之柔刚都需要人道之仁义去和合、去完成，或者说，天道之阴阳和地道之柔刚在人道中转化为仁义。具体地说，宇宙是一个生命整体，其目的是"生"，而宇宙、天地的这个生生之德是通过人即人道之仁义完成的。可见，《周易》建构的宇宙生成模式传递出天人合一的和谐理念，并使天人合一成为人"与天地合其德"的过程，这用书中的话说便是："夫大人者与天地合其德，与日月合其明，与四时合其序，与鬼神合其吉凶。先天而天弗违，后天而奉天时。"（《周易·乾·卦》）

进而言之，《周易》所讲的"与天地合其德"奠定了天人合一的和谐方式和价值取向，具体方法就是将宇宙秩序即天道转化为家庭秩序和社会秩序（人道）。在这方面，《周易》把整个世界说成是一个有机整体，同时强调整体中的尊卑等级；由天地之尊卑演绎出万物之等级，进而推导出人类社会的夫妇、父子和君臣关系，致使宇宙秩序转换为家庭秩序和社会秩序。于是，书中不止一次地写道：

> 天尊地卑，乾坤定矣。卑高以陈，贵贱位矣。……在天成象，在地成形，变化见矣。……乾道成男，坤道成女。乾知大始，坤作成物。乾以易知，坤以简能。……易简而天下之理得矣。天下之理得，而成位乎其中矣。（《周易·系辞上》）

> 有天地然后有万物，有万物然后有男女，有男女然后有夫妇，有夫妇然后有父子，有父子然后有君臣，有君臣然后有上下，有上下然后礼义有所措。（《周易·序卦》）

在这里，《周易》把自然与人事、自然秩序与社会秩序连为一体，致使整个世界成为由天地、万物、男女、夫妇、父子和君臣组成的多层次系统。在宇宙的这个系统中，各部分处于不同的等级之中，由于各种存在具有不同的功能，各司其职，整个世界才和谐有序：自然秩序即"物则"，天地的目的是天生地养，天覆地载，日月同明，四时合序，风行雨施，也就是天地尽职尽责，生育万物；万物的目的是尽性遂生，同生共育，和谐相处，不危害他物，保持自然界生物的多样性和丰富性；社会秩序即人伦，人的目的是各安其位，各尽其分，除了尽好夫妇、父子、兄弟、君臣和朋友的五伦之道外，还要帮助、参与万物的生长。只有人和自然万物都在各自的位置上尽了职责，完成了自己的目的，这个宇宙整体才能实现自己的目的。由此可见，《周易》的和谐思路和基本方式是将宇宙秩序家庭秩序化和社会秩序化，无论是"与天地合其德"还是以夫妇、父子代表的家庭秩序或者君臣代表的社会秩序继续天地之尊卑都是与上天合一的过程。从这个意义上说，家庭秩序、社会秩序与宇宙秩序相互通约是天人合一的具体表征和主要途径。

与道家之混沌未分、墨家之兼爱同一相去甚远，儒家所追求的和谐是各处其位的等级和谐。这就是说，儒家所讲的和谐是蕴涵上下等级的和谐。正是在天、地、人三个世界的转换中，通过宇宙秩序而家庭秩序，家庭秩序而社会秩序，《周易》将上下尊卑的和谐之道不露声色地表达了出来。

《周易》开启的和谐思路与早期儒家推出的天人合德说相互印证。在这方面，孟子和《中庸》是典型代表：

> 尽其心者，知其性也；知其性，则知天矣。(《孟子·尽心上》)

> 唯天下至诚，为能尽其性；能尽其性，则能尽人之性；能尽人之性，则能尽物之性；能尽物之性，则可以赞天地之化育；可以赞天地之化育，则可以与天地参矣。(《中庸》)

> 天命之谓性，率性之谓道，修道之谓教。(《中庸》)

《周易》的和谐理念引领了后续儒家和谐理念的基本走向。宋明理学以"性与天道"为中心问题，本质上是对《周易》开启的天人合一的继承。宋明理学家对《周易》开启的与天地合德的天人合一模式的推崇早在北宋就已经初露端倪。下仅举其一斑：

> 儒者则因明致诚，因诚致明，故天人合一。致学而可以成圣，得

天下而未始遗人。（张载：《横渠易说·系辞上》）

　　"生生之谓易"，是天之所以为道也。天只是以生为道，继此生理者，即是善也。善便有一个元底意思。"元者善之长"，万物皆有春意，便是"继之者善也"。"成之者性也"，成却待它万物自成其性须得。（程颢：《河南程氏遗书卷二上》）

　　只心便是天，尽之便知性，知性便知天。当处便认取，更不可外求。（程颢：《河南程氏遗书卷二上》）

　　不仅如此，循着《周易》开启的天人合一的基本思路，宋明理学家在以道德完善与上天合一的过程中重申并且细化了将宇宙秩序转化为家庭秩序和社会秩序的主题。特别是在为社会秩序辩护的过程中，他们在宇宙秩序与社会秩序、家庭秩序的相互通约中论证社会秩序的合理性。不仅如此，在宇宙秩序、社会秩序、家庭秩序相互通约的前提下，宋明理学家将社会秩序说成是家庭秩序，并且在实践操作上贯彻了本体哲学、人性哲学与道德哲学的三位一体；通过本体哲学—人性哲学—道德哲学的三位一体，他们为社会秩序的家庭秩序化找到了哲学依据。

　　其实，"民胞物与"和"天下一家，中国一人"不仅秉持相同的宇宙秩序、家庭秩序、社会秩序相互通约的思想主旨，而且都是从本体哲学、人性哲学、道德哲学的三位一体中推导出来的。例如，正因为本体哲学、人性哲学与道德哲学是三位一体的，所以，张载断言："不闻性与天道而能制礼作乐者末也。"（《正蒙·神化》）与此相关，因为经典有言"夫子之言性与天道，不可得而闻也"（《论语·公冶长》），所以，张载的上述言论被视为离经叛道而遭到非议。稍加思考不难发现，这句话恰好道出了张载本体哲学（天道）、人性哲学（性）与道德哲学（礼乐）三位一体的思维格局和价值旨趣。也正因为在张载那里本体哲学、人性哲学与道德哲学是三位一体的，所以，离开了性和天道，礼乐便无从谈起。受制于这套思维方式和价值系统，张载的"民胞物与"说从"乾父坤母"的宇宙模式开始，以绝对服从之孝道告终。循着同样的思路，王守仁的"天下一家，中国一人"说始于与天地万物为一体是"吾心之仁"的发用流行，终于仁之一体中的厚薄犹如一身之手足与头目的关系不可倒置。透过这些可以看出，宋明理学家的本体哲学、人性哲学、道德哲学的三位一体是为人在现实的宗法社会中安排既定位置，即通过确定每个人与生俱来的等级名分为人定位。为了表明这种安排既权威又公正，他们一面将之推为宇宙本体的造作，一面将之奉为行为准则。如果说前者的重点在等级名分源于宇宙秩序的话，那么，后者则重在呼吁按照等级名分的要求安身立命、处理各种事物。于是，便有了宇宙秩序、社会秩序与家庭秩序之间的相互通约，因为三者相互通约是本体哲学—人性哲学—道德哲学三位一体的现实版和通俗化，为其找到了切实的操作处。不仅如此，由于有了本体哲学—人性哲学—道德哲学的三位一体，便有了宇宙秩序、社会秩序与家庭秩序的一脉相承、环环相接。在这个意义上，本体哲学、人性哲学和道德哲学的三位一体与宇宙秩序、社会秩序和家庭秩序的相互通约，彼此作用、彼此映衬。

二、家庭秩序社会秩序化的先河

《大学》顾名思义即高深的学问。综观《大学》八条目可以发现，个人修身养性、齐家之方、治国平天下之道一脉相承，一以贯之的是家庭秩序与社会秩序的相互通约。正是有了家庭秩序与社会秩序相互通约这个大前提，《大学》从格物、致知讲起，中经诚意、正心、修身，可以齐家；齐家之后，如法炮制，便可治国、平天下。在这里，修身、齐家是治国、平天下的前提和准备，治国、平天下是修身、齐家的结果和外推。其中贯穿的潜台词是，内圣、外王是相通的，齐家与治国、平天下同道。

与《大学》的久负盛名相联系，作为内圣外王理念的具体化，在中国人的思维方式和价值观念中，家和国是同构的——家是国的缩影，国是家的放大。家国之并无本质区别，遵循同样的法则，适用相同的治理之方。作为这一理念的直接表现，天下可以视为家，即四海为家，家也可以视为天下。于是，忠孝互为表里、相提并论。久而久之，在中国人的思维观念和汉语实践中，家与国的语义相互叠合，以至于离开特定的语境无法理解二者的确切含义。例如，家可以指自己的血缘家庭，也可以指国家。与此类似，家庆可以指父母的生日，也可以指国家诞生之日；"家臣"可以指诸侯、王公的私臣，也可以指各国卿大夫的臣属；"家父"可以置换为"家君"，"国君"可以置换为"国父"，"家邦"与"国邦"可以换用等等。进而言之，家与国的语义叠合不仅是中国人的语言习惯，而且隐藏着深层的认知结构和价值取向。在表层，家与国的语义叠合造成了这样的结局：从个体家庭到泱泱大国，不同的所指载入同一能指符号——"家"；在深层，齐家之术为治国之道所认同，铸定了国家政治运作模式的家长制。于是，可以看到，统治者往往将家庭关系中的孝道提升为治理国家的根本，进而标榜以孝治天下。由齐家而治国，宗法社会主流意识形态的家庭化和传统家庭成员行为规范的社会化相互映摄，父父子子的家庭伦理和君君臣臣的社会伦理一脉相承。在这种思维定式下，在家事父母孝，外出一定会事君上忠。

就具体操作而言，由齐身通向治国、平天下的思路拉近了家与国之间的距离。依仗这种文化背景和思维方式，把天下、社会的上下尊卑说成是基于血缘亲情的家庭关系，给等级制度下的统治与被统治披上温情脉脉的仁爱面纱便不难理解，甚至是顺理成章的事了。与此同时，作为亲情血缘凝聚的家也成为社会化的一个缩影。由此，人们联想到，在宗法等级社会，为什么国家命运转换成朝代的更替总是王室兴衰的扩大？为什么国家命运总是皇家命运的延伸？为什么朝廷行为常常与家庭行为纠缠不清？这一切的根本原因在于，家与国之间并无固定界限，更无本质区别。正是由于这个原因，家庭中的行为可以被扩大、延伸而具有普遍意义，家庭秩序浓缩着社会秩序，因而可以被提升为社会秩序乃至宇宙秩序。

综上所述，张载的"民胞物与"和王守仁的"天下一家，中国一人"

共同证明，儒家的和谐理念和道德诉求在宋明理学中臻于完备。这集中表现在两个方面，这两方面也成为两人思想的相同之处：第一，在理念上，天人合一的模式转换为本体哲学—人性哲学—道德哲学的三位一体。通过这个三位一体，张载、王守仁分别借助"民胞物与"和"天下一家，中国一人"一面将和谐说成是宇宙本体的题中应有之义，一面通过道德践履把作为宇宙本体的和谐理念转化为宗法等级制度，进而落实到君臣父子之间，使人伦日用都贯穿着和谐理念。第二，在操作上，张载、王守仁将天人合一的和谐建构具体化为社会秩序家庭秩序化，不仅以最切近、最通俗的形式贯彻着天人合一，践履着仁义道德，而且在家庭秩序出于血缘亲情，犹如生理秩序一般天然如此、不容颠倒中强化宗法制度的天经地义、万古永恒。正是在这两个方面的相互作用中，张载、王守仁将儒家的和谐理念发挥得淋漓尽致、无以复加，同时以最完善的形上方式道出了儒家所追求的和谐就是宗法社会的等级秩序。

第十一章　朱熹与王守仁知行观比较

宋明时期，知行关系成为热门话题。作为著名的宋明理学家，朱熹和王守仁都提出过系统的知行观。一边是朱熹主张"论先后，知在先"，一边是王守仁宣称"知行合一"、不分先后，并且对朱熹的知行观予以批判。这表明，两人的知行观存在着不容否认的差异和区别。与此同时应该看到，朱熹、王守仁的知行观具有相同的理论初衷和价值旨趣，其共同点和一致性同样不容低估。这些相同点彰显了宋明理学的共同特征，带有宋明哲学的鲜明特征和独特烙印。

第一节　"论先后，知在先"

朱熹对知行关系非常重视，反复从不同角度对知行关系予以审视和阐释，提出了较为系统的知行观。尽管如此，其中最具有特点、也被后人如王守仁、王夫之等所诟病的便是"论先后，知在先"。

一、知行总论

对于知行关系，朱熹的总看法是："知、行常相须，如目无足不行，足无目不见。论先后，知在先；论轻重，行为重。"（《朱子语类》卷九）由此可见，朱熹的知行观包括三个方面：第一，知行相互依赖。这是总纲，是抽象而言的。第二，知在先，行在后。这是顺序，是具体而言的。第三，行比知更为重要。这是就价值而言的。综合考察朱熹的思想可以看法，他强调，人的认识是一个知与行由知而行，然后由行而知；再接下来，再由知而行，由行而知……无限往复，不断深化的过程。

在总体考察知行关系的过程中，朱熹指出，在处理知行之间的关系时，就下手处而言——借用他本人的话语结构即"就其一事之中而论之"，则须知先行后。于是，朱熹一再强调：

> 夫泛论知行之理，而就一事之中以观之，则知之为先，行之为后，无可疑者。（《朱文公文集卷四十二·答吴晦叔》）

> 今就其一事之中而论之，则先知后行，固各有其序矣。（《朱文公文集卷四十二·答吴晦叔》）

朱熹的这两段话表明，在处理现实的、具体的知行关系时，必须遵守知在先、行在后的次序。正是在就一事而论中，他强调，"论先后，知在先"。也正是在这个意义上，他断言："切问忠信，只是泛引且已底意思，非以为致知力行之分也。质美者固是知行俱到，其次亦岂有全不知而能行者。"（《朱文公文集卷六十·答潘子善》）按照朱熹的说法，既然知行互发、俱到是就理想状态而言的，那么，便不能保证时时处处都可做到；退一步说，如果不能知行俱到而不得已作出取舍的话，那么，只能是先知后行，而万万不可先行后知或不知而行。对此，朱熹解释说，如果"全不知而能行"，那太不可思议了，当然也太危险了。

二、基本含义

朱熹所讲的知先行后的第一层含义也是最基本的含义是，在处理知行关系时，应该从知下手，知后而行。这意味着，在知与行之间存在着一个逻辑上的先后顺序和价值上的本末关系。其实，在他的著作中，有许多对知行关系的论述都是从这个角度立论的。下仅举其一斑：

> 须是知得，方始行得。（《朱子语类》卷一百零一）

> 先知得，方行得。所以《大学》先说致知。（《朱子语类》卷九）

> 论先后，当以致知为先。（《朱子语类》卷九）

> 故圣贤教人，必以穷理为先，而力行以终之。（《朱文公文集卷五十四·答郭希吕》）

可见，对于为学的次序和如何处理知行关系，朱熹的看法是，人在为学或修身养性时，必须先致知、穷理，然后再按照所明之理去行。这里的知行具有一个先后程序，其中隐藏的理由是，凡人做事必定在明白其中的道理之后依此而行，才有可能做出符合规范的行为来。

与此相关，知先行后的第二层含义是，知在行先以指导行，行在知后依照知的引领而行。在这个意义上，朱熹不止一次地指出：

> 义理不明，如何践履？……如人行路，不见便如何行？（《朱子语类》卷九）

> 道理明时，自是事亲不得不孝，事兄不得不悌，交朋友不得不信。（《朱子语类》卷九）

如果说知先行后的第一层含义是技术上、程序上的话，那么，第二层含义则是目的性、价值性的。原因在于，知在先是为了确保行的正确，只有先知后行方可避免行的盲目以免误入歧途。按照朱熹的说法，只有先明白了道德义理、树立正确的道德观念，才有可能产生正确的道德行为；只有先明晓义理，才能使行为有所规范而合于义理；否则，没有知的指导或不知而行，必然如盲人行路一般，在践行中陷于盲目甚至是危险境地。出于这种考虑，他坚决反对行在知先的做法。例如，朱熹曾说："有以行为先之意，而所谓在乎兼进者，又若致知力行，初无先后之分也，凡此皆鄙意所深疑。"(《朱文公文集卷四十二·答吴晦叔》) 在这里，他不仅反对"以行为先"，而且反对知行"无先后之分"，从反面伸张了知先行后的观点。

除此之外，朱熹之所以主张知先行后，是因为他坚信真知无有不行者。朱熹坚信，只要真知就一定能行，如不能行，只是知之太浅。基于"知得方行得"的思路，他强调，知是行的基础和根据，若行，"便要知得到，若知不到，便都没分明，若知得到，便著定恁地做，更无第二著第三著。"(《朱子语类》卷十五) 循着这个逻辑，只要知之真切就必然能行，只要知在先，行是迟早的事。

第二节 "知行合一"、不分先后

对于知行关系，王守仁的核心命题是"知行合一"。尽管这一观点并非王守仁的原创，南宋时期的陈淳等人提出过相似命题，然而，王守仁对"知行合一"津津乐道，致使这一命题产生了巨大影响，以至于一提起"知行合一"，最先想到的便是王守仁。

一、立言宗旨

据王守仁自己披露，他之所以主张"知行合一"，是针对当时的社会恶习有感而发的，主要是为了反对朱熹的知行观。按照王守仁的说法，朱熹的知先行后思想在社会上造成了知行脱节、言行不一的恶劣风气，因为有些人正是借口先知后行而对孝、悌不肯躬行的。对于自己倡导"知行合一"的良苦用心，王守仁曾经表白说：

今人却就将知行分作两件去做，以为必先知了然后能行，我如今且去讲习讨论做知的工夫，待知得真了方去做行的工夫，故遂终身不行，亦遂终身不知。此不是小病痛，其来已非一日矣。某今说个知行合一，正是对病的药。(《王阳明全集卷一·传习录上》)

王守仁认为，朱熹的知先行后造成的"知得父当孝、兄当弟者，却不能孝、不能弟"的毛病不是"小毛病"，滋长下去将危害整个社会；自己提倡"知行合一"，正是为了以知行不分先后为下手处，抵制知行脱节，以此作为对病的药来整顿道德。这表明，王守仁反对朱熹对知行关系的认定，在知行观上与朱熹的观点存在分歧。

二、基本含义

与反对朱熹知行脱节的立言宗旨相呼应，王守仁强调，"知行合一"最基本的含义就是知与行在时间上不分先后、同时并进。对于知行并进，在时间上不分先后，王守仁十分重视，并举例论证说：

故《大学》指个真知行与人看，说"如好好色，如恶恶臭"。见好色属知，好好色属行。只见那好色时已自好了，不是见了后又立个心去好。闻恶臭属知，恶恶臭属行。只闻那恶臭时已自恶了，不是闻了后别立个心去恶。(《王阳明全集卷一·传习录上》)

对于知与行不分先后的合一并进，王守仁的逻辑和理由是，"见好色属知，好好色属行"，"闻恶臭属知，恶恶臭属行"；因为"见那好色时已自好了"，"闻那恶臭时已自恶了"，所以，知与行在时间上不分先后、同时并进；既然知与行在时间上不分先后、是并进的，当然就是合一的。至此，不难发现，他对"知行合一"的证明奠定在一个前提之上，这个前提便是："见好色属知，好好色属行"，"闻恶臭属知，恶恶臭属行"。按照一般常识，好恶是情感，属于知；王守仁却将之界定为行，成为"知行合一"的前提。其实，他的"知行合一"就是以对知、行的特定理解为前提的，对知行关系的全部理解都与对知、行的特殊诠释密切相关。具体地说，循着心是宇宙本体、吾心即是良知和心中包含万理的思路，王守仁断言，知是天赋的良知，并不是一般的知识、理论或认识。对于行，他一面断言"凡谓之行者，只是著实去做这件事"（《王阳明全集卷六·答友人问》），一面宣称"一念发动处，便即是行了。"（《王阳明全集卷三·传习录下》）可见，王守仁对知、行的定义并非是在通常意义上立论的，套用王夫之的话语结构便是："知者非知，而行者非行。"（《尚书引义卷三·说命中二》）王守仁在承认行是"著实去做"的同时，将意念归于行。正是循着这个逻辑，他把人的意念、动机称为行，并在此基础上恪守"知行合一"、并进说。

"知行合一"的第二层含义是，知与行在本义上是合一的。如上所述，王守仁证明知行不分先后、并进合一的前提是"指个真知行与人看"，这里的知与行之所以合一并进是因为它们是"真知行"，真知、真行本义合一。这就是说，知行并进合一、不分先后不仅是在经验层面上立论的，而且是在本真层面上立论的。在他看来，只有相互合一的真知、真行才是知、行的整体含义和理想状态。这表明，"知行合一"是知行的本义，知行本义指完整意义上的知行，即真知真行。真知不仅是道理上的知，而且必定能够见之于行；真行不是泛指一切行为、活动，而是特指在知指导下的行。正是在这个意义上，王守仁宣称："知之真切笃实处即是行，行之明觉精察处即是知。"（《王阳明全集卷二·传习录中》）

知与行的同时并进、本义合一表明二者相互包含、不分彼此，这是"知行合一"的第三层含义。王守仁认为，知与行不仅在本义上合一，而且在具体操作上也是合一的，这种合一使二者之间呈现出你中有我、我中有你的相互包含关系。正是在这个意义上，他宣称："知是行的主意，行是知的工夫；知是行之始，行是知之成。若会得时，只说一个知已自有行在，只说一个行已自有知在。"（《王阳明全集卷一·传习录上》）按照王守仁的理解，人的行为都带有一定的动机和意图，这些计划、意图组成的知就是行的开始。这表明，知本身就包含着行。反过来，因为行是在意志、思想的支配下发生的，是知的践履工夫，可以说是计划、主意的实施和贯彻。这表明，行中包含知，如何行就事先包含在知中。知与行之间这种相互渗透、相互包含的关系就是不可分割的合一关系。不仅如此，为了强调知与行之间相互渗透和相互包含，他强调，"知行不可分作两事"，是"两个字说一个工夫"。更有甚者，在知行相互包含的基础上，王守仁淡化两者之间的界线，进而得出了知行彼此相互代替、说到一方即可代替另一方的结论——"只说一个知已自有行在，只说一个行已自有知在"。这样一来，知行的相互包含便呈现为知即行、行即知的同一关系。

至此可见，从反对知先行后开始，王守仁急切地提倡"知行合一"。通过对知行关系的阐释，从知行不分先后、本义合一和相互包含，他最终得出了知与行不分彼此、相互替代的结论。这使知与行的合一变成了同一——对于知与行而言，既然只说一个就包含、代表了另一个，那么，知与行在本质上就成了一个，也就完全失去了相互脱节的可能。

第三节　朱熹与王守仁的分歧

通过对"知行合一"内涵的考察不难看出，正由于是针对朱熹知行观提出来的补救措施，王守仁的"知行合一"中包含有不同于朱熹的独特之处，如将意念说成是行，由此引申出知行不分先后、本义合一和相互包含乃至相互代替等等。与此同时应该看到，朱熹、王守仁知行观的分歧是具体操作或话语结构方面的，两人处理知行关系的原则别无二致。

一、"知、行常相须"

王守仁所讲的"知行合一"的三层含义可以归结为一个主题，即知与行相互依赖、不可分离。其实，这也是朱熹知行观的题中应有之义。如上所述，在论知行关系时，朱熹将两者的相互依赖列为第一点，强调知与行相互依赖，谁也离不开谁——正像走路一样，只有眼睛没有脚走不了，只有脚没有眼睛也走不好。他以走路为例解释说，知与行相互依赖、相互作用就像两条腿走路一样，必须一齐用力才能做好。基于这种认识，朱熹强调，知行相依，不可分离，必须"俱到"，绝不可以对二者厚此薄彼。不仅如此，鉴于知与行的相互依赖，他反对知至后行。对此，朱熹声称："若曰必俟知至而后可行，则夫事亲从兄，承上接下，乃之所不能一日废者，岂可谓吾知未至而暂辍，以俟其至而后行哉？"（《朱文公文集卷四十二·答吴晦叔》）

在此基础上，朱熹进一步指出，知行不仅相互依赖，而且相互促进。正如知之明会促进行之笃一样，行之笃反过来也会促进知之明。这表明，践行越深，获得的认识也就越多。在这个层面上，知与行的相互依赖表现为二者相互提高、相互促进，这套用朱熹本人的话语结构便是"知行互发"。基于这种认识，他告诉人们，对知、行皆不可偏废，知未至就着力于知，行未至就着力于行，在知行各项"俱到"的前提下，使知行"互发"。书中的很多记载表达了朱熹这方面的思想。例如：

> 问："南轩云：致知力行互相发。"曰："未须理会相发，且各项做将去，若知有未至，则就知上理会，行有未至，则就行上理会，少间自是互相发。"（《朱子语类》卷九）

鉴于知与行的相互依赖和相互提高，也为了防止人对知行举一弃一或厚此薄彼，朱熹强调，在为人、为学的过程中，知行必须齐头并进、不可偏废，因为知行并进、相互促进，两者必须一齐去做，才能收到成效；相反，如果只偏向一边，结果必然导致失败——无论偏向知或行哪一边，结果都一样。正是在这个意义上，他再三声称：

> 知与行，工夫须著并到。知之愈明，则行之愈笃；行之愈笃，则

知之盖明。二者皆不可偏废。如人两足相先后行，便会渐渐行得到。若一边软了，便一步也进不得。(《朱子语类》卷十四)

知与行须是齐头做，方能互相发。……不可道知得了方始行。(《朱子语类》卷一百一十七)

致知力行，用功不可偏，偏过一边，则一边受病。(《朱子语类》卷九)

由上可见，在讲知行关系时，朱熹的看法是，知与行相互促进、俱到、互发，始终强调二者的相互依赖。至此，他对知行关系的理解在某种程度上可以视为不分先后，与王守仁所讲的知行并进、不分先后基本一致。更为重要的是，与王守仁标举"知行合一"是为了抵制知行脱节的情形别无二致，朱熹强调"知、行常相须"也是针对当时的社会状况有感而发的：

大抵今日之弊，务讲学者多阙于践履，而专践履者又遂以讲学为无益。殊不知因践履之实，以致讲学之功，使所知益明，则所守日固，与彼区区口耳之间者，固不可同日而语也矣。(《朱文公文集卷四十六答·王子允》)

按照朱熹的说法，当时社会上对知行关系的看法存在着两种错误观点，造成了两种流弊。并且，这两种错误本质只有一个——知行脱节，形成的原因也只有一个——是知行分离造成的。与此相关，要医治这些病痛，方案只有一个——反对知行脱离，强调知与行的相互依赖。这一理论初衷从一个侧面证明，知行相互依赖、不可分离是朱熹审视知行关系的大方向、大原则，更是知行关系的理想状态。在知行相互依赖的层面上，与抵制知行脱节相一致，朱熹反对"知至而后可行"的做法，将知、行视为不可分离、相互促进的。与此相关，他要求人在为学、为人中使知行相长、齐头并进。

在知行观上，尽管朱熹、王守仁的具体观点和理论侧重存在差异，然而，两人的精神实质却别无二致：在朱熹对知行相须的论述中，对行过才是真知的论述使人想到了王守仁的真行必能真知，朱熹关于知行齐头并进、互发的说法与王守仁的"知是行的主意，行是知的工夫"也是异曲同工。不仅如此，朱熹所讲的知行互发也有知行相互包含的意思。例如，他曾说："且《中庸》言学问思辨，而后继以力行。程子于涵养、进学亦两言之，皆未尝以此包彼，而有所偏废也。"（《朱文公文集卷三十三·答吕伯恭》）在这里，朱熹对知行观的看法与王守仁不仅意思相同，而且连话语方式也如出一辙了。

二、知先行后的基本意图

上述分析显示，朱熹、王守仁对知行关系的看法大同小异，精神实质并无不同。尽管如此，一个不争的事实是，王守仁在主观上并不认同朱熹的知行观，尤其对朱熹的"论先后，知为先"耿耿于怀。这就是说，王守仁认为自己与朱熹的知行观长不相同，并且宣称自己强调"知行合一"就是为了抵制朱熹的知先行后。既然这样，便有必要分析朱熹知先行后的具体语境和基本意图，进而客观审视朱熹与王守仁知行观的异同。

如上所述，对于知行关系，朱熹主张在两者相互依存的前提下再分先后。按照他的解释，知行相互依存、不可偏废，必须齐头并进一起做是在抽象意义上讲的，并且是一种理想状态：如果落实到现实生活和实际操作领域，情形就大不相同了。正因为如此，反对"知而后行"的朱熹讲知行互发、俱到并不妨碍他强调"论先后，知在先"。于是，在前面的引文中，刚说到"知、行常相须"，马上就出现了"论先后，知在先"。这表明，与知行相互依赖、互发俱到一样，知先行后是朱熹对于知行关系的另一种观点，也是构成其知行观的重要组成部分。

需要说明的是，知先行后不是总原则，而是下手处，是处理具体事物时的要求。换言之，朱熹对知先行后的陈述出于如下的意图和动机，那就是：若行，就要先明白做什么、如何做；所以，必须知在先。正是为了突出知对行的指导，他强调，行必须在知的策划、引领和监督下进行，于是推出了知先行后。其实，从行必须依赖知的指导这个角度看，朱熹所讲的知先行后与知行不分前后、相互依赖并不矛盾。这是因为，从目的是为了以知来指导行的角度看，知先行后也是一种知行相互依赖、不可分离——至少是其中的一个方面。正因为如此，他强调，知行相互依赖、俱到互发，一定要齐头并进、不可偏废。从这个意义上说，知与行是同时进行的，不可分为先后。朱熹的这个看法与王守仁"知行合一"的第一层含义相互印证。

值得注意的是，朱熹强调"论先后，知在先"，一定要先知后行是在"知、行常相须"的前提下立论的。与此相联系，对于知与行之间一面齐头并进俱到，一面分为先后，朱熹本人的说辞是：前者是本原性的、抽象的，后者是具体的、就一事而论的。换言之，朱熹的知先行后不是在发生论而是在功能论上立论的，他对抽象的、本原上的知与行孰先孰后、谁产生谁的问题不感兴趣，而是把关注的焦点聚集在具体处理知行关系时二者的相互依赖、相互作用上；尽管在知行的相互依赖中侧重行对知的依赖，隐藏的前提还是知行相互依赖。在这个意义上可以说，知先行后与知行相依、"知行合一"以及不分先后并无本质区别，只是侧重不同而已。这清楚地表明，朱熹的知先行后以知行相互依存为前提，不仅离开知行相依这一原则便没有知先行后，而且知先行后本身就是相依的一个方面——说明了知行如何相互依存，只不过是侧重行如何依赖知（知指导行，行依赖知的指导）而已。

至此可见，对于朱熹所讲的知先行后不能简单地理解为时间的先后问题，更不存在知行脱节的问题，因为这里的知先行后以不证自明的知行相互依赖为前提。这也是他为什么一面断言知在先、行在后，一面宣称知行俱到互发、并且强调行为重的秘密所在。明白了这一点便会发现，朱熹的知先行后与王守仁的"知行合一"、不分先后所表达的是一个意思，这个共同的思想主旨即强调知对行的指导，以使行符合知的要求和意图，这使人想到了王守仁的"知是行的主意"。这表明，朱熹与王守仁的分歧都是技术性的，充其量只是表达方式或侧重不同，其思想主旨未尝有别。在此基础上，回过头来审视朱熹的知行观则会发现，他主张知先行后是为了强调知的价值和作用只有通过行才能体现出来，原本就没有将知与行断然分作两截的意思。同样，王守仁所讲的"知行合一"也不是单向的而是双向的：既包括行合于知，又包括知合于行；知与行之间的这种双向合一既是为了避免行脱离知，也是为了避免知落空。既然这样，"知行合一"与知先行后之间还有什么不可逾越的鸿沟呢？

明白了这一点可以看到，在知行的相互依赖上，朱熹的知先行后与王守仁的"知行合一"别无二致，正是知指导行将两人的知先行后和"知行合一"统一了起来。

第四节　宋明理学知行观的道德内涵和价值旨趣

朱熹、王守仁对知行关系的看法大同小异，流露出相同的价值旨趣，在知行与格物、致知的密切相关以及"去人欲，存天理"的逐层推进中演绎出超凡入圣的共同追求。这些相同的理论内涵和价值取向既是朱熹与王守仁思想的相同之处，也是宋明理学知行观的共同特征。

一、彰显知、行的道德内涵

与知行观成为热门话题是出于宋明社会加强道德修养的需要相一致，朱熹、王守仁所讲的知行均属于伦理道德范畴。可以说，两人知行观的相同之处表现为彰显知、行的道德内涵和伦理维度。

朱熹所讲的知在绝大多数情况下并非指人的认识或知识，而是专指人先天固有的天赋之知，即所谓的良知或称"天德良知"。在这方面，朱熹有言："知者，吾心之知；理者，事物之理，以此知彼，自有主宾之辨，不当以此字训彼字。"（《朱文公文集卷四十四·答江德功》）王守仁所讲的知是吾心先天固有之知更是不言而喻。在他那里，吾心之所以能够成为亘古亘今的宇宙本原，就是因为吾心即是天理，先天固有良知。

朱熹、王守仁关于知即先验之知、知即良知的说法决定了受知指导的行必然与知一样具有道德属性和价值，特指对伦理道德的践履躬行。这表明，两人所讲的知、行均属于道德范畴，对知行关系的界定侧重道德内涵和伦理维度，主要是在道德领域进行的。

问题到此并没有结束，知行的道德内涵和伦理维度决定了朱熹、王守仁的知行观具有相同的价值取向，一面以知为本、一面呼吁重行。

二、以知为本

朱熹、王守仁在审视、处理知行关系时明显偏向知的一边，在本质上以知为先、为本。在朱熹、王守仁的哲学中，知的先验性或良知的与生俱来否定了知源于行的必要性，知的良知内涵决定了行的是非、荣辱完全取决于知，知即天德良知注定了知具有行无可比拟的亘古亘今的绝对权威。事实上，无论是程朱理学对天理的推崇还是陆王心学对吾心的夸大都是对知的神化和膜拜，都为知在知行关系中占据主导地位、成为根本方面提供了前提。

程颐再三强调知为先、为本，把知行关系表达为"知本行次"。在知行相须的前提下，朱熹一面断言知先行后，一面不厌其烦地重申以知为本、为先。于是，在他的著作中，这样的句子并不难找到：

既知则自然行得，不待勉强。却是"知"字上重。（《朱子语类》卷十八）

257

行者不是泛而行，乃行其所知之行也。(《朱文公文集卷三十二·答张敬夫》)

在王守仁那里，知被直接称作良知。可以看到，他不仅用良知来称呼吾心或天理，而且断言良知"不待学而能，不待虑而知"，是"吾心天然自有之则"(《王阳明全集卷七·亲民堂记》)。循着这个提示，既然心即良知，那么，心是本原即意味着良知是本原。这一致思方向使良知成为王守仁哲学的第一范畴，乃至其伦理学说的全部秘密都可以归结为良知。这正如他自己所说：

除却良知，还有甚么说得？(《王阳明全集卷六·寄邹谦之三》)

舍此(指良知、致良知——引者注)更无学问可讲矣。(《王阳明全集卷六·寄邹谦之一》)

王守仁的这些议论都在无以复加的程度上证明了知的至高无上，而他的"一念发动处，便即是行了"更是在知向行的僭越中扩大了知的统辖范围。

三、在重知的前提下重行

对于朱熹、王守仁来说，知与行都侧重伦理道德领域，因而一个都不能少：没有道德观念，无法保障行为符合道德要求；观念(知)固然必要，践履(行)也必不可少；否则，一切道德观念都将沦为空谈甚至虚伪。在某种程度上甚至可以说，没有行，知也就失去了存在的必要和价值。正因为如此，有了知、行皆指对伦理道德之知、行，便可以想象，朱熹、王守仁在以知为本、防止妄行的同时必然要重行。

朱熹强调，仅仅知理而不去实行，这样的知便没有价值，知也等于无知。正是在这个意义上，他一再断言：

> 苟徒知而不行，诚与不学无异。（《朱文公文集》卷五十九）

> 既致知，又须力行。若致知而不力行，与不知同。（《朱子语类》
> 卷一百一十五）

鉴于这种认识，朱熹主张，仅仅有知是不够的，一定要把知落实到行动上；只有经过行，才可使知更真切、更深刻。譬如，要知道果子的酸甜滋味，"须是与他嚼破，便见滋味。"（《朱子语类》卷八）于是，他一而再、再而三地宣称：

> 又问真知。曰：曾被虎伤者，便知得是可畏，未曾被虎伤底，须
> 逐旋思量个被伤底道理，见得与被伤者一般方是。（《朱子语类》卷
> 十五）

> 亲历其域，则知之益明，非前日之意味。（《朱子语类》卷九）

> 为学之功，且要行其所知。（《朱文公文集卷四十六·答吕道一》）

> 夫学问岂以他求，不过欲明此理，而力行之耳。（《朱文公文集卷
> 五十四·答郭希吕》）

按照朱熹的说法，力行是明理之终。之所以要知，目的在于行。在这个意义上，朱熹断言"论轻重，行为重"。于是，他反复强调：

> 致知力行，论其先后，固然以致知为先；然论其轻重，则得之以
> 力行为重。（《朱文公文集卷五十·答程正思》）

> 论轻重，当以力行为重。(《朱子语类》卷九)

> 学之之博，未若知之之要；知之之要，未若行之之实。(《朱子语类》卷十三)

朱熹之所以宣称"论轻重，行为重"，除了突出知必须落实到行动上、知而不行等于无知之外，还因为行是检验知的标准。这包括两个方面的含义：第一，知之是非必须通过行来检验。这便是所谓的"必待之皆是，而后验其知至。"(《朱子语类》卷十五) 例如，一个人对父之孝、对兄之悌的认识是否正确，只有通过他事父、事兄的行为才能检验出来。第二，知是否真切要通过行表现出来、加以验证。这便是所谓的"欲知知之真不真，意之诚不诚，只看做不做如何。真个如此做底，便是知至、意诚。"(《朱子语类》卷十五) 这就是说，考察一个人知是否真、意是否诚，只有一条标准——力行。总之，一方面，朱熹主张以知为先、为本，这是因为只有以知为指导，才能保证行的正确。另一方面，他强调以行为重，这是因为知必须落实到行动上才能实现其价值，否则将流于空谈甚至虚伪。

王守仁坚持"知行合一"反对脱节，关键是抵制只知不行或知而不行，这一立言宗旨本身就有强调践履的意思。不仅如此，他指出，真知包含着真正去行，真知必须落到实处。为此，王守仁把"知行合一"视为判断真知、真行的标准，强调知、行只有在与对方的合一中才能成为真知、真行。这就是说，真知必能行，不行之知即非真知。在这个意义上，他一而再、再而三地申明：

> 真知即所以为行，不行不足谓之知。(《王阳明全集卷二·传习录中》)

> 未有知而不行者，知而不行只是未知。(《王阳明全集卷一·传习录上》)

　　如言学孝，则必服劳奉养，躬行孝道，然后谓之孝。岂徒悬空口耳讲说，而遂可以谓之学孝乎？学射则必张弓挟矢，引满中的；学书，则必伸纸执笔，操觚染翰。（《王阳明全集卷一·传习录上》）

　　按照王守仁的说法，真知与行合一包含两方面的含义，这两个方面共同指向了行的重要：一方面，真知一定落实到行动上，才算完结；另一方面，只有经过行，才能知之真切、深刻。他宣称："又如知痛，必已自痛了，方知痛；知寒，必已自寒了；知饥，必已自饥了。知行如何分得开？"（《王阳明全集卷一·传习录上》）

　　进而言之，知与行的道德内涵不仅决定了朱熹、王守仁对知行关系的侧重不是认识领域的理论与实践的关系，而是伦理领域道德认识与道德践履之间的关系，并且使两人将知行与格物、致知联系起来，最终归结为"去人欲，存天理"，成为超凡入圣的途径。在这方面，朱熹将格物、致知明确地归于知的范畴，同时强调格物的过程就是对天理代表的三纲五常的体悟。下面两段话表达了朱熹这方面的思想倾向：

　　如今说格物，只晨起开目时，便有四件在这里，不用外寻，仁义礼智是也。（《朱子语类》卷十五）

　　君臣父子兄弟夫妇朋友，皆人所不能无者，但学者须要穷格得尽。事父母，则当尽其孝；处兄弟，则当尽其友。如此之类，须是要见得尽。若有一毫不尽，便是穷格不至也。（《王阳明全集卷一·传习录上》）

　　王守仁曾经指责朱熹所讲的格物、致知与"穷天理，明人伦"脱节，并将格物、致知完全纳入"致良知"的体系；随着将格物定义为正事，将致知定义为扩充吾心之知，手段与目的已经合二为一，不会再有格物之手段与"穷天理，明人伦"之目的之间的脱节。从根本上说，王守仁关于格物、致知的目的是"穷天理，明人伦"，并且通过显露先天良知而加强道德修养的主旨与朱熹并无本质区别。这是因为，朱熹、王守仁都将格物、致知界定为伦理范畴，使之成为道德修养工夫，并将其最终目的锁定为"去人欲，存天理"。在某种程度上可以说，两人之所以热衷于阐发知行关系，是为了更好地格物、致知，进而在"穷天理，明人伦"的基础上通过"去人欲，存天理"而超凡入圣。正因为如此，尽管两人对知行关系、格物和致知的具体看法存在分歧，然而，在对"去人欲，存天理"的追求上，朱熹与王守仁之间毫无异议、异常统一。这不仅印证了两人知行观的价值旨趣无异，而且说明了两人的目的完全相同。

第十二章　朱熹与王夫之哲学比较

王夫之在政治上"抱刘越石之孤愤"而具有明朝情结，在学术上推崇张载而抨击朱熹。在王夫之看来，朱熹理学"祸烈于蛇龙猛兽"，是误国之学、亡国之学，导致有明亡国的就是宋明理学。这一认识坚定了他批判宋明理学的决心，深厚的哲学素养则奠定了他批判宋明理学的彻底性，采取"入其垒，袭其辎，暴其恃，而见其瑕"（《老子衍·自序》）的方式进行。在此过程中，王夫之通过对理气、道器、有无和动静关系的回答，从形而上学的高度对宋明理学予以批判。王夫之哲学的核心话题与朱熹相对应，回答则截然不同。通过比较朱熹与王夫之的哲学，既可以深入把握王夫之哲学的建构及其意义，又可以直观感受朱熹与王夫之以及宋明理学与早期启蒙思潮的理论分歧。

第一节　理气观

理气观是宋元明清哲学最基本的问题之一，也是宋明理学家谈论最多的话题之一。在朱熹的思想体系中，理指世界本原，具体内容是以三纲五常为核心的道德观念和行为规范；气指理的派生物，是构成事物的具体材料。在理气观上，朱熹坚持理先气后，由此推出了理本气末、理主气从。王夫之认为气是世界本原，理是气之条理；不仅在理依于气中否定了朱熹的理先气后，而且在理气善恶的统一中否定了朱熹有关理善气恶的说法。

一、理先气后

朱熹恪守理本论，同时肯定理气相依。原因在于，作为宇宙本原的理不能单独派生万物，在创造万物时，理必须借助气作为中介和工具。因此，对于每一个具体事物来说，理与气相依不离、不可或缺。正是在这个意义上，朱熹一再断言：

> 有是理，必有是气，不可分说。（《朱子语类》卷三）

> 天下未有无理之气，亦未有无气之理。（《朱子语类》卷一）

值得注意的是，朱熹一面指出理与气对于人和万物而言"有则皆有"、缺一不可，一面强调理与气之间的本末之分、主从之别。在他看来，天地万物包括人在内虽然都由理与气两种成分构成，但是，二者的关系并非平等：在派生万物之时，理与气的作用不容颠倒——理是本，气是末（具）："理也者，形而上之道也，生物之本也；气也者，形而下之器也，生物之具也。"（《朱文公文集卷五十八·答黄道夫》）在这个层面上，理是生成万物的准则和本原，气是构成万物的材料和工具，其间具有不容混淆的本末之分。在万物产生之后，理与气在万物中所处的地位不容颠倒——理是主，气是从。这用朱熹本人的话说就是："气之所聚，理即在焉，然理终为主。"（《朱文公文集卷四十九·答王子合》）这表明，对于具体事物而言，理与气同在，地位却各不相同：理总是处于主宰、支配地位，气只能服从理。他比喻说，理与气的这种主从关系"如人跨马相似"。更为重要的是，朱熹所讲的理与气未尝分离是就万物产生之后的现象界而言的，在本体界或根源处，他毫不含糊地肯定理先气后："然必欲推其所从来，则须说先有是理。"（《朱子语类》卷一）更有甚者，在朱熹看来，即使是对于理与气有则皆有、"未尝分离"的现象界而言，理与气也是以不相混杂而理自理、气自气的形式"相依不离"的。

深入剖析不难发现，朱熹虽然宣称理气相合生物，但是，由于理本气末、理主气从，理与气之间不是并列而是派生关系。他对理气关系的认识可以归结为理先气后，因为从根本上看，理是本原，是第一性的存在；气是理派生的，属于第二性的存在。理先气后包括两层含义：第一，理与气之间的本末、主从关系不容颠倒，一个属于形而上，一个属于形而下。第二，理与气之间的地位、作用不容混淆，即使是理与气相互依赖，也以理派生气为前提。这就是说，理永远是理气关系的主导方面和决定因素。其实，既承认理气相互依存又强调理本气末是朱熹对待理气关系的基本态度。他之所以在理气观上突出理的地位，目的是证明天理存在于天地之前、凌驾于万物之上，进而维护天理的至高无上性。正因为如此，理气观成为朱熹本体哲学的基本内容，也成为天理是宇宙本体的主要证明。

二、理依于气

在理气观上，王夫之提出了两个与朱熹大相径庭的观点：第一，理与气的关系不再是理本气末，而是以气为本。第二，就地位和作用而言，气成为理气关系的基本方面。王夫之指出，作为气之条理和属性，理即气之理，必须依赖气而存在，而绝不可能存在于气之前或之上，这使理与气不再分属于形而上与形而下两个世界。对于理是什么，王夫之的定义是："万物皆有固然之用，万事皆有当然之则，所谓理也。……自天而言之，则以阴阳五行成万物之实体而有其理。"（《四书训义卷八·论语四·里仁第四》）在这里，王夫之给理下的定义是，理是事物的规律、法则，这个定义本身即预示着理依赖气而存在，因为气作为宇宙本原是万物的实体和理的依托。宇宙万物都是气之动静、聚散的产物，气的运动有条不紊，有章可循，遵循一定的法则，这便是理。这些都表明了理对气的依赖。于是，王夫之再三指出：

　　天人之蕴，一气而已。从乎气之善而谓之理，气外更无虚托孤立

之理也。(《读四书大全说卷十·孟子·告子上二》)

天下岂别有所谓理，气得其理之谓理也。气原是有理底，尽天地之间无不是气，即无不是理也。(《读四书大全说卷十·孟子·告子上六》)

气者，理之依也。(《思问录·内篇》)

在此基础上，王夫之强调，理气相互依存、不可分离，其间并不存在朱熹所讲的先后之分："理即是气之理，气当得如此便是理，理不先而气不后。"(《读四书大全说卷十·孟子·告子上二》)进而言之，理气相互依存、不可分离是双向的，表现为理依于气与气依于理两个方面。对此，王夫之解释说："天之命人物也，以理以气。然理不是一物，与气为两，而天之命人，一半用理以为健顺五常，一半用气以为穷通寿夭。理只在气上见，其一阴一阳，多少分合，主持调剂者即理也。凡气皆有理在，则亦凡命皆气而凡命皆理矣。"(《读四书大全说卷五·论语·子罕一》)一方面，气离不开理，王夫之称之为"言气即离理不得。"(《读四书大全说卷十·孟子·尽心上七》)在他看来，气的运动过程不是杂乱无章的，万物也并非没有一定之规。这决定了有气即有理，气离不开理。另一方面，王夫之强调，理离不开气，理依于气。

值得注意的是，王夫之与朱熹一样肯定理气相依，具体内容却大不相同。在理与气的相互依存中，王夫之不是像朱熹那样强调理气的相依以理为主，而是更凸显理对气的依赖，对这方面的论证也更多。在王夫之那里，理对气的依赖表现在两个方面：第一，理存在于气中。作为世界万物的本原，气是第一性的；作为事物的"固然之用"和"当然之则"，理不可能超越气之上，理就存在于气之中。正是在这个意义上，他不止一次地声称：

理便在气里面。(《读四书大全说卷十·孟子·告子上十八》)

理者理乎气而为气之理也，是岂于气之外别有一理以游行于气中者乎？（《读四书大全说卷十·孟子·告子上十八》）

第二，理通过气表现出来。理依于气，不仅因为其存在以气为依托，而且因为理通过气表现出来，人只能"于气上见理"。对此，王夫之解释说："犹凡言理气者，谓理之气也。理本非一成可执之物，不可得而见；气之条绪节文，乃理之可见者也。故其始之有理，即于气上见理。"（《读四书大全说卷九·孟子·离娄上八》）

理与气何者为第一性是宋明理学的根本问题，甚至可以说，浓缩了宋明理学对哲学基本问题的表达。朱熹代表的宋明理学家虽然承认对于具体事物而言理气缺一不可，却强调从源头上说——"必欲推其所从来"则必须明确理先气后、理本气末。朱熹之所以宣布理是世界万物的本原，最主要的理由是，理存在于世界之前、凌驾于万物之上。王夫之对理依于气的强调否定了这一说法，也就否定了理成为宇宙本原的资格。王夫之坚持理是气之理、理依于气，在理气观上强调气比理更根本，理不能离开气而独立存在。王夫之使气成为理气关系中更为基本的存在，杜绝了理存在于气之前或凌驾于气之上的可能性。不仅如此，王夫之强调，气是世界本原，世界上的所有存在都离不开气，离开了气，理、心、性、天皆不存在："盖言心言性，言天言理，俱必在气上说，若无气处则俱无也。"（《读四书大全说卷十·孟子·尽心上十》）可见，正是通过理气关系的论证，王夫之捍卫了气本论。

朱熹对三纲五常的推崇始于对天理的神化，其中的重头戏便是宣称天理是万物本原。可见，理气观对于朱熹来说不仅决定了何为宇宙本原，而且凝结着对世界的根本看法和何者为善，因此成为朱熹理学的最高问题。

根据理对气的依赖，王夫之否定了朱熹关于理至善而气有恶的说法，在价值观上拉平了理与气之间的距离。关于理、气的善恶属性，王夫之一再强调：

理善则气无不善，气之不善，理之未善也。（《读四书大全说卷

十·孟子·告子上二》）

> 理与气互相为体，而气外无理，理外亦不能成其气，善言理气者必不判然离析之。（《读四书大全说卷十·孟子·尽心上七》）

按照王夫之的理解，理与气不是一体一用，而是"互相为体"；正如气外无理、理外无气一样，理与气的共存决定了其善恶的一致——理与气善则同善，恶则同恶。这明确否定了理在价值上对于气的优越性，对理、气给予了同等的善恶定位。在他那里，理不再代表三纲五常，而是指具体事物的条理或规律；气是宇宙本原——也是理的实体依托，因为气化流行的条理就是理。王夫之对理、气有别于朱熹的界定拉开了两人理气观之间的距离。

第二节　道器观

道器观与理气观之间具有内在联系，在某种程度上可以说是理气观的延伸。正因为如此，朱熹与王夫之在理气观上的分歧必然表现、贯彻在道器观上。在道器关系的维度上，朱熹认为道是形而上的理，器是形而下的具体存在，二者的关系是道本器末；王夫之则认为，道指具体事物的规律，器指具体事物，正如理依于气一样，道寓于器。

一、道本器末

为了突出理凌驾于万物之上，故而有别于万物的特殊性和优越性，朱熹沿袭了《周易·系辞传上》"形而上者谓之道，形而下者谓之器"的思路，以形而上指理、道或太极，以形而下指气、器或具体事物。在此基础上，他把形而上与形而下截然分开，并由此推演出理气关系中的理本气末、理主气从、理先气后和道器关系中的道本器末等。这不仅印证了朱熹的道器观与理气观密切相关，而且预示了他对道器观的认定是沿着理气关系推演出来的。

与理气观上理本气末、理先气后一脉相承，朱熹道器观的总命题是"道本器末"，断言道派生了器，以此认定道是第一性的存在。诚然，朱熹从不同角度阐释了道器关系，其中不乏"道不离器"、道存在于器中的说法。下仅举其一斑：

> 然器亦道，道亦器也。道未尝离乎器，道亦只是器之理。如这交椅是器，可坐便是交椅之理；人身是器，语言动作便是人之理。理只在器上，理与器未尝相离。（《朱子语类》卷七十七）

> 须知器即道，道即器，莫离道而言器可也。凡物皆有此理。且如这竹椅，固是一器，到适用处，便有个道在其中。（《朱子语类》卷九十四）

必须注意的是，朱熹一面讲道不离器、道寓于器，一面强调二者之间的体用之分、本末之别。他这样做旨在告诉人们，"器即道，道即器"而"未尝相离"的道与器具有不同的地位和作用。正是出于这一目的，朱熹一再断言：

> "形而上者谓之道，形而下者谓之器。"道是道理，事事物物皆有个道理；器是形迹，事事物物亦皆有个形迹。有道须有器，有器须有道。物必有则。（《朱子语类》卷七十五）

> "形而上者谓之道"一段，只是这一个道理。但即形器之本体而离乎形器，则谓之道；就形器而言，则谓之器。（《朱子语类》卷七十五）

这些说法突出了道与器的区别，始终强调二者不是平等或并列的，其

269

间呈现为一种体用关系。进而言之，道与器之间的体用关系在生成万物的过程中表现为本末关系，即"道本器末"。道作为形而上之理是生物之本，器作为道的派生物是第二性的。有鉴于此，作为理气观上理本气末的延伸，道本器末不言而喻。不仅如此，朱熹对道、器之间的本末之别非常重视，指出这种区别"分际甚明"、"其分守固不同"，因而"不可乱也"。于是，他不止一次地强调：

> 天地之间，有理有气。理也者，形而上之道也，生物之本也。气也者，形而下之器也，生物之具也。是以人物之生，必禀此理，然后有性；必禀此气，然后有形。其性其形，虽不外乎一身，然其道器之间，分际甚明，不可乱也。（《朱文公文集卷五十八·答黄道夫》）

> 夫谓道无本末者，非无本末也，有本末而一以贯之之谓也，一以贯之而未尝无本末也。则本在于上，末在于下，其分守固不同矣。（《四书或问·论语或问卷八·泰伯第八》）

这样一来，朱熹便在道体器用、道本器末中突出了道与器的区别，致使二者之间的距离越来越远。循着这个逻辑，他还提出了"道先器后"等命题，以此加固道与器之间的防线。

可见，对于道与器的关系，朱熹将对理气关系的论述如法炮制，先是承认二者相互依存、不可截然分开，然后强调其间的体用、本末和先后之别，致使两者之间的距离越来越大，最终成为形而上与形而下两个不同的世界。这从一个侧面表明了道器观与理气观的一脉相承，也使道器观成为理本论的一部分。

二、道寓于器

对气的推崇使王夫之坚持天下存在的只是具体的器。在他那里，器是具体事物，道是具体事物的法则、规律；理依于气决定了气派生的器具有道无可比拟的优先性，道是器之道，只能寓于器中，并且随着器的变化而变化。

对于道是什么，王夫之的定义是：

> 道者，一定之理也。于理上加"一定"二字方是道。(《读四书大全说卷九·孟子·离娄上八》)

> 道者，物所众著而共由者也。物之所著，惟其有可见之实也；物之所由，惟其有可循之恒也。(《周易外传卷五·系辞上传第五章》)

王夫之给道下的定义突出了道的两个重要特征：第一，与朱熹一样突出道与万物的内在关联，道属于理；所不同的是，不是像朱熹那样将道等于天理，而是强调道与理既相联系又相区别。在王夫之看来，如果说理是普遍规律的话，那么，道则是具体事物的特殊规律——这便是"一定"的意义。第二，道由于器的存在才"有可见之实"，这决定了道与器的密切相关。正是基于对道的如此界定，一方面，王夫之承认道与器的区别，指出二者一个是形而上，一个是形而下，对事物起着不同的作用。在这个层面上，他反复断言：

> 形而上之道与形而下之器，虽终始一理，却不是一个死印版刷定底。盖可以形而上之理位形而下之数，必不可以形而下之数执形而上之理。(《读四书大全说卷九·孟子·离娄上十九》)

> 统此一物，形而上则谓之道，形而下则谓之器。(《思问录·内篇》)

另一方面，王夫之强调，道与器的形而上与形而下之分是就同一事物——"统此一物"而言的。正如对于具体事物而言形而上与形而下、道与器缺一不可一样，道与器的区别是相对的，正是道与器的相依不离构成了一个完整的事物。

需要说明的是，对于道与器的相互依赖，王夫之既肯定器对道的依赖——"无其道则无其器"，主张"以形而上之理位形而下之数"；又肯定道对器的依赖——"无其器则无其道"，这些观点从抽象的意义上说与朱熹所讲的"器即道，道即器"极为相似。王夫之与朱熹的根本分歧是，在肯定道器相互依赖的前提下，更强调道对器的依赖，器是道器关系的根本方面。按照他的说法，充塞天地之间的都是具体事物——器，并不存在脱离具体事物的法则——道。因此，先有某一具体事物，然后才有这一具体事物的规律——道；离开了某种具体存在，便不存在此一事物的规律。沿着这个思路，王夫之得出了如下结论："天下惟器而已矣。道者器之道，器者不可谓之道之器也。无其道则无其器，人类能言之；虽然，苟有其器矣，岂患无道哉？……无其器则无其道，人鲜能言之，而固其诚然者也。"（《周易外传卷五·系辞上传第十二章》）世界上存在的都是具体事物，所谓道就是具体事物的特殊规律——"一定"之理，这决定了道对器的依赖。道对器的依赖不仅表现在自然界，而且适用于人类社会。于是，王夫之又说："洪荒无揖让之道，唐、虞无吊伐之道，汉、唐无今日之道，则今日无他年之道者多矣。未有弓矢而无射道，未有车马而无御道，未有牢醴、钟磬管弦而无礼乐之道。则未有子而无父道，未有弟而无兄道，道之可有而且无者多矣。故无其器则无其道。"（《周易外传卷五·系辞上传第十二章》）王夫之认为，在自然界和人类社会皆"无其器则无其道"。这说明，器是道器关系的根本方面，在道与器的相互依赖中，器是第一性的。因此，道永远依赖器而存在，具体表现和方式是"道不离器"、"道依于器"和"道在器中"。基于这些认识，王夫之明确提出了"道寓于器"的命题，并且进行了理论阐述。对此，他反复断言：

尽器则道在其中矣。（《思问录·内篇》）

据器而道存，离器而道毁。（《周易外传卷二·大有》）

总之，在道器观上，与朱熹的道本器末针锋相对，王夫之坚持道寓于器，始终以器为主，并在具体阐释道器关系时伸张了两个基本观点：第一，道与器是统一的，两者共同存在于同一事物之中。第二，道与器统一于器，道依赖于器而存在；在道器关系中，器更为根本。原因在于，道者器之道，道不仅寓于器中，而且随着器的变化而变化。

第三节　有无观

作为对有与无及其关系的根本看法，有无观具有双重意义：第一，标志着宇宙本体的存在状态和对世界万物的说明，是本体论和存在论的一部分。第二，作为认识世界的思维方式和审视维度，具有认识论和价值论的意蕴。在有无观上，朱熹推崇无而贬低有——不仅将无视为天理、道的特征，而且在有无关系上以无为本，在价值追求上视无为善。无论是对气之"实有"的认定还是道寓于器的强调都决定了王夫之对有的坚守。对于有无关系，王夫之认定，世界的本质是有，无是相对于有而言的，有比无更为根本，因而在价值观上伸张有的价值和意义。

一、由无而有

朱熹在论证理是宇宙本原和理派生世界万物时，将理说成是无的世界，在对理无形迹的强调中突出无的价值，对形而上之理与形而下之气的分疏更是把本体与现象之间的有无之辨推向了极致。朱熹认为，无论是作为宇宙本原的天理、太极还是其基本特征都是无。对于作为万物本原的理，他的描述是，理无形迹、无计度、无造作，是空阔洁净的世界。正是理之无决定了它对有形之物的优越性。对此，朱熹再三断言：

今且以理言之，毕竟却无形影，只是这一个道理。……盖道无形

体，只性便是道之形体。(《朱子语类》卷四)

凡无形者谓之理。(《朱子语类》卷三)

以理言之，则不可谓之有。以物言之，则不可谓之无。(《朱子语类》卷一百二十六)

显而易见，是无与有划定了理与气之间的距离，无使理不被形气所拘，拥有最大的自由，故而凌驾于气和万物之上。与此相似，道凌驾于万物是因为它属于形而上——无形。因此，朱熹又说：

道本无体。此四者(即仁、义、礼、智——引者注)，非道之体也。……那"无声无臭"便是道。(《朱子语类》卷三十六)

形而上之道，本无方所之可言也。(《朱子语类》卷九十四)

为了突出太极之无，朱熹对周敦颐"无极而太极"的说法赞叹有加，同意在太极之前加上一个无极，明显流露出将宇宙本体"无"化的思维方式和价值旨趣。朱熹之所以同意在太极的上面加上无极，就是为了彰显太极之无。于是，朱熹一而再、再而三地宣称：

太极本无极，上天之载，无声无臭。(《朱子语类》卷九十四)

太极却不是一物，无方所顿放，是无形之极。(《朱子语类》卷七十五)

至于所以为太极者，又初无声无臭之可言，是性之本体然也。(《朱子语类》卷九十四)

如上所述，在道器关系上，朱熹主张道本器末、道体器用，突出道与器之间的区别；道之所以在体用、本末和先后等维度上优越于器，最重要的理由是：道代表无，器代表有——道无形迹，器有形迹。正因为如此，朱熹极力渲染道之无与器之有，进而彰显、拉大两者之间不容混淆的地位和作用。对此，他不止一次地表示：

> 形而上者，无形无影是此理；形而下者，有情有状是此器。（《朱子语类》卷九十五）

> 若熹愚见与其所闻，则曰凡有形有象者，皆器也。其所以为是器之理者，则道也。如是则来书所谓始终、晦明、奇偶之属，皆阴阳所为之器。（《朱文公文集卷三十六·答陆子静》）

可见，在朱熹的理学系统中，无与有标志着本体与现象两个不同的世界。由于无是理、道和太极的本质特征，有是具体事物的特点，理、道和太极的本原地位决定了无对于有的本原性。更有甚者，正是理之无决定了理之善，而恶则是从有中生发出来的。朱熹认为，理空阔洁净，太极"无声无臭"，它们是至善的；气有形有象、有聚散，所以有恶。对有无的这种界定最终决定了朱熹在价值观上对无的偏袒。

二、天下无无

在对有无关系的认定上，王夫之把有说成是第一性的，并从三个方面入手予以证明：第一，王夫之强调宇宙本原——气是有而不是无，以此证明世界的本原和本质是有。在论证气作为世界本原的资格时，他把气说成是不生不灭、绝对永恒的存在；通过气的永恒性、客观性和绝对性，证明气是有而不是无。为了论证世界的本质是有，王夫之改造了中国哲学的古老范畴——诚，把诚说成是客观存在，用以标志世界的本质。诚就是实有、实实在在的存在。正是在这个意义上，王夫之再三强调：

> 诚也者实也，实有之固有之也。(《尚书引义卷三·说命上》)

> 诚也者，实也，实有也，固有之也。……若夫水之固润固下，火之固炎固上也。(《尚书引义卷四·洪范三》)

> 实有者，天下之共有也，有目所共见，有耳所共闻也。(《尚书引义卷三·说命上》)

王夫之把诚诠释为世界的本质，旨在证明世界之实有是有目共睹、有耳共闻的常识，具有不证自明的公效性。在此基础上，他强调，诚是"极顶字"，无以为对，旨在彰显世界的本质是有。第二，王夫之由气的实有性宣称由气构成的万物是有，并基于气无所不在的普遍性推出了虚空是有的结论。在这方面，王夫之一再断言：

> 阴阳二气充满太虚，此外更无它物，亦无间隙。天之象，地之形，皆其所范围也。(《张子正蒙注·太和》)

> 虚空者，气之量；气弥沦无涯而希微不形。……凡虚空皆气也。(《张子正蒙注·太和》)

由此可见，为了贯彻气和万物为有的原则，王夫之特别用气充满、占领了太虚，着重论证了太虚是有的思想。气无所不在，充满了整个宇宙——不仅有形之物是气的造作，无形之太虚也充满了气。由此，王夫之得出了太虚是实，"知虚空即气则无无"的结论。第三，他具体论证了有无关系，突出有对于无的绝对性。王夫之认为，世界上存在的都是有，根本就不存在绝对的无；所谓的无，都是相对于有而言的。这用他本人的话说便是："言无者激于言有者而破除之也。就言有者之所为有而谓无其有也。天下果何者而可谓之无哉？言龟无毛，言犬也，非言龟也；言兔无角，言麋也，非言兔也。"（《思问录·内篇》）总之，通过以上三个方面的论证，王夫之得出结论：有是世界的本质，也是万物的存在状态。这突出了有的本原地位，明确肯定了有是有无关系的主导方面。

上述内容显示，如果说无与有在朱熹那里主要指无形与有形，前者是体、后者是用的话，那么，王夫之则赋予它们更多的称谓和含义。在王夫之的思想中，有除了表示有形之外，还指实、实有、诚等；无除了无形之外，还指虚、空等。正是借助诸多概念和范畴，王夫之伸张了世界是有、是实的主张，并且沿着世界是有、是实的思路，突出有对于无的绝对性和本原性，进而在价值观、实践论上张扬有的价值和意义。

第四节　动静观

动静观与有无观具有内在联系，不仅关系本体论，而且牵涉价值论。朱熹认为，作为宇宙本原的天理、太极是静的，它们派生世间万物的过程是世界由静而动的过程。在此基础上，他突出静动之间的主客之别，在价值观上尚静而抑动。王夫之在阐释宇宙本原及气派生万物时把世界说成是动的，进而突出动在动静关系中的主导地位，指出静是相对于动而言的。与此相一致，他在价值观上尚动，在知行观上以行为核心也证明了这一点。

一、静主动客

朱熹对静的推崇始于本体领域，通过对宇宙本原——天理、太极的界定将静视为宇宙本原的存在状态和本质特征。朱熹将宇宙本原——理说成是无造作的、无感的至静，正因为理不会运动，才借助能聚散、运动的气相合生物。理无形而静，没有聚散；气有形而动，有聚有散。可见，朱熹沿着理气观上理先气后、理本气末的思路来阐释动静关系，对理的推崇反映在动静观上便是对静的推崇。不仅如此，作为理之别称的太极同样是静的，他对"无极而太极"的认同无形中也增加了静的价值。

值得注意的是，朱熹并不断然否认理或太极有动静。对于理、太极与动静之间的关系，他多次解释说：

> 静中有动，动中有静。静而能动，动而能静。言理之动静，则静中有动，动中有静，其体也；静而能动，动而能静，其用也。言物之动静，则动者无静，静者无动，其体也；动者则不能静，静者则不能动，其用也。（《朱子语类》卷九十四）

> 熹向以太极为体，动静为用，其言固有病，后已改之曰："太极者本然之妙也，动静者所乘之机也，此则庶几近也。"来喻疑于体用之云甚当，但所以疑之之说，则与熹之所以改之之意，又若不相似。然盖谓太极含动静则可，谓太极有动静则可，若谓太极便是动静，则是形而上下之不可分，而"易有太极"之言亦赘矣。（《朱文公文集卷四十五·答杨子直》）

第一段话承认动静相互涵养、相互渗透，同时强调动静在理与气（物）的层面上具有不同的表现：就理而言，从静开始，其体"静中有动"，其用"静而能动"。就物而言，朱熹虽然没有明确指出由静而动，但是，由理派生则注定了其由静开始，理静气（物）动表明静是本，动由静生、是静之用。朱熹的这一思想倾向在第二段话中变得明朗起来——承认太极有动静，正如理有动静一样。尽管如此，无论是从本体言"太极含动静"还是从流行言"太极有动静"，都不代表太极是动静，因为讲太极是动静便混淆了形而上与形而下之别。正是在这个意义上，朱熹一再强调：

> "太极者本然之妙，动静者所乘之机。"太极只是理，理不可以动
> 静言。(《朱子语类》卷九十四)

> 若以未发时言之，未发却只是静。动静阴阳，皆只是形而下者。
> 然动亦太极之动，静亦太极之静，但动静非太极耳。(《朱子语类》卷
> 九十四)

这清楚地表明，循着理、太极是本原的思路，朱熹认为，动静由
理、太极而来，然而动静是它们的作用而非它们本身，因为理、太极作
为宇宙本体是超越动静的。所谓超越动静，其实还是静，这用朱熹的话
说便是"未发却只是静"。正因为如此，朱熹更明确地以静为太极之体，
以动为太极之用。他断言："盖静即太极之体也，动即太极之用也。"(《朱
子语类》卷九十四) 在此基础上，朱熹进而强调，"体静而用动"，并把
动静关系表述为"静能制动"——至静能生动，若不是极静，则天地万
物不生。

除此之外，朱熹讲到许多关于动静在时间上无限、不可分离、相互循
环、相互渗透以及互为其根之类的话。例如，他赞同周敦颐"动静无端，
阴阳无始"的观点，并且进一步发挥说："'动静无端，阴阳无始。'今以
太极观之，虽曰'动而生阳'，毕竟未动之前须静，静之前又须是动。推
而上之，何自见其端与始！"(《朱子语类》卷九十四) 尽管如此，通过上
述分析可知，动静的这些关系都是就万物而言的，并不适用于理、太极等
宇宙本原；退一步讲，即使是对万物来说，动静也不是平等的。对此，朱
熹表述为"静主动客"。于是，便出现了如下议论：

> 静者为主，而动者为客，此天地阴阳自然之理，不可以寂灭之嫌
> 而废也。(《朱文公文集卷五十四·答徐彦章》)

静为主，动为客。静如家舍，动如道路。(《朱子语类》卷十二)

这些议论共同证明，朱熹尽管承认动静的相依、互存和渗透，然而，从根本上说，他还是推崇静而贬低动。接下来，朱熹将静说成是世界的本质，在极力夸大、神化静的同时，在价值观上将静说成是善，将动与恶联系起来。朱熹在用理与气相合生物时宣称，天理至善，气则有恶。在这里，理无形、至静而气有形、聚散似乎成了理善而气恶的全部理由。这表明，天理、太极之所以至善与其无、静密切相关，或者说，是无形、至静决定了它们的至善。基于这种认识，在动与静的关系上，朱熹认为，静更为根本，是第一性的；静是绝对的，并且代表着善；动则是相对的，并且与恶脱不了干系。由此，朱熹把人生追求和为学方法定位为静坐读书，让人"半日静坐，半日读书"便是这种观念的极端表达。

二、静者静动

王夫之从各个角度伸张动的意义和价值，使动成为动静关系的主导方面：第一，动是世界的本质。王夫之反对朱熹一面宣称天理、太极岿然不动，一面断言万物运动不息的做法。在他看来，宇宙本原——气本身就是动的，气由于内部的阴阳推动而运动不已。正是在这个意义上，王夫之一面再、再而三地声称：

一动一静，皆气任之。(《读四书大全说卷五·论语·泰伯四》)

动静者即此阴阳之动静，动者阴变于阳，静者阳凝于阴。……非动而后有阳，静而后有阴，本无二气，由动静而生。(《张子正蒙注·太和》)

非初无阴阳，由动静而始有也。今有物于此，运而用之，则曰动，置而安之，则曰静，然必有物也以效乎动静。太极无阴阳之实体，则抑何动而何置耶？（《周易内传·发例》）

按照王夫之的逻辑，动静必有其载体，气便是动静的承担者。由于内部阴阳双方的相互作用，气处于永恒的变化之中。这就是说，宇宙本体是动而不是静——即使太极也是如此。第二，由气派生的世界万物由始至终变动不居、运动不息："一气之中，二端既肇，摩之荡之而变化无穷。"（《张子正蒙注·太和》）气的运动造成了世界的变化，致使天地万物都处在不断的变化之中，根本就不存在一成不变的事物。换言之，世界是变化日新的，变是宇宙万物的普遍法则："天地之德不易，而天地之化日新。今日之风雷非昨日之风雷，是以今日之日月非昨日之日月也。"（《思问录·外篇》）不仅如此，为了彻底说明世界的本质是动，王夫之强调气之本然状态——虚空（太虚）是动的：

虚空即气，气则动者也。（《张子正蒙注·太和》）

太虚者，本动者也。动以入动，不息不滞。（《周易外传卷六·系辞下传第五章》）

王夫之对气、世界万物和虚空（太虚）是动的强调使动成为宇宙本原和世界万物的存在方式，从各个方面共同奠定了动的本原地位。第三，在具体阐释动静关系时，他突出动的主导地位和决定作用。王夫之对动静关系的阐释包括两个方面：一方面，动静相互依赖、相互包含，不可截然分开。在这个意义上，他再三声称：

方动即静，方静即动。静即含动，动即含静。（《思问录·内篇》）

方动即静，方静即动，静即动，动不舍静。(《思问录·外篇》)

动而不离乎静之存，静而皆备其动之理。(《张子正蒙注·诚明》)

王夫之认为，动与静之间你中有我、我中有你，二者相互包含、相互渗透。这表明，动与静是相对的，不可截然分开，更不可将二者的区别绝对化。为了强调这一点，他提出了"动静互涵"的命题。另一方面，在肯定动静相互依赖的基础上，王夫之强调，动是动静关系的决定因素和主导方面。因为静者静动，动比静更为根本。正是在这个意义上，他宣称："动者，道之枢。"(《周易外传卷六·系辞下传第一章》)这表明，没有离开动的绝对静止，静必须依赖动而存在，世界上不存在"废然不动而静"(《思问录·内篇》)的道理。一言以蔽之，动永恒，静相对，静并非绝对静止而是动的一种特殊形式——静在本质上是动。对此，他再三宣称：

太极动而生阳，动之动也；静而生阴，动之静也。废然无动而静，阴恶从生哉？一动一静，阖辟之谓也。由阖而辟，由辟而阖，皆动也。(《思问录·内篇》)

静者静动，非不动也。(《思问录·内篇》)

止而行之，动动也；行而止之，静亦动也；一也。(《张子正蒙注·太和》)

总而言之，在对动静关系的理解上，王夫之认为，宇宙本原是动的，将动说成是宇宙本原和世界万物的存在状态和基本特征，进而突出动的作用和地位。正是循着这一思路，王夫之突出动对静的决定作用，使动毫无疑义地成为动静关系的主导方面和决定因素。

第五节　心物观

心物观既与对世界本原的认定一脉相承，又与对主观与客观的界定密不可分。朱熹与王夫之在理气观、道器观、有无观和动静观领域的分歧预示了两人对心物观的不同界定和理解。

一、必先存心

在心物观上，朱熹断言心包万理。这使心具有了万物无法比拟的优先性和权威性，不仅奠定了由心而物的致思方向和价值旨趣，而且伸张了格物之前先要存心的必要性。

朱熹宣称，理是世界万物的本原。与此相一致，在认识论上，他一面让人在格一草一木一昆虫之理中广泛格物，一面强调格物之前必须先存心。朱熹强调，存心是格物的前提，致知是推及吾心先天固有之良知。由此可见，朱熹对诚意、存心等格外重视。甚至可以说，正是在心物观上对心的偏袒使朱熹在认识哲学和道德哲学领域呈现出强烈的心学色彩，最终与陆王心学殊途同归。

二、由物而心

王夫之对气的推崇排除了心是第一性存在的可能性，心也不再指伦理道德、良知或者天理，因而不再具有道德属性。与此相关，对于心物关系，他坚持先有物、后有心的认识原则，强调认识来源于感官接触外物，心是依赖耳目等感觉器官产生认识的。张载断言："形也，神也，物也，三相遇而知觉乃发。"（《张子正蒙注·太和篇》）形（耳目之官）、神（心之官）与物是形成认识的基本条件，三者缺一不可。认识的发生是人的生理器官、思维器官（心）与外物三方共同作用的结果，缺少其中的任何一方，认识都无法发生。

需要说明的是，对于形成认识的三个条件，王夫之对认识客体——物格外重视，强调物是引起认识的前提。基于这种认识，他再三强调：

> 一动一言，而必依物起。（《尚书引义卷一·尧典一》）

> 色、声、味之在天下，天下之故也。色、声、味之显于天下，耳、目、口之所察也。（《尚书引义卷六·顾命》）

> 天下固有五色，而辨之者人人不殊；天下固有五声，而审之者古今不忒；天下固有五味，而知之者久暂不违。不然，则色、声、味惟一人所命，何为乎胥天下而有其同然者？故五色、五声、五味，道之撰也。（《尚书引义卷六·顾命》）

在此，王夫之坚持先有物、后有心的认识原则，尤其把感觉器官接触外物看成是认识的第一步。针对宋明理学家先心后物的言论，他反问说，"色、声、味惟一人所命，何为乎胥天下而有其同然者？"与认识起于感官接触外物的认识相一致，王夫之强调心对耳目之官的依赖：一方面，他承认"耳目但得其表"（《续春秋左氏博议》卷下），需要心对感性认识去伪存真、去粗取精。另一方面，王夫之指出，心官必须依赖耳目等感觉器官，因为"无目而心不辨色，无耳而心不知声，无手足而心无能指使，一官失用而心之灵已废矣。"（《尚书引义卷六·顾命》）

除此之外，王夫之还借用佛学术语——能、所全面论证了认识主体与认识客体之间的关系，借此阐明自己由物而心的心物观。在佛教经典中，能即"所以知"，相当于心或认识主体；所即"所知"，相当于物或认识客体。对于能与所的关系，王夫之的看法是：所"必实有其体"（《尚书引义卷五·召诰无逸》），认识必须要有认识对象；能"必实有其用"（《尚书引义卷六·顾命》），人具有认识能力；"因'所'以发能"（《尚书引义卷六·顾命》），认识是在对象的引发下产生的；"能必副其'所'"（《尚书引义卷五·召诰无逸》），认识一定要符合认识对象。显而易见，王夫之的能所观再次印证了由物而心的认识路线。

总而言之，受本体哲学—认识哲学—道德哲学三位一体的思维方式和价值理念的影响，朱熹的心物观贯穿于三个领域。与此相联系，他对心的推崇以及对由心而物的强调既是对心为宇宙本原的本体论证，又是先尽心而后格物、致知的认识路线和践履工夫。这就是说，朱熹的心物观贯穿于本体、认识和道德等诸多领域，心先于物的主张包括认识、实践领域对先验之知、良知的肯定，表现在知行观上就是以知为先、为本。与朱熹的观点截然不同，王夫之的心物观重心在认识领域，并通过由物而心的论证突出了认识是对外物的反映：第一，在心作为思维器官、与耳目等感觉器官相对应的意义上，他一面指出耳目心官依赖于外物才能产生认识，一面突出心对耳目器官的依赖，力图否定知为心中固有的可能性。第二，在心作为认识结果的意义上，心即知，心对外物、耳目的依赖包含着心中之知在来源上对行的依赖。从这个意义上说，王夫之的心物观与知行观一脉相承，心物观上的由物而心为他在知行观上主张知源于行奠定了前提。

第六节　知行观

知行观是中国古代哲学的重要内容，在宋元明清哲学中更是成为热门话题。在知行观上，朱熹侧重伦理、道德领域，主张知先行后。王夫之则侧重认识、实践领域，坚持知源于行。

一、知先行后

与宋明理学是道德形而上学一脉相承，朱熹注重知、行的道德内涵和知行关系的伦理维度。正因为如此，他所讲的知、行都与以三纲五常为核心的伦理道德密切相关：知即吾心固有之知，又称"良知"或"天德良知"；与知一致，行也不是认识世界或改造世界的活动，而是对伦理道德的躬行践履。可见，知、行在宋明理学中都成为伦理、道德范畴，而不是认识范畴。朱熹对知行关系的探讨是从道德领域立论的，始终突出、侧重二者的伦理维度。

在宋明理学中，知、行的特定内涵决定了必须知在先、知为本，才能保证所行符合伦理道德的要求；否则，离开知的指导，纵然能行也不惟无益，反而有害，因而不若不行。这使突出知的重要性、强调行必须以知为指导成为朱熹对知行关系的基本看法："论先后，知在先"，因为"先知得，方行得。所以《大学》先说致知。"（《朱子语类》卷九）

进而言之，宋明理学家所讲的知先行后不是在发生论而是在功能论上立论的，目的是突出知对行的指导。具体地说，作为本体哲学的延续，朱熹探讨知行关系是为了将作为三纲五常的天理、吾心从宇宙本体转化为人内心的道德观念，最终落实到行动上，这使他的知行观热衷于道德修养的方法和超凡脱俗的工夫。与此相关，宋明理学家重视格物、致知，并且与对知、行内涵的道德侧重一样，将格物、致知诠释为伦理道德范畴，让人通过格物、致知等修养工夫，将对封建道德的知落实到行动上，在日常生活中时时刻刻"去人欲，存天理"。正因为如此，对于格物，朱熹反复指出：

> 如今说格物，只晨起开目时，便有四件在这里，不用外寻，仁义礼智是也。（《朱子语类》卷十五）

> 君臣父子兄弟夫妇朋友，皆人所不能无者，但学者须要穷格得尽。事父母，则当尽其孝；处兄弟，则当尽其友。如此之类，须是要见得尽。若有一毫不尽，便是穷格不至也。（《朱子语类》卷十五）

朱熹之所以重视格物、致知，是因为二者是"去人欲，存天理"的修养工夫和具体步骤。于是，在将格物、致知说成是道德修养工夫的基础上，朱熹不遗余力地呼吁"去人欲，存天理"，将之视为人生追求的最高价值和超凡入圣的不二法门。

二、知源于行

王夫之不再侧重知、行的道德内涵，他所讲的知不是先验之良知，行也不再专指对伦理道德的躬行践履。例如，王夫之所讲的知指人通过行获得的感性认识和理性认识，即格物、致知；行主要指"行于君民、亲友、息怒、哀乐之间"的"应事接物"（《尚书引义卷三·说命中二》）的活动，即为、习、履、实践等。可见，他虽然没有完全排除知、行的道德内涵和知行关系的伦理维度，但是，这些都不再是知、行的主要意义或知行关系的基本维度，更不是唯一维度。对王夫之的思想进行全面考察可以发现，他的知行观的重心在认识领域。

作为知、行及知行关系不再侧重道德领域的直接后果，王夫之不再将格物、致知视为道德范畴。具体地说，他将格物、致知都归于知，不再像宋明理学家那样将格物、致知视为纯粹的道德范畴，致使格物、致知不再与伦理道德相关。王夫之把格物、致知理解为同一认识过程的两个阶段，不再只是行于君臣父子之间的修身养性。对于何为格物、何为致知，他界定说："大抵格物之功，心官与耳目均用，学问为主，而思辨辅之，所思所辨者皆其所学问之事。致知之功则唯在心官，思辨为主，而学问辅之，所学问者乃以决其思辨之疑。"（《读四书大全说卷一·大学·圣经十》）按照王夫之的理解，人的认识活动分为两个阶段，先是以耳目等感觉器官接触事物，然后是心之官加以思辨。前者即格物阶段，特点是以耳目等感觉器官进行的学问为主；后者即致知阶段，特点是以心之官进行的思辨为主。这表明，格物、致知都是人的认识或认识途径，他称之为"知之之方"。

作为格物、致知与道德疏离的结果，王夫之不再将"去人欲，存天理"

视为知行的最终目的，人生的价值追求也随之发生了重大转变。在他的思想中，作为实践、认识范畴，格物、致知不再是"去人欲，存天理"的道德修养工夫。与此同时，对于知与行的关系，王夫之强调，行先知后，知源于行。

王夫之肯定知行相互依存、"相资为用"，同时指出知是致知，行是力行，二者具有本质区别，并且各有其效。因此，知与行的地位、作用并不等同，在知行的关系中，行比知更为重要，是知行关系的主导方面和决定因素。这一点是王夫之知行观的核心观点，他从各个角度进行了论证和阐释。

其一，知源于行

王夫之认为，知来源于行，是从行中获得的；离开了行，也就没有真正的知。正是在这个意义上，他一再声称：

> 非力行焉者，不能知也。(《四书训义卷十三·论语九·子罕第九》)

> 求知之者，固将以力行之也。能力行焉，而后见闻讲习之非虚，乃学之实也，而岂但以其文乎？(《四书训义卷五·论语一·学而第一》)

王夫之确信，不力行就不能知，因为所有的知都是从行中获得的，行使人由无知到有知。与此同时，行可以加深、巩固已有之知，使知不断深化。这些都证明了知源于行，表明了行对知的决定作用。沿着知源于行的思路，他要求人通过力行，在接触外物的耳闻目睹中求知，以此确保知之内容的客观、真实、可靠和有效。

王夫之的知源于行是在发生论的层次上立论的，表明了在知行关系中，行是第一性的，行比知更为根本。与此相关，知源于行不仅决定了没有行就没有知，而且表明知之内容是行赋予或决定的，只有在行中获得的知才能保证其内容的真实、客观、可靠和有效。

其二，"行可兼知"、"统知"

在王夫之看来，知源于行决定了知与行的地位、作用和价值等并不等同。不仅如此，王夫之提出了行可以"兼知"、"统知"的观点，旨在突出行的决定地位和作用。对此，他论证说："且夫知也者，固以行为功者也。行也者，不以知为功者也。行焉可以得知也，知焉未可以收行之效也。将为格物穷理之学，抑必勉勉孜孜，而后择之精，语之详，是知必以行为功也。行于君民、亲友、喜怒、哀乐之间，得而信，失而疑，道乃益明，是行可有知之效也。其力行也，得不以为歆，失不以为恤，志壹动气，惟无审虑却顾，而后德可据，是行不一知为功也。冥心而思，观物而辨，时未至，理未协，情未感，力未赡，俟之他日而行乃为功，是知不得有行之效也。行可兼知，而知不可兼行。"(《尚书引义卷三·说命中二》) 与知源于行相一致，王夫之指出，知是为了行之效，而行的目的并不在于知。这正如在行中可以获得知而在知中却不能收行之效一样：一方面，格物、穷理是为了在行动中收事半功倍之效，达到预想的效果，并不是以知为最终目的。另一方面，通过行于君臣、父子之间，道可日明，知可益广。这就是说，知没有行的功效，也不能包括行；相反，行有知之功效，能够包括知。因为只要去行，就可以在行的过程中变不知为知，由知之浅近到知之深广。这一切都证明，行可以"兼知"、"统知"，而知却不可以"兼行"或"统行"。

其三，行是知的目的

王夫之指出，行是知的目的，知的目的在于"实践"。不去行，知的价值便发挥不出来，知也等于不知。正是在这个意义上，他一再强调：

> 知之尽，则实践之而已。实践之，乃心所素知，行焉皆顺。(《张子正蒙注·至当》)

> 知而不行，犹无知也。……故学莫切于力行。(《四书训义卷九·论语五·公冶长第五》)

王夫之的上述议论表明，知不是目的，也不是终点；相反，由于知的目的是行，所以，知一定要运用于行。正因为如此，他一再敦促人要"知而后行之"。

其四，行是检验知的标准

王夫之指出，行是检验知的标准，知的内容只有通过行才能表现出来。这就是说，知是否正确——是否真实、客观、可靠和有效，只有在行中才能得到检验。正是在这个意义上，他断言："知也者，因以行为功者也。……行焉可以得知之效也。"（《尚书引义卷三·说命中二》）王夫之所讲的行是知的检验标准具有双重意义：一方面，对知源于行的强调注定了知之内容的真实、客观只有在行中加以检验。另一方面，知之目的在于"实践"注定了知的价值、作用只有通过行才能表现、发挥出来。正因为如此，行是知的检验标准成了唯一可能的结论。在他那里，正如知源于行、取决于行一样，行是检验知的标准的真正意思是，只有行才能检验知是否真实、可靠、客观和有效。因此，检验的结果是符合行、有利于行者为对、为真、为是，反之为错、为假、为非。接下来，面对不同的检验结果，真知作为真理被保留下来去指导行，错误被抛弃或者在行中加以修改。总之，不再固守先天之知，而是改变或增长知。

通过以上四个方面，王夫之得出了"君子之学，未尝离行以为知"（《尚书引义卷三·说命中二》）的结论。这表明，从本原上说，行是第一性的，知则是第二性的。

上述内容显示，朱熹、王夫之的哲学建构恰成对立之势：如果说朱熹的哲学遵循理——气——理的逻辑结构展开的话，那么，王夫之的哲学则是沿着气——理——气的逻辑结构展开的。有鉴于此，两人哲学的分歧聚焦在对理与气的界定及其对二者关系的理解上。朱熹与王夫之的理气观如此，两人的道器观、有无观、动静观以及知行观也不例外。这是因为，朱熹、王守仁对理与气、道与器、有与无、动与静、知与行的关系的回答都与对理与气的界定以及对二者关系的理解密不可分，甚至可以说受制于后者。

第十三章　陆九渊与王守仁心学比较

儒学是变化的，不同时期呈现出不同的形态，拥有不同的样式。儒学是丰富的，即使是同一时期的儒家思想也会有所差异。对于这一点，陆九渊与王守仁的思想提供了注脚。两人合称陆王，彼此的思想具有统一的名称——陆王心学，与程朱理学相对应。这表明，陆九渊、王守仁的思想主旨相同，或者说具有极高的相似度。尽管如此，两人的思想存在诸多不容忽视的差异。作为陆王心学核心命题的"心即理"便展示了陆九渊与王守仁思想的复杂关系。"心即理"语出陆九渊，并成为陆九渊哲学的基本命题。陆九渊提出这一命题是出于对朱熹哲学的不满，从这个意义上说，"心即理"代表了陆九渊与朱熹哲学的分歧。与此同时，陆九渊与王守仁尽管都肯定"心即理"，然而，两人对"心即理"的理解并不相同。这就是说，陆九渊与王守仁的心学固然有不可否认的相同之处，其间的差异同样不容忽视。"心即理"便直观地呈现了这一点，是理解陆九渊与朱熹、王守仁哲学关系的关键。从"心即理"入手，可以更好地体悟陆九渊迥异于王守仁哲学的独特性。

第一节　"心即理"与"心外无理"

理与心的关系是宋明理学家的关注热点，也是聚讼纷纭的理论焦点。陆九渊提出"心即理"的命题，以"心即理"解释心与理的关系，由此开辟了一条有别于朱熹的哲学之路。"心即理"回避了心与理孰先孰后的问题，同时又彰显了陆九渊有别于王守仁哲学的独特性。

一、"心即理"

在本体哲学领域，陆九渊提出了"心即理"的命题。这一命题之所以成为陆九渊哲学的重要命题，是因为它的出现划定了陆九渊与朱熹哲学的学术分野。值得注意的是，"心即理"这一命题本身并没有直接肯定心是世界本原，只是强调心中有理。正因为如此，宣布"心即理"的陆九渊并没有否认理的权威；恰好相反，他明确宣布理是世界的本原、宇宙的主宰，把理奉为宇宙间唯一的客观存在。正是在这个意义上，陆九渊不止一次地宣称：

> 塞宇宙一理耳，学者之所以学，欲明此理耳。此理之大，岂有限量？（《陆九渊集卷十二·与赵咏道四》）

> 此理在宇宙间，未尝有所隐遁，天地之所以为天地者，顺此理而无私焉耳。（《陆九渊集卷十一·与朱济道》）

很显然，陆九渊的这两段话与朱熹对理的推崇别无二致，甚至连话语结构都如出一辙。陆九渊所讲的这个理就是天地万物存在的依据和准则，是不以人的意志为转移的。陆九渊曾经断言："此理在宇宙间，固不以人之明不明、行不行而加损。"（《陆九渊集卷二·与朱元晦二》）

进而言之，被陆九渊奉为宇宙最高本原的理，囊括了一切自然和社会现象，是对自然法则和社会法则的高度抽象。它既是"天复地载，春生夏长，秋敛冬肃"（《陆九渊集卷三十五·语录下》）的自然法则，又是"顺之则吉，违之则凶"（《陆九渊集卷三十四·语录上》）的道德准则。在对这些问题的认识上，陆九渊与朱熹并没有什么根本性的区别。这表明，由于"心即理"没有明确否认心外有理的存在，陆九渊在推崇心的同时推崇理，在推崇理上与朱熹的哲学具有相似之处。

出于同样的原因——"心即理"这一命题并没有否认心外还有理的存

在，陆九渊的"心即理"与王守仁"心外无理""心外无物"等命题在内涵上并不等同。"心即理"所表达的只是心与理相联系，并没有明确规定心与理孰主孰次、谁本谁末。因此，不能就此断言"心即理"之心就是世界的本原。

在陆九渊哲学产生之时——南宋，朱熹建构了完备的理学形态：在本体论上，朱熹宣称理是宇宙的本原和主宰。"宇宙之间，一理而已。天得之以为天，地得之以为地。而凡生于天地之间者，又各得之以为性。"(《朱文公文集卷七十·读大纪》)在认识论上，朱熹强调要穷得宇宙之理，必须先格"一草一木一昆虫"之理，如此今日格一件，明日格一件，通过格物的积累，然后"豁然贯通"，进而洞彻宇宙之理，达到"穷天理，明人伦"的目的。在陆九渊看来，朱熹的本体论与认识论之间是脱节的，难以实现最终的哲学目标。他抨击朱熹哲学的最大弊病是"支离"，原因在于：被朱熹奉为宇宙本原的这个虚托、空旷之理让人"糊涂"，无从下手、难以把握。循着陆九渊的逻辑，宇宙之理并非远在天边，而是近在眼前，就存在于人的心中。于是，他说："人皆有是心，心皆具是理，心即理也。"(《陆九渊集卷十一·与李宰二》)这样一来，陆九渊就把理从遥远的天国移植到了人的心中，克服了理的虚玄性。可见，陆九渊之所以声称"心即理"，是针对朱熹哲学有感而发，进而提出的补偏救弊之方。由于是针对朱熹的理本论提出来的，"心即理"的出现无形中给朱熹的哲学造成一定的冲击，也给陆九渊哲学蒙上了一层心学的色彩。

二、"心外无物"

王守仁的哲学与陆九渊一样是针对他所认定的朱熹哲学的矛盾有感而发的，王守仁与陆九渊一样认定朱熹哲学的致命要害是"析'心'与'理'而为二"。对此，王守仁说道："朱子所谓'格物'云者，在即物而穷其理也。……是以吾心而求理于事事物物之中，析心与理而为二矣。"(《王阳明全集卷二·答顾东桥书》)他认为，若想杜绝朱熹"析'心'与'理'

而为二"之弊，必须使心与理合而为一。为了达到这一目的，王守仁的做法是从不同角度反复强调心对理的绝对统辖，使心与理的合二为一成为理合于心的理心为一：第一，从本原上看，心与理是"有……即有"的先后、本末的派生关系。王守仁断言："心之本，性也；性即理也。故有孝亲之心，即有孝亲之理；无孝亲之心，即无孝亲之理矣。有忠君之心，即有忠君之理；无忠君之心，即无忠君之理矣。理岂外于吾心邪？"（《王阳明全集卷二·答顾东桥书》）理是在无数次行动中抽象出来的规律和准则，而人与动物行动的根本区别就在于人的行为都是在一定的目的和情感即"孝亲之心"、"忠君之心"等的支配下进行的。循着这个思路，王守仁进而得出先有情感、目的（"心"）后有行动（寓于行动之中的"理"）的结论。根据他的论证，先有……之心，才有……之理。在这个逻辑和语境中，心成为第一性的存在，理则成了心派生的第二性的存在。在这里，心与理并不等同，理源于心便是理一于心。第二，从地位上看，心是理的主宰。据载："晦庵谓：'人之所以为学者，心与理而已。'心虽主乎一身，而实管乎天下之理；理虽散在万事，而实不外乎一人之心。"（《王阳明全集卷二·答顾东桥书》）在王守仁看来，明确心与理的关系对于克服朱熹"析'心'与'理'而为二"之弊至关重要，而正确的心与理的关系就是心统辖、主宰理：心表面看来只主宰人的躯体，实际上却主宰天下万物之理，因为分散于万事之中的理未尝在人心之外。这就明确规定了心对理的绝对制约。第三，从功能上看，心是本质，理是心的条理和发迹。王守仁宣布："理也者，心之条理也。是理也，发之于亲则为孝，发之于君则为忠，发之于朋友则为信。千变万化，至不可穷竭，而莫非发于吾之一心。"（《王阳明全集卷八·书诸阳伯卷二》）在他看来，理是心的条理和表现，是用以表现心的。心发于不同的对象，便形成了不同的理，理在不同的事物上具有不同的形式和表现——如忠、信等等。事物尽管千变万化乃至不可穷尽，究其极都不离其心，都不过是心的表现而已。很显然，王守仁的这个看法与他心是理的主宰的思想是一致的。

由此可见，王守仁对"心即理"的诠释不像陆九渊那样强调理存在于心中，而是把理归于心这一存在。换言之，在王守仁那里，"心即理"表明心可以代表理，理不存在心之外，心是一个母范畴，理则是心派生出来的，完全听从和附属于心。王守仁的观点与陆九渊所讲的"心即理"强调理对心的依赖，不否认心外有理不可同日而语。这是因为，王守仁虽然沿用了陆九渊"心即理"的命题，但是，他对这一命题的阐述却用心吞噬、淹没了理，致使偌大的世界只剩下一个心。只见心，不见理，于是，心与理完全合一——归于心。《说文》有云："即，食也。"这用以注释王守仁"心即理"命题之中的"即"字是恰当而贴切的。

进而言之，与对理与心的关系和"心即理"的理解一脉相承，在宇宙本原问题上，王守仁不是像陆九渊那样在宣布"心即理"的同时肯定理是本原，而是始终坚持心的权威和至上。可以看到，推崇心为宇宙的本原和天地万物的主宰是王守仁始终如一的论调。正是在这个意义上，他一而再、再而三地重申：

> 心者，天地万物之主也。心即天，言心则天地万物皆举之矣。（《王阳明全集卷六·答季明德》）

> 位天地，育万物，未有出于吾心之外也。（《王阳明全集卷七·紫阳书院集序》）

> 人人自有定盘针，万化根源总在心。（《王阳明全集卷二十·咏良知四首示诸生》）

在这里，王守仁把心说成是产生天地万物的根源、化育万物的主宰，表达的是心学世界观。

综上所述，在理与心的关系这个宋明理学的基本问题上，"心即理"的命题充分体现了陆九渊与朱熹、王守仁哲学的差异。具体地说，朱熹的哲学是循着理—心—理的逻辑结构展开的，是纯然的理学；王守仁哲学的逻辑构架则是心（良知）—物—心（良知），是纯然的心学。与两者不同，陆九渊的哲学在"心即理"中展开，同时具有理学和心学的特征：从推崇理的角度看，与朱熹的哲学相似；由于"心即理"强调理存在于心中，却使之倾向于心学。从推崇心的角度看，陆九渊与王守仁的哲学相似；由于"心即理"并没有否认心外有理的存在，而没有宣布"心外无理"的王守仁在心学的路径中走得深、走得远。

第二节 "同心"与"吾心"

"心即理"既表明陆九渊在推崇理上与朱熹的思想具有相同之处，同时又在推崇心上与朱熹迥然不同。陆九渊与王守仁都对心表现出极大的热情和兴趣，不仅都认可"心即理"这一命题，而且还提出过以"自存本心"、"心外无理"、"心外无物"、"心外无仁"或"求理于吾心"等不少关于心的命题。尽管如此，陆九渊、王守仁对"心即理"的不同阐释致使心在两人的哲学中呈现出不同的意蕴和内涵。这表现在对心的界定上便是，陆九渊推崇作为公理的"同心"，王守仁则膜拜具有个性的"吾心"。

一、公理与同心

"心即理"在陆九渊那里表示理存在于心中。从理存在于心中的逻辑前提出发，他强调人心中只有理，进而把心等同于抽象的理。如此一来，陆九渊所推崇的心便成为等同于"公理"的"同心"。于是，便出现了这个耳熟能详的名句："理乃天下之公理，心乃天下之同心。"（《陆九渊集卷十五·与唐司法》）"同心"扬弃了具体人的丰富多彩的内心世界，是高度抽象的精神本体。基于这一理解，陆九渊进一步指出，"同心"为圣贤愚鲁所同具，不会因人而异，也不会因时因地而改变。正因为如此，他经常说：

此心此理，我固有之，所谓万物皆备于我，昔之圣贤先得我心之所同然者耳。（《陆九渊集卷一·与侄孙濬》）

道理只是眼前道理，虽见到圣人田地，亦只是眼前道理。（《陆九渊集卷三十四·语录上》）

可见，在陆九渊那里，心永远具有同一个名字、同一种内容，从不曾因你、我、他的存在和沧海桑田的变迁而有过一丝的改变。这表明，他所讲的心形式上是主观的，内容却是客观的。这样的心实际上只能是不分时代、区域、人我，亘古皆同、"万世揆一"的绝对精神、永恒实体或客观精神。于是，陆九渊又发出了如下论断：

东海有圣人出焉，此心同也，此理同也。西海有圣人出焉，此心同也，此理同也。南海北海有圣人出焉，此心同也，此理同也。千百世之上有圣人出焉，此心同也，此理同也。千百世之下有圣人出焉，此心同也，此理同也。（《陆九渊集卷三十三·象山先生行状》）

心只是一个心。某之心，吾友之心，上而千百载圣贤之心，下而千百载复有一圣贤，其心亦只如此。（《陆九渊集卷三十五·语录下》）

至此，陆九渊由强调心之同进而得出了"心只是一个心"的结论。这印证了他所讲的心侧重同的一面，具有极大的抽象性和概括性，不可能是具体人的具体的心。换言之，在陆九渊那里，心徒有一个主观的形式和外壳，这个主观的形式和外壳并不能掩盖其客观的蕴涵和内容。

二、吾心、良知

被陆九渊抽象和神化为绝对的心是古代社会的伦理纲常和行为规范，

具体内容便是以仁、义、礼、智为核心的道德准则和行为规范。正因为如此，他宣称："四端者，即此心也；天之所以与我者，即此心也。"(《陆九渊集卷十一·与李宰二》)把仁、义、礼、智等伦理纲常和道德规范神化为先于天地且主宰万物的宇宙本原，断言理或心的实际内容和具体规定便是仁、义、礼、智是宋明理学的共同特征。在这一点上，不仅陆九渊和王守仁相同，就是陆王心学与程朱理学之间也无本质区别。有鉴于此，对于心的实际内容，王守仁同样理解为仁、义、礼、智代表的伦理道德。从这个意义上说，他与陆九渊的思想是相同的。尽管如此，这只是问题的一个方面，问题的另一方面是：为了神化心的权威，王守仁在某些场合虽然为了夸大心的永恒性而将心抽象化，但是，从根本上说，王守仁所讲的心则具有了更多的主观色彩，更接近个人的具体的心。

被王守仁奉为宇宙本体和主宰的心就是个人的主观精神和主体意识，这在他对"心外无物"的论述中表现得更为明显和突出。心是宇宙本体，一切都是心派生的，不仅"心外无物"，而且"心外无理"、"心外无仁"等等。与此同时，心还是世界的主宰，总之，世界上的一切都离不开心。王守仁曾经断言："心之所发便是意，意之本体便是知，意之所在便是物。如意在于事亲，即事亲便是一物；意在于仁民爱物，即仁民爱物便是一物；意在于视听言动，即视听言动便是一物。"(《王阳明全集卷二·答顾东桥书》)这无疑承认了心能发迹、流行出不同的意，不同的意附于不同的对象又形成了不同的物（事），如事亲、事君、仁民爱物和视听言动等等。这样一来，王守仁就把心的呈现归结为一个发意、运动和造作的过程，而这个过程又是看得见、摸得着的具体行动。这就赋予了心以具体乃至"形象"的特征。

更为重要的是，王守仁还在某些场合赋予心以是非、情感等属性。例如，他承认良知是心的本体，提出了"良知者，心之本体"的命题，并且明确规定良知就是是非之心、好恶之心。王守仁声称："良知只是个是非之心，是非只是个好恶。"(《王阳明全集卷三·语录三》)不同的人从不同的好恶出发，必然要形成不同的是非观念，形成不同的心。这使王守仁所讲的心更接近具体人的内心世界，即个人的主观精神。从这个意义上说，王守仁不是像陆九渊那样突出心之同，而是力图彰显心之异。

与对心之异的突出相联系，王守仁在讲心时使用最频繁的语词便是"吾心"。与在心之前加上一个"吾"字相似，在大多数情况下，他习惯于在心前面加上一个限定词，如"我的灵明""汝心""尔那一点良知"等等。例如，他断言："我之灵明，便是天地鬼神的主宰。天没有我的灵明，谁去仰他高？地没有我的灵明，谁去俯他深？鬼神没有我的灵明，谁去辨他吉凶安详？天地鬼神万物离却我的灵明，便没有天地鬼神了。"（《王阳明全集卷三·语录三》）在这里，天地、万物的存在是以个人的意识即"我的灵明"为依据的。我的世界便是"我的灵明"的投影和发现，"我的灵明"覆灭了，我的世界也就随之消亡了。整个世界便是由古人的、今人的和后人的以及你的、我的和他的灵明共同组成的世界。在王守仁的哲学中，由于可以在前面加上一个所属代词，心便不再是亘古亘今、混沌绝对的永恒本体，而获得了主观情感和主体意志等意蕴。我、你等代词的出现使心有了一个定语，这个定语既是一种修饰，又是一种归属，使心具有了不同的主体内涵和个性差别。王守仁的这个做法与陆九渊讲心时喜欢说"同心"、"心只是一个心"相映成趣，形象地展示了一个张扬心之异、一个彰显心之同的致思方向和价值旨趣。

第三节　"自存本心"与"求理于吾心"

陆九渊以"心即理"强调心与理的内在联系，由于在推崇心的同时推崇理，故而将明理奉为认识的目标，在追求明理上与朱熹相同；与"心即理"强调理存在于心中一脉相承，陆九渊明理的方向是内求，"自存本心"，与朱熹的外求路线相去甚远。与此同时，陆九渊所讲的"心即理"没有否认心外存在理的可能性，故而与王守仁"心外无理"不同；"心外无理"决定了王守仁强调"心外无学"，不仅省略了向外求知、求理的步骤，而且在"求理于吾心"中将认识转化为"致吾心之良知于事事物物"的"致良知"的过程。

一、目的宗旨

就认识的目的和宗旨来看，陆九渊与王守仁的哲学呈现出一个求理、一个求心的区别。

陆九渊宣称"心即理"，解决的是理存在于何处的问题，并不是为了以心取代理的权威。从奉理为世界本原出发，他指出，认识的目的就是要穷尽宇宙之理。正是在这个意义上，陆九渊断言："塞宇宙，一理耳。学者之所以学，欲明此理耳。"（《陆九渊集卷十二·与赵咏道四》）这就是说，理是宇宙间真实而客观的存在，人进行认识的目的便是要明辨、弄懂这个宇宙之理。从这一认识出发，陆九渊把追求绝对的宇宙本原——理作为认识的最高目标和最终归宿。

与陆九渊不同，断言"心外无理"、"心外无物"的王守仁主张"心外无学"，进而把而"致良知"看作是认识的出发点和唯一目标，"致良知"是一个彻底扩充、显露先天固有良知的过程。对此，他反复宣称：

> 学者，学此心也。求者，求此心也。（《王阳明全集卷二十·语录上》）

> 圣人之学，惟是致此良知而已。（《王阳明全集卷八·书魏师孟书》）

这样一来，从主观出发、追求主观的内心（良知）便成了王守仁认识哲学的第一原理。他的整个认识论体系便是循着这个思路展开的。并且，与"心外无理"、"心外无学"一脉相承，王守仁的认识论始终秉持着心学路线。

二、途径方法

不同的认识目的预示了认识途径和方法的不同，陆九渊与王守仁的哲学便是如此。

与"心即理"不否认心外之理一脉相承，陆九渊认为认识的途径是格物、致知。对于格物、致知，他强调致知以格物为先、为基础，指出"所谓格物致知者，格此物而致此知也。"(《陆九渊集卷十九·武陵县学记》)按照这个说法，只有先接触、感知这一事物，才能达到对这一事物的理解和认识。关于格物，陆九渊指出："《中庸》言博学、审问、慎思、明辨，是格物之方。"(《陆九渊集卷三十四·语录上》)其中，"博学"、"审问"是"物交物"，即感官接触外物获得认识，属于感性认识。具体地说，"博学"是"多闻博识"，指依赖耳目等感官与外物接触而获得直接经验；"审问"指请教师友，依靠别人的帮助获得间接经验。这用陆九渊自己的话说便是："自古圣人亦因往哲之言，师友之言，乃能有进。况非圣人，岂有任私智而能进学者？"(《陆九渊集卷三十四·语录上》)

与"心即理"在本体领域既推崇理又推崇心的情况类似，陆九渊在认识领域既有格物、博学等外求倾向，又具有夸大心的地位和作用的心学倾向。他主张"立乎其大者"，把"自存本心"、"切己自反"看成是穷理的主要途径和方法。陆九渊宣称："只'存'一字，自可使人明得此理。"(《陆九渊集卷一·与曾宅之》)由此，陆九渊对存心寄予厚望。对于这一点，从他将自己的书房命名为"存斋"即可见其一斑。更有甚者，循着"心即理"的思路，陆九渊断言"道不外索"，进而反对向外求知、求理，在认识论上倒向心学。

在王守仁那里，认识的途径和过程既简单又纯粹：既然"良知之外更无学"，那么，避免心驰于外物而"求理于吾心"才是正途。于是，王守仁认定，只有"致良知"才是认识的根本途径和最终目的。对于"致良知"，他解释说："若鄙人所谓致知格物者，致吾心良知于事事物物也。吾心之良知者，即所谓天理也。致吾心良知之天理于事事物物，则事事物物皆得其理矣。致吾心之良知者，致知也。事事物物皆得其理者，格物也。"(《王阳明全集卷二·答顾东桥书》) 由此可见，王守仁所讲的"致良知"就是使事事物物归于吾心之正。为了达此目的，他颠倒了格物、致知在《大学》中的顺序，将致知置于格物之前，并且把格物纳入到"致良知"的体系之内。王守仁认为，格物即是"正"人之行为，即"正事"——确切地说，还包括正人的观念。

与此同时，为了真正做到事事物物归于吾心之正，王守仁又提出"一念发动处，便即是行"(《王阳明全集卷三·传习录下》)，让客观完全归于主观的统辖之内。为此，他不遗余力地呼吁"求理于吾心"，公开反对向外求知、求理。正是在这个意义上，王守仁断言："夫物理不外于吾心，外吾心而求物理，无物理矣。"(《王阳明全集卷二·答顾东桥书》) 经过他如此这般的诠释、发挥，认识成为一个由主观（心、良知）出发，通过主观的意念（意），最终达到主观（心、良知）的过程。基于这种理解，王守仁强调："故格物者，格其心之物也，格其意之物也，格其知之物也。"(《王阳明全集卷二·答罗整庵少宰书》) 至此，在王守仁的认识论中，客观完全被主观所吞噬。显而易见，这与他在对"心即理"的理解上以心淹没理相互印证。

第四节　陆九渊、王守仁与朱熹

上述内容显示，陆九渊提出"心即理"，从立言宗旨上看是为了反对朱熹的虚悬之理，试图将理移入人心，开辟了由朱熹理学向心学的转向。陆九渊所讲的"心即理"并不否认心外有理存在，在推崇心的同时推崇理，这与王守仁的心学不可同日而语。可见，"心即理"体现了陆九渊哲学既有别于朱熹又不同于王守仁的独特性，同时奠定了陆九渊哲学在宋明理学中的特殊地位。

一、陆九渊与朱熹以及程朱与陆王的分歧

为了争正统、辩是非，陆九渊（1139—1193）与朱熹（1130—1200）之间进行了长期而激烈的辩论。尽管中经吕祖谦等人的调解和双方的多次沟通，终未达成共识。"于是，宗朱者诋陆为狂禅，宗陆者以朱为俗学，两家之学，各成门户，几如冰炭矣。"（《宋元学案卷五十八·象山学案》）王守仁虽然对陆九渊的哲学推崇有加，但是，他却对朱熹的哲学含有微词。事实上，王守仁的许多学说如对格物致知的解释、"知行合一"的提出等都是针对朱熹的观点有感而发的。这些都人留下了一个共同的印象：陆九渊与朱熹的哲学是水火不相容的，处于截然对立的态势之中。真的是这样吗？这个问题在一定意义上与下面这个问题是等价的，那就是：程朱与陆王的学说分歧究竟在何处？

这个问题相当复杂，问题的解答不能忽视如下两个问题：第一，在本体哲学领域，朱熹主张理存在于天地之先、凌驾于万物之上。对此，陆九渊针锋相对地坚持理就在人心之中，这就是"心即理"。王守仁的哲学与陆九渊之间存在诸多分歧，在"心即理"上即理存在于人心之中的认识上别无二致。基于"心即理"的逻辑，陆王指责朱熹所讲的理没有"挂搭处"和"附着物"，成了虚脱、孤立或空悬之理。并且，这样的理容易使人联想起佛老所宣扬的空无，势必冲淡理的真实性和现实性。与此相应，只有把理移入人心之中，才能让人时时刻刻感到理的存在。第二，在认识哲学领域，朱熹宣称："人人有一太极，物物有一太极。"（《朱子语类》卷九十四）这表明，天理既体现在人身上，又体现于万物之中。为了体认天理，必须广泛接触自然界的事物。坚持"心即理"的陆九渊、王守仁一致反对朱熹格物的方法和手段，认为朱熹的格物是驰心于外，这样做方向错了。与此同时，两人指责朱熹格物操作不当，把问题弄得太复杂了，不仅支离破碎、收效甚微，而且容易使人忽略根本方向、走向歧途。在陆九渊、王守仁看来，格物、致知在本质上属于"内入之学"，离不开"自存本心"、"反省内求"和"求理于吾心"，这样不仅简单直截，而且可以避

免错误，从根本上把握真理。

或许正是由于程朱与陆王对于理之存于何处以及由此而引发的求理于外还是内的不同认识，黄宗羲才说朱陆之学"几如冰炭"。其实，平心静气地审视程朱与陆王的学说便会发现，彼此的差别只是细枝末节即具体操作问题，在大方向和整体上却有异曲同工之妙。这就是说，陆九渊与朱熹以及宋明理学家的认识没有原则差别，在本质上甚至可以说别无二致。

首先，在本体论上，陆王与朱熹的分歧只是就理的具体样式和存在状态展开的，在是否承认理为宇宙本体这个根本问题上，两家并无原则区别。这具体表现在他们把理都神化为天理，奉为宇宙本原的实质。在这一点上，朱熹、陆九渊如此，王守仁也不例外。

王守仁明确断言："这心之本体，原只是个天理。"（《王阳明全集卷一·传习录上》）程朱和陆王所推崇的理都指以仁、义、礼、智为核心的伦理道德和行为规范。对于理，朱熹断言："理则为仁义礼智。"（《朱子语类》卷一）王守仁明言宣称心的本体是良知、天理，良知、天理的具体内容就是仁、义、礼、智。这表明，在对道德观念和伦理规范的推崇和神化上，程朱与陆王是一致的；不同的只是操作手段，而这种操作方法、手段的不同并不能改变或掩盖他们相同的立言宗旨和理论初衷。

其次，在认识论上，尽管朱熹与陆王之间显示了"外入之学"与"内入之学"、向外用功与向内用功的致思理路，然而，他们的认识路线的最终目的和最后归宿却惊人地巧合，那就是"穷天理"。更有甚者，"穷天理"不仅表明了朱熹与陆王认识立场的一致，而且弥合了他们认识手段的差别。

具体地说，朱熹虽然强调向外用功，格"一草一木一昆虫之理"，但是，他并不是让人去认识一草木、一昆虫本身的道理，而是领会同一个天理、太极在草木、昆虫等不同事物之上的不同体现和反映。有鉴于此，朱熹反复强调，格物有本末先后缓急之序，如果在格物时存心于一草木、一昆虫或一器用之间，便会像炊沙成饭一样，不仅徒劳无益、达不到格物的目的，而且还会有害，妨碍人们对天理的体认。

这越来越清晰地展示：在用道德约束人的身心，劝诫人加强道德修养的初衷上，朱熹与陆王心心相印，他们的争论只限于如何加强以及如何约束等细枝末节问题。众所周知，朱陆争论的焦点聚集在"为学之方"即认识论上，认识论上的大同小异暗示了朱熹与陆王学说在本质上的暗合幽通。

再次，在伦理观和价值观上，陆王与朱熹不仅仅是大同小异，更确切地说是相互赞许、风雅相投。

与1175年争辩"为学之方"时的不欢而散和1188年争论"太极无极"、"形上形下"时的各不相让形成鲜明反差的是，陆九渊于1181年2月拜访朱熹时，在白鹿洞书院讲《论语》中的"君子喻于义，小人喻于利"，朱熹赞许、折服之情溢于言表。

上述分析显示，程朱理学与陆王心学的对立只是形式上的、操作上的，在思想本质和理论内涵上，彼此之间的差别和分歧要显得模糊和淡漠得多。之所以如此，是由他们基于相同的时代背景、理论旨趣和价值取向决定的。这正如黄宗羲在总结朱陆之争时所言："二先生（指朱熹与陆九渊、下同——引者注）之不苟同，正将以求夫正当之归，以明其道于天下后世，非有嫌隙于其间也。……二先生同植纲常，同扶名教，同宗孔孟。……原无有背于圣人。"（《宋元学案卷五十八·象山学案》）

二、陆九渊在朱熹与王守仁之间

受制于立论角度的不同，上述内容对陆九渊"心即理"的诠释侧重其与王守仁哲学的不同和差异。这极易给人造成一种错觉：陆九渊与王守仁的哲学是对立的；或者说，陆九渊始终如一地坚持理是世界的本原，与朱熹的理本论别无二致。事实并非如此。

首先，陆九渊与朱熹哲学的相同之处不容置疑，这一点在王守仁哲学的映衬下看得更加清楚。与此同时，陆九渊与朱熹哲学的差异是显而易见的。

在本体哲学领域，陆九渊与朱熹都承认理是世界的本原和宇宙的主宰，对理的理解和界定却相差悬殊：朱熹主张理先于天地万物乃至人、人心而存在，即使山河大地都塌陷了，理还会在宇宙荡然无存之时岿然不动。这样的理只能是一种凌驾于万物与人心之外、超然于万物与人心之上的存在。难怪朱熹就把理说成是一个"净洁空阔底世界"。在陆九渊那里，理不是孤兀的，也不是悬空的；理并不遥远，就存在于人心之中；理并不神秘，就是人心之中先天固有之理。这表明，对于理存在于何处，朱熹与陆九渊的看法存在着不容抹杀的差异和对立。朱熹对理的理解无疑容纳了佛老的空、无要素，而陆九渊对理的诠释则援引孟子的心学要素。朱熹与陆九渊哲学的差异在认识论领域表现得更加明显和突出：尽管两人的最终目标都是"穷天理"，所采取的手段和途径并不相同：朱熹讲存心时，强调格物、"即物穷理"，要求人广泛接触外界事物，"格一草一木一昆虫之理"，体验天理在不同事物上的不同表现。所谓的格物，也就是"今日格一件，明日格一件，格得多后，脱然有贯通处"（《朱子语类》卷一百零四），从而达到对天理的体认和把握。与朱熹的思路相反，从"心即理"的前提出发，陆九渊宣称"道不外索"，要求人向心中去求知、求理，提倡"内入之学"。陆九渊之所以特意强调为学分为"内入之学"与"外入之学"两种途径，并且提倡"内入之学"，就是为了反对朱熹的"外入之学"。与此相联系，陆九渊更反对把朱熹视之为格物的重要内容之一的读书看成是穷理明道的主要手段或方法。

其次，陆九渊并不反对将心奉为世界本原。在宣称理是世界的本原的同时，他并不排斥心是世界万物的本原。依据"心即理"的逻辑，宇宙万物之理就存在于人之一心之中。从这个意义上说，心就是宇宙的一个缩影。于是，才有了这个千古名句："宇宙便是吾心，吾心即是宇宙。"（《陆九渊集卷二十二·杂说》）此外，陆九渊还从"心即理"的前提出发，进一步推导出了心是宇宙本体、万化之根的结论。他声称："万物森然于方寸之间，满心而发，充塞宇宙。"（《陆九渊集卷三十四·语录上》）

在澄清上述事实的过程中，又引出了如下两个问题：第一，陆九渊的哲学究竟是一元论还是二元论？上述内容显示，陆九渊既推崇理为世界本原，又奉心为世界本原。这表明，他同时承认——或者说，他并不否认理与心共为世界本原。那么，他的这种本体论是一种理、心并举的理—心二元论？还是承认世界具有统一本体的一元论？为了揭开这个谜底，先要追问陆九渊对理与心关系的理解。按照他的解释，心中包含万理、万理具于一心。从本质上说，心与理异名而同实，两者就是同一个东西。正因为如此，说理是本原与说心是本原只是表述和话语方式的不同，并无实质或根本区别。正是基于这种理解，陆九渊根据情况和语境的需要，有时侧重理，断言理是本原；有时又侧重心，宣布心是本体。其实，不论陆九渊讲心还是讲理，都没有把理与心视为两个互不相干或完全独立的实体。由此，可以断言，陆九渊从来就不是一位主张世界有两个本原的二元论者，他始终是站在一元论的立场上来思考宇宙的本原与万物的本体问题的。第二，既然陆九渊哲学是始终如一的一元论，那么，接下来的问题是：如何对这种一元论进行定位？换言之，陆九渊的哲学究竟是理本论还是心本论？究竟应该把之归为程朱理学之列，改写陆王心学的称呼？还是维持原有认识，仍把之留在陆王心学的阵营之中？一方面，这是一个简单的问题——当宣布理为世界本原时，陆九渊无疑是一位理本论者；当声明心是世界本原时，他则是一位心本论者。另一方面，这又是一个棘手的复杂问题——不论是在话语方式还是在思想内涵上，理与心在陆九渊哲学中都不可能各占百分之五十。如果非要弄一个究竟，问一问理与心在陆九渊的哲学中到底谁轻谁重、究竟孰主孰次的话，恐怕永远也达不到目的。这或许是陆九渊留给后人的千古迷惑。要走出这个判断误区，必须改变观念：对陆九渊哲学的评判关键不在于其最终归属于理本还是心本，而在于如何超越理与心的截然二分来对之进行客观定位。

其实，纠缠于陆九渊哲学属于心本论还是理本论，从根本上说属于理学还是心学并不是最重要的，更重要的问题是，如何在宋明理学中给予陆九渊哲学以恰当的定位。从这个视点来看，正是由于陆九渊哲学的既理本又心本——或者说，既非彻底的理本又非彻底的心本的独特构成使之成为朱熹与王守仁哲学的中介和沟通媒体，就像一座桥梁把属于决然理本的程朱理学与纯然心学的王守仁哲学连接了起来。因此，陆九渊哲学的真正价值并不在于从根本上属于何种哲学阵营，推崇何种本原，而在于在承当朱熹与王守仁哲学中介的同时，在程朱理学盛极一时的南宋独辟蹊径，开始把焦点从遥远、缥缈的天堂拉回到人间，由此将天理植入人心之中，使心占据了哲学的中心舞台。陆九渊哲学开辟的这一哲学理念在当时无疑具有人性启蒙乃至个性解放的积极意义，这一端倪在王守仁、以泰州学派为代表的王门后学尤其是明末李贽等人那里进一步显露和发挥出来。

总而言之，"心即理"作为陆九渊哲学的核心命题彰显了陆九渊哲学的独特性，同时展示了陆九渊哲学与朱熹、王守仁同异并存的复杂关系。陆九渊与王守仁、朱熹以及程朱理学与陆王心学之间的同异提供了这样一个启示：在对哲学史上不同哲学家的思想进行梳理、整合、比较和研究时，既要看到他们思想的同中之异，又要看到其间的异中之同。只有这样，才能在深谙每一位哲学家的理论个性、品味其独特魅力的同时，解读不同时代哲学的共同特征和时代气息，从中领悟哲学发展的大趋势和大方向。

第十四章　颜元与戴震人性论比较

人性问题在中国古代哲学中一直备受关注，在不同时期具有不同形态。从二程、张载到朱熹，都认为人性双重。颜元、戴震则针对宋明理学的双重人性论，提出了人性一元论；针对宋明理学的气质有恶宣布气质之性是人性的唯一内容，并以此反对气质有恶的说法。有鉴于此，比较颜元、戴震的人性论，既有助于直观感受明清之际早期启蒙思潮的共同主张，又有助于深刻理解早期启蒙思想家与宋明理学家之间的理论分歧。

第一节　人性一元论

颜元、戴震公开反对张载尤其是朱熹的双重人性论，并且形成了如下共识：断言天命之性依赖于气质之性，离开气质之性的天命之性纯属子虚乌有；抨击气质有恶的说法，宣称气质之性是人性的唯一内容。

一、反对理气割裂、人性双重

颜元、戴震对人性的阐释植根于本体哲学之上，从作为世界万物本原的气入手，强调理依于气。沿着这个思路，两人异口同声地断言，义理之性离不开气质之性，离开气质之性的天命之性纯属子虚乌有。

对于理与气，颜元的定义是："生成万物者气也。……而所以然者，理也。"（《颜习斋先生言行录卷上·齐家第三》）这表明，生成万物的材料是气，万物所以然的规律是理。理与气是相互依赖的。有鉴于此，他宣称：

"理气融为一片。"（《存性编卷二·性图》）具体地说，理乃气之理，气之外不存在所谓的天理。循着这个逻辑，既然没有气质，天理就失去了安附处而无法存在，这便意味着天命之性必须依赖于气质之性而存在。正是在这个意义上，颜元断言："若无气质，理将安附？且去此气质，则性反为两间无作用之虚理矣。"（《存性编卷一·棉桃喻性》）这表明，宋明理学所宣扬的脱离气质之性的天命之性是不存在的，纯属主观的臆造或虚构。

对于人性是什么，颜元的弟子——李塨解释说：

> 在天道为元、亨、利、贞，在人性为仁、义、礼、智。元、亨、利、贞，非气乎？仁、义、礼、智，不可见，而发为恻隐、羞恶、辞让、是非，非气之用乎？性，心生也，非气质而何？（《周易传注》）

按照这种说法，气在化生人形时，即赋人以仁、义、礼、智之性。这就是说，义理之性及其恻隐、羞恶、辞让、是非都是气的功能，人性不能离开人形、人心而独立存在。循着这个逻辑，不能将义理之性与气质之性截然分开，这与不能将人性与人的气质、形体割裂为二是一个道理。有鉴于此，李塨得出了一个结论："义理即在气质，无二物也。"（《论语传注问》）

戴震凭借着文字学特长，对一系列范畴进行了界定和阐释。虽然他没有专门对理气关系予以界定，或者说，他对理气关系的理解不是专门从理气观的角度立论的，但是，戴震通过对理以及相关概念的阐释表达了对理气关系的看法，并且否定了天理存在的可能性。

对于理是什么，戴震不止一次地写道：

> 就天地人物事为，求其不易之则，是谓理。（《孟子字义疏证卷上·理》）

> 理者，察之而几微必区以别之名也，是故谓之分理；在物之质，曰肌理，曰腠理，曰文理；得其分则有条而不紊，谓之条理。（《孟子

字义疏证卷上·理》)

戴震认为，理即人、物的"不易之则"，即他所讲的"必然"。理的这个定义决定了理与气密不可分，更决定了理对气的依赖。按照戴震的说法，气是万物本原，气化流行、生人生物。由于万物禀气而生，各得其分，于是形成了物与物、物与人之间的区分，使得万物各有其理。可见，万物之理是由气决定的。这注定了在理与气的关系上，气是第一性的，理即气之理。不仅如此，他还通过对太极、道和形而上等概念的界定进一步论证了气是本原，在太极、道和形而上以气为实体的说明中为气决定理提供佐证。

同样循着气本论的逻辑，戴震指出，气是世界的本原，气内部阴阳的对立统一决定了气化流行、生生不息。"气化生人生物"，天地万物和人类都是在气化流行中产生的；物具其理，人有其性。进而言之，所谓性就是区别事物本质的名词或范畴。对此，他多次写道：

> 然性虽不同，大致以类为之区别。(《孟子字义疏证卷中·性》)

> 性者，分于阴阳五行以为血气、心知、品物，区以别焉。举凡既生以后所有之事，所具之能，所全之德，咸以是为其本，故易曰"成之者性也"。(《孟子字义疏证卷中·性》)

这就是说，凡有生之物，皆有其性，这个性就是其与他物区别开来的本质属性。大致说来，同类之相似、异类之差异的特征就是性。具体地说，生物既成之后，分为不同的种类——"以类滋生"；就人而言，人性就是人类区别于非人类的本质特征。

戴震对人性的理解依托气，而不是依托理。因此，在人性为何的问题上，戴震的观点与颜元一致而与朱熹截然相反。当然，对于擅长文字学的戴震来说，这一切是通过对性、理概念的界定完成的。

颜元、戴震宣布，气质之性与天命之性是统一的，绝对不可断然分做两截。具体地说，既然理依于气，那么，天命之性便离不开气质之性；或者说，正如理气统一于气一样，天命之性与气质之性最终归结为气质之性。正是在这个意义上，两人指责脱离气质之性的天命之性是宋明理学家的臆造和杜撰，原本就是子虚乌有之物。

二、宣布气质之性是唯一的人性

颜元、戴震否定天命之性可以超越气质之性而存在，而把人性归结为气质之性，并且将天命之性说成是多余的。如果说天命之性是虚构的动摇了其神圣性的话，那么，天命之性是多余的则进一步瓦解了其存在的必要性。伴随着天命之性的退场，气质之性成为唯一的人性。

颜元认为，与人的形体同时而有的气质之性是唯一的人性，因为人性必须依附于人体、不可能超出人的形体之外。正是在这个意义上，他断言：

> 耳目、口鼻、手足、五脏、六腑、筋骨、血肉、毛发俱秀且备者，人之质也。……呼吸充周荣润，运用乎五官百骸粹且灵者，人之气也。……非气质无以为性，非气质无以见性也。（《存性编卷一·性理评》）

在此，颜元把气质解释为人处于生命运动中的整个形体，把形体视为人性存在、呈现的基础。有鉴于此，他进而断言，人性就是人的形体之性，无形体就无所谓人性——"性，形之性也，舍形则无性矣。"（《存人编卷一·唤迷途·第二唤》）不仅如此，颜元还利用具体事例论证了性不离形、形性不离的观点。依据他的说法，有棉花才有棉之暖，有眼睛才有目之明；同样的道理，"敬之功，非手何以做出恭？孝之功，非面何以做愉色婉容？"（《颜习斋先生言行录卷下·王次亭第十二》）

对于人性的具体内容究竟是什么？戴震强调，事物之性与该事物密不可分，人性永远都不可能离开人体而独立存在。这就是说，人性取决于人的形体，与形体密不可分。既然如此，人体之形与人性之间究竟是一种什么样的关系呢？对此，他反复论述说：

> 举凡品物之性，皆就其气类别之。人物分于阴阳五行以成性，舍气类，更无性之名。(《孟子字义疏证卷中·性》)

> 血气心知，性之实体也。……舍气安睹所谓性。(《孟子字义疏证卷中·天道》)

按照戴震的理解，事物禀气不同，性质也就不一，事物的特征与气禀是连在一起的。就人而言，人性以人体为载体，离开人体就无所谓人性。他进而指出，人是生物中最高级的一类，这决定了人性不同于物性；性落实到人性上，便是人所特有的气质即四肢、血肉等身体器官及其机能。换言之，"血气心知"是人性的本质，离开气质即人的形体，人性便无从谈起。

总而言之，早期启蒙思想家认为，气是构成人的物质实体，人性最终都可以归结为气质，气质之性是人的四肢、五官等形体所具有的属性、机能和作用。正如离开人的形体便无所谓人性一样，气质之性而外，再无所谓人性。这表明，气质之性就是人性的全部内容，气质之性是唯一的、完整的人性。

三、驳斥气质有恶的说法

颜元、戴震在宣布气质之性是人性唯一内容的基础上，断言气质之性无恶，以此驳斥宋明理学家关于气质之性有恶的说法。

基于理气相依的本体哲学思路，颜元推出了天命之性与气质之性统一的结论，进而驳斥宋明理学家的气质有恶说。对此，他写道：

> 若谓气恶，则理亦恶；若谓理善，则气亦善。盖气即理之气，理即气之理，乌得谓理纯一善而气质偏有恶哉！譬之目矣：眶、疱、睛，气质也；其中光明能见物者，性也。将谓光明之理专视正色，眶、疱、睛乃视邪色乎？余谓光明之理固是天命，眶、疱、睛皆是天命，更不必分何者是天命之性，何者是气质之性；只宜言天命人以目之性，光明能视即目之性善，其视之也则情之善，其视之详略远近则才之强弱，皆不可以恶言。（《存性编卷一·驳气质性恶》）

按照这种说法，理与气、性与形是不可分割的，如同理善则气必善一样，性善则形亦善，没有性善而气质却恶的道理。以人的眼睛为例，视觉功能是以眼睛这个器官为前提条件的，离开了眼睛就无所谓视觉。既然如此，怎么能说视觉专看正色、眼睛却视邪色呢？

颜元进而指出，气质有恶的说法在理论上讲不通，社会危害也相当大。下面两段话从不同角度揭露了气质有恶的社会危害，反映了他对气质无恶的认识。现摘录如下：

> 将天生一副作圣全体，参杂以习染，谓之有恶，未免不使人去本无而使人憎其本有。蒙晦先圣尽性之旨，而授世间无志人一口柄。（《存学编卷一·上徵君子小钟元先生》）

> 程、朱以后，责之气，使人憎其所本有，是以人多以气质自诿，竟有"山河易改，本性难移"之谚矣。（《存性编卷一·性理评》）

依照颜元的分析，如果相信气质有恶的话，那么，恶人会以气质本恶为理由而冥顽不化，常人则会以"气质原不如圣贤"为借口而放弃道德修养的自觉性。这表明，气质有恶说对于任何人都是一个灾难，由此不难想象：如果相信气质有恶，那么，人将真的坠落恶之深渊而万劫不复了。

对于气质之性有恶的巨大危害，颜元的弟子——李塨也有深刻的认识。他断言："宋儒教人以性为先，分义理之性为善，气质之性为不善，使庸人得以自诿，而牟利渔色弑夺之极祸，皆将谓由性而发也。"（《恕谷年谱》卷二）

除此之外，鉴于气质有恶的巨大危害，出于"期使人知为丝毫之恶，皆自玷其光莹之本体，极神圣之善，始自充其固有之形骸"（《存学编卷一·上太仓陆桴亭先生书》）的初衷，颜元著《存性编》，在专门对气质之性予以肯定的同时，坚决反对气质有恶的观点。

面对"性虽善，不乏小人"的事实，戴震仍然坚持"不可以不善归性"。他之所以如此义无反顾地否定气质有恶的说法，指出不能像程朱理学那样以恶"咎欲"，是因为"因私而咎欲，因欲而咎血气"势必否定人类生存的自然要求，最终归罪于人的形体存在，这显然是极端荒唐的。

问题的关键是，既然人性非恶，那么，恶又从何而来呢？戴震把恶视为情、欲失控而流于私和蔽的结果，并且深入挖掘了人的欲、情失控流于恶的主要原因，以期证明恶与人性无涉：第一，人生来就有智愚之别，愚者的认识能力较差，如果"任其愚而不学不思乃流为恶"。这就是说，愚者不知是非界限，如果不加以后天的学习或教化引导，必然纵欲无度，损及他人，直至酿成恶行。既然如此，生来即愚的愚者是不是就是恶人或者说一定成为恶人呢？戴震的回答是否定的。在他看来，"愚非恶也"，愚与恶是两个不同的概念，不能把智愚与善恶混为一谈。具体地说，愚虽然可能导致恶行，然而，愚本身并非就是恶。更何况"虽古今不乏下愚，而其精爽几与物等者，亦究异于物，无不可移也。"（《孟子字义疏证卷中·性》）这清楚地表明，愚并非"不可移"，愚者究竟为善还是为恶，全系后天的习染。第二，人性本善，至于后天的行为是品德高尚还是沉沦堕落，全应从环境熏陶、社会影响和后天习染中去查找原因。这就是说，人无论智愚，其行为的善恶都是后天环境造就的，决定性因素是"习"。故而，他主张"君子慎习"，要慎之又慎地面对环境，选择所学所行。正是在这个意义上，戴震指出："分别性与习，然后有不善，而不可以不善归性。凡得养失养及陷溺梏亡，咸属于习。"（《孟子字义疏证卷中·性》）

在此，早期启蒙思想家对气质之性有恶的说法予以了坚决的否定，这既是反对气质之性与天命之性的割裂，断言气质之性为唯一人性的理论归宿，又为进一步肯定人之自然属性，伸张欲、利和私的价值奠定了思想前提。

总而言之，早期启蒙思想家对宋明理学以理杀人的揭露使他们对宋明理学的批判集中在人性领域。针对宋明理学家将人性截然二分，进而宣布天命之性至善、气质之性有恶的做法，早起启蒙思想家论证了天命之性对气质之性的依赖，主张人性一元。他们的做法不仅使气质之性成为人性的唯一内容，而且断然否定气质有恶的说法。这些构成了早期启蒙思想家的人性哲学的基本内容。

应该看到，在宋明理学那里，人性哲学是对人之本性、本质的界说，也是对人之存在价值、人生追求的定位。一言以蔽之，是对人是什么的形上探索。与此相观照，由于肩负着批判宋明理学的历史任务，早期启蒙思想家的人性哲学也具有双重意义：第一，在回击宋明理学人性学说的过程中，重新界定了人，对人是什么给出了有别于宋明理学的全新回答。第二，在把人还原为自然之人的基础上，调整了人生的追求目标和行为方式，推动了价值观的变革。

第二节　对人之自然本性的还原

颜元、戴震的人性建构从根本上颠覆了宋明理学对人性的看法，其中隐藏着对人是什么的重新回答。正是以人性哲学为平台，两人重新审视了人自身。在这方面，如果说宋明理学的双重人性论使人成为挣扎于善恶之间的双重人的话，那么，颜元、戴震关于人性一元尤其是气质之性是人性唯一内容的论断则避免了人性分裂，使人成为整体的、统一的人。不仅如此，早期启蒙思想家所充分肯定的、作为人性全部或唯一内容的气质之性，实际内容即以欲、利、私为依托的人之生存、生养和繁衍。这是对人之自然属性的关注，也使欲、利和私成为人的本性。他们对人性和对人的本质的界说把人还原成了自然之人。

一、气质即形之性

颜元认为，气质之性就是人的气质——形体所具有的属性和功能，概括起来无非是"生养"二字，即人类的生存和繁衍。这决定了欲对于人性的至关重要，也决定了"足欲"是人性的基本要求。

颜元强调，性与形不可分离，性的作用必须通过形表现出来；人性就是人的气质——耳、目、口、鼻等形体所具有的属性和功能，人体器官的各种功能的发挥是人存在的基础和前提。当然，离开了这些，人将不复存在。因此，形的足欲是人性的正当要求。正是在这个意义上，他断言：

> 形，性之形也；性，形之性也，舍形则无性矣，舍性则无形矣。失性者据形求之，尽性者于形尽之，贼其形则贼其性矣。即以耳目论。……明者，目之性也，听者，耳之性也。……目彻四方之色，适以大吾目性之用。……耳达四境之声，正以宣吾耳性之用。推之口、鼻、手、足、心、意咸若是，推之父子、君臣、夫妇、兄弟、朋友咸若是。故礼乐缤纷，极耳目之娱而非欲也。位育乎成，合三才成一性而非侈也。（《存人编卷一·唤迷途·第二唤》）

在颜元看来，人体感官的正当运用体现了人性的作用，属于正常的足欲，不能动辄就视为私欲。在这个问题上，颜元的弟子——李塨持有同样的观点："己之物也，耳目是也，今指己之耳目而即谓之私欲可乎？外之物，声色是也，今指工歌美人而即谓之私欲可乎？形色天性，岂私欲也？"（《圣经学规纂》）按照这种说法，感官对形色的要求是人之天性而非

"私欲"，因而具有正当性、合理性而应该得到满足。循着这个逻辑，作为人之真情至性，欲应该备受保护。于是，颜元指出："禽有雌雄，兽有牝牡，昆虫蝇蠓亦有阴阳。岂人为万物之灵而独无情乎？故男女者，人之大欲也；亦人之真情至性也。"（《存人编卷一·唤迷途·第一唤》）在他看来，作为人之真情至性，欲与生俱来，是人类生存、繁衍的前提之一；离开欲，人类的生养、繁衍将无从谈起。正是在这个意义上，颜元直言不讳地反问佛教徒："若无夫妇，你们都无，佛向哪里讨弟子？"（《存人编卷一·唤迷途·第二唤》）更有甚者，颜元26岁寓住白塔寺椒园时，寺中僧侣无退侈夸佛道，颜元却说："只一件不好。"僧问之，颜元答："可恨不许有一妇人。"无退惊曰："有一妇人，更讲何道！"颜元针锋相对地指出：

> 无一妇人，更讲何道？当日释迦之父，有一妇人，生释迦，才有汝教；无退之父，有一妇人，生无退，今日才与我有此一讲。若释迦父与无退父，无一妇人，并释迦、无退无之矣，今世又乌得佛教，白塔寺上又焉得此一讲乎！（《颜习斋先生年谱卷上》）

二、气质之性即"生养"

对于人性的具体内容是什么，戴震断言："人生而后有欲，有情，有知，三者，血气心知之自然也。"（《孟子字义疏证卷下·才》）这就是说，人性包括欲、情、知三个方面，其中，欲指声色嗅味等欲望，情指喜怒哀乐等情感，知指分辨是非的能力。在此，他把感官的需求归之于性，把血气心知当作人性必不可少的载体，认为欲是人性中不可或缺乃至最为重要的一项内容。因此，对于欲、情、知三者，戴震往往更重视欲，在某些情况下甚至把欲视为人性的唯一内容。正是在这个意义上，他曾明确指出："口之于味，目之于色，耳之于声，鼻之于臭，四肢于安佚之谓性。"（《孟子字义疏证卷中·性》）

进而言之，戴震之所以如此突出欲的重要性，强调欲在人性中的决定作用，是因为没有饮食男女、"声色嗅味之欲"，人就无法"资以养其生"。无人又何谈人性呢？基于这种认识，他对欲给予充分肯定。于是，戴震一贯主张：

> 凡有血气心知，于是乎有欲。……生养之道，存乎欲者也。（《原善》卷上）

> 天下必无舍生养之道而得存者，凡事为皆有于欲，无欲则无为矣。（《孟子字义疏证卷下·权》）

在此，戴震强调，所谓欲，若高度概括的话，无非"生养"二字——生即求生存，养即繁衍后代。如此说来，足欲是关系人的"生养"问题的头等大事。这是因为，离开了生养，人类也就不存在了。可见，欲对于人的存在和繁衍至关重要。对此，他进一步解释说，人有血肉之躯，饮食男女等"生养"之事是人类生存的基本要求；"生养之道"皆基于欲，无欲则无所为。因此，欲是极为正当的，也是无可非议的。在这方面，戴震强调，即使君子也"不必无饥寒愁怨、饮食男女、常情隐曲之感。"（《孟子字义疏证卷下·权》）他下如此断语，理由是，圣人、常人"欲同也"。

戴震进而指出，欲既然是充分合理的，那么，就不应该盲目消除之，而应该遂欲达情、满足人的生存需要。有鉴于此，他不厌其烦地呼吁：

> 人之生也，莫病于无以遂其生。（《孟子字义疏证卷上·理》）

> 天下之事，使欲之得遂，情之得达，斯已矣。……道德之盛，使人之欲无不遂，人之情无不达，斯已矣。（《孟子字义疏证卷下·才》）

> 圣人治天下，体民之性，遂民之欲，而王道备。（《孟子字义疏证卷上·理》）

按照戴震的说法，既然无欲则无人的生存，既然人从事各种活动的目的说到底都是为了遂欲，那么，遂欲达情就是道德的，灭欲绝情则是有悖人性、违反道德的。循着这个逻辑，他呼吁，"治人者"应该"体民之情，遂民之欲"。只有"遂己之欲，亦思遂人之欲"，关心民生，重视生养之道，满足人们生存的基本要求，社会才能安定。只有人人"仰足以事父母，俯足以畜妻子"，才能使整个社会达到"居者有积仓，行者有行囊"，"内无怨女，外无旷夫"的美好局面；反之，若"快己之欲，忘人之欲"（《原善》卷下），不体恤民情，置人民困苦于不顾，必然"民以益困而国随以亡。"（《原善》卷下）

在此基础上，戴震进一步分析了"民之所为不善"的原因，从反面阐明了"体民之情，遂民之欲"的必要性。他写道：

> 在位者多凉德而善欺背，以为民害，则民亦相欺而罔极矣；在位者行暴虐而竞强有力，则民巧为避而回遹矣；在位者肆其贪，不异寇取，则民愁苦而动摇不定矣。凡此，非民性然也，职由于贪暴以贱其民所致。乱之本，鲜不成于上。（《原善》卷下）

按照戴震的说法，即使老百姓行为不善也不是百姓自身的原因，而是统治者造成的，根本原因是老百姓的生存得不到满足。具体地说，正是"在位者"的无视民情民怨、荒淫暴虐和"私而不仁"酿成了社会动乱。

总而言之，早期启蒙思想家强调，气质之性关涉人的生养大事，"遂欲"、"足欲"即是人的生养之道。这一说法使他们所讲的人性以欲为主，也使欲成为人类存在的根基和前提之一。这些说法张扬了人的生理欲望、物质需求的重要性，是对人之个体生命价值和生存权利的肯定。

三、人之本性即欲、利、私

颜元、戴震强调，气质之性是人与生俱来的形体所具有的属性和功能。这不仅使气质之性的满足成为关系生养的大事，而且使欲、利、私成为人性的本质所在——或者说，人之本性就是欲、利、私。

颜元、戴震认为，气质之性主要指人的生理机制、物质欲望和功利追求，主要内容是欲、利、私。因此，两人对气质之性无恶的价值判断和对气质之性的张扬就是对人的自然属性的关注。这样一来，满足人的欲、利、私之本性便拥有了不容置疑的必要性、正当性和迫切性。至此，人从宋明理学家那里的道德完善者被还原为热衷物质生活、生理欲望的自然之人。进而言之，早期启蒙思想家对人之自然属性的推崇不仅是人的觉醒，而且反过来促使他们重新定位道德和审视理欲、义利、公私关系，最终推动了价值观的变革。

颜元、戴震等人的人性哲学注重人之自然本性，充分肯定了人的生理欲望、物质追求的道德意义。这些被近代哲学家所吸收，并与西方传入的自然人性论一起成为"求乐免苦"、"背苦趋乐"的思想渊源。

第三节　对道德的重新定位和理解

颜元、戴震对人的重新界定不仅涉及对人本身即对人之本性、本质的理解，而且影响甚至决定着对道德的理解和定位。伴随着早期启蒙思想家对人之自然本性的还原和对自然属性的提升，欲、利、私变成了道德的题中应有之义，因而具有了非同寻常的道德价值和意义，在理欲、义利、公私关系中的地位也不同以往。在这方面，他们的思想具体表现为相互联系的两个方面：第一，宣称道德与人之物质生活密切相关。第二，价值观上向欲、利、私倾斜。

一、宣称道德与人之物质生活密切相关

颜元、戴震对人之自然本性的推崇表现在对道德之本质、功能的定位

上便是，强调道德与人的物质生活密切相关，使欲、利、私在道德中占据最显赫的位置。

戴震反对天理与人欲对立的观点，谴责宋明理学家把理与欲截然对立的做法。在这方面，他特别强调，朱熹所谓天理人欲正善邪恶的区分是错误的，并且指出：

> 然则谓"不出于正则出于邪，不出于邪则出于正"，可也；谓"不出于理则出于欲，不出于欲则出于理"，不可也。（《孟子字义疏证卷上·理》）

不仅如此，为了从理论上彻底驳斥天理与人欲对立的观点，证明理（道德准则）与欲（人的欲望和物质追求）密不可分，戴震从三个方面界定了理气关系，通过强调理存于欲中证明了理欲的密不可分。

其一，理与欲是理与气的关系

戴震认为，欲根源于气，欲的物质承担者是气。对此，他一再强调：

> "欲"根于血气，故曰性也。（《孟子字义疏证卷中·性》）

> 欲者，血气之自然。（《孟子字义疏证卷上·理》）

戴震认为，性根于血气，理欲关系具体表现为理与气的关系，而理与气是密不可分的。在他看来，气是万物的本原，气化流行生成万物，气化流行的条理、规律就是理。这表明，理与气"非二事"，二者不可分割；理即气之理，理存在于气中。进而言之，理存在于气中表明，理存在于欲中，必须附着气质而存在。

基于上述认识，戴震强调，朱熹之所以会犯以理为"如有一物"、为"真宰"、为"真空"的错误，就是因为离开欲而言理。同样是因为离开欲而言理，宋明理学家推崇的那个先于人体而有、与欲不可共存的理成为杜撰出来的主观意见。其实，这个理是根本不存在的。同样的道理，由于宣布理"得于天而具于心"，离开欲而言理，朱熹所讲的理才成为祸天下之理。正是在这个意义上，戴震断言："凡以为'理宅于心'，'不出于欲则出于理'者，未有不以意见为理而祸天下者也。"（《孟子字义疏证卷下·权》）

其二，理与欲是理与事的关系

对于欲与理，戴震界定说："欲，其物；理，其则也。"（《孟子字义疏证卷上·理》）在他看来，人所进行的一切活动都有欲，都是在一定欲望的支配下进行的。人在各种欲望的驱使下产生了活动、产生了事，事情内在的条理、规律就是理。这就是说，理欲关系从根本上看就是理与事的关系。具体地说，理与事相互依赖、不可分离，正如无为、无事即无理一样，无欲则无以见理。如此说来，理存于事中，即理存于欲中。正是在这个意义上，戴震声称："凡事为皆有于欲，无欲则无为矣；有欲而后有为，有为而归于至当不可易之谓理；无欲无为又焉有理！"（《孟子字义疏证卷下·权》）

其三，理与欲是必然与自然的关系

戴震认为，理带有规律、法则之意，属于必然范畴；欲是人的生理欲望和物质需求，属于自然范畴。这表明，理欲关系就是必然与自然的关系。具体地说，必然离不开自然，"就其自然，明之尽而无几微之失焉，是其必然也。"（《孟子字义疏证卷上·理》）可见，正如必然不能离开自然而独立存在、必然寓于自然之中一样，理离不开欲、理就存在于欲中。正是在这个意义上，戴震屡屡指出：

> 性，譬则水也；欲，譬则水之流也；节而不过，则为依乎天理，为相生养之道，譬则水由地中行也。（《孟子字义疏证卷上·理》）

> 理也者，情之不爽失也；未有情不得而理得者也。……今以情之不爽失为理，是理者存乎欲者也。（《孟子字义疏证卷上·理》）

通过对理欲关系的剖析，戴震将各个方面的认识相互印证，反复论证了一个命题："理者存乎欲者也。"（《孟子字义疏证卷上·理》）这个命题不仅肯定了理欲相依，而且强调理欲相依的方式是理存在于欲中而不是相反。更为重要的是，"理者存乎欲者"表明，理——伦理道德必须通过欲表现出来，这决定了伦理道德与人的物质生活密切相关；离开了人的物质生活，道德将变得空洞无物，甚至没有了存在的意义和必要。之所以如此，道理不言而喻：理是判断欲望恰当与否的标准，失去了欲这个被判定和节制的对象，还谈什么理呢？

应该看到，颜元、戴震对道德离不开人之物质生活的诠释从根本上说是对道德的重新界定，生理欲望、物质生活和功利诉求赋予道德属人的现实性和功利性。这改变了道德的品格、属性和功能，具有了满足人之自然属性的义务和职责。

二、价值观上向欲、利、私倾斜

出于对人之本性的崭新界定，鉴于道德与人之物质生活的密切相关，以颜元、戴震为代表的早期启蒙思想家在批判宋明理学家津津乐道的理欲、义利、公私之辨时突出欲、利、私的地位和价值，致使明清之际的价值观发生变革，呈现出与宋明理学迥然悬殊的重欲、贵利和尚私倾向。

如上所述，为了彻底批驳天理与人欲势不两立的说教，戴震深入探讨了理欲关系，提出了系统的理欲观。理存于欲中的观点不仅使理欲的割裂不攻自破，而且证明了理对欲的依赖，突出了欲在理欲关系中的主导地位。戴震对欲之正当性的阐释和"遂欲"主张更是使他的价值观明显地向欲倾斜。

其实，不惟戴震如此，早期启蒙思想家对气质之性的推崇本身就蕴涵着对欲的肯定。这是因为，在他们看来，所谓的气质就是人的形体及其生理机能，这使欲成为气质之性的主要内容。出于气质无恶的判断，欲与恶之间渐行渐远。不仅如此，从保护欲的天然合理性出发，早期启蒙思想家伸张欲之合理性、正当性，随即发出了"遂欲"的呼吁。

进而言之，颜元、戴震所讲的欲主要指人的生存欲望，满足这些欲望的手段主要是功利。因此，与重欲相关联，两人肯定功利的道德价值，在义利观上表现出明显的贵利倾向。

颜元指出，由于恪守反功利的义利观，儒学在汉代之后陷入歧途，具体表现是以读死书、死读书为做人的途径，全然不顾国计民生，最终造成读书死的结局和悲剧，同时也给社会和人身造成了巨大的危害。在此，他把批判的重心指向宋明理学，断言程朱理学和陆王心学尽管为了争正统、辩是非打得不可开交，在反功利上却出奇地一致。正是在这个意义上，颜元断言："两派学辩，辩至非处无用，辩至是处亦无用。"（《习斋记余卷六·阅张氏王学质疑评》）需要说明的是，鉴于程朱理学的势力和影响，在对宋明理学无用的批判中，颜元对程朱理学用力甚多。显然，下面的批判都是针对程朱理学尤其是朱熹哲学而言的：

> 千余年来率天下入故纸堆中，耗尽身心气力，作弱人、病人、无用人者，皆晦庵为之，可谓迷魂第一、洪涛水母矣。（《朱子语类评》）

> 入朱门者便服其砒霜，永无生气生机。（《朱子语类评》）

对于儒家尤其是宋明理学反功利的荒谬性，颜元和其弟子李塨列举事实予以了揭露。不仅举其一斑：

> 世有耕种，而不谋收获者乎？世有荷网持钓，而不计得鱼者乎？抑将恭而不望其不侮，宽而不计其得众乎？（颜元：《颜习斋先生言行录卷下·教及门第十四》）

> 行天理以孝亲，而不思得亲之欢；事上而不欲求上之获，有是理乎？事不求可，将任其不可乎？功不求成，将任其不成乎？陈龙川曰

"世有持弓挟矢而甘心于空返者乎?"然则用兵而不计吾之胜,孔子好谋而成非矣。耕田而不计田之收,帝王春祈秋报,皆为冀利贪得之礼矣。(李塨:《论语传注问》)

颜元认为,人从事任何活动都具有目的性,都在追求实际效果。一般地说,那种不计效果的人是没有的;即使有,也不是虚伪就是迂腐。在此,他重点揭露了宋明理学家重义轻利的虚伪性,指出宋明理学家之所以对"正其谊不谋其利,明其道不计其功"津津乐道,主要目的是"以文其空疏无用之学"——用这种堂而皇之的理由为自己空疏的理论说教做辩护。

颜元、戴震的理欲观、义利观和公私观与两人的人性哲学一脉相承——准确地说,是建立在人性哲学之上的。作为人性一元论者,两人断言气质之性是唯一的人性,生理欲望、物质追求和自私自利就是气质之性的基本表现。这种说法使原来被压制的欲、利、私作为人与生俱来的本性拥有了天然的合理性、正当性,是否得到满足也因而具有了人道主义的高度。与此同时,颜元、戴震对宋明理学杀人的控诉以违背人性、不近人情为主要理由。与此相联系,鉴于宋明理学家所造成的残害人性、虚而不实的残酷现实,鉴于功利与道义的密切相关,也出于人皆有欲、自私自利的实际需要,早期启蒙思想家注重实效,推崇经世致用。所有这些,一言以蔽之,都是为了满足人的生存需要。

至此可见,早期启蒙思想家的人性建构和对宋明理学的批判完成了一个周期。上面的介绍显示,他们自身的人性建构与对宋明理学的批判是一个问题的两个方面:对宋明理学杀人本质的认定和谴责促使早期启蒙思想家推出了人性一元论,反过来,人性一元论不仅反驳了气质有恶、揭露了"去人欲,存天理"的荒谬,而且还原了人之自然本性,致使人成为有血有肉、追求功利的自然之人。伴着为了存天理而去人欲的退场,以理杀人也丧失了合理性、合法性。与此同时,无论是对宋明理学杀人本质的揭露还是对人性一元的建构抑或对人之自然本性的还原都促使早期启蒙思想家重新界定道德的本质，关注并重新审视道德与人的物质生活之间的关系，这些促使他们的价值观明显地向欲、利和私倾斜。进而言之，宋明理学呈现为本体哲学—人性哲学—道德哲学三位一体的理论走势和思维格局。因此，早期启蒙思想家对其人性哲学的解构不仅关涉人性哲学本身，而且直接殃及宋明理学的本体哲学和道德哲学，在某种程度上可以说，瓦解了宋明理学的整个系统。

第四节　人性哲学的特殊地位和作用

经过颜元、戴震的上述诠释，被宋明理学奉为世界本原的天理成为子虚乌有之物，存在的合理性荡然无存；道德哲学中，理、义变得与功利密切相关，欲、利、私被大力提倡。这是对人性的重新诠释，也是对道德的重新定位。一言以蔽之，这是使宋明理学的天理逐渐祛魅的过程，因为颜元、戴震对天命之性、天理依赖于气质的阐释剥去了天理的神圣性和永恒性，人向自然本性的回归使天理的神圣光环黯然失色。

一、对宋明理学的解构

早期启蒙思想家对天理的祛魅并不仅仅限于天理本身，也是对宋明理学神圣性、正当性的解构，这一切取决于天理在整个宋明理学体系中的地位和作用。

众所周知，作为宋明理学的灵魂，天理不仅浓缩着宋明理学的精华，而且隐藏着宋明理学的秘密，其中最大的秘密就是理何以杀人。最简单的一点是，尽管宋明理学有不同的称谓，不可否认的是，宋明理学之所以被称为理学，与对天理的推崇不无关系。不理解这一点，便不能理解程颢为什么自诩"天理二字却是自家体贴出来。"（《二程集·河南程氏外书卷十二》）不仅如此，对于天理在宋明理学中至关重要、无可比拟的地位和作用，如果单独从程朱理学奉天理为本原来理解的话，就显得狭隘了。作为问题的另一方面，只有真正领略了天理在宋明理学中提纲挈领、首屈一指的重要作用，才能深刻认识对天理的祛魅对于瓦解整个宋明理学体系的首要意义。事实上，在宋明理学中，天理从来就不仅仅是一个概念或范畴；哪怕意识到了天理是第一范畴，这还远远不够，因为天理还是最高价值。与此相关，早期启蒙思想家对天理的祛魅预示着整个宋明理学大厦及其价值系统的坍塌。

与此同时应该看到，颜元、戴震对天理的祛魅是从天理与人的关系——"杀人"而不是"养人"入手的，这使两人对天理的瓦解始于人性领域，并且以人性哲学为中心。进而言之，人性哲学在宋明理学中所占据的独特的战略位置决定了早期启蒙思想家从人性哲学入手剥夺天理的神圣性和正当性的效果是始于斯却不限于斯，最终势必冲击、瓦解整个宋明理学。之所以会产生如此影响和效果，取决于宋明理学的理论构架和思维走势。具体地说，作为一种道德形而上学，宋明理学呈现出本体哲学—人性哲学—道德哲学三位一体的理论态势。正因为本体哲学、人性哲学与道德哲学是三位一体的，所以，张载说："不闻性与天道而能制礼乐者末也。"（《正蒙·神化》）因为经典有言"夫子之言性与天道，不可得而闻也"（《论语·公冶长》），所以，张载的上述言论被视为离经叛道而遭到非议。其实，这句话恰好道出了张载本体哲学（天道）、人性哲学（性）与道德哲学（礼乐）三位一体的思维格局和价值旨趣。也正因为在张载那里本体哲学、人性哲学与道德哲学是三位一体的，所以，离开了性和天道，礼乐便无从谈起。与此相联系，正因为有了三位一体这一思维方式和价值旨趣，便有了《西铭》中"民胞物与"的必然结论。可以说，程朱对《西铭》的推崇骨子里是对本体哲学—人性哲学—道德哲学三位一体的思维方式和价值旨趣的赞赏。

事实上，绝不仅仅限于张载哲学或程朱理学，三位一体是全部宋明理学一贯的思路和方式。在这方面，元代刘因和饶鲁的下面两段话证明了我们的判断：

大哉化也，源乎天，散乎万物，而成乎圣人。自天而言之，理具乎乾元之始，曰造化。宣而通之，物付之物，人付之人，成象成形，而各正性命，化而变也。阴阳五行，运乎天地之间，绵绵属属，自然氤氲而不容已，所以宣其化而无穷也。天化宣矣，而人物生焉。人物生焉，而人化存焉。大而父子、君臣、夫妇、长幼、朋友之道，小而洒扫、应对、进退之节，至于鸢飞鱼跃，莫非天化之存乎人者也。（刘因：《畿辅本卷三·宣化堂记》）

《西铭》一书，规模宏大而条理精密，有非片言之所能尽。然其大指，不过中分为两节。前一节明人为天地之子，后一节言人事天地，当如子之事父母。何谓人为天地之子？盖人受天地之气以生而有是性，犹子受父母之气以生而有是身。父母之气即天地之气也。分而言之，人各一父母也，合而言之，举天下同一父母也。人知父母之为父母，而不知天地之为大父母，故以人而观天地，唱漠然与己如不相关。人与天地既漠然如不相关，则其所存所发宜乎？……言天以"至健"而始万物，则父之道也；地以"至顺"而成万物，则母之道也。吾以藐然之身，生于其间，禀天地之气以为形，而怀天地之理以为性，岂非学之道乎？（饶鲁：《饶双峰讲义卷十五·附录》）

值得注意的是，在宋明理学中，本体哲学、人性哲学与道德哲学的三位一体既是一种思维方式，又是一种价值取向。在宋明理学构筑的这个三位一体的框架中，人性哲学不仅是整个宋明理学的主要内容之一，而且是联结其本体哲学与道德哲学的中介。正是这个中介的位置，使人性哲学在推行以三纲五常为核心的伦理道德的过程中，发挥着本体哲学、道德哲学都无可替代的重要作用。

具体地说，宋明理学以推崇三纲五常为根本宗旨，具体做法分为三个步骤：第一步，把三纲五常奉为宇宙本体、神化为万古永恒的绝对存在——显然，这是本体哲学的内容；第二步，通过上天命人以命，把三纲五常说成是上天赋予人的本性，致使践履之成为人无法逃遁、不可推诿的神圣使命——显然，这方面的工作是人性哲学的分内之事；第三步，宣布人之为人乃至超凡入圣的途径是突显人性之天理、消除气质之恶，进而在人伦日用中自觉加强道德修养，做"去人欲，存天理"的工夫——这使道德哲学隆重登场，也使各种修养工夫层出不穷。可见，宋明理学推崇三纲五常的这一根本目的是通过本体哲学—人性哲学—道德哲学的三位一体逐步推进、实施的。进而言之，在宋明理学建构的这套本体哲学—人性哲学—道德哲学三位一体的逻辑构架中，本体哲学、人性哲学与道德哲学既互不相同、各有侧重，又相互印证、相得益彰——不同是因为侧重于天理的本体论、存在论和德行论等不同层面，相互印证是因为对于天理的神圣性而言一以贯之、环环相扣。在此，贯彻始终的则是天理。

分析至此不难发现，颜元、戴震在人性领域对天命之性——作为天理在人性上的显现离不开气质之性、离开气质之性的天命之性只能是杜撰的子虚乌有之物判断把天理赶出了人性哲学的地盘，对气质之性是唯一的人性和气质之性即以生养为核心的欲、利、私的论证则突出了人之自然本性。两人对人性哲学的这一变革带来了两个相应的后果：第一，冲击了宋明理学家在本体领域对天理绝对永恒、万古不变的神化，理也相应地被还原为具体的条理和准则。第二，天理被祛魅，作为天理之具体表现的天命之性随即成为杜撰的虚假之物；由于缺少先天本能的支持，"去人欲，存天理"的道德追求和践履工夫变得不再必要——至少不再是人与生俱来的神圣使命。这瓦解了宋明理学精心策划的本体哲学—人性哲学—道德哲学三位一体的逻辑构架以及本体哲学、道德哲学对人性哲学的束缚，致使人性哲学的独立成为可能。

在宋明理学本体哲学—人性哲学—道德哲学三位一体的构架中，三者均以张扬伦理道德为宗旨。颜元、戴震的人性论不仅使人性哲学脱离了与本体哲学、道德哲学的勾连，而且在使人还原为自然之人的同时，重新界定了道德的本质和功能。换言之，两人对天理的祛魅也是把道德从天国拉回到人间的努力。从此，道德不再高高在上、不食人间烟火。恰恰相反，道德就存在于普通百姓的人伦日用之间，与百姓的喜怒哀乐、生存欲望和功利诉求息息相关。由此可见，颜元、戴震将伦理道德诠释为维护人之生存、繁衍的生养之道，也最大程度地颠覆宋明理学的道德形而上学。

二、历史启示

颜元、戴震对双重人性论的批判、对人性一元论的建构包括对理学的批判，对于人们深刻认识宋明理学具有借鉴意义。一个不争的事实是，戴震、颜元对宋明理学杀人的指控是就特定的历史背景、面对残酷的社会现实有感而发的。在两人所处的社会中，理的确可以杀人，理也确实杀过很多人。这就是说，以理杀人不是颜元、戴震个人的主观杜撰，而是确有其事。对此，两人没有对事实进行恶意演绎或肆意夸张，只是真实地道出了别人所不敢言而已。宋明理学在本质上是道德形而上学，以追求道德完善为鹄的。在颜元、戴震所处的时代，儒家作为官方意识形态被制度化，甚至被异化，所以出现了以理杀人的现象。这一现象的出现是多种因素共同造成，不可一味地归咎于宋明理学或儒学。宋明理学之所以被利用，一个重要原因和表现就是蔑视人的形体存在和生命权利，践踏人的自然本能。有鉴于此，作为以理杀人的矫正之方，早期启蒙思想家推崇人的自然本性，对物质利益、功利追求的提倡具有历史意义。在批判宋明理学、进行人性哲学建构的过程中，两人为了抵制传统文化尤其是宋明理学对人之物质生活的遮蔽、贬损而推崇人的自然本性，在当时具有积极意义，这方面的内容也确实是传统文化和宋明理学所缺少的。可以说，颜元、戴震对人之自然本性的关照对于受困于古代社会中的、饱尝宗法等级之苦的人而言，不啻为一次人性觉醒和思想解放。面对宋明理学家的理欲观、义利观和公私观特别是统治阶级借助理学对欲、利、私的长期压抑和唾弃，在人之自然本性、物质欲望、功利追求长期缺席的情况下，不如此便不足以抵制宋明理学的以理杀人。

同样不可否认的是，颜元、戴震对人之自然本性的偏袒与宋明理学家对人之道德本性的夸大是片面的。就人的全面发展或本真状态而言，人是自然存在与社会存在的有机体，正如自然属性不可完全阉割，否则人将成为虚伪、空无一样，社会属性、道德完善是人性乃至人的本质、人的价值和人的全面发展的题中应有之义；没有了道德完善和价值诉求，自然需要和物质满足对于人同样会失去原本的意义和价值。颜元、戴震用一种片面的深刻性代替另一种片面的深刻性，与宋明理学家犯的是同样的错误。究其原因，正如宋明理学家充分肯定物质满足对于人的重要作用一样，颜元、戴震没有看到，对于人而言，欲、利、私撑起的自然需求与精神追求、道德完善都不可缺少，精神家园更为重要，而伦理道德恰恰是人的精神家园中最灿烂的风景。在这方面，宋明理学对人之道德本性的高扬、对至善天理的推崇本身并没有错，朱熹等人对理欲、义利、公私关系的处理充分显示了儒家在人生追求和人格塑造中的超越维度，作为理想信念乃至现世的终极关怀具有不可否认的意义。宋明理学家的偏颇在于顾此而失彼，认定道德追求（天理）与物质追求（人欲）截然对立，在人的朝圣途中要求人不食人间烟火。颜元、戴震借助人的自然本性批判宋明理学，在推崇人之自然属性时似乎忘了人还有社会属性和精神追求。正是由于这个原因，两人在建构自己的人性哲学时始终把人的社会属性置之度外，对道德追求关注不够，尤其是在把人之本性都归结为以欲、利、私为核心的气质之性时，人的崇高、优雅丧失殆尽，人生品位和追求格调明显降低。尤其是离开了这一历史时境，在个人意识和人的自然本性充分得到尊重和保护之后，如果还像早期启蒙思想家那样为欲、利、私而奔走呼号，甚至可能导致个人主义的恶性膨胀。

人是什么？人的价值是什么？人应该怎么活着才有意义？对于这些问题的回答永远是开放的，或者说，没有固定的答案——不同时代有不同时代的回答，不同的人有不同的答案。在这方面，宋明理学家与早期启蒙思想家表现出不同的偏袒和侧重。事实上，人是现实的存在，拥有真实的现实生活，物质需要的满足是人存在的基本前提之一，轻视甚至蔑视这一点是不人道的；人是自由的存在，追求超越是人最本真、最尊严的存在方式，没有精神生活或道德完善，人则虽生犹死。对于这两个方面，宋明理学家与早期启蒙思想家的共同点是都只看到了其中的一面而轻视乃至忽视了另一面。对此，人们不禁要问：人怎样才能既满足自然需要、享受物质生活，又不会因此而陷于庸俗乃至堕落？人怎样才能在道德提升、精神愉悦的同时享受丰富多彩的物质生活？这些都是恒提恒新的永恒问题。

与此同时尚须看到，颜元、戴震对于宋明理学杀人本质的揭露和认定尤其是全面否定的极端态度使两人对待宋明理学往往情绪化，缺乏全面、冷静的理性剖析。于是，在两人对宋明理学及传统文化的评价中，否定远远多余肯定，甚至只有否定、没有肯定。这种态度使颜元、戴震在审视、反思宋明理学时，只揭露其消极面，而很少关注其积极意义，最终很难给宋明理学一个公允、全面的评价。显然，这不是辩证的态度和做法。尤其是在当今社会，再像颜元、戴震代表的早期启蒙思想家那样评价或对待宋明理学显然不合时宜。

颜元、戴震以及早期启蒙思想家对待宋明理学和传统文化的极端否定态度在后续的历史中被延续下来，并在无形中被放大。到了近现代，亡国灭种的危险使近现代哲学家迁怒于传统文化，救亡图存的需要使他们渴望西学。于是，近代哲学家在面对儒学和传统文化时同样采取了极端否定态度，这种极端态度在五四新文化运动时上升为"打倒孔家店"，成为向传统文化的宣战和决裂。尽管近现代哲学家对传统文化的决绝态度与当时的政治背景、社会需要密切相关，甚至与救亡图存的民族前途息息相关，包括颜元、戴震在内的早期启蒙思想家的影响还是起了一定的作用。在注重传统、勇于创新的今天，早期启蒙思想家对待宋明理学及传统文化的态度值得反思，也足以令后世警醒。

颜元、戴震代表的早期启蒙思想家的贡献和失误及其在近现代的延续给今人留下了一个迫切的现实问题，那就是：在走出了特定的历史境遇之后，如何重新审视和对待宋明理学？一种学说的社会影响与其理论本身具有无法割裂的内在关联，然而，这只是问题的一个方面；问题的另一个方面是，任何理论的客观影响都不是理论单方面决定的，而是各种因素共同作用的结果。其中，政治制度、社会环境和文化积淀等因素均不可小觑。从这个意义上说，认定以理杀人与宋明理学之间无丝毫瓜葛是不客观的。问题的关键是，之所以造成以理杀人的局面并不是宋明理学本身可以操纵或控制的——至少不是宋明理学的故意。在以理杀人的事件中，宋明理学绝不是唯一的参与者。正因为如此，如果把以理杀人的一切后果都算在宋明理学的头上，对于宋明理学不公平，也不符合历史逻辑。正如生前仕途坎坷的朱熹未必预料到身后的显赫一样，自己创建的理学沦为杀人工具或许是朱熹始料未及的。以理杀人是宋明理学被意识形态化的结果，除了宋明理学本身的原因外，政治制度、历史条件和社会背景等都起了决定性的作用。基于这种实际情况，应该对朱熹及宋明理学的学术价值与政治价值加以区分，这正如应该对朱熹思想的原初形态与被官方意识形态化的异化形态区别对待一样。有了这样的区分，结论不言自明：目前的当务之急是走进真实的朱熹，而不是紧紧抓住理学曾经被异化为杀人工具的历史不放；只有这样，才能使朱熹哲学及其宋明理学在全球化的时空转换中焕发出新的生命力。在回归原典、回到朱熹的过程中，具体观点可以仁者见仁，智者见智。尽管如此，有一点必须明确，那就是：如果再像早期启蒙思想家那样对宋明理学予以全面否定绝不是正确对待朱熹哲学、对待宋明理学乃至对待传统文化的态度，这正如抛弃宋明理学家对人之道德追求的肯定而专注人的自然本性不利于正确处理人之自然属性与社会属性的关系、最终同样会妨碍人的全面发展一样。

第十五章　严复与康有为宗教思想比较

严复与康有为的直接冲突集中表现在宗教领域，始终聚焦在对立孔教为国教的态度上。其实，自从康有为大声疾呼立孔教为国教开始，宗教便成为政论的主要话语。由于宗教与教化相混，康有为在以孔教称谓包括诸子百家在内的中国本土文化时，便出现了以宗教言国学的局面。严复凭借深厚的西学素养对宗教概念予以厘清，将中国近代的国学理念推向了一个新的阶段。严复、康有为对宗教的理解和态度既呈现出明显的差异，又具有相同之处。通过比较，不仅可以深入理解严复、康有为的宗教观，而且有助于把握两人孔教观以及国学观的异同。

第一节　教学观

与西方文化语境中的 religion 相对应的宗教概念对于中国人来说是舶来品，与中国本土的教化一词既具有某种关联又绝非一词。严复是在与科学相对的角度理解宗教的，他的宗教观念更接近西方学科分类框架中的宗教概念。康有为具有泛宗教倾向，对宗教的理解更接近中国本土的教化概念。

一、教与学殊途

严复始终认为，教与学殊途。早在发表于1895年的《救亡决论》中，他就对教与学予以区分，旨在强调教与学是两个"判然绝不相合"的概念，彼此不可混淆。对此，严复如是说："是故西学之与西教，二者判然绝不相合。'教'者所以事天神，致民以不可知者也。致民以不可知，故无是非之可争，亦无异同之足验，信斯奉之而已矣。'学'者所以务民义，明民以所可知者也。明民以所可知，故求之吾心而有是非，考之外物而有离合，无所苟焉而已矣。'教'崇'学'卑，'教'幽'学'显；崇幽以存神，卑显以适道，盖若是其不可同也。世人等之，不亦远乎！是故取西学之规矩法戒，以绳吾'学'，则凡中国之所有，举不得以'学'名；吾所有者，以彼法观之，特阅历知解积而存焉，如散钱，如委积。此非仅形名象数已也，即所谓道德、政治、礼乐，吾人所举为大道，而诮西人为无所知者，质而言乎，亦仅如是而已矣。"[1] 在这里，严复对教与学进行了区分，指出教起于信仰，信仰的对象是天神，最终指向不可知之域，不必与理相合；学源于实证，旨在使人的认识与外物相合，目的在于明理。这决定了教与学具有不同的对象，并且对应不同的界域：教对应不可知之境，学对应可知之境，二者指涉不同的领地。

基于上述认识，严复指出，对教与学分别对待是学术昌明、社会进步的标识。因此，在西方文化语境中，教与学泾渭分明。基于这种认识，他对教与学的区分一直延续到对西方著作的翻译中。在翻译孟德斯鸠的《论法的精神》时，严复如是说："今夫教之为物，与学绝殊。学以理明，而教由信起，方其为信，又不必与理皆合也。"[2]

二、教与学相混

康有为在作于 1898 年春的《日本书目志》中列有宗教门，与政治门、经济门、法律门等相对应。他在宗教门中写道："合无量数圆首方足之民，必有聪明首出者作师以教之。崇山洪波，梯航未通，则九大洲各有开天之圣以为教主。太古之圣，则以勇为教主；中古之圣，则以仁为教主；后古

---

[1] 《救亡决论》，《严复集》第一册，中华书局 1986 年版，第 52—53 页。
[2] 《法意》，《严复集》第四册，中华书局 1986 年版，"按语"第 1021 页。

之圣，则以知为教主。同是圆颅方趾则不畏敬，不畏敬而无以耸其身，则不尊信，故教必明之鬼神。"① 在这里，康有为用三世、三统说对宗教的递嬗轨迹予以整合，将宗教的发展分为太古、中古与后古三个不同阶段，并且指出中古之世的宗教以仁为"教主"，即"太古之圣，则以勇为教主；中古之圣，则以仁为教主；后古之圣，则以知为教主"。在此基础上，康有为将孔教归为宗教，并且指出孔教在宗旨上与佛教、耶教（基督教）别无二致，作为中古宗教都以仁为宗旨和信仰对象。由此可见，在康有为的视界中，教与尊信密不可分，故而必明鬼神。

在游历欧洲各国、了解了西方各国的宗教观念之后，康有为再次谈到了宗教问题。此时，他对教的看法是："其曰宗教家者，耶、佛、回之言神道者也；非言神道者，不得号曰宗教也。若如其意义，则非宗教也，乃神道也。今欧美各学校于研求耶教经典之科，日人亦知译为神科矣。然则于耶、佛、回之教，何不译曰神道乎？不尔，则亦曰神教乎？孔子虽天人并包，神灵兼举，然若谓中国之教、孔子之道为神道，为神教，则非徒不足以包孔子之道之大，而义实不切。数千年来皆以孔子为教，无以孔子为神道、神教者。若妄名之，非愚则诬，亦言孔子教者所嗤而不受也。若以宗为神，则中国宗之文尊也，有祖义而无神义。即以佛教《传灯录》创立'宗'字，彼禅宗、天台宗、慈恩、华严皆指心现境，不尚鬼神。故以宗教代神教之名，谬矣！若以中国普遍之教名，则白莲教、五斗米道教皆得为教，何况数千年之大教乎？故如日人之名词，无一而可也。"② 在这里，康有为将教与宗区分开来，并且在将宗界定为宗派的前提下，重申了教无所不包的主张。循着这个逻辑，教与宗教成为包含与被包含的关系。这表明，尽管康有为所使用的孔教概念具有教化、文化等宽泛的含义，其中包括宗教，然而，教却与宗教并非同一概念。

---

① 《日本书目志》卷三，《康有为全集》第三集，中国人民大学出版社 2007 年版，第 297—298 页。

② 《英国监布烈住大学华文总教习斋路士会见记》，《康有为全集》第八集，中国人民大学出版社 2007 年版，第 35 页。

对于康有为来说，孔教概念本身具有广狭之分。在广义上，"百家皆孔子之学"，孔教是中国本土文化的代名词；在狭义上，孔教是宗教，拥有一切宗教所具有的特征，如与佛教、基督教一样以仁为宗旨，与基督教一样具有神职人员等等。这用他本人的话说便是："墨者师，必如儒者之博士，西教牧师、神甫之类。"①进而言之，由于教具有教化之义，康有为所讲的教与学相混，正如孔教、孔子之教、孔子之学、孔学异名而同实一样，老学与老教、墨学与墨教在他那里并无明确区分。

至此可见，严复、康有为对教的理解是从不同角度切入的，彼此之间相去甚远。大致可以说，严复视界中的教更接近西方文化语境中的宗教概念，比康有为所讲的教内涵更为确定，外延相对要窄一些。康有为视界中的教更接近中国本土文化中的教化，并由此导致了他的泛宗教倾向。与此同时，严复、康有为对教的理解有二点是相同的：第一，从内容界定上看，肯定教的本质是信仰，并且与鬼神或灵魂密切相关。第二，从话语结构上看，无论严复还是康有为都习惯于使用歧义丛生的"教"而不是使用内涵更为明确的教化或宗教概念，这为两人教之概念的模糊埋下了伏笔。

第二节　救亡观

严复、康有为对教的不同理解决定了两人对待教的态度相去甚远：严复是在消极的积极上理解教的，坚决反对通过保教来保种、保国。康有为是在积极的意义上理解教的，将保教——具体指孔教奉为拯救中国的不二法门。

一、保教与保国无关

严复承认宗教与道德相倚而立，在与人为善上具有积极作用。在此

---

① 《孔子改制考》卷六，《康有为全集》第三集，中国人民大学出版社 2007 年版，第 69 页。

基础上，他强调宗教与科学势不两立，认为教育的目的在于"去宗教之流毒"，故而与宗教背道而驰。具体地说，由于假托鬼神，宗教震慑人心，妨碍人的心智发达和思想自由。正是由于这个原因，"去宗教之流毒"成为当今教育的最大目标。严复宣称："时至今日，五洲之民，苟非最劣之种，莫不知教育为生民之最急者矣。然亦知教育以何者为最大之目的乎？教育最大之目的，曰去宗教之流毒而已。夫宗教本旨，以明民也。以民智之稚，日用之不可知，往往真伪杂行，不可致诘，开其为此，禁其为彼，假托鬼神，震慑愚智。虽其始也，皆有一节之用，一时之功，洎乎群演益高，则常为进步之沮力。"①严复认为，宗教的真伪并存和督善警恶功能决定了它在民智低下之时具有存在的理由——由于道德没有臻于至善境界，必须凭借宗教督善警恶的警世作用鼓励人向善。尽管如此，从根本上说，宗教之伪与科学的进步是相悖的。特别致命的是，宗教起于迷信，托于鬼神，从长远的眼光看禁锢民智，不利于人的心智发达，同时也有悖学术自由。他强调，宗教对人心智的禁锢、对科学的妨碍随着社会发展和文明进步越来越突出，人类的进步呈现出科学进而宗教休的过程。

与此同时，严复强调，中国之教与西方之教具有本质区别。中国之教的具体表现是礼和三纲五常，故而与宗法等级互为表里。这使中国之教对自由的禁锢最终表现在政治领域和人的日常生活之中，造成的不自由较之西方更甚，成为导致中国衰微的祸根。对此，他不止一次地断言：

> 西国言论，最难自繇者，莫若宗教，故穆勒持论，多取宗教为喻。中国事与相方者，乃在纲常名教。事关纲常名教，其言论不容自繇，殆过西国之宗教。②

> 欧洲之所谓教，中国之所谓礼。……乃至后世其用此礼也，则杂

---

① 《法意》，《严复集》第四册，中华书局 1986 年版，"按语"第 1016—1017 页。
② 《群己权界论》，商务印书馆 1981 年版，《译凡例》。

之以男子之私。己则不义，而责事己者以贞。己之妾媵，列屋闲居。而女子其夫既亡，虽恩不足恋，贫不足存，甚或子女亲戚皆不存，而其身犹不可以再嫁。夫曰事夫不可以贰，固也。而幽居不答，终风且暴者，又岂理之平者哉？且吾国女子之于其夫，非其自择者也。夫事君之不可不忠者，以委赞策名，发于己也。事亲之不可不孝者，以属毛离里，本乎天也。朋友之不可不信者，以然诺久要，交相愿也。独夫妇之际，以他人之制，为终身之偿，稍一违之，罪大恶极。鸣呼！……中国夫妇之伦，其一事尔。他若嫡庶姑妇，前子后母之间，则以类相从，为人道之至苦。①

可以看到，严复认定宗教与科学、自由背道而驰，并且决定了他对宗教的否定态度。正因为如此，严复对宗教与教育、科学的关系作对立解，故而坚决反对像康有为那样通过保教来保种、保国。

在戊戌维新前的 1898 年 6 月，严复连续作《有如三保》《保教余义》《保种余义》等系列文章辨别和厘定保教与保种、保国之间的关系。他的总体看法是，保教与保种、保国并无必然关联：人作为"天演之一境"是一种生物，人类社会遵循生存竞争的生物法则，保教与保国、保种无关；不惟孔教，凭借任何一切宗教都不能达到保国的目的。对此，严复解释说："支那古语云：天道好生。吾不解造物者之必以造万物为嗜好也。其故何耶？此姑不论。但论其既好生物，则必有生而无死，而后可谓之好生。若云有生无死，则地不能容，故不容不死。不知同此一器，容积既满，则不能再加，必减其数而后可。此我等之智则然，此所以成其为局于形器之人也。若造物则当不如是，使造物而亦如是，则其智能与吾等耳，吾何为而奉之哉！今若反之曰：上天好杀。正惟好杀，故不能不生。盖生者正所以备杀之材料，故言好生则不当有死，言好杀则不能不生。同一臆测，顾其说不强于好生之说耶？吾作此说，非一人之私言也。英达尔温氏曰：'生

---

① 《法意》按语，《严复集》第四册，中华书局 1986 年版，第 1017—1018 页。

物之初，官器至简，然既托物以为养，则不能不争；既争，则优者胜而劣者败，劣者之种遂灭，而优者之种以传。既传，则复于优者中再争，而尤优者获传焉。如此递相胜不已，则灭者日多，而留者乃日进，乃始有人。人者，今日有官品中之至优者也，然他日则不可知矣。'达氏之说，今之学问家与政事家咸奉以为宗。盖争存天择之理，其说不可易矣。"① 如此说来，人生存在种群之中，种群与种群处于生存竞争之中。这决定了人保种的方式就是与外族进行生存竞争，具体办法是凭借自身的才力心思与妨生者为斗，胜者日昌，败者日汰。这就是说，保种、保国的方式是"自强"，与保教无关。对于中国近代刻不容缓的救亡图存来说，提高国民德智体各方面的素质，增强国家的实力才是硬道理。

二、凭借保教来保国

康有为指出，教或养形，或养魂——总之——是人之所需。中国近代人心涣散，主要是由于当时的人不再将孔子奉为教主而是称孔子为哲学家、政治家或教育家。他进一步指出，将孔子由教主降为先师，称为哲学家、政治家或教育家的做法是荒谬的，造成的影响更是极为致命的。原因在于，由于孔子不再被奉为教主，中国成为无宗教之国。于是，在基督教入侵之后，中国人便纷纷投向基督教，从此人心涣散，国将不国。针对这种局面，康有为确定了以教治教的救亡路线，主张保教就是保国、保种。

为了以教治教，康有为呼吁立孔教为国教，凭借对孔教的敬仰和虔诚重拾国人的自尊心、自信心，凝聚民族精神。康有为说："夫大地教主，未有不托神道以令人尊信者，时地为之，若不假神道而能为教主者，惟有孔子，真文明世之教主，大地所无也。及刘歆起，伪作古文经，托于周公，于是以六经为非孔子所作，但为述者。唐世遂尊周公为先圣，抑孔子为先师，于是仅以孔子为纯德懿行之圣人，而不知为教主矣。近人遂妄称

---

① 《保种余义》，《严复集》第一册，中华书局 1986 年版，第 85—86 页。

孔子为哲学、政治、教育家，妄言诞称，皆缘是起，遂令中国诞育大教主而失之，岂不痛哉？臣今所编撰，特发明孔子为改制教主，六经皆孔子所作，俾国人知教主，共尊信之。"① 按照他的说法，孔子原本就是中国的教主，由于推崇古文经，刘歆否认六经皆出自孔子之手，而是将这一切都假托于周公。这样一来，孔子便从教主变成了传述周公六经的先师。受刘歆的误导，从唐代开始尊周公为先圣，孔子成为道德完善的圣人，而不再是中国的教主。分析至此，康有为的结论不言而喻：中国的当务之急是恢复孔子的教主地位和身份，立孔教为国教。

第三节 孔教观

尽管严复、康有为对教的理解和态度截然不同，然而，两人对孔教的看法却具有诸多相似之处。这从严复、康有为对孔子思想的理解，对孔子是宗教家的认定和对孔教的界定等各个方面表现出来。

一、对孔教的相同理解

严复、康有为对孔子思想内容的认识具有相同之处，对孔子与六经关系以及与西方思想相通的彰显别无二致。

严复、康有为都凸显孔子对于六经的功劳。具体地说，康有为在戊戌维新之前就断言"百家皆孔子之学"，前提是"六经皆孔子作"，诸子的思想都以六经为文本。严复将六经归功于孔子，并且在六经中突出《春秋》和《周易》的地位，断言"仲尼之述作，莫大于《易》、《春秋》。"② 严复的这些观点使人想起了康有为的那句"六经皆孔子作"和《春秋》《周易》

---

① 《请尊孔圣为国教立教部教会以孔子纪年而废淫祀折》，《康有为全集》第四集，中国人民大学出版社 2007 年版，第 97—98 页。

② 《〈英文汉诂〉厄言》，《严复集》第一册，中华书局 1986 年版，第 153 页。

是孔子晚年所作，故而是高级之学。可以说，正是这些奠定了严复对孔子的评价，也为他晚年提倡尊孔读经提供了思想前提和心理准备。

严复、康有为都将孔子以及六经的思想置于全球文化的多元视域之中，进而与西学相互诠释。

严复指出，无论是世界各国的宗教还是西方的哲学、道德乃至自然科学都与六经的内容相合，六经中的微言大义与当今宗旨有诸多暗合之处。甚至可以说，西方近二百年的学术皆是中国圣人所最早发现的。正是在这个意义上，他声称：

> 开国世殊，质文递变，天演之事，进化日新，然其中亦自有其不变者。姑无论今日世局与东鲁之大义微言，固有暗合，即或未然，吾不闻征诛时代，遂禁揖让之书，尚质之朝，必废监文之典也。考之历史，行此者，独始皇、李斯已耳。其效已明，夫何必学！总之，治制虽变，纲纪则同，今之中国，已成所谓共和，然而隆古教化，所谓君仁臣忠，父慈子孝，兄友弟敬，夫义妇贞，国人以信诸成训，岂遂可以违反，而有他道之从？假其反之，则试问今之司徒，更将何以教我？此康南海于《不忍》杂志中所以反覆具详，而不假鄙人之更赘者矣。是故今日之事，自我观之，所谓人伦，固无所异，必言其异，不过所谓君者，以抽象之全国易具体之一家，此则孔孟当日微言，已视为全国之代表，至其严乱贼、凛天泽诸法言，盖深知天下大器，而乱之为祸至烈，不如是将无以置大器于常安也。苟通此义，则《六经》正所以扶立纪纲，协和亿兆，尚何不合之与有乎！[①]

在对中国固有文化的追溯和考虑中，严复认定孔子之教化便是中国之国性，中国人固当保守并传承之。于是，他大声疾呼："嗟呼诸公！中国之特别国性，所赖以结合二十二行省，五大民族于以成今日庄严之民国，

---

① 《读经当积极提倡》，《严复集》第二册，中华书局1986年版，第332—333页。

以特立于五洲之中，不若罗马、希腊、波斯各天下之云散烟消，泯然俱亡者，岂非恃孔子之教化为之耶！孔子生世去今二千四百余年，而其教化尚有行于今者，岂非其所删修之群经，所谓垂空文以诏来世者尚存故耶！"①

在此基础上，严复进一步强调，孔子去今尚远，孔子之教化主要存在于群经之中。为了固守国性，必须尊孔读经。群经的价值在于，通过历代的传承铸就了中国的国性，使中国"国性长存"；尤其在中国近代这个"世变大异，革故鼎新之秋"，读经更是显然尤为必要——只有合于经者，才使中国人在内忧外患的多事之秋找到精神家园而精神有所安顿和寄托，故而心安，继而号召天下。这表明，群经是中国人的精神支柱和情感依托，只有在读经的基础上认识外学才不失中国人的根基。正是在这个意义上，严复宣称："然则我辈生为中国人民，不可荒经蔑古，固不待深言而可知。盖不独教化道德，中国之所以为中国者，以经为之本原。乃至世变大异，革故鼎新之秋，似可以尽反古昔矣；然其宗旨大义，亦必求之于经而有所合，而后反之人心而安，始有以号召天下。即如辛壬以来之事，岂非《易传》汤武顺天应人与《礼运》大同、《孟子》民重君轻诸大义为之据依，而后有民国之发现者耶！顾此犹自大者言之，至于民生风俗日用常行事，其中彝训格言，尤关至要。举凡五洲宗教，所称天而行之教诚哲学，征诸历史，深权利害之所折中，吾人求诸《六经》，则大抵皆圣人所早发者。显而征之，则有如君子喻义，小人喻利，欲立立人，欲达达人，见义不为无勇，终身可为惟恕。又如孟子之称性善，严义利，与所以为大丈夫之必要，凡皆服膺一言，即为人最贵。今之科学，自是以诚成物之事，吾国欲求进步，固属不可抛荒。至于人之所以成人，国之所以为国，天下之所以为天下，则舍求群经之中，莫有合者。彼西人之成俗为国，固不必则吾之古，称吾之先，然其意事必与吾之经法暗合，而后可以利行，可以久大。盖经之道大而精有如此者。"② 不难看出，这时的严复对孔教的膜拜与康有

---

① 《读经当积极提倡》，《严复集》第二册，中华书局1986年版，第330页。
② 《读经当积极提倡》，《严复集》第二册，中华书局1986年版，第330—331页。

为相比有过之而无不及。

康有为强调孔子思想与西学相合，甚至声称西方的政治、经济、法律、心理学和逻辑学等皆是孔子思想的题中应有之义。对于这一点，康有为的论证可谓连篇累牍、不厌其烦。下仅举其一斑：

> 心学固吾孔子旧学哉！颜子三月不违，《大学》正心，《孟子》养心，宋学尤畅斯理。当晚明之季，天下无不言心学哉！故气节昌，聪明出，阳明氏之力也。以《明儒学案》披析之，渊渊乎与《楞伽》相印矣。三藏言心，未有精微渊异如《楞伽》者也。泰西析条分理甚秩秩，其微妙玄通，去远内典矣。吾土自乾嘉时学者捃击心学，乃并自刳其心，则何以箸书？何以任事？呜呼！心亦可攻乎哉？亦大异矣。日人中江原、伊藤维桢本为阳明之学，其言心理学，则纯乎泰西者。[①]

> 今一切名物皆孔子正之，故曰：名不正，则言不顺。言不顺，则事不成。《荀子》有《正名篇》，与董子相表里也。今欧人论理学出于此。[②]

> 政治之学最美者，莫如吾《六经》也。尝考泰西所以强者，皆暗合吾经义者也。泰西自强之本，在教民、养民、保民、通民气、同民乐，此《春秋》重人、《孟子》所谓"与民同欲，乐民乐，忧民忧，保民而王"也。其教民也，举国人八岁必入学堂，皆学图算，读史书，无不识字之人。其他博物院、藏书库、中学、大学堂，此吾《礼记》家塾、党庠、乡校、国学之法也。其养民也，医院、恤贫院、养老院，以至鳏寡孤独皆有养。泰西皆无乞丐，法制详密，此《王制》、《孟子》恤穷民之义也。其保民也，商人所在，皆有兵船保护之。商货有所失，则于敌国索之，则韩起买环，子产归之，且与商人有誓，

---

① 《日本书目志》卷二，《康有为全集》第三集，中国人民大学出版社 2007 年版，第 293 页。
② 《春秋董氏学》卷六，《康有为全集》第二集，中国人民大学出版社 2007 年版，第 398 页。

诈虞之约是也。其通民气也，合一国之人于议院，吾《洪范》所谓"谋及庶人"、《孟子》所谓"国人皆曰贤"也。其同民乐也，国都十里，五里必有公家之囿，遍陈花木百戏，新埠亦必有一二焉。七日一息，则《孟子》所谓"囿与民同"、《易》所谓"七日来复，闭关商旅不行"是也。国君与臣民见皆立，免冠答礼，吾《礼记》则"天子当宸而立，诸侯北面而朝"、《公羊》所谓"天子见三公下阶，是卿与席大夫抚席"也。民皆为兵，是吾寓兵于农也。机器代工，是《易》之利用前民也。其有讼狱，必有陪审官，《王制》所谓"刑人于市，与众弃之"也。谋事必有三人，《春秋》所谓"族会"、《洪范》所谓"三人占则从二人言"也。众立为民主，《春秋》卫人立晋美得众，《孟子》所谓"得乎丘民，为天子"也。故凡泰西之强，皆吾经义强之也，中国所以弱者，皆与经义相反者也。《康诰》保民如赤子，而吾吏治但闻催科书；率作兴事，而吾吏道惟省事卧治，《孟子》尊贤使能，俊杰在位，而吾尊资使格，耆老在位，以崔亮停年之格，孙丕杨抽签之制为金科玉律也。《礼》"大夫七十而致仕"，而今非七八十龙钟昏聩犹不服官政也。《中庸》称重禄劝士，《孟子》称君十卿禄，而吾大学士俸二百金，不及十日之费，仅比上农，知县养廉仅千，不及一幕友之脩也。①

有人，则身、口、手、足必有度焉；人与人交，则语言、行坐必有矩焉。所谓法也，合人人而成家，合家家而成国，家与家交，国与国交，则法益生矣。《春秋》者，万身之法、万国之法也。尝以泰西公法考之，同者十八九焉。盖圣人先得公理、先得我心也，推之四海而准也。《春秋》之学不明，霸者以势自私其国，而法乱矣。泰西诸国并立，交际有道，故尤讲邦国之法，推而施及生民。应受之法，力既绌而不得尽伸，则不得折衷于理。观其议律，能推原法理，能推人性中之法，直探真源。所谓宪法权利，即《春秋》所谓名分也，盖治

---

① 《日本书目志》卷五，《康有为全集》第三集，中国人民大学出版社 2007 年版，第 328 页。

也，而几于道矣。①

　　严复与康有为一样肯定孔子之学是宗教，证据同样是孔子言灵魂。与此一脉相承，严复不同意孟德斯鸠认为孔子不言灵魂的观点，在《法意》的按语中对孟德斯鸠这一观点予以反驳。他写道："窨哉！孟氏（指孟德斯鸠、下同——引者注）之言宗教也。由此观之，孟氏特法家之雄耳，其于哲学，未闻道耳。能言政俗，而不能言心性，即此章之论，举其大者，有数失焉。……以孔教不言灵魂，其失二也；以佛为主灵魂不死之说，其失三也；谓景教主灵魂不死，而独违其弊，其失四也。……且孔教亦何尝以身后为无物乎？孔子之赞《易》也，曰精气为物，游魂为变。《礼》有皋复，《诗》曰陟降，季札之葬子也，曰：体魂则归于地，魂气则无不之，未闻仲尼以其言为妄诞也。且使无灵魂矣，则庙享尸祭，所烝蒿悽怆，与一切之礼乐，胡为者乎？故必精而言之，则老子之说吾不知，而真不主灵魂者独佛耳！其所谓喀尔摩，与其所以入涅槃而灭度者，皆与诸教之所谓灵魂者大殊。至孟谓景教主灵魂不死之说，而独违其弊，则尤不知所言之何所谓也。"② 在这里，基于对教起于信，专事灵魂、天神之事的界定，严复肯定孔子言灵魂，关注死后世界，孔子的思想属于宗教，并且将之称为孔教。他用以证明孔教是宗教的证据除了《礼》《诗》之外，还有《周易》——"孔子之赞《易》也，曰精气为物，游魂为变。《礼》有皋复，《诗》曰陟降，季札之葬子也，曰：体魂则归于地，魂气则无不之，未闻仲尼以其言为妄诞也"。严复的这个做法和思路与康有为在强调宗教的本质是言灵魂的前提下，以《周易》证明孔子言灵魂，孔子的思想是宗教惊人一致。按照康有为的说法，《周易》为孔子晚年所作，专言"性与天道"，有别于"日以教人"的《诗》《书》《礼》《乐》，是"择人而传"的高级之教。正因为如此，梁启超评价说，康有为认定《周易》是专言灵魂界之书。

---

① 《日本书目志》卷六，《康有为全集》第三集，中国人民大学出版社 2007 年版，第 357 页。
② 《法意》，《严复集》第四册，中华书局 1986 年版，"按语"第 1016 页。

二、对孔教的不同态度

尽管严复、康有为都认定孔子的思想是宗教，并称为孔教，然而，两人对待孔教的态度并不相同。

康有为推崇孔教的言外之意是，国学的基本形态是宗教，也就是孔子创立的孔教。与国学对应的西方文化主体是基督教，以孔教称谓中国本土文化可以达到以教治教的目的。不难看出，康有为的孔教概念具有面对近代耶教的入侵而重新审视、整合中国本土文化的意图，同时也带有急功近利的成分。

严复不同意康有为通过保教（孔教）来保国的做法，他所讲的教就包括孔教。这不仅是基于保教与保种、保国关系的认识，认为通过保教达不到保种、保国的目的，更是基于对孔教历史和现状的考察。在严复看来，孔教远非中国的国教，即使保教也轮不上保孔教。严复承认孔教是宗教，同时从中国的风俗和宗教信仰等不同方面证明孔教在历史上形态各殊，各派之间"异若黑白"，却皆自称得孔子之真，让人无所适从。更有甚者，孔教在现实中不为中国人所信，以孔教作为中国的国教导致西人视中国人为"无教之人"。

沿着上述思路，严复认为，中国所行宗教非佛教即土教，总之与孔教不相干。对此，他解释说："往见西人地图，每地各以色为标识，表明各教所行之地。一种以支那与蒙古、西藏、暹罗同色，谓行佛教。又一种以支那、悉毕尔与非洲、澳洲之腹地同色，谓行土教。问其何以为佛教？曰：验人之信何教，当观其妇人孺子，不在贤士大夫也；当观其穷乡僻壤，不在通都大邑也；当观其闾阎日用，不在朝聘会同也。今支那之妇女孺子，则天堂、地狱、菩萨、阎王之说，无不知之，而问以颜渊、子路、子游、子张为何如人，则不知矣。支那之穷乡僻壤，苟有人迹，则必有佛寺尼庵，岁时伏腊，匍匐呼吁，则必在是，无有祈祷孔子者矣。至于闾阎日用，则言语之所称用，风俗之所习惯，尤多与佛教相连缀者，指不胜屈焉。据此三者，尚得谓之非佛教乎！问其何以为土教？则曰：遍地球不文明之国所行土教，有二大例：一曰多鬼神，二曰不平等。支那名山大川，风雷雨露，一村一社各有神。东南各省则拜蛙以为神，河工之官则拜蛇以为神，载之祀典，不以为诞。时宪书者，国家之正朔也。吉神凶神，罗列其上，亦不以为诞。此非多鬼神而何？官役民若奴隶，男役女若奴隶，盖律例如此也，此非不平等而何？据此二者，尚得谓之非土教乎！是二说也，欧人所云然，支那人即欲辨之。恶得而辨之？平心思之，则实有尸之者矣！"① 在这里，严复循着宗教与风俗"固结"的思路从信教群体、普及程度和生活方式三个方面剖析了中国人的宗教信仰，得出的结论是：中国人或者皈依佛教，或者信仰土教，无论那种情况，皆与孔教相去甚远。

在此基础上，严复进一步从风俗与宗教的"固结"角度探究了孔教不可能像佛教或土教那样深入人心，行乎穷乡僻壤，进而影响民众日常生活的原因。对此，严复反复分析说：

合一群之人，建国于地球之面。人身，有形之物也，凡百器用与其规制，均有形之事也。然莫不共奉一空理，以为之宗主。此空理者，视之而不见，听之而不闻，思之而不测。而一群之人，政刑之大，起居之细，乃无一事不依此空理而行。其渐且至举念之间，梦寐之际，亦无心不据此空理而起也。此空理则教宗是矣。自非禽兽，即土番苗民，其形象既完全为人，则莫不奉教，其文化之浅深不同，则其教之精粗亦不同。大率必其教之宗恉适合乎此群人之智识，则此教即可行于此群中；而此群人亦可因奉此教之故，而自成一特性。故风俗与教宗可以互相固结者也。②

孔教之高处，在于不设鬼神，不谈格致，专明人事，平实易行。而大《易》则有费拉索非之学，《春秋》则有大同之学。苟得其绪，

---

① 《保教余义》，《严复集》第一册，中华书局 1986 年版，第 84—85 页。
② 《保教余义》，《严复集》第一册，中华书局 1986 年版，第 83 页。

并非附会，此孔教之所以不可破坏也。然孔子虽正，而支那民智未开，与此教不合。虽国家奉此以为国教，而庶民实未归此教也。既不用孔教，则人之原性，必须用一教，始能慰藉其心魂。于是适值佛法东来，其小乘阿食一部，所说三涂六道，实为多鬼神之说，与不开化人之脑气最合，遂不觉用之甚多，而成为风俗。盖民智未开，物理未明，视天地万物之繁然淆然而又条理秩然，思之而不得其故，遂作为鬼神之说以推之，此无文化人之公例矣。然则支那今日实未尝行孔教，即欧人之据目前之迹以相訾謷者，与孔教乎何与？今日支那果何从而明孔教哉！①

按照严复的说法，孔教包含哲学和大同之学，"平实易行"，且"不可破坏"。问题的关键是，宗教的盛行与民智的高低成正比，中国"民智未开"，孔教便曲高和寡。这就是说，孔教不行于中国不是由于孔教本身的低劣，反而因为其高明——由于孔教不设鬼神，专明人事，不适合中国人的智力程度。一言以蔽之，孔教是宗教却不适于中国近代的民智状况，故而不符合当时的社会需要。

基于上述分析，严复极力反对康有为以孔教言国学，并且反复从不同角度对康有为的观点加以驳斥。下仅举其一斑："今日更有可怪者，是一种自鸣孔教之人，其持孔教也，大抵于〔与〕耶稣、谟罕争衡，以逞一时之意气门户而已。不知保教之道，言后行先则教存，言是行非则教废。诸公之所以尊孔教而目余教为邪者，非以其理道胜而有当于人心多耶？然天下无论何教，既明天人相与之际矣，皆必以不杀、不盗、不淫、不妄语、不贪他财为首事。而吾党试自省此五者，果无犯否，而后更课其精，如是乃为真保教。不然，则孔教自存，灭之者正公等耳，虽日打锣伐鼓无益也。且孔子当日，其拳拳宗国之爱为何如？设其时秦、楚、吴、越有分东鲁之说，吾意孔子当另有事在，必不率其门弟子，如由、求、予、赐诸

---

① 《保教余义》，《严复集》第一册，中华书局1986年版，第85页。

人，向三家求差谋保；而洙、泗之间，弦歌自若，一若漠不相关也者；又不至推六经诸纬，委为天心国运可知。且《记》〔《语》〕称'毋意，毋必，毋固，毋我'，则必不因四国为夷狄，而绝不考其行事，而谋所以应付之方。然则以孔子之道律今人，乃无一事是皈依孔子。以此而云保教，恐孔子有知，不以公等为功臣也。且外人常谓以中土士夫今日之居心行事而言，则三千年教泽，结果不过如是，自然其教有受弊根苗，所以衍成今日之世道。然则累孔教，废孔教，正是我辈。只须我辈砥节砺行，孔教固不必保而自保矣。"①

上述内容显示，严复、康有为对待孔教的不同态度不仅在于康有为呼吁立孔教为国教，而且在于两人对宗教的理解迥然相异。在严复那里，对宗教的否定态度先天地决定了承认孔子思想是宗教便注定了对孔子思想的否定评价。循着他的逻辑，由于认定宗教与自由相悖，认定孔子的思想是宗教便含有孔子及儒家思想倡导礼和三纲五常，对于禁锢中国人的心智、妨碍中国人的自由难辞其咎的意思。康有为反复证明孔子的思想是宗教，不仅出于以教治教的目的，而且出于对宗教的顶礼膜拜，故而在肯定孔教是宗教的基础上呼吁立孔教为国教。更为重要的是，对宗教及对孔教的不同态度注定了严复对国学的理解与康有为相差悬殊，两人的最大不同在于：康有为所讲的国学就是孔教，基本形态是宗教。严复多次明确表示自己平生最爱哲学，国学的基本形态是哲学。具体地说，严复的国学研究以老子、庄子的思想为主，即使后来转向尊孔读经，也始终没有像康有为那样从孔教代表的宗教为主。

---

① 《有如三保》，《严复集》第一册，中华书局1986年版，第82页。

第十六章 严复与谭嗣同不可知论比较

在戊戌启蒙四大家中，严复与谭嗣同的交往、关涉最少：第一，就严复方面来看，与戊戌启蒙四大家交往、切磋最多者当属梁启超，两人通信切磋过学术问题。梁启超曾不止一次地在论著中肯定严复的学术贡献和地位，并且多次向严复请教学问，讨要译作。戊戌变法失败后，严复多次对领导变法维新的康有为、梁启超大肆攻击和谩骂，却很少提及为戊戌维新流尽最后一滴血的谭嗣同。第二，就谭嗣同方面来看，谭嗣同与康有为、梁启超关系密切，不仅与康有为、梁启超往来论学，而且一起策划、组织戊戌变法。相比较而言，严复与谭嗣同并无太多交往，只在信中提及过严复的《原强》一文。严复的《辟韩》一文于1895年3月发表在天津《直报》上，1897年3月上海《时务报》转载。谭嗣同读到了《时务报》上转载的《辟韩》，大为赞叹，疑为严复所作，并在信中向友人求证说："《时务报》二十三册《辟韩》一首，好极好极！究系何人所受作？自署观我生室主人，意者其为严又陵乎？望示悉。"① 第三，就严复与谭嗣同的思想来看，一以西学为主，一以中学为主，似乎各自都在自说自话。问题恰恰在于，作为戊戌启蒙四大家，两人拥有共同关注的话题。这除了表现为在对三纲的批判中矛头指向"君为臣纲"、侧重民主启蒙之外，还表现在认识论上不约而同地走向了不可知论，使不可知论成为中国近代认识论的主要归宿。问题的关键是，严复、谭嗣同是从不同角度审视人的认识问题的。两人走向不可知论的途径殊绝，对可知与不可知的界域和内涵的界定也迥异其趣。有鉴于此，深入剖析、比较严复、谭嗣同的不可知论，不仅有助于正确理解两人

---

① 《与汪康年书六》，《谭嗣同全集》，中华书局1998年版，第499页。

的整体思想，而且有助于把握中国近代哲学的独特意蕴和时代风尚。

第一节　感觉主义与相对主义

严复与谭嗣同虽然都秉持不可知论，但是，两人在不可知论上的会合却可谓殊途同归。总的说来，严复与谭嗣同的不可知论沿着不同的致思方向和逻辑路径展开：严复恪守感觉主义，谭嗣同秉持相对主义。

一、感觉主义

在认识论上，严复基本上承袭了英国的经验论、反映论传统，一面反对先验论，一面强调认识皆源于人的感官接触外物获得的经验。正是在这个意义上，他断言："智慧之生于一本，心体为白甘，而阅历为采和，无所谓良知者矣。"① 利用洛克的"白板"说和英国的经验论，严复在这里凸显了感官在认识论中的地位和作用，强调人的一切知识都源于后天的感觉经验。这对于驳斥中国古代的天赋观念和改变顿悟、玄想的认识模式无疑具有巨大的启蒙意义。

进而言之，严复不仅借鉴了英国的经验论和反映论，而且深受贝克莱、赫胥黎、斯宾塞和穆勒等人的感觉主义的影响。因此，对于感觉究竟是什么？感觉与它所反映的外物之间究竟是什么关系？严复采取了感觉主义的回答方式。一方面，他承认外物是人的感觉产生的原因，断言"必有外因，始生内果"。另一方面，严复宣称"意物之际，常隔一尘"，人的感觉只是"与本物相似"，至于是否同外物相符乃至相同是不可知的。这用他本人的话说便是："非不知必有外因，始生内果，然因同果否，必不可知，所见之影，即与本物相似可也。抑因果互异，犹鼓声之与击鼓人，亦

---

① 《穆勒名学》，《严复集》第四册，中华书局 1986 年版，"按语"第 1050 页。

无不可。"① 这实际上是否认了物因意果的关系,将认识与外物割裂开来。

不仅如此,严复还对笛卡尔、赫胥黎等人的观点予以发挥,最终把感觉说成是人主观自生的东西。对此,严复举"圆赤石子"的例子进行了具体的解释和论证:

> 特氏此语既非奇创,亦非艰深,人倘凝思,随在自见。设有圆赤石子一枚于此,持示众人,皆云见其赤色与其圆形,其质甚坚,其数只一,赤圆坚一,合成此物。备具四德,不可暂离。假如今云:此四德者,在汝意中,初不关物。众当大怪,以为妄言。虽然,试思此赤色者从何而觉,乃由太阳,于最清气名伊脱者照成光浪,速率不同,射及石子,余浪皆入。独一浪者不入反射而入眼中,如水晶盂,摄取射浪,导向眼帘。眼帘之中,脑络所会,受此激荡,如电报机,引达入脑,脑中感变而知赤色。假使于今石子不变,而是诸缘,如光浪速率,目晶眼帘,有一异者,斯人所见,不成为赤,将见他色。(人有生而病眼,谓之色盲,不能辨色。人谓红者,彼皆谓绿。又用干酒调盐,燃之暗室,则一切红物皆成灰色,常人之面皆若死灰。)每有一物当前,一人谓红,一人谓碧。红碧二色不能同时而出一物,以是而知色从觉变,谓属物者,无有是处。

> 所谓圆形,亦不属物,乃人所见,名为如是。何以知之?假使人眼外晶,变其珠形,而为员柱,则诸员物皆当变形。

> 至于坚脆之差,乃由筋力。假使人身筋力增一百倍,今所谓坚,将皆成脆,而此石子无异馒首,可知坚性,亦在所觉。

> 赤、圆与坚,是三德者,皆由我起。

---

① 《天演论》,中州古籍出版社 1998 年版,第 339 页。

所谓一数，似当属物，乃细审之，则亦由觉。何以言之？是名一者，起于二事：一由目见，一由触知，见、触会同，定其为一。今手石子，努力作对眼观之，则在触为一，在见成二；又以常法观之，而将中指交于食指，置石交指之间，则又在见为独，在触成双。今若以官接物，见、触同重，前后互殊，孰为当信？可知此名一者，纯意所为，于物无与。

即至物质，能隔阂者，久推属物，非凭人意。然隔阂之知，亦由见、触，既由见、触，亦本人心。由是总之，则石子本体必不可知，吾所知者，不逾意识，断断然矣。惟意可知，故惟意非幻。此特嘉尔积意成我之说所由生也。[1]

"圆赤石子"由圆、赤、坚、一四种属性凑合而成，离开任何一种属性，"圆赤石子"都将无从谈起。尽管如此，圆、赤、坚、一这四种属性归根结底都不过是人的主观感觉而已，与石子无涉。具体地说，当人接触这枚"圆赤石子"时，会产生圆、赤、坚和一等感觉。这些感觉都是人主观自生的，而不是对石子固有属性的反映：如果"光浪速率，目晶眼帘"有一样发生了变化，那么，人所见到的这枚石子就会"不成为赤，将见他色"；如果"人眼外晶，变其珠形，而为员柱"，那么，人所见到的这枚石子便不再是圆形的；如果"人身筋力增一百倍"，那么，"今所谓坚，将皆成脆，而此石子无异馒首"。有鉴于此，严复坚信，圆、赤、坚等感觉"皆由我起"。其实，不惟圆、赤、坚如此，即使是所谓一枚的"一"，亦可以呈现为"二"。石子之一与圆、赤、坚一样，"纯意所为，于物无与"。议论至此，问题出现了：一方面，严复认为，认识必须凭借感官获得的感觉。另一方面，他指出，人所感觉到的充其量只是自己的感觉而已，原本与外物无涉。人们不禁要问：事物的真相如何？对此，严复的回答是：一

---

[1]　《天演论》，中州古籍出版社 1998 年版，第 338—339 页。

切只好诉诸不可知。

二、相对主义

谭嗣同是由执著于事物及其存在的不确定性而走向不可知论的，他的不可知论与相对主义如影随形。在哲学上，谭嗣同是一位相对主义者，把世间的一切都看成是相对的。沿着事物都是相对的，事物的属性以及时间、空间均无确定性的思路，谭嗣同宣布它们不可认识。

首先，谭嗣同否认时间的稳定性，认为时间是相对而言的，人并不能对时间予以确指。

谭嗣同解释说，"今日"是和"过去"、"未来"相比较而存在的，因此没有确定性；当我们说"今日"时，"今日"已经逝去而成为"过去"了。同样，"未来"中有"今日"，而我们还要称之为"未来"；"过去"中也有"今日"，而我们还要称之为"过去"。可见，"过去"、"现在"和"未来"之间没有确定界限；由于它们没有确定的质的规定性，因而是分辨不清的。其实，不惟"过去"、"现在"和"未来"没有确定的质，时、刻、分、秒也莫不如此，要想确指是不可能的。基于这种分析，谭嗣同得出结论："日析为时，时析为刻，刻析为分，分析为秒忽，秒忽随生而随灭，确指某秒某忽为今日，某秒某忽为今日之秒忽，不能也。"[1]

在此基础上，谭嗣同进而指出，由于没有固定的质的规定性，时间便没有相对的稳定性，也就没有绝对的长短和久暂。于是，他接着写道："一夕而已，而梦中所阅历者，或数日，或数月，或数年，或数十年。夫一夕而已，何以能容此？此而能容，当不复醒矣。及其既醒，而数日、数月、数年、数十年者，即又何往？庸讵知千万年前之今日，非今日之今日？庸讵知千万年后之今日，非今日之今日？佛故名之曰：'三世一时'。"[2]

---

① 《仁学》，《谭嗣同全集》，中华书局1998年版，第314页。
② 《仁学》，《谭嗣同全集》，中华书局1998年版，第314页。

其次，在否定时间确定性的同时，谭嗣同否定空间的相对稳定性。

在谭嗣同看来，事物都是变动不居的，刚刚在后的事物倏然赶到了前面。可见，前后是相对的、暂时的。人根本无法判断究竟哪是前、哪是后，空间是相对的。由此，谭嗣同得出结论："前者逝而后者不舍，乍以为前，又以居乎后，卒不能割而断之曰孰前孰后也。逝者往而不舍者复继，乍以为继，适以成乎往，卒不能执而私之曰孰往孰继也。可摄川于涓滴，涓滴所以汇而为川；可缩昼夜于瞬息，瞬息所以衍而为昼夜。"[①]

再次，谭嗣同否认事物运动中的相对静止。

时间、空间是事物存在的方式，事物在时间和空间中存在。在否定事物存在的时间、空间的相对稳定性的基础上，谭嗣同进一步否认事物运动过程中的相对静止，把事物说成是随生随灭、瞬息万变的。正是在这个意义上，他断言："庄曰：'藏舟于壑，自谓已固，有大力者夜半负之而走。'吾谓将并壑而负之走也。又曰：'鸿鹄已翔于万仞，而罗者犹视乎薮泽。'吾谓并薮泽亦一已翔者也。又曰：'日夜相代乎前。'吾谓代则无日夜者。又曰：'方生方死，方死方生。'吾谓方则无生死也。王船山曰：'已生之天地，今日是也；未生之天地，今日是也。'吾谓今日者即无今日也。皆自其生灭不息言之也。"[②] 在他的眼里，事物是变化的，变化的速度快得惊人，庄子说"日夜相代乎前"，谭嗣同还觉得不够，遂代之以"代则无日夜者"；庄子说"方生方死"，谭嗣同也觉得不够，遂代之以"方则无生死"。对于事物的变化状态，他这样写道："亦逝而已矣，亦不舍而已矣。非一非异，非断非常。旋生旋灭，即灭即生。生与灭相授之际，微之又微，至于无可微；密之又密，至于无可密。夫是以融化为一，而成乎不生不灭。成乎不生不灭，而所以成之之微生灭，固不容掩焉矣。"[③] 这就是说，事物由于没有相对稳定的质的规定性，因而不可捉摸、无法把握，由这样的事物组成的世界只能是不可分辨的混沌一团——当然，也没有认识的必要。

---

① 《仁学》，《谭嗣同全集》，中华书局1998年版，第313—314页。

② 《仁学》，《谭嗣同全集》，中华书局1998年版，第313页。

③ 《仁学》，《谭嗣同全集》，中华书局1998年版，第314页。

恩格斯曾经指出："必须先研究事物，而后才能研究过程。必须先知道一个事物是什么，而后才能觉察这个事物中所发生的变化。"① 其实，认识事物就是要认识事物的时间、空间和特殊的运动形式。在特定的时间内，即使是处于绝对运动中的物质也只能是它自身而不是别的，也具有区别于他物的相对稳定性。否认这一点，就可能由于否认认识事物的可能性而走向不可知论。谭嗣同正是如此。按照他的说法，事物"旋生旋灭，即灭即生"，都是转瞬即逝的，人对事物的反映则要经历一个"过程"。当人感觉到事物时，此时的事物已经作为"已逝之物"变为异样的了。因此，人感觉到的永远只能是"已逝之物"，至于事物当下的情状永远都属于未知的领域。这用谭嗣同本人的话说便是："夫目能视色，迨色之至乎目，而色既逝矣；耳能听声，迨声之至乎耳，而声既逝矣；惟鼻舌身亦复如是。"② 其实，不惟事物的颜色和声音当下如何永远都不得而知，事物的形状、大小、气味等属性都莫不如此，其此时此刻的真实情况都是人的感官力所不及的。不仅如此，既然世间万物的大小、成毁、长短、生灭都是相对的，是混沌的一团，那么，这样的世界不可认识，也不必认识。

上述内容显示，严复、谭嗣同走向不可知论的起点呈现出巨大差异：由于强调感觉是认识的唯一门径，严复过于偏袒感觉而否认了认识的真实性和客观性。由于认定一切都是相对的，谭嗣同否认认识的必要性和可能性。这是两种迥然相异的思维方式和价值旨趣，也奠定了两人不可知论差若云泥的内涵意蕴和理论特征。

第二节　经验的实证与感官的局限

不同的思维进路决定了严复、谭嗣同以不同视角、从不同维度为不可

---

① 《路德维希·费尔巴哈与德国古典哲学的终结》，《马克思恩格斯文集》第 4 卷，人民出版社 2009 年版，第 299 页。
② 《仁学》，《谭嗣同全集》，中华书局 1998 年版，第 315 页。

知论划界，使两人的不可知论的界域大相径庭，故而在思想内涵和理论意蕴上相差悬殊。一言以蔽之，如果说严复在本体与现象、有待与无待的区分中恪守本体之境的不可知的话，那么，谭嗣同则将不可知论锁定在身体所及的范围之内。

一、经验的实证与本体、现象之分

受经验论的影响，严复指出："元知为智慧之本始"，一切知识都是人依靠感官接触外界事物获得的。这里所说的"元知"，即人的感官接触外物的直接经验或感性认识。对于认识的形成过程，严复与谭嗣同一样突出大脑的作用，并将神经（即谭嗣同所讲的"脑气"或"脑气筋"，严复译为"涅伏"）视为认识不可或缺的条件。严复这样描述感觉的形成："官与物尘相接，由涅伏（俗曰脑气筋）以达脑成觉。"① 他把这种反映论的原则概括为"即物实测"，即亲自接触外界事物，获取对事物的直接经验。对此，严复援引赫胥黎的话说："读书得智，是第二手事，唯能以宇宙为我简编，民物为我文字者，斯真学耳。"② 沿着这个思路，严复再三强调，为学"第一要知读无字之书"，因为"新知必即物求之"。

至此可见，严复断言不可知的理由源于"即物实测"的经验实证原则。按照他的说法，认识正确与否必须经过事实的验证，即"今夫理之诚妄，不可以口舌争也，其证存乎事实"③。所以，"一理之明，一法之立，必验之物物事事而皆然，而后定之为不易"④。严复强调真理性的认识具有不以人的意志为转移的客观内容，这是没有问题的。问题的关键是，凡事都"验之物物事事而皆然"是不可能的。正因为过分强调经验在检验真理中的作用，严复断言人的认识只能在感觉所给予的范围之内。他宣称，"宇宙究

① 《天演论》，中州古籍出版社 1998 年版，第 59—60 页。
② 《原强修订稿》，《严复集》第一册，中华书局 1986 年版，第 29 页。
③ 《译斯氏〈计学〉例言》，《严复集》第一册，中华书局 1986 年版，第 99 页。
④ 《救亡决论》，《严复集》第一册，中华书局 1986 年版，第 45 页。

竟"、"万物本体"、"天地元始"和"力之本始"等问题由于无法用感觉经验来证明,因而是不可知的,也是不必认真探讨的。严复说:"是以人之知识,止于意验相符。如是所为,已足生事,(复案:此庄子所以云心止于符也。)更骛高远,真无当也。"①

与对感觉的重视一脉相承,严复强调可知者止于感觉,进而将认识限定在感觉给予的范围之内。感觉是认识不可或缺的必经阶段,并不代表认识的全过程。并且,感觉所触及的只是事物的表面现象。对感觉经验的过分偏袒使严复只承认事物现象的可知性,而否认事物本体的可知性。为此,严复借助康德对现象与本体的划分,并通过对康德、斯宾塞、赫胥黎与穆勒等人的各种不可知论的和合,在现象与本体、有对与无对的截然二分中坚持不可知论。于是,严复反复宣称:

> 形气之物,无非对待。非对待,则不可思议。故对待为心知止境。②

> 彼是对待之名词,一切世间所可言者,止于对待,若真宰,则绝对者也。③

依据这个说法,宇宙本体问题由于超出了人的感官范围是不可知的。严复写道:"生之万物以成毁生灭于区区一丸之中。其来若无始,其去若无终,问彼真宰,何因为是,虽有大圣,莫能答也。"④ 对于具体事物来说,本体尽管不可知,现象却可以被人所认识。这就是说,人只能对他感觉到的东西进行认识;并且,即使是可以感觉的事物,由于人对之习以为常、熟视无睹,也激发不起认识的兴趣而不能被人认识。这一切都表明,在严复的视界中,不可知是必然的结局。

---

① 《天演论》,中州古籍出版社1998年版,第339页。
② 《〈老子〉评语》,《严复集》第四册,中华书局1986年版,第1076页。
③ 《〈庄子〉评语》,《严复集》第四册,中华书局1986年版,第1106页。
④ 《〈庄子〉评语》,《严复集》第四册,中华书局1986年版,第1107页。

事实正是如此，严复专门论证了不可知的必然性，使不可知成为人类认识不可逃遁的结局。他这样写道："盖天下事理如木之分条、水之分派，求解则追溯本源，故理之可解者，在通众异为一同，更进则此所谓同又成为异，而与他异通于大同。当其可通，皆为可解，如是渐进，至于诸理会归最上之一理，孤立无对，既无不冒，自无与通，无与通则不可解，不可解者，不可思议也。"①"不可解"、"不可思议"也就是严复所讲的不可知。在他看来，"理见极时莫不如是"，即"理见极时"莫不走向"不可思议"。之所以如此，原因在于：天下之理在于分，正如木之分条理，水之分流派一样；人之求理无非追溯本源，在追溯中通众理（异）为一同。对此，严复借用庄子的术语称之为"道通为一"："今夫学之为言，探赜索隐，合异离同，道通为一之事也。"② 问题的关键是，人的认识在"通众异为一同"之后，更向前追溯，此同又变成了异，与其他异相通而成为更大的同；如此往复再接着追溯，众理归于最上一理（即最大的同），此一理则孤立无对。这一独立无对之理既然独一无二、不可匹敌，那么，它也就没有与之贯通之物。既然无法贯通，也就无法解说。无法解说即"不可思议"，"不可思议"也就是文殊师利菩萨首倡的"不二法门"；"不二法门"与"思议解说"势不两立，不可并称。

二、感官、身体的局限与万物之真形、真声的万古不得见闻

谭嗣同看到了认识主体的有限与认识客体的无限之间的矛盾，进而指出人仅有眼、耳、鼻、舌、身五种感觉器官，纷繁复杂的大千世界却是无边无量的。人类感官的有限与世界的无限之间的矛盾是无法超越的，由此而来的结论不言而喻：人凭借有限的感觉器官，不可能认识无限的世界。因此，他声称："眼耳鼻舌身所及接者，曰色声香味触五而已。以法界虚

① 《天演论》，中州古籍出版社1998年版，第355页。
② 《救亡决论》，《严复集》第一册，中华书局1986年版，第52页。

空界众生界之无量无边，其间所有，必不止五也明矣。仅凭我所有之五，以妄度无量无边，而臆断其有无，奚可哉！是故同为眼也，有肉眼，有天眼，有慧眼，有法眼，有佛眼。肉眼见为国土为虚空，天眼或见为海水为地狱；无所见而不异焉。慧眼以上，又各有异。奈何以肉眼所见为可据也！耳鼻舌身亦复如是。即以肉眼肉耳论，有远镜显微镜所见，而眼不及见者焉，又有远镜显微镜亦不及见者焉；有电筒德律风所闻，而耳不及闻者焉，又有电筒德律风亦不及闻者焉。"① 在这里，谭嗣同先是说明了世界的无限性：第一，世界的存在无论在时间上还是在空间上都是无限的，无边无际、无涯无界。不难想象，人以有限的生命认识无限的世界，注定是不可能的。第二，事物的结构复杂奥赜，属性无限多样，并不止于色、声、香、味、触五种。在无限的世界面前，人的五种感觉器官显得相形见绌、无能为力。

在谭嗣同看来，正是世界的无限性决定了它的不可知性。因而，在说明世界的无限性之后，他从认识主体的角度推出了不可知的结论：第一，认识的主体是人，而人却只有眼、耳、鼻、舌、身五种感觉器官，凭着有限的感官不可能去认识无边无际的大千世界。第二，人凭借感觉器官所获得的感觉具有与生俱来且无法克服的局限性，甚至不能籍此而臆断事物之有无。例如，眼分肉眼、天眼、慧眼、法眼和佛眼等种种之不同，所见到的对象也别如天壤。既然如此，为什么就以凡胎肉身的五官所获得的认识为真知呢？第三，科学仪器强化了人类认识世界的能力，扩大了人的感知范围，同时也留下了不可感知之域。例如，望远镜、显微镜和电话、麦克风等新工具开拓了人的眼界和视野，肉眼看不见的，借助望远镜和显微镜可以看见；肉耳听不到的，可以通过电话、麦克风听到。尽管如此，一个不争的事实是，望远镜、显微镜以及电话、麦克风也不是万能的——正如存在着凭借显微镜也看不到的世界一样，也有凭借电话、麦克风也听不到的声音。这些仪器所无法企及的领域，对于人来说就永远只能是一个无法

① 《仁学》，《谭嗣同全集》，中华书局1998年版，第317页。

感知的世界。

谭嗣同始终对人之感觉器官的认识能力持怀疑态度，不仅因为人的感官有限——仅此眼、耳、鼻、舌、身五种而已，无法应对无限的大千世界，而且因为感官即便是对事物有限的感觉也无法达到对当下事物的认识。对于其中的原因，他给予了详细的解释和说明："且眼耳所见闻，又非真能见闻也。眼有帘焉，形入而绘其影，由帘达脑而觉为见，则见者见眼帘之影耳，其真形实万古不能见也。岂惟形不得见，影既缘绘而有是，必点点线线而缀之，枝枝节节而累之，惟其甚速，所以不觉其劳倦，迨成为影，彼其形之逝也亦已久矣；影又待脑而知，则影一已逝之影，并真影不得而见也。……耳有鼓焉，声入而肖其响，由鼓传脑而觉为闻，则闻者闻耳鼓之响耳，其真声实万古不能闻也。岂惟声不得闻，响既缘肖而有是，必彼之既终，而此方以为始，惟其甚捷，所以不觉其断续，迨成为响，彼其声之逝也亦已久矣；响又待脑而知，则响一已逝之响，并真响不得而闻也。……悬虱久视，大如车轮；床下蚁动，有如牛斗。眼耳之果足恃耶否耶？鼻依香之逝，舌依味之逝，身依触之逝，其不足恃，均也。"[①]

循着谭嗣同的逻辑，事物都是变动不居的，人对事物的认识却要经历一个"过程"。结果可想而知，当人与外物接触，再把外物的刺激通过神经（即他所说的"脑气"或"脑气筋"）传递给大脑形成感觉时，这时候的外物已经变为它物了。正因为如此，人所感觉到的永远都只能是"已逝之物"，至于现在之物永远不得而知。更有甚者，即使是对"已逝之物"的反映也不是对其真形、真声的反映，而是眼、耳"绘其影"和"肖其响"的结果，人所见到、听到的只是眼帘、耳鼓对事物所绘之影、所肖之响而已。问题到此并没有结束，眼帘所绘之影由于经过点、线的连缀和枝枝节节的积累才能完成，不管速度多快，此时之影也成为"已逝之影"。这意味着人所见到的外物其实都不过是"已逝之影"，至于其"真影"永远都不可得见。这更加证明了感性认识的不可靠性，因为它的反映是不真实

---

① 《仁学》，《谭嗣同全集》，中华书局 1998 年版，第 317—318 页。

的。人的感觉器官和由感官所形成的感性认识不能认识世界的现象（色、声、香、味、触等属性），更谈不上揭示事物的本质了。因此，在人的感官面前，整个世界都不可知。至此，谭嗣同断然否定了感官的认识能力，也由此陷入了不可知论。

上述内容显示，在为可知与不可知划界的过程中，谭嗣同由于夸大人之肉体感官的局限性而否定世界的可知性，严复则由于过分依赖感觉经验而否认感觉之外的存在的可知性。这使两人走向不可知论的理由相映成趣，尽管彼此之间呈现出种种差别和对立，然而，严复、谭嗣同却都把视点投向了人的感官和感性世界。

第三节 "不可思议"与不能不必

不同的思想来源和思维方式注定了严复、谭嗣同对不可知的内涵具有不同理解和界定：如果说严复明确将不可知界定为"不可思议"的话，那么，谭嗣同所讲的不可知则指不能知亦不必知。

一、"不可思议"

严复不仅恪守不可知论，而且对不可知论具有明确界定——明确将不可知界定为"不可思议"。对于"不可思议"即不可知，他曾经明确规定说："不可思议云者，谓不可以名理论证也。"① 这就是说，所谓的不可知，不是指其理奥赜幽渺而难知，超出了人的认识能力或范围；而是指可以用言语去表达，却不可用常理去理解。对此，严复进一步解释说："第其所以称'不可思议'者，非必谓其理之幽渺难知也。其不可思议，即在'寂不真寂、灭不真灭'二语。世界何物乃为非有、非非有耶？譬之有人，真死

---

① 《天演论》，中州古籍出版社1998年版，第237页。

矣而不可谓死，此非天下之违反而至难著思者耶？故曰不可思议也。此不徒佛道为然，理见极时莫不如是。……不二法门与思议解说，二义相灭，不可同称也。其为‘不可思议’真实理解。而浅者以为幽夐迷罔之词，去之远矣。"①

在此基础上，严复专门从"不可思议"与"不可名言""不可言喻""不能思议"的区别入手，集中阐述了不可知论的内涵："'不可思议'四字，乃佛书最为精微之语。……夫'不可思议'之云，与云'不可名言'、'不可言喻'者迥别，亦与云'不能思议'者大异。假如人言见奇境怪物，此谓'不可名言'。又如深喜极悲，如当身所觉、如得心应手之巧，此谓'不可言喻'。又如居热地人生未见冰，忽闻水上可行；如不知通吸力理人，初闻地员对足底之说，茫然而疑，翻谓世间无此理实，告者妄言，此谓'不能思议'。至于'不可思议'之物，则如云世间有圆形之方，有无生而死，有不质之力，一物同时能在两地诸语，方为'不可思议'。此在日用常语中与所谓谬妄违反者，殆无别也。然而谈理见极时，乃必至'不可思议'之一境，既不可谓谬而理又难知，此则真佛书所谓'不可思议'，而'不可思议'一言专为此设者也。佛所称涅槃，即其'不可思议'之一。他如理学中不可思议之理，亦多有之，如天地元始、造化真宰、万物本体是已。至于物理之不可思议，则如宇如宙：宇者，太虚也；（庄子谓之有实而无夫处。处，界域也；谓其有物而无界域、有内而无外者也。）宙者，时也。（庄子谓之有长而无本剽。剽，末也。谓其有物而无起讫也。二皆甚精界说。）他如万物质点、动静真殊、力之本始、神思起讫之伦，虽在圣智，皆不能言，此皆真实不可思议者。"②

据此可知，严复所讲的不可知具有四个要点：第一，"不可思议"与"不可名言""不可言喻"迥异。人忽然看到奇景怪物，会感觉一时找不到合适的词语去描绘，这叫做"不可名言"；同样，人深度悲喜时，也会有不

---

① 《天演论》，中州古籍出版社 1998 年版，第 355 页。

② 《天演论》，中州古籍出版社 1998 年版，第 353—354 页。

可名状的经历，这正如《庄子》中所讲的轮扁技艺出神入化而不能将之用语言传递给他人（包括自己的儿子）一样。轮扁"得心应手"却又"口不能言"，这叫做"不可言喻"。严复强调指出，之所以出现"不可名言""不可言喻"的情况，是因为人对事物的属性认识不清；随着认识的加深，这些原来"不可名言""不可言喻"者自然会变成可以名言、可以言喻者。对于这一点，严复曾经援引《庄子·天道》篇的轮扁之事与穆勒之说相印证，将"不可名言""不可言喻"归于认识能力所限。严复写道："昔读《庄子·天道篇》言轮人扁事，尝恍然自失而不知其理之所以然，今得穆勒言，前疑乃冰释矣。又吾闻凡擅一技、知一物而口不能言其故者，此在智识谓之浑而不晰。今如知一友之面庞，虽猝遇于百人之中犹能辨之，独至捉笔含豪欲写其貌，则废然而止。此无他，得之以浑，而未为其晰故也。使工传神者见之，则一晤之余可以背写。盖知之晰者始于能析，能析则知其分，知其分则全无所类者，曲有所类。此犹化学之分物质而列之原行也。曲而得类，而后有以行其会通，或取大同而遗其小异，常、寓之德（常德原文 essential property，即固有属性；寓德原文 accidental property，即偶有属性——引者注）既判，而公例立矣。此亦观物而审者所必由之涂术也。"① 第二，"不可思议"与"不能思议"大异。"不能思议"是说超出了人的理解和认识能力，犹如没有见过水结冰的人听说人可以在水上行走，不懂得万有引力的人听说地球对人有吸引力等等，都对之无法理解，亦即"不能思议"。"不能思议"受制于人之理解能力的局限，是知识不足、孤陋寡闻所致。因此，通过见闻的加强，知识的增长，原来"不能思议"者将会变得可以思议。第三，如果说"不可名言""不可言喻"受制于表达能力、认识能力的话，那么，"不可思议"并非"不可名言"，而是"可以"名言，出现的原因并非由于表达能力所限；同样，"不可思议"亦非由于认识能力的局限而不能认识。"不可思议"之所以"不可"思议，问题恰恰在于：如果对"不可思议"者进行思议的话，那么，其所名言者如"世

---

① 《穆勒名学》，《严复集》第四册，中华书局 1986 年版，"按语"第 1046 页。

间有圆形之方，有无生而死，有不质之力，一物同时能在两地"等等，皆违反常识；如若对之进行思议，必至悖反之地。一言以蔽之，可以名言，能够思议，而言喻、思议的结果必至悖反常理，这叫做"不可思议"。第四，只要超出感觉范围——用严复的话说"谈理见极时"，必然陷入"不可思议"的境地。因此，"不可思议"范围至广，佛教所讲的涅槃，哲学上的"天地元始、造化真宰、万物本体"，物理学上的宇（空间）、宙（时间）以及其他领域的"万物质点、动静真殊、力之本始、神思起讫"等等诸如此类的问题，皆属于"不可思议"。

二、不可认识且不必认识

谭嗣同没有对"不可知"进行过明确的厘定，就感官对世界的认识而言，他所讲的不可知有两种基本内涵：第一，不能认识。由于世界的无限与感官的有限，人无法凭借有限的感官去认识无限的世界。第二，不必认识。既然万物转瞬即逝，变幻无常，一切都是"融化为一"的混沌一团而不可分辨，那么，便是不必费心计较的。对此，谭嗣同举例说："譬于陶埴，失手而碎之，其为器也毁矣。然陶埴，土所为也。方其为陶埴也，在陶埴曰成，在土则毁；及其碎也，还归乎土，在陶埴曰毁，在土又以成。但有回环，都无成毁。譬如饼饵，入胃而化之，其为食也亡矣；然饼饵，谷所为也，方其为饼饵也，在饼饵曰存，在谷曰亡，及其化也，还粪乎谷，在饼饵曰亡，在谷又以存，但有变易，复何存亡？"[1] 依照这个分析，正如不生不灭即微生灭一样，成毁、存亡都是相对而言的。既然一切皆随缘而变，便没有必要固执地加以分辨，因为一切原本就不可确指。由此可见，如果说第一点侧重事实层面的不可知的话，那么，第二点则侧重价值层面的不必知。

至此可见，严复在对不可知内涵的理解上，与谭嗣同迥然相异——既

---

[1] 《仁学》，《谭嗣同全集》，中华书局 1998 年版，第 307 页。

不是不必知，也不是不能知；而是与常理相悖，进而对之存而不论。

第四节 "惟意可知"与"独任灵魂"

无论是为知识划定界线还是为信仰预留地盘，不可知论的宗旨都是通过否认某一方面或某一领域的可知性，最终肯定不可怀疑者的可知性。正因为如此，不可知论往往与怀疑论如影随形。正如怀疑论怀疑可怀疑者，旨在最终剩下不可置疑者一样；不可知论排除不可知者，旨在突出可知者的真实乃至权威。有鉴于此，遍览古今中外哲学可以发现，没有一位哲学家将不可知论进行到底，完全彻底地否认一切存在的可知性。在这方面，严复、谭嗣同的不可知论也不例外。两人的区别仅仅在于：严复在否认事物本体和宇宙究竟的可知性的前提下，将意说成是唯一真实的存在；谭嗣同通过不可知论否认人之感官具有认识世界的能力，进而轻体魄而重灵魂。

一、"惟意可知，故惟意非幻"

对于可知与不可知的界限，严复曾经有过明确划分："窃尝谓万物本体虽不可知，而可知者止于感觉，但物德有本末之殊，而心知有先后之异。此如占位、历时二事，物舍此无以为有，吾心舍此无以为知。占位者宇，历时者宙。体与宇为同物，其为发见也，同时而并呈；心与宙为同物，其为发见也，历时而递变。并呈者著为一局，递变者衍为一宗；而一局、一宗之中，皆有其井然不纷、秩然不紊者以为理，以为自然之律令。自然律令者，不同地而皆然，不同时而皆合。此吾生学问之所以大可恃，而学明者术立，理得者功成也。无他，亦尽于对待之域而已。"[①] 这段话给

---

① 《穆勒名学》，《严复集》第四册，中华书局 1986 年版，"按语"第 1036 页。

人的感觉似乎是，事物的现象是可知的，事物的本体不可知，严复并不否认识内容的客观性和真实性。其实不然。

严复虽然承认人的感官可以反映有对待之域，但是，他对反映的结果——感觉的真实性与确定性持怀疑态度。这实际上否认了对待之域的可知性。例如，严复在《穆勒名学》按语中这样写道："如朝日初出，晚日将入，其时真日皆在地平之下，人眼所见特蒙气所映发之光景耳。人谓见日，此无异以镜花水月为真花真月也。又眼为脑气所统，而眼帘受病者，往往著影不磨，遇感辄现；而人以眼帘所呈，拓之于外，遂谓当境实见种种异物。不知所见者乃眼帘中影，仿佛外物，非若平时外物形色收之眼帘也。"①

感觉是认识的基础和开始。既然作为认识起点的感觉并非对外物的反映，充其量不过是"眼帘中影"，那么，人对于哪怕是身边的小事、近事、熟事也认不清、弄不明也就不足为奇了。于是，严复写道："夫居处饮食男女，乃事之至切近者，而孰为正，尚各是所是，各非所非，而不可知如此。则吾向所谓知者，安非其不知，而所谓不知者，安知其非知邪！"②循着这个逻辑，人对于现象世界、切近之域尚且如此，至于不可名言、无对待的本体之域、元始之域更是"不可思议"了。这样一来，严复实质上是把物质世界的现象领域一同排斥在人的认识能力之外了也使意识成了唯一的认识内容。这正如他自己所说："吾所知者，不逾意识，断断然矣。惟意可知，故惟意非幻。此特嘉尔积意成我之说所由生也。"③至此，严复由否认物质世界的可知性、客观性，进而把意识说成是宇宙间唯一真实的存在。对此，他援引笛卡尔、赫胥黎的观点并进一步发挥说："是实非幻者，惟意而已。何言乎惟意为实乎？盖意有是非而无真妄，疑意为妄者，疑复是意，若曰无意，则亦无疑，故曰惟意无幻。无幻故常住，吾生终始，一意境耳。积意成我，意自在故我自在，非我可妄、我不可妄，此所谓真我

① 《穆勒名学》，《严复集》第四册，中华书局1986年版，"按语"第1028—1029页。
② 《〈庄子〉评语》，《严复集》第四册，中华书局1986年版，第1108页。
③ 《天演论》，中州古籍出版社1998年版，第339页。

者也。"①

如果说谭嗣同的不可知论从世界的虚幻讲起的话，那么，严复的不可知论则较为现实，从肯定"即物实测"的可知性讲起。对于这一点，严复陷入不可知论时的感觉主义便是明证。严复不可知论的递嬗脉络浓缩了英国经验论的发展历程：如果说反映论是对培根、霍布斯、洛克的致敬的话，那么，中经贝克莱的感觉主义，以休谟、赫胥黎、穆勒和斯宾塞的不可知论告终。可以肯定的是，无论可知还是不可知，严复的思想中始终找不到谭嗣同的那种亦梦亦醒、非生非死的精神状态。

二、"超出体魄之上而独任灵魂"

谭嗣同虽然否认感官的认识能力，但是，他并不否认人能洞彻世界。这是因为，他之所以贬低感官的作用，就是为了引导人摈弃肉体，超越感官的局限而"独任灵魂"。为此，谭嗣同提出的具体方案是"转业识而成智慧"，凭借佛教"一多相容""三世一时"的智慧洞察世界。他的逻辑是："手足之所接，必不及耳目之远；记性之所至，必不及悟性之广。……实事之所肇，必不及空理之精。"②按照这个说法，手足不如耳目，记性不如悟性，凡是依靠感官者必然拘泥于体魄而受到限制。由此可见，谭嗣同具有贬低感性认识的倾向。在此基础上，他进一步由贬低感性认识而轻视体魄，由轻体魄而贱行，并由此提出了"贵知不贵行"的口号。对此，谭嗣同解释说："吾贵知，不贵行也。知者，灵魂之事也；行者，体魄之事也。……是行有限而知无限，行有穷而知无穷也。"③

出于重灵魂、轻体魄的价值诉求，谭嗣同甚至幻想，将来社会进步、科学发达了，会出现一种只有灵魂而没有体魄的"新人类"。他的设想如下："损其体魄，益其灵魂。……必别生种人，纯用智，不用力，纯有灵

---

① 《天演论》，中州古籍出版社1998年版，第338页。

② 《仁学》，《谭嗣同全集》，中华书局1998年版，第369页。

③ 《仁学》，《谭嗣同全集》，中华书局1998年版，第369页。

魂，不有体魄。……可以住水，可以住火，可以住风，可以住空气，可以飞行往来于诸星诸日，虽地球全毁，无所损害。"① 谭嗣同之所以不贵体魄，是因为他认为感官在同一时刻只能感觉同一事物，且无记忆；而整个世界乃至世间万物是即生即灭、一多无碍的，感官对此无能为力。只有"破除我相"、"独任灵魂"的顿悟和直觉思维，才能洞彻彼此，玄照一切。于是，他又说："知识本来无记性。后境而思前境，今日而思昔日，似有记性矣。然必置此思彼而后得，非不待更端而同时并得也。然则知中识中，仅能容得一事，其余皆谓之遗忘可也。生人知识，有体魄之可寄，尚自无有记性，复何论于凭虚无著之中阴？此成大圆镜智者，所以无后无前，无今无昔，容则并容，得则同得，一多无碍，不在两时。"② 这表明，被谭嗣同所否认的并不是人的全部认识能力，只是信凭感官而获得的感性认识。他之所以贬低感官所获得的感性认识，是为了让人黜弃感官，进而"超出体魄之上而独任灵魂"。正是出于这一目的，谭嗣同呼吁："苟不以眼见，不以耳闻，不以鼻嗅，不以舌尝，不以身触，乃至不以心思，转业识而成智慧，然后'一多相容'、'三世一时'之真理乃日见乎前，任逝者之逝而我不逝，任我之逝而逝者卒未尝逝。真理出，斯对待不破以自破。"③

总的说来，谭嗣同不是一位彻底的或称绝对的不可知论者。对于现实的物质世界，他认为是不可知且不必知的，只有如此，才能破除对待、差别和对立，完全、彻底地实现平等。谭嗣同声称："意识断，则我相除；我相除，则异同泯；异同泯，则平等出；至于平等，则洞澈彼此，一尘不隔，为通人我之极致矣。"④ 沿着这一思路，他一面蔑视肉体、否认感官的认识能力，一面又对人的灵魂寄予厚望。这表明，谭嗣同的不可知论是对他的本体论上"仁为天地万物之源"，而"仁以通为第一义"，"通之象

---

① 《仁学》，《谭嗣同全集》，中华书局 1998 年版，第 366—367 页。
② 《书箑三件二》，《谭嗣同全集》，中华书局 1998 年版，第 547 页。
③ 《仁学》，《谭嗣同全集》，中华书局 1998 年版，第 318 页。
④ 《仁学》，《谭嗣同全集》，中华书局 1998 年版，第 365 页。

为平等"①的思维模式和价值旨趣的具体贯彻，反过来又为他所设计的仁—通—平等提供了具体的论证和说明。

谭嗣同轻体魄、重灵魂，这使他的不可知论中虚无主义乃至悲观厌世的痕迹相当浓重。谭嗣同曾经多次表达过这样的思想：

> 死者长已矣，生者待死而未遽死。未遽死，岂得谓之无死哉？待焉已耳！是故今日之我虽生，昨日之我死已久矣，至明日而今日之我又死。自一息而百年，往者死，来者生，绝续无间，回环无端，固不必眼无光口无音而后死也。②

> 以人之游魂而变我耶？我不知其谁也。以我之游魂而变人耶？我不知其谁也。以今日之我，不知前后之我；则前后之我，亦必不知今日之我。试以前后之我，视今日之我，以今日之我，视前后之我，则所谓我，皆他人也。所谓我皆他人，安知所谓他人不皆我耶？原始反终，大《易》所以知生死，于以见万物一体，无容以自圉者自私也。大至于地球，而丽天之星，皆为地球，其数百千万亿而未止也。小至于虫豸，而一滴之水，皆有虫豸，其数百千万亿而未止也。以丽天之星视地球，则地球虽海粟仓稊可矣。以一滴之水视虫豸，则虫豸虽巴蛇溟鲲可矣。③

进而言之，谭嗣同轻视体魄、推崇灵魂是为了突出心力的作用，强调人心无所不能——不仅能认识世界，而且能随心所欲地改造世界。他声称："人心一不运，则视不见，听不闻，运者皆废矣。是知天地万物果为一体，心正莫不正，心乖莫不乖，而决无顽空断灭之一会，此君子所以贵

---

① 《仁学》，《谭嗣同全集》，中华书局1998年版，第291页。
② 《石菊影庐笔识·思篇》，《谭嗣同全集》，中华书局1998年版，第133—134页。
③ 《石菊影庐笔识·思篇》，《谭嗣同全集》，中华书局1998年版，第132—133页。

乎和也。"[1] 至此，谭嗣同在对心力的凸显中否认世界的现实性与客观性而视世界为虚幻。

　　总的说来，在理论初衷和思想归宿上，严复恪守"惟意可知"，谭嗣同呼吁"独任灵魂"，这使两人的不可知论再一次显示出差异和不同。意识包括感性和理性两个部分。严复恪守"惟意可知"而偏袒感性认识，谭嗣同推崇"独任灵魂"而剔除了意识中感性的、非理性的因素。除此之外，通观严复的思想可以看到，他在对待感性与理性的选择中，始终注重和赏识感觉与经验。

第五节　不可知论的近代神韵和意蕴

　　通过上述比较可以清晰地看到，严复、谭嗣同的不可知论是两种不同的哲学形态，从思维方式到思想内涵皆不可同日而语。除此之外，两人不可知论的差异还在其他方面充分呈现出来。例如，从思想渊源和学术传统来看，严复的不可知论容纳了中国本土文化中的《周易》《老子》《庄子》和佛教的思想因素，更主要的是深受英国不可知论者——赫胥黎、穆勒、斯宾塞，德国不可知论者——康德以及法国唯理论者——笛卡尔等人的影响。谭嗣同的不可知论主要继承了中国本土哲学的思想资料，庄子的相对主义、不可知论和华严宗、法相宗的"三世一时""一多相容"等佛学思想成为其中的主要来源。再如，从内容构成和理论来源来看，严复的不可知论显得较为广博，谭嗣同的不可知论相比之下则显得略微单一。这是因为，前者在融贯中西的同时以西学为蓝本，后者则大体上在中国传统哲学的视域内进行。正是由于这个原因，两者所涵摄的内容显示出不同的风姿和神采。

　　在这个前提下尚须进一步澄清的是，严复、谭嗣同的不可知论呈现出诸多相似之处。这些相同点不是偶然的，而是带有某种必然性。正是由于

---

[1] 《石菊影庐笔识·思篇》，《谭嗣同全集》，中华书局1998年版，第127页。

这个原因，透过两人不可知论的相同点，可以窥见严复、谭嗣同不可知论的鲜明特征和时代神韵，从而深刻体悟近代哲学的时代意蕴和共同特征。

一、改变了古代哲学观察世界的思维方式

严复和谭嗣同之所以否认世界的可知性，是因为两人都是从自我出发来认识世界的。从这个意义上说，严复、谭嗣同之所以秉持不可知，与其说是对人类认识能力的怀疑，毋宁说是对人之力量的过分自信和夸大。

严复偏袒道家，尤为推崇庄子，庄子的相对主义给严复以深刻影响。事实上，无论严复解读《老子》还是《庄子》，都能在其中发现相对的意趣。现摘录如下：

> 大小之名，起于比较，起于观者。道之本体，无小大也。语小莫破，语大无外，且无方体，何有比较？一本既立，则万象昭回。所谓吹万不同，咸其自己。使自为大，谁复为之小哉！①

> 物有本性，不可齐也。所可齐者，特物论耳。②

严复承认事物具有自身的本性，并且指出事物与事物之间的这种本性是不同的。尽管如此，他强调，人对事物的认识（即严复所讲的"物论"）却是不齐的，因为都是感觉的加工造作。正因为如此，从认识论上看，事物是相对于"我"而存在的。于是，他宣称："我而外无物也；非无物也，虽有而无异于无也。"③

无独有偶，谭嗣同是以"我"为坐标和参考系来观察事物的，由此得出了世间没有固定的大小、长短和久暂，事物的一切属性都是"我"赋予

---

① 《〈老子〉评语》，《严复集》，中华书局1986年版，第1090页。
② 《〈庄子〉评语》，《严复集》第四册，中华书局1986年版，第1105页。
③ 《穆勒名学》，《严复集》第四册，中华书局1986年版，"按语"第1037页。

事物的结论。他举例论证说，虚空之所以大，是因为它比我大；微尘之所以小，是因为它比我小。事物本身并没有绝对的大小、多少、长短和久暂，一切都是相对于"我"而言的。于是，谭嗣同断言："虚空有无量之星日，星日有无量之虚空，可谓大矣。非彼大也，以我小也。有人不能见之微生物，有微生物不能见之微生物，可谓小矣。非彼小也，以我大也。何以有大？比例于我小而得之；何以有小？比例于我大而得之。然则但有我见，世间果无大小矣。多寡长短久暂，亦复如是。"① 既然外物及其属性都是"我见"的结果，是相对于"我"而言的，并且是我赋予事物的，那么，离开了我的参与，事物的大小、长短和久暂也就无从谈起。这表明，事物本身并没有固定的质，一切都是作为主体的人的参与和造作。

正如恪守不可知论并不否认人的认识能力一样，严复、谭嗣同否认事物可知性的理由——世间无固定的大小、长短和久暂并非证明人的认识对此无能为力，而是证明事物的一切属性都是人赋予的，事物因"我"而存在，世界因"我"而精彩。正是在这个意义上，谭嗣同断言："世界因众生而异，众生非因世界而异。"② 不论是从理论初衷或立言宗旨上看，还是从基本内容或最终归宿上看，严复、谭嗣同的不可知论自始至终都流露出对主体力量、人类精神以及灵魂的膜拜、推崇和向往。两人的不可知论表达了相同的思想主题和理论初衷：一是对人的主体精神的膜拜和弘扬，一是心学本体论在认识论中的反映和表现。

二、用认识主体的差异性否定感觉的真实性、客观性

与对人之主体力量的彰显相一致，严复、谭嗣同在论证万物不可知时不约而同地否认感觉与外物的一致性，籍此将感觉说成是完全主观自生的东西。

---

① 《仁学》，《谭嗣同全集》，中华书局 1998 年版，第 316 页。

② 《仁学》，《谭嗣同全集》，中华书局 1998 年版，第 372 页。

严复承认外物是因，认识是果，却否认外物与感觉之间的相符，即"因同果否，必不可知"。由此，他指出，感觉与所反映的对象只是相似，甚至连相似都不能断定。谭嗣同认为，人的感觉是对外物"绘其影"和"肖其响"的结果。这样一来，感觉作为人对"已逝之物"的见、闻，只能是见、闻"已逝之物"乃至"已逝"之"影"、"响"，由此否认感觉可以反映外物的真实情状。

至此可见，严复、谭嗣同的具体观点有别，共同却显而易见，那就是：抽掉了感觉中的客观内容，并且在否认感觉的客观性的基础上，以不同主体的感觉差异性为判断标准，肯定了精神的真实性。沿着这个思路，两人在声称感觉是主观自生的同时，一面否定了认识对象乃至整个世界的客观性，一面将代表意（严复）或灵魂（谭嗣同）的"我"说成是宇宙间唯一真实的存在。

三、推崇灵魂、贬低肉体的倾向

物质与意识这对范畴和肉体与灵魂并不是同一层次的概念。在某种意义上，这两对范畴之间却具有一定的内在联系。严复、谭嗣同的不可知论都通过对物质世界虚幻的渲染而突出精神的真实。在对待人的肉体与灵魂的关系问题上，两人都推崇灵魂而轻视肉体的存在。

严复宣称："夫人道之所最贵者，非其精神志气欤？顾世之讲施济者，往往养其躯体矣，而毁其志气，是以禽兽之道待其人也。"[①] 严复虽然没有像谭嗣同那样视肉体为累赘，但是，他所讲的"我"是没有肉体的纯粹精神的存在却是毋庸置疑的。在严复看来，"积意为我"，意真实而"我"不妄，此真实、不妄之"我"纯粹是意的体现。

与严复相比，谭嗣同对灵魂的推崇有过之而无不及。他不止一次地断言：

---

① 《法意》，《严复集》第四册，中华书局1986年版，"按语"第1012页。

土石虽寿，不得谓之生。人至无知，其心已死，身虽存，奚贵乎？而况乎犹未能也。①

所以第一当知人是永不死之物。所谓死者，躯壳变化耳；性灵无可死也。且躯壳之质料，亦分毫不失。西人以蜡烛譬之，既焚完后，若以化学法收其被焚之炭气、养气与蜡泪、蜡煤等，仍与原蜡烛等重，毫无损失，何况人为至灵乎？②

进而言之，严复、谭嗣同之所以都膜拜精神、推崇灵魂而轻视人之肉体，除了受佛学肉体为累赘、心识为真实的影响之外，主要是出于对人类精神的尊崇、向往和渴望。这是中国近代人性启蒙、精神解放在认识领域的具体反映和体现，更是救亡图存、舍身救世的现实需要使然。

---

① 《石菊影庐笔识·思篇十八》，《谭嗣同全集》，中华书局 1998 年版，第 133 页。
② 《上欧阳中鹄十》，《谭嗣同全集》，中华书局 1998 年版，第 462 页。

第十七章　严复与梁启超启蒙思想比较

在中国近代，严复、梁启超对自由的宣传、介绍和阐释格外引人注目，两人也因此成为戊戌启蒙四大家中自由派的主要代表，与同为戊戌启蒙四大家的康有为、谭嗣同的启蒙思想渐行渐远。尽管如此，严复、梁启超对自由的界定大相径庭：严复坚持自由是一种权利，梁启超则偏向于将自由视为一种道德。正是由于这个原因，两人对自由的界定和理解循着两种不同的思路展开，演绎出两套不同的对自由的具体操作和改造中国的纲领。

第一节　权利与道德

对于中国近代的社会来说，作为一种刚刚东渐的舶来品，自由是崭新的、陌生的，同时也是内涵待定的。这使对自由概念的界定显得十分必要和急切。正因为如此，对自由的界定成为严复、梁启超自由思想的重要一环。自由是什么？两人的回答迥然相异：严复将自由理解为权利，梁启超则将自由理解为道德。

一、"自由者，惟个人之所欲为"

在对自由予以界定和探讨的过程中，严复强调，自由是人与生俱来的天赋权利。正是在这个意义上，他不止一次地宣称：

民之自由，天之所畀也。①

彼西人之言曰：唯天生民，各具赋畀，得自由者乃为全受。②

这就是说，自由是人的天赋之权，人的自由权利是神圣不可侵犯的；一个人只有拥有了自由，才完成了上天赋予人的先天禀赋。严复指出，自由是人行动上的自由，也就是"作事由我""由我作主""不受管束"和"为所欲为"等。由此可见，他所讲的自由是指人行动上的自由和权利，即"不受管束之谓"。对此，严复从不同角度界定和解释说：

夫自由云者，作事由我之谓也。③

自由者，惟个人之所欲为。④

里勃而特（英文 liberty——引者注）原古文作 Libertas。里勃而达乃自由之神号，其字与常用之 Freedom 伏利当同义。伏利当（即 Freedom——引者注）者，无挂碍也，又与 Slavery 奴隶、Subjection 臣服、Bondage 约束、Necessity 必须等字为对义。⑤

从"自由者，惟个人之所欲为"的角度看，严复是从积极方面界定自由的，将自由界定为不受管束。从这个意义上说，行动上的自由是自由的基本含义，也是人天赋的自由权利。与此同时，他又指出，人生活在社会之中，人的自由必然受到政府的管束。从这个意义上说，自由是相对的，

① 《辟韩》，《严复集》第一册，中华书局 1986 年版，第 35 页。
② 《论世变之亟》，《严复集》第一册，中华书局 1986 年版，第 3 页。
③ 《政治讲义》，《严复集》第五册，中华书局 1986 年版，第 1299 页。
④ 《政治讲义》，《严复集》第五册，中华书局 1986 年版，第 1279 页。
⑤ 《群己权界论》，《严复集》第一册，中华书局 1986 年版，"译凡例"第 132 页。

因为个人自由以不妨碍他人自由为界。这样一来，自由便具有了两个特征：第一，自由以不侵犯他人的自由为界限。严复强调："侵人自由者，斯为逆天理，贼人道。其杀人伤人及盗蚀人财物，皆侵人自由之极致也。"①第二，自由与政府的管束相对应。严复指出，由于人必须生活在社会之中，个人的自由便离不开政府的管束。沿着这个思路，他关注政界自由，也使他所讲的自由与法律、议院等政治体制密切相关，往往将个人的自由与政府的管束相联系。正是在这个意义上，严复不厌其烦地写道：

> 从其常用字义言之，自由亦无安舒、畅乐、不苦诸意。自由云者，不过云由我作主，为所欲为云尔。其字，与受管为反对，不与受虐为反对。虐政自有恶果，然但云破坏自由，实与美、法仁政无稍区别。虐政、仁政皆政也。吾既受政矣，则吾不得自由甚明，故自由与受管为反对。受管者，受政府之管也，故自由与政府为反对。……是故人生无完全十足之自由，假使有之，是无政府，即无国家。无政府、无国家，则无治人治于人之事，是谓君臣伦毁。且不止君臣伦毁，将父子、夫妇一切之五伦莫不毁。②

> 故释政界自由之义，可云其最初义为无拘束、无管治。其引申义，为拘束者少，而管治不苛。此第二引申义，即国民所实享之自由。但考论各国所实享自由时，不当问其法令之良窳，亦不当问其国政为操于议院民权，抑操于专制君权。盖此等歧异，虽所关至巨，而实与自由无涉。③

> 十稔之间，吾国考西政者日益众，于是自繇之说，常闻于士大夫。顾竺旧者既惊怖其言，目为洪水猛兽之邪说。喜新者又恣肆泛

---

① 《论世变之亟》，《严复集》第一册，中华书局 1986 年版，第 3 页。
② 《政治讲义》，《严复集》第五册，中华书局 1986 年版，第 1287 页。
③ 《政治讲义》，《严复集》第五册，中华书局 1986 年版，第 1287—1288 页。

滥，荡然不得其义之所归。以二者之皆讹，则取旧译英人穆勒氏书，颜曰《群己权界论》。……学者必明乎己与群之权界，而后自繇之说乃可用耳。①

　　自由者，不受管束之谓也；或受管束矣，而不至烦苛之谓也。乃今于沿用之中，又见自由之义，与议院相合。②

　　若定自由为不受拘束之义，彼民所得自由于政界者，可谓极小者矣。③

严复始终将自由视为人与生俱来的权利，由于认为自由表现为"不受管束""由我作主"，而人又生活在社会之中受政府管束，致使人与政府的权界成为自由的根本问题。他将穆勒的《论自由》（On Liberty）翻译为《群己权界论》，就是为了强调"学者必明乎己与群之权界，而后自繇之说乃可用耳"。至此可见，严复对自由的界定兼具积极自由与消极自由两个方面，并且以划定政府与个人之间的权限为保障。

二、"自由者，奴隶之对待也"

梁启超虽然并不否认自由包括行动上的自由，但是，他在对人之身体与精神的区分中彰显精神上的自由。梁启超对自由的界定是："一身自由云者，我之自由也。虽然，人莫不有两我焉：其一，与众生对待之我，昂昂七尺立于人间者也；其二，则与七尺对待之我，莹莹一点存于灵台者是也。……是故人之奴隶我不足畏也，而莫痛于自奴隶于人；自奴隶于人犹不足畏也，而莫惨于我奴隶于我。……若有欲求真自由者乎，其必自除心

---

① 《译〈群己权界论〉自序》，《严复集》第一册，中华书局 1986 年版，第 131—132 页。
② 《政治讲义》，《严复集》第五册，中华书局 1986 年版，第 1285 页。
③ 《政治讲义》，《严复集》第五册，中华书局 1986 年版，第 1286 页。

中之奴隶始。"① 由此可见，梁启超对自由的阐发侧重精神自由，并且将自由归结为破除"心中之奴隶"即"奴隶心"，宣称"若有欲求真自由者乎，其必自除心中之奴隶始"。

进而言之，梁启超所讲的"心奴隶之种类""以及除之之道"有四，它们分别是："一曰，勿为古人之奴隶也。……我有耳目，我物我格；我有心思，我理我穷。……二曰，勿为世俗之奴隶也。……三曰，勿为境遇之奴隶也。……四曰，勿为情欲之奴隶也。"② 按照他的理解，铲除"心中之奴隶"是自由的第一步，因为自由与奴隶相对待。正是在这个意义上，梁启超界定说："自由者，奴隶之对待也。"③ 显而易见，奴隶指"心奴"或"心奴隶"，即精神上的束缚。这表明，梁启超所讲的自由主要指精神上的人格自由、精神独立。为了表明人的精神是自由的，他将自由与王守仁的良知说相提并论，以期证明人生来就有精神自由。于是，梁启超断言："夫自由意志云者，谓吾本心固有之灵明，足以烛照事理，而不为其所眩。吾本心固有之能力，足以宰制感觉，而不为其所夺，即吾先圣所谓良知良能者是也。眩焉夺焉，是既丧其自由也，内心为外感之奴隶也。于彼时也，吾所谓意志者，已不能谓为吾之意志，及移时而外界之刺激淡焉，而吾本心始恢复其自由，故前此之意志，与后此之意志，截然若不相蒙也。然又必外界之刺激淡，而自由乃始得恢复耳。若外界之刺激，转方向而生反动，则吾本心又可随之而生反动，而复放乎中流，脱甲方面之奴籍，复入乙方面之奴籍。而所谓真自由者不知何时而始得恢复。"④

按照梁启超的说法，吾心之良知的与生俱来表明，人的精神是自由的，这就是康德所谓的自由意志。进而言之，自由的核心是精神独立、人格自由，主要表现为不做古人的奴隶、不做洋人的奴隶、不做外物的奴隶

① 《新民说》，《梁启超全集》第二册，北京出版社 1999 年版，第 675 页。

② 《新民说》，《梁启超全集》第二册，北京出版社 1999 年版，第 679—680 页。

③ 《新民说》，《梁启超全集》第二册，北京出版社 1999 年版，第 679 页。

④ 《申论种族革命与政治革命之得失》，《梁启超全集》第三册，北京出版社 1999 年版，第 1643 页。

和不做情欲的奴隶。这决定了梁启超是在"精神界"理解自由的，与严复所讲的行动上的自由不可等量齐观。诚然，梁启超有过"自由者，权利之表证也"的论断，将权利说成是人的构成要件，并且承认自由与权利具有内在联系。于是，他写道："自由者，权利之表证也。凡人所以为人者有二大要件：一曰生命，二曰权利。二者缺一，时乃非人。故自由者亦精神界之生命也。"① 一方面，梁启超的这个说法从强调自由与权利相关的角度看与严复的观点具有相似之处。另一方面，梁启超明确表示自己是在"精神界"讲自由的，况且自由不是权利本身而是"权利之表证"，与严复将自由理解为享受自由的权利大不相同。与将自由界定为人的"精神界之生命"相一致，梁启超认为自由的关键是摆脱物欲、挣脱各种羁绊而达到精神上的解脱。正是在这个意义上，他对西方文化与东方文化进行区分，进而将东方文化尤其是佛学和儒家文化的主旨归结为追求"精神生活的绝对自由"。对于这一点，梁启超一再断言：

> 像我们的禅宗，真可算得应用的佛教，世间的佛教的确是印度以外才能发生，的确是表现中国人的特质，叫出世法与入世法并行不悖。他所讲的宇宙精微，的确还在儒家之上。说宇宙流动不居，永无圆满，可说是与儒家相同，曰："一众生不成佛，我誓不成佛"，即孔子立人达人之意。盖宇宙最后目的，乃是求得一大人格实现之圆满相，绝非求得少数个人超拔的意思。儒佛所略不同的，就是一偏于现世的居多；一偏于出世的居多。至于他的共同目的，都是愿世人精神方面，完全自由。现在自由二字，误解者不知多少。其实人类外界的束缚，他力的压迫，终有方法解除；最怕的是"心为形役"，自己做自己的奴隶。儒佛都用许多的话来教人，想叫把精神方面的自缚，解放净尽，顶天立地，成一个真正自由的人。这点，佛家弘发得更为深透，真可以说佛教是全世界文化的最高产品。这话，东西人士，都不

---

① 《十种德性相反相成义》，《梁启超全集》第一册，北京出版社 1999 年版，第 429 页。

能否认。此后全世界受用于此的正多，我们先人既辛苦的为我们创下这分产业，我们自当好好的承受。因为这是人生唯一安身立命之具，有了这种安身立命之具，再来就性之所近的，去研究一种学问，那么，才算尽了人生的责任。①

　　救济精神饥荒的方法，我认为东方的——中国与印度——比较最好。东方的学问，以精神为出发点；西方的学问，以物质为出发点。救知识饥荒，在西方找材料；救精神饥荒，在东方找材料。东方的人生观，无论中国印度，皆认物质生活为第二位；第一，就是精神生活。物质生活，仅视为补助精神生活的一种工具，求能保持肉体生存为已足；最要，在求精神生活的绝对自由。精神生活，贵能对物质界宣告独立，至少，要不受其牵制。如吃珍味，全是献媚于舌，并非精神上的需要，劳苦许久，仅为一寸软肉的奴隶，此即精神不自由。以身体全部论，吃面包亦何尝不可以饱？甘为肉体的奴隶，即精神为所束缚。必能不承认舌——一寸软肉为我，方为精神独立。东方的学问道德，几全部是教人如何方能将精神生活对客观的物质或己身的肉体宣告独立。佛家所谓解脱，近日所谓解放，亦即此意。客观物质的解放尚易；最难的为自身——耳目口鼻……的解放。西方言解放，尚不及此，所以就东方先哲的眼光看去，可以说是浅薄的，不彻底的。东方的主要精神，即精神生活的绝对自由。②

　　进而言之，由于将自由界定为精神上的自由，梁启超强调指出，自己发起的"道德革命"和戊戌启蒙就是为了"变数千年之学说，改四百兆之脑质"。为此，他十分欣赏笛卡尔的怀疑精神，试图以此"破学界之奴性"。由于认定自由主要是思想、言论和出版方面的自由，行动自由不是梁启超

———————————

① 《治国学的两条大路》，《梁启超全集》第七册，北京出版社 1999 年版，第 4071 页。
② 《东南大学课毕告别辞》，《梁启超全集》第七册，北京出版社 1999 年版，第 4160 页。

关注的重点。在戊戌政变失败逃亡日本后，他在《清议报》和《新民丛报》发表 64 篇文章，统称《自由书》。这里所讲的自由主要指"思想自由、言论自由、出版自由"，目的则是"广民智"。梁启超在"叙言"中表白说："西儒弥勒·约翰曰：'人群之进化，莫要于思想自由，言论自由，出版自由。'三大自由，皆备于我焉，以名吾书（指《自由书》——引者注）。"①

与凸显自由的精神独立相一致，梁启超对自由的宣传主要围绕着提高民智的宗旨而展开。在这一时期，梁启超把中国近代的贫弱、衰微归咎于民愚。他写道："中国之弱，由于民愚也。民之愚由于不读万国之书，不知万国之事也。欲救其敝，当有二端：一曰，开学校以习西文，二曰，将西书译成汉字，二者不可偏废也。然学校仅能教童幼之人，若年已长成，多难就学。而童幼脑智未启，学力尚浅，故其通达事理，能受学力，又每不如长成之人，且主持现今之国论者，在长成人而不在童幼人也。故欲实行改革，必使天下年齿方壮志气远大之人，多读西书通西学而后可，故译书实为改革第一急务也。"②

后来，梁启超自由思想的重心发生转移，开始向道德领域倾斜。他断言："心力复细别为二，一曰智力，二曰德力。"③ 如果按照梁启超的说法将心划分为智力心与道德心两大类的话，那么，他更侧重道德心。梁启超认识到，随着民智的提高，亟需道德上的新民；如果德不逮智，后果则很可怕。对此，他写道："苟不及今急急斟酌古今中外，发明一种新道德者而提倡之，吾恐今后智育愈盛，则德育愈衰，泰西物质文明尽输入中国，而四万万人且相率而为禽兽也。呜呼！道德革命之论，吾知必为举国之所诟病。顾吾特恨吾才之不逮耳；若夫与一世之流俗人挑战决斗，吾所不惧，吾所不辞。"④ 有鉴于此，在从"精神界"讲自由的过程中，梁启超关注道德上的自由。为此，他接纳了康德的自由意志学说，强调道德之责任就是

① 《自由书·叙言》，《梁启超全集》第一册，北京出版社 1999 年版，第 336 页。
② 《戊戌政变记》，《梁启超全集》第一册，北京出版社 1999 年版，第 194 页。
③ 《新民说》，《梁启超全集》第二册，北京出版社 1999 年版，第 696 页。
④ 《新民说》，《梁启超全集》第二册，北京出版社 1999 年版，第 662 页。

服从良知的绝对命令。梁启超作《近世第一大哲康德之学说》，在介绍康德自由意志学说时，借机阐发自己的自由思想。他在文中如是说：

> 然则道德之责任何为而若是其可贵耶？康德曰：道德之责任生于良心之自由。而良心之自由，实超空间越时间，举百千万亿大千世界无一物可与比其价值者也。

> 案：康德所说自由界说甚精严，其梗概已略具前节，即以自由之发源全归于良心（即真我）是也。大抵康氏良心说与国家论者之主权说绝相类。主权者绝对者也，无上者也，命令的而非受命的者也。凡人民之自由，皆以是为原泉，人民皆自由于国家主权所赋与之自由范围内，而不可不服从主权。良心亦然。为绝对的，为无上的，为命令的。吾人自由之权理所以能成立者，恃良心故，恃真我故，故不可不服从良心，服从真我。服从主权，则个人对于国家之责任所从出也，服从良心，则躯壳之我对于真我之责任所从出也，故字之曰道德之责任。由是言之，则自由必与服从为缘。国民不服从主权，必将丧失夫主权所赋与我之自由；（若人人如是，则并有主权的国家而消灭之，而自由更无著矣。）人而不服从良心，则是我所固有之绝对无上的命令不能行于我，此正我丧我之自由也。故真尊重自由者，不可不尊重良心之自由。若小人无忌惮之自由，良心为人欲所制，真我为躯壳之我所制，则是天囚也。与康德所谓自由，正立于反对的地位也。①

众所周知，康德提出的"三大批判"对于西方现当代哲学产生了重要影响。作为"三大批判"之一的实践理性批判就是康德关注道德的形而上学，即彰显道德的哲学根基的。他断言："我们必须假设有一个摆脱感性

---

① 《近世第一大哲康德之学说》，《梁启超全集》第二册，北京出版社1999年版，第1062页。

世界而依理性世界法则决定自己意志的能力，即所谓自由。"[①] 为此，康德宣称："人是自由的。"[②] 这是因为，"只有自由者才会有道德"[③]。

梁启超将康德奉为"近世第一大哲"，提出的理由是：康德的思想是基于道德的自由学说。梁启超对康德的自由意志推崇有加，并与王守仁的良知说联系起来，以人人心中都有良知来证明人人都有精神自由。这从一个侧面证明，如果说严复侧重从政治上讲自由的话，那么，梁启超所讲的自由则根于本体哲学——与人的存在状态密切相关，是人与生俱来、不可或缺的本性。这也是梁启超一面将康德誉为"近世第一大哲"，一面强调康德推崇自由的原因所在。显而易见，与严复相比，梁启超是从人的天赋良知即先天道德命令的角度论证自由的。在这方面，康德的先天道德命令强调服从契合梁启超的口味。在此基础上，梁启超又将康德的自由观念向道德的方向更推进了一步：在康德那里，人是自由的，他的行为才有道德意义，不能让一个没有意识或者精神失常的人为自己的行为负责。到了梁启超那里，人必须是道德的，所以必须自由。在这个意义上，与其说梁启超渴望自由，不如说他希望借助自由让人变得都有道德。

三、自由与权利、义务

对自由的界定显示，严复、梁启超是从不同角度理解自由的：严复视自由为权利，将自由理解为行动上的自由；梁启超视自由为道德，将自由界定为精神上的自由。进而言之，两人对自由的不同界定不仅呈现出对自由的不同理解，而且决定着对权利与义务关系的不同处理。道理很简单：如果像严复那样将自由理解为一种权利的话，那么，权利则对于义务具有优先性，至少不应该使权利让位于义务；如果像梁启超那样将自由理解为道德的话，那么，权利可以因为道德而让与，以致使义务优先。由此看

①　《实践理性批判》，商务印书馆 1961 年版，第 135 页。

②　《实践理性批判》，商务印书馆 1999 年版，第 108 页。

③　《道德形而上学探本》，商务印书馆 1957 年版，第 61 页。

来，两人对权利与义务关系的分歧也就在所难免了。

严复肯定国民应对国家尽义务，因为"今日之国，固五族四万万民人之国也；今日之政府，固五族四万万民人之政府也。此五族四万万之民人，各有保存此国，维持此政府之义务，而不得辞"①。与此同时，他声称："义务者，与权利相对待而有之词也。故民有可据之权利，而后应尽之义务生焉。无权利，而责民以义务者，非义务也，直奴分耳。"②从这个意义上说，国民所尽之义务与所享受的权利是对等的。严复渴望自由就是提倡政府不苛烦，并且通过立法给予国民以应有的权利。

梁启超也像严复一样强调权利与义务一样不可或缺，并且在20世纪初的几年里大力宣传权利思想。鉴于权利对于人的至关重要，梁启超呼吁，培养权利思想是中国的当务之急，无论何人都应该将权利思想置于首位。他解释说："国家譬犹树也，权利思想譬犹根也。其根既拨，虽复干植崔嵬，华叶蓊郁，而必归于槁亡，遇疾风横雨，则摧落更速焉。即不尔，而旱暵之所暴炙，其萎黄彫敝，亦须时耳。国民无权利思想者以之当外患，则槁木遇风雨之类也。即外患不来，亦遇旱暵之类。……为政治家者，以勿摧压权利思想为第一义；为教育家者，以养成权利思想为第一义；为一私人者，无论士焉农焉工焉商焉男焉女焉，各以自坚持权利思想为第一义。"③

值得注意的是，梁启超所讲的权利不是与自由相互印证，而是与责任、义务相伴而生。正因为如此，他往往将权利归结为责任。正是在这个意义上，梁启超写道："我对我之责任奈何？天生物而赋之以自捍自保之良能，此有血气者之公例也。而人之所以贵于万物者，则以其不徒有'形而下'之生存，而更有'形而上'之生存。形而上之生存，其条件不一端，而权利其最要也。故禽兽以保生命为对我独一无二之责任，而号称人类者，则以保生命保权利两者相倚，然后此责任乃完。苟不尔者，则忽丧其

---

① 《原贫》，《严复集》第二册，中华书局1986年版，第293页。

② 《法意》按语，《严复集》第四册，中华书局1986年版，第1006页。

③ 《新民说》，《梁启超全集》第二册，北京出版社1999年版，第675页。

所以为人之资格，而现（与——引者注）禽兽立于同等之地位。"① 尽管他承认权利与义务"两端平等而相应"，然而，基于对权利道德属性的彰显，梁启超始终强调义务对于权利的优先性。

梁启超指出，先尽义务则不患无权利，不尽义务则权利无望。特别是在个人与群体、国家的关系中，个人应该先为国家尽义务。对此，他一而再、再而三地解释说：

> 故夫权利义务，两端平等而相应者，其本性也。……自今以往，苟尽义务者勿患无权利焉尔，苟不尽义务者其勿妄希冀权利焉尔。……既放弃其义务，自不能复有其权利，正天演之公例也。②

> 故权利义务两思想，实爱国心所由生也。人虽至愚，未有不愿受父母之养者，顽童之所以宁弃此权利者，不过其畏劳之一念使然耳。今之论者，每以中国人无权利思想为病，顾吾以为无权利思想者，乃其恶果，而无义务思想者，实其恶因也。我国民与国家之关系日浅薄，驯至国之兴废存亡，若与己漠不相属者，皆此之由。③

> 今夫人之生息于一群也，安享其本群之权利，即有当尽于其本群之义务；苟不尔者，则直为群之蠹而已。④

与将权利视为责任相联系，梁启超强调义务优先于权利，并且指出权利以服从为第一义。他给出的理由是："故夫真爱自由者，未有不真能服从者也。人者固非可孤立生存于世界也，必有群然后人格始能立，亦必有法然后群治能完。而法者非得群内人人之服从，则其法终虚悬而无实效。

---

① 《新民说》，《梁启超全集》第二册，北京出版社 1999 年版，第 671 页。
② 《新民说》，《梁启超全集》第二册，北京出版社 1999 年版，第 707 页。
③ 《新民说》，《梁启超全集》第二册，北京出版社 1999 年版，第 708 页。
④ 《新民说》，《梁启超全集》第二册，北京出版社 1999 年版，第 661 页。

惟必人人尊奉其法，人人尊重其群，各割其私人一部分之自由，共享于团体之中，以为全体自由之保障，然后团体之自由始张，然后个人之自由始固。然则服从者实自由之母，真爱自由者，固未有不真能服从者也。"① 这就是说，梁启超即使从权利的角度界定自由，也与严复视自由为人生而具有的自由权利不可同日而语。

进而言之，梁启超之所以凸显自由之德，除了取决于他对自由内涵的界定之外，还由于他对中国社会的分析。在梁启超看来，中国从来就不缺少行动上的自由，由于官吏玩忽职守，百姓涣散，纵览中国历史不难发现，中国人民众能享有一些本需约束的行为上的自由。具体地说，反而比其他国家——尤其是法国大革命之前的欧洲人自由得多。对此，他从不同角度不止一次地解释说：

> 故秦汉以降，我国一般人民所享自由权，比诸法国大革命以前之欧洲人，殆远过之，事实具在，不可诬也。②

> 我中国谓其无自由乎，则交通之自由官吏不禁也，住居行动之自由官吏不禁也，置管产业之自由官吏不禁也，书信秘密之自由官吏不禁也，集会言论之自由官吏不禁也，信教之自由官吏不禁也，（近虽禁其一部分，然比之前世纪之法、普、奥等国相去远甚。）凡各国宪法所定形式上之自由几皆有之。虽然，吾不敢谓之为自由者何也？有自由之俗，而无自由之德也。自由之德者，非他人所能予夺，乃我自得之而自享之者也。故文明国之得享用自由也，其权非操诸官吏，而常采诸国民。中国则不然。今所以幸得此习俗之自由者，恃官吏之不禁耳，一旦有禁之者，则其自由可以忽消灭而无复踪影。而官吏之所以不禁者，亦非尊重人权而不敢禁也，不过其政术拙劣，其事务废

---

① 《服从释义》，《梁启超全集》第二册，北京出版社1999年版，第1083页。
② 《先秦政治思想史》，《梁启超全集》第六册，北京出版社1999年版，第3605页。

弛，无暇及此云耳。官吏无日不可以禁，自由无日不可以亡，若是者谓之奴隶之自由。若夫思想自由，为凡百自由之母者，则政府不禁之，而社会自禁之。以故吾中国四万万人，无一可称完人者，以其仅有形质界之生命，而无精神界之生命也。故今日欲救精神界之中国，舍自由美德外，其道无由。①

按照梁启超的说法，中国一面是自由之俗的泛滥，一面是自由之德的匮乏。这种状况表明，中国并不需要行动上的自由。不仅如此，中国民众行动上不是不自由而是太过自由。当然，中国社会真正的自由、思想意识上的自由则一直被严加管制。基于对中国社会的这种认识分析，梁启超的结论不言而喻：中国缺少的是思想、意识上的自由而不是行动上的自由——如果在中国实行自由的话，那么，只有思想自由就足够了。这就是说，梁启超所讲的自由不是行动上的自由而是思想上的自由，提倡自由的目的在于提高中国人的道德素质而不是推进行动上或法律上的自由。

第二节　民主启蒙与思想启蒙

严复、梁启超对自由的不同界定取决于各自不同的理论视界，反过来也恰好印证了两人对启蒙的不同侧重：严复强调自由与管束相对待，故而注重从个人与政府之间的关系解读自由，断言自由与民主互为体用；梁启超声称自由与奴隶相对待，并且强调奴隶主要是"心奴"或"心奴隶"，进而将自由与人的精神世界尤其是道德品格相联系。接下来的问题是，由于坚持自由是国民享有宪法上规定的权利，严复的启蒙思想侧重民主启蒙和制度启蒙；由于强调自由是精神上摆脱奴役而具有独立人格，梁启超的启蒙思想侧重思想启蒙和道德启蒙。

---

① 《十种德性相反相成义》，《梁启超全集》第一册，北京出版社 1999 年版，第 429 页。

一、自由的保障

对于如何实现自由，也就是自由的保障问题，严复与梁启超的观点相去甚远。总的说来，严复诉诸法律，呼吁政府通过立法让国民享受权利；梁启超希冀道德，期盼国民的道德自觉和独立人格。

严复认为，自由是国民享受的一种权利，国民的这种权利与政府的管束相对待。换言之，国民享有的自由权利与国家的民主制度密切相关。对此，他不止一次地论证说：

> 自由者，惟个人之所欲为。管理者，个人必屈其所欲为，以为社会之公益，所谓舍己为群是也。是故自由诚最高之幸福。但人既入群，而欲享幸福之实，所谓使最多数人民得最大幸福者，其物须与治理并施。纯乎治理而无自由，其社会无从发达；即纯自由而无治理，其社会且不得安居。①

> 夫自由云者，作事由我之谓也。今聚群民而成国家，以国家而有政府，由政府而一切所以治吾身心之法令出焉，故曰政府与自由反对也。顾今使为之法，而此一切所以治吾身心者，即出于吾之所自立，抑其为此之权力，必由吾与之而后有。然则吾虽受治，而吾之自由自若，此则政界中自治 Self—government 之说也。颇有政家，谓自治乃自相矛盾之名词，以谓世间虽有其名，实无其事。人之行事，不出两端，发于己志一也，从人之志二也。前曰自由，后曰受管。故一言治，便非自力，果由自力，即不为治。此其说甚细。顾自我辈观之，吾身所行之事，固有介于二说之间者，非由己欲，亦非从人，但以事系公益，彼此允诺，既诺之后，即与发起由吾无异。然则自治名词，固自可立，而以实事明之，譬如一国之民，本系各不相为，各恤

---

① 《政治讲义》，《严复集》第五册，中华书局 1986 年版，第 1279 页。

己私，乃今以四邻多垒，有相率为虏之忧，于是奋然共起，执戈偕行，以赴国难。此时虽有将帅号令，生杀威严，然不得谓国人为受驱逼胁。何则？一切皆彼之自发心也。如此即为自治之一端。使此法可行，将政界之中，无禁制抑勒之事，虽令发中央枢纽，无异群下之所自趋，从此君民冲突之事，可以免矣。①

依据严复的这个分析，所谓自由，也就是"作事由我""为所欲为"。与此同时，他强调，民聚成群而有国家，人之自由以不侵犯他人以及国群自由为界。政府代表国家颁布法令约束国民，就是为了使之不能凡事都由我作主。从这个意义上说，政府与人"作事由我""为所欲为"的自由追求是相反的。正是由于这个原因，自由的关键是划分政府与个人的权界问题。基于这种认识，严复将穆勒的《论自由》翻译为《群己权界论》，以期从个人与群体、国家的关系维度界定自由。他对自由的这一界定预示着自由的关键是处理个人与群体国家的关系，故而与政治体制、民主制度密切相关。对此，严复论证说："科学家于物，皆有品量之分。品者问其物之何如，量者课其物之几许。民之自由与否，其于法令也，关乎其量，不关其品也。所问者民之行事，有其干涉者乎？得为其所欲为者乎？抑既干涉矣，而法令之施，是否一一由于不得已，而一切可以予民者，莫不予民也。使其应曰然，则其民自由。虽有暴君，虽有弊政，其民之自由自若也。使其应曰否，则虽有尧、舜之世，其民不自由也。"② 这就是说，自由是人的天赋权利毋庸置疑，科学方法对自由的分析和论证只关其量而不关其质。这意味着法令所做的不是规定国民是否享有自由，而是根据各种考量给国民多少自由。有了法律的相关规定，国民便有了行动上的自由和权界。这样一来，即使有暴君或弊政，也不妨碍国民享受自由。这表明，民主制度是自由的根本保障，君主立宪制度下的法律和议院等是确保国民享

① 《政治讲义》，《严复集》第五册，中华书局 1986 年版，第 1299—1230 页。

② 《政治讲义》，《严复集》第五册，中华书局 1986 年版，第 1288 页。

有自由的有力武器。

沿着这个思路，严复特别注重自由与法律、议院之间的关系。例如，严复反复指出：

> 欧洲近日政界方针，大抵国民则必享宪法中之自由，而政治则必去无责任之霸权。①

> 而常语之称自由，则与有议院等。故言其民自由，无异指其国之立宪。立宪政府，国民不附，即可更易，而立民情之所附者。又立宪国民，于政府所为，皆可论议，著之报章，以为国论 public opinion，政府常视之为举措，凡此皆俗所谓自由之国也。顾吾人之意，则谓如此而用自由，不过谓此等政府，对于国民，有其责任，不必混称自由，不如留自由名词，为放任政体之专称。②

基于这种理解，严复将自由在中国的推进寄托于实行君主立宪，具体措施有二：一是在法律上限制君主的权利，改变古代君主凌驾于法律之上的局面；一是在宪法上赋予国民自由，让国民享有实实在在的权利。由于认定法是分配权利的，他不仅翻译了《孟德斯鸠法意》，而且撰写一系列论文来建构近代法学体系。

与此同时，鉴于自由与政府密切相关，并出于"兴民权"的需要，严复向往在中国开设议院。他畅想："设议院于京师，而令天下郡县各公举其守宰。是道也，欲民之忠爱必由此，欲教化之兴必由此，欲地利之尽必由此，欲道路之辟、商务之兴必由此，欲民各束身自好而争濯磨于善必由此。呜呼！圣人复起，不易吾言矣！"③可以看到，无论严复提出的"兴民权"还是"设议院"，都将矛头直接指向了"君为臣纲"和君主专制。在

---

① 《政治讲义》，《严复集》第五册，中华书局1986年版，第1269页。
② 《政治讲义》，《严复集》第五册，中华书局1986年版，第1289页。
③ 《原强修订稿》，《严复集》第一册，中华书局1986年版，第31—32页。

这种呼声中，实行"君不甚尊，民不甚贱"①的权利均衡的君主立宪政体成为大势所趋，中国数千年来君主集权而国民无权的状态将一去不复返。有鉴于此，在严复那里，对自由的阐扬始终与民主相联系，"以自由为体，以民主为用"②便是明证。

由于将自由理解为精神上——主要是道德上的自由，梁启超对自由的阐释侧重思想启蒙或道德启蒙，而并非以社会制度或政治体制为重心。诚然，他对于中国的政治体制曾经提出过多种建议，从立宪到共和，再到开明专制，可谓是不一而足。尽管如此，这些主要是针对时局的权衡，而不是从自由角度立论的。更有甚者，梁启超认为，中国不缺少行动上的自由，缺少的只是道德上的自由即"自由之德"。因此，他讲自由不是为了让国民通过立法享受更多行动上的自由权利——这方面已经足够了，而仅仅是想提高中国人的道德素质。与此相联系，梁启超更关注道德启蒙，自由便是道德启蒙的主要内容之一。他著名的《新民说》，立言宗旨便是"道德革命"。

可以看到，梁启超不仅在《新民说》中提出了"道德革命"的口号，而且明确表示担心国民的智力超过了道德。与这一理论宗旨息息相关，《新民说》的主要内容是公德、国家思想、合群、私德和进取冒险等。这些与自由一样是"新民"的素质，也是道德范畴。这些情况共同证明，梁启超启蒙思想的重心和宗旨是道德启蒙，即建构一种不同于古代独善其身之旧道德的新道德，而新道德的特点是固群、爱群、善群、利群和进群。正是在这个意义上，他反复强调：

> 然则吾辈生于此群，生于此群之今日，宜纵观宇内之大势，静察吾族之所宜，而发明一种新道德，以求所以固吾群、善吾群、进吾群之道。③

---

① 《原强修订稿》，《严复集》第一册，中华书局 1986 年版，第 22 页。

② 《原强修订稿》，《严复集》第一册，中华书局 1986 年版，第 23 页。

③ 《新民说》，《梁启超全集》第二册，北京出版社 1999 年版，第 662 页。

今试以中国旧伦理与泰西新伦理相比较：旧伦理之分类，曰君臣，曰父子，曰兄弟，曰夫妇，曰朋友；新伦理之分类，曰家族伦理，曰社会（即人群）伦理，曰国家伦理，旧伦理所重者，则一私人对于一私人之事也。……新伦理所重者，则一私人对于一团体之事也。①

与对自由之道德意蕴的彰显息息相关，梁启超提出的"破学界之奴性"不仅旨在"开民智"，而且旨在"新民德"——提倡独立人格。这些都与他对自由的界定一脉相承，并且与他对中国近代社会现状的审视息息相关。梁启超指出，中国衰微的根本原因是中国人公德观念淡薄，缺乏爱国心。沿着这个思路，在对中国近代积贫积弱的分析中，他得出了这样的结论："呜呼！吾国之受病，盖政府与人民，各皆有罪焉。"②在接下来的具体说明中，梁启超从让政府与国民对于中国的落后衰微各负其责转向归咎于国民。对于其中的原委，他给出的解释是：

今夫国家者，全国人之公产也。③

国也者，积民而成，国家之主人为谁，即一国之民是也。④

夫国也者，积民而成，未有以民为奴隶、为妾妇、为机器、为盗贼而可以成国者。⑤

循着这个思路，既然国家是国民之公产，那么，国民则为国家的兴衰负有不可推卸的责任；既然国家由国民积聚而成，那么，国民的素质优劣

---

① 《新民说》，《梁启超全集》第二册，北京出版社 1999 年版，第 661 页。
② 《中国积弱溯源论》，《梁启超全集》第一册，北京出版社 1999 年版，第 412 页。
③ 《中国积弱溯源论》，《梁启超全集》第一册，北京出版社 1999 年版，第 413 页。
④ 《中国积弱溯源论》，《梁启超全集》第一册，北京出版社 1999 年版，第 414 页。
⑤ 《中国积弱溯源论》，《梁启超全集》第一册，北京出版社 1999 年版，第 423 页）。

则直接决定着国家的强弱兴衰。这表明，国家之兴衰尽管与政府相关，然而，从根本上说却关键取决于国民。沿着这个思路，梁启超得出了如下结论："观于此，则中国积弱之大源，从可知矣。其成就之者在国民，而孕育之者仍在政府。"① 对此，他进一步解释说，由于缺少国家观念，中国人只知有家而不知有国，这是极端荒谬的。原因在于，个人与群体不可分，爱国家就是爱自己。梁启超断言："故夫爱国云者，质言之自爱而已。"② 之所以如此，原因在于：

> 不有民，何有国？不有国，何有民？民与国，一而二,二而一者也。③

> 人也者，非能一人独立于世界者也，于是乎有群；又非能以一群占有全世界者也，于是乎有此群与彼群。一人与一人交涉，则内吾身而外他人，是之谓一身之我；此群与彼群交涉，则内吾群而外他群，是之谓一群之我。同是我也，而有大我小我之别焉。当此群与彼群之角立而竞争也，其胜败于何判乎？则其群之结合力大而强者必赢，其群之结合力薄而弱者必绌。此千古得失之林矣。结合力何以能大？何以能强？必其一群之人常肯绌身而就群，捐小我而卫大我。于是乎爱他利他之义最重焉。圣人之不言为我也，恶其为群之贼也。人人知有身不知有群，则其群忽涣落摧坏，而终被灭于他群，理势之所必至也。中国人不知群之物为何物，群之义为何义也，故人人心目中，但有一身之我，不有一群之我。④

按照这个说法，人的存在是个体的，社会是群体的；前者称为"一身

① 《中国积弱溯源论》，《梁启超全集》第一册，北京出版社 1999 年版，第 422 页。
② 《论中国国民之品格》，《梁启超全集》第二册，北京出版社 1999 年版，第 1078 页。
③ 《爱国论》，《梁启超全集》第一册，北京出版社 1999 年版，第 272 页。
④ 《中国积弱溯源论》，《梁启超全集》第一册，北京出版社 1999 年版，第 417 页。

之我"，后者称为"一群之我"。个人与自己所处的群体密不可分、休戚相关。具体地说，个人与群体的关系包括两个方面：一方面，人必须生活在群体之中，群体是保障个人权利的。另一方面，群体与群体之间处于生存竞争之中，群体的生存权利依赖此一群体中的个人加以捍卫和保护。尤其是在大敌当前、群体的生存面临威胁之时，群体中的个人必须牺牲自己的自由而保全群体的自由。其实，个人捍卫群体的自由归根结底也就是捍卫自己的自由。不幸的是，中国人并不明白这个道理，只知有一身之小我而不知有一群之大我，只知有家而不知有国。基于这种认识，培养国民的公德观念和爱国意识成为中国存亡的关键，也成为梁启超大声疾呼的自由之德的题中应有之义。于是，他声称："人者，动物之能群者也。置身物竞之场，独立必不足以自立，则必互相提携，互相防卫，互相救恤，互相联合，分劳协力，联为团体以保治安。然团体之公益，与个人之私利，时相枘凿而不可得兼也，则不可不牺牲个人之私利，以保持团体之公益。然无法律以制裁之，无刑罚以驱迫之，惟恃此公德之心以维此群治，故公德盛者其群必胜，公德衰者其群必衰。公德者诚人类生存之基本哉。"①

通过上述论证，利群、合群、国家观念和群体意识成为梁启超启蒙思想的中心内容，并且成为自由的题中应有之义。从这个意义上说，梁启超讲自由时之所以侧重责任、义务，根本目的是提倡个人对群体、国家的服从。这与严复侧重从权利的角度阐释自由差异很大。

除此之外，如前所述，梁启超从权利的角度对自由予以诠释，却引申出与严复大相径庭的结论。在对自由作权利解时，梁启超所讲的权利往往与义务、责任如影随形。正因为如此，梁启超不仅像严复那样关注自由以不侵犯他人自由为界，而且更强调放弃自由与侵犯自由一样罪不容赦，甚至比侵犯他人自由危害性更大。在这方面，梁启超将卢梭的社会契约论与天赋人权论联系起来，进而反复宣称：

---

① 《论中国国民之品格》，《梁启超全集》第二册，北京出版社1999年版，第1078页。

天生人而赋之以权利，且赋之以扩充此权利之智识，保护此权利之能力。①

天生人而畀之以权利，且畀之以自保权利之力量，随即畀之以自保权利之责任者也。故人而不思保护其权利者，即我对于我而有未尽之责任也。故西儒之言曰：侵人自由权者为第一大罪，放弃己之自由权者罪亦如之。②

在这里，梁启超将人放弃自由权说成是放弃责任，视为"第一大罪"。他所讲的放弃自由权特指放弃道德自由，也就是放弃个人为国家争取自由权利的责任。这印证了梁启超宣传自由的初衷是为了唤醒国民的道德自觉，旨在使国民明白对于国家兴亡具有不可推卸的责任。为此，他专门写了《放弃自由之罪》，对这个问题进行深入阐发。

梁启超在《放弃自由之罪》中写道："西儒之言曰：天下第一大罪恶，莫甚于侵人自由，而放弃己之自由者，罪亦如之。余谓两者比较，则放弃其自由者为罪首，而侵人自由者乃其次也。何以言之？盖苟天下无放弃自由之人，则必无侵人自由之人。此之所侵者，即彼之所放弃者，非有二物也。夫物竞天择，优胜劣败，（此二语群学之通语，严侯官译为物竞天择，适者生存。日本译为生存竞争，优胜劣败。今合两者并用之，即欲定以为名词焉。）此天演学之公例也，人人各务求自存则务求胜，务求胜则务为优者，务为优者则扩充己之自由权而不知厌足，不知厌则侵人自由必矣。言自由者必曰：人人自由而以他人之自由为界，夫自由何以有界？譬之有两人于此，各务求胜，各务为优者，各扩充己之自由权而不知厌足，其力线各向外而伸张，伸张不已，而两线相遇，而两力各不相下，于是界出焉。故自由之有界也，自人人自由始也，苟两人之力有一弱者，则其强者所伸

---

① 《新民说》，《梁启超全集》第二册，北京出版社1999年版，第684页。
② 《中国积弱溯源论》，《梁启超全集》第一册，北京出版社1999年版，第418页。

张之线，必侵入于弱者之界。此必至之势，不必讳之事也。如以为罪乎，则宇宙间有生之物，孰不争自存者，充己力之所能及以争自存，可谓罪乎。夫孰使汝自安于劣，自甘于败，不伸张力线以扩汝之界，而留此余地以待他人之来侵也，故曰：苟无放弃自由者，则必无侵人自由者，其罪之大原，自放弃者发之，而侵者因势利导不得不强受之。"①

至此可见，梁启超所讲的自由以权利始，以责任终。这淋漓尽致地彰显了自由的道德内涵，也在自由中融入了个人与国家的密不可分。如此说来，自由不再是私德，并且关涉群体的前途和命运，因而带有公德的性质。

需要说明的是，在个人与群体的关系维度上探讨自由受制于中国近代救亡图存的政治斗争和理论初衷，故而是中国近代思想家讲自由的共性。正因为如此，不仅梁启超所讲的自由具有这一特征，严复的自由思想也是如此。例如，严复不止一次地断言：

中文自繇，常含放诞、恣睢、无忌惮诸劣义。然此自是后起附属之诂，与初义无涉。初义但云不为外物拘牵而已，无胜义亦无劣义也。夫人而自繇，固不必须以为恶，即欲为善，亦须自繇。其字义训，本为最宽，自繇者凡所欲为，理无不可，此如有人独居世外，其自繇界域，岂有限制？为善为恶，一切皆自本身起义，谁复禁之！但自入群而后，我自繇者人亦自繇，使无限制约束，便入强权世界，而相冲突。故曰人得自繇，而必以他人之自繇为界。……穆勒此书（指《群己权界论》——引者注），即为人分别何者必宜自繇，何者不可自繇也。②

独人道介于天物之间，有自繇亦有来缚。治化天演，程度愈高，其所得以自繇自主之事愈众。由此可知自繇之乐，惟自治力大者为能享之，而气禀嗜欲之中，所以缠缚驱迫者，方至众也。卢梭《民约》，

① 《放弃自由之罪》，《梁启超全集》第一册，北京出版社1999年版，第348—349页。
② 《群己权界论》，商务印书馆1981年版，《译凡例》。

其开宗明义，谓"斯民生而自繇"，此语大为后贤所呵，亦谓初生小儿，法同禽兽，生死饥饱，权非己操，断断乎不得以自繇论也。[①]

这就是说，严复与梁启超自由思想的区别主要不是在个人与群体、国家的关系维度上讲自由，而是对个人与群体利益的不同态度和处理方式。在梁启超看来，由于国家的权利依赖个人的自由来支撑，离开了个人，国家的权利则名存实亡。于是，在让个人为国家牺牲自由的同时，梁启超更突出放弃自由——个人对于国家的义务和责任造成的危害，故而将之归为"第一大罪"。这与严复一再恪守自由的权限，呼吁防范他人或政府侵犯人之自由迥然相异，也使严复不曾关注的"放弃自由之罪"成为自由的第一要义。

二、自由的途径

权利与功利密切相关，严复、梁启超对自由的界定使个人与群体的利益关系成为自由不可回避的问题，并且，两人对待这个问题的不同态度和方式反过来加大了彼此关于自由的分歧。严复、梁启超对自由的界定在个人与群体的权利义务关系中推导出不同的结果：严复强调权利、义务的对等，梁启超强调个人对于群体或国家的义务优先。这个分歧表现在对待功利的看法上便是：严复主张个人与群体的利益必须兼顾，推举"两利"说；梁启超号召个人为国家放弃利益，力主"牺牲"说。

由于将自由视为权利，严复认为，个人的权利不可侵犯，故而追求"大利"即上下交利的"两利"。由于对权利、义务对等的强调，严复坚持个人与国家必须"两利"，认为个人的权利与国家的权利一样不可侵犯。他指出，现代经济学的原理就是追求保全国家与个人利益的最大利益，因为只有国家与个人同时获利，才是真利；如果国家或个人单方面独利，从长久的眼

---

① 《群己权界论》，商务印书馆 1981 年版，《译凡例》。

光看势必对公私双方造成危害。于是，严复一而再、再而三地指出：

> 计学者，首于亚丹·斯密氏者也。其中亦有最大公例焉。曰大利所存，必其两益；损人利己非也，损己利人亦非；损下益上非也，损上益下亦非。①

> 自营一言，古今所讳，诚哉其足讳也！虽然，世变不同，自营亦异。大抵东西古人之说，皆以功利为与道义相反，若薰莸之必不可同器。而今人则谓生学之理，舍自营无以为存。但民智既开之后，则知非明道则无以计功，非正谊则无以谋利。功利何足病？问所以致之之道何如耳！故西人谓此为开明自营，开明自营，于道义必不背也。复所以谓理财计学为近世最有功生民之学者，以其明两利为利、独利必不利故耳。②

> 《原富》一书，其大头脑是明两利始利，独利无利，此真宇内和一有开必先之基。中国学究家动说尊攘，经济家好言抵制，即至最上一乘，亦不过如孟子主仁义、黜言利，如董生，正谊、明道诸话头已耳，于民生真理何尝梦见乎！③

严复强调，为了个人利益而损害国家利益固然为非，为了国家利益而损害个人利益亦非，后者同样同样是不道德的。在这个问题上，严复不惜对自己崇拜的赫胥黎的观点予以反驳。赫胥黎声称："成己成人之道，必在惩忿窒欲，屈私为群。"④严复尽管对赫胥黎十分推崇，然而，他却不同意这种说法。严复指出，这种观点违背了人类"背苦而趋乐"的本性，更

---

① 《天演论》，中州古籍出版社 1998 年版，第 187 页。
② 《天演论》，中州古籍出版社 1998 年版，第 432—433 页。
③ 《与孝明书》，《严复集补编》福建人民出版社 2004 年版，第 226 页。
④ 《天演论》，中州古籍出版社 1998 年版，第 235 页。

阇于经济学上"两利为真利、独利必不利"的道理，是荒谬的。严复写道："然则人道所为，皆背苦而趋乐，必有所乐，始名为善，彰彰明矣，故曰善恶以苦乐之广狭分也。然宜知一群之中，必彼苦而后此乐，抑己苦而后人乐者，皆非极盛之世，极盛之世，人量各足，无取挹注，于斯之时，乐即为善，苦即为恶，故曰善恶视苦乐也。前吾谓西国计学为亘古精义、人理极则者，亦以其明两利为真利耳。由此观之，赫胥氏是篇所称屈己为群为无可乐，而其效之美不止可乐之语，于理荒矣。"[1] 与对赫胥黎的反驳截然相反，严复对亚当·斯密的"两利"说推崇有加，并且翻译了亚当·斯密的《国民财富的性质和原因的研究》（简称《国富论》），书名为《原富》，以期让人沿着亚当·斯密的思路处理个人与国家的利益关系。

与严复坚持保护个人利益的"大利""两利"原则迥然相异，梁启超指出个人与群体的上下"两利"是不可能的，因为个人利益与国家利益十有八九是对立的。为此，他极力驳斥边沁关于追求大多数人之最大幸福的说法："边沁常言，人道最善之动机，在于自利。又常言最大多数之最大幸福，是其意以为公道与私益，常相和合，是一非二者也。而按诸实际，每不能如其所期。公益与私益，非惟不相和合而已，而往往相冲突者，十而八九也。"[2] 在此基础上，基于个人依赖群体而自保的思路，梁启超呼吁，在个人利益与群体利益不能两全的情况下，个人必须为了群体的利益而放弃、牺牲自己的利益。于是，他不止一次地大声疾呼：

> 呜呼！个人者不能离群以独立者也。必自固其群，然后个人乃有所附丽。故己与群异其利害，则必当绌己以伸群，盖己固群中之一分子，伸群固所以自伸也。若必各竞私利而不相统一，各持私见而不相屈服，吾恐他群之眈视其旁者，且乘我之散涣而屈服我，统一我。夫至为他群所屈服统一，则岂独力所能支？吾恐以自由其群始者，行将

---

[1] 《天演论》，中州古籍出版社 1998 年版，第 236—237 页。

[2] 《乐利主义泰斗边沁之学说》，《梁启超全集》第二册，北京出版社 1999 年版，第 1049 页。

以奴隶其群终也。①

　　盖真爱自由者，以一群一国之自由为目的，而不以一身一事之自由为目的也。若惩为私人之奴隶，遂并耻为公众之奴隶，将谋一群之自由，乃先争一己之自由，殉私忘公，血气用事，乃至抵触以破坏公团，放荡以蹂躏群纪，是无论其宪法民政之不能成立，即与以宪法而吾恐其不能一日安，授以民政而吾恐其不能期月守也。②

这个观点与梁启超在讲个人权利时凸显个人对群体、国家的义务和责任优先一脉相承，归根到底取决于他本人对自由的界定。可以看到，梁启超讲自由更多地是将之与服从、责任相联系，因而恪守自由以不侵犯他人自由为界，并且以服从国家利益为第一义。正是在这个意义上，他一再说：

　　曰：服从者固奴隶矣，不服从者亦将奴隶，吾人其何择焉？曰服从者最劣之根性，国民必不可有者也，服从者亦最良之根性，国民必不可缺者也。今请略陈其义。一曰不可服从强权，而不可不服从公理。……一曰不可服从私人之命令，而不可不服从公定之法律。欲维持国家之秩序，必以服从法律为第一义。欲保护个人之自由，亦必以服从法律为第一义。盖法律者所以画自由之界限。裁抑强者之专横，即伸张弱者之权利，务使人人皆立于平等，不令一人屈服于他人者也……是故人群愈进于文明，则其法律愈以繁密，其人民之遵守法律愈以谨严，而其自由亦愈以张盛。……一曰不可服从少数之专制，而不可不服从多数之议决。③

　　由是观之，服从者固非必奴隶。服从强者之恶性必不可有，而服

---

① 《服从释义》，《梁启超全集》第二册，北京出版社1999年版，第1084页。
② 《服从释义》，《梁启超全集》第二册，北京出版社1999年版，第1087页。
③ 《服从释义》，《梁启超全集》第二册，北京出版社1999年版，第1084—1085页。

从良心之美性必不可无也。故欲合大群，不可不养其服从之美性，欲养服从之美性，则宜培其美性之根原。美性之根原何也？一曰公益心。……盖彼深知我固团体中之一分子，我既以公益为目的，则不能不减其一部分之独立，以保其团体之独立，割其一部分之自由，以增其团体之自由也。……一曰裁制力……今夫喜自由而恶检束，人之天性然矣。然自由者固自有其量而不能逾溢者也。夫人情既乐于恣睢，而嗜欲之驱役，外物之诱引，血气之激荡，又常能涨其恣睢之热度，使之奋踊而不自持。苟顺是而不受之以节，则横决暴溢，必将为过度之自由。两过度之自由相遇，则必利害冲突，将抵触龃龉而无以为安。彼野蛮未开之族，与夫年未及岁之人之不能享有自由者，固谓其裁制力薄，动相抵触龃龉，不能不加以强制，而使之受治于他人，盖不能服从良心，则必至服从外力，此固事理所必然者也。是故真能自由者，必先严于自治，务节其恣睢之性，置其身于规律之中，一举一动，一话一言，无不若有金科玉律之范于其前，循循然罔敢逾越。彼岂好为自苦哉？彼盖知服从者人道所不能免，我不以道德法律自制裁，人将以权力命令制裁我，与其服从于他人之权力命令，无宁服从于吾心道德法律之制裁。故自由愈盛之国，则其人制裁之力愈厚，而其服从之性亦愈丰。若荡荡然纵其野蛮之自由，不能自节其情欲，则是制裁之力，未能愈于蛮人童子，曷怪其蹙然苦于缚束，自决溢于道德法律之范围也？①

自由以个人服从国家为第一要义使梁启超所讲的自由的基本含义不是享受权利，而是最终转化为在服从国家利益前提下的责任和义务。正因为如此，自由才有真自由与假自由、文明自由与野蛮自由之分。如果说梁启超所讲的真自由以服从为第一要义的话，那么，文明自由则以责任优先。循着这个思路，为了保障国家自由——确切地说，为了保障自己的自由，

---

① 《服从释义》，《梁启超全集》第二册，北京出版社 1999 年版，第 1085—1086 页。

个人暂时为了国家放弃自己的自由权利是必须的；况且，这种放弃是一种"有偿储蓄"，充其量只是一种权衡，用他本人的话说不过是以今天"购买"明天而已。

三、自由的轨迹

对自由的不同界定不仅直接决定了严复、梁启超启蒙思想的不同走向和内容，而且使两人对自由的历史进程予以不同审视，勾勒出不同的自由轨迹。

严复认为，人类起初无自由，自由是社会文明、进步的产物。人类社会的历史不断进化，进化的法则是由宗法社会到军国社会，再到民主社会，这是一个由不自由走向自由的过程。正是基于人类历史是一个由不自由进化为自由的认识，严复不同意卢梭的观点，专门作《〈民约〉平议》予以驳斥还不够，以至于在翻译穆勒的《论自由》（On Liberty）时还念念不忘对卢梭的观点予以反驳。在该书的"译凡例"中，严复如是说："独人道介于天物之间，有自繇亦有束缚。治化天演，程度愈高，其所得以自繇自主之事愈众。由此可知自繇之乐，惟自治力大者为能享之，而气禀嗜欲之中，所以缠缚驱迫者，方至众也。卢梭《民约》，其开宗明义，谓'斯民生而自繇'，此语大为后贤所呵，亦谓初生小儿，法同禽兽，生死饥饱，权非己操，断断乎不得以自繇论也。"①

梁启超认为民初自由，渐渐不自由，接下来再是自由。需要说明的是，梁启超虽然与严复一样秉持历史进化的理念，并且认为由多君到一君再到君民共主的"三世六别"是历史进化的规律，但是，由于不是从个人与政府的关系而是从个人的精神独立角度界定自由的，梁启超所讲的自由与政府或政治体制之间并无直接关系。在这方面，他对中国在专制社会中"有自由之俗，无自由之德"的判断即是明证。除此之外，在梁启超看来，

---

① 《群己权界论》，商务印书馆 1981 年版，《译凡例》。

作为一种民德，自由具有野蛮与文明之分，进步的表现是自由从野蛮之自由变为文明之自由，而绝非从不自由变为自由；并且，这个转变与政治制度无关，而是取决于人之素质特别是道德水平的提高。正因为如此，自由才有野蛮与文明之分、真自由与假自由之别。也正是认定野蛮自由与文明自由、假自由与真自由的同时并存，梁启超才刻意对自由予以划分，进而呼吁国民通过"道德革命"而摈弃野蛮自由，追求文明自由；只有这样，才能告别假自由而享受真自由。

进而言之，对自由的不同理解以及由此引发的对自由历程的勾勒使严复、梁启超对卢梭的态度呈现出明显不同。卢梭著《社会契约论》（又称《民约论》）和《论人类不平等的起源和基础》等论作，指出人最初处于"自然状态"，是孤独的个体，也是完全平等和自由的。随着家庭的形成尤其是私有制的产生，社会上才出现贫富分化和主奴之别，从而出现了经济上、政治上的不平等。为了寻求平等，人们彼此之间缔结契约，以期建立一个平等、自由的社会共同体，达到一种新的自由、平等。卢梭坚信："'要寻找出一种结合的形式，使它能以全部共同的力量来卫护和保障每个结合者的人身和财富，并且由于这一结合而使每一个与全体相结合的个人又只不过是在服从自己本人，并且仍然像以往一样地自由。'这就是社会契约所要解决的根本问题。"①

严复虽然强调自由与法律密切相关，但是，基于自由是政府在法律上划定群己权界，赋予国民权利的认识，他坚信自由是开明政治的产物，并且与国民德、智、体各方面的素质和自治能力密切相关。因此，在严复看来，人类社会压根就不存在一个自由、平等的自然状态。对此，他一而再、再而三地从不同角度论证并解释说：

> 自舟车大通，蛮夷幽夐之阻，皆为耳目之所周。然后知初民生事至劣，以强役弱，小己之自由既微，国群之自由更少。观《社会通诠》

① 《社会契约论》，商务印书馆1997年版，第23页。

所言蛮夷社会，可以证矣。往者卢梭《民约论》，其开卷第一语，即云斯民生而自由，此义大为后贤所抨击。赫胥黎氏谓初生之孩，非母不活。无思想，无气力，口不能言，足不能行，其生理之微，不殊虫豸，苦乐死生，悉由外力，万物之至不自由者也。其驳之当矣！且夫自由，心德之事也。故虽狭隘之国，贤豪处之而或行。宽大之群，愚昧居之而或病。吾未见民智既开，民德既丞之国，其治犹可为专制者也。由是言之，彼蛮狄之众，尚安得有自由之幸福，而又享其最大者乎？①

如郝伯思谓国家未立之初，只是强欺弱世界，必自拥戴一人为君，情愿将己身所享自由呈缴国家，易为循令守法，而后有相安之一日云云。果如此言，是未立国家之际，人人自立自由，各不相管，如无所统摄之散沙，而其对于外物，全视本人力量如何，强则食人，弱则人食。此论似之，但惜其非事实耳。……此（指柳宗元的《封建论》——引者注）与郝伯思、洛克所主，真无二致之谈，皆不悟人群先有宗法社会。此《通诠》中所言之最详者。当是时，即有孤弱，全为宗法保护，言其实际，殆较近世国家所以保其人民者，尤可为恃。然则未有君上之先，并非散沙，亦非无所统摄境界，实则秩序井然，家自为政。特其群日大，非用宗法所可弥纶。至今事异情迁，始则相忘其为种族，继后竟弃种族之思。②

既论社会之进化，欲吾言之有序，自不得不言社会之太初。……所特为诸君举似者，当去西人旧籍中有著名巨谬而必不可从者，如卢梭《民约》之开宗明义谓：民生平等，而一切自由是已。盖必如其言，民必待约而后成群，则太古洪荒，人人散处，迨至一朝，是人人者不谋而同，忽生群想，以谓相约共居乃极利益之事，尔率率搂合，若今

---

① 《法意》，《严复集》第四册，中华书局1986年版，"按语"，第986页。

② 《政治讲义》，《严复集》第五册，中华书局1986年版，第1261页。

人发起党会者然，由是而最初之第一社会成焉。此自虚构理想，不考事实者观之，亦若有然之事，而无如地球上之从来无此。何也？必欲远追社会之原，莫若先察其么匿之为何物。斯宾塞以群为有机团体，与人身之为有机团体正同。人身以细胞为么匿，人群以个人为么匿。最初之群，么匿必少。言其起点，非家而何？家之事肇于男女，故《易传》曰："有男女然后有夫妇，有夫妇然后有父子，有父子然后有君臣，有君臣然后有上下，有上下然后礼义有所错。"此吾国之旧说也，而亦社会始有之的象也。[①]

基于上述分析和考察，严复笃信詹克斯关于人类社会始于宗法社会的观点，认定人群最初生活在宗法社会之中，不可能处于完全孤立的自由、平等状态。宗法社会的特点是尊尊而亲亲，本身就是一个不平等的社会。严复进而指出，自由的程度与国民的素质成正比，正如民智大开、民德高尚之时，与自由相左的专制政体便无法立足一样，在民智低下、民德低劣的社会之初，自由无异于天方夜谭。有鉴于此，他坚决反对霍布斯（严复译为郝伯思）、洛克和卢梭等人所讲的先于社会状态而存在的平等、自由的"自然状态"，特意撰写《〈民约〉平议》对卢梭的观点予以驳斥。卢梭的社会契约思想是在霍布斯、洛克的影响下形成的。这一理论可以追溯到古希腊，却以霍布斯、洛克和卢梭为三大巨头。严复反对民初存在自由、平等状态的决绝态度可以从他不仅反对卢梭，而且加上了霍布斯和洛克的做法中可见一斑。不仅如此，严复对卢梭思想的批判是全方位的，涉及到卢梭思想的方方面面。

卢梭在《社会契约论》中宣扬天赋人权论，强调国家出自契约，人是生而平等、自由的，人权不可任意剥夺，国家主权归国民所有。严复尽管接受了卢梭等人的天赋人权论，然而，他却指责卢梭认定社会状态之前的"自由状态"没有任何根据而纯属臆造。严复揭露说："卢梭之说，其所以

---

① 《进化天演》，《严复集补编》，福建人民出版社2004年版，第136—137页。

误人者，以其动于感情，悬意虚造，而不详诸人群历史之事实。……然则统前后而观之，卢梭之所谓民约者，吾不知其约于何世也。"① 按照一般理解，启蒙运动推崇理性，启蒙思想家歌颂科学、艺术、理性和逻辑、文明和进步，卢梭则属于其中的另类。最明显的是，他崇尚情感，《新爱洛伊丝》成为颂扬感情的代表作。有鉴于此，有些学者称卢梭是反启蒙者，还有些学者指责卢梭用充满情感的卢梭主义来反对理性主义。1755 年出版的《论人类不平等的起源和基础》和第一篇论文中描绘了美好的自然状态与邪恶的文明社会的对立，这直接导致了卢梭与崇尚理性和进步的十八世纪法国唯物主义者的决裂。伏尔泰在看了《论人类不平等的起源和基础》之后甚至讥讽说，该书"使人不禁想用四肢爬行"。歌颂情感也成为崇拜理性的严复反对卢梭的原因之一。

更有甚者，鉴于对积极自由与消极自由的区分，严复认为，卢梭所讲的自由属于积极的自由，永远都不可能实现。基于这种理解，严复全面否定了卢梭所追求的自由和平等。例如，卢梭认为，"民生自由，其于群为平等"。对此，严复反驳说，卢梭所讲的平等永远都不可能实现，因为新生的婴儿没有任何能力，一切皆赖成人，这决定了婴儿与成人之间不可能平等；及其长成，也会因为体力、智力等各方面的差异而导致不平等。至于人与人同时生活于社会之中，彼此之间的贵贱、贫富之不平等更是不可避免。正是在这个意义上，严复反复宣称：

> 且稍长之儿，其不平等，尤共见也。若强弱，若灵蠢，若贤不肖，往往大殊，莫或掩也。一家之中，犹一国然。恒有一儿，严重威信，不仅为群儿之领袖也，即其长者异之。乌在其于群为平等乎？他日卢梭之论等差原始也，亦尝区自然之殊异，与群法之等威而二之矣。乃不知群法等威，常即起于自然之殊异。均是人也，或贵焉，或贱焉，或滋然而日富，或塌然而日贫，此不必皆出于侵陵刮夺之暴，

---

① 《〈民约〉平议》，《严复集》第二册，中华书局 1986 年版，第 340 页。

亦不必皆出于诡谲机诈之欺也。无他，贤不肖智愚勤惰异耳，谁非天赋之权利也哉？①

今者其书（指《社会契约论》——引者注）之出百数十年矣，治群学者，或讨诸旧文，或求诸异种，左证日众，诚有以深知其说之不然。②

梁启超将自由理解为民德，认为野蛮时代有野蛮时代的自由，也就等于承认了"自然状态"中存在着自由。与此相一致，面对他人对卢梭社会契约论的指责，梁启超为卢梭辩解说："是故卢梭民约之说，非指建邦之实迹而言，特以为其理不可不如是云尔。而后世学者排挤之论，往往不察作者本旨所在，辄谓遍考历史，无一国以契约而成者，因以攻《民约论》之失当。抑何轻率之甚耶！"③不仅如此，梁启超还援引康德的观点为卢梭的观点作证："卢梭民约之真意，德国大儒康德 Immanuel Kant 解之最明。康氏曰：'民约之义，非立国之事实，而立国之理论也。此可谓一言居要者矣。'"④

众所周知，卢梭提出的"自然状态"是基于人权天赋的一种假定，并非确指人类进入政治社会之前的实际状态，而是旨在借此说明人们缔结社会契约保护民权的必要性和推翻触犯人权的专制政府的必要性。严复恰恰抓住了"自然状态"为假设的这一特点，抨击社会契约论没有事实根据而纯属主观臆造。与严复的看法不同，梁启超从另一个角度指出，"民约之说，非指建邦之实迹而言，特以为其理不可不如是云尔"，从理解上说可谓接近卢梭的本意，从评价上说可谓公允。在此基础上，梁启超进一步解释说："卢梭以为民约未立以前，人人皆自有主权，而此权与自由合为一体。及约之既成，则主权不在一人之手，而在此众人之意，而所谓公意

①　《〈民约〉平议》，《严复集》第二册，中华书局 1986 年版，第 336 页。
②　《〈民约〉平议》，《严复集》第二册，中华书局 1986 年版，第 340 页。
③　《卢梭学案》，《梁启超全集》第一册，北京出版社 1999 年版，第 504 页。
④　《卢梭学案》，《梁启超全集》第一册，北京出版社 1999 年版，第 504 页。

者是也。卢梭以为凡邦国皆借众人之自由权而建设者也，故其权惟当属之众人，而不能属之一人若数人。质而言之，则主权者，邦国之所有；邦国者，众人之所有，主权之形所发于外者，则众人共同制定之法律是也。"①可以看到，梁启超对民约的理解与卢梭的本意基本上是吻合的，与其说是对卢梭思想的诠释，不如说是介绍或评述更为准确。这也从一个侧面表明，梁启超赞同卢梭的天赋人权和人人平等的思想。

梁启超强调，民约之物不是以剥夺个人之自由权为目的，而是以增长个人之自由权为目的。这正如卢梭诉诸契约是由于看到了人与人之间在体力上、智力上的不平等，所以才希望信凭道德上、法律上的力量使其平等一样。正是在这个意义上，梁启超写道："卢梭又以为民约之为物，不独有益于人人之自由权而已，且为平等主义之根本也。何以言之？天之生人也，有强弱之别，有智愚之差，一旦民约既成，法律之所要，更无强弱，更无智愚，惟视其正与不正何如耳。故曰：民约者，易事势之不平等，而为道德之平等者也。事势之不平等者何？天然之智愚强弱是也。道德之平等者何？又法律条款所生之义理是也。"②

除此之外，梁启超之所以赞同卢梭的社会契约论与他从精神上界定自由，进而对自由予以野蛮与文明的划分密切相关。不难看出，梁启超对卢梭的推崇恰恰是看中了其基于自然状态的平等、自由，进而将平等、自由与道德、法律联系起来的做法。其实，这也是梁启超用康德的思想为卢梭辩护的原因所在。卢梭的思想对康德产生了深刻影响，梁启超选择康德为卢梭辩护可谓聪明之举。

值得注意的是，梁启超并不完全赞同卢梭的观点，这一倾向在他的中期思想中便初露端倪，并且越向后期过渡越明显。不仅如此，梁启超对伯伦知理的介绍和肯定就是专门针对卢梭的。梁启超写道："卢梭学说，于百年前政界变动，最有力者也。而伯伦知理学说，则卢梭学说之反对也。

---

① 《卢梭学案》，《梁启超全集》第一册，北京出版社 1999 年版，第 506 页。

② 《卢梭学案》，《梁启超全集》第一册，北京出版社 1999 年版，第 506 页。

二者孰切真理？曰卢氏之言药也，伯氏之言粟也。痼疾既深，固非恃粟之所得疗，然药能已病，亦能生病。且使药证相反，则旧病未得瘳，而新病且滋生，故用药不可不慎也。五年以来，卢氏学说稍输入我祖国。彼达识之士，其孳孳尽瘁以期输入之者，非不知其说在欧洲之已成陈言也，以为是或足以起今日中国之废疾，而欲假之以作过渡也。顾其说之大受欢迎于我社会之一部分者，亦既有年。而所谓达识之士，其希望之目的，未睹其因此而得达于万一。而因缘相生之病，则已渐萌芽，渐弥漫一国中。现在、未来不可思议之险象，已隐现出没，致识微者慨焉忧之。噫！岂此药果不适于此病耶？抑徒药不足以善其后耶？"①

总的说来，尽管梁启超对卢梭含有微词，然而，他还是给予了卢梭很高评价。例如，梁启超在肯定伯伦知理的同时，也没有完全否定卢梭。他断言："若谓卢梭为十九世纪之母，则伯伦知理其亦二十世纪之母焉矣。"②

事实上，梁启超一面推崇自由，一面将卢梭的思想与自由联系起来。这一点也恰与卢梭本意相符。《社会契约论》的第一句话就是："人是自由的。"梁启超从各方面反击别人对卢梭的攻击，这一点也体现在他与老师——康有为关于自由的争论之中。在给康有为的信中，梁启超不遗余力地为卢梭的自由主张辩护，并且力图将卢梭的思想与法国大革命相剥离。例如，梁启超在信中不止一次地写道：

> 来示于自由之义，深恶而痛绝之，而弟子始终不欲弃此义。窃以为于天地之公理与中国之时势，皆非发明此义不为功也。弟子之言自由者，非对于压力而言之，对于奴隶性而言之，压力属于施者，奴隶性属于受者。（施者不足责亦不屑教诲，惟责教受者耳。）中国数千年之腐败，其祸极于今日，推其大原，皆必自奴隶性来，不除此性，中

---

① 《政治学大家伯伦知理之学说》，《梁启超全集》第二册，北京出版社1999年版，第1065页。

② 《政治学大家伯伦知理之学说》，《梁启超全集》第二册，北京出版社1999年版，第1076页。

国万不能立于世界万国之间。而自由云者，正使人自知其本性，而不受箝制于他人。今日非施此药，万不能愈此病。而先生屡引法国大革命为鉴。法国革命之惨，弟子深知之，日本人忌之恶之尤甚。（先生谓弟子染日本风气而言自由，非也。日本书中无一不谈法国革命而色变者，其政治书中无不痛诋路梭者（卢梭、下同——引者注）。盖日本近日盛行法国主义，弟子实深恶之厌之。而至今之独尊法国主义者，实弟子排各论而倡之者也。）虽然，此不足援以律中国也。中国与法国民情最相反，法国之民最好动，无一时而能静；中国之民最好静，经千年而不动。故路梭诸贤之论，施之于法国，诚为取乱之具，而施之于中国，适为兴治为机；如参桂之药，投诸病热者，则增其剧，而投诸体虚者，则正起其衰也。而先生日虑及此，弟子窃以为过矣。①

且法国之惨祸，由于革命诸人，借自由之名以生祸，而非自由之为祸；虽国学派不满于路梭者，亦未尝以此祸蔽累于路梭也。执此之说，是以李斯而罪荀卿，以吴起而罪曾子也。且中国数千年来，无自由二字，而历代鼎革之惨祸，亦岂下于法国哉？然则祸天下者，全在其人，而不能以归罪于所托之名。且以自由而生惨祸者，经此惨祸之后，而尚可有进于文明之一日；不以自由而生惨祸者，其惨祸日出而不知所穷，中国数千年是也。苟有爱天下之心者，于此二者，宜何择焉！②

四、自由的操作

最后，对自由的不同界定以及由此导致的对自由的不同侧重在严复、梁启超启蒙思想的各个方面展示出来，最终演绎为对同一问题的不同认定和理解。例如，两人都基于天赋人权论提出了"兴民权"的设想，并且都

---

① 《致康有为》，《梁启超全集》第十册，北京出版社 1999 年版，第 5931 页。
② 《致康有为》，《梁启超全集》第十册，北京出版社 1999 年版，第 5931 页。

主张为了"兴民权"必须"开民智"。在这个前提下，严复与梁启超的具体做法和操作相去甚远：一个从政府的管理入手，一个从国民的精神独立和道德自觉切入。

严复认为，自由需要制度保障，将自由与"开议院"相联系。这使开设议院成为"兴民权"的重要内容，正如"开议院"依赖民权的提高和民智的大开一样。对于"开议院"，他写道："观此知欧洲议院之制，其来至为久远。民习而用之，国久而安之。此其所以能便国而无弊也。今日中国言变法者，徒见其能而不知其所由能，动欲国家之立议院，此无论吾民之智不足以与之也。就令能之，而议院由国家立者，未见其为真议院也。"①这段话经常被用来证明严复反对在中国开设议院，其实是一种误读。严复说这段话不是讲中国应不应该设立议院，而是讲如何设立议院。他说这话的潜台词是：正如君主立宪必须落到实处——从法律上约束君主的权力，并赋予国民以自由之权一样，中国的议院如果要像在欧洲那样发挥作用而不是最终形同虚设的话，不仅需要民智的保障，而且需要制度的保障；否则，将出现中国古代社会那样的局面，纵然国家有法可依，君主却依然可以凌驾于法律之上而成为专制之君。由此可见，严复的初衷不是否定议院的必要，更不是说中国不应该设立议院，而是强调议院要发挥作用必须考虑中国的实际情况，万万不可简单效仿欧洲的议院模式——"见其能而不知其所由能"。

基于这种认识，严复强调"开议院"的前提是"兴民权"，"兴民权"与"开议院"密切相关；如果国民无权，议院则流于形式。有鉴于此，他将"开议院"的希望寄托于民主政治。

与严复强调民权离不开民主制度、开设议院的思路迥然不同，梁启超所讲的"兴民权"侧重于"开民智"。在梁启超看来，"兴民权"的主要途径是"广民智"，而不是以政治体制作为"兴民权"的前提保障。对此，他写道："今之策中国者，必曰兴民权，兴民权斯固然矣。然民权非可以

① 《原富》按语，《严复集》第四册，中华书局 1986 年版，第 884 页。

旦夕而成也。权者生于智者也。有一分之智，即有一分之权。有六七分之智，即有六七分之权。有十分之智，即有十分之权。……使其智日进者，则其权亦日进。……是故权之与智相倚者也，昔之欲抑民权，必以塞民智为第一义。今日欲伸民权，必以广民智为第一义。"① 对于"兴民权"，梁启超与严复一样看到了民权与民智之间的内在联系，却从另一个角度得出了另一番结论，最终将"广民智"而非"伸民权"奉为"第一义"。

需要说明的是，"兴民权"是梁启超为中国开出的救亡方案，并且在这个问题上与其师——康有为发生激烈冲突。两人之间的分歧，在梁启超写给老师的信中清楚地展示出来。例如，梁启超在信中写道："夫子谓今日'但当言开民智，不当言兴民权'，弟子见此二语，不禁讶其与张之洞之言，甚相类也。夫不兴民权则民智乌可得开哉。其脑质之思想，受数千年古学所束缚，曾不敢有一线之走开，虽尽授以外国学问，一切普通学皆充入其记性之中，终不过如机器切成之人形，毫无发生气象。试观现时世界之奉耶稣新教之国民，皆智而富；奉天主旧教之国民，皆愚而弱；（法国如路梭之辈，皆不为旧教所囿者，法人喜动，其国人之性质使然也。）无他，亦自由与不自由之分而已。（法国今虽民主，然绝不能自由。）故今日而知民智之为急，则舍自由无他道矣。……故有自治似颇善矣——而所谓不受治于他人者，非谓不受治于法律也。英人常自夸谓全国皆治人者，全国皆治于人者，盖公定法律而公守之，即自定法律而自守之也。实则仍受治于己而已。盖法律者，所以保护各人之自由，而不使互侵也。此自由之极则，即法律之精意也。抑以法国革命而谤自由，尤有不可者；盖自由二字，非法国之土产也。英之弥儿，德之康得，皆近世大儒，全球所仰，其言自由，真可谓博深切明矣。……实觉其为今日救时之良药，不二之法门耳。……又自由与服从二者相反而相成，凡真自由未有不服从者。英人所谓人人皆治人，人人皆治于人，是也。但使有丝毫不服从法律，则必侵人自由。盖法律者，除保护人自由权之外，无他掌也。而侵人自由者，自由

---

① 《论湖南应办之事》，《梁启超全集》第一册，北京出版社 1999 年版，第 177 页。

界说中所大戒也。故真自由者,必服从。"①

信中的内容显示,梁启超与康有为争论的焦点集中在对待自由的态度上,这个分歧源于两人对于自由与平等的不同侧重:康有为作为平等派,与谭嗣同一起宣称仁是世界本原,平等是仁的题中应有之义。沿着这个思路,康有为认为平等是宇宙法则,平等的实现是消除国界的世界大同。梁启超推崇自由,与严复一起将自由说成是人的天赋权利,在对自由的推崇中将自由奉为拯救中国的不二法门。正是这种基本原则的分歧导致了康有为侧重"开民智",梁启超呼吁"兴民权"的分歧。在这个背景下,必须明确的是,梁启超与康有为的分歧最终聚焦在是否"兴民权"上,对于"开民智"两人是一致的。所不同的是,康有为只讲"开民智"而不讲"兴民权",用梁启超信中的话说就是"但当言开民智,不当言兴民权";梁启超既讲"开民智",又讲"兴民权"。

梁启超讲"兴民权"与严复是一致的——或者说,与他侧重自由息息相关。由于将自由理解为服从,梁启超强调"兴民权"以"开民智"为第一义,由此与严复渐行渐远。从中可见,梁启超对自由的理解与权利密切相关,故而需要"兴民权"——这是与严复相同的;梁启超所讲的自由又与服从相关,这是严复所讲的自由所没有的;服从更需要民德、民智和自治能力,这使梁启超对"开民智"和自治能力的呼吁比严复要急切得多。

与彰显自由一脉相承,严复、梁启超都关注国民而不像康有为那样向往冲破家庭或国家的局限而成为"天民"。尽管如此,对自由的侧重却使严复、梁启超所理解的国民截然不同:严复认为,与国民相对应的是没有任何权利的奴隶,国民应该享受宪法赋予的权利。梁启超认为,与国民相对的是部民,中国人只知有家而不知有国,充其量只是部民;国民要有国家观念,以服从国家利益、捍卫国家自由为义务和责任。据此可见,严复强调做国民的权利,梁启超突出做国民的义务。严复、梁启超对自由的不同界定和阐释预示着两人所讲的自由具有不同的现实操作:与将自由视为

---

① 《致康有为》,《梁启超全集》第十册,北京出版社1999年版,第5932页。

权利相联系，严复渴望建立民主制度；与将自由视为道德相一致，梁启超期望塑造具有新道德的"新民"。

第三节　三民与新民

严复、梁启超之所以提倡自由，是基于中国落后源于中国人素质低下、缺少自由的认识。沿着这个思路，提高中国人的素质，在中国推行自由成为拯救中国的必由之路。在这方面，两人均将自由与提高国民素质直接联系起来，进而提出了改造中国的纲领。与对自由的不同理解相联系，严复、梁启超提出的改造国民的方案迥异其趣：严复对于自由的具体操作与政体制度密切相关，梁启超则侧重于民德的提高。这些区别使两人的自由思想在具体操作上最终呈现出提高国民力、智、德三方面素质的三民与侧重国民道德水平的新民之别。

一、三民说

在对中西强弱的对比和分析中，严复意识到君主专制是导致中国国民素质低下以及不自由的根源，这预示着提高国民素质必须触动现存的君主专制。他揭露说，中国长期以来君主"身兼天地君亲师之众责"，人民"无尺寸之治柄，无丝毫应有必不可夺之权利"。这是中国与西方的最大差异，也是其间一弱一强的根本原因。对此，严复写道："则知东西立国之相异，而国民资格，亦由是而大不同也。盖西国之王者，其事专于作君而已；而中国帝王，作君而外，兼以作师。且其社会，固宗法之社会也，故又曰元后作民父母。夫彼专为君，故所重在兵刑。而礼乐、宗教、营造、树畜、工商，乃至教育文字之事，皆可放任其民，使自为之。中国帝王，下至守宰，皆以其身兼天地君亲师之众责。兵刑二者，不足以尽之也。于是乎有教民之政，而司徒之五品设矣；有鬼神郊禘之事，而秩宗之五祀修矣；有司空之营作，则道理梁杠，皆其事也；有虞衡之掌山泽，则草木禽兽，皆所咸若者也。卒以君上之责任无穷，而民之能事，无由以发达。使后而仁，其视民也犹儿子耳；使后而暴，其过民也犹奴虏矣。为儿子奴虏异，而其于国也，无尺寸之治柄，无丝毫应有必不可夺之权利，则同。由此观之，是中西政教之各立，盖自炎黄尧舜以来，其为道莫有同者。"①

基于对中国国民素质的考察和对中西强弱的对比，严复进而得出结论，从力、智、德三个方面提高国民素质是中国富强的关键，也是中国与西方国家平等进而确保中国主权的基本要求。严复是第一个明确提出德智体全面发展的中国人，在1895年的《原强》中就提出了这一主张。此后，这一直是严复的一贯方针。对此，他不止一次地强调：

> 国与国而竞为强，民与民而争为盛也，非以力欤？虽然，徒力不足以为强且盛也，则以智。徒力与智，犹未足以为强且盛也，则以德。是三者备，而后可以为真国民。②

> 曩读诏书，明定此后教育宗旨，有尚公、尚武、尚实三言。此三者，诚人类极宝贵高尚之心德。德育当主于尚公，体育当主于尚武，而尚实则惟智育当之。一切物理科学，使教之学之得其术，则人人尚实心习成矣。呜呼！使神州黄人而但知尚实，则其种之荣华，其国之盛大，虽聚五洲之压力以沮吾之进步，亦不能矣。③

不仅如此，严复将全面提高国民德、智、体各方面的素质视为中国的希望，把"一曰鼓民力，二曰开民智，三曰新民德"的三民说奉为改造中国的三大纲领。正是在这个意义上，他大声疾呼："夫如是，则中国今日

---

① 《社会通诠》，《严复集》第四册，中华书局1986年版，"按语"，第928—929页。
② 《〈女子教育会章程〉序》，《严复集》第二册，中华书局1986年版，第252—253页。
③ 《论今日教育应以物理科学为当务之急》，《严复集》第二册，中华书局1986年版，第282页。

之所宜为，大可见矣。夫所谓富强云者，质而言之，不外利民云尔。然政欲利民，必自民各能自利始；民各能自利，又必自皆得自由始；欲听其皆得自由，尤必自其各能自治始；反是且乱。……是以今日要政，统于三端：一曰鼓民力，二曰开民智，三曰新民德。夫为一弱于群强之间，政之所施，固常有标本缓急之可论。唯是使三者诚进，则其治标而标立；三者不进，则其标虽治，终亦无功；此舍本言标者之所以为无当也。"①

值得注意的是，对于严复来说，"一曰鼓民力，二曰开民智，三曰新民德"的三民说既是改造中国的三大纲领，也是自由的具体操作。这三方面的共同宗旨是全面提高中国人的素质，三者缺一不可。正因为如此，他分别对提高、改善中国人之力、智、德的现状提出了具体方案：为了"鼓民力"，反对吸食鸦片和妇女缠足；为了"开民智"，提议引进西方的教育理念和教育体制，在建立新式学堂的同时废除八股文和科举制度；为了"新民德"，要求将"吾民之德"与"联一气而御外仇"相结合，明确新道德的宗旨是"各私中国"。这用严复本人的话说便是："是故居今之日，欲进吾民之德，于以同力合志，联一气而御外仇，则非有道焉使各私中国不可也。"②

在提高国民素质的过程中，严复将国民之力、智、德视为一个整体，故而往往三者并提。在他的视界中，民力、民智和民德缺一不可，其间并无本末之别。对于民力，他指出，就一国的富强而言，"民之手足体力为之基"，因而，"此为最急"③。对于民智，严复宣称："民智者，富强之原。"④对于"新民德"，他提醒说："至于新民德之事，尤为三者之最难。"⑤更为重要的是，三民的共同宗旨是自由，或者说，都是自由之民必备的素质。因此，与强调自由与政府密切相关一脉相承，严复提出的三民方案侧重政

---

① 《原强修订稿》，《严复集》第一册，中华书局 1986 年版，第 27 页。
② 《原强修订稿》，《严复集》第一册，中华书局 1986 年版，第 31 页。
③ 《原强修订稿》，《严复集》第一册，中华书局 1986 年版，第 27 页。
④ 《原强修订稿》，《严复集》第一册，中华书局 1986 年版，第 29 页。
⑤ 《原强修订稿》，《严复集》第一册，中华书局 1986 年版，第 30 页。

府的体制建构和行政管理。

二、新民说

梁启超认为，国民能否享受自由，取决于其自身的自治能力。所谓自治能力，最关键的核心问题是处理己与群的关系，即服从群体的利益。他断言："抑今士大夫言民权、言自由、言平等、言立宪、言议会、言分治者，亦渐有其人矣。而吾民将来能享民权、自由、平等之福与否，能行立宪议会分治之制与否，一视其自治力之大小强弱定不定以为差。吾民乎，吾民乎，勿以此为细碎，勿以此为迂腐，勿徒以之责望诸团体，而先以之责望诸个人。吾试先举吾身而自治焉，试合身与身为一小群而自治焉，更合群与群为一大群而自治焉，更合大群与大群为一更大之群而自治焉，则一完全高尚之自由国平等国独立国自主国出焉矣。而不然者，则自乱而已矣。自治与自乱，事不两存，势不中立，二者必居一于是。惟我国民自讼之，惟我国民自择之。"①

按照梁启超的说法，自治能力是国民享有自由的基本要求，也是前提条件。因此，他大声疾呼"新民为今日中国第一急务"②，将提高国民素质的思路以及改造中国的纲领归结为新民。对于新民的素质，梁启超提出了体力上、智力上的要求。例如，他认为，新民应该"有健康强固之体魄，然后有坚忍不屈之精神，……皆具军国民之资格。"③基于这一认识，《新民说》中收录有《论民气》，认为民气与民力、民智和民德相关。梁启超论证说："民气者，国家所以自存之一要素也。虽然，仅以民气而国家遂足以自存乎？曰，必不可。何以故？以民气必有所待而始呈其效力故。（一）民气必与民力相待。无民力之民气，则必无结果。……（二）民气必与民智相待。无民智之民气，则无价值。……（三）民气必与民德相待。无

---

① 《新民说》，《梁启超全集》第二册，北京出版社1999年版，第683页。

② 《新民说》，《梁启超全集》第二册，北京出版社1999年版，第655页。

③ 《新民说》，《梁启超全集》第二册，北京出版社1999年版，第713页。

民德之民气，则不惟无利益而更有祸害。……民力、民智、民德三者既进，则其民自能自认其天职，自主张其权利，故民气不期进而自进。"① 这表明，梁启超渴望的新民兼备德、智、力三方面素质，之所以突出道德上的新民，是因为新民德最难。这用他本人的话说便是："夫言群治者，必曰德，曰智，曰力，然智与力之成就甚易，惟德最难。"② 其实，严复也一再感叹"新民德"最难，却没有将三民归结为新民德。

总的说来，与严复在重视民德的同时重视民力和民智的提高不同，梁启超的新民说注重民德，这使他所提倡的新民主要指道德上的新民。与始终将自由界定在"精神界"之内息息相通，梁启超所讲的自由属于人之精神生命，因此与身体素质并无直接关系。诚然，梁启超在分析中国落后的原因时并不排除体力上的因素，侧重点却始终在精神、道德方面。这用他本人的话说便是："国也者，积民而成。国之有民，犹身之有四肢、五脏、筋脉、血轮也。未有四肢已断，五脏已瘵，筋脉已伤，血轮已涸，而身犹能存者；则亦未有其民愚陋、怯弱，涣散、混浊，而国犹能立者。"③ 梁启超在这里侧重的依然是民智、民德与国家富强之间的关系，并不涉及民力问题。尽管梁启超承认权利与民智相关，像严复一样呼吁"开民智"，然而，他却漠视民德与民力的关系，没有像严复那样大声疾呼"鼓民力"。《新民说》的出现进一步表明，梁启超所推崇的"精神界"的自由表现在对待民智和民德的关系上便是侧重民德，故而鼓吹道德启蒙。在他那里，道德启蒙的途径是英雄豪杰的呼吁与国民的自觉，无论哪种途径均与国家推行的政府行为无关。

综观梁启超的思想可以看到，新民的措施和宗旨是将国民培养成为道德上的新民。正因为如此，他在《新民说》中发出了"道德革命"的号召。梁启超之所以将新民定位为道德上的新民，具体原因有二：第一，他再三表示，自己提倡新民和"道德革命"是由于国民的智力发展超过了道德。

① 《新民说》，《梁启超全集》第二册，北京出版社1999年版，第725—728页。
② 《新民说》，《梁启超全集》第二册，北京出版社1999年版，第719页。
③ 《新民说》，《梁启超全集》第二册，北京出版社1999年版，第655页。

第二，在对中国积贫积弱的分析中，梁启超承认其中有远因也有近因，同时强调中国人的道德素质——公德意识淡薄、缺乏爱国心是主要原因。基于这种认识，他必然要有针对性地将启蒙的重心放在提高中国人的公德观念、国家思想和群体意识上。为此，梁启超不仅大力宣传爱国主义、国家观念和民族思想，而且利用进化论、社会有机体论论证个人对群体的依赖，以期加强中国人的公德观念和群体意识。与此相联系，他对历史学倾注了极大的热情，提倡"新史学"，旨在扭转中国人只知有家而不知有国的局面。

梁启超提倡的新民思想是一场全民的"道德革命"，需要开一代风气的英雄振臂高呼，最关键的还是国民的个人自觉。这就是说，新民主要靠国民的"自新"。他写道："新民云者，非新者一人，而新之者又一人也，则在吾民之各自新而已。孟子曰：'子力行之，亦以新子之国。'自新之谓也，新民之谓也。"[1]梁启超之所以强调国民"自新"，是出于对权利与责任、义务和服从密不可分的认识，恰恰是为了杜绝国民将保卫国家主权的责任委托给他人，甚至推脱责任。对此，他强调："故吾虽日望贤君相，吾尤恐即有贤君相，亦爱我而莫能助也。何也？责望于贤君相者深，则自责望者必浅。而此责人不责己、望人不望己之恶习，即中国所以不能维新之大原。我责人，人亦责我，我望人，人亦望我，是四万万人，遂互消于相责、相望之中，而国将谁与立也？"[2]出于这种担心，梁启超始终将中国的兴亡与国民自觉做新民直接联系起来。在这方面，正如将中国衰亡的原因归咎于国民素质的低劣一样，他将中国的希望寄托于国民素质的提高。正是在这个意义上，梁启超一再声称：

> 吾请更以一言正告我国民：国之亡也，非当局诸人遂能亡之也，国民亡之而已；国之兴也，非当局诸人遂能兴之也，国民兴之而已。政府之良否，恒与国民良否为比例，如寒暑针之与空气然，分秒无所

---

[1]　《新民说》，《梁启超全集》第二册，北京出版社1999年版，第656页。

[2]　《新民说》，《梁启超全集》第二册，北京出版社1999年版，第656页。

差忒焉，丝毫不能假借焉。若我国民徒责人而不知自责，徒望人而不知自勉，则吾恐中国之弱，正未有艾也。①

凡一国之政象，则皆其国民思想品格之反影而已，在专制政体之下且有然，在自由政体之下则尤甚。在专制政体之下，其消极的反映可见也。在自由政体之下，其积极的反影可见也。国民之品格思想，非有缺点，则不能造成专制政体。②

进而言之，与道德上的新民相呼应，梁启超所讲的新民之素质包括自由、进取冒险、公德意识和国家观念等，基本上属于舆论引导和道德感化的范畴。这便是他热衷于办报纸、搞宣传的原因所在。为了普及、推行这些新的伦理规范和道德观念，梁启超除了提倡"道德革命"之外，还提倡"小说界革命"。这是因为，他认为，小说作为通俗文化对大众的心理具有无可比拟的感染、熏陶和引导作用，不失为方便快捷并且行之有效的新民方法。

对于中国近代的社会来说，自由不仅仅是一种理念，更是一场社会运动。因此，对于中国近代的自由而言，除了思想上的界定之外，更根本的还是具体操作。上述内容显示：一方面，严复、梁启超都将自由的具体操作归结为国民素质的提高，将自由与国民素质联系起来，进而将个人自由与国家的富强以及国权联系起来。这是两人自由思想的一致性，也使两人所讲的自由在启蒙中加入了救亡的主题。另一方面，对于自由的具体实施方案，严复从个人在法律上的自由权利讲起，使国民在力、智、德各方面素质的提高成为自由权利的一部分，致使自由与国家的行政措施密切相关。有鉴于此，他的自由思想侧重民主启蒙，最终归结为法律上群己权界的划分以及民主政体的建制。梁启超所向往的自由主要指精神上摆脱束缚，以思想启蒙为重心，以唤醒民众的独立人格和道德自觉为目标，始终

① 《中国积弱溯源论》，《梁启超全集》第一册，北京出版社 1999 年版，第 420 页。
② 《一年来之政象与国民程度之映射》，《梁启超全集》第五册，北京出版社 1999 年版，第 2587 页。

侧重道德启蒙。

至此可见，自由的具体操作使严复、梁启超的启蒙主体产生了分歧，进而又导致了两人对启蒙的不同理解，演绎出不同的自由路径：严复改造中国的三民政策是政府行为，主要依靠政府引导，即使是民力、民智素质的提高也以政府的政策推广和体制管理为主要手段。例如，严复提出的提高中国人的身体素质以及禁止妇女缠足的主张是中国近代思想家的共识，所不同的是，他是从政府管理的角度立论的，故而与同为戊戌启蒙四大家的康有为出于不忍之心对妇女的同情明显不同。众所周知，作为近代男女平等的最早发起者，康有为也对妇女缠足深恶痛绝。对于其中的原委，他解释说："数岁弱女，即为缠足，七尺之布，三寸之鞋，强为折屈以求纤小，使五指折卷而行地，足骨穹隆而指天，以六寸之肤圆，为掌上之掌握。日夕迫胁，痛彻心骨，呼号艰楚，夜不能寐。自五岁至十五岁，十年之中，每日一痛；及其长大，扶壁而后行，跪膝而后集。敝俗所化，穷贱勉从，以兹纤足，躬执井臼，或登梯而晒衣，或负重而行远，蹒跚踯躅，颠覆伤生。至若兵燹仓皇，奔走不及，缒悬林木，颠倒沟壑，不可胜算。"[1] 诚然，康有为对妇女缠足的控诉本身在客观上具有提高妇女地位的效果，正如也有提高妇女的身体素质以益于传种——提高全人类的身体素质的考虑一样。尽管如此，从根本上说，康有为立论的维度和重心是缠足使妇女身心俱损，主要是围绕着男女平等这个中心展开论证的。与此相联系，他呼吁废除缠足的初衷主要是为了提倡男女平等，各自独立。显而易见，这与严复的理论初衷明显不同。

除此之外，戊戌启蒙思想家对提高民智极为重视，重视民智不仅关系到个人的素质，而且关系到中国的存亡。更为重要的是，民智的提高直接关系到平等和自由的实现。对于这个问题，严复的看法与其他戊戌启蒙思想家如出一辙。他写道："国之公民莫不有学，学不仅以治人也，自治其身之余，服畴懋迁，至于水火工虞，凡所以承天时、出地宝、进人巧、驱

---

① 《大同书》，中州古籍出版社1998年版，第178页。

百昌以足民用者，莫不于学焉，修且习之，治以平等为义矣。故官无所谓贵，民无所谓贱。"①

可以看到，对于如何"开民智"，严复提出的方案是国家教育的普及，以达到"国之公民莫不有学"。他提出的废除科举和创办新式学堂的主张都属于国家统一管理的"公学"范畴，这与梁启超以精英带动民众和凭借通俗文化浸染的思路形成了强烈对比。在民权与民智相关这一点上，梁启超的认识与严复别无二致。这也是梁启超呼吁"兴民权"却以"开民智"为第一义的原因所在，与严复不同的是，对于如何"开民智"，梁启超始终重视国民的主体自觉。不仅如此，即使是严复所讲的"新民德"也与梁启超以道德新民的"自新"在方式方法上相去甚远。

至此，从对自由内涵的界定到对自由的具体操作，严复、梁启超对自由的理解渐行渐远，最终演绎为由上而下的民主建制与国民"自新"的道德自觉的不同。

第四节　自由在权利与道德之间

上述内容显示，严复、梁启超都热衷于自由，对自由的界定、理解和操作却不可同日而语。有鉴于此，两人的自由思想呈现出不容忽视的明显差异。一言以蔽之，严复、梁启超自由思想的差异围绕着一个主体展开：自由究竟是一种权利还是一种道德？对此，严复倾向于前者，梁启超则选择了后者。

一、自由的维度和内涵

必须明确的是，无论严复还是梁启超都对自由予以多重界定和阐释，

---

① 《大学预科〈同学录〉序》，《严复集》第二册，中华书局 1986 年版，第 292 页。

两人所讲的自由均具有多重维度和内涵。

严复对政界自由的侧重和推崇人所共知。尽管如此，在他那里，政界自由并非自由的唯一形式——除了政界自由之外，还有伦界（伦理学）自由。严复注意到了自由的政界与伦界之分，并且强调这是两种不同性质的自由。他声称："盖政界自由，其义与伦学中个人自由不同。仆前译穆勒《群己权界论》，即系个人对于社会之自由，非政界自由。政界自由，与管束为反对。"① 除此之外，严复还介绍过其他形式的自由，并且将自由归纳为三种类型。对此，他写道："见世俗称用自由，大抵不出三义：一，以国之独立自主不受强大者牵掣干涉为自由。……二，以政府之对国民有责任者为自由。……三，以限制政府之治权为自由。此则散见于一切事之中，如云宗教自由，贸易自由，报章自由，婚姻自由，结会自由，皆此类矣。而此类自由，与第二类之自由，往往并见。"② 上述情况共同证明，严复是在诸多自由中着重从个人与政府的关系维度阐释自由的，故而将自由视为国民在法律上享有的自由权利。

梁启超所涉及的自由种类也名目繁多、不一而足，并不限于作为《自由书》宗旨的"思想自由、言论自由、出版自由"。除此之外，他在《新民说》中继续对自由进行划分，并且将不同自由"所造之结果"一一列出。书中云："我国民如欲永享完全文明真自由之福也，不可不先知自由之为物果何如矣。……一曰政治上之自由，二曰宗教上之自由，三曰民族上之自由，四曰生计上之自由（即日本所谓经济上自由）。政治上之自由者，人民对于政府而保其自由也。宗教上之自由者，教徒对于教会而保其自由也。民族上之自由者，本国对于外国而保其自由也。生计上之自由者，资本家与劳力者相互而保其自由也。而政治上之自由，复分为三：一曰平民对于贵族而保其自由，二曰国民全体对于政府而保其自由，三曰殖民地对于母国而保其自由是也。……其所造出之结果，厥有六端：（一）四民（指

---

① 《政治讲义》，《严复集》第五册，中华书局 1986 年版，第 1282 页。
② 《政治讲义》，《严复集》第五册，中华书局 1986 年版，第 1289—1290 页。

士、农、公、商四个阶层——引者注）平等问题。……（二）参政权问题。……（三）属地自治问题。……（四）信仰问题。……（五）民族建国问题。……（六）工群问题（日本谓之劳动问题或社会问题）。"① 在这里，梁启超将自由分为政治自由、宗教自由、民族自由和经济（生计上的）自由四大类，其中的政治自由又分为三种。他视界中的自由种类之多，内容之繁可见一斑。在介绍了多种自由之后，梁启超强调自由是"权利之表证"，是人之"精神界"的生命，最终将自由界定为废除"心奴隶"，拥有独立人格。

无论严复还是梁启超都接触到了多种自由学说，并且都对自由进行了多种厘定和深入思考。这表明，无论是侧重政界自由还是伦界自由，两人的思想都是对多种自由学说进行自觉选择的结果。

二、自由内涵的不同侧重

严复、梁启超对各类自由的划分表明，两人均承认既可以从与政府的管束相对应的角度对自由作权利解，也可以从与自身的"心奴"相对应的角度对自由作道德解。这就是说，严复、梁启超承认自由同时具有权利与道德内涵是一致的，所不同的只是对自由的权利内涵与道德内涵予以不同的侧重而已。

事实上，严复尽管一再凸显自由的权利内涵，然而，他却不排斥自由的精神解放或道德修养意蕴。例如，严复曾经说："须知言论自繇，只是平实地说实话求真理，一不为古人所欺，二不为权势所屈而已。使理真事实，虽出之仇敌，不可废也。使理谬事诬，虽以君父，不可从也。此之谓自繇。……使中国民智民德而有进今之一时，则必自宝爱真理始。"②

正如严复肯定自由具有政界自由与伦界自由之分，已经承认了自由具

---

① 《新民说》，《梁启超全集》第二册，北京出版社1999年版，第675—676页。
② 《群己权界论》，商务印书馆1981年版，"译凡例"。

有道德属性一样，梁启超也承认自由包括"政治上之自由"，指出自由的含义之一便是国民对于政府保其自由。在这个前提下，两人之所以对自由作出不同侧重和选择，是基于对中国社会的不同审视以及由此导致的对拯救中国路径的不同抉择。就对中国社会的审视而言，严复侧重君主专制造成的国民无自由之权，梁启超侧重公德匮乏而造成的国民无爱国心和缺少国家观念。接下来，循着这两条不同的思路，严复将自由与君主立宪、议院制度等政治体制联系起来，强调自由的实现离不开民主之用；梁启超则将个人自由与国家主权联为一体，通过自由彰显国民的爱国主义、群体意识和公德观念。就对改造中国路径的选择而言，严复的自由之路以政体改革为途径，寄希望于政府自上而下的改革；梁启超的自由之路是一场全民运动，侧重国民的道德自觉以及道德素质的普遍提高。

应该看到，对于近代中国的民众来说，既需要自由之权，又需要自由之德。严复、梁启超对自由的不同侧重从政治体制与国民素质两个方面共同印证了近代中国社会急需自由以及自由的操作空间。在中国近代的历史背景、政治斗争和文化语境中，没有政界自由，失去了国家的法律保障，自由将流于虚幻。为了避免自由悬空，严复强调，自由是一种实实在在的权利而非虚词，在《群己权界论》中特意将自由写作"自繇"。对此，他解释说："由繇二字，古相通假，今此译遇自繇字，皆作自繇。不作自由者，非以为古也。视其字依西文规例。……非虚乃实，写为自繇。欲略示区别而已。"[①] 同样的道理，没有伦界自由，失去了道德的根基，自由将流于放肆。这表明，政界自由与伦界自由相互促进、缺一不可。

尽管严复、梁启超在对自由的阐释中没有强调二者相互作用、相得益彰，然而，两人却分别从法律与道德两个不同方向使自由处于他律与自律之间。对于这一点，最明显的例子是，鉴于中国近代的特殊背景，严复、梁启超在呼吁、宣传自由时都不仅看到了积极的自由，而且看到了消极的自由。在对自由种类进行划分的基础上，严复、梁启超更注重消极的自

---

① 《群己权界论》，商务印书馆 1981 年版，"译凡例"。

由，均强调个人自由以不侵犯他人自由为界。与此相一致，两人都十分关注自由的滥用，并用不同版本不约而同地说出了罗兰夫人的那句名言：

> 然罗兰夫人则云，自由自由，天下许多之事，假子之名而行矣。①

> "呜呼！自由自由，天下古今几多之罪恶，假汝之名以行！"此法国第一女杰罗兰夫人临终之言也。②

进而言之，由于担心自由的滥用，严复、梁启超都关注自由的权界问题。严复强调，自由以不侵犯他人的自由为界限。在《群己权界论》的《译凡例》中，他便开宗明义地申明了这一问题："名义一经俗用，久辄失真。……则何怪自繇之义，始不过谓自主而无挂碍者，乃今为放肆，为淫佚，为不法，为无礼。一及其名，恶义坌集，而为主其说者之诟病乎？穆勒此篇（指《群己权界论》——引者注），所释名义，只如其初而止。"③

基于自由并非肆无忌惮、为所欲为的认识，严复强调自由为善而非自由为恶。于是，他接着写道："是故剌讥谩骂，扬诈诪张，仍为言行愆尤，与所谓言论自繇行己自繇无涉。总之自繇云者，乃自繇于为善，非自繇于为恶。"④ 这表明，尽管侧重从法律的角度界定自由，严复却在自由为善而非自由为恶中将自由从法律引向了道德。

梁启超是从道德的领域阐释自由的，却与严复一样强调自由以不侵犯他人的自由为界。这用梁启超本人的话说便是："自由之界说曰：人人自由，而以不侵人之自由为界。"⑤ 面对康有为对自由的责难，梁启超在给康有为的回信中进行了申辩。他写道："若夫自由二字，夫子谓其翻译不妥

---

① 《政治讲义》，《严复集》第五册，中华书局 1986 年版，第 1280 页。
② 《近世第一女杰罗兰夫人传》，《梁启超全集》第二册，北京出版社 1999 年版，第 858 页。
③ 《群己权界论》，商务印书馆 1981 年版，"译凡例"。
④ 《群己权界论》，商务印书馆 1981 年版，"译凡例"。
⑤ 《新民说》，《梁启超全集》第二册，北京出版社 1999 年版，第 678 页。

或尚可，至诋其意则万万不可也。自由之界说，有最要者一语，曰人人自由，而以不侵人之自由为界是矣。而省文言之，则人人自由四字，意义亦已具足。盖若有一人侵人之自由者，则必有一人之自由被侵者，是则不可谓之人人自由；以此言自由，乃真自由，毫无流弊。要之，言自由者无他，不过使之得全其为人之资格而已。质而论之，即不受三纲之压制而已；不受古人之束缚而已。"① 在梁启超看来，自由与"奴隶"相对待，本义并不是肆无忌惮。这是因为，自由必须以服从公理和国家利益为前提，自由离不开法律。正是在这个意义上，他一再断言：

> 使滥用其自由，而侵他人之自由焉，而侵团体之自由焉，则其群固已不克自立，而将为他群之奴隶，夫复何自由之能几也？故真自由者必能服从。服从者何？服法律也。法律者，我所制定之，以保护我自由，而亦以钳束我自由者也。②

> 西儒之言曰：侵犯人自由权利者，为万恶之最，而自弃其自由权利者，恶亦如之。盖其损害天赋之人道一也，夫欧洲各国今日之民权，岂生而已然哉，亦岂皆其君相晏然辟咡而授之哉，其始由一二大儒，著书立说而倡之，集会结社而讲之，浸假而其真理灌输于国民之脑中，其利害明揭于国民之目中，人人识其可贵，知其不可以已，则赴汤蹈火以求之，断颈绝脰以易之。西儒之言曰：文明者，购之以血者也。③

在这里，梁启超对自由的阐发尽管不是从权利的角度而是从道德的角度立论的，然而，他却念念不忘自由以服从为先导，并且想起了法律——不过在用法律保护权利的同时用法律钳制自由而已。这表明，梁启超所讲

---

① 《致康有为》，《梁启超全集》第十册，北京出版社 1999 年版，第 5932 页。
② 《新民说》，《梁启超全集》第二册，北京出版社 1999 年版，第 678 页。
③ 《爱国论》，《梁启超全集》第一册，北京出版社 1999 年版，第 275 页。

的自由尽管侧重伦界自由，却脱离不了政界自由。事实上，他一再强调自由以服从为第一义即流露出这一思想倾向——因为梁启超所讲的自由所服从者除了公理和国家利益之外，还有法律。

三、倾向国群自由

出于救亡图存的理论初衷，严复、梁启超在国家自由与个人自由的关系上均倾向于国家自由。严复所讲的自由包括国民之独立自由，也包括国家自由和主权独立，故而"身贵自由，国贵自主"[①]并提。在此基础上，他强调指出，小己自由并非今日中国所急，国群自由才是中国的当务之急。梁启超讲自由时讲"人民对于政府而保其自由"，同时更重视"本国对于外国而保其自由"。在对自由予以划分，明确各种自由的相应后果之后，他念念不忘的是："然则今日吾中国所最急者，惟第二之参政问题，与第四之民族建国问题而已。此二者事本同源，苟得其乙，则甲不求而自来；苟得其甲，则乙虽弗获犹无害也。若是夫吾侪之所谓自由，与其所以求自由之道，可以见矣。"[②]有鉴于此，严复、梁启超所讲的自由权界包括个人与个人的关系，更重要的是个人与国群的关系。在这个问题上，鉴于救亡图存的迫在眉睫，两人均将不侵犯国群自由视为自由的题中应有之义，呼吁个人自由不得妨碍国家的自由。

严复断言，自由在不同时代具有不同的内容和表现，在贵族时代或专制时代，民众对于贵族或君上争取自由；在立宪民主时代，所争者只在国群自由。对此，他写道："贵族之治，则民对贵族而争自繇。专制之治，则民对君上而争自繇，乃至立宪民主，其所对而争自繇者，非贵族非君上。贵族君上，于此之时，同束于法制之中，固无从以肆虐。故所与争者乃在社会，乃在国群，乃在流俗。穆勒此篇（指《群己权界论》——引者

---

① 《原强修订稿》，《严复集》第一册，中华书局 1986 年版，第 17 页。
② 《新民说》，《梁启超全集》第二册，北京出版社 1999 年版，第 678 页。

注），本为英民说法，故所重者，在小己国群之分界。然其所论，理通他制，使其事宜任小己之自繇，则无间君上贵族社会，皆不得干涉者也。"①

严复进而指出，尽管个人的自由权利是天赋的，神圣而不可侵犯，然而，人之生存和天演法则要求人聚集为国家以求自存。这使自由的广狭与天演的程度相关，始终围绕着群己的权界展开；在外患深重之时，国家的主要精力只能是对外而求国群自由。基于这种认识，他反复强调：

> 盖天演途术，视国家所为，有非人所得主者，内因外缘，合而成局。人群各本自性，结合以求自存，非其能国家也，乃其不能不国家。……但以政府权界广狭为天演自然之事，视其国所处天时地势民质何如。②

> 凡国成立，其外患深者，其内治密，其外患浅者，其内治疏。疏则其民自由，密者反是。③

沿着这一思路，严复指出，在中国近代救亡图存迫在眉睫的严峻形势下，小己自由并非所急，国群自由才是最急切的，当然也是应该大力提倡的。

同样出于救亡图存的立言宗旨，梁启超从道德的角度阐释自由，旨在强调个人不得妨碍国家的自由。这正如他本人所言："然则自由之义，竟不可行于个人乎？曰：恶，是何言！团体自由者，个人自由之积也。人不能离团体而自生存，团体不保其自由，则将有他团焉自外而侵之、压之、夺之，则个人之自由更何有也！譬之一身，任口之自由也，不择物而食焉，大病浸起，而口所固有之自由亦失矣；任手之自由也，持梃而杀人焉，大罚浸至，而手所固有之自由亦失矣。故夫一饮一食、一举一动，而

---

① 《群己权界论》，《严复集》第一册，中华书局1986年版，"译凡例"，第134页。
② 《政治讲义》，《严复集》第五册，中华书局1986年版，第1290页。
③ 《政治讲义》，《严复集》第五册，中华书局1986年版，第1292页。

皆若节制之师者，正百体所以各永保其自由之道也，此犹其与他人他体相交涉者。"① 循着这个思路，梁启超认为只有国家自由才能保障个人的自由，由此呼吁国民为了国家自由而牺牲个人的自由。为此，他甚至将国家视为自由的主体，剥夺了个人成为自由主体的资格。正是在这个意义上，梁启超写道："自由云者，团体之自由，非个人之自由也。"②

对国家自由的重视再次印证了严复、梁启超所讲的自由既出于思想启蒙的需要，又肩负救亡图存的历史使命。在中国近代的历史语境和社会现实中，自由不仅需要新思想的启蒙，而且需要化作与救亡图存相呼应的现实操作。特殊的现实处境和社会背景尤其是救亡与启蒙的张力使严复、梁启超面对自由时既看到了自由的积极面，又担心自由的消极面。因此，尽管两人的具体观点不同，理论初衷却如出一辙。这集中体现在都侧重国家自由，解决中国现实的宗旨别无二致。正是由于这个原因，在对自由的宣传和介绍中，严复、梁启超不约而同地担心自由的滥用，进而强调自由以不侵犯他人自由——特别是国家自由为界。

无论是国家的民主建制还是民众的道德革命都是巨大的系统工程，无论是政府的行为还是英雄的引领都离不开国民的参与和现有的基础。这就是说，严复、梁启超所设计的自由之路始终回避不了如下问题：自由是外界赐与的还是自己争取的？这一问题与启蒙联系起来则演绎为如下问题：启谁的蒙？谁去启蒙？尽管严复、梁启超对自由的界定和理解呈现出种种分歧，然而，两人在对自由的具体操作上却表现出惊人的一致性。其中最明显的一点是：鉴于种种原因，严复、梁启超都表现出对自由的某种矛盾和彷徨，两人的启蒙思想都带有明显的不彻底性。

严复指出，能否实行自由、平等与国民的素质和自治能力密切相关：只有德、智、体各方面素质好并且具有自治能力的国民，才具备享受自由、平等的资格；否则，国民即使享有自由也不会使用，甚至还会导致各

---

① 《新民说》，《梁启超全集》第二册，北京出版社1999年版，第679页。
② 《新民说》，《梁启超全集》第二册，北京出版社1999年版，第678页。

种恶果。如此说来，国民没有自治能力，便没有享受平等、自由的权利。西方之所以自由，是因为"彼民之能自治而自由者，皆其力、其智、其德诚优者也"①。同样的道理，基于对中国人素质的评估，严复得出结论，当时的中国还不能推翻君主，因为"其时未至，其俗未成，其民不足以自治也"②。当然，实行君主立宪、开设议院也不可能。他断言："夫君权之重轻，与民智之浅深为比例。论者动言中国宜减君权、兴议院，嗟乎！以今日民智未开之中国，而欲效泰西君民共主之美治，是大乱之道也。"③

梁启超鉴于国权与人权的密切联系而提出了"兴民权"的思想，却强调"权生于智"，并为此将"兴民权"归结为"开民智"。并且，在具体操作的过程中，他又提出了欲开民智必先开绅智、欲开绅智必先开官智等种种说法。如此一来，梁启超便把"开民智"最终归结为"开官智"。他写道："然他日办一切事，舍官莫属也。即今日欲开民智开绅智，而假手于官力者，尚不知凡几也。故开官智，又为万事之起点。"④ 这个观点暴露出梁启超内心的不平等意识，更致命的则是通过民—绅—官的逐层相推，直到最后把君主立宪、实现自由平等推向了无限遥远的未来。

人的存在和发展是自我完善的过程，也是臻于自由的过程。这使自由具有恒提恒新的魅力，难怪美国开国元勋——亨利·柏得烈发出了这样的心声："不自由，毋宁死。"在拥有权利之时保留权利与不知权利是何物时消极地放弃自由之权具有天壤之别。胡适的"宁愿不自由，也是自由了"，说的就是这个意思。严复与梁启超对自由的不同侧重昭示人们，自由介于权利与道德之间。正如对于一个社会来说法律与道德缺一不可，公民既需要他律又需要自律一样，无论是自由之权利还是自由之道德都是必需的：赋予国民以自由权利是社会文明的表现，拥有自由之道德是现代社会文明公民必备的基本素质。蔡元培曾经指出，人人都有柳下惠坐怀不乱之德，

---

① 《原强修订稿》，《严复集》第一册，中华书局1986年版，第27页。

② 《辟韩》，《严复集》第一册，中华书局1986年版，第35页。

③ 《中俄交谊论》，《严复集》第二册，中华书局1986年版，第475页。

④ 《论湖南应办之事》，《梁启超全集》第一册，北京出版社1999年版，第179页。

始可言废除婚姻。在没有提高道德素质的前提下，过分张扬自由权利难免引发不良后果。问题的关键是，有权去做是否一定要做？法律上的自由权利的行使依赖道德素质和智力水平的支持，在取得了法律上的自由权利之后，充实道德上的自由便显得更为重要。在这种情况下，用自己的自由之道德对自由之权利予以保留，宁愿为了他人或国家的权利放弃自己的一部分权利，人将活得更有意义。说到这里，突然想起了著名学者——季羡林先生说过的一句话："假话全不讲，真话不全讲。"面对自由，不妨说：法律上的自由可以保留，道德上的自由不打折扣。

第十八章　康有为与谭嗣同大同思想比较

康有为、谭嗣同都对大同社会乐此不疲，大同思想在两人思想中都至关重要。尽管如此，人们对康有为的大同思想尤其是《大同书》兴趣盎然，却对谭嗣同的大同思想很少问津。对于康有为、谭嗣同大同思想的关系，历来关注不多。一方面，康有为、谭嗣同的大同思想呈现出诸多相同之处，一起推出了近代大同形态的第一阶段。另一方面，两人的大同思想无论在理论来源、内容构成还是致思方向、价值旨趣上都存在不容忽视的不同之处，属于两种不同的样式和版本。比较康有为、谭嗣同的大同思想，透视其同，有助于领略戊戌启蒙思想家的大同思想的共同特征，进而深入了解戊戌启蒙思潮的主旨诉求和时代内涵；透视其异，有助于深刻把握康有为、谭嗣同大同思想的不同意趣，进而直观感受戊戌启蒙思想的内部分歧以及谭嗣同思想的原创性和独特性。

第一节　康有为、谭嗣同大同思想的相同点

康有为、谭嗣同都对大同津津乐道，对大同社会的思考亦存在诸多相同之处。大致说来，两人大同思想的相同之处通过对大同内涵的界定、对大同步骤的设置和对大同境界的畅想集中展示出来。

一、大同的内涵

如果说人类生来爱做梦的话，那么，中国人则爱做大同梦。大同是中

国人几千年的梦想,不同时代的人拥有属于自己的不同梦境。康有为、谭嗣同的大同之梦带有鲜明的近代神韵和时代特征,集中体现为将大同之同与近代价值理念——平等相提并论。这具体表现在对大同内涵的界定上便是以"平"释"同",将大同社会界定为消除差异、绝对平等的世界。两人所理解的大同与平等、平均密切相关,也使大同理念充斥着浓郁的平均主义基调。

康有为的《大同书》从政治、经济、文化、宗教、公益和家庭等诸多领域建构了一个绝对平等的世界,书名《大同书》意为描写"大同"之书,而"大同"则是绝对平均、平等之义。抹平一切差异而完全相同、绝对平均,正是他所理解的"大同"。这用康有为本人的话说便是:"'同'字、'平'字,先同而后能平。"① 这就是说,同与平同义,同即平均、平等之谓;所谓"大同",也就是"大"之"同"或"同"之"大"者。沿着这一思路,他声称,大同社会以"至平"即绝对平等、平均为要义,"至平"就是大同的基本内涵。康有为断言:"大同之道,至平也,至公也,至仁也,治之至也,虽有善道,无以加此矣。"② 在他看来,"至平"即绝对平等或平均是大同社会的基本要求,如果不能"至平","至公""至仁"也就无从谈起:一方面,"至平"对大同社会提出了削平各种差异的要求,而将来的世界——或者说,大同社会就是消除一切差异的状态。另一方面,只有到了大同社会(康有为又称之为太平世),才能彻底实现平等。康有为声称:"全世界人类尽为平等,则太平之效渐著矣。"③ 如此看来,《大同书》之所以弥漫着平均主义的气氛,源于康有为对大同内涵的界定,因为这就是他心目中的大同景象。

谭嗣同对大同的理解是同于大通,也就是弥合一切差异、对待的"致一"。按照他的说法,"仁为天地万物之源",作为世界本原的仁从二从人。

---

① 《万木草堂讲义·中庸》,《康有为全集》第二集,中国人民大学出版社 2007 年版,第 293 页。

② 《大同书》,中州古籍出版社 1998 年版,第 39 页。

③ 《大同书》,中州古籍出版社 1998 年版,第 148 页。

这表明，仁除了可以训为"元"表示其本原地位之外，还可以训为"无"表示其基本内涵是无我。大同是无我的实现，也是仁的最高境界。谭嗣同断言："仁以通为第一义，……通之象为平等。"① 平等是通的表现，通是指人与人、人与万物没有分隔，"洞澈彼此，一尘不隔"。在他看来，破除一切差异和对待而"通天地万物人我于一身"既是无我的实现，也是大同的基本含义。

在康有为、谭嗣同那里，正是由于消除了所有差异，整个世界进入了绝对同一、没有差别的平均状态，这种平均状态便是大同。试图通过绝对平均而臻于平等，并将大同社会界定为绝对平均的世界是两人对大同内涵的相同界定，也暴露出康有为、谭嗣同大同思想的幼稚性和极端性。两人不懂得这样一个道理，平等的对立面不是差异而是不平等，在某些情况下，承认、尊重差异并不意味着不平等而恰恰是平等的体现。

二、大同的步骤

康有为、谭嗣同对大同内涵的界定直接决定着对通往大同步骤的设计和规划。在这方面，两人均因循平均主义的思路，想尽一切办法消除差异，进而将通往大同的步骤和精力投入到"至平""致一"上。

康有为指出，现实世界是一个地狱，痛苦不堪，根源在于等级森严以及由此导致的种种不平等。他将各种等级统称为"九界"，并将"破除九界"奉为拯救苦难、进入大同的整体部署和纲领。这套纲领具有两个决定性的步骤，是步入大同的具体途径和关键所在：第一，废除私有制。康有为强调，大同社会，天下为公。如果说大同之"同"对应的是差异、不平等的话，那么，天下为公之"公"对应的则是私、私有制。因此，若想享受大同，必须先废私；若想从根本上废私，必须铲除私有制。通过废除私有制，个人财产充公，人与人之间不再有贫富之等级，可谓公平两得。基于

---

① 《仁学》，《谭嗣同全集》，中华书局 1998 年版，第 291 页。

这一逻辑，康有为将废除私有制、财产公有说成是通往大同的前提条件。第二，取消家庭。废除私有制的主张直指家庭存在的危害，也使家庭的存在丧失了正当性。沿着这一思路，康有为进而提出了废除家庭的要求。在他看来，家庭是私有制之渊薮，只要有家庭存在，人便有私心，私有制便无法彻底废除。为了从根本上消除私有制，取消家庭势在必行。这就是说，与废除私有制一样，取消家庭是他设想的进入大同的关键。除了废除私有制直指取消家庭的必要性之外，康有为还从家庭造成夫妇、父子、嫡庶、主奴之间的不平等，引发种种人间悲剧入手，历数家庭之危害，全面解构家庭存在的必要性和正当性。如此一来，废除家庭不仅是通往大同的必要条件，而且直接关系到大同社会的"至平""至公""至仁""至乐"。由此，康有为不厌其烦地呼吁取消家庭、"男女平等各自独立"也就不难理解了。于是，康有为宣布："故全世界人欲去家界之累乎，在明男女平等各有独立之权始矣，此天予人之权也；全世界人欲去私产之害乎，在明男女平等各自独立始矣，此天予人之权也；全世界人欲去种界之争乎，在明男女平等各自独立始矣，此天予人之权也；全世界人欲致大同之世、太平之境乎，在明男女平等各自独立始矣，此天予人之权也；全世界人欲致极乐之世、长生之道乎，在明男女平等各自独立始矣，此天予人之权也；全世界人欲炼魂养神、不生、不灭、不增、不减乎，在明男女平等各自独立始矣，此天予人之权也；欲神气遨游、行出诸天、不穷、不尽、无量、无极乎，在明男女平等各自独立始矣，此天予人之权也。"①

对于康有为来说，大同社会"至平"，故而要消除一切不平等，而所有的不平等都起于男女不平等，这意味着平等要从男女平等开始。而只有取消家庭，将女子从家庭中拯救出来，才能使之摆脱由"夫为妻纲""男尊女卑"导致的不公、不平、不仁之非人对待，也才能真正推进男女平等。正是在这个前提下，他将实现大同的希望寄托于"男女平等各自独立"。总之，无论是私有制的存在还是男女之间的不平等都是由于家庭的存在。

---

① 《大同书》，中州古籍出版社1998年版，第303页。

因此，在康有为看来，为了彻底根除私有制，也为了从根本上实现男女平等，必须废除家庭。基于上述认识，康有为以"男女平等各自独立"为切入点，将废除私有制、取消家庭说成是大同的必经之路，试图凭借这一系列的操作实现大同。

谭嗣同认为，中国的病症在于纲常人伦造成的不平等以及君与臣、臣与民之间的重重相隔。这就是说，现实世界是苦难的，苦难的根源在于等级森严，等级的根源归根结底并不在于社会制度而在于人的妄生分别。正是由于人的妄生分别，才有了人我、彼此之分，于是衍生出人与人之间包括君臣、夫妇、父子在内的诸多不平等。在他看来，大同，"致一"之谓；"致一"是仁的基本内涵，也是通往大同社会的不二法门。"致一"的具体途径分两步走，旨在消除人妄生出来的种种分别而致于同、致于一：第一，超越体魄，独任灵魂。谭嗣同认为，有体魄便有亲疏，正因为拘泥于体魄，人与人之间才有了亲疏之别，由此又衍生出种种对待和不平等。因此，为了消除人与人之间的等级和对待，必须泯灭亲疏之别；而为了彻底泯灭亲疏，就必须超越体魄，独任灵魂——父与子的关系如此，所有人的关系都概莫能外。基于这一思路，谭嗣同大声疾呼"超越体魄之上而独任灵魂"。第二，断灭意识，"一尘不隔"。他认为，为了杜绝别亲疏必须超越体魄，若想进入大同，超越体魄是必须的，同时也是不够的；在超越体魄、独任灵魂的同时，还必须进一步断灭意识，以此消除人的思想、观念之别。谭嗣同强调，人之所以会有人我、彼此之分，是因为有名言之对待。只有破除名言之对待，才能破除由名言对待而带来的人我、彼此和是非等一切对待。因此，他认定，破除名言对待是进入大同的关键，具体办法则是断灭意识，使人与人之间"一尘不隔"。为了做到这一点，受美国心理学医生——乌特·亨利（Henry Wood）的启发，谭嗣同提出了改变人之脑气筋①动法的主张。对此，他解释说："原夫人我所以不通之故，脑气之动法各异也，……今求通之，必断意识；欲断意识，必自改其脑气之动

---

① 谭嗣同有时又称之为"脑气"，英文写作 nerve，现在通常译为神经。

法。外绝牵引，内归易简，简之又简，以至于无，斯意识断矣。意识断，则我相除；我相除，则异同泯；异同泯，则平等出；至于平等，则洞澈彼此，一尘不隔，为通人我之极致矣。……此其断意识之妙术，脑气所由不妄动。"① 可见，谭嗣同提议通过切除人的神经，断灭人的意识来统一人的思想观念，幻想在断灭意识之后，人与人之间不再有观念上的差异，便可以达到"洞澈彼此，一尘不隔"的状态。"洞澈彼此，一尘不隔"是"通人我"的极致，也是他理解的大同状态。正因为如此，谭嗣同将断灭意识，"一尘不隔"说成是进入大同的必经之路。

康有为、谭嗣同对大同步骤的设计和规划呈现出略微差异：康有为侧重从社会的经济制度、家庭结构入手，谭嗣同专注于人的亲疏之分、观念之别和觉悟程度。尽管如此，两人这样做的目的都是消除人与人之间的差异，在思维方式上都是削异求同、由别致一。有鉴于此，康有为、谭嗣同对大同步骤的设置无论思维方式还是价值旨归都无本质区别，不同的只是具体办法和操作而已。

三、大同的境界

康有为、谭嗣同对大同内涵的理解如出一辙，通往大同社会的步骤高度相似，对大同境界的描画更是别无二致。具体地说，两人都企图通过取消国界走向大同，在取消国家，政治、经济、宗教、文化一体化中彻底消除国家与国家、人种与人种以及民族与民族之间的差别。因此，在康有为、谭嗣同想象的大同社会中，不仅取消了种族、人种之分，而且消除了宗教、文化差异，同一了语言文字。两人对大同境界的设想带有浓郁的大同主义、世界主义情结，也将两人大而同之的大同理念推向了极致。

首先，康有为、谭嗣同不仅在理论上设想了消除民族、人种差异的大同之境，而且浓墨重彩地彰显同一人种，以期彻底消除人与人之间的形体

---

① 《仁学》，《谭嗣同全集》，中华书局1998年版，第364—365页。

差异。

在康有为、谭嗣同对大同境界的各种论述中，同化、同一人种的设想格外引人注目，也使人种同一成为大同社会的一道风景。康有为、谭嗣同将消除人种差异视为步入大同的必要途径，甚至将同化、同一人种视为通往大同社会的先决条件。有鉴于此，两人对同一人种殚精竭虑，设想、计划极为周详和完备。康有为、谭嗣同都对未来的新人种充满期待，并从不同角度对大同社会的"新人种"进行想象和描述：

> 故经大同后，行化千年，全地人种，颜色同一，状貌同一，长短同一，灵明同一，是为人种大同。合同而化，……当是时也，全世界人皆美好，由今观之，望若神仙矣。①

> 必别生种人，纯用智，不用力，纯有灵魂，不有体魄；……可以住水，可以住火，可以住风，可以住空气，可以飞行往来于诸星诸日，虽地球全毁，无所损害。②

由此可见，康有为、谭嗣同所设计的新人种不尽相同，其间的相同点却十分明显，那就是：都确信人种是不断进化的，因而不顾人种、种族和民族之分，对地球上的人类同而化之。因此，两人声称世代进化后的"新人种"是全球同一、不分民族甚至没有形体之差和男女之别的大同人种。这种"新人种"彻底抹平了人与人之间的一切差异——不仅没有种族上、人种上的差异，并且没有性别上、形体上的差异——在谭嗣同那里，甚至没有观念上、思想上的差异。康有为、谭嗣同设想的新人种是没有差异的全球同一的大同人种，最能反映两人全球同一的大同理念和心态。

在《大同书》中，"种界"是"九界"之一，"形界"也是"九界"之一，

---

① 《大同书》，中州古籍出版社 1998 年版，第 150 页。
② 《仁学》，《谭嗣同全集》，中华书局 1998 年版，第 366—367 页。

去"九界"便意味着铲除人种之别、消除男女之分被提到议事日程。不仅如此，康有为对"去种界"非常重视，《大同书》在"去国界合大地"之后，紧接着就是"去种界同人类"。除了对"种界"危害的揭露、破除"种界"的呼吁以及从理论上阐明消除"种界"、同一人种的必要性、必然性、迫切性和正当性之外，他还在实践操作上提出了同化人种的具体方案，推出了"通婚"（"杂婚"）"饮食""迁地"等多种措施。在康有为那里，"去形界"不仅指铲除男女之间的不平等，而且指消除男女形体上的差异。他将"男女平等各自独立"视为步入大同的入口处便预示了"去形界"的非凡意义。

对于谭嗣同来说，大同社会少不了同一人种的内容。大同社会存在的只有一个人种，这种"新人种"便是只有精神而没有形体的"大同人种"。对于这种"大同人种"如何实现，他提出的具体办法是运用各种自然科学改进人种。

对于人种改进、同一的可行性和具体操作，谭嗣同进行了详细的论证和大胆的想象。他写道："斯农之所以贵有学也。地学审形势，水学御旱潦，动植学辨物性，化学察品质，汽机学济人力，光学论光色，电学助光热。有学之农，获数十倍于无学之农。然竭尽地球之力，则尤不止于此数。使地球之力，竭尽无余，而犹不足以供人之食用，则必别有他法，考食用之物，为某原质配成，将用各原质化合为物，而不全恃乎农。使原质又不足以供，必将取于空气，配成质料，而不全恃乎实物。且将精其医学，详考人之脏腹肢体所以必需食用之故，而渐改其性，求与空气合宜，如道家辟谷服气之法，至可不用世间之物，而无不给矣。又使人满至于极尽，即不用一物，而地球上骈肩重足犹不足以容，又必进思一法，如今之电学，能无线传力传热，能照见筋骨肝肺，又能测验脑气体用，久之必能去其重质，留其轻质，损其体魄，益其灵魂，兼讲进种之学，使一代胜于一代，万化而不已。"[①] 即使是在一百多年后的今天，阅读谭嗣同的这段文字，还是令人不得不惊叹他的想象力之丰富和大胆。可以看到，谭嗣同与

① 《仁学》，《谭嗣同全集》，中华书局1998年版，第366页。

康有为、孙中山等近代哲学家一样意识到了营养、饮食与人的身体素质和形体之间的关系，从而试图通过调整饮食结构，更新"饮食"方法来改进人种。在这个前提下，谭嗣同力图让人相信，借助科学之功，人可以"取于空气"供人食用。与此同时，人可以借助医学、化学和电学等层出不穷、目不暇接的自然科学随心所欲地对自己的意识、形体（"脑气体用"）进行改良，从而逐渐使人"去其重质，留其轻质，损其体魄，益其灵魂"，最终变成没有形体、状貌和长短而只有灵明（灵魂）的"隐形人"。与康有为主张通过"饮食"改良人种一样，谭嗣同意识到了营养、饮食与人的形体之间具有因果关系，由此幻想通过改变人之"饮食"的内容来改变甚至损灭人之形体。随着农学和各种科学的日新月异，将来可以发明一种新的饮食方法，彻底改变人的模样，最终推出崭新的人种。由于是"取于空气"供人食用，人靠"喝风"活着，最终的大同人种不仅仅是没有了形体差异，而是连同形体都没有了。谭嗣同关于大同社会同化、同一人种的设想虚幻性和极端性极为明显，也将戊戌启蒙思想家的大同思想的空想性推向了登峰造极的地步。

问题到此并没有结束，谭嗣同设想的大同社会并不止于此。借助"隐形人"消除人与人的形体差别，还包括消除人与人在思想观念上的差异。这意味着在他构想的大同社会，人种、男女差异不仅在存有上、事实层面上已经完全消失了，而且在观念上、思想层面上已经彻底消失了——因为所有这一切都从人的意识中消除了。

其次，康有为、谭嗣同都认定大同社会政治、经济一体化，思想、文化、宗教和教育等也一体化。因此，两人构想的大同社会同一宗教、同一文化，同一语言文字是其中的一项重要内容。

通过对世界各国的考察，康有为拟定了全球同一语言文字的详细计划。他写道："全地语言文字皆当同，不得有异言异文。考各地语言之法，当制一地球万音室。制百丈之室，为圆形，以像地球，悬之于空，每十丈募地球原产人于其中。每度数人，有音异者则募置之，无所异者则一人可矣。既合全地之人，不论文野，使通音乐言语之哲学士合而考之，择其舌本最轻清圆转简易者，制以为音，又择大地高下清浊之音最易通者制为字母。……择大地各国名之最简者如中国采之，附以音母，以成语言文字，则人用力少而所得多矣。……惟中国于新出各物尚有未备者，当采欧、美新名补之。惟法、意母音极清，与中国北京相近而过之。夫欲制语音，必取极清高者，乃宜于唱歌协乐，乃足以美清听而养神魂。大概制音者，从四五十度之间，广取多音为字母，则至清高矣；附以中国名物，而以字母取音，以简易之新文写之，则至简速矣。夫兽近地，故音浊；禽近空，故音清。今近赤道之人，音浊近兽；近冰海之人，音清转如鸟，故制音者多取法于四五十度也。闻俄人学他国语最易而似，岂非以其地度高耶？制语言文字既定以为书，颁之学堂则数十年后，全地皆为新语言文字矣。"① 康有为设想的大同社会不仅全球同一人种，从根本上铲除了民族、种族和人种差异，而且同一宗教、文化，并且同一作为文化载体的语言文字。

尽管没有像康有为那样周详的计划，然而，谭嗣同却对大同社会同一语言文字深信不疑。他关于以西方字母（"谐声"）文字取代中国象形文字合理性的论证以及同一语言文字可以延年的设想都流露出对大同社会同一语言文字的想象。现摘录如下：

> 文化之消长，每与日用起居之繁简得同式之比例。……教化极盛之国，其言者必简而轻灵，出于唇齿者为多，舌次之，牙又次之，喉为寡，深喉则几绝焉。发音甚便利，而成言也不劳；所操甚约，而错综可至于无极。教化之深浅，咸率是以为差。②

> 是故地球公理，其文明愈进者，其所事必愈简捷。……又如一文字然，吾尚形义，经时累月，诵不盈帙；西人废象形，任谐声，终朝可辨矣，是年之不耗于识字也。③

---

① 《大同书》，中州古籍出版社 1998 年版，第 120 页。
② 《仁学》，《谭嗣同全集》，中华书局 1998 年版，第 361—362 页。
③ 《延年会叙》，《谭嗣同全集》，中华书局 1998 年版，第 410 页。

康有为提出的创立世界语的方案秉持全球一体化、文化一体化的原则，尤其是将同一语言文字与世界大同以及尊重国家平等、人种平等联系在一起。其实，无论对于康有为还是谭嗣同来说，大同社会之所以同一语言文字，与同一宗教、文化一样，从现实需要上看是为了消除各国各民族之间的语言差异，为国家平等和平等交流提供便捷，从本质上看则是世界主义、大同主义的致思方向和价值旨趣使然。两人坚信，同一语言文字之后，全球通行"世界语"，不仅保障了文化、政教的同一，而且从语言文化的角度彻底抹平了种族、民族之分。

再次，康有为、谭嗣同都认定大同社会政治、经济皆一体化，已经没有了国家，全球共治。与此相一致，两人均对取消国界非常重视，对大同社会的种种预期皆从取消国界讲起。

在康有为的大同构想中，取消国界占有重要一席。正是出于对消除国界的迫不及待，《大同书》在甲部"入世界观众苦"之后，紧接着就在乙部提出"去国界合大地"。对于大同社会的具体情况，康有为在《大同书》中进行了详细的描绘和无限的遐想。透过《大同书》可以看到，他对大同社会的描述从消除国界讲起，试图经过"去国界合大地"而取消国界之后，在公政府的统一安排和实施下，全球的政治、经济、宗教和文化皆一体化，同一人种、同一语言文字都是其中的重要内容。这表明，大同社会如果离开了取消国界，无论是政治、经济、宗教和文化的一体化还是人种、语言文字的同一都失去了保障。

谭嗣同的大同社会也是一个全球一体的世界，借助庄子的话语结构称之为"在宥天下"。"在宥天下"语出《庄子·在宥》篇，篇中云："闻在宥天下，不闻治天下也。在之也者，恐天下之淫其性也；宥之也者，恐天下之迁其德也。天下不淫其性，不迁其德，有治天下者哉？昔尧之治天下，使天下欣欣焉人乐其性，是不恬也；桀之治天下也，使天下瘁瘁焉人苦其性，是不愉也。夫不恬不愉，非德也；非德也而可长久者，天下无之。"谭嗣同认定，《庄子·在宿》篇中的"在宥天下"就是天下大同，也是庄子的理想；"在宥天下"表明庄子向往大同社会，而大同社会就是取消国界，全球一体。依据这个分析，谭嗣同写道："地球之治也，以有天下而无国也。庄曰：'闻在宥天下，不闻治天下。'治者，有国之义也；在宥者，无国之义也。"①

全球同一是康有为、谭嗣同设想的大同境界，同一人种、同一语言文字既是步入大同的途径，又是大同的境界——从实施过程来说，属于途径和方法；从实现后果来说，属于状态和境界。人的存在是多向度的，有与生俱来的类本质，也有由不同的社会、群体塑造的文化本质，此外还有特殊的成长环境、个人经历形成的独特的气质和个性。一方面，康有为、谭嗣同关于人种改良的设想泯灭民族、种族差异，与两人同一宗教、同一文化和同一语言文字的设想一样是无视民族性的体现。两人关于消除人与人之间的形体差异乃至思想差异的主张则将对个性的贬损推向了无以复加的地步，即便不是反人类的，至少是桎梏人性的。另一方面，同一人种、同一语言文字表明，康有为、谭嗣同的大同思想带有明显的空想性、极端性，并且将世界主义、大同主义推向了极致。两人改良人种的设想是超越国界的，不论是将黄色、棕色和黑色人种一起纳入人种改良的步骤还是在全球范围内进行"通婚""迁地"规划都淋漓尽致地反映了这一点。例如，康有为的人种改良计划不仅关注中国人所属的黄色人种的前途和命运，而且关系到黑色和棕色人种的未来。对此，他不止一次地写道：

> 当千数百年后，大地患在人满，区区黑人之恶种者，诚不必使乱我美种而致退化。以此沙汰，则遗传无多，而迁地杂婚以外，有起居服食以致其养，有学校教育以致其才，何患黑人之不变，进而为大同耶！②

> 大抵由非洲奇黑之人数百年可进为印度之黑人，由印度之黑人数百年可进为棕人，不二三百年可进为黄人，不百数十年可变为白人。

---

① 《仁学》，《谭嗣同全集》，中华书局1998年版，第367页。
② 《大同书》，中州古籍出版社1998年版，第160页。

由是推之，速则七百年，迟则千年，黑人亦可尽为白人矣。服食既美，教化既同，形貌亦改，头目自殊。虎入海而股化为翅，鱼入洞而目渐即盲，积世积年，移之以渐。①

不难看出，在康有为所提出的改良人种的具体办法中，"通婚"和"迁地"显然不是在一国之内就可以完成的——要有全球视野，并且要全球统筹。这决定了他所讲的人种改良、同一人种是以超越国界为前提的，并且只有全球统一部署、实施才能实现。其实，不惟同一人种如此，同一语言文字也不例外；不仅康有为同一人种、同一语言文字的设想这样，谭嗣同的设想也是这样。这便是两人异口同声地强调大同社会取消国界、全球一体的秘密所在。

内涵、步骤和境界构成了康有为、谭嗣同大同思想的主体内容，也共同预示了两人所讲的大同社会带有致命的空想性和乌托邦色彩，注定是无法实现的。

第二节　大同的近代形态及其意义

"大同"在儒家经典中首见于《礼记·礼运》篇，此后一直是中国人的梦想。很多人都对《礼记》中的这段文字耳熟能详："大道之行也，天下为公，选贤与能，讲信修睦。故人不独亲其亲，不独子其子，使老有所终，壮有所用，幼有所长，矜寡孤独废疾者皆有所养，男有分，女有归。货恶其弃于地也，不必藏于己；力恶其不出于身也，不必为己。是故谋闭而不兴，盗窃乱贼而不作，故外户而不闭，是为大同。"（《礼记·礼运》）这是大同的"原生态"，此后一直变换着内容。不同时代的大同梦承载着不同的意蕴内容和价值诉求，近代与古代大同的提出不仅面对不同的历史

---

① 《大同书》，中州古籍出版社 1998 年版，第 150 页。

背景和现实需要，而且基于不同的立言宗旨和理论初衷。一言以蔽之，古代大同理想是外王的一部分，寄予着平天下的雄心和抱负；近代大同则迫于救亡图存的时代使命，是政治需要和生存竞争使然。不同的历史背景和立言宗旨决定了近代大同思想拥有迥异于古代的新意蕴、新视野和新诉求。康有为、谭嗣同的大同理念带有近代特有的时代烙印和鲜明特征，与古代的大同形态迥然相异。

一、历史语境和时代背景

中国近代是人心思变、救亡图存的时代，摆脱帝国主义的奴役是近代哲学的最终目标。中国近代是文化创新、思想启蒙的时代，借鉴西学推动中国本土文化的内容转换和现代化是近代哲学家的历史使命。特定的历史背景、文化语境和政治需要催生了近代的大同理念，也使近代大同思想成为对中国近代社会几千年未有之变局的现实回应。康有为、谭嗣同的大同思想便属于大同的近代形态，故而与古代大同差若云泥。在古代，儒家以治国平天下为价值目标的大同建构是大同的主要形态，寄予着"天下一家，中国一人"的政治理想。在近代，大同与救亡图存、思想启蒙的时代主题息息相关，承载着中国摆脱奴役、独立富强的梦想。康有为、谭嗣同的大同理想基于中国近代特殊的历史语境、时代背景和现实需要，肩负着救亡图存、思想启蒙的历史使命和时代呼唤，故而有别于以治国平天下为主旨的古代大同形态。具体地说，康有为、谭嗣同所讲的大同包括对中国与西方列强关系的思考，具有观照现实的政治维度。当然，全球多元的文化视野和西学的大量东渐也促使两人借鉴包括西学在内的各种学说建构自己的大同思想，从而使大同思想在理论来源和内容构成上拥有了古代无法比拟的丰富性和多元性。

首先，康有为、谭嗣同对大同社会的思考和规划出于对中国处境的忧心忡忡和对中西关系的强烈不满，其中既包括对中国社会内部人与人关系的不满，又包括对中国与帝国主义关系的不满。

与渴望中国独立自主而摆脱西方列强的奴役相一致，康有为、谭嗣同大声疾呼中国与西方列强平等。这表现在大同建构上便是，一面呼吁取消国界，从根本上消除国家；一面声称到了大同社会，全球的政治、经济、宗教和文化皆一体化。这用谭嗣同本人的话说便是：

> 文化之消长，每与日用起居之繁简得同式之比例。……教化极盛之国，其言者必简而轻灵，出于唇齿者为多，舌次之，牙又次之，喉为寡，深喉则几绝焉。发音甚便利，而成言也不劳；所操甚约，而错综可至于无极。教化之深浅，咸率是以为差。①

> 是故地球公理，其文明愈进者，其所事必愈简捷。……又如一文字然，吾尚形义，经时累月，诵不盈帙；西人废象形，任谐声，终朝可辨矣，是年之不耗于识字也。②

在康有为、谭嗣同设想的大同社会，全球不仅同一文化和语言文字，而且同化人种，从根本上抹平了民族、种族或人种差异。正是在这个意义上，康有为对以白种人改良人种、同化人种殚精竭虑，不止一次地发出了如下畅想：

> 当千数百年后，大地患在人满，区区黑人之恶种者，诚不必使乱我美种而致退化。以此沙汰，则遗传无多，而迁地杂婚以外，有起居服食以致其养，有学校教育以致其才，何患黑人之不变，进而为大同耶！③

> 大抵由非洲奇黑之人数百年可进为印度之黑人，由印度之黑人数百年可进为棕人，不二三百年可进为黄人，不百数十年可变为白人。

---

① 《仁学》，《谭嗣同全集》，中华书局 1998 年版，第 361—362 页。
② 《延年会叙》，《谭嗣同全集》，中华书局 1998 年版，第 410 页。
③ 《大同书》，中州古籍出版社 1998 年版，第 160 页。

由是推之，速则七百年，迟则千年，黑人亦可尽为白人矣。服食既美，教化既同，形貌亦改，头目自殊。虎入海而股化为翅，鱼入洞而目渐即盲，积世积年，移之以渐。[①]

依据康有为、谭嗣同的逻辑，取消了国界、同化了人种，也就彻底消除了国家与国家、种族与种族之间的战争和分歧。与此相映成趣的是，两人将大同社会说成是平等的最终实现，断言由于消除了所有差异，大同社会进入完全同一、没有差别的绝对平均状态，这种平均状态就是平等。在某种程度上甚至可以说，康有为、谭嗣同之所以将平等极端化、抽象化，就是出于对平等的过分渴盼。这反映了两人所讲平等的彻底性——不仅国家与国家、种族与种族、人与人之间完全平等，而且政治、经济、宗教和文化等所有领域一律平等。透过康有为、谭嗣同对平等与大同关联的凸显不难发现，与其说这是对平等的期待渴望，不如说是对平等的过分"贪婪"。两人之所以将平等与大同相提并论，甚至在内涵上将大同之"同"与平等之"平"混为一谈，就是因为面对近代中国的积贫积弱、落后挨打而将推进平等奉为拯救中国的不二法门。这从一个侧面印证了康有为、谭嗣同的大同思想围绕着救亡图存的历史使命和最终目标展开，初衷是为了使中国摆脱西方列强的蹂躏而成为独立的国家。

其次，西方列强对中国的侵略将中国纳入到世界历史之中，也使康有为、谭嗣同的大同构想身处前所未有的文化语境，拥有古代无法想象的学术资源和文化心态。

康有为、谭嗣同的大同建构拥有全球多元的文化视野，也拥有相同的文化心态。这具体包括两个方面：第一，两人所面对和理解的天下不再是古代文化意义上由中原与夷狄组成的天下，而是中西地域意义上由中国与西方列强组成的世界。更为重要的是，在这种天下格局中，中国处于劣势，濒临亡国灭种的境地。这既为康有为、谭嗣同提供了天下大同的新图

---

① 《大同书》，中州古籍出版社1998年版，第150页。

景、新视域，也使中国与西方列强的关系或者说国家与国家、人种与人种之间的关系成为大同思想的核心话题。第二，敌强我弱的严峻现实使包括康有为、谭嗣同在内的中国人对船坚炮利的西方文化羡慕不已，两人的大同思想容纳了西方文化的元素。例如，康有为、谭嗣同认为大同是中国人和西方人的共同追求，不约而同地认定西方人写的《百年一觉》就是对大同社会的描写和追求。康有为早在万木草堂讲学时就提到《百年一觉》，"美国人所著《百年一觉》书是大同影子。"① 不仅如此，他借鉴《百年一觉》的想象，用小说的虚构笔法描写了一个未来的大同社会。谭嗣同则直接将《百年一觉》作为西方大同的样板而写进了《仁学》："若西书中《百年一觉》者，殆仿佛《礼运》大同之象焉。"② 不仅如此，两人确信仁作为世界本原放诸四海而皆准，孔教、佛教和耶教皆讲大同，大同是仁的最终实现。这意味着追求大同是全世界的共同愿望，大同是世界文化的共同旨归。与此相一致，康有为、谭嗣同的大同思想无论是理论来源还是内容构成均兼容并蓄，成为对古今中外各种思想、学说的和合。

值得一提的是，由于热衷于取消国界、同一文化、同一语言文字，康有为、谭嗣同由追求同一性而忽视差异性，在对大同的追逐中放逐了民族主义，最终走向世界主义、大同主义。在某种程度上可以说，正是救亡图存的历史背景和全球多元的文化语境促使两人在对大同的设想中走向了世界主义、大同主义。这是因为，在近代哲学家的思维方式和价值选择中，始终交织着中西、古今、新旧之争，即中国与西方、中学与西学之间存在着古与今、旧与新之分。亡国灭种的危险使康有为、谭嗣同深切体会到了生存竞争的残酷，并对中国的前途命运忧心如焚。在两人的想象中，世界大同了，便没有了中西之间的各种差异和区分，也就彻底消灭了包括国家、种族之间的侵略和歧视。到那时，即使有地域上的中西之名，也不会再有新旧之分了。

---

① 《南海康先生口说》，中山大学 1985 年版，第 31 页。
② 《仁学》，《谭嗣同全集》，中华书局 1998 年版，第 367 页。

循着这一逻辑，为了彻底解决中国与西方列强之间的不平等，康有为、谭嗣同寄希望于天下大同，提出的具体办法则是取消国界，全球的政治、经济、文化和宗教一体化。一方面，两人设想的这种世界一体化的大同模式与中国古代的天下为公、天下大同理念有关，与中国自古以来根深蒂固的"不患寡而患不均"的平均主义心理相关。另一方面，康有为、谭嗣同向往的全球一体化的大同模式将中国纳入到全球化进程之中，使中国成为"世界历史"的一部分。这不仅包括对中国与西方列强组成的世界图景、政治格局的深入思考和规划，而且拥有今非昔比的天下观念。这表明，两人是秉持全球多元的文化心态展开大同规划的，建构的大同思想拥有古代无法比拟的全球视野和文化视域。与此相一致，康有为、谭嗣同心目中的大同社会与全球化相对接，是处理各国关系的理想蓝本。

上述内容显示，中国近代特殊的历史语境、时代背景和现实需要催生了大同的近代形态，使作为近代形态的康有为、谭嗣同的大同思想不仅秉持救亡图存、思想启蒙的立言宗旨，而且关注中国与外国的关系，从而突破了古代大同"天下一家，中国一人"的天下模式。下面的内容将进一步显示，与中国近代特殊的历史语境、文化背景和政治斗争提出的时代课题相呼应，康有为、谭嗣同借助大同表达了近代的价值意趣和诉求，使大同思想拥有了不同于古代的全新内容和近代特征，同时也使大同思想拥有了不可否认的理论意义和现实启示。

二、核心内容和近代特征

中国近代特殊的历史语境、时代背景和政治需要既对康有为、谭嗣同的大同思想提出了救亡图存、启蒙思想的历史使命和时代呼唤，又为两人提供了全球视域和西学资料。这使康有为、谭嗣同可以借鉴西方传入的新思想、新学说建构大同思想，两人的大同思想无论理论来源还是内容构成都具有古代无法比拟的兼容性、多元性和丰富性。除此之外，古代大同是对远古社会的追述和回忆，作为"丘未之逮"的乡愁，似乎并不需要合理性证明。近代大同包含对现实问题的解决和对世界格局的思考，无论是中国救亡图存的效果期待还是中西关系的政治冲突都使康有为、谭嗣同面临大同的合法性、有效性证明问题。作为对现实的回应，两人的大同思想均奠基在哲学理念之上，试图运用仁学世界观和公羊三世说论证大同社会的正当性、合法性和必然性。合理性证明与历史语境、时代背景一起框定了康有为、谭嗣同大同思想的核心内容和近代特征。

首先，借助本体哲学彰显大同社会的合法性和权威性是康有为、谭嗣同大同思想的核心内容。在这方面，两人的具体做法是，将大同社会的设想根植于本体哲学之上，一面尊奉仁为世界万物的本原，一面声称大同社会是仁的理想状态和最终实现。

康有为断言："不忍人之心，仁也，电也，以太也，人人皆有之，故谓人性皆善。……为万化之海，为一切根，为一切源。一核而成参天之树，一滴而成大海之水。人道之仁爱，人道之文明，人道之进化，至于太平大同，皆从此出。"① 依据这种理解，仁是"一切根"、"一切源"，在人道方面的表现是仁爱、文明和进化，大同社会便是仁的圆满呈现。

与康有为对仁的推崇备至并从作为世界本原的仁中推演出大同社会别无二致，谭嗣同对仁顶礼膜拜。他宣布"仁为天地万物之源，故唯心，故唯识"②，并出于对仁的渴望而心向大同。

由此可见，由于是以宇宙万物的本原——仁的名义论证大同的，康有为、谭嗣同所讲的大同社会与作为世界本原的仁密切相关，也使大同社会借助仁而拥有了前所未有的正当性和至上性。康有为指出，仁的基本内涵是自由、平等、博爱，大同社会作为仁之最终实现就是一个"至仁"、"至公"和"至乐"的世界。谭嗣同认为，仁即慈悲之心——"慈悲，吾儒所谓'仁'也"③，不生不灭是仁之体。沿着这个思路，他找到了凭借慈悲之心的相互感化而通往大同的具体途径，并由此阐明了作为仁之最高境界的

① 《孟子微》，《康有为全集》第五集，中国人民大学出版社 2007 年版，第 414 页。
② 《仁学》，《谭嗣同全集》，中华书局 1998 年版，第 292 页。
③ 《上欧阳中鹄十》，《谭嗣同全集》，中华书局 1998 年版，第 464 页。

无我状态便是大同。康有为、谭嗣同凭借宇宙本原——仁为大同社会提供辩护，并将大同社会奠基于仁学之上的做法既为大同社会的合理性正名，又使大同社会作为仁之最终实现和最高境界在逻辑上拥有了某种必然性。

其次，与对未来社会的畅想一脉相承，对于康有为、谭嗣同来说，大同社会是美好的，也是可行的。因此，对于大同社会的论证仅仅具有正当性、合理性尚且不够，还必须具有必然性。这使对大同社会必然性的论证不可或缺，也在两人的大同思想中占有重要一席。

康有为、谭嗣同将大同社会纳入到自己的进化史观之中，通过将大同社会说成是历史演化的最高阶段来彰显大同社会的必然性和正当性。在这方面，两人都秉持历史进化立场，坚信人类历史是不断演化的，并由此确信大同社会在未来，是人类社会进化的最高境界和最后阶段。康有为将进化理念与公羊三世说相杂糅，在人类历史的三世进化中论证大同社会的必然到来。谭嗣同坚信，人类社会处于不断的演变之中，演变的最终完成便是大同社会。在这个前提下，他借助《周易》《春秋》和《春秋公羊传》等经典，特别是以《周易》乾卦的六爻为逻辑构架勾勒人类历史的演变，将历史演变的轨迹概括为先"逆三世"而后"顺三世"的"两三世"。其中，"逆三世"指人类社会由太平世到升平世再到据乱世的演变，"顺三世"则指人类社会由据乱世到升平世再到太平世的演变。借助这个演化模式，谭嗣同旨在强调，太平世既是人类社会的最初形态，也是历史演变的最高阶段，而太平世就是大同世。这就是说，从历史演变的趋势来看，大同社会是人类历史的必然结果。

康有为、谭嗣同对大同社会的合理证明构成了大同思想的核心内容，在体现了大同近代形态的时代特征的同时，也表明了与古代大同截然不同的致思方向和价值意趣。古代视界中的大同社会是对逝去的黄金时代的追忆，近代视界中的大同社会则是对未来理想社会的憧憬。因此，将大同社会视为人类历史进化的最高阶段是近代大同形态与古代的不同之处，也是康有为、谭嗣同大同思想的鲜明特征和时代印记。不仅如此，正是由于秉持进化史观，康有为、谭嗣同与孙中山等人的大同设想一样属于近代形态，与古代大同形态的最大区别在于大同社会在未来而不是在古代：从历史观上看，近代大同形态是一种进化史观，而有别于古代的复古史观或循环史观；从现实性上看，近代大同形态相信大同社会在未来，从而使人向前看而充满希望，而不是像古代那样向后看，从而使人有些怅然若失。

必须提及的是，无论大同还是仁学都不是康有为、谭嗣同的首创，也不是到了近代才出现的，而是中国哲学经久不衰的常新话题。作为大同的近代形态，康有为、谭嗣同的大同思想拥有迥异于古代的哲学根基、内涵意蕴和论证方式。尽管大同是古代思想家的理想，仁学是古代哲学的"显学"，然而，从哲学依据和理想境界上看，古代思想家并没有直接借助仁为大同社会提供合法性证明。康有为、谭嗣同对大同社会的论证建立在仁学之上，与秉持进化史观一脉相承，较之古代进入了一个新阶段，论证也更为完备。在这个前提下应该看到，两人对大同社会的论证从宇宙本原入手，并且随之带来了两个相应的后果：第一，由于从宇宙本原而来，最大程度地凸显了大同的至上性、权威性。第二，大同社会是宇宙本原的展开、显现，放诸四海而皆准，故而没有了地域、民族之分。从宇宙本原——仁而来导致了康有为、谭嗣同与孙中山的大同思想在合理证明上的区别①，并且与两人在对大同的追逐中走向大同主义、世界主义之间具有某种内在关联。正是因为忽视民族性、地域性，康有为、谭嗣同的大同思想由于世界主义、大同主义而锁定在了近代形态的第一阶段。

三、理论价值和历史启示

无论是救亡图存、思想启蒙的历史呼唤还是植根仁学、依托历史进化

---

① 孙中山所讲的大同社会与他的进化史观密切相关，这主要表现在秉持进化哲学的他认为人类历史是不断进化的，将大同社会纳入到历史进化的轨迹中，以此突出大同社会之必然性和合理性。从哲学理念与大同社会的内在关联来说，孙中山与康有为、谭嗣同相近，与古代哲学家甚远。尽管如此，孙中山的大同思想是历史哲学的一部分，与本体哲学并无直接关联，与仁更是风马牛不相及。

的内容构成都使康有为、谭嗣同的大同思想与古代相去霄壤，带有鲜明的近代特征而成为近代大同形态的一部分。反过来，作为大同的近代形态，两人的大同思想秉持近代的价值理念，表达了自由、平等和民主的意趣诉求。如果说自由、平等、博爱、民主、进化等是西方启蒙思想的核心话语和价值理念的话，那么，亡国灭种的近在咫尺和拯救中国的强烈愿望则使康有为、谭嗣同将这些核心价值注入到大同建构之中。对大同社会的津津乐道流露出两人对全世界绝对平等，各民族、各国家一律平等的理论初衷。围绕着这一初衷，康有为、谭嗣同将自由、平等、博爱等意趣诉求贯彻到对大同社会的构想中，使自由、平等成为大同的题中应有之义。正是由于这个原因，两人的大同思想拥有前所未有的新意境、新诉求，同时拥有了不可否认的历史意义，也给后人留下了诸多有意的启示。

在内涵界定上，康有为、谭嗣同将平等、自由视为大同社会的基本特征，借助大同抒发了近代的价值理念和民主诉求。自由、平等的意趣诉求是近代大同理念与古代的主要区别，也是近代特殊的历史背景、文化语境和政治需要使然。救亡图存的现实斗争使两人渴望中国摆脱西方列强的蹂躏，向往、提倡天下大同的初衷是为了从根本上消除国家与国家、民族与民族之间的不平等，使中国成为独立自主的国家。在康有为、谭嗣同的设想中，大同社会彻底消除了一切差异，平等得以最终实现。平等是大同的主题，甚至与大同之同同义。例如，平等是历史范畴，不同地域、不同时代的平等无论内涵还是所指都相差悬殊。中国近代的平等不仅有对抗三纲而君与臣、父与子、夫与妻、男与女平等之义，而且有中国与西方列强平等之义。正是这一点，催生了近代的大同思想。这些都包含在康有为、谭嗣同的大同诉求之中。这就是说，正是基于对国群平等的探究和中国与西方平等的期盼，两人把实现平等的希望寄托于大同社会。尽管有的言论如主张取消国界，特别是康有为扬言不做国民而做"天民"等甚至有消解爱国主义、救亡图存之嫌，那也应该理解为对中国与西方列强平等心切，并且找不到现实出路的物极必反。因此，借助大同，康有为、谭嗣同酣畅淋漓地倾诉了对平等的如饥似渴，而两人所讲的平等包括中国与以西方列强为主的外国平等。

除此之外，康有为、谭嗣同的大同思想不仅围绕着救亡图存的宗旨展开，而且紧扣思想启蒙的主题，甚至可以说是思想启蒙的一部分。以大同社会的平等为例，除了包括国与国、种与种之间的平等之外，还包括中国内部的君臣、上下、父子和夫妇平等，矛头直指作为古代核心价值的三纲五常。例如，在康有为对大同社会的描述中，"至平"可以与"至公"相提并论，二者构成了大同社会的基本特征；大同社会之所以"至平""至公"，是因为在这里没有阶级，没有阶级也就没有上下、尊卑之分。正是在这个意义上，他强调："太平之世，人人平等，无有臣妾奴隶，无有君主统领，无有教主教皇。"[①] 由此可见，大同境界是平等的终极实现，包括国家与国家、种族与种族、男与女在内的全人类一律平等。这用康有为本人的话说便是："全世界人类尽为平等，则太平之效渐著矣。"[②] 在大同社会，人与一切众生亦皆平等。换言之，大同社会的平等并不限于人与人的关系，而是涵盖人与众生的关系，从而实现了众生平等的"大平等"。康有为宣称："是时（指'大同之世'——引者注）则全世界当戒杀，乃为大平等。……始于男女平等，终于众生平等，必至是而吾爱愿始毕。"[③] 对于大同社会的平等景象，谭嗣同指出，大同就是取缔包括父子、君臣在内的一切等级，从而人人平等。于是，他宣称："夫大同之治，不独父其父，不独子其子；父子平等，更何有于君臣？"[④] 经过康有为、谭嗣同的诠释，未来的世界或者说大同社会成为一个同而大之的世界。大同社会消除了一切不平等，所以才"至平""至公""至仁""至善""至美"和"至乐"（康有为），所以才"致一"，"通天地万物人我于一身"（谭嗣同）。

特别需要提及的是，康有为、谭嗣同在对大同社会的设想中，之所以对取消国界、同化人种等问题倍加关注乃至不遗余力，就是为了推进中

---

① 《大同书》，中州古籍出版社 1998 年版，第 343 页。
② 《大同书》，中州古籍出版社 1998 年版，第 148 页。
③ 《大同书》，中州古籍出版社 1998 年版，第 361 页。
④ 《仁学》，《谭嗣同全集》，中华书局 1998 年版，第 335 页。

国与西方列强之间的平等。与此相一致，康有为、谭嗣同所讲的平等，主体包括个人，也包括国家；两相比较，两人康有为、谭嗣同对国家之间的平等更为重视。例如，正是为了彰显中国与西方列强平等，谭嗣同在论证"通之象为平等"的过程中，将"中外通"即中国与西方列强代表的外国之间的平等列在"通有四义"的首位。这用他本人的话说便是："通有四义：中外通，……上下通，男女内外通，……人我通。"①

鉴于平等与大同的息息相通乃至密不可分，康有为、谭嗣同一面将拯救中国的希望寄托于平等，一面对大同社会乐此不疲、魂牵梦萦。可以作为佐证的是，以自由为路径的严复很少提及大同。就连起初听闻康有为讲大同"喜欲狂"，"锐意谋宣传"而"盛言大同"的梁启超在大量接触西方自由学说之后也不禁改弦更张，转而攻击老师——康有为的大同理想是宗教家的梦呓。对此，梁启超一针见血地指出："所谓对于世界而知有国家者何也？宗教家之论，动言天国，言大同，言一切众生。所谓博爱主义、世界主义，抑岂不至德而深仁也哉。虽然，此等主义，其脱离理想界而入于现实界也，果可期乎？此其事或待至万数千年后，吾不敢知，若今日将安取之？"② 这些都从不同角度共同印证了康有为、谭嗣同所讲的平等与大同之间的内在联系，严复和梁启超的表现则从反面证明了康有为、谭嗣同大同思想的平等意蕴和诉求。

上述内容显示，康有为、谭嗣同追逐大同梦想，并赋予大同诸多前所未有的崭新意蕴和内涵。大同的这些新意蕴、新内涵既是对中国近代社会的现实观照，又是中国近代特殊的历史背景和文化语境使然——因而既呈现出与古代的不同，又是其意义所在。这表明，两人的大同思想承载着中国近代的社会需要和时代诉求，属于有别于古代的近代形态。在属于近代形态的维度上，康有为、谭嗣同的大同思想与古代思想家不同，而与孙中山、蔡元培和李大钊等人具有相同性。

---

① 《仁学》，《谭嗣同全集》，中华书局1998年版，第291页。
② 《新民说》，《梁启超全集》第二册，北京出版社1999年版，第663—664页。

第三节　大同近代形态的第一阶段及其误区

对于康有为、谭嗣同大同思想的相同性，可以从两个方面去理解和把握：第一，有别于古代，表明了与古代思想家的差异性。第二，属于近代形态，具体分为两种情况：有些属于近代共性，有些则只为两人所独有——如果说前一种情况表明了与近代思想家的相同性的话，那么，后一种情况则表明了与其他近代思想家的不同性，是康有为、谭嗣同两人之间的默契。这些相同之处既是两人大同理念与其他近代思想家的区别所在，也锁定了康有为、谭嗣同大同思想在近代形态中的具体位置。

一、一味削异求同

康有为、谭嗣同的大同理想是近代大同形态的第一阶段，故而带有这一阶段的显著特征和理论误区。总的说来，两人不能辩证对待异同关系，在对大同内涵的界定和理解上削异求同。这具体包括如下几个方面：第一，康有为、谭嗣同对大同社会的论证从世界万物的本原——仁而来，确信作为世界本原的仁放诸四海而皆准，也就是康有为所说的"验之万国，莫不同风"。与宇宙本原仁一脉相承在最大程度地凸显大同正当性、合理性的同时，预示了大同的抽象性和同一性。第二，两人的大同理念和设想由始至终秉持求同原则，由于没有领悟"和而不同"的道理，在思维方式上削同求异，将大同界定为消除一切差异的绝对平均、同一，对大同和平等做极端、绝对理解。第三，在价值诉求上，康有为、谭嗣同唯同是尚，走向平均主义和平等主义。第四，在中西关系上，两人只讲全球一统、世界一体而不讲民族主义、国家观念。第五，在大同愿景的描述上，由于只讲同而不讲异，康有为、谭嗣同将取消国界、同化人种、同一语言文字等视为大同的题中应有之义，最终将大同的构想演绎为大同主义、世界主义。

问题到此并没有结束，对于康有为、谭嗣同的大同思想来说，削异求同导致了两个直接后果：一是关注大同与平等的关系，乃至将两者相提并论，并对平等做极端解；一是抛开民族性、地域性之异，将大同社会与大同主义、世界主义混为一谈。如上所述，自由、平等是中国近代大同有别于古代的时代诉求和价值意趣，作为近代大同的新意蕴、新风尚，为康有为、谭嗣同、孙中山以至于蔡元培、李大钊等近现代哲学家追求的大同社会所共有。从这个意义上说，平等意趣和诉求既是近现代大同思想的共性，又是康有为、谭嗣同提倡的近代大同的意义所在。问题在于，由于削异求同，康有为、谭嗣同将差异而不是不平等视为平等的对立面，在对平等的追求中由于抹平差异而走向平等主义和平均主义。沿着这个思路，两人声称大同社会绝对平等，从根本上消除了一切差异和对立。由此看来，大同社会可以说是一种完全平等的状态，也可以说是一种绝对平均的状态。"无一不同"的状态是大同社会的基本特征，这样的绝对平等社会就是一个"至平""至公""至仁"的世界。不仅如此，由于将平等主义、平均主义贯注在大同理念之中，康有为、谭嗣同由向往大同而陷入大同主义、世界主义。作为其直接后果，两人的大同设想尽管在某些细节上流露出赶上世界进化潮流的信心和渴望，却在整体上总是让人感觉民族性不够、自信心不足。

二、一切诉诸宗教

与借助世界本原展开大同论证，将大同社会视为仁之显现和最终实现一脉相承，康有为、谭嗣同将仁（康有为称之为爱质或不忍之心，谭嗣同称之为慈悲或慈悲之心）视为进入大同世界的人性基础，进而将通往大同社会的全部希望寄托于不忍之心、慈悲之心的发现。总的说来，两人提出的通往大同的途径避开社会形态、政治制度的变更或国民素质的提升，而信凭不忍人之心或慈悲之心的感化，甚至一切诉诸宗教。

对于大同社会缘何必然到来，康有为一再表示：

人道之所以合群，所以能太平者，以其本有"爱质"而扩充之。……而止于至善，极于大同。①

同好仁而恶暴，同好文明而恶野蛮，同好进化而恶退化。积之久，故可至太平之世，大同之道。②

"太平之世"是康有为对大同社会的另一种称谓和表达，"爱质"则与"爱力"一样是他对仁的别称，并且与仁、不忍人之心一样被康有为认定为进入大同的通行证。例如，他不止一次地断言：

仁从二人，人道相偶，有吸引之意，即爱力也，实电力也。人具此爱力，故仁即人也。苟无此爱力，即不得为人矣。孟子曰：仁者，人也。合而言之，道也。盖人力行仁者，即为道也。此传子思之微言，为孔教的髓也。然爱者力甚大，无所不爱。③

孔子以天地为仁，故博爱，立三世之法，望大道之行。太平之世，则大小远近如一，山川草木，昆虫鸟兽，莫不一统。大同之治，则天下为公，不独亲其亲，子其子，务以极仁为政教之统。后世不述孔子本仁之旨，以据乱之法、小康之治为至，泥而守之，自隘其道，非仁之至，亦非孔子之意也。甚者自私，流于老子之不仁，此则与孔子言道相背矣。④

康有为之所以声称大同社会一定能够实现，是因为他坚信仁是人的本性，人生来就有不忍之心。与生俱来的善性使人同好文明、好进化，臻于

---

① 《大同书》，中州古籍出版社 1998 年版，第 344 页。
② 《孟子微》，《康有为全集》第五集，中国人民大学出版社 2007 年版，第 427 页。
③ 《中庸注》，《康有为全集》第五集，中国人民大学出版社 2007 年版，第 379—380 页。
④ 《中庸注》，《康有为全集》第五集，中国人民大学出版社 2007 年版，第 379 页。

至善的大同社会也随之成为人的共同追求，仁、爱力和博爱是人类携手共进大同的人性基础，"爱者力甚大，无所不爱"则使人与众生共享大同。

就初衷而言，谭嗣同开始热衷于大同是在"北游访学"的途中，表面上看是由于康有为、梁启超等人的影响，深层原因则缘于中国在甲午海战中的失败和《马关条约》的刺激。在这方面，正如他面对日益深重的民族危机而怀着救亡图存的强烈愿望踏上"北游访学"之路一样。有鉴于此，谭嗣同寄希望于大同是为了救中国于危难，救生民于水火。受基督教（谭嗣同与康有为一样称之为耶教）灵魂不死和爱人如己、佛教慈悲尤其是普度众生等各种宗教教义的影响，他提出"以心挽劫"的救世纲领，将拯救全世界的一切"含生之类"奉为自己的最终目标。谭嗣同拯救一切众生的愿望坚定不移，在"北游访学"的途中如是想，在《仁学》中依然不改初衷。于是，他反复写道：

> 嗣同既悟心源，便欲以心度一切苦恼众生，以心挽劫者，不惟发愿救本国，并彼极强盛之西国与夫含生之类，一切皆度之。①

> 以心挽劫者，不惟发愿救本国，并彼极强盛之西国，与夫含生之类，一切皆度之。②

谭嗣同确信"慈悲为心力之实体"③，在将仁诠释为慈悲之心的前提下，试图凭借慈悲之心的相互感化而进入大同。他断言："心之用莫良于慈悲；慈悲者，尤化机心之妙药。"④ 有了慈悲之心，"以感一二人而一二化；则以感天下而劫运可挽也"⑤。基于这种认识，谭嗣同将慈悲之心奉为通往大同的

---

① 《上欧阳中鹄十》，《谭嗣同全集》，中华书局1998年版，第460页。
② 《仁学》，《谭嗣同全集》，中华书局1998年版，第358页。
③ 《仁学》，《谭嗣同全集》，中华书局1998年版，第357页。
④ 《上欧阳中鹄十》，《谭嗣同全集》，中华书局1998年版，第467页。
⑤ 《仁学》，《谭嗣同全集》，中华书局1998年版，第358页。

决定力量，从而依靠慈悲之心化解机心，泯灭彼此、人我等一切对待，最终达到"洞澈彼此，一尘不隔"的大同状态。

如上所述，康有为、谭嗣同对大同社会的论证是从作为宇宙本原的仁开始的，由此不难想象：如果没有仁的话，那么，大同只是遥远的梦幻——仁不仅指明了追求大同的理想目标，而且是通往大同的不二法门。在两人那里，大同是作为仁的一部分——或者说，依附于仁而存在的，由于推崇仁而向往大同——这也是两位奉仁为宇宙本原的哲学家不约而同地心系大同的原因所在。在这个意义上，与其说康有为、谭嗣同热衷于大同，不如说大同作为仁的题中应有之义是推崇仁的表现。可以看到，两人对大同的理解取决于仁，对大同途径的设计尤为如此。值得注意的是，仁在康有为、谭嗣同那里是孔教的宗旨，也是佛教和耶教的宗旨，因而是孔教、佛教和耶教的共同点。正因为如此，与仁密切相关也就意味着大同与宗教密不可分，甚至可以说，两人将大同的实现完全寄托于仁在本质上也就是求助于宗教。在这方面，康有为宣布仁是孔教、佛教和耶教的共同宗旨，凭借仁、不忍之心步入大同就是凭借宗教激发信仰。谭嗣同强调，无论何种宗教，有两个教义是相同的，也是必须的：一是慈悲，一是灵魂；并在此基础上借助宗教，乞灵慈悲之心的相互感化而步入大同。这表明，康有为、谭嗣同的大同社会离不开宗教，两人的大同思想与宗教情结息息相通。凭借宗教信仰走向大同的具体途径既与康有为标榜救赎众生、谭嗣同发愿连同西方的"含生之类"一并度之的立言宗旨相印证，也与孙中山大同思想诉诸暴力革命的现实途径南辕北辙。

三、大同无限遥远

在康有为、谭嗣同那里，无论是作为历史进化的最后阶段还是作为仁的最终实现都预示了大同的无限遥远乃至遥不可及。正如康有为所言："凡世有进化，仁有轨道，世之仁有大小，即轨道大小，未至其时，不可强为。"① 这就是说，正如历史进化一样，大同社会的到来取决于仁的轨道，归根结底视仁之轨道的大小而定。更为重要的是，大同社会作为仁的全部绽放，不仅是未来之事，而且不可强为。在他看来，大同是太平世，当时的中国尚处于据乱世，与太平世即大同社会之间尚有千万世、万万世的距离。如果说依据进化史观将大同社会视为人类历史发展的最高阶段是近代大同与古代的分水岭的话，那么，康有为、谭嗣同对大同社会与历史演变的理解则带有作为大同近代形态第一阶段的共同特征。这集中表现在两个方面：第一，两人都套用公羊三世说，用据乱世、升平世和太平世的依次递进描述历史演化的轨迹，在将大同社会等同于公羊三世说中的太平世的前提下，将大同的实现推向无限遥远的未来。第二，康有为、谭嗣同都没有经过进化论的系统洗礼，故而依据《春秋》《周易》等古代经典推演历史演变的轨迹和模式，或者将历史演变说成是渐进的（康有为），或者强调历史是先退后进的（谭嗣同）。

首先，由于不能辩证理解人类历史的进化，康有为、谭嗣同将大同社会推向了无限遥远的未来。

康有为对于历史演变与大同社会的关系如是说："盖自据乱进为升平，升平进为太平，进化有渐，因革有由；验之万国，莫不同风。……然世有三重：有乱世中之升平、太平，有太平中之升平、据乱。……一世之中可分三世，三世可推为九世，九世可推为八十一世，八十一世可推为千万世，为无量世。太平大同之后，其进化尚多，其分等亦繁，岂止百世哉？"② 由此可见，康有为对大同社会的推演依据《春秋》而来，基本思路是凭借公羊三世说，将大同之路描绘成经由三世到九世再到八十一世乃至千万世、无量世的重重演进。这样一来，正如三世的推演未有尽时一样，大同社会杳渺无期。

谭嗣同将人类历史的演变轨迹概括为先"逆三世"、后"顺三世"，并

---

① 《孟子微》，《康有为全集》，中国人民大学出版社 2007 年版，第 415 页。
② 《论语注》，《康有为全集》，中国人民大学出版社 2007 年版，第 393 页。

且断言自有人类社会以来直至他所处的时代，人类历史一直都在"逆三世"的退化之中，中国更是深陷据乱世之中而无法自拔。谭嗣同的大同社会依据《周易》而来，因循乾卦六爻而将之分为两个三世，故曰"两三世"。"两三世"中先"逆三世"、后"顺三世"表明人类历史的演化先退后进，自有人类以来的社会历史一直都在退化。这个结论将谭嗣同的悲观情绪发挥到了极致，也流露出他对大同社会的到来缺乏应有的信心。这是因为，大同社会作为太平世或者在没有经过文明洗礼的草荒蒙昧时代，或者在遥不可及的未来——总之与当下不搭界。

康有为、谭嗣同的如此言论是对大同社会到来的迟疑，也是手段上的软弱和目的上的彷徨。对于这一点，通过两人的思想与孙中山肯定进化是历史潮流，作为民权时代的大同社会必然到来相比则看得更加清楚。

其次，康有为、谭嗣同所讲的大同社会的遥不可及预示着大同思想的空想性。原因很简单，两人既然大同社会在未来，便涉及到具体途径即如何进入的问题。对于这一现实问题的回答直观地反映了康有为、谭嗣同大同思想的空想性。

康有为出于改良主义立场，借口"时之未至，不能躐等"，公开声明自己所讲大同仅仅限于对未来的遐想而与当下无关。这等于承认自己心系大同、提倡平等充其量只是理论上对遥远未来的畅想，仅限于纸上谈兵而已，一切与现实无涉。这用他本人的话说便是，"可为理想之空言，不能为施行之实事"。对于其中的道理，康有为给出的解释是："地各有宜，物各有适；有宜于彼而不宜于此者，有适于前而不适于后者。今革命民主之方，适与中国时地未宜，可为理想之空言，不能为施行之实事也。不然，中国之人，创言民权者仆也，创言公理者仆也，创言大同者仆也，创言平等者仆也；然皆仆讲学著书之时，预立至仁之理，以待后世之行耳，非谓今日即可全行也。仆生平言世界大同，而今日列强交争，仆必自爱其国，此《春秋》据乱世所以内其国而外诸夏也。仆生平言天下为公，不可有家界，而今日人各自私，仆必自亲其亲、自私其子，此虽孔子，亦养开官夫人伯鱼，而不能养路人也。仆言众生皆本于天，皆为兄弟，皆为平等，而今当才智竞争之时，未能止杀人，何能戒杀兽？故仆仍日忍心害理，而食鸟兽之肉、衣鸟兽之皮，虽时时动心，曾斋一月而终不戒。此阿难戒佛饮水，而佛言不见即可饮，孔子所以仅远庖厨也。仆生平言男女平等、婚姻自由、政事同权，而今日女学未至、女教未成，仆亦不遽言以女子为官吏也。仆生平言民权、言公议，言国为民公共之产，而君为民所请代理之人，而不愿革命民主之事，以时地相反，妄易之则生大害，故孔子所以有三世三统之异也。"① 这就是说，冬裘夏葛，川舟陆车，因时因地制宜。理论、主张并无绝对的对错、优劣之分，一切皆视具体情况而定。沿着这一思路，自己提倡自由、平等和大同，并不等于主张立刻实行，而是为了"待后世之行"。因为这些统统不适合中国当时的现状，由于条件不具备，不可实行；如果强行，必然有害而无益。梁启超的介绍和评价印证了康有为的这个说法。

据梁启超披露，康有为在完成《大同书》后，一直"秘不以示人，亦从不以此义教学者，谓今方为'据乱'之世，只能言小康，不能言大同，言则陷天下于洪水猛兽。……有为始终谓当以小康义救今世，对于政治问题，对于社会道德问题，皆以维持旧状为职志。"② 依据这种说法，康有为不仅认为大同社会对于当时的中国来说不适合，而且认定大同社会不惟不能实现，反而对现实有害，故而反对宣讲大同。正是对大同社会的矛盾态度使康有为的《大同书》作于 1884 年，直到 1901、1902 年间才最终定稿。《大同书》前后历时近二十年，康有为对大同社会的矛盾和徘徊由此可见一斑。作为内心矛盾和挣扎的直接反映，康有为一面在理论上宣传平等，遥想大同；一面不厌其烦地强调在操作上中国实现平等为时过早，大同社会遥遥无期。他的理由是，从人类社会演变的公理来看，历史进化由据乱世而升平世，由升平世而太平世（大同世）。当时的中国正处于由据乱世向升平世的过渡阶段，步入升平世尚且不知何时，大同社会纯属奢望。

---

① 《答南北美洲诸华商论中国只可行立宪不能行革命书》，《康有为全集》，中国人民大学出版社 2007 年版，第 321 页。

② 《清代学术概论》，《梁启超全集》，北京出版社 1999 年版，第 3099 页。

至于谭嗣同，则认为中国一直处于由太平世而升平世而据乱世的退化之中，何时由作为"逆三世"中退化之终点的据乱世转向作为"顺三世"中进化之起点的据乱世尚属未知，更遑论作为"顺三世"之终点的大同社会了。正因为如此，对于大同社会何时实现，谭嗣同的回答是"几千万亿至不可年"。他声称："自此而几千万亿至不可年，必有大圣人出，以道之至神，御器之至精，驱彗孛而挞沧溟，浑一地球之五大洲。"①

四、消解救亡主题

康有为、谭嗣同大同思想的提出原本具有救亡图存的意图，使中国摆脱帝国主义即西方列强的奴役是主要动机之一。吊诡的是，两人的大同理念不惟没有充分发挥救亡图存的主旨，反而消解了救亡图存的主题。

由于秉持世界主义、大同主义的立场，康有为、谭嗣同将取消国界作为大同社会的题中应有之义，认为大同世界没有了国家，同一人种、同一宗教、同一文化、同一政治乃至同一语言文字。于是，两人发出了如下畅想：

> 地既同矣，国既同矣，种既同矣，政治、风俗、礼教、法律、度量、权衡、语言、文字无一不同。②

> 人人能自由，是必为无国之民。无国则畛域化，战争息，猜忌绝，权谋弃，彼我亡，平等出；且虽有天下，若无天下矣。君主废，则贵贱平；公理明，则贫富均。千里万里，一家一人。……殆仿佛《礼运》大同之象焉。③

宗教救赎与世界主义之间具有某种内在关联，秉持世界主义的康有为

① 《石菊影庐笔识·思篇》，《谭嗣同全集》，中华书局 1998 年版，第 132 页。
② 《大同书》，中州古籍出版社 1998 年版，第 126 页。
③ 《仁学》，《谭嗣同全集》，中华书局 1998 年版，第 367 页。

的大同思想中同样少不了宗教。这也是梁启超在批评康有为的大同主义时一面揭露其世界主义本质，一面抨击这种言论无异于宗教家的梦呓的原因所在。在谭嗣同那里，宗教情结与世界主义相互造势，彼此推波助澜。与其说宗教情结使谭嗣同的大同思想走向世界主义，不如说世界主义的宏愿使谭嗣同诉诸宗教，寄希望于大同。这用他本人的话说便是："立一法不惟利于本国，必无伤于各国，皆使有利；创一教不惟可行于本国，必合万国之公理，使贤愚皆可授法。以此居心，始可言仁，言恕，言诚，言絜矩，言参天地、赞化育、以之感一二人，而一二人化，则以感天下，而劫运可挽也。"① 可以看到，信凭宗教救赎使谭嗣同发愿连同西方列强在内的"含生之类""一切皆度之"，这一宏图大愿在无形中模糊了中国与西方列强之间的界线，尤其是没有认识到中国与帝国主义之间你死我活的矛盾。更有甚者，谭嗣同公开提议向俄罗斯和英国出卖新疆、西藏、满洲和内蒙古的土地，以请求两国的"保护"。他的具体设想如下："益当尽卖新疆于俄罗斯，尽卖西藏于英吉利，以偿清二万万之欠款。以二境方数万里之大，我之力终不能守，徒为我之累赘，而卖之则不止值二万万，仍可多取值以为变法之用，兼请英俄保护中国十年。……费如不足，则满洲、蒙古缘边之地亦皆可卖。"② 这样一来，谭嗣同的救亡路线以拯救中国始，以消除中国与西方的差异终。由此可见，如果说救亡图存的初衷促使谭嗣同向往大同社会的话，那么，普度一切"含生之类"的宏愿则注定了他不可能将自己的抱负和救赎锁定在中国之内，而必须进行全球规划、部署和统筹。至此，谭嗣同的救亡初衷发生某种程度的背离，最终走向了取消国家（中国）、同一语言文字（取消汉字）的世界主义、大同主义。

救亡图存是近代中国的历史使命和时代课题，也是近代哲学的立言宗旨和意趣诉求。这一历史使命和现实观照迫于中国近代社会亡国灭种的危险，带有不言而喻的民族性。康有为、谭嗣同的大同思想过于彰显世界性

① 《上欧阳中鹄十》，《谭嗣同全集》，中华书局 1998 年版，第 461 页。
② 《兴算学议·上欧阳中鹄书》，《谭嗣同全集》，中华书局 1998 年版，第 161—162 页。

而势必冲击乃至扼杀了民族性，也在世界主义中背离了救亡图存的初衷。可以看到，对于如何进入大同社会，康有为、谭嗣同不仅主张取消国家，而且主张取消人种差异。

康有为设想大同社会消灭种族差异，提出的具体办法是用白色人种同化、消除包括黄色人种在内的一切有色人种，通过与白种人通婚、改变饮食和迁地等措施漂白中国人的肤色。可以想象，人种改良成功之日，也就是作为中华民族的黄色人种荡然无存之时。除此之外，由于大同社会消除了国界，全球公政府，中国也已经不复存在。与大同主义的致思方向和价值意趣相表里，出于"求乐免苦"的目的，康有为将国家视为人生的羁绊和痛苦的根源，由此劝导人做"天人"而不做国人，做"天民"而不做国民。这极大地消解了中国近代刻不容缓的救亡图存，在世界主义中放逐了民族主义。分析至此不难发现，启用康有为的大同规划，中国不可能在大同社会拥有一席之地，反倒是消除中国与各国以及中华民族与其他民族的差异才是进入大同的前提条件。更有甚者，鉴于对中西关系的理解，消除中华民族与其他民族的差异在康有为那里最终演绎为以白种人取消中国人所属的黄种人。

对于康有为的大同设想，梁启超一针见血地指出，由于秉持世界主义而不是民族主义，康有为的大同思想是宗教家不切实际的幻想甚至梦呓："所谓对于世界而知有国家者何也？宗教家之论，动言天国，言大同，言一切众生。所谓博爱主义、世界主义，抑岂不至德而深仁也哉。虽然，此等主义，其脱离理想界而入于现实界也，果可期乎？此其事或待至万数千年后，吾不敢知，若今日将安取之？"[1]

康有为、谭嗣同提出的同一语言文字、同一人种的设想不顾各国家、各民族的实际情况和主观意愿强制而为，极具霸权主义味道。更何况在我为鱼肉人为刀俎的中国近代，这种越俎代庖的行为何以可能！更为尖锐的问题是，两人提出的同一语言文字实质上是用西方的字母文字取缔中国的

---

① 《新民说》，《梁启超全集》第二册，北京出版社 1999 年版，第 663—664 页。

象形文字。不难想象，如果康有为、谭嗣同的设想果真能够实现的话，中国原有的象形文字将被西方的字母文字所取代。康有为提出的同一人种，则是用西方的白种人同化、取缔作为黄种人的中国人。谭嗣同设想的新人类由于没有形体，也就没有了肤色的黄与白。汉语汉字和黄色人种的消失表明，黄种人也已经不复存在，世界上存在的只有"貌若天仙"的白种人。作为中国载体的中国文化和中华民族已经荡然无存，"中国"这个名号也由于取消国家而不复存在。届时，中国还剩下什么！

分析至此，人们不禁要问：在中国近代特殊的历史情境下，面对中国亡国灭种的危险，究竟怎样才能有效地救亡图存？面对中国近代社会提出的这一现实课题，康有为、谭嗣同借助大同提出的解决方案或者将大同社会推向无限遥远的未来而逃避现实问题的解决，或者看不到问题的艰巨性和长期性而幻想一劳永逸地解决。两人的态度越是决绝，解决越是彻底，却越是与现实相距甚远。正是由于这个原因，无论康有为、谭嗣同的大同理念说起来多么美妙，充其量只是一种过屠门而大嚼的快意而已。

总而言之，大同是近现代哲学的热门话题，康有为、谭嗣同和孙中山等人都对大同津津乐道。一方面，康有为、谭嗣同同为戊戌启蒙思想家，两人的大同思想带有强烈的近代性，尽管与同为近代哲学家而身处革命派阵营的孙中山等人相比具有明显的历史局限，却与孙中山的大同思想共同呈现出与古代的不同。另一方面，康有为、谭嗣同的大同思想带有鲜明的阶段性，呈现出与同为近代哲学家的孙中山以及五四新文化运动者的蔡元培、李大钊等人泾渭分明的阶段性。这些阶段性主要表现为平均主义、绝对主义、世界主义以及由此而来的极端性和空想性。康有为、谭嗣同的大同理念与孙中山等其他近代哲学家迥异其趣，尚处于近代大同形态的第一阶段。正是由于这个原因，即使抛开五四新文化运动者——蔡元培和李大钊的大同思想不谈，而仅拿康有为、谭嗣同的大同思想与同为近代哲学家的孙中山相比，亦显示出不容忽视的巨大差异。这表明，康有为、谭嗣同的大同理想带有明显的时代局限和特定的理论误区，与孙中山等人在对大同社会的描述中加入了苏维埃政权、民族主义内容不可同日而语。

第四节　康有为、谭嗣同大同思想的不同点

尽管其间呈现出诸多相同点，然而，康有为、谭嗣同的大同思想具有不可忽视的不同点。两人大同思想的不同之处通过理论来源和内容构成集中而直观地体现出来。在理论来源上，康有为、谭嗣同的大同思想尽管都是对西学、中学和佛学的和合，然而，两人对三者的具体取舍和侧重却大不相同。正是康有为、谭嗣同对西学、中学、佛学的不同取舍和侧重，先天地框定了两人大同思想的不同内容。

一、借鉴西学而异同互见

康有为、谭嗣同的大同思想都借鉴了西方的思想要素。在借鉴西学方面，二者既呈现出明显的一致性，又存在不容忽视的差异性。

首先，康有为、谭嗣同的大同思想都具有全球多元的文化视域和学术心态，因而都在理论来源上容纳了西学。这是近代与古代大同思想在理论来源和构成要素上的最大差异，也是判断二者区别的学术分水岭。

事实上，康有为、谭嗣同不仅都在对大同的论证和建构中借鉴、容纳了西学元素，而且对西学的选择具有相同性。这在自然科学与社会科学两个领域均有所体现和反映。

在对大同合理性的证明中，康有为、谭嗣同都搬来了源自西方的自然科学概念和学说：第一，康有为、谭嗣同都将大同社会说成是仁的最终实现，既由于仁的世界本原地位而使大同社会拥有了正当性、合理性，又由于大同社会作为人类历史演进的最高阶段建立在进化论、牛顿力学等诸多自然科学之上。正是由于这个原因，康有为、谭嗣同的大同思想中杂糅了从天体演化学、进化论、地质学、牛顿力学以及以太、电、力等物理学等各色西方传入的自然科学知识。具体地说，无论两人的仁学还是进化史观均借鉴西学中的自然科学展开论证，正如仁与以太、电、力等西方自然科

学知识密切相关一样，进化史观依托西方的天体演化学、考古学和地质学的最新成果。第二，康有为、谭嗣同视界中的大同社会都是仁的实现，并且都对仁与以太、电、力等相互诠释。由此可见，两人对大同思想的建构都离不开西方近代的自然科学。

康有为、谭嗣同的大同设想都容纳了西方的社会科学，这具体包括三个方面：第一，西方的基督教[1]是康有为、谭嗣同大同思想的西学来源。近代哲学家如严复、章炳麟等人都对基督教持排斥态度，康有为、谭嗣同则一面以孔教抵制耶教，一面借鉴耶教为孔教所用。同样，在大同思想的建构中，两人都借鉴了耶教的因素。康有为以仁为中古之世宗教的"教主"，并且强调孔教、佛教与耶教在这一点上如出一辙。从大同社会是仁之最终实现的角度看，耶教与孔教、佛教发挥了同样的作用[2]。谭嗣同认为，大同社会绝对平等，其中明确提到了耶教的平等。对此，他以朋友之道解释说：

> 其在孔教，臣哉邻哉，与国人交，君臣朋友也；不独父其父，不独子其子，父子朋友也；夫妇者，嗣为兄弟，可合可离，故孔氏不讳出妻，夫妇朋友也；至兄弟之为友于，更无论矣。其在耶教，明标其旨曰："视敌如友。"故民主者，天国之义也，君臣朋友也；父子异宫异财，父子朋友也；夫妇择偶判妻，皆由两情自愿，而成婚于教堂，夫妇朋友也；至于兄弟，更无论矣。其在佛教，则尽率其君若臣与夫父母妻子兄弟眷属天亲，一一出家受戒，会于法会，是又普化彼四伦者，同为朋友矣。无所谓国，若一国；无所谓家，若一家；无所谓身，若一身。[3]

---

[1] 康有为、谭嗣同称之为耶教。

[2] 这个问题最复杂，康有为在《大同书》中明确宣称耶教包括孔教已经灭绝，佛教盛行。不过，从大同社会盛行佛教、道教而耶教、孔教已经灭绝的角度看，似乎孔教亦不是大同思想的来源。这从反面证明，只要承认康有为的大同思想依托于孔教，便不应该否认其中的耶教元素。

[3] 《仁学》，《谭嗣同全集》，中华书局1998年版，第350—351页。

　　第二，康有为、谭嗣同对大同社会的设想都融入了西方近代的价值理念，故而将大同社会描述成自主、平等的社会。康有为将包括耶教在内的"教主"——仁之内涵界定为自由、平等、博爱和进化如此，谭嗣同断言耶教与孔教、佛教一样追求平等也不例外。除此之外，不得不提的是，两人的大同思想都借鉴了西方的天赋人权论。众所周知，天赋人权论的系统论证和明确表达是卢梭的《社会契约论》以及以此为理论基础的 1789 年法国大革命的口号。康有为在《大同书》中不遗余力地号召人"直隶于天"，就是为了让人不做家人、国人而做"天人""天民"。这一切的前提是人权天赋，与生俱来而不可侵犯。正是在这个意义上，康有为反复声称：

　　　　人者天所生也，有是身体即有其权利，侵权者谓之侵天权，让权者谓之失天职。①

　　　　人人有天授之体，即人人有天授自由之权。故凡为人者，学问可以自学，言语可以自发，游观可以自如，宴饗可以自乐，出入可以自行，交合可以自主，此人人公有之权利也。禁人者，谓之夺人权，背天理矣。②

　　据梁启超披露，谭嗣同在作《仁学》时尚不知卢梭的《社会契约论》为何物。据此推断，谭嗣同不可能借助卢梭的《社会契约论》来充实自己的思想，更遑论利用之论证大同思想了。尽管如此，谭嗣同对法国大革命的赞扬表明，他赞同西方的天赋人权论，对于未来社会"人人可有君主之权，而君主废"③的论述带更是带有明显的天赋人权论的影子。有鉴于此，正如《仁学》热情宣传自主之权一样，天赋人权论是谭嗣同大同思想的来源之一。第三，在描述大同远景时，康有为、谭嗣同不约而同地提到了

---

①　《大同书》，中州古籍出版社 1998 年版，第 169 页。

②　《大同书》，中州古籍出版社 1998 年版，第 174 页。

③　《仁学》，《谭嗣同全集》，中华书局 1998 年版，第 370 页。

《百年一觉》①。《百年一觉》曾经在中国出版的报刊上连载，康有为、谭嗣同可能看到或听说过其中的内容，并由此联想到中国人梦寐以求的大同理想。现有资料显示，康有为早在万木草堂讲学时，就向学生提到过《百年一觉》。由此，有学者猜测，《大同书》的构思可能受到《百年一觉》的启发。谭嗣同更是认定《百年一觉》中所描写的内容与《礼记·礼运》篇的大同景象别无二致。于是，他声称："若西书中《百年一觉》者，殆仿佛《礼运》大同之象焉。"②

透过康有为、谭嗣同大同思想建构中的西学要素，可以得出如下几点认识：第一，到五花八门的自然科学中寻找大同的立论依据既从一个侧面印证了康有为、谭嗣同对西方哲学和社会科学的知之甚少，又在某种程度上暴露了两人对大同社会尤其是自由、平等的极端化理解。第二，康有为、谭嗣同将自由、平等、进化和民主观念注入对大同社会的设想中，表明了两人的大同思想具有启蒙意义和价值，甚至可以说是两人启蒙思想的组成部分。第三，《百年一觉》的出现从一个侧面表明，康有为、谭嗣同对大同社会的构想带有乌托邦色彩，与孙中山等其他近代哲学家的大同思想相比离现实更远。

其次，康有为、谭嗣同尽管都借鉴西学建构大同思想，然而，由于对西学不同的选择和侧重，两人的大同思想中容纳了不同的西学要素和学说。

就康有为、谭嗣同大同思想容纳的西学成分的比较而言，康有为大同思想中的人文社会科学成分较重，谭嗣同大同思想中的自然科学成分则更为突出。一个明显的证据是，康有为的大同思想既与谭嗣同一样融入了天赋人权论，又融入了谭嗣同所未曾涉猎的以空想社会主义为代表的西方新思想、新概念。以空想社会主义为例，在讲大同社会或者在《大同书》中，康有为提到了西方的空想社会主义者——傅立叶、圣西门等人的思想，这

---

① Looking Backward，又名《回顾》）。《百年一觉》是美国19世纪小说家爱德华·贝拉米（Edward Bellamy，1850—1898）于1888年创作的，以虚幻手法描写了2000年的美国景象。
② 《仁学》，《谭嗣同全集》，中华书局1998年版，第367页。

是谭嗣同的大同构想所没有的内容。当然，谭嗣同的大同思想中也融入了康有为很少提及的某些西学内容，最典型的例子是生理学、解剖学、脑科学和心理学方面的内容。这直观地表明，康有为的大同思想在西学方面以空想社会主义为主，谭嗣同则以源自西方的自然科学为主①。

问题到此并没有结束，不同的西学渊源预示了康有为、谭嗣同大同思想的差异。例如，康有为、谭嗣同的大同建构都带有空想性，然而，傅立叶、圣西门的出现表明，康有为的大同思想由于容纳、借鉴了源自西方的空想社会主义的思想要素而别有一番意趣。梁启超在介绍和评价"康南海之哲学"时，将康有为的哲学归结为"社会主义派哲学"，实际所指就是康有为运用空想社会主义建构大同理想。因此，梁启超对康有为"社会主义派哲学"的具体介绍基本上是对《大同书》的内容罗列和阐发②。正因为空想社会主义对康有为的《大同书》影响如此之大，以至于梁启超将康有为畅想未来的大同思想归结为"社会主义派哲学"；正因为《大同书》中的虚幻成分如此之大，以至于有人将康有为描写大同社会的《大同书》视为小说——宁可视为科幻小说也不视为学术著作③。谭嗣同的大同构想与康有为一样带有乌托邦色彩，然而，西方的空想社会主义却是谭嗣同所没有提到的。这在表明他的大同思想与西方的空想社会主义之间没有直接联系的同时，也在某种程度上促使谭嗣同向中国古代寻找思想资源。在这方面，他所向往的大同社会在政治上、经济上皆一体化，确保、推进一体化的措施则是恢复三代建立在宗法血缘上的封建制④ 和井田制。正是在这个

---

① 这是就康有为、谭嗣同两个人比较而言的，如果扩大到戊戌启蒙思想家，则可以说，康有为、谭嗣同侧重自然科学，严复、梁启超则侧重社会科学。对于这一点，正如就对中西文化的侧重而言，康有为、谭嗣同侧重中学，严复侧重西学，梁启超则中西参半一样。

② 《南海康先生传》，《梁启超全集》，北京出版社1999年版，第488—495页。

③ 《大同书》的这一命运与《百年一觉》相似，后者通常被视为小说。当然，也有人将之说成是思想著作。

④ 在严复翻译《社会通诠》之前，中国文化语境中的封建制指三代之前建立在宗法血缘关系上的分邦建国，即分封制，谭嗣同也是在这个意义上使用"封建"这一概念的。

意义上，谭嗣同不止一次地畅想：

> 封建世，君臣上下，一以宗法统之。……宗法行而天下如一家。[①]

> 故行井田封建，兼改民主，则地球之政可合为一。[②]

由此可见，谭嗣同对大同社会经济结构和社会形态的构想主要脱胎于中国古代的封建制和井田制，并不包括康有为热衷的作为舶来品的空想社会主义。

尚须澄清的是，与孙中山以及蔡元培、李大钊等其他近现代哲学家的大同思想相比，康有为、谭嗣同对大同社会的规划有一项相同内容，即同化、同一人种。这一主张在印证两人大同思想的空想性、极端性的同时，既显示了康有为、谭嗣同大同思想的相同性，又拉近了两人之间的距离。尽管如此，与对西学的不同侧重息息相关，康有为、谭嗣同的人种规划具体论证迥然相异，对同一人种之后的新人种的构想更是天差地别。在康有为那里，正如游历欧洲的目的包括考察西方的政治、经济和教化，以备未来人种之需一样，康有为同化人种的主张基于对全世界人种的具体考察以及包括白种人和黄种人在内的各色人种的比较。例如，在《英国监布烈住大学华文总教习斋路士会见记》中，康有为如是说："吾游历各国，别有大欲存之于心。盖认为我国与欧美人之比较，迥不在乎今日国势之强弱，而在乎将来人种之盛衰。"[③] 出于这一初衷，他在游记中反复从不同角度对欧美人与中国人进行比较。

谭嗣同则利用当时传入的西方自然科学推想，随着各种科学特别是农学的日新月异，将来的人类可以食于空气而"损其体魄，益其灵魂"，以

---

① 《仁学》，《谭嗣同全集》，中华书局 1998 年版，第 368 页。

② 《上欧阳中鹄十》，《谭嗣同全集》，中华书局 1998 年版，第 465 页。

③ 《英国监布烈住大学华文总教习斋路士会见记》，《康有为全集》，中国人民大学出版社 2007 年版，第 28 页。

至于进化为一种没有形体、只有灵魂的新人种。于是，他写道："必别生种人，纯用智，不用力，纯有灵魂，不有体魄。……可以住水，可以住火，可以住风，可以住空气，可以飞行往来于诸星诸日，虽地球全毁，无所损害。"①谭嗣同设计的这种新人类带有列子风范，就他的具体论证来说则借鉴了源自西方的自然科学。由于没有像康有为那样对世界不同人种进行实际考察，谭嗣同幻想中的新人种与康有为的设想相差悬殊。

　　更为重要的是，一重社会科学，一重自然科学使康有为、谭嗣同对西学的不同偏袒演绎出不同的大同之路。与侧重天赋人权论一脉相承，康有为提出的步入大同的方法是"直隶于天"，伸张人与生俱来的自主之权。至此，取消国界、消灭家庭成为臻于大同的不二法门。与热衷于源自西方近代的自然科学一脉相承，谭嗣同提出的步入大同的具体办法是破对待，同时强调破对待必须凭借五花八门的自然科学。这用他本人的话说便是："声光化电气重之说盛，对待或几乎破矣。欲破对待，必先明格致；欲明格致，又必先辨对待。有此则有彼，无独有偶焉，不待问而知之，辨对待之说也。"②至此，谭嗣同试图泯灭彼此、人我之对待而臻于大同，从而开辟了一条有别于康有为的大同之路。

二、依托中学而孔庄各异

　　正如大同是中国人的梦想一样，康有为、谭嗣同的大同思想都离不开中学，对中学的选择在某些细节上甚至表现出惊人的一致性。其中，最明显的证据是，两人都肯定大同思想出自《礼记·礼运》篇，是孔子率先提出的。诚然，对于中国人来说，肯定大同与孔子密切相关并不令人吃惊，甚至可以说在预料之中。原因在于，大同滥觞于《礼记·礼运》篇的"大道之行也，天下为公，……是为大同"。这段话对于中国的读书人来说耳

---

① 《仁学》，《谭嗣同全集》，中华书局1998年版，第366—367页。

② 《仁学》，《谭嗣同全集》，中华书局1998年版，第317页。

熟能详，康有为、谭嗣同就此将大同思想与孔子联系在一起是必须的。出于同样的原因，孙中山等人也多次肯定中国的大同是孔子提出的。不同寻常、最能体现康有为、谭嗣同大同思想的相同之处并且与其他近代哲学家相去甚远的是，两人都关注大同与庄子的关系，并且都将大同社会与《庄子》的"在宥天下"相提并论。在这个前提下，康有为、谭嗣同沿着不同方向对中学予以取舍，从理论源头上使大同思想展示出明显的学术分野。一言以蔽之，康有为极力凸显大同与孔子以及孟子、董仲舒①等人之间的关系，谭嗣同则更着意大同与庄子的密切关系。

康有为指出，孔子率先提出大同思想，并且将之作为梦寐以求的理想目标。对此，康有为的描述是："孔子生乱世，虽不得已为小康之法，而精神所注常在大同。"②沿着这个思路，康有为从内容与文本两个不同的角度共同证明大同对于孔子的至关重要和在孔教中无可比拟的地位：第一，从内容上看，孔子作为孔教的教主根据众生的不同根器随时随地现身说法，宣讲不同的内容。据此，康有为指出，孔子既讲大同，又讲小康——孔子大道在内容上本末远近大小精粗无所不包，大同在其中属于高级之学。第二，从文本上看，"'六经'皆孔子作"。康有为强调，《诗》《书》《礼》《乐》是孔子早年所作，被孔子拿来"日以教人"；《春秋》《周易》是孔子晚年所作，孔子对二者"择人而传"。《春秋》是六经之至贵，拥有《周易》无可比拟的优越性，与作为初级之学的《礼》之间更是具有高低之分。孟子传《春秋》而来，思想以仁为主；荀子传《礼》而来，思想以礼为主；孟子的思想属于大同之学，荀子的思想属于小康之学，其间的优劣一目了然。经过康有为的这番解读，大同成为孔子思想的题中应有之义，并在孔学中拥有至高地位。康有为进而指出，孔子对大同的阐发集中体现在《春

---

① 康有为虽然不像对待孟子那样连篇累牍地强调董仲舒是孔子大同之学的传人，但是，他指出孔子以三世三统托古改制，而三世的最高境界即是大同社会；同时肯定这些寄寓在《春秋》中，而董仲舒破解了《春秋》微言大义的密码。从这个意义上说，董仲舒传孔子的大同之学是毫无疑问的。

② 《论语注》，《康有为全集》第六集，中国人民大学出版社2007年版，第388页。

秋》中，孟子发现了这一秘密，董仲舒则破解了《春秋》的密码。因此，孟子和董仲舒发掘《春秋》最精微，并由此成为孔子大同之学的正宗传人。由此可见，康有为大同思想的主要来源集中于儒家人物，除了孔子之外，主要是传《春秋》微言大义、阐发仁最为精微的孟子和董仲舒。

谭嗣同虽然与康有为一样认定大同思想发端于孔子，但是，他并没有将大同与小康视为孔子思想的两个派别，当然也就谈不上像康有为那样断言大同是孔子的高级之学，更没有像康有为那样将大同思想的传人锁定在孟子、董仲舒代表的儒家人物之内。事实上，谭嗣同的大同思想不唯与孟子、董仲舒等人无关，即使拿庄子与孔子相比，也更为突出庄子与大同之间的关系。如上所述，康有为、谭嗣同的大同思想均与庄子相关，这是两人的相同之处。问题的关键是，在康有为、谭嗣同的视界中，庄子与大同思想的密切度明显不同，由此导致两人大同思想的样貌之异。

将大同视为孔子高级之学的康有为不仅肯定庄子与孔子大同思想的内在联系，而且视庄子为孔子大同之教（大同之学）的传承人。正是在这个意义上，他断言："子赣盖闻孔子天道之传，又深得仁恕之旨，自颜子而外，闻一知二，盖传孔子大同之道者。传之田子方，再传为庄周，言'在宥天下'，大发自由之旨，盖孔子极深之学说也。但以未至其时，故多微言不发，至庄周乃尽发之。"[1] 在这里，康有为认定庄子从田子方、田子方从子赣处传承孔子的"大同之道"，故而给予庄子很高评价。值得注意的是，康有为的这个评价是就庄子对于孔子与大同学说的关系作出的，并不是对庄子全部思想尤其不是对庄子与自己所有思想的关系作出的。事实上，康有为虽然承认庄子传承了孔子的"大同之道"，但是，他由始至终从没有将庄子指定为孔子大同思想的第一传承人。在康有为那里，无论庄子思想远离作为六经金钥匙的《春秋》而从《周易》而来，还是孟子、董仲舒基于《春秋》对大同的阐扬都表明，孔子大同之道的嫡传无论如何也轮不到庄子。

---

[1] 《论语注》，《康有为全集》第六集，中国人民大学出版社 2007 年版，第 411 页。

　　谭嗣同一再强调庄子是孔学嫡传，却没有明确将庄子指定为孔子大同思想的传承人。尽管如此，这并不妨碍谭嗣同将庄子思想作为大同的主要来源，在论证大同思想的整个过程中始终突出庄子的作用。原因在于，谭嗣同的大同思想并不像康有为的大同思想那样脱胎于孔教，是否是孔子大同思想的正宗传人并不决定在大同思想建构中的地位和作用。饶有趣味的一个细节是，谭嗣同论证庄子大同思想的证据与康有为一样是庄子的"在宥天下"。"在宥天下"语出《庄子·在宥》篇，篇中有云："闻在宥天下，不闻治天下也。在之也者，恐天下之淫其性也；宥之也者，恐天下之迁其德也。天下不淫其性，不迁其德，有治天下者哉？"谭嗣同认定，"在宥天下"就是天下大同，也是庄子的理想；"在宥天下"表明庄子呼吁取消国界，进入全球一体的大同社会。依据这个分析，谭嗣同写道："地球之治也，以有天下而无国也。庄曰：'闻在宥天下，不闻治天下。'治者，有国之义也；在宥者，无国之义也。"①

　　如果说援引"在宥天下"证明庄子讲大同是康有为、谭嗣同的共识的话，那么，两人对"在宥天下"的理解则反映了对庄子思想的不同诠释和在大同思想中的不同样貌。康有为从发挥孔子的"自由之旨"的角度论证庄子的大同思想，既印证了他的大同思想以孔子为标榜，又在对自由的诉求中突出了大同社会的"至平""至仁""至善""至乐"主题。谭嗣同从"取消"国界的角度解读"在宥天下"，不仅与康有为沿着天赋人权论的思路发掘"自由之旨"差若云泥，而且流露出对庄子以破对待为意趣的解构立场的趋同。与此相一致，谭嗣同对大同社会的建构超越了善恶、苦乐等所有对待，故而消解了康有为大同思想中的"至善""至乐"主题。

　　上述内容显示，康有为、谭嗣同对中学具有不同侧重，即使拿作为两人共同选择的孔子、庄子来说，亦存在着明显区别。这集中反映在如下两个方面：第一，尽管康有为、谭嗣同都承认大同是孔子提出的，并且出

---

① 《仁学》，《谭嗣同全集》，中华书局1998年版，第367页。

自《礼记·礼运》篇，然而，两人却在对大同思想的论证中对孔子予以不同对待。大致说来，康有为不仅强调大同对于孔子思想的至关重要，而且利用孔子以及阐发孔子大同思想的正宗传人——孟子和董仲舒等人的思想论证大同。谭嗣同承认孔子对于大同拥有原创权，对大同的论证并不以孔子为依托，更没有以孟子或董仲舒代表的儒家思想为主要来源。第二，康有为、谭嗣同都承认庄子是孔子后学，都认定庄子的思想与大同具有密切关系，甚至都将庄子的"在宥天下"与大同愿景相提并论。尽管如此，两人对庄子思想与大同社会的关系度的认定明显不同，由此导致庄子在两人大同思想中的比重相去甚远。康有为在将庄子视为孔子后学的前提下肯定庄子讲大同，并没有将庄子视为孔子大同之学的正宗传人。这是他一面肯定庄子讲大同，一面以孔子、孟子和董仲舒等人的思想为主建构自己的大同思想的秘密所在。与康有为的做法截然不同，谭嗣同强调庄子是孔学嫡派，并在对大同的论证中以庄子而不是以孟子或董仲舒等人的思想为理论来源。这两点区别从理论来源上大致框定了康有为、谭嗣同思想的内容构成和思想趋向：与以儒学为母版息息相关，康有为的大同建构将庄子边缘化。与康有为的做法迥然相异，谭嗣同的大同思想既非以儒家为主体，又不像康有为那样始终以孔子的名义进行论证。正是由于这个原因，谭嗣同的大同思想以庄子思想为主要来源，将大同畅想谱写成佛学与庄子思想的二重奏。

三、推崇佛学而旨归各异

近代哲学家的大同思想容纳了各种宗教元素，利用宗教为大同思想辩护是近代大同思想的独特之处。这一点使近代大同思想既与古代有别，又与现代有别。与佛教的密切相关是近代大同形态第一阶段的特有印记，康有为、谭嗣同的大同思想同样属于这一阶段，难免带有诸多相同之处。有鉴于此，两人运用佛教论证大同不仅与古代思想家和五四新文化运动者——蔡元培、李大钊等人迥异其趣，而且与同样作为近代哲学家的孙中山等人的大同思想不可同日而语。这就是说，康有为、谭嗣同的大同思想都以佛学为理论来源，这一做法成为两人大同思想不同于其他时期的大同形态的主要标识，也构成了彼此大同思想的相同之处。

在这个前提下尚须进一步看到，康有为、谭嗣同对佛学予以不同侧重和阐发，即使是对佛学同一派别的选择也由于不同诠释而使其对两人的大同思想产生了不同影响。以华严宗为例，一方面，康有为、谭嗣同都对华严宗推崇备至，表明对佛学的选择具有相同之处。梁启超将康有为的佛学思想概括为"以华严宗为归宿"[1]，华严宗在康有为思想中的地位由此可见一斑。不仅如此，康有为对大同与小康、理想与现实并行不悖的论证脱胎于华严宗的圆融无碍，以至于梁启超在为康有为作传时评价说，康有为所讲的孔教就是一部华严宗——"孔教者佛法之华严宗也"[2]。从这个意义上说，康有为的大同思想不啻为孔教与华严宗的和合。谭嗣同在《仁学》中将"《华严》及心宗相宗之书"列在书目单之首，将华严宗置于佛学之首。由此可见，谭嗣同首推华严宗，华严宗在他的大同思想中同样具有首屈一指的地位和作用。另一方面，康有为、谭嗣同对包括华严宗在内的学教予以不同侧重和诠释，以至于即便是佛学的同一素材在两人的思想中也会呈现出不同况味。就大同思想来说，华严宗为康有为提供了处理现实与理想的思维方式，却使谭嗣同在一与一切的相即相入中领悟了自度与度人的圆融无碍。以华严宗的基本教义——四法界说为例，两人沿着不同思路对四法界说予以阐发，演绎出不同的华严圣境，折射出对大同社会的不同态度和理解：康有为由四法界说推演出过去、现在和未来的圆融无碍，由此断言据乱世、升平世与太平世即大同世因时因地制宜，可以并行不悖。循着这个逻辑，他一面断言大同社会彻底实现"男女平等各自独立"[3]，人与众生平等；一面强调"时之未至，不能躐等"，反对在当下讲平等，言大同。谭嗣同由四法界说推演出"一多相容"，"一入一切，一切入一"，从而泯

---

① 《南海康先生传》，《梁启超全集》第一册，北京出版社 1999 年版，第 487 页。

② 《南海康先生传》，《梁启超全集》第一册，北京出版社 1999 年版，第 494—495 页。

③ 《大同书》，中州古籍出版社 1998 年版，第 303 页。

灭一多对待。循着这个逻辑，他认为自度与度人是同一过程，通过世界万物的"融化为一"描述"致一"的大同状态，最终使大同之境演绎为"通天地万物人我为一身"①的无我之境。

透过对康有为、谭嗣同大同思想与佛学关系的分析可以发现，两人的大同思想均与佛学密切相关，或者说，都是借助佛学进行论证的。这既印证了康有为、谭嗣同大同思想的空想性，也流露出两人浓郁的宗教情结。对于这个问题，可以从两个方面予以理解：第一，康有为、谭嗣同都具有浓郁而炽热的宗教情结，佛教并非两人大同思想中的唯一宗教成分。综观康有为、谭嗣同的思想可以发现，除了佛教之外，两人的大同思想均杂糅了孔教、耶教等诸多宗教要素。第二，两人的宗教情结具有不同表现。例如，尽管同样吸收了佛教和孔教，然而，二者在康有为、谭嗣同大同思想中的比例、面目和作用却大相径庭。不仅如此，康有为对道教在内的其他宗教乐此不疲，故而梁启超评价康有为"宗教思想特盛"，并誉康有为为中国亘古未有的宗教家。就大同思想的建构来说，康有为将道教和神仙方术杂糅其中，这些显然并不在谭嗣同大同思想的来源之中。在谭嗣同的大同思想中，取而代之的则是基督教的救赎理念和爱人如己等教义。

四、对各种理论来源的不同和合与发挥

理论来源影响着思想面貌和内容构成，对康有为、谭嗣同大同思想理论来源的上述比较为辨析、判定二者的异同提供了证据支持。下面的内容显示，不同的理论来源不仅框定了康有为、谭嗣同大同建构的理论视域和思想范围，而且使二者循着不同的致思方向和逻辑框架展开，从而在主体内容上呈现出明显差异。

深入剖析康有为、谭嗣同大同思想的理论来源可以发现，两人在西

---

① 《仁学》，《谭嗣同全集》，中华书局 1998 年版，第 295 页。

学、中学与佛学等领域的不同侧重和取舍对于造成彼此大同思想的差异产生了不同的作用，故而不可对之等量齐观。进一步剖析可以看到，康有为、谭嗣同在西学和中学方面的差异并不属于本质区别，对于大同思想的差异没有决定性影响，而真正使两人大同思想相去霄壤的是佛学方面的差异。之所以下如此判断，理由有三：第一，容纳西学受制于中国近代的历史背景和文化语境，与救亡图存、思想启蒙的立言宗旨密切相关。因此，这一做法是康有为、谭嗣同的所有思想——包括大同思想在内的共性，甚至可以说是近代哲学家的共识。至于两人对西学的不同取舍则是在都以自然科学为主——这一点已经显示了康有为、谭嗣同对西学侧重的相同性，而与梁启超、严复、孙中山等人相差悬殊的前提下进行的，可谓是大同小异。第二，在对中学进行取舍的过程中，康有为、谭嗣同都以孔子、庄子讲大同，并且异口同声地强调庄子是孔子后学。这些在近代哲学乃至整个中国哲学史中是独特的，也表明两人的观点是最接近的。问题的关键是，尽管康有为、谭嗣同的大同思想展示出对孔子与庄子的不同权重，扩大到对中学的取舍来看，区别显然不是主要方面。第三，康有为、谭嗣同对佛学的态度从根本上说不是量上的侧重而是质上的取舍，由此决定了两人大同思想的不同底色和意趣。一言以蔽之，康有为的大同思想依托孔教，兼容佛教；谭嗣同的大同思想则依托佛教，吸收包括孔教、耶教在内的多种宗教。沿着这个思路，康有为的大同思想在以孔子的名义发出的前提下，将大同说成是孔门之归宿和孔教之诉求。谭嗣同则秉持佛教的致思方向和价值旨趣，从泯灭差异、消除彼此的角度建构大同。于是，康有为建构了大同的儒学形态和样式，谭嗣同则建构了大同的佛学形态和样式。正是这一点使康有为、谭嗣同的大同建构呈现出本质区别，最终形成了两种不同的大同版本。

康有为的大同思想主要来源于孔子、孟子和董仲舒等人的仁学、不忍人之心的人性论即性善说和西方的天赋人权论。这表明，他的大同思想以儒家为主要来源，依托儒学、兼容西学和佛学建构而成。其实，不惟大同思想，就康有为的全部思想而言，儒家情结是第一位的，这一点从他的著述题目上即可一目了然①。与儒学情结和学术意趣互为表里，在康有为的大同思想中，孔子的思想是第一位的，儒学占有绝对优势。依据康有为的观点，如果说大同是孔子的微言大义和高级之学的话，那么，对孔子大同思想直接进行发挥的则是孟子。由此，康有为一面对孔子顶礼膜拜，一面对孟子推崇备至。正是在这个意义上，他断言："孟子乎真得孔子大道之本者也。……今考之《中庸》而义合，本之《礼运》而道同，证之《春秋》、《公》、《榖》而说符。然则，孟子乎真传子游、子思之道者也。直指本来，条分脉缕，欲得孔子性道之原，平世之大同之义，舍孟子乎莫之求矣。……举中国之百亿万群书，莫如《孟子》矣。传孔子《春秋》之奥说，明太平大同之微言，发平等同民之公理，著隶天独立之伟义，以拯普天生民于卑下钳制之中，莫如孟子矣！……吾中国之独存此微言也，早行之乎，岂惟四万万神明之胄赖之，其兹大地生民赖之！吾其扬翔于太平大同之世久矣！"②无论康有为的思想是否"貌孔心夷"，有一点是可以肯定的，那就是：离开了孔子、孟子以及六经四书等儒家人物和儒家经典，康有为不可能完成大同思想的建构。

谭嗣同虽然也像康有为那样肯定大同理念滥觞于孔子、语出《礼记·礼运》篇，但是，他的大同思想却是有别于康有为大同思想的另一种形态和样式。原因在于，谭嗣同并不像康有为那样具有儒学情结，反而对儒家持批判态度。这先天地注定了谭嗣同不可能像康有为那样以儒学为母版建构大同，而势必在儒学之外独辟蹊径。结果是，谭嗣同找到了佛学，他的大同思想即以佛学为皈依。受佛学浸染，谭嗣同不是像康有为那样侧重从社会形态或社会制度的角度界定大同，将大同社会理解为与据乱世、升平世对应的太平世；而是侧重从存在状态或宇宙本相的维度界定大同，将大同理解为破除对待的"洞澈彼此，一尘不隔"，也就是他向往的"通

---

① 康有为的主要著作有《新学伪经考》、《孔子改制考》、《春秋董氏学》、《春秋笔削大义微言考》、《孟子微》、《论语注》、《中庸注》、《礼运注》等。这些著作所依据的主要文本是以《春秋》为首的六经和四书，思想来源则是以孔子、孟子和董仲舒为代表的儒家思想。

② 《孟子微》，《康有为全集》第五集，中国人民大学出版社2007年版，第412—413页。

天地万物人我为一身"的状态。因此，在谭嗣同那里，大同建构直接脱胎于佛学的"一多相容""三界唯心"，基本思路便是"一入一切，一切入一"。正是由于这个原因，谭嗣同将佛学与庄子的思想相杂糅，开辟了一条以破对待为指向的大同之路。显而易见，这与康有为针对宗法等级提出的"破除九界"的大同之路相去甚远。至于谭嗣同大同思想中的西学要素，则既不是康有为所关注的空想社会主义，也不以天赋人权论为主，而是以基督教的爱人如己、救世观念与包括以太、电、力、脑科学、生理学和解剖学在内的形形色色的自然科学相和合。当然，对于谭嗣同来说，这些不同内容在大同建构中都与佛学联系在一起。基督教的爱人如己和救世观念以及以太与佛学的慈悲相互印证，各种自然科学则与"一多相容""一入一切，一切入一"的破除对待相互印证。正是在以佛学为母版、容纳各色思想的基础上，谭嗣同建构了佛学形态的大同样式，或曰大同思想的佛学形态。

中国近代哲学和文化面对古今中西之辨，近代哲学家不仅具有全球视域，而且拥有多元心态。作为近代哲学的一部分，康有为、谭嗣同的大同思想杂糅了西方近代、中国古代与佛学等多种学说和思想元素。如果说容纳西学要素是近代与古代大同思想的学术分水岭的话，那么，利用西方自然科学和以佛学为主的各种宗教为大同思想提供辩护则在拉近康有为、谭嗣同之间的距离的同时，也使两人的大同思想与其他近代哲学家——孙中山特别是与五四新文化运动者——蔡元培、李大钊等人的大同思想渐行渐远。如果说这些都体现了康有为、谭嗣同大同思想的相同性的话，那么，在这个前提下必须进一步澄清的是，两人对中学、西学和佛学不仅具有不同的取舍和侧重，而且以不同方式对三者予以和合和杂糅。换言之，虽然康有为、谭嗣同的大同思想都融贯中学、西学和佛学，但是，两人对三者进行了不同的重组和发挥。如果说对西学、中学和佛学的不同取舍奠定了康有为、谭嗣同大同思想的不同底色和母版的话，那么，对三者的不同发挥则预示了两人大同建构的不同理念和路径。这些共同证明，康有为、谭嗣同的大同思想具有不容忽视的差异性，不仅选择了不同的来源和母版，而且创生了不同的样式和形态。

第五节　大同近代形态第一阶段的两种样式

一方面，康有为、谭嗣同的大同思想属于近代形态的第一阶段，彼此之间具有诸多相似之处，并且与其他近代哲学家相去甚远。另一方面，两人的大同思想无论理论来源还是主体内容均呈现出明显差异，故而不可等量齐观。下面的分析显示，康有为、谭嗣同的大同理念属于两种不同的版本，代表了近代大同形态第一阶段的两种样式。

一、儒学与佛学的不同蓝本

作为对不同理论来源和主体内容进行和合的结果，康有为、谭嗣同的大同建构依托不同的蓝本。一言以蔽之，如果说康有为的大同思想以儒学为母版的话，那么，谭嗣同的大同思想则以佛学为底色。

康有为的大同思想主要来源于儒家，不仅是以孔子的名义发出的，而且是依托孔子和儒家人物的思想阐发的。他指出，孔子主张进化，《春秋》寓含了孔子托古改制的微言大义，书中记载的"所见之世""所闻之世""所传闻之世"分别代表了据乱世、升平世和太平世。其中，升平世是小康之世，太平世是大同之世，也就是大同社会。沿着这一思路，康有为由始至终强调大同社会是孔子的理想愿景，甚至断言"大同者，孔门之归宿"。对此，他借助《论语·公冶长》篇的"盍各言尔志"章论证说："老者养之以安，朋友与之以信，少者怀之以恩，此明大同之道，乃孔门微言也。《礼运》孔子曰：大道之行也，与三代之英，丘未之逮，而有志焉。盖孔子之志在大同之道，不能行于时，欲与二三子行之。子路愿与人同其财物，故以车马衣裘与人共，'货恶弃地，不必藏于己'也。颜子愿与人同其劳苦，所谓'力恶其不出于身，不必为己'也。孔子与人如同体、同胞、同气，所谓'天下为公，不独亲其亲，子其子，老有所终，壮有所用，幼有所长'也，使普天下人，各得其欲，各得其所。三者虽有精粗大小，而其志在大同则一也。大同者，孔门之归宿，虽小康之世，未可尽行，而孔门远志，则时时行之，故往往于微言见之。"①

《礼记·礼运》篇的"大道之行也，天下为公"是身处据乱世的孔子对逝去的远古社会的追忆，并且表达了"丘未之逮"的惆怅。康有为将"天下为公"与大同社会相提并论，借此断言孔子追求大同，并以记载孔子言行的《论语》与作为大同出处的《礼记·礼运》篇互证——既坐实了孔子对大同的所有权，又奠定了他本人以孔子名义、秉持儒家立场演绎大同的理论准备。在此基础上，康有为进而指出，三世说寄托了孔子的大同理想，大同作为孔子思想的主题和归宿就寓于孔子著述的微言之中，《礼记·礼运》篇尤为如此。正是在这个意义上，康有为声称："读至《礼运》，乃浩然而叹曰：孔子三世之变、大道之真，在是矣。大同小康之道，发之明而别之精，古今进化之故，神圣悯世之深，在是矣。相时而推施，并行而不悖，时圣之变通尽利，在是矣。是书也，孔氏之微言真传，万国之无上宝典，而天下群生之起死神方哉！"②按照他的说法，《礼记·礼运》篇寄寓了孔子的微言大义，浓缩了孔子的大同之道。

进而言之，康有为对孔子与大同关系的论述从两个相互递进的维度展开：从表层看，康有为肯定大同社会是孔子的理想追求，不惟《礼记·礼运》篇，孔子所作的六经皆寄予了通过托古改制而由据乱世至大同世的渴望。从深层看，康有为确信，通过发明孔子的微言大义，就可以窥见乃至再现大同之道。这意味着对大同之道的阐发必须依据儒家经典也就是他坚称的孔子所作的六经，也注定了他的大同思想以儒学为依托和母版。可以看到，康有为不仅坚信大同社会是孔子的梦想，而且以孔子的名义建构大同之境——一面断言仁是孔子思想的宗旨，"该孔子学问只一仁字"③；一面宣称仁的基本内涵是自由、平等和博爱，以仁为宗旨表明孔子主乐，孔教

---

① 《论语注》，《康有为全集》第六集，中国人民大学出版社 2007 年版，第 415 页。

② 《礼运注》，《康有为全集》第五集，中国人民大学出版社 2007 年版，"叙"，第 553 页。

③ 《南海师承记卷二·讲孝弟任恤宣教同体饥溺》，《康有为全集》第二集，中国人民大学出版社 2007 年版，第 250 页。

顺人情而乐人生。在他看来，大同社会既是依托于公羊三世依次演进的人类历史的最后阶段，也是仁的最高境界和自由、平等的最终实现，故而能够最大程度地满足人的欲求。由此可见，康有为的大同思想是以孔子的名义发出的，并且是以儒家思想为母版进行建构的。反过来，以儒家思想为母版，他将大同社会描述成"至仁""至平""至公""至善""至美""至乐"的人间天堂，并且反复强调这一切都是孔子的微言大义。

佛学是谭嗣同大同思想最主要的理论来源，他的大同建构必然以佛学为底色和母版。这集中体现为谭嗣同对大同之"同"的界定带有"一多相容""圆融无碍"的印记，秉持佛学特别是华严宗的致思方向和价值意趣。正是沿着"一即一切，一切即一"的逻辑，他将大同最终演绎为破除一切对待而没有生灭、是非、善恶和苦乐之别的"致一""融化为一"。

值得注意的是，大同是仁的最终实现，仁是孔教、佛教和耶教的共同追求，是康有为、谭嗣同的共识，也意味着大同社会是孔教、佛教和耶教的题中应有之义。在这个前提下应该看到，两人对于大同社会的建构分别沿着孔教与佛教两个不同的方向展开，呈现出一儒学、一佛学的不同模式和形态。有鉴于此，与康有为以孔子的名义进行、倚重儒家思想建构大同相映成趣，谭嗣同的大同建构一再凸显佛学的强势和中坚地位。例如，他认为，大同社会同一宗教、同一文化，对于何种宗教、何种文化足以承担未来社会全球群教同一、文化同一的重任，佛教毫无悬念地成为他的不二选择。于是，谭嗣同多次写道：

> 至于教则最难言，中外各有所囿，莫能折衷，殆非佛无能统一之矣。①

> 佛教能治无量无边不可说不可说之日球星球，尽虚空界无量无边不可说不可说之微尘世界。尽虚空界，何况此区区之一地球。故言佛

———————
① 《仁学》，《谭嗣同全集》增订本，中华书局1998年版，第354页。

教，则地球之教，可合而为一。①

康有为在《大同书》中断言："至于是时（指大同社会——引者注），孔子三世之说已尽行，……盖病已除矣，无所用药；岸已登矣，筏亦当舍。"②他一面明确指出孔教在大同社会与耶教（基督教）、回教（伊斯兰教）一样被取消，一面肯定大同社会佛教盛行。尽管如此，不可将康有为的这一说法与谭嗣同关于未来社会以佛教统一群教、群学的观点混为一谈。原因在于，谭嗣同的大同思想以佛学为母版，不可与康有为以儒学为母版等量齐观：第一，从名义上看，康有为一再凸显大同与孔子之间的关系，谭嗣同在承认大同出于《礼记·礼运》篇、是孔子提出的之后，并没有像康有为那样刻意强调大同与孔子之间的密切相关。第二，从来源上看，康有为的大同思想以儒学为主要来源，借助孔子、孟子以及六经的思想进行诠释；谭嗣同大同思想的理论来源以佛学为主体，容纳了作为孔学嫡传的庄子的思想；同时极力排斥儒家思想，更没有像康有为那样强调孟子传孔子的大同之学或援引孟子思想诠释大同。第三，康有为的《大同书》所描述的大同社会有佛教亦有道教，不同于谭嗣同所讲的未来社会以佛教统一包括孔教、耶教在内的"群教"。

二、建构与解构的别样运思

来源决定内容，不同的理论来源决定了康有为、谭嗣同的大同思想具有不同的主体内容，无论是理论来源的选择还是主体内容的侧重最终都凝聚为两人对于大同思想的不同运思。究而言之，康有为、谭嗣同大同思想的理论来源之所以迥然相异，既有受制于当时的学术状况、文化资源而属于时代使然的一面，又有受制于个人的学术兴趣、情感好恶而属于主观选择的一面。

---

① 《仁学》，《谭嗣同全集》增订本，中华书局1998年版，第352页。
② 《大同书》，中州古籍出版社1998年版，第365页。

这就是说，两人大同思想的来源差异并非偶然的而是带有某种必然性；而必然性之中既有客观原因，也有主观原因；其中的主观原因流露出康有为、谭嗣同对于大同思想的不同运思，表明两人的大同建构具有不同的致思方向和思想旨归。通过比较可以发现，如果说出于不同的致思方向和思想主旨，康有为、谭嗣同在现有条件下选择了不同的理论来源和思想要素的话，那么，反过来，借助不同的理论来源和思想要素，两人的大同思想分别以建构与解构两种截然不同乃至对立的方式展开，并且渐行渐远。

大同社会作为对未来世界的设想与现实之间具有一段距离，甚至可以说，是对现实的反思和批判。正是由于这个原因，康有为、谭嗣同在建构大同思想的过程中以启蒙思想家的姿态出现，表现在理论侧重上是抨击现实，表现在话语结构上便是喜欢使用否定词——康有为使用最多的是"去"，谭嗣同使用最多的则是"破"。

康有为使用的"去""破"都有解构之义，解构对象包括现实社会存在的一切不合理现象，矛头直指人与人之间的不平等。以康有为集中描述大同社会的《大同书》为例，全书共十部（章），除了第一部之外，其余九部都以"去"为标题，分别是"去国界合大地""去级界平民族""去种界同人类""去形界保独立""去家界为天民""去产界公生业""去乱界治太平""去类界爱众生""去苦界至极乐"。这九部所"去"对应的分别是造成现实社会苦难的"九界"。在他看来，"九界"是现实社会一切苦难的根源，拯救世界、通往大同的具体办法舍"破除九界"之外别无他途。这用康有为本人的话说便是："总诸苦之根源，皆因九界而已。九界者何？一曰国界，分疆土、部落也；二曰级界，分贵、贱、清、浊也；三曰种界，分黄、白、棕、黑也；四曰形界，分男、女也；五曰家界，私父子、夫妇、兄弟之亲也；六曰业界，私农、工、商之产也；七曰乱界，有不平、不通、不同、不公之法也；八曰类界，有人与鸟、兽、虫、鱼之别也；九曰苦界，以苦生苦，传种无穷无尽，不可思议。吾救苦之道，即在破除九界而已。"①

① 《大同书》，中州古籍出版社1998年版，第86页。

谭嗣同使用的"破"与康有为使用的"去"同义，均有"破除""消除""解除""铲除""清除"等多种含义，总括起来不外乎解构之义。大同社会是一个不同于现实世界的新世界，只有推翻旧世界，才能迎来作为新世界的大同社会。这就是说，消除现有的不合理现象是通往大同的必经之路，康有为、谭嗣同的大同建构均有一个解构过程。

康有为在声称拯救苦难的办法是"破除九界"的同时，提出了相应的重建措施，对大同社会的构想破与立同时进行。对于所破"九界"的具体内容和"破除九界"之目的何在，他提出了明确的目标。康有为指出："第一曰去国界，合大地也；第二曰去级界，平民族也；第三曰去种界，同人类也；第四曰去形界，保独立也；第五曰去家界，为天民也；第六曰去产界，公生业也；第七曰去乱界，治太平也；第八曰去类界，爱众生也；第九曰去苦界，至极乐也。"① 由此可见，康有为不仅逐一说明了所破"九界"具体是什么，而且明确了破的目的所在，也就是在解构的同时提出了重构的设想。正因为如此，他在破除每一界之后，紧接着提出了相应的重建构想："去国界"之后"合大地"，以"去国界"始，以便设立"公政府"而"合大地"；"去级界"之后"平民族"，目的是消除人与人之间由于贵贱、等级造成的等级，使人享有自由、自主之权；"去种界"之后"同人类"，去掉不同人种之间的黄、白、棕、黑之肤色以及由此导致的种族与种族之间的不平等，使人类形貌同一；"去形界"之后"保独立"，消除男女之间的不平等，真正实现"男女平等各自独立"；"去家界"之后"为天民"，旨在取消家庭，使人摆脱家庭的羁绊，"直隶于天"，更好地享受与生俱来的平等和自主之权；"去产界"之后"公生业"，弥合农工商，铲除私有制，目的在于"至公"；"去乱界"之后"治太平"，旨在通过去除不平、不通、不同、不公之乱象，臻于"至平""至公""至仁""至善""至乐"；"去类界"之后"爱众生"，目的是使人与鸟、兽、虫、鱼共享大同；"去苦界"之后"至极乐"，消除苦难还不够，因为消除苦难不是目的，目的是追求极乐。

---

① 《大同书》，中州古籍出版社 1998 年版，第 86—87 页。

谭嗣同的"破"是从破对待开始的，破对待是谭嗣同哲学的核心话题之一。由此不难想象，破在谭嗣同那里与对待一样是一个重要的哲学概念，不像在康有为那里那样只是一种进入大同的手段而已。与破对待在谭嗣同哲学中的重要性以及他对破对待的执著一脉相承，破对待不仅影响着他的思维方式，而且决定着他的价值意趣。这表现在大同理念上便是一破到底。换言之，谭嗣同只是专注于破而没有破之后的立——或者说，缺少与破相对应的立。在他所要破的对待中，不仅包括人我、彼此之对待，而且包括是非、善恶、淫礼、苦乐和名言等一切之对待。与这种彻底、决绝的"破"相伴而来的是，谭嗣同对大同的设计着力于破的一面而罕言立的一面。例如，他所理解的大同社会是一种取消国家、全球一体的状态，这与康有为对大同社会的界定如出一辙。尽管如此，谭嗣同对大同状态的描述则另有一番况味："无国则畛域化，战争息，猜忌绝，权谋弃，彼我亡，平等出；且虽有天下，若无天下矣。君主废，则贵贱平；公理明，则贫富均。"① 谭嗣同心目中的大同社会取消国界、消弭战争、废除君主，政治、经济平等，这些都与康有为的主张大同小异；所不同的是，谭嗣同的表达给人强烈震撼或令人触目惊心。这段话并不长，频频出现的是否定性词汇——"息""绝""弃""亡""无"。这些词是彻底否定性的，破坏性极大，并且只有破坏而没有与之对应的建设。很显然，谭嗣同的这一致思与康有为在《大同书》中一面破坏、一面建设形成了鲜明对照。

为了推翻旧世界而进入作为新世界的大同社会，"去""破"是必要的，也是必须的。解构旧有的不合理存在，呼吁"去""破"是康有为、谭嗣同作为启蒙思想家的本色。问题的关键是，破的目的是什么？破究竟是手段还是目的？换言之，究竟是为了立而破还是为了破而一破到底？这是康有为与谭嗣同的区别所在，也使两人的大同运思呈现出不同乃至对立的态势。一言以蔽之，在康有为那里，破与立密不可分，解构与建构作为一个过程的两个方面而不可偏废。在谭嗣同那里，破既是手段，又是目的本

---

① 《仁学》，《谭嗣同全集》，中华书局 1998 年版，第 367 页。

身，故而只有破而没有立。

三、求乐与无乐的迥异心态

康有为、谭嗣同皆将对未来社会的想象寄托于大同社会，所描述的大同愿景却天差地别。对于令人向往的大同社会究竟什么样，康有为的回答是，"愿求皆获"，"人人极乐"；谭嗣同的回答是，消除了所有对待，无苦亦无乐。

康有为认为，孔子对乐孜孜以求，主乐是孔子有别于老子、墨子的立教宗旨。老子不仁，坏心术，严刑酷法桎梏百姓，使人痛苦而不能乐人生是必然的；墨子虽然心眼好，以至于"甚仁"，却与老子一样将人生弄得苦不堪言，原因在于"非乐"。孔子仁智并提，既在立教宗旨上尚仁而求乐，又由于仁智并提找到了求乐的方便法门，那便是：礼乐并重，魂魄兼修，故而乐人生。因此，作为孔子宗旨的仁就包含着乐，作为孔子梦中乐土的大同社会就是一个极乐世界。沿着这一思路，康有为强调，着意发挥孔子之仁的孟子所讲的"与民同乐"便是对大同之乐的畅想。对此，康有为提交的证据是："孟子之说，太平大同制也。大同之世，人人以公为家，无复有私，人心公平，无复有贪，故可听其采取娱乐也。……公学校、公图书馆、公博物院、公音乐院，皆与民同者。凡一切艺业观游，足以开见闻，悦神思，便民用者，皆有公地以与民同，此乃孟子之意。孟子之学全在扩充，学者得其与民同之义，固可随时扩充而极其乐也。"[①]《孟子·梁惠王下》篇记载了孟子与梁惠王的对话，其中有"与民同乐"之语。康有为将之说成是民主和君臣平等的样板，不仅以此证明孟子讲大同之乐，而且沿着大同之同与平等之平等量齐观的一贯逻辑，将"至乐"与"至平""至公""至善"一起视为大同社会的基本特征。在康有为那里，大同社会"至乐"具有社会与个人的双重保障：从社会方面说，由于"至平""至公"，

---

① 《孟子微》，《康有为全集》第五集，中国人民大学出版社 2007 年版，第 461 页。

大同社会分配公平；高度电气化、机械化和自动化提高了生产效率，为社会储备了丰富的资源，完全可以供人"采取娱乐"。这就是说，大同社会完全能够按需分配。从个人方面说，在大同社会，人人有士君子之行，由于人性至善——无私、公平、无贪，每个人都不会在个人享乐时损害他人或社会的利益，故而可以尽情享乐。总之，对于康有为设想的大同社会而言，如果说经济发达为社会福利提供了社会保障的话，那么，性善则为人权——也就是他所说的"极其乐"提供了人性保障。很显然，无论是"与民同乐"还是性善说都拉近了孟子与大同之间的距离。按照康有为的说法，孔子托古改制，讲三世，而三世进化就是一个由据乱世之苦至大同世之乐的过程。孔子心系大同，目的之一就是追求乐——当然，他自己构建大同理想，就是引领致乐之道。对此，康有为表白说："吾采得大同、太平、极乐、长生、不生、不灭、行游诸天、无量、无极之术，欲以度我全世界之同胞而永救其疾苦焉，其惟天予人权、平等独立哉，其惟天予人权、平等独立哉！吾之道早行则早乐，迟行则迟乐，不行则有苦而无乐。"①

康有为主张"求乐免苦"，并肯定"求乐免苦"是人共同步入大同的动机，由此力图将大同社会打造成一个"至乐"世界。通览他描述大同社会的《大同书》不难发现，全书的逻辑主线是去苦至乐。《大同书》共十部，首部（甲部）是"入世界观众苦"，尾部（癸部）是"去苦界至极乐"。"入世界观众苦"是为了"去苦界至极乐"，中间各部便是去苦至乐的具体步骤。这使人不由想起佛教的四谛说，由苦谛起，经由集谛，由道谛、灭谛指向摆脱苦难的真如、涅槃之乐。事实上，康有为所追求的乐的确与宗教密切相关，或者说包括宗教乃至佛教之乐。《大同书》的谋篇布局和逻辑框架便是大同之人对神仙道教趋之若鹜，对佛教顶礼膜拜的原因所在。

在这个前提下尚须看到，乐对于康有为来说并不限于宗教之乐，而是包括物质之乐、肉体之乐和精神之乐。对此，他在《大同书》中有过明确说明和归纳。现摘录如下："人生而有欲，天之性哉！……生人之乐趣，

---

① 《大同书》，中州古籍出版社 1998 年版，第 303 页。

人情所愿欲者何？口之欲美饮食也，居之欲美宫室也，身之欲美衣服也，目之欲美色也，鼻之欲美香泽也，耳之欲美音声也，行之欲灵捷舟车也，用之欲使美机器也，知识之欲学问图书也，游观者之欲美园林山泽也，体之欲无疾病也，养生送死之欲无缺也，身之欲游戏登临，从容暇豫，啸傲自由也，公事大政之欲预闻预议也，身世之欲无牵累压制而超脱也，名誉之欲彰彻大行也，精义妙道之欲入于心耳也，多书、妙画、古器、异物之欲罗于眼底也，美男妙女之欲得我意者而交之也，登山、临水、泛海、升天之获大观也。精神洋洋，览乎大荒，纵乎八极，徜徉乎世表，世人之大愿至乐，而大同之世人人可得之者也。"①引文中的"知识之欲学问图书""游观者之欲美园林山泽""多书、妙画、古器、异物之欲罗于眼底"等与康有为对《孟子·梁惠王下》篇"与民同乐"的演绎相印证。可以看到，大同社会各种乐一应俱全，除了耳、目、口、鼻之乐，还有居住、外出、消费和健康等日常生活之乐。当然，其中最引人注目的则是旅游、娱乐、游戏、知识、参政、自由、自主、名誉等各种精神之乐和政治之乐。值得注意的是，他在这里既提到了名目繁多的乐，又肯定大同社会人人至善，故而人人皆有权利享受乐而臻于至乐。这用康有为本人的话说便是："大同之世，人人极乐，愿求皆获。"②基于这一理解，他一再强调，大同世界"至乐"——不仅消除了一切苦难，而且极尽享乐乃至奢侈至极。

与求乐之意趣密切相关，作为宗教情结的表现，康有为的大同乐园中加入了神仙道教长生不死的神话，并且提到了列子。例如，他在《大同书》中这样写道："孔子之太平世，佛之莲花世界，列子之甂甄山，达尔文之乌托邦，实境而非空想焉。"③提及列子表明，康有为具有神仙情结。事实上，他不仅对养生长生兴趣盎然，而且将道教纳入到对大同社会的构想之中。道教的痕迹既使康有为的大同思想指向了"求乐免苦"的主旨，又显示了与谭嗣同大同思想的差异。谭嗣同大同思想的来源和构成中没有

---

① 《大同书》，中州古籍出版社 1998 年版，第 76 页。

② 《大同书》，中州古籍出版社 1998 年版，第 77 页。

③ 《大同书》，中州古籍出版社 1998 年版，第 106 页。

道教，对道教的贬损更是使他的大同理想与神仙世界天悬地隔。

如果说康有为的大同世界是极乐世界的话，那么，谭嗣同的大同世界则无乐可言。进而言之，大同世界之所以从康有为那里的极乐变成了谭嗣同这里的无乐，不是因为谭嗣同反对乐或反对享乐主义，而是因为在谭嗣同的视界中压根就没有苦与乐之别，自然也就无所谓苦，无所谓乐，因而也就谈不上康有为所讲的求乐和至乐。

进而言之，谭嗣同之所以得出无苦乐之分的结论，以至于将乐与苦一起从大同社会中剔除，缘于破对待而一破到底的有破无立，最终在一如既往的破对待中解构了苦而遗忘了乐。对于这一点，通过谭嗣同与康有为的比较则看得更加清楚：对于康有为来说，大同社会之乐对应现实社会之苦。"去苦界至极乐"集手段、途径与目标、宗旨于一身，其中，"去苦界"是手段、途径，"至极乐"是目标、宗旨。对于谭嗣同来说，大同社会的途径是破除对待，不仅要破除人我、彼此之对待和善恶、苦乐之对待，而且只有破除善恶、苦乐之对待才能破除彼此、人我之对待。这使他将矛头指向了善恶、苦乐之对待，试图从名言入手从根本上解构善恶和苦乐。

按照谭嗣同的说法，善恶只是名言，作为人为之词是相对的。伴随善恶相对而来的是，杀人和淫都有了新的判断标准。对此，他宣称："人亦一物耳，是物不惟有知，抑竟同于人之知，惟数多寡异耳。或曰：'夫如是，何以言无性也？'曰：凡所谓有性无性，皆使人物归于一体而设之词，庄所谓道行之而成，物谓之而然也。谓人有性，物固有性矣；谓物无性，人亦无性矣。然则即推物无知，谓人亦无知，无不可也。"[1]在中国文化特别是古代文化的语境中，善恶与人性如影随形。谭嗣同对善恶观念的颠覆超越人性之有无，是对人性、善恶的彻底解构。循着他的逻辑，既然名是人设之词，便具有随意性和人为的主观性。因此，对于名，可以这样称谓，也可以那样称谓。对于人性如此，对于善恶也不例外。同样的道理，恶、淫只不过是名而已，恶的极致是淫、杀，然而，淫行于夫妇、杀行于

---

[1] 《仁学》，《谭嗣同全集》，中华书局1998年版，第311页。

杀人者即是善。这是因为，淫与杀以及一切善恶、仁礼一样，说到底无非是名而已。既然是名，又有何确定性呢？谭嗣同进一步论证说，将男女之欲斥之为淫也是以名乱实的结果。其实，淫与礼之间并无固定界线，淫是由于命名带来的，从根本上说属于观念问题。既然如此，如果像西方那样，男女平等，自由交往，不觉男女之异，也就自然杜绝了淫之念；彻底涤荡了淫之念，便不会有淫之事。正是在这个意义上，他写道："苟明男女同为天地之菁英，同有无量之盛德大业，平等相均，初非为淫而始生于世，所谓色者，粉黛已耳，服饰已耳，去其粉黛服饰，血肉聚成，与我何异，又无色之可好焉。则将导之使相见，纵之使相习，油然相得，澹然相忘，犹朋友之相与往还，不觉有男女之异，复何有于淫？"①

需要说明的是，谭嗣同解构淫之观念，取消男女之异不是像康有为那样将饮食男女归为人之乐，而是沿着另一思路推出饮食男女无乐可言。对于男女之异，谭嗣同的看法是："夫男女之异，非有他，在牝牡数寸间耳，犹夫人之类也。"② 在这个前提下，他利用西方自然科学以"实证"的态度和方法解释男女之事，由此发出了——系列宏论乃至怪论。现摘录如下：

> 而不知男女构精，特两机之动，毫无可羞丑，而至予人间隙也。中国医家，男有三至、女有五至之说，最为精美，凡人皆不可不知之。若更得西医之精化学者，详考交媾时筋络肌肉如何动法，涎液质点如何情状，绘图列说，毕尽无余，兼范蜡肖人形体，可拆卸谛辨，多开考察淫学之馆，广布阐明淫理之书，使人人皆悉其所以然，徒费一生嗜好，其事乃不过如此如此，机器焉已耳，而其动又有所待，其待又有待，初无所谓淫也，更何论于断不断，则未有不废然返者。遇断淫之因缘，则径断之。无其因缘，盖亦奉行天地之化机，而我无所增损于其间。佛说："视横陈时，味同嚼蜡。"虽不断犹断也。西人男

① 《仁学》，《谭嗣同全集》，中华书局 1998 年版，第 304 页。
② 《仁学》，《谭嗣同全集》，中华书局 1998 年版，第 303 页。

女相亲，了不忌避，其接生至以男医为之，故淫俗卒少于中国。遏之适以流之，通之适以塞之，凡事盖莫不然，况本所无有而强致之，以苦恼一切众生哉。遇断杀之因缘，亦径断之，可也。即不断，要不可不断于心也。辟佛者动谓断淫则人类几绝；断杀则禽兽充塞。此何其愚而悍也！人一不生不灭者，有何可绝耶？禽兽亦一不生不灭者，将欲杀而灭之乎？野处之禽兽，得食甚难，孳衍稍多，则无以供，虽不杀之，自不能充塞。其或害人，乃人之杀机所召，不关充塞不充塞也。家畜之禽兽，尤赖人之勤于牧养，刍豢偶缺，立形衰耗。明明人将杀之，而故蓄之，岂自能充塞乎？以论未开化之游牧部落或可耳，奈何既已成国，既艰食而粒我，犹为口腹残物命，愈杀以愈生，顾反谓杀之始不充塞乎！故曰：世间无淫，亦无能淫者；世间无杀，亦无能杀者。以性所本无故。性所本无，以无性故。[①]

人之生命存在是复杂的有机体，有生理的、物质的和个体的层面，也有心理的、精神的和社会的层面，体魄、灵魂之欲望，是非、善恶之道德和诉求遂否之苦乐组成了现实人生的交响曲。谭嗣同的上述言论表明，他将人的存在动物化、生物化乃至万物化——对于这一点，谭嗣同前面所说"人亦一物耳"便是明证。不仅如此，他在将人物化的路上越走越远，借助西方新兴的科学仪器将人的生命活动机械化，从而推演出了令人咋舌的荒唐结论，最终开出的取消淫的办法是无"耻"——压根就没有耻。

更有甚者，借助对淫的解构，谭嗣同不仅取消了善恶之别，而且解构了苦乐之分，最终使人生无任何乐之可言。事实上，因循他的逻辑，不惟饮食男女，一切耳、目、口、鼻之欲皆无乐可言。谭嗣同不仅在对有性、无性的超越中连同饮食男女之欲一起否定掉，而且要去掉形体，彻底铲除人的欲望器官。他设想，未来之人不必饮食，只要"食于空气"而损其形体、增其灵魂与此可以互证。依据谭嗣同的设想，大同社会之人是没有体

---

① 《仁学》，《谭嗣同全集》，中华书局1998年版，第305页。

魄的"幽灵"。可怜的是，即使是"幽灵"也是没有思想的，因为人的思想、观念已经在通往大同社会的途中通过断灭意识而彻底消除了。总之，谭嗣同的大同社会没有乐，纵然乐，人也感觉不到。这与他提出的"超出体魄之上而独任灵魂"①的主张相一致，也使大同社会在远离饮食男女、不食人间烟火中不仅没有了享乐，而且没有了欢乐和生机。

对于谭嗣同的大同社会来说，伴随着苦乐之对待的破除，自然没有了乐。问题到此并没有结束，由于善恶、淫礼等对待的破除，人的日常生活被掏空，整个世界笼罩在一片虚空之中。如果说没有体魄也就没有了康有为大同社会中的形体之乐的话，那么，谭嗣同所讲的断灭意识、改变脑气筋之动法则使人没有了参政议政、好游历、好图书等种种精神之乐和宗教慰藉。

有鉴于此，如果说康有为的大同理念洋溢着快乐主义乃至享乐主义之气氛的话，那么，谭嗣同的大同社会则与其说是僧侣主义、禁欲主义的，毋宁说是虚无主义的。在谭嗣同的大同社会中，人无心享乐，社会也无乐可享。如果说康有为的大同社会奠基在"求乐免苦"的人性论、人生观之上，流露出对高度电气化、自动化和机械化给人类生活带来福祉的乐观心态、幸福憧憬的话，那么，谭嗣同的大同社会则在破除一切对待而彻底虚无中走向决绝和极端，暴露出极度悲观和绝望的情绪。

康有为、谭嗣同的大同思想作为大同近代形态的第一阶段拥有诸多相同之处——如削异求同，将大同理解为绝对平等或平均，将大同的实现寄托于宗教，在取消国界、同一人种和同一语言文字中走向极端，迷失在世界主义之中等等。尽管如此，却不可对二者等量齐观。上述内容显示，康有为、谭嗣同心目中的大同社会在意趣、内容和归宿等诸多方面呈现出明显差异，表明两人的大同理念拥有不同的思想底版、致思方向和心理底色。这是因为，康有为、谭嗣同对大同的规划、设计彼此相异，属于两种不同的版本，直观地展示了近代大同思想的多样性、丰富

---

① 《仁学》，《谭嗣同全集》，中华书局1998年版，第312页。

性和多变性。

稍加思考即可发现，康有为、谭嗣同大同样式的差异和版本的区别具有必然性，就隐藏在两人对宇宙本原的界定、诠释之中。具体地说，尽管两人建构的大同理想均与宇宙本原密不可分，并且都奉仁为世界本原，然而，康有为、谭嗣同对仁的理解却见仁见智。正是对仁的不同界定导致两人心目中的大同世界相去甚远：康有为认为，仁最基本的内涵是自由、平等、博爱，大同社会"至仁"，具体表现为"至平""至公""至善""至美"，故而"至乐"——由于善、乐是仁的题中应有之义，大同社会是一个至善至美的极乐世界。谭嗣同认为，不生不灭是仁之体，仁是宇宙本原表明，整个宇宙和包括人在内的世界万物都处于"旋生旋灭，即灭即生"的微生灭之中——大同社会作为"通天地万物人我于一身"的表现，是"洞澈彼此，一尘不隔"的状态。由此可见，康有为、谭嗣同对大同的理解均与仁密切相关，却分别循着儒学与佛学的逻辑、思路对仁予以诠释，由此导致对大同的不同描述。具体地说，康有为之仁等同于不忍人之心，并宣布仁以博爱为主，进化、求乐等均是仁的内在要求和体现；由此，"至善""至乐"也成为作为仁之最高境界的大同社会的题中应有之义。谭嗣同对大同的理解尽管与康有为一样从宇宙本原——仁而来，然而，他却没有将仁与不忍人之心相提并论；而是依托佛学将仁与慈悲之心相提并论，界定为不生不灭，进而在仁—通的破对待中利用庄子的名实论超越是非、善恶和苦乐之对待，也使大同社会没有了善与乐。

第六节　康有为、谭嗣同大同思想的关系

透过康有为、谭嗣同大同思想的差异性，可以全面理解两人大同思想的关系，进而更直观地体悟谭嗣同大同思想的原创性和独特性。上述内容显示，谭嗣同与康有为一样对大同社会魂牵梦萦，对大同世界的构想同样殚精竭虑。尽管如此，由于康有为作《大同书》集中描述了大同社会的理

想蓝图，而谭嗣同并无大同方面的专著，人们在提起大同思想特别是中国近代的大同思想时往往想到康有为而忽视了谭嗣同。更为致命的是，梁启超在介绍谭嗣同的思想时，将谭嗣同的大同思想说成是对康有为的直接继承和发挥。梁启超的思想影响极大，他的说法在无形中抹杀了谭嗣同大同思想的原创性和独特性。上述种种情况共同表明，康有为、谭嗣同大同思想的关系不仅仅是两人思想关系的一部分，对于理解两人的思想异同至关重要。探究、澄清康有为、谭嗣同大同思想的关系对于理解谭嗣同思想的原创性和独特性是必要的，也是必须的。

一、时间上的前后

辨析康有为、谭嗣同大同思想的关系，不可回避的是两人提出大同思想的时间问题。从逻辑上看，如果说康有为、谭嗣同在同一时间段内建构了大同思想，也就基本上排除了谭嗣同大同思想是对康有为大同思想发挥的可能性。问题的关键是，谭嗣同大同思想的提出确实晚于康有为。从时间上看，康有为的大同思想最早提出在十九世纪80年代，谭嗣同大同思想的萌发要晚十多年。据康有为本人在《我史》中披露，《大同书》的提出在1884年。谭嗣同阐发大同思想则在"北游访学"的途中，对大同思想进行完善和集中阐发则在稍后的《仁学》中。正如可能性并不等于现实性一样，逻辑上的可能性并不等于事实上的现实性。时间上的先后只是不排除谭嗣同继承康有为大同思想的可能性——或者说，充其量只能在逻辑上证明谭嗣同的大同思想具有继承康有为的可能性，这一点为康有为、梁启超的说辞提供了前提，却无法证明其现实性。至于谭嗣同究竟是否继承并发挥了康有为的大同思想则有待进一步证明。

可以明确的是，谭嗣同在"北游访学"的途中接触到康有为的大同思想，并大为折服，赞叹有加。这方面的证据有二：一是在诗中赞颂康有为的大同思想，一是在写给老师——欧阳中鹄的信中对康有为的大同思想发出了由衷感叹。谭嗣同写道："南海先生传孔门不传之正学，阐五洲大同之公理，三代以还一人，孔子之外无偶，逆知教派将宏，垂泽必远。"①凭借这两个事实可以断定，谭嗣同对康有为的大同思想是佩服的，甚至可以说，谭嗣同大同思想的萌芽是由于康有为大同思想的启发。换言之，谭嗣同始言大同是由于康有为的带动。这用梁启超的话说便是，谭嗣同在梁启超"盛言大同"的影响下才"盛言大同"的。从这个意义上说，谭嗣同的大同思想与康有为之间具有一定关系，其中也包括受到梁启超宣传康有为大同思想的影响。

在这个前提下尚须进一步澄清的是，肯定谭嗣同是在康有为大同思想的触发下喜言大同的——或者说，承认康有为对谭嗣同大同思想的提出有影响是一码事，判断影响究竟有多大尤其是评判何种影响则是另一码事。只有澄清了这些问题，才能真正把握谭嗣同的大同思想，从而全面、客观地评价康有为、谭嗣同大同思想之间的关系。对于这些问题的澄清可以是多角度、多方面的，无论方法方式如何，关键还是要用事实说话，归根结底离不开甚至取决于两人大同思想的异同。上述比较呈现了康有为、谭嗣同对大同思想的建构，从中可以感受到谭嗣同大同思想的原创性和独特性。

二、众人的评说

思想关系的探究具有多种方式，当事人和相关人的叙述无疑具有重要价值。下面着重从作为当事人的康有为、作为关系的梁启超和作为旁观者的蔡元培的评价入手，进一步剖析康有为、谭嗣同大同思想的关系。

首先，康有为是当事人，他的表述给人一种谭嗣同的大同思想是对康有为的继承和发挥的印象。

康有为为了悼念"戊戌六君子"作过《六哀诗》，其中的一首是悼念谭嗣同的。诗曰："闻吾谈春秋，三世志太平，其道终于仁，乃服孔教

---

① 《上欧阳中鹄二十二》，《谭嗣同全集》，中华书局 1998 年版，第 475 页。

精。"① 诗中的"太平"即太平世，也就是大同世。康有为在诗中一面肯定谭嗣同"志太平"，即谭嗣同心系大同，思想归于仁；一面强调这一切的前提是谭嗣同对自己思想的折服，大同思想就在其中。为了突出这一点，康有为称之为"闻吾谈……"。康有为之所以如此表述，旨在造成这样一种印象：谭嗣同是在听闻康有为讲述《春秋》三世说，依据《春秋》的微言大义推演太平之世、大同理想之后才折服孔教，并且由孔子之仁学建构大同思想的。值得注意的是，康有为在这里只突出了他与谭嗣同思想之同而没有提及两人思想的不同，并且，同中就包括大同思想。

面对康有为的说辞，尚须进一步追问和思考的是：谭嗣同固然推崇仁，然而，谭嗣同所推崇之仁在本质上是孔教之仁吗？进而言之，谭嗣同所讲的仁与康有为所讲的仁是相同的吗？答案显然是否定的。原因在于，谭嗣同所讲之仁以佛教为主，等同于识、慈悲而不是康有为所讲的博爱、不忍人之心。既然如此，康有为关于谭嗣同听闻自己讲仁和《春秋》三世说，进而建构仁学和大同思想的说法便有待进一步澄清。至于康有为在诗中提到的"乃服孔教精"，完全可以从两个截然不同的角度去理解：一方面，谭嗣同将诸子百家归结为孔教。从这个意义上说，谭嗣同服膺孔教，康有为所言不虚。另一方面，谭嗣同明确声称："佛教大矣，孔次大，耶为小。"② 从这个意义上说，他推崇佛教，即使讲大同也以佛教为主而不是像康有为本人的大同思想那样以孔教为主要来源。康有为认为谭嗣同主要从孔教以及公羊三世说中推演大同思想是对谭嗣同大同思想的一种误读。澄清了这些问题，结论便不言而喻：谭嗣同的大同思想即便受到康有为的启发或从康有为那里开始，其主体内容和走向也与康有为的大同思想渐行渐远。

其次，梁启超是关系人，他的说法——特别是他的影响力使许多人认同了谭嗣同的大同思想是对康有为大同思想的继承发挥。

---

① 《六哀诗》，《康有为全集》第十二集，中国人民大学出版社 2007 年版，第 218—219 页。
② 《仁学》，《谭嗣同全集》，中华书局 1998 年版，第 333 页。

　　说到康有为、谭嗣同大同思想的关系，不得不提梁启超。这不仅是因为梁启超与两位当事人关系密切，最有资格成为"见证人"；而且是因为梁启超熟悉两人的思想，既是康有为的得意弟子，又是最早介绍、宣传谭嗣同思想的人。更为重要的是，梁启超对谭嗣同思想的介绍就包括大同思想在内，并且直接关系到谭嗣同与康有为大同思想的关系问题。

　　在为谭嗣同作传时，梁启超如是说："君资性绝特，于学无所不窥，而以日新为宗旨，故无所沾滞；善能舍己从人，故其学日进。……少年曾为考据笺注金石刻镂诗古文辞之学，亦好谈中国古兵法；三十岁以后，悉弃去，究心泰西天算格致政治历史之学，皆有心得。又究心教宗，当君之与余初相见也，极推崇耶氏兼爱之教，而不知有佛，不知有孔子；既而闻南海先生所发明《易》《春秋》之义，穷大同太平之条理，体乾元统天之精意，则大服；又闻《华严》性海之说，而悟世界无量，现身无量，无人无我，无去无住，无垢无净，舍救人外更无他事之理；闻相宗识浪之说，而悟众生根器无量，故说法无量，种种差别，与圆性无碍之理，则益大服。自是豁然贯通，能汇万法为一，能衍一法为万，无所挂碍，而任事之勇猛亦益加。作官金陵之一年，日夜冥搜孔佛之书；……其学术宗旨，大端见于《仁学》一书。"[1] 值得注意的是，梁启超在《谭嗣同传》中极力彰显谭嗣同对康有为大同思想的服膺，并且凸显康有为大同思想对谭嗣同的决定性影响。依据梁启超的介绍，尽管谭嗣同善于"舍己从人"，学术日进，然而，谭嗣同在与梁启超、康有为相遇时并不了解孔教。显而易见，梁启超的言下之意是，此时的谭嗣同也不了解大同。稍加思考即可发现，梁启超这番议论的逻辑前提与康有为一样，认定谭嗣同的大同思想从孔教而来。殊不知谭嗣同所讲的大同并不以孔教为依托，仅就此点而论，梁启超对谭嗣同大同思想的理解就没有抓住要害，而是犯了与康有为同样的错误。

　　问题到此并没有结束，因为梁启超即使承认谭嗣同的哲学思想与佛学

---

[1]　《谭嗣同传》，《谭嗣同全集》，中华书局 1998 年版，第 556—557 页。

相近，同样将之归功于康有为的影响。可以看到，梁启超在描述谭嗣同的思想变化时，使用了两个"大服"：第一，谭嗣同在听闻康有为讲《春秋》三世说和大同太平思想之后，"大服"。第二，谭嗣同在听闻康有为讲华严宗之后，更是"益大服"①。在梁启超看来，康有为所讲的孔教与华严宗圆融无碍。沿着这个思路，梁启超一面指出谭嗣同服膺康有为的孔教、佛教，一面像康有为那样肯定谭嗣同的大同思想脱胎于康有为并不矛盾。退一步说，即使承认谭嗣同的大同思想并非完全出于孔教而是容纳了佛教，也不影响梁启超对于谭嗣同与康有为大同思想的渊源关系的判断。梁启超借助两个"大服"形容谭嗣同听闻康有为思想的情形，既是指谭嗣同转变原来思想而对孔教、佛教的服膺，亦表明谭嗣同对康有为包括孔教、佛教和大同思想在内的思想佩服得五体投地。基于这种认识，梁启超肯定谭嗣同的大同思想是对康有为的继承和发挥。

与肯定谭嗣同的大同思想是对康有为的继承和发挥相印证，梁启超强调，谭嗣同是在自己"盛言大同"的影响下才"盛言大同"的——当然，他本人此时所言大同是对康有为大同思想的宣传。对于当时的具体情形，梁启超在《清代学术概论》中回忆说：

> 有为虽著此书（指《大同书》——引者注），然秘不以示人，亦从不以此义教学者，……启超屡请印布其《大同书》，久不许，卒乃印诸《不忍杂志》，仅三之一，杂志停版，竟不继印。……有为不轻以所学授人。……居一年，乃闻所谓"大同义"者，喜欲狂，锐意谋宣传。……启超谓孔门之学，后衍为孟子、荀卿两派，荀传小康，孟传大同。汉代经师，不问为今文家古文家，皆出荀卿（汪中说）。

---

① 在"又闻《华严》性海之说"之前，梁启超并没有像对待第一个"大服"那样强调"南海"，从上下文来看，应与第一个"大服"一样指听闻南海之说。有鉴于此，中华书局 1998 年版的《谭嗣同全集》用的是分号——；。可以作为证据的是，梁启超介绍康有为的思想时，指出康有为既提倡孔教，又服膺佛教，故而在讲学时"以孔学、佛学、宋明学为体"（《南海康先生传》，《梁启超全集》第一册，北京出版社 1999 年版，第 483 页）教授学者。

二千年间，宗派屡变，壹皆盘旋荀学肘下，孟学绝而孔学亦衰。于是专以绌荀申孟为标帜，引《孟子》中诛责"民贼"、"独夫"、"善战服上刑"、"授田制产"诸义，谓为大同精意所寄，日倡道之，……嗣同方治王夫之之学，喜谈名理，谈经济，及交启超，亦盛言大同，运动尤烈。①

由于梁启超所言大同是对康有为大同思想的宣传，因此，梁启超在这里所说的谭嗣同受自己带动而"盛言大同"与谭嗣同大同思想出自康有为的说法并不矛盾，只是对具体方式或具体情形的补充说明而已。

综合上述情况可以断定，谭嗣同开始对大同兴趣盎然与康有为具有一定的关系，或者说，是受到康有为大同思想的启发并且由于梁启超"盛言大同"的鼓动。在这个前提下，需要进一步思考的是，承认谭嗣同的大同思想受康有为的触发而缘起与继承、发挥了康有为的大同思想甚至是对康有为大同思想的全盘吸收是否是一码事？很明显，后一个问题与前一个问题并不相同，甚至是不属于同一层次的问题。康有为、梁启超恰恰混淆了二者之间的区别，将谭嗣同在康有为（包括梁启超）那里开始接触、热衷于大同演绎为谭嗣同的大同思想是对康有为的直接发挥，故而极力张扬二者之同而忽视乃至有意遮蔽二者之异。无论康有为、梁启超的做法在主观上是无心还是有意，至少在客观后果上给人这样一种误导。

上述探讨和比较研究共同显示，康有为、谭嗣同的大同思想既有相同之处，又有不同之处。准确地说，尽管谭嗣同与康有为的大同思想存在诸多相同之处，然而，二者在整体上迥然相异，在某些方面甚至集苑集枯。与康有为、谭嗣同大同思想的异同参半乃至迥异其趣形成强烈反差的是，无论康有为还是梁启超都不约而同地极力彰显二者的相同之处，而对其间的不同之处三缄其口。这种做法既有违全面客观的学术态度，也难免利用谭嗣同为自己做宣传之嫌。

---

① 《清代学术概论》，《梁启超全集》第五册，北京出版社 1999 年版，第 3099 页。

再次，相对于康有为、梁启超而言，蔡元培对康有为、谭嗣同大同思想的关系论述更为全面，评价也更为公允。蔡元培在《五十年来中国之哲学》中不仅介绍了康有为、谭嗣同的哲学，而且分析了两人哲学的异同，其中就包括对两人大同思想的关系解读。蔡元培在其中写下了这样一段文字："方康氏著《大同书》的时候，他的朋友谭嗣同著了一部《仁学》。康氏说'以太'，说'电'，说'吸摄'，都作为'仁'的比喻；谭氏也是这样。康氏说'去国界'、'去级界'等等，谭氏也要去各种界限。这是相同的。但谭氏以华严及庄子为出发点，以破对待为论锋，不注意于苦乐的对待，所以也没有说去苦就乐的方法。"① 蔡元培的这段话对于理解康有为、谭嗣同哲学以及两人大同思想的关系提供了四点启示：第一，在称谓和表述上，蔡元培使用了"他的朋友谭嗣同"来界定康有为与谭嗣同的关系。这意味着康有为、谭嗣同在蔡元培的眼里是朋友关系，而不是梁启超所认定的师生关系。可以看到，与蔡元培对康有为、谭嗣同朋友关系的认定截然相反，梁启超利用一切机会反复证明谭嗣同与自己一样师出康有为。同样，为谭嗣同的《仁学》所作的《仁学序》中，梁启超署名"同门梁启超"。在《清代学术概论》中，梁启超指出谭嗣同在听闻自己介绍包括大同思想在内的康有为的学说后对康有为的思想佩服得五体投地，当即就明确表示为康有为的私淑弟子。事实证明，梁启超的说法充其量只是一面之词，因为始终找不到直接的有力证据。谭嗣同在私人通信中多次提及康有为，从称谓和表达上也看不出与康有为存在任何师生关系的迹象——这一点至关重要，因为谭嗣同是一个表里如一的人，他的说法似乎比梁启超的说法更可信。可以作为佐证的是，就连极为自负、一再表示谭嗣同包括大同思想在内的诸多思想源自自己的康有为也没有对谭嗣同以弟子相称，这一点与康有为对作为自己弟子的梁启超的称谓相比较则看得更加清楚。梁启超将康有为、谭嗣同说成是师生关系，与凸显两人思想的相同性之间具有内在联系。既然康有为与谭嗣同之间在蔡元培看来只是朋友关系，便不存在梁

---

① 《五十年来中国之哲学》，《蔡元培全集》第五卷，浙江教育出版社1997年版，第121页。

启超所说的谭嗣同包括大同在内的思想是对康有为思想的直接继承或发挥之类的问题。师生关系侧重传道授业解惑，朋友之间即使是志同道合，也没有师生之间思想继承的可能性大。这便是梁启超不厌其烦地强调康有为、谭嗣同之间是师生关系的用意所在，只是梁启超不明白，即使作为学生对老师的学说亦未必亦步亦趋、全盘接受，而完全可能对老师所讲的内容不感兴趣乃至攻击师说。对于这一点，他本人对康有为大同思想的态度即是明证①。第二，蔡元培肯定康有为、谭嗣同各自创建了自己的哲学——在肯定两人的代表作分别是《大同书》《仁学》的同时，以"方"表示两书在时间上大致同时。《大同书》与《仁学》在出现时间上的同时性——"方"几乎在逻辑上否定了后者继承前者的可能性。第三，蔡元培承认康有为、谭嗣同哲学的相同性，并且明确指出了其具体表现：一是两人都用"以太""电""吸摄"②等源自西方近代自然科学的概念比喻仁；二是康有为、谭嗣同都主张"去国界""去级界"。这意味着两人都在奉仁为宇宙本原的同时，用以太、电、力等源自西方自然科学的学说、概念论证仁学。第四，蔡元培肯定康有为、谭嗣同的哲学存在差异性，并且揭示了三个具体表现：一是佛学即华严宗和庄子的思想对于谭嗣同的哲学具有至关重要的影响；二是谭嗣同的哲学以破对待为核心话题，而康有为的哲学并不关注破对待之类的问题；三是谭嗣同所要破的对待之中不包括苦乐之对待，这使谭嗣同并不像康有为那样主张"求乐免苦"。蔡元培对康有为、谭嗣同哲学的解读尽管有些细节并不准确③，然而，他对两人思想异同的剖析是客观的，这一点在大同思想的来源上可以得到印证。

　　蔡元培对康有为、谭嗣同哲学关系的剖析从哲学根基和理论来源上揭

---

① 戊戌变法失败流亡日本后的梁启超对康有为大同思想的态度发生翻转，随着民族主义立场的日益鲜明，开始公开攻击康有为的大同学说在本质上是世界主义，无异于宗教家的梦呓。

② 又称"吸摄之力"，现通译为吸引力。

③ 例如，蔡元培认为，"谭氏……不注意于苦乐的对待，所以也没有说去苦就乐的方法"。一方面，谭嗣同诚如蔡元培所说，"不注意于苦乐的对待"。另一方面，谭嗣同之所以如此，是因为他超越苦乐之对待，而非蔡元培所说的"没有说去苦就乐的方法"。

示了两人大同思想的同异，对于把握两人大同思想的关系极具启发意义：就相同性而言，康有为、谭嗣同都将仁理解为破除各种界限而平等，并将平等的实现寄托于消除国家、等级的世界大同。由于电、力和以太等自然科学概念的介入，康有为、谭嗣同都侧重借鉴西方传入的自然科学论证大同思想。具体地说，两人都热衷于电、力和以太等自然科学，都将仁与以太、电和力等源自西方近代自然科学的概念相提并论；并且，与相信自然科学的普适性密切相关，康有为、谭嗣同都主张"去国界"，设想通过取消国界而进入大同世界。就不同性而言，如果说康有为的大同理想以儒家思想为母版的话，那么，谭嗣同的大同构想则以华严宗和庄子思想为骨架。大同思想在理论来源上的不同进一步决定了两人所畅想的大同社会在内容构成和价值旨趣上的差异：康有为将大同社会描述为"至公""至乐"和"至善"，这一切是出于"求乐免苦"动机的"愿求皆获"；正如注重破对待一样，谭嗣同将大同界定为破除一切分别和对待的同一、"致一"，大同的最终境界则是超越彼此、人我、善恶和苦乐之对待的"洞澈彼此，一尘不隔"。

三、初步的结论

综合、分析上述比较可以明显看到，康有为、谭嗣同的大同思想既存在相同之处，又存在不同之处。如果说相同之处表明两人的大同思想同属于近代大同形态的第一阶段[①] 的话，那么，不同之处则表明康有为、谭

---

① 近代形态指具有全球视域，融合古今中外各色学说等。这是近代大同思想的时代特征和近代风范，淋漓尽致地展示了与古代大同思想的区别。从这个意义上说，不惟康有为、谭嗣同，包括孙中山在内的近代哲学家甚至蔡元培、李大钊等新文化运动者的大同思想都概莫能外。第一阶段是指在具有上述时代特色的同时，近代哲学家的大同构想具有不容忽视的差异，致使近代的大同思想呈现出明显的阶段性。就康有为、谭嗣同的大同思想而言，由于都处于近代大同思想的第一阶段，因而不可避免地带有这一阶段不同于其他阶段的独特性：第一，利用自然科学论证大同，对大同作极端理解，带有平均主义倾向。第二，将取消国界、同化人种奉为通往大同的必经之路，由此导致世界主义、大同主义等。

嗣同的大同思想分别代表了大同近代形态第一阶段的两种样式和版本。因此，在剖析、评价康有为、谭嗣同大同思想的关系时，要秉持全面、公允的学术立场和客观态度：一方面，要看到康有为、谭嗣同大同思想的密切关系，并且充分认识其间的相同性。另一方面，要看到康有为、谭嗣同大同思想的差异性，充分尊重谭嗣同大同思想的原创性和独特性①。

相对于揭示康有为、谭嗣同大同思想的异同，探究二者异同背后的根源更为重要，也更有意义。只有借助这一探究，才能深刻把握康有为与谭嗣同大同思想的相同之处究竟是康有为对谭嗣同的决定影响还是那个时代使然：如果属于前一种情形，则印证了康有为、梁启超的说法；如果属于后一种情形，则有必要从中国近代特定的历史背景、现实需要和文化资源入手，对康有为、谭嗣同的大同思想以及其他方面思想的相同性予以重新审视、解读和评价。

可以肯定的是，康有为、谭嗣同之所以对大同梦寐以求，与中国近代社会的内忧外患密切相关。期望伴随大同社会的到来使中国摆脱苦难是两人的共同初衷，康有为、谭嗣同将大同社会设想为自由、平等和民主的实现印证了这一点。康有为、谭嗣同关于大同社会消除国界的主张尽管不是对中国与西方列强关系的最好解决，然而，这却凝聚着两人对中国与外国平等的思考和期盼。从这个意义上说，两人诉诸大同是时代使然，无论历史背景还是价值诉求都带有中国近代特有的鲜明烙印和时代特征，故而与其他近代哲学家的意趣旨归相同，并且与古代哲学家相去霄壤。

在这个前提下尚须看到，康有为、谭嗣同对大同社会的构想和期待与后来的孙中山、蔡元培和李大钊等人迥然相异。之所以如此，主要原因在于理论武器的蹩脚和思维水平的局限。具体地说，康有为、谭嗣同在分析中国的现实苦难和寻找解决办法的过程中，由归咎于中国社会内部的森严等级而力主平等，并将平等的最终实现寄托于大同社会。由于将平等界定

---

① 如果说康有为、谭嗣同的大同思想属于第一阶段更多地受制于两人所处时代的客观环境和历史条件的话，那么，不同样式则更多地取决于两人的主观选择和学术旨趣。两相比较，后者更能代表康有为、谭嗣同的思想关系，这一关系包括大同思想在内。

为绝对平均，两人对大同之梦的追逐最终演变为大同主义，进而迷失在世界主义之中。

康有为、谭嗣同构筑大同之梦的时代正是梁启超所说的"学问饥荒"时代，西方的启蒙思想在此时尚未系统输入中国。因此，两人的理论失误可以在当时的学术资源中找到蛛丝马迹。据梁启超披露，谭嗣同作《仁学》时尚不知卢梭的《社会契约论》（《民约论》）为何物。当然，孟德斯鸠、卢梭、斯宾塞和穆勒等人的社会契约论、天赋人权论、社会有机体论和自由学说等则闻所未闻。身处"学问饥荒"的时代，面对西方东渐的"初级普通学"，康有为、谭嗣同只能在以中国本土文化为母版的前提下利用以电、力、以太等为代表的零星的自然科学为自由、平等、民主和进化等思想代言，将它们统统说成是仁的题中应有之义。两人在建构大同思想时走向世界主义、大同主义，与认定仁作为世界本原的放诸四海而皆准息息相关，与以太、电、力等自然科学的实证方式和由此推出的结论作为公理、实理的普适性同样密不可分。

进而言之，康有为、谭嗣同之所以选择仁作为世界万物的本原，是因为当时西方哲学尚未大量东渐，只能凭借中学、佛学等现有的学术资源建构自己的哲学和大同思想。这也是康有为、谭嗣同的仁学与梁启超的唯意志论、严复的不可知论大相径庭的原因之一。以太、电、力等西方自然科学概念和相关知识传入中国的时间较早，进化论的系统输入时间较晚，以严复翻译的《天演论》为标志。正是由于没有经历过进化论的系统洗礼，康有为、谭嗣同依托公羊三世说论证大同社会的正当性和必然性，却在讲三世进化的过程中或者将三世理解为三世而九世而八十一世的循环渐进（康有为），或者演绎为逆三世与顺三世的"两三世"（谭嗣同）：康有为的公羊三世说是对《春秋》微言大义的发挥，谭嗣同的两三世说则是对《周易》乾卦之六爻的演绎——总之，两人的思想皆脱胎于据乱世、升平世、太平世的公羊三世说，而不是像梁启超、孙中山等人的进化史观那样植根于进化论之上。

与此同时，康有为、谭嗣同之所以走向世界主义、大同主义，还有一个重要原因，那就是：当时还没有形成中华民族的概念①，中国的民族主义尚未兴起。

分析至此可以得出结论，康有为、谭嗣同大同思想的相同之处具有不可否认的客观原因，在很大程度上是特定的思想资源、学术状况使然。两人相近的年龄差距似乎印证了这一点。可以作为佐证的是，作为康有为学生的梁启超之所以像他本人所说的那样"尽弃师说"，从直接原因看，是由于梁启超在戊戌变法失败后逃亡日本，开始大量接触到日本翻译的西方学说；从深层原因看，是由于出生于 1873 年的梁启超与出生于 1858 年的康有为之间存在"代沟"，面对新思想、新学说表现出截然不同的态度。对于这一点，梁启超的名言"启超与康有为最相反之一点，有为太有成见，启超太无成见"②似乎提供了最佳的注脚。

综上所述，康有为、谭嗣同的大同思想异同互见：一方面，两人的大同理念带有明显的相同性，这些相同性作为近代特征显示了与古代哲学的巨大差异。这表明，康有为、谭嗣同的大同思想属于近代形态，故而与古代哲学家的大同理念具有不同性而与其他近现代哲学家具有一致性。尽管如此，康有为、谭嗣同大同思想的相同之处有些如平均主义、世界主义以及由此带来的极端性、空想性却只限于两人之间，而有别于其他近现代哲学家，故而与梁启超、孙中山和李大钊等近现代哲学家产生了学术分野。这表明，康有为、谭嗣同的大同思想属于近代形态的第一阶段，这一阶段只有康有为与谭嗣同两个人。正是由于这个原因，两人的大同思想具有最高的相似度。另一方面，康有为、谭嗣同的大同思想呈现出不容忽视的差异性，无论理论来源、内容构成还是致思方向、心态意趣都不可同日而语。这表明，康有为、谭嗣同的大同思想在大同的近代形态中属于两种不同的样式和版本，故而特色鲜明，拥有各自的意蕴和个性。

---

① 中华民族的概念是在梁启超、孙中山等近代哲学家的努力下初步确立起来的。

② 《清代学术概论》，《梁启超全集》第五册，北京出版社 1999 年版，第 3102 页。

第十九章 康有为与梁启超思想比较

在戊戌启蒙思想家乃至近现代思想家中，名字常常被连在一起的，首推康有为、梁启超。梁启超是康有为的得意弟子，并且与康有为一起领导、发动了戊戌变法。从十九世纪末的戊戌维新开始，两人便被合称为"康梁"。之后，这一称谓一直沿用至今。

需要说明的是，"康梁"的称谓并不代表也不意味着梁启超的思想与康有为相同。如果因为梁启超是康有为的学生，思想受康有为的影响，便断定"康梁"称谓指康有为、梁启超思想相同，这是不能接受的。从实际情况来看，梁启超本人的思想以多变著称于世，就一般逻辑而言，不可能变前变后均与康有为相同；梁启超在戊戌变法之前秉持师说，后来尤其是逃亡日本、接触大量的西方思想后与康有为的思想渐行渐远，乃至分道扬镳。这借用梁启超本人的话说便是："康、梁学派遂分"。康有为作为老师对梁启超的影响是毋庸置疑的，然而，一个不争的事实是，即使是对于梁启超的早期思想，康有为的思想也并非唯一来源。"'学问欲'极炽"的梁启超涉猎广泛，无论是戊戌维新之前兼受严复、谭嗣同和夏曾佑等人的影响还是逃亡日本之后深受西方思想浸染，都预示着梁启超与康有为思想的差异成为不可回避的重要方面。综合考察两人的思想可以发现，康有为、梁启超的思想既有相同点，又有不同点。正是由于整个原因，比较、探究康有为与梁启超思想的异同成为研究两人思想的重要切入点。反过来，通过对康有为、梁启超思想异同的审视和比较，可以更直观地把握、理解"康梁"称谓的涵义以及戊戌启蒙思潮的内部分歧。

第一节　文化观

中国近代是西学大量东渐的时代，也是第一次以西学为参照而全面审视中国本土文化的时代。这使诸子百家之间的关系备受关注，对中国本土文化的整合随之成为不可回避的热点话题。康有为、梁启超对中国文化的理解迥然相异，无论对诸子百家关系的认定还是对中国本土文化的整合都相去甚远。

一、"孔子之学"与"三位大圣"

在对中国本土文化的追溯和审视中，不可回避甚至最先遇到的便是诸子百家之间的关系问题。在这个问题上，康有为宣称"百家皆孔子之学"，致使先秦时期相互争鸣的诸子百家最终都还原为"孔子之学"一家；梁启超坚持孔子、老子和墨子是中国文化不可或缺的"三圣""三位大圣"，三人分别创立的儒家、道家和墨家是中国文化的主干，也是诸子百家的共同源头。

1. 康有为："百家皆孔子之学"

在戊戌变法之前的十多年间，康有为有一段相对平静的学术研究时间，专心致力于考辨中国本土文化的"学术源流"。通过考辨，他得出的结论是："'六经'皆孔子作，百家皆孔子之学。"① 至此，康有为将诸子百家都还原为"孔子之学"一家：第一，从经典上看，《诗》《书》《礼》《乐》《易》《春秋》皆孔子作，先秦诸子皆传承孔子的六经而来，都是孔子后学。按照通常说法，老子与孔子同为春秋时人，墨子则生活在春秋战国之际。为了证明老子、墨子是孔子后学，康有为不仅让两人在时间上晚于孔子，而

---

① 《万木草堂口说·学术源流》，《康有为全集》第二集，中国人民大学出版社 2007 年版，第 145 页。

且从经典上找到了两人是孔子后学的"证据"：老子思想出于《易》，墨子思想出于《春秋》。在将老子、墨子都归到孔子麾下之后，其他人相对来说也就容易了——总之，皆从孔子所作的六经而来：孟子以传承孔子作的《春秋》为主，同时传《诗》《书》；庄子传《易》；荀子以《礼》为主，同时传《乐》《诗》《书》等；惠施、公孙龙等传孔子的正名思想；韩非是老子后学，从《老子》的"天地不仁，以万物为刍狗；圣人不仁，以百姓为刍狗"而来，是对《周易》的歪解。第二，传承六经不仅证明了"百家皆孔子之学"此言不虚，而且决定了诸子思想的内容侧重和在孔子之学中的地位。按照康有为的说法，六经尽管皆出自孔子之手，内容和地位却大不相同。其中，《诗》《书》《礼》《乐》是孔子早年所作，属于粗浅之学，故而被孔子拿来"日以教人"；《易》《春秋》是孔子晚年所作，属于高深之学，故而"择人而传"。例如，老子、庄子皆传孔子之《易》，老子由于"偷得半部《易经》"，只讲柔而不讲刚，充其量只得孔子之学的"一体""一端"；庄子却得孔子大同之学，和孟子一样成为孔子高级之学的传人，与老子的地位截然不同。再如，孟子、荀子同是孔门战国时期的"二伯"，由于孟子传《春秋》，思想以仁为主，属大同之学；荀子传《礼》，思想以礼为主，属小康之学。《春秋》与《礼》的不同文本决定了孟子、荀子思想的不同侧重以及在孔子后学中的悬殊地位。

将百家还原为"孔子之学"一家表明了康有为对孔子的特殊尊奉，也奠定了立孔教为国教的基础。对诸子百家的这一认定进一步决定了他的著作以阐发孔子及其正统传人的思想为主，从《孔子改制考》《新学伪经考》《春秋董氏学》《孟子微》《论语注》《中庸注》《礼运注》到《春秋笔削大义微言考》均侧重对孔子及孔学正宗传人思想的阐释和发微。不仅如此，康有为思想的主要来源侧重中学，主要也集中在孔子及其正统传人——孟子、董仲舒、陆九渊和王守仁等人。

2. 梁启超：孔子、老子和墨子是"三位大圣"

在对中国文化源头的追溯中，梁启超指出，孔子、老子和墨子作为春秋以及春秋与战国之交的三位思想家都是中国哲学和文化的始祖。作为中国文化的"三圣""三位大圣"，孔子、老子和墨子创立的儒家、道家和墨家尽管学派各殊、思想迥异，却秉持相同的学术宗旨和归宿，共同成为中国文化的活水源头，后来的学派都是从这"三圣""三位大圣"的思想中衍生出来的。正是在这个意义上，他写道："孔、老、墨三位大圣，虽然学派各殊，'求理想与实用一致'，却是他们共同的归着点。如孔子的'尽性赞化'，'自强不息'，老子的'各归其根'，墨子的'上同于天'，都是看出个'大的自我'、'灵的自我'和这'小的自我'、'肉的自我'同体，想要因小通大，推肉合灵。我们若是跟着三圣所走的路，求'现代的理想与实用一致'，我想不知有多少境界可以辟得出来哩。"①

与这个评价相一致，梁启超分别从不同角度将人数众多的先秦诸子编排到孔子、老子和墨子创立的学派之中，一面证明"三圣"势均力敌，共同组成了中国文化的源头，一面突出三家迥然相异的学术主张和理论特色。为此，他将地理环境决定论运用到对先秦思想的解读中，从地理环境的角度分析儒、道、墨各家的主张，将儒家和墨家视为北方文化的代表，将老子创立的道家说成是南方文化的精英。循着这个思路，梁启超得出结论：儒、墨重人道，道家重天道；儒、墨重实用，道家重理想等。这种区分和阐释成为梁启超解读中国本土文化的特点和亮点。

进而言之，梁启超对诸子百家关系的厘定承认孔子对于中国本土文化的巨大贡献，却不像康有为那样将诸子百家组成的全部中国本土文化都归为孔子之学。伴随着这一变化而来的是，梁启超对先秦学术概况有别于康有为的描述：第一，先秦文化分为孔子创立的儒家、老子创立的道家和墨子创立的墨家三大学派，孔子与老子、墨子被并尊为"三位大圣"或"三圣"。第二，为了防止孔子之学的歧义丛生，梁启超刻意回避或不再使用孔教一词，而是采用儒家文化或儒家等概念与道家、墨家对举。由此可见，他将中国本土文化主要归结为儒、道、墨三家，肯定孔子和儒学在中

---

① 《游欧心影录》，《梁启超全集》第五册，北京出版社 1999 年版，第 2986 页。

国文化中的作用，却不再像康有为那样独尊孔子，孔子之学也不再是中国文化的基本形态。

由此，梁启超确定了儒家、道家与墨家在中国本土文化中三足鼎立的格局。这一观点成为他审视中国传统文化的基本思路，贯穿他对中国古代政治、法律、哲学和思想史的研究。例如，梁启超在《中国法理学发达史论》中专列《旧学派关于法之观念》一章，其中的第一节是儒家，第二节是道家，第三节是墨家。再如，在《先秦政治思想史》中，他称孔子学派为"儒家思想"，与"道家思想"、"墨家思想"和"法家思想"相对应。这些都表明，孔子与老子、墨子是并列关系，三人创立的学派也是彼此独立而并列的，其间并无交叉或重合关系——质言之，老子、墨子学派并非从孔子学派而来，压根就不存在康有为所讲的包括道家、墨家在内的百家皆孔子之学的情况。尽管《先秦政治思想史》由于"法家思想"的出现打破了梁启超先前构筑的儒、道、墨三足鼎立的格局，然而，他却没有改变老子、孔子和墨子是"三位大圣"，三人创立的道、儒、墨是中国文化三大流派的观点，因为法家是三家思想的和合。更为重要的是，无论梁启超是否将法家单独列出，有一点是相同的，那就是：孔子创立的儒家不再是唯一学派——甚至可以说，孔子及儒家不再具有道家、墨家无可比拟的优越性。以《老孔墨以后学派概观》为例，"第三节孔子所衍生之学派"只将孟子列入其中，与康有为、谭嗣同视野中孔子后学的人物众多、流派纷呈形成强烈反差。并且，从题目可以看出，孔子不再是中国文化唯一的始祖或最高代表，老子甚至被置于孔子之前。其实，梁启超将孔子与老子、墨子并称为中国文化的"三位大圣"，也就意味着孔子创立的学说不再是代表中国文化的孔子之学或孔教，将之称为儒家就是为了与老子创立的道家、墨子创立的墨家相对应。

接下来的问题是，由于认定孔子、老子、墨子同为"三位大圣"，梁启超在重视孔子及儒家的同时，也关注老子代表的道家和墨子创立的墨家。除了在《先秦政治思想史》中将道家、墨家与儒家一样纳入研究视野之外，他十分重视老子和墨子思想的研究。特别是梁启超的墨学研究，思想阐发与文本考释双管齐下，由《子墨子学说》、《墨经校释》、《墨子学案》组成的三部曲掀起了近代墨学的复兴，之后引起胡适、冯友兰等人对墨子的关注。

需要说明的是，梁启超反对的是康有为将孔子神秘化，并不怀疑孔子思想的价值和在历史上及其当下的作用。有鉴于此，在由于保教问题与康有为分道扬镳——用他本人的话说即"于数年前保教之迷信，固亦弃掷之"之后，梁启超依然为康有为提升孔子地位的做法进行辩护，肯定孔子在历史上"支配二千年人心"，在中国近代推崇孔子对于凝聚人心、重拾信仰具有重要意义。于是，他写道："又近世新学者流，动辄以排孔为能。夫以支配二千年人心之一巨体，一旦开其思想自由之路，则其对之也，有矫枉过直之评，是诚所难免。即鄙人于数年前保教之迷信，固亦弃掷之矣。虽然，日日掊击孔子，试问于学界前途果有益乎？夫今后国人之思想，其必不能复以二千年之古籍束缚之也，洞若观火矣。然则孔子学说，无论如何，断不能为今后进步之障，而攻之者岂复有所不得已者存也？彼狂妄少年，肆口嫚骂者，无伤于日月不足道也；而一二魁儒之必与孔子为难者，则于旧伦理有所不满意。谓孔教以家族为单位，使我国久困宗法社会，不能入国民社会者孔子也：谓孔子假君主以威权，使二千年民贼得利用之以为护符者孔子也。斯固然也，曾亦思：'天下为公，选贤与能'，'不独亲其亲，不独子其子'，非孔子之言耶？在排孔者曷尝忘诸，顾隐而不言，而惟举其可难者以相难，则或有所为而亢世子法于伯禽，或侈其辨以为名高耳。夫二千年来之伦理，固一出于孔子小康教范围之内。而孔子著述言论，其属于小康范围者，十而八九，此无容讳者也。然谓此为孔子独一无二之教指，宁可谓平？《春秋》必立三世，则何以故也？《礼运》岂不明言丘未之逮而有志也？试思孔子当日之社会，群雄角立，同族相竞，非希望得一强大之中央政府何以为治？而社会结合力薄弱之时，家族制度又安可阙也？孔子不欲导民进化则已耳，苟其欲之，则安能躐小康之一阶级？故大同之义，只能微言之，虚悬以俟后圣，是得为孔子罪矣乎？我辈今日若以为小康之统既积久而敝，不适于今也，则发其微言可耳。计不出此，而以国人最信仰之人物资敌，使民贼得盾焉，以号召中立党而弱我，吾未见其利，而先睹其害耳。且一民族之心理，必有所系然后能结合而为有秩序之进步。今当青黄不接之交，学者方访徨无适从，而先取一最有价值之人物而踣之，在立言者之意，曷尝不欲补偏救弊，弃短取长？其奈和之者必变本加厉，一啸而百吟，一趋而百奔，乃将曰：彼号为圣人百世师者，其学识乃尚不及我，其训言安足信？其所谓道德之责任安足守？圣人百世师且然，他更何论矣！呜呼！是岂不举天下而洪水猛兽之也。"① 正是对孔子的尊崇为梁启超后来在"德性学"中大力提倡孔子和儒家的人生哲学奠定了基础。

必须提及的是，1918 年第一次世界大战后，梁启超考察欧洲。战后欧洲的物质萧条——特别是人失去物质文明之后的精神空虚给他以极大的刺激和震动，促成了梁启超有生以来最后一次思想大变动。此时的他开始由热情洋溢地输入西学转向回归东方文化，而梁启超所推崇的东方文化则主要是孔子代表的中国文化和印度的佛教文化。尽管如此，在讲儒家文化时，他并没有将儒家与老子创立的道家或墨子创立的墨家思想对立起来，"三圣"的称谓就出现在梁启超记录、反思欧洲之旅的《游欧心影录》中。事实上，梁启超在讲东方文化时，不仅将孔子的思想与佛教相互诠释，而且将孔子、孟子和王守仁等人的思想与老子、庄子和墨子等人的思想相提并论，只不过由于孔子代表的儒家更注重人生哲学，故而为梁启超所津津乐道而已。

二、孔教与国学

与古代将官学称为国学，以与民间的私学相对举不同，近代意义上的国学最基本的含义是一国固有之学，与外学相对应。这就是说，近代国

---

① 《论中国学术思想变迁之大势》，《梁启超全集》第二册，北京出版社 1999 年版，第617—618 页。

学具有了面对西学大量东渐，进行中华民族文化认同的文化背景和历史使命。与此相一致，中国近代的国学概念涉及对诸子百家源流的看法，更主要的还是对中国本土文化的整合，特别是在外来之学——西学映衬下凸显中国文化的民族性、历史性、地域性和特殊性。这就是说，康有为、梁启超在对中国本土文化的审视中，既需要考辨诸子百家之间的源流关系，又需要对诸子百家共同组成的中国本土文化予以整合；在某种程度上甚至可以说，后者更为重要——因为中国本土文化是作为一个整体与西学相对的。中国近代特殊的历史背景、文化语境和现实需要决定了包括康有为、梁启超在内的近代哲学家对中国传统文化的探究并非出于纯粹的学术兴趣，而是迫于救亡图存的政治斗争和现实需要。因此，对于他们来说，不仅要回答中国本土文化内部诸子百家之间的关系问题，而且要回答中学与西学的关系问题。相比较而言，对后一问题的回答更为重要——既关涉中国人的民族认同、文化认同和身份认同，也成为借此鼓舞中国人自尊心、自信心，从而同仇敌忾的精神支柱和理论武器。换言之，在中国近代，对中国本土文化予以整合，彰显中国本土文化的整体性不仅是一个理论问题，而且是一个刻不容缓的现实课题。在这个问题上，康有为、梁启超对诸子百家"学术源流"的梳理关系到对中国本土文化的整合，更体现着不同的国学理念。"孔子之学"与"三位大圣"的认识使康有为、梁启超的国学理念大不相同，这一点从两人对国学的不同称谓上即可一目了然：康有为将中学称为孔学、孔教，梁启超则将中学称为国粹、国学。

1.康有为的孔教时代

康有为声称"百家皆孔子之学"，致使孔子之学成为对包括诸子百家在内的全部中国本土文化的整体称谓。在他那里，孔子之学又可以称为孔学、孔子之教或孔教，四者异名而同实。出于推崇孔子之学的需要，康有为推崇孔教。于是，他呼吁立孔教为国教，不仅认定孔子的思想是宗教，而且奉孔子为中国的教主。在一般意义上——或者说，按照通常的理解，孔子之学有侧重学术、思想之义，孔教则突出孔子思想的宗教意蕴。在康有为那里，却不存在这种区别。原因在于，他是教学相混的，所以，孔学与孔教之间并无本质区别，可以视为一个概念。正是鉴于孔学在中国文化中的至尊地位，康有为大声疾呼立孔教为国教。

进而言之，康有为用以称谓中国本土文化的孔教概念具有两层含义，由此流露出立孔教为国教的双重动机：第一，孔子是中国的教主，孔教是中国文化的基本形态，代表全部中国本土文化，理所当然地成为与外人之学相对应的国学。第二，中国作为孔子之教的沐浴地，是一个有文明教化的国度，中国的孔教不仅与西方的基督教（康有为称之为耶教）一样是宗教，而且高于后者。

康有为用孔教整合中国本土文化不仅注定了国学的基本内容，而且决定了国学以宗教为基本形态。诚然，《论语》中就有儒的概念，儒作为一种职业则出现更早。将孔子开创的学说称为儒以区别于其他学派早已有之，这一点从先秦经典——《墨子》，《韩非子》中即可见其一斑。尽管如此，凸显儒学宗教意蕴的儒教一词在东汉时才出现。东汉文学家蔡邕（132—192）在为汉桓帝朝太尉杨秉撰写的碑文中赞扬杨秉"公承凤绪，世笃儒教"（《全后汉文》卷七十五），成为目前发现的儒教一词的最早记载。魏晋南北朝以后，儒教一词广为流行。儒教称谓是相对于"佛教"、"道教"而言的，是儒教在与佛、道二教的比较中产生的一种称谓，因此才出现在佛教传入、道教创立之后的东汉末年。儒教出现后，才有三教之称。三教的出现既表明儒教与道教、佛教一样属于宗教，又表明其与后两教有别，三者处于相互争教的态势之中。正如儒教称谓的出现肩负着应对佛教、道教等非儒文化，彰显自身价值诉求的使命一样，康有为以孔教称谓中国本土文化是为了应对有别于中国本土文化的异质文化。尽管康有为的思想以儒学为主，然而，面对西学的入侵，他是为中学而不是为儒学代言的。对于这一点，康有为主张立孔教为国教而不是立儒教为国教便是明证。

在康有为那里，孔教与儒教之间的区别不仅在于孔教中包括儒教（儒学），同时兼容了道家、墨家、道教、佛教等非儒因素；而且在于孔教的称谓彰显教主之名，旨在以孔子与耶稣对举，可以更好地服务于以教治教的目的。在中国近代肆意横行的基督教是明末传入中国的耶稣教，以信仰耶稣为宗旨。近代中国人对于基督教有多种称谓，如基督教、西教、洋教或耶稣教等，凡此种种，不一而足。在这种情况下，康有为在众多称谓中选择耶教称谓基督教，是含有深意的：耶教以教主命名，而不是以教宗或地域命名——既没有像历史上唐代初传时那样称为景教或者像明末那样称为天主教，也没有像严复、章炳麟等其他近代哲学家那样以地域称为洋教或西教。显而易见，康有为在将基督教乃至西方文化称为耶教的前提下，将中国本土文化统称为孔教无疑更有针对性。在这个前提下，他主张立孔教为国教，目的在于以孔子对抗耶稣，以孔教代表的中国文化应对以耶教为代表的西方文化。如此看来，正如韩愈为了抵制佛教入侵后儒学日益式微而搬出儒家的道统说一样，康有为身处全球多元文化的文化语境中，将国学界定为孔子之学即孔教，以此重谈孔子之学的传承谱系，是为了应对西方宗教的强势涌入，重拾中国人的文化认同，肩负着救亡与启蒙的双重文化动机和历史使命。

正是由于这个原因，康有为对孔子创立的学说和传承谱系的探索以及对中国本土文化的审视、梳理具有不同以往的特征和意义：第一，由于西学的强势传入，特别是由于信仰基督教而引起的中国人的信仰危机，中国本土文化遭遇了前所未有的威胁。与此同时，由于中国闭关锁国的大门被突然打开，中国被强行抛入到全球化的世界历史进程，中国文化作为人类文化的一部分被摆在世界面前。突如其来的变故改变了中国人的生存状态，也改变了中国历史和中国文化的命运。与西学相对应，近代国学彰显中国本土文化的主体性、自主性和民族性。在这方面，梁启超直接使用国学概念如此，康有为所使用的整合诸子百家、以与西学分庭抗礼的孔教概念也不例外。在康有为那里，由于孔教是作为中国本土文化的整体、孔子是作为中国文化的象征出现的，因此，对孔教或孔子的态度与爱国主义和民族自尊心息息相关。孔学就是中国文化的象征，包罗万象，诸子百家均被囊括其中，是中国几千年教化传承的精神血脉，也可以称为孔教。康有为所使用的孔教概念与梁启超使用的国学概念在立言宗旨和救亡图存的现实需要上如出一辙，与后者不同的是，康有为着眼于西方文化的主体是宗教（耶教），为了与之抗衡而以教治教，以孔教称谓、整合中国本土文化，具有彰显其宗教意蕴的意图。这是中国历史上从未有过的现象，与明代基督教大量传入后以礼仪之争为表现形式的孔耶之争不可同日而语。在康有为的视界中，西方文化的价值主体是基督教代表的宗教文化。为了与之抗衡，也为了与世界文化接轨，他用孔教称谓、代表中国本土文化。所谓孔教，借用康有为的话语结构即"孔子之教"，泛指与异质文化相对应的中国本土文化。这种界定的目的旨在以孔子作为中国本土文化的象征，与耶稣代表的西方文化分庭抗礼。第二，中国哲学重综合，与西方重分析的学术传统明显不同，更与西方近代自然科学的分门别类迥异其趣。康有为试图按照西方近代的学科系统取代中国原有的经、史、子、集的分类标准，以此重新审视、梳理中国本土文化的学术源流，考辨诸子百家之间的关系。孔教便是他以西学为参照，对中国本土文化的整合和对诸子百家关系的厘定。作为一种全新的尝试并且是最初阶段，康有为的开创之功不可抹杀。

2.梁启超的国学时代

基于对孔子与老子、墨子关系的认定，梁启超不再像康有为那样将孔子思想及其代表的全部中国本土文化统称为孔教或孔子之学，而是在以儒学取代康有为孔教概念的同时，以国粹、国学指称中国本土文化：第一，就称谓而言，梁启超是继黄遵宪之后较早使用国学一词的近代思想家，在1902年的《论中国学术思想变迁之大势》中多次用国学概念代表中国的学术思想，以此与西方文化以及西方各国的学术思想相对举。此外，早在1901年的《中国史叙论》中，他就最先使用国粹一词标志中国本土文化。第二，就内容而言，梁启超强调治国学要走"两条大路"：一条是以历史学为核心的"文献学"之路，一条是以儒学和佛学为主体的"德性学"（他又称之为人生哲学）之路；前者侧重文献、古籍的整理、考据和辨伪，后者侧重思想的诠释、阐发和应用。正如梁启超本人所言，前者的工作是时人已经开始的，章炳麟等人的"整理国故"即属此类；后者则是被人忽视乃至遗忘的，却是更为重要的。呼吁治国学要走"两条大路"不仅反映了梁启超有别于康有为、章炳麟的国学理念，而且表明梁启超对国学的研究和关注独辟蹊径，极大地拓展了国学的视野和内容。

　　早年的梁启超曾经使用中学称谓中国本土文化，同时大力提倡西学。在他看来，中学与西学相互作用，对于中国文化的重建和救亡图存来说缺一不可。梁启超断言："要之舍西学而言中学者，其中学必为无用；舍中学而言西学者，其西学必为无本。无用无本，皆不足以治天下。"①基于这一认识，梁启超在跟随康有为一起阐扬中国本土文化的同时，热情洋溢地欢迎西方文化。事实上，梁启超不仅对自己输入西学、启蒙民众的做法和功劳洋洋得意，而且将自己誉为"新思想界之陈涉"。这一定位从一个侧面表明了梁启超对西学的偏袒——至少在学术贡献或在与康有为思想的差异上如此。后来，特别是第一次世界大战之后，梁启超开始由早年主张中西文化本用互补转向偏袒东方文化。第一次世界大战后的欧洲之行使梁启超完全放弃了西方文化而力挺东方文化，以至于有人将梁启超归为东方文化派。姑且不论对梁启超思想的这种学术归属是否合适，有一点是可以肯定的，那就是：这一时期的梁启超在价值上坚定不移地恪守以精神文化为核心的东方文化，与他使用国粹、国学来称谓中国本土文化，旨在与外学相对应，突出中国文化的历史传统和薪火相传相印证。在梁启超对中国本土文化的国学称谓中，国学为中国所固有，作为几千年一脉相承的历史积淀和结晶，是中国文化的精华即国粹。换言之，中国文化具有自身的独特价值，作为中国人世代沿袭的传统，是中国人安身立命的生活方式和价值皈依。

　　一言以蔽之，康有为的孔教概念旨在强调孔教是中国本土文化的基本形态，它的潜台词是：西方是有教化的民族，中国也是；西方文化以宗教（耶教）为主体，中国文化（孔教）也是如此。由此可见，康有为始终侧重中西文化之同，故而将仁说成是孔教、佛教与耶教的共同宗旨。这表明，康有为在文化理念上秉持世界主义，世界主义也是他主张大同社会同

① 《〈西学书目表〉后序》，《梁启超全集》第一册，北京出版社 1999 年版，第 86 页。

一文化、同一语言而取消汉字的理论前提。与此不同，梁启超对国粹、国学的理解和界定彰显了中国本土文化的民族性和历史性，是一种不同于文化绝对主义或文化进化主义的文化相对主义理念。

与其积极意义同样不可否认的是，从出现之日起，康有为的孔教概念就备受争议。抛开政治因素以及与其他人思想的差异不论，仅就康有为本人的思想而言，孔教的消极影响也是显而易见的：第一，就孔子与诸子之间的关系来说，孔教概念本身带有致命的模糊性和不确定性，用之梳理诸子百家之间的关系难免自相矛盾。例如，康有为对孔教（孔子之学）的界定造成了老子、墨子的尴尬身份和矛盾归属——一会儿将老子、墨子一起归入孔子后学，一会儿将两人逐出孔学而让其另立门户。以老子为例，当孔教作为全部中国本土文化的代名词时，包罗诸子和百家，老子概莫能外；当孔教在内容上侧重孔子创立的儒家学说时，老子便被排除在外，与庄子以及列子、韩非等人构成了有别于儒学的道家学说，并且与墨子一样成为与孔子争教最盛者。在康有为那里，老子、墨子及庄子等人的尴尬身份是不可避免的，因为这一切归根结底都是由孔教概念的模糊性引起的，故而与孔教与生俱来，是无法克服的。进而言之，康有为孔教概念的模糊性在于，一面以孔教代表全部中国本土文化，一面在内容上侧重儒家文化；二者之间的张力使他所讲的孔教具有广义与狭义之分：一方面，康有为断言"百家皆孔子之学"，在这个意义上，孔教代表全部中国本土文化。另一方面，康有为有时用儒学与老学、墨学相对举，在这个意义上，孔教、老教（老子之教）和墨教（墨子之教）是彼此独立的。孔教是包括儒、道、墨在内的全部中国本土文化，儒教相当于与道、墨相对的儒学或儒家概念。问题的关键是，康有为本人没有对孔教与儒家的关系进行厘定，乃至没有关于孔教的广狭之分，由此造成的矛盾在所难免。与康有为相比，梁启超将诸子百家归结为孔子、老子、墨子分别创立的儒、道、墨三家，将其他学派说成是三派的后学，由于从源头上厘清了孔子与老子、墨子之间的关系，对于纠正康有为孔教概念引起的孔子与老子、墨子代表的诸子关系的混乱具有一定作用。第二，就客观后果来说，无论康有为本人的初衷如何，有一点是不争的事实：虽然康有为所使用的孔教概念和称谓并非专指宗教，也不特意凸显儒家或中国本土文化的宗教思想，但是，它还是模糊了宗教文化与世俗文化的界限。在他的表述中，孔子是孔教的教主："孔子为教主，为神明圣王，配天地，育万物，无人、无事、无义不围范于孔子大道中，乃所以为生民未有之大成至圣也！"①这样一来，当康有为用孔教称谓中国本土文化时，不可避免地用宗教遮蔽儒学乃至中国文化其他方面的意蕴和内容。

在这种背景下，梁启超以国粹、国学称谓中国本土文化不仅消解了康有为孔教概念导致的以宗教遮蔽中国本土文化的其他内容之虞，而且在对历史的重视中充分彰显了中国文化的地域性、民族性和特殊性。梁启超是中国近代的国学大家，对于国学的贡献不仅是在 1901 年的《中国史叙论》中首先使用国粹概念，并在 1902 年写的《论中国学术思想变迁之大势》中多次使用近代意义上的国学一词与西方各国的学术相对举，而且在于其独特的国学理念和成果骄人的国学研究。正是由于这些原因，梁启超在生前就已经是公认的国学大师。

进而言之，梁启超国学理念的非常意义在于：不再像康有为那样从宗教的角度框定国学的基本形态和主体内容，而是在文化传承和历史沿革中，彰显中国本土文化的主体性、民族性和特殊性。这一视角和宗旨促使梁启超极为重视中华民族发轫、演变和传承的历史，进而将历史学视为国学的核心内容之一，整理古代遗留的历史文献也随之成为治国学的两条大路中的一条。卡尔·贝克的解释印证了梁启超重视历史对于国学研究的重要意义。卡尔·贝克说："每个普通人如果不回忆过去的事件，就不能做他需要或想要去做的事情；如果不把过去的事件在某种微妙的形式上，同他需要或想要做的事情联系起来，他就不会回忆它们。这是历史的自然作用，也是历史被简化到最后一层意义上、成为所谓说过做过事情的记忆的自然作用。"②循着这个思路，在中国产生、传延几千年的本土文化是中国

---

①　《孔子改制考》卷十，《康有为全集》第三集，中国人民大学出版社 2007 年版，第 127 页。

②　转引自何晓明：《走出"历史知识社会化"的误区》，《光明日报》2011 年 1 月 12 日。

人的精神家园，历史则是中国人的根。只有在对中国历史的解读中，才能弄清楚作为中国人的我是谁，我从哪里来，要到哪里去。由此可以想象，离开历史的国学是残缺的。正因为如此，与康有为对宗教的过度热情截然不同，梁启超力图突出历史在国学中的地位，将历史传承注入国学之中，乃至奉为国学的基本内容。正是凭借历史和文化传统彰显中国本土文化的民族性和特殊性，以此激发中华民族的身份认同、文化认同、民族认同的致思方向和价值旨趣使梁启超坚守民族主义，在拯救中国的路径问题上与康有为的世界主义渐行渐远。

上述内容显示，康有为、梁启超对国学的不同称谓传递着对中国本土文化的不同理解和定位，流露出对诸子百家的不同侧重和取舍。尽管两人所使用的孔学、孔教与中学、国学等概念在内涵和外延上存在某些交叉的地方，然而，它们却不是完全重合的。在康有为那里，国学是孔子之学，也可以称为孔教。从这个意义上说，孔教等同于国学——或者说，国学就是孔子之学、就是孔教。与此同时，孔教并不等同于儒学，因为孔教虽然由于对孔子及其正宗传人思想的重视而侧重儒家，甚至有时二者相混，但是，康有为有时以"儒"专指儒家思想，与道家、墨家相对，这时的"儒"显然是孔教的一部分。直接使用国学概念的梁启超将国学分为"文献学"与"德性学"两部分，就诸子百家的关系——特别是孔子与老子、墨子的关系而言，三人并称为"三圣"，将孔子、老子和墨子分别创立的儒家、道家、墨家对举。这样一来，梁启超所讲的国学包括康有为视界中狭义的孔子之学即儒学，却并不专指儒学。除了儒家思想之外，梁启超所讲的国学中还有老子创立的道家思想和墨子创立的墨家思想，同时包括以华严宗、唯识宗和禅宗为代表的佛学。这表明，在梁启超那里，尽管儒学不再等同于国学，却是国学——尤其是"德性学"中不可或缺的组成部分。除此之外，如果说梁启超使用的中学概念与康有为的孔教概念一样还是中学与西学对举的话，那么，他的国粹、国学概念则是具有强烈中国文化主体意识的称谓。

进而言之，孔教与国学称谓不仅浓缩着康有为、梁启超对中国本土文化的整合和定位，而且具有不同的理论内涵和思想侧重，标志着不同的文化形态。近代国学作为对中国本土文化的第一次全面审视和梳理，内涵着两个关系维度，而这两个关系维度恰恰直观地展示了康有为、梁启超不同的西学观和中学观：第一，中学与西学的关系。相比较而言，康有为的思想以中学为主，梁启超称之为"天禀"哲学似乎印证了这一点，因为梁启超立论的依据是：康有为"不通西文，不解西说，不读西书，而惟以其聪明思想之所及，出乎天天，入乎人人，无所凭籍，无所袭取，以自成一家之哲学，而往往与泰西诸哲相暗合"①。梁启超是西学的热情宣传家，所作的西儒学案以人物为线索介绍西学，对于中国人了解西方的政治、经济、法律和哲学思想发挥了不可忽视的启蒙作用。对于这一点，梁启超对自己"新思想界之陈涉"的定位是最好的注脚。第二，中国本土文化中儒、释、道以及诸子百家之间的关系。在康有为那里，一方面，孔教是对中国本土文化的整体称谓。另一方面，孔教以孔子、孟子和董仲舒等儒家人物为主。这也是康有为被称为近代新儒家的原因所在，更是导致有人将康有为的立孔教为国教理解为立儒教为国教的根源所在。与康有为突出儒家在中国本土文化中的一枝独秀迥异其趣，梁启超视界中的中国本土文化有三个源头，道家、墨家与儒家一样构成了中国文化的主干，正如老子、墨子与孔子一起是中国文化的"三位大圣"一样。当然，康有为、梁启超对待诸子百家的认识均有整合意味，与章炳麟秉持古文经立场，沿袭刘歆等人的思路，将诸子百家归结为九流十家差若云泥。

第二节　宗教观

　　康有为、梁启超对中国本土文化的审视流露出不同的文化理念和价值诉求，既彰显出两人对中国文化的不同态度，又展示了对中国本土文化的

---

① 《南海康先生传》，《梁启超全集》第一册，北京出版社 1999 年版，第 488 页。

不同取舍。就文化态度和思想内容而言，如果说康有为的理论来源主体是中学的话，那么，梁启超则是中西参半。进而言之，不同的理论来源和取舍既表现了两人不同的学术兴趣和思想侧重，又进一步导致不同的理论建构。这一点通过康有为始终如一的宗教情结与梁启超对宗教态度的变奏生动而直观地表现出来。

一、康有为的孔教情结

在康有为那里，无论将孔子奉为宗教家还是呼吁立孔教为国教来抵制西方传入的耶教（基督教），无一不是对孔教情结的流露和表达。正由于有了这一前提，他以中国的孔教对抗西方的耶教，并且将孔教置于耶教之上。

康有为视界中的孔子是宗教家，之所以将孔子之学称为孔教，寓意有二：第一，孔子是中国的教主，孔子的思想是宗教。第二，康有为并没有对教与学予以区分，乃至教、学相混。在这个前提下将孔子之学称为孔教，借用他本人的话语结构或表达方式即"孔子之教"。教在中国本土文化语境中指教化，在基督教为主体的西方文化语境中则指宗教。

教在中西文化语境中的歧义性使康有为本来就模糊的孔教概念更加含糊不清，并且在外延和内涵两个方面表露出来：第一，从外延上看，孔子之学具有广狭两套系统，这两套孔子之学（孔教）与外来文化相遇时，造成了更大的混乱。例如，康有为的孔教概念具有宗教含义，在中国本土文化中——尤其在康有为泛宗教化的观念中与老教、墨教相对应，三者具有不同的称谓和宗旨：孔教以仁为宗旨，名儒；老教以不仁为宗旨，名道；墨教以仁为宗旨，名侠。不同的宗旨致使孔教与老教、墨教处于争教之中，这用康有为的话说便是："战国与孔子争教盛者，老、墨二家，孟子不攻老，因当时杨学盛行，攻其弟子即攻其师也。"[1] 这里的孔教是狭义

---

[1] 《万木草堂口说·诸子》，《康有为全集》第二集，中国人民大学出版社2007年版，第176页。

的，不是指包括老子、墨子思想在内的全部中国本土文化，而是指儒学或儒教，在外延上与孔、佛、耶对举中的广义的孔教显然并不重合。稍加留意即可发现，他用以指称代表老子之教的杨朱之教的概念是"杨学"而非"杨教"。这从一个侧面暴露了康有为宗教概念的随意性，同时印证了他的泛宗教倾向。第二，从内涵上看，孔教具有双重性，既有宗教意蕴，又泛指包括宗教、哲学、教化在内的所有文化：一方面，孔教之教有宗教之义，旨在证明中国历史上一脉相承且源远流长的孔教是一种宗教，孔子便是孔教的教主。正是在这个意义上，康有为不止一次地明确指出：

> 儒教，孔子特立。传道立教，皆谓之儒。老之教曰道，墨之教曰侠。近耶教藉罗马之力，十二弟子传教，专在教人，创为天堂地狱之说。马虾默德谓之回，其教极悍。释迦牟尼谓之佛，其教专以虚无寂灭，亦藉天王之力。[1]

> 老子之学，分为二派：清虚一派，杨朱之徒也，弊犹浅；刻薄一派，申、韩之徒也，其与儒教异处，在仁与暴，私与公。儒教最仁，老教最暴。故儒教专言德，老教专言力。儒教最公，老教最私。儒教专言民，老教专言国。言力言国，故重刑法，而战国之祸烈矣。清虚一派，盛行于晋，流于六朝，清谈黄老，高说元妙。刻薄一派，即刑也，流毒至今日，重君权、薄民命，以法绳人，故泰西言中国最残暴。[2]

在上述引文中，儒教显然不是指包括老子之教、墨子之教在内的孔教，而是与后者并列的，应属儒教或狭义的孔教；然而，它又是与基督教、佛教等宗教对举的，暴露了两套孔教之间在内涵和外延上的冲突。更

---

[1] 《康南海先生讲学记·古今学术源流》，《康有为全集》第二集，中国人民大学出版社2007年版，第108页。

[2] 《康南海先生讲学记·古今学术源流》，《康有为全集》第二集，中国人民大学出版社2007年版，第108页。

为重要的是，康有为在此所举的西方或印度文化是以宗教为主体的，从这个意义上说，孔教在内涵上应专指宗教。尽管如此，在话语结构和表达方式上，他依然学与教互用，第二段引文以"老子之学"与"儒教"对举，甚至"老子之学"与"老教"同时出现，其概念之混乱可见一斑。另一方面，孔教代表国学，泛指中国本土文化的方方面面。康有为所讲的宗教是宽泛的，与现代意义上从属于哲学的宗教哲学或与世俗文化相对应的宗教文化不是同一层次的范畴。在《日本书目志》中，他借鉴西方学科分类方法对所翻译的日本书目进行分类，归分为生理门、理学门、宗教门、图史门、政治门、法律门、农业门、工业门、商业门、教育门、文学门、文字语言门、美术门、小说门和兵书门，共计十五门。在这十五门大学科中，宗教位列其中，属于独立于哲学并与政治、法律、文学等门并列的"一级学科"，哲学则与物理、化学等自然科学一起被归为"理学门"。除了哲学之外，"理学门"中尚有心理学、伦理学、人类学、动物学和植物学等。这个分科表明，康有为并不能较为合理地厘定哲学与宗教的关系，同时对哲学重视不够，故而将之与心理学、伦理学等学科等量齐观，乃至与动物学、植物学归在同一门之中。这种情况的出现与其说源于康有为对哲学的有意怠慢，不如说是因为他对哲学和宗教都缺少应有的认识——只不过是与将哲学随意降低相反，对宗教任意拔高而已。中国近代历史背景和文化语境中的宗教是西方的舶来品，与中国文化传统中的教化不可同日而语。无论是教、学相混，还是宗、教相分，都暴露出康有为对西方宗教认识的阙如，故而没有像严复那样主张教学分途、政教分离。从另一个角度看，正是由于康有为的教学相混，才可能使教涵盖文化的各个领域，进而成为文化的核心内容乃至基本形态。于是，才有了康有为以具有宗教意蕴的孔教称谓全部中国本土文化，以耶教称谓西方文化的可能性和正当性。

翻检、综观其思想可以看到，康有为具有泛宗教倾向，总是有意无意地扩大宗教的范围，夸大宗教的作用。道理很简单：第一，从作用上看，宗教的作用越大，越能够通过宗教（孔教）达到保国、保种的目的。第二，从学科上看，宗教与哲学、心理学和伦理学等学科并无必然的内在关联，故而成为独立的"一级学科"。

与泛宗教倾向相一致，康有为给宗教下了这样一个定义："合无量数圆首方足之民，必有聪明首出者作师以教之。崇山洪波，梯航未通，则九大洲各有开天之圣以为教主。太古之圣，则以勇为教主；中古之圣，则以仁为教主；后古之圣，则以知为教主。同是圆颅方趾则不畏敬，不畏敬而无以耸其身，则不尊信，故教必明之鬼神。故有群鬼之教，有多神之教，有合鬼神之教，有一神之教。有托之木石禽畜以为鬼神，有托之尸像以为鬼神，有托之空虚以为鬼神，此亦鬼神之三统、三世也。有专讲体魄之教，有专讲魂之教，有兼言形魂之教，此又教旨之三统也。老氏但倡不神之说，阮瞻为无鬼之论，宋贤误释为二气良能，而孔子《六经》、《六纬》之言鬼神者晦，而孔子之道微。岂知精气为物，游魂为变，《诗纬》以魂为物本，魂灵固孔子之道。而大地诸教乃独专之，此亦宋贤不穷理而误割地哉！"[①] 根据这一界定，宗教的本质是敬畏，由于信仰对象的不同，而遵循三世、三统的程序进化。就宗教的三世进化程序而言，孔子的思想以仁为宗旨，属于中古宗教，对于近代的中国社会来说恰逢其时；就宗教的三统而言，孔教既尊神又敬鬼，并且魂魄兼养。

与此同时，康有为断言，宗教具有阳教与阴教之分。他声称："天地之理，惟有阴阳之义无不尽也，治教亦然。今天下之教多矣：于中国有孔教，二帝、三皇所传之教也；于印度有佛教，自创之教也；于欧洲有耶稣；于回部有马哈麻，自余旁通异教，不可悉数。然余谓教有二而已。其立国家，治人民，皆有君臣、父子、夫妇、兄弟之伦，士、农、工、商之业，鬼、神、巫、祝之俗，诗、书、礼、乐之教，蔬、果、鱼、肉之食，皆孔氏之教也，伏羲、神农、黄帝、尧、舜所传也。凡地球内之国，靡能外之。其戒肉不食，戒妻不娶，朝夕膜拜其教祖，绝四民之业，拒四术之学，去鬼神之治，出乎人情者，皆佛氏之教也。耶稣、马

---

① 《日本书目志》卷三，《康有为全集》第三集，中国人民大学出版社 2007 年版，第 297—298 页。

哈麻、一切杂教皆从此出也。圣人之教，顺人之情，阳教也；佛氏之教，逆人之情，阴教也。故曰：理惟有阴阳而已。"① 由此看来，对于教分阴阳来说，孔教顺人之情，属阳教，与逆人之情的佛教对立；属于阳教的孔教是人道教，孔教的具体内容与"立国家，治人民"相对应，从"君臣、父子、夫妇、兄弟之伦，士、农、工、商之业"到"诗、书、礼、乐之教，蔬、果、鱼、肉之食"皆在其中。对孔教内容的界定将康有为的泛宗教倾向推向了极致，因为他所讲的孔教不仅包括"鬼、神、巫、祝之俗"等宗教方面的内容，而且包括伦理、政治、经济和教育等多种内容，可谓是文化的泛称。

不难看出，康有为对宗教概念的界定、理解和阐发与他的孔教观息息相关，正如用孔教称谓孔子之学就是为了彰显其宗教意蕴一样，孔教的称谓证明他心目中的孔子之学就是一种宗教。对于这一点，康有为称孔子是教主，梁启超有时尊称康有为是孔教的教主，有时赞扬康有为是孔教的马丁·路德即是明证。康有为提议立孔教为国教，这时的孔教即属宗教——不仅具有宗教信仰，而且具有宗教仪式或教阶制度，宗教的要件一应俱全。可以作为佐证的还有，鉴于康有为的宗教热情以及对宗教的研究，梁启超称康有为是宗教家；在为康有为作传时专门辟《宗教家之康南海》一章，对康有为的宗教思想予以介绍。对于自己这样做的理由，梁启超给出的解释是："先生（指康有为——引者注）又宗教家也。吾中国非宗教之国，故数千年来，无一宗教家。"② 这个说法明确认定康有为是宗教家，也反过来证明了康有为的孔教概念是在宗教的意义上使用的。

值得注意的是，与泛宗教倾向密切相关，康有为所使用的孔教概念具有宗教内涵却并不专指宗教，也不特指孔子创立的儒家思想即儒教，而是泛指全部中国传统文化。可以看到，他将全部中国本土文化称为孔教，以与佛教代表的印度文化和基督教代表的西方文化相对应，如"印度以佛纪

① 《康子内外篇》，《康有为全集》第一集，中国人民大学出版社 2007 年版，第 103 页。
② 《南海康先生传》，《梁启超全集》第一册，北京出版社 1999 年版，第 486 页。

年，欧洲以耶稣纪年，中国纪元起于孔子"① 等。正由于孔教是作为全部中国本土文化出现的，所以，孔教之"教"具有宗教之教的意蕴却不限于宗教之教，而是与当下通用的文化概念大致相当。尽管如此，由于康有为以孔教称谓全部中国本土文化，致使其宗教意蕴急剧凸显，最终导致泛宗教倾向。

二、梁启超的由孔教而佛教

梁启超的思想以多变著称于世，善变特征在他对宗教的选择和对宗教的态度上充分体现出来——当然，他对于孔教和宗教的看法也不例外。有一点可以肯定的是，梁启超关注历史学和人生哲学，致使宗教没有了统领全部文化或成为文化基本形态的可能性。大致说来，梁启超经历了一个先跟随康有为信奉孔教，而后反思宗教，最后皈依佛教的嬗变历程；这一心路历程反映到对待宗教的态度上便是：先是呼吁以宗教塑造中国人的脑质，激发信仰；后来转而指责宗教禁锢人之精神，与自由相悖；最后宣称佛教以最缜密的认识，寻求人的精神解放和自由。

戊戌维新前后的梁启超秉持师说，认同康有为将孔子之学称为孔教，凭借保教（孔教）来保国、保种的做法。这一时期，梁启超不仅坚信康有为宣扬的孔教是孔子之真教——而不像后来那样与其他人一起指责康有为的孔教是"康教"，而且坚信通过保教（孔教）能够达到保国、保种的目的。有鉴于此，梁启超对康有为的孔教主张亦步亦趋，在公开场合申明自己"述康南海之言"。正是在这个意义上，梁启超宣称："凡一国之强弱兴废，全系乎国民之智识与能力，而智识能力之进退增减，全系乎国民之思想。思想之高下通塞，全系乎国民之所习惯与所信仰，然则欲国家之独立，不可不谋增进国民之识力，欲增进国民之识力，不可不谋转变国民之

---

① 《万木草堂口说·诸子》，《康有为全集》（第二集）中国人民大学出版社 2007 年版，第177 页。

思想。而欲转变国民之思想，不可不于其所习惯所信仰者。为之除其旧而布其新，此天下之公言也。泰西所以有今日之文明者，由于宗教革命，而古学复兴也。盖宗教者，铸造国民脑质之药料也。我支那当周秦之间，思想勃兴，才智云涌，不让西方之希腊。而自汉以后，二千余年，每下愈况，至于今日，而衰萎愈甚。远出西国之下者，由于误六经之精意，失孔教之本旨，贱儒务曲学以阿世，君相托教旨以愚民，遂使二千年来孔子之真面目湮而不见，此实东方之厄运也。故今欲振兴东方，不可不发明孔子之真教旨，而南海先生所发明者，则孔子之教旨。"① 由此可见，这时的梁启超是从积极意义上评价宗教的，故而将"铸造国民脑质"，激发中国人的信仰和情感，以此凝聚民族精神的全部希望统统寄托于宗教，而他所信凭的宗教就是康有为发明的孔教。

在这一时期，梁启超不仅以发明孔子之真教旨为己任，而且将这一宗旨贯彻到一切学术之中。他说道："吾请语学者以经学：一当知孔子之为教主；二当知六经皆孔子所作；三当知孔子以前有旧教（如佛以前之婆罗门；）四当知六经皆孔子改定制度以治百世之书；五当知七十子后学，皆以传教为事；六当知秦汉以后，皆行荀卿之学，为孔教之孳派；七当知孔子口说，皆在传记，汉儒治经，皆以经世；八当知东汉古文经，刘歆所伪造；九当知伪经多撷拾旧教遗文；十当知伪经既出，儒者始不以教主待孔子；十一当知训诂名物，为二千年经学之大蠹，其源皆出于刘歆；十二当知宋学末流，束身自好，有乖孔子兼善天下之义。请言读子：一当知周秦诸子有二派，曰孔教，曰非孔教；二当知非孔教之诸子，皆欲改制创教；三当知非孔教之诸子，其学派实皆本于六经。四当知老子、墨子为两大宗；五当知今之西学，周秦诸子多能道之；六当知诸子弟子，各传其教，与孔教同。七当知孔教之独行，由于汉武之表章六艺，罢黜百家。……请言史学：一当知太史公为孔教嫡派；二当知二千年政治沿革，何者为行孔子之制，何者为非孔子之制；三当知历代制度皆为保王者一家而设，非为

---

① 《论支那宗教改革》，《梁启超全集》（第一册）北京出版社 1999 年版，第 263 页。

保天下而设，与孔孟之义大悖。"① 在这里，无论是梁启超对孔教的态度还是对孔教的认定都与康有为如出一辙——"一当知孔子之为教主；二当知六经皆孔子所作"等更是对康有为思想的直接转述。

戊戌变法失败逃亡日本之后，梁启超接触到大量西方的社会、政治学说，思想也随之发生巨大转变。思想巨变之后的他对康有为的思想不再是先前亦步亦趋的转述和阐发，而是与康有为的思想分歧日显；随之而来的是对宗教的态度发生巨大变化，由先前的倚重宗教而开始批判宗教。此时的梁启超一改往日对宗教的态度，转而指责宗教禁锢人心，与自由背道而驰。基于这种认识，梁启超非但不再支持康有为通过保孔教来保国、保种的做法，反倒对之极力反驳。例如，他在写给老师——康有为的信中一针见血地指出："至先生谓各国皆以保教，而教强国强。以弟子观之，则正相反。保教而教强，固有之矣，然教强非国之利也。欧洲拉丁民族保教力最强，而人皆退化，国皆日衰，西班牙、葡萄牙、意大利是也。条顿民族如英、美、德各国，皆政教分离，而国乃强。今欧洲之言保教者，皆下愚之人耳，或凭借教令为衣食者耳。实则耶教今日亦何尝能强，其渐灭可立而待矣。哲学家攻之，格致学攻之，身无完肤，屡变其说，以趋时势，仅延残喘，穷遁狼狈之状，可笑已甚，我何必更尤而效之。且弟子实见夫欧洲所以有今日者，皆由脱教主之羁轭得来，盖非是则思想不自由，而民智终不得开也。倍根、笛卡儿、赫胥黎、达尔文、斯宾塞等，轰轰大名，皆以攻耶稣教著也，而其大有造于欧洲，实亦不可诬也。"② 按照梁启超的说法，由于压制人的自由，禁锢人的思想，宗教已经成为当今世界哲学家、科学家共同鸣鼓而击之的对象。宗教的尴尬境地表明，通过保教来保国、保种的设想是行不通的，西班牙、葡萄牙和意大利等拉丁国家的境遇便是明证；相反，只有政教分离，国家才能富强，英国、美国和德国便是学习的榜样。

① 《〈西学书目表〉后序》，《梁启超全集》第一册，北京出版社 1999 年版，第 86 页。
② 《致康有为》，《梁启超全集》第十册，北京出版社 1999 年版，第 5936 页。

　　基于这种认识，梁启超对于中国的规划沿着与康有为不同的方向展开，基本宗旨和具体办法则是推崇自由，"揭孔教之缺点"。他开诚布公地写道："弟子以为欲救今日之中国，莫急于以新学说变其思想（欧洲之兴全在此），然初时不可不有所破坏。孔学之不适于新世界者多矣，而更提倡保之，是北行南辕也。先生所示自由服从二义，弟子以为行事当兼二者，而思想则惟有自由耳。思想不自由，民智更无进步之望矣。先生谓弟子故为立异，以避服从之义，实则不然也。其有所见，自认为如此，然后有利益于国民，则固不可为违心之论也。……弟子意欲以抉破罗网，造出新思想自任，故极思冲决此范围，明知非中正之言，然今后必有起而矫之者，矫之而适得其正，则道进矣。即如日本当明治初元，亦以破坏为事，至近年然后保存国粹之议起。国粹说在今日固大善，然使二十年前而昌之，则民智终不可得开而已。此意弟子怀之已数年，前在庇能时与先生言之，先生所面责者，当时虽无以难，而此志今不能改也。顷与树园、慧儒、觉顿、默厂（树园番禺人，名文举即扪虱谈虎客。慧儒名奎，新会人。汤觉顿、陈默厂四人皆万木草堂弟子——原初稿批注。）等思以数年之功著一大书，揭孔教之缺点，而是正之，知先生必不以为然矣。"①在此，梁启超提出的拯救中国的方案是以新学改变中国人的旧思想，而不是保守中国固有的孔教或旧思想。而他所讲的新思想以自由为核心和宗旨，理由是：思想上不自由，民智便无法进步。沿着这个思路，梁启超针对康有为基于服从与自由的张力而对自由的排斥特意强调，自由与服从可以并行不悖，行动上固然应该自由与服从兼顾，思想上则惟有自由。更有甚者，为了提倡精神自由，涤荡中国人的旧思想、旧观念，梁启超不惜以破坏为手段，"明知非中正之言"还大力鼓吹，是因为"意欲以抉破罗网，造出新思想自任"；至于其中的不正之处无暇自顾，只能期待后来者"起而矫之"。这是梁启超所执往往前后矛盾的原因，并为康有为、严复所诟病，却从一个侧面反映了梁启超在当时宣传自由的心情之迫切和态度之决

---

① 《致康有为》，《梁启超全集》（第十册）北京出版社 1999 年版，第 5936 页。

绝。在这个前提下，梁启超对孔教的热情急剧减弱，甚至开始公开反对康有为立孔教为国教的做法。

作为思想转变的直接后果和集中反映，此时的梁启超不认同康有为以孔教来整合中国本土文化的做法，也不同意康有为将孔子之教称为宗教。尽管如此，梁启超并不反对宗教本身，或者说，并没有因而彻底与宗教隔绝。事实上，此时的梁启超舍弃了原先心仪的孔教，却找到了佛教。结合梁启超后来的思想可以看到，他对宗教采取了两条相应措施：一是为孔子和孔教祛魅，一是推尊佛教。

出于为孔教祛魅的目的，梁启超将孔子的思想与宗教剥离。为此，他一面作《评非宗教同盟》、《论佛教与群治之关系》、《论宗教家与哲学家之长短得失》、《保教非所以尊孔论》等专题性文章，通过界定宗教概念的内涵和区分宗教家与哲学家的不同作用，双管齐下，以期划清宗教与哲学之间的界限；一面从教育思想、人生哲学等不同角度诠释孔子思想，撇清孔子思想与宗教的关系。在此过程中，针对康有为孔教概念的宽泛、模糊所带来的对孔学及儒家思想的误导，梁启超代之以儒学、儒家道术、儒家哲学或儒家文化等概念，试图将儒学、孔学与宗教分别开来。伴随着这些概念而来的是，梁启超视界中的孔子与释迦牟尼、华盛顿等或宗教家或政治家相提并论，主要身份却不再是宗教（孔教）的教主，当然也不再被独尊。为了将儒学、孔学与宗教彻底剥离开来，梁启超甚至宣称孔教之教不是教化之教，更不是宗教之教，而是专指教育之教。因此，孔子不是宗教家，也不是哲学家，而是专门的教育家。

在否定孔子思想是宗教的前提下，梁启超对佛教投入了极大的热情。出于对佛教的推崇备至、顶礼膜拜，梁启超推出了一大批佛教研究成果：《中国佛法兴衰沿革说略》、《佛教之初输入》、《印度佛教概观》、《佛陀时代及原始佛教教理纲要》、《佛教与西域》、《又佛教与西域》、《中国印度之交通》、《佛教教理在中国之发展》、《翻译文学与佛典》、《佛典之翻译》、《读异部宗轮论述记》、《说四阿含》、《说〈六足〉〈发智〉》、《说大毗婆沙》、《读修行道地经》、《那先比丘经书》、《佛家经录在中国目录学之位置》、《见于高僧传中之支那著述》、《大乘起信论考证序》、《佛教心理学浅测》、《支那内学院精校本玄奘传书后》、《大宝积经迦叶品梵藏汉文六种合刻序》，凡此等等，不一而足。这些成果既有对佛教历史的钩沉索隐，也有对佛教经典的考证、整理和解读。除此之外，梁启超对佛教教义的诠释或发挥更是比比皆是，其中最著名的有：《论佛教与群治之关系》《说无我》《说希望》《论宗教家与哲学家之长短得失》《余之死生观》《国家运命论》等等。

自从推崇佛教后，梁启超对佛教的提倡、宣传可谓不遗余力。从根本上说，他对佛教的热衷有个人情感方面的原因，更主要的则是出于救亡图存的动机。必须说明的是，对佛教的推崇出于救亡图存的现实需要和宗旨是近代思想家的一致性，为此，他们都强调佛教的入世性，梁启超也不例外。在这方面，他把"入世而非出世"说成是佛教信仰的基本特征，就是为了利用佛教达到入世、治世和救世的目的。为了将佛教的治事功能发挥到极致，梁启超从不同角度对佛教教义予以诠释和改造。其中，最为引人注目的是，他利用佛教寻求精神自由，使佛教兼具救亡与启蒙的双重功能。梁启超评价他的老师说："康有为本好言宗教，往往以己意进退佛说。"① 其实，这不是康有为一个人的态度和做法，而是代表了近代崇佛者共同的学术导向，其中的典型代表便是梁启超本人。梁启超崇佛，重要的一条就是认为佛教信仰"智信而非迷信"。基于对佛教的这种理解，他凭着好恶、随着需要对佛教的众多派别自由出入。与此相联系，梁启超不再遵循固定不变的佛教经典，而是根据自己的好恶和现实斗争的需要对佛教理论各取所需；不仅不再拘泥于佛教的经典及佛教理论的原初本意，而且对之进行大胆的取便发挥。

梁启超认为，佛教是建立在极其缜密的认识论之上的，其全部宗旨就是要人通过悟信，进而求"最大之自由解放"。对此，他论证并解释说："况释迦之为教，与一般宗教不同，一般宗教，大率建设于迷信的基础之上。佛教不然，要'解信'、'要悟信'，（因解得信因悟得信）释迦唯一目

---

① 《清代学术概论》，《梁启超全集》第五册，北京出版社 1999 年版，第 3105 页。

的在替众生治病。但决不是靠神符圣水来治，决不是靠《汤头歌诀》来治，他是以实际的医学为基础，生理解剖，病理……一切都经过科学的严密考察、分析、批评。……就这一点论，释迦很有点像康德，一面提倡实践哲学，一面提倡批判哲学，所以也可以名佛教为'哲学的宗教'。……质而言之，佛教是建设在极严密极忠实的认识论之上。用巧妙的分析法解剖宇宙及人生成立之要素及其活动方式，更进而评判其价值，因以求得最大之自由解放而达人生最高之目的者也。"① 分析至此，梁启超得出结论，佛教以自由为宗旨。于是，信凭佛教寻求自由成为梁启超此后的毕生追求。

进而言之，康有为、梁启超对于宗教的不同界定和态度分歧与新的学科分类有关：一方面，宗教、文化和哲学等西方学科分类框架内的新学科刚刚传入，内涵和外延尚不明确。这些新学科、新概念作为舶来品对于中国人来说既新鲜，又陌生。另一方面，由于中国原有的经、史、子、集的划分系统中找不到与宗教、哲学等相对应的学科，这些学科的位置成为悬而未决的问题，产生分歧在所难免。与此同时，教在中西文化语境中的内涵迥然相异，这更增加了问题的复杂性：在中国本土文化中，教指教化，涵盖伦理、政治、教育等诸多社会科学和人文科学领域，与西方文化中的宗教概念或学科不可同日而语。尽管如此，不论是对西方文化的陌生还是新的学科分类的引入都使康有为、梁启超尚无法对中西语境中的教予以准确区分，故而导致宗教概念的混乱，或者对宗教的态度不稳定。

康有为、梁启超所讲的宗教除了对于宗教的"抽象"界定和理解外，还包括对各种宗教形态的态度——其中，不仅牵涉孔教、基督教，而且包含佛教。除了在基督教问题上并无分歧之外，康有为、梁启超宗教思想的分歧不仅表现在对孔教的理解和态度上，而且体现在对佛教的认识和态度上。诚然，正如康有为所讲的孔教中容纳了佛教的思想要素一样，梁启超

---

① 《佛陀时代及原始佛教教理纲要》，《梁启超全集》第七册，北京出版社 1999 年版，第 3744 页。

所讲的国学中包含有佛教的内容，佛教甚至与儒家思想一样成为"德性学"的主干内容。必须注意的是，尽管两人都利用、吸收佛教的思想内容，对佛教的态度却相去甚远：主张立孔教为国教的康有为宣称孔教与佛教"相反"，却在大同社会让佛教大行其道；与康有为的矛盾态度迥异其趣，梁启超声称"佛教是全世界文化的最高产品"①。这使佛教成为梁启超宣传自由的理论武器，也成为国学的基本内容。按照他的说法，佛教传入中国后与中国本土文化相和合，已经成为中国固有文化的一部分，理所当然地属于中国固有之学，故而是国学。为了说明佛教是国学的一部分，属于中国本土文化，梁启超特意指出，佛教产生于印度，却发达、鼎盛于中国，华严宗、天台宗、唯识宗和禅宗等佛教的著名宗派无一不是中国人的发明。因此，佛教就是中国的国学。为了凸显这一点，梁启超尤为喜欢将禅宗称为"我们的禅宗"。

问题的关键是，宗教概念的歧义丛生不仅影响了康有为、梁启超对孔教的理解和态度，而且影响着两人对佛教的定位和态度。在对待佛教的态度上，康有为、梁启超都是矛盾的，矛盾的具体表现却各不相同：康有为一面出于立孔教为国教的现实考量和政治需要肯定孔教与佛教"相反"，一面难以按捺对佛教的好感，乃至大同社会中孔教当舍，而佛教可以大行其道。梁启超的矛盾在于：一面断言宗教与人的自由相悖，禁锢民智而排斥宗教；一面推崇佛教，并借助佛教鼓吹精神自由。对此，人们不禁要问：佛教是否是宗教？为此，梁启超特意作《论佛教与群治之关系》，在文中明确认定佛教信仰具有其他宗教所没有的六大优点。这些优点分别是："智信而非迷信""兼善而非独善""入世而非厌世""无量而非有限""平等而非差别"和"自力而非他力"②。在梁启超所对举的特点中，如果说前者是佛教的特性的话，那么，后者则是宗教的特性。佛教区别于其他宗教的这些特点共同证明了佛教不是宗教——至少不可以将佛教与一般宗教等

---

① 《治国学的两条大路》，《梁启超全集》第七册，北京出版社 1999 年版，第 4071 页。
② 《论佛教与群治之关系》，《梁启超全集》第二册，北京出版社 1999 年版，第 906—909 页。

量齐观。更有甚者，为了以示佛教与宗教的区别，梁启超在某些场合称佛教为佛法。

至此，戏剧性的一幕出现了：原本在中国传承了几千年、并非专以宗教面目示人的孔教在康有为的视界中成了宗教，从一开始在中国出现就是专门宗教的佛教在梁启超的论证中却不是宗教——至少不可与一般宗教等量齐观。这淋漓尽致地暴露了两人判定宗教的随意性以及随之而来的宗教概念的随意性，也预示了宗教概念的歧义丛生和聚讼纷纭。救亡图存的现实性和理解诠释的随意性是康有为、梁启超界定、理解宗教的共同点，与之相伴的是两人的泛宗教倾向。之所以如此，最根本的原因则在于梁启超剪不断理还乱的宗教情结：一方面，为了反对基督教，也出于对宗教与科学、宗教与自由相悖的认识，梁启超对宗教含有微词，而不像康有为那样由始至终对宗教寄予厚望，顶礼膜拜。从这个意义上说，梁启超对宗教的微词乃至排斥与康有为矢志不渝的宗教情结迥异其趣。另一方面，无论是梁启超指责宗教与科学相左还是宗教与自由相悖，理由都是宗教的本质是信仰，禁锢人的智识和自由。问题的纠结之处恰恰在于，宗教与人的情感好恶和价值取向等信仰问题密切相关，梁启超对宗教怀有本能的好感，将鼓动爱国热情、激发热度情感的希望寄托于宗教。受制于对宗教的这种矛盾心态，他一面在前门反对作为宗教的基督教，一面从后门请出了作为宗教的佛教；一面在基督教——包括早先推崇的孔教是宗教的前提下，抨击其与科学、自由相悖；一面在淡化佛教的宗教性的前提下，借助佛教净化人心，倡导精神自由。于是，尽管他不同意康有为借助孔教而将宗教视为国学的基本形态和主体内容，然而，梁启超却在国学中为佛教留下了重要一席，对佛教推崇备至表明了他对宗教难以抑制的好感乃至膜拜。

由于中国近代的第一个国学称谓是孔教，国学一出现就与宗教纠缠在一起。康有为以孔教作为国学的称谓如此，反对将国学内容归结为孔教的梁启超也是如此。康有为、梁启超关于国学与宗教关系的争议在三个向度展开：其一，国学的基本形态或主体内容是否是宗教？对于这个问题，康有为的回答是肯定的，梁启超却作出了否定回答。其二，孔子之学即孔教是否是宗教？与对第一个问题的看法一脉相承，康有为以孔教称谓中国本土文化，意味着孔教（宗教）是国学的基本形态和内容。梁启超否认国学的基本形态是宗教，对孔子之学是否是宗教的看法前后之间大相径庭：虽然梁启超在戊戌维新前后与康有为一样承认孔教是宗教，但是，梁启超不同意康有为以孔子之学称谓全部中国本土文化而代表国学的做法；后来，梁启超在承认孔子思想是宗教、孔子是宗教家的前提下，强调宗教家不足以言孔子。其三，如何理解宗教的定义和作用？康有为肯定孔子之学是宗教，迫于西方基督教的强势入侵，出于以教治教的目的。这种历史背景、文化语境和立言宗旨决定了他是在肯定的意义上断言孔教是宗教的，所看中的是宗教凝聚人心的作用，并不十分在意宗教的内涵。梁启超在厘清宗教内涵的基础上反对立孔教为国教，对宗教的界定却与康有为异曲同工，即与康有为一样将信仰与宗教相提并论。对于宗教，梁启超给出的定义是："'宗教是各个人信仰的对象。'……对象有种种色色，或人，或非人，或超人，或主义，或事情。只要为某人信仰所寄，便是某人的信仰对象。……信仰有两种特征：第一，信仰是情感的产物，不是理性的产物。第二，信仰是目的，不是手段；只有为信仰牺牲别的，断不肯为别的牺牲信仰。……从最下等的崇拜无生物、崇拜动物起，直登最高等的如一神论，无神论，都是宗教。他们信仰的对象，或属'非人'，如蛇、如火、如生殖器等等；或属'超人'，如上帝、天堂、净土等等；或属'人'，如吕祖、关公、摩诃末、耶稣基督、释迦牟尼等。不惟如此，凡对于一种主义有绝对信仰，那主义便成了这个人的宗教。"[1] 由此可见，尽管梁启超对宗教的具体理解与康有为有别，然而，他却与康有为一样归一切信仰于宗教，最终对宗教持肯定态度，故而导致信仰与宗教相混。更有甚者，梁启超在这方面比康有为走得更远，以至于将人列为信仰对象，声称对于恋爱的人来说，恋爱的对象就是彼此的宗教。对于宗教的作用，康有为始终在肯定的意义上理解宗教，终身为立孔教为国教而奔走呼号，并且期待通

---

[1] 《评非宗教同盟》，《梁启超全集》第七册，北京出版社 1999 年版，第 3966—3967 页。

过保教来保国、保种；梁启超看到了宗教与信仰的密切相关，更多的则是突出宗教对人心智、自由的束缚和禁锢。换言之，对宗教作用的认识是康有为具有宗教情结，以宗教言国学，教学相混的原因；也是梁启超提倡自由，讲国学时呼吁走以历史为主的"文献学"与以人生哲学为主的"德性学"两条大路的原因所在。

第三节　政治观

如果说孔教与国学的关系和对宗教的不同态度尚侧重于理论层面的话，那么，康有为、梁启超救亡图存的具体方案则直接指向现实领域和实践层面。对这一问题的设想不仅展示了两人不同的价值旨趣和政治主张，而且暴露了戊戌变法领导层内部的分歧。

一、平等与自由

自由、平等是中国近代的价值追求和时代风尚，康有为、梁启超在这方面与其他近代思想家是一致的。在这个前提下尚须进一步澄清的是，两人的行为追求和价值旨趣呈现出明显差异，对自由、平等具有不同侧重。一言以蔽之，康有为推崇平等，将平等提升为宇宙本原，断言平等是放之四海而皆准的普遍法则；梁启超则崇尚自由，宣称自由是人与生俱来的天赋之权，神圣而不可侵犯。

1.康有为的平等路径

作为中国近代著名的启蒙思想家，康有为开创了平等的启蒙路径；这一理论视界和政治抉择拉近了康有为与谭嗣同之间的思想距离，却显示出与同为戊戌启蒙四大家的严复、梁启超之间的学术分歧。

首先，康有为对平等倍加推崇。

为了提升平等的地位和权威，康有为将平等与世界本原——仁联系起来，致使平等成为宇宙法则。在这方面，他的具体做法分两步走：第一步，宣称仁为天地万物的本原。康有为宣布："仁也，电也，以太也，人人皆有之，……为万化之海，为一切根，为一切源。"① 这就是说，仁是"万化之海"，作为推动世界运动、变化的总根源，是宇宙的真正主宰；仁"为一切根，为一切源"，是世界万殊乃至人类的最终本原。第二步，断言平等是仁的题中应有之义。被康有为奉为世界本原的仁被注入了近代的价值诉求和时代气息，最明显的表现是仁的基本内涵是平等。为此，他沿袭汉儒的训诂方法凸显仁的相偶之义，指出仁在本质上不是"私德"而是"公德"，是标志人与人关系的范畴。对于仁的内涵是平等，康有为不止一次地声明：

> 仁之极，所谓平等者。②

> 至平无差等，乃太平之礼，至仁之义。③

其次，鉴于仁的本原地位，康有为对平等格外关注，成为中国近代重平等的启蒙思想家。

更为重要的是，康有为提升平等的地位和价值并不只是基于理论兴趣，而是为了解决中国近代社会的现实问题，为中国寻求救亡图存的出路。循着平等的思路和逻辑，他对中国社会内部上下隔绝的现实状况多有关注并且深恶痛绝，同时将中国近代的贫困衰微归结为中国社会内部的等级森严以及由此导致的严重不平等。对此，康有为一再揭露说：

> 故君与臣隔绝，官与民隔绝，大臣小臣又相隔绝，如浮屠百级，

---

① 《孟子微》，《康有为全集》第五集，中国人民大学出版社 2007 年版，第 414 页。
② 《南海师承记·讲仁字》，《康有为全集》第二集，中国人民大学出版社 2007 年版，第 227 页。
③ 《礼运注》，《康有为全集》第五集，中国人民大学出版社 2007 年版，第 554 页。

级级难通，广厦千间，重重并隔。①

　　考中国败弱之由，百弊丛积，皆由体制尊隔之故。……如浮屠十级，级级难通；广厦千间，重重并隔。譬咽喉上塞，胸膈下滞，血脉不通，病危立至固也。②

　　可以看到，上下隔绝、严重不平等是康有为对中国社会的现实审视，也是他变法维新最先要解决的问题，所以在上光绪帝的奏折中反复提及。与侧重从上下隔绝的角度审视中国社会的现实状况、剖析中国衰微的根源一脉相承，他将中国现实的苦难归结为不平等，断言消除各种不平等而臻于平等是拯救中国的必由之路。这用康有为本人的话说便是："吾救苦之道，即在破除九界而已。"③"九界"是他对现实社会中存在的各种等级和不平等状况的概括，具体包括国界、种界、形界、类界、级界、家界、业界、乱界和苦界。按照康有为的说法，"九界"造成了中国与外国的不平等和中国社会内部的上下隔绝，铲除"九界"是中国的唯一出路。确立了这个方向之后，他具体设计了通往平等的具体步骤和方案，将"男女平等各自独立"视为平等的第一步和解决中国问题的切入点，详细规划了通过解除婚姻、男女平等而"毁灭家族"，彻底废除私有制，最终进入绝对平等、毫无差别的大同社会的操作步骤。康有为所追求的平等是消除各种差异的绝对平均，这使消灭家庭、取消国家的大同社会成为平等的最高境界。

　　再次，由于将男女平等视为平等的第一步，或者说，由于对男女平等极为关注，康有为对男女平等的大声疾呼令人注目。

　　在康有为那里，男女平等不仅关涉男女之间的平等问题本身，而且承载着通过"毁灭家族"、取消国界而进入大同世界的多重意义和使命。这

---

① 《上清帝第二书》，《康有为全集》第二集，中国人民大学出版社 2007 年版，第 44 页。

② 《上清帝第七书》，《康有为全集》第四集，中国人民大学出版社 2007 年版，第 29—30 页。

③ 《大同书》，中州古籍出版社 1998 年版，第 86 页。

些都预示着男女平等的至关重要和不容忽视，同时表明康有为所讲的平等并不限于中国内部，而注定是全球性的。正是在这个意义上，他宣称："故全世界人欲去家界之累乎，在明男女平等各有独立之权始矣，此天予人之权也；全世界人欲去私产之害乎，在明男女平等各自独立始矣，此天予人之权也；全世界人欲去种界之争乎，在明男女平等各自独立始矣，此天予人之权也；全世界人欲致大同之世、太平之境乎，在明男女平等各自独立始矣，此天予人之权也；全世界人欲致极乐之世、长生之道乎，在明男女平等各自独立始矣，此天予人之权也；全世界人欲炼魂养神、不生、不灭、不增、不减乎，在明男女平等各自独立始矣，此天予人之权也；欲神气遨游、行出诸天、不穷、不尽、无量、无极乎，在明男女平等各自独立始矣，此天予人之权也。吾采得大同、太平、极乐、长生、不生、不灭、行游诸天、无量、无极之术，欲以度我全世界之同胞而永救其疾苦焉，其惟天予人权、平等独立哉，其惟天予人权、平等独立哉！"[①] 由此可见，康有为所讲的平等以男女平等始，以全球平等终。他本人将之称为始于男女平等、终于众生平等的"大平等"。有鉴于此，即使不否认康有为呼吁平等有出于救亡图存的动机，有一点同样是不可否认的，那就是：他所规划的平等是一幅世界蓝图，是为"全世界人"谋划的。

与此同时，在康有为那里，平等包括中外平等、种族平等、政治平等、经济平等和男女平等诸多方面的内容。对男女平等的大声疾呼使康有为成为近代男女平等的代言人，也从一个侧面反映了他对三纲的批判集中于"夫为妻纲"，而放松了对直指现实的"君为臣纲"的批判。对此，梁启超给出了这样的解释和理由："中国倡民权者以先生为首，（知之者虽或多，而倡之者殆首先生）然其言实施政策，则注重君权。以为中国积数千年之习惯，且民智未开，骤予以权，固自不易；况以君权积久如许之势力，苟得贤君相，因而用之，风行雷厉，以治百事，必有事半而功倍者。故先生之议，谓当以君主之法，行民权之意。若夫民主制度，其期期以为

---

① 《大同书》，中州古籍出版社 1998 年版，第 303 页。

不可。盖独有所见，非徒感今上之恩而已。"①

2. 梁启超的自由路径

与康有为对平等的大声疾呼相映成趣，梁启超对自由如饥似渴，对自由的宣传、鼓吹和讴歌不遗余力。由此，梁启超成为推崇自由的戊戌启蒙思想家。

首先，梁启超宣称自由是人与生俱来的天赋权利，热情赞美自由的意义和价值，以此彰显自由的神圣性和正当性。

在梁启超看来，自由是人不可缺少的精神生命，对于人至关重要；作为"权利之表证"，自由是人之所以为人的构成要件。正是在这个意义上，梁启超一再断言：

> 自由者，天下之公理，人生之要具，无往而不适用者也。②

> 自由者，权利之表证也。凡人所以为人者有二大要件：一曰生命，二曰权利，二者缺一，时乃非人。故自由者亦精神界之生命也。③

基于这种认识，梁启超强调，自由对于人与生俱来，是人不可侵犯的天赋权利；丧失自由，人便不成为人。不仅如此，出于对自由的推崇和渴望，他从不同角度对自由予以界定，划分了自由的种类，介绍了西方的各种自由学说以及与自由相关的社会、政治思想；并且围绕着救亡图存的宗旨，反复申辩自由与民主、权利、义务、责任和服从之间的关系。

其次，梁启超将自由奉为救亡图存的不二法门。

在梁启超看来，正如生物有机体的强弱取决于细胞的优劣一样，中国的衰亡是由于中国人的素质低下，国民无权。个人是构成社会的细胞，国

---

① 《南海康先生传》，《梁启超全集》第一册，北京出版社 1999 年版，第 495—496 页。

② 《新民说》，《梁启超全集》第二册，北京出版社 1999 年版，第 675 页。

③ 《十种德性相反相成义》，《梁启超全集》第一册，北京出版社 1999 年版，第 429 页。

民没有自由，国家便没有自由。循着这个思路，要使国家独立，拥有国权，必须让国民先享有民权。于是，梁启超宣称："欲使吾国之国权与他国之国权平等，必先使吾国中人人固有之权皆平等，必先使吾国民在我国所享之权利与他国民在彼国所享之权利相平等。若是者国庶有瘳，若是者国庶有瘳。"①

再次，与康有为在平等中寻求解决中国问题的出路迥异其趣，梁启超在对自由的希冀中拯救中国，将中国衰落的原因归结为国民素质低下，更将通过提高国民的自治能力，赋予国民自由之权奉为改造中国的基本纲领。这用梁启超本人的话说便是："新民为今日中国第一急务。"②

在将提倡自由、塑造"新民"视为改造中国的不二法门的基础上，梁启超呼吁道德上的"新民"，将自由理解为精神独立而破除"心奴"或"心奴隶"，断言拥有独立人格、自由精神、进取冒险和自治能力是"新民"必备的道德，进而提倡人格独立、公德观念、国家思想和民族主义。梁启超在自由的名义下为了"新民"的需要而提倡公德意识、群体观念和国家思想，成为中国近代道德启蒙的杰出代表，也成为"道德革命"的倡导者。尽管如此，鉴于自由与权利、义务的密切相关，他重视国民的资格问题，从而关注个人与群体的关系。为了使中国人能够更好地行使自己的自由之权，梁启超与严复一样呼吁提高中国人的素质和自治能力。由此，个人与国家、国民与政府成为梁启超的基本视域，这使他的自由主张基本上属于中国策略，而非世界蓝图或全球规划。

对自由、平等的宣传构成了戊戌启蒙乃至中国近代启蒙思想的主体内容，也奠定了康有为、梁启超在中国近代启蒙思想中不同的学术身份和地位。上述内容显示，康有为的启蒙思想可以归结为平等派，平等贯彻在他的启蒙思想的方方面面；梁启超的启蒙思想可以归结为自由派，对自由的宣传、推崇成为近代启蒙思想中最亮丽的风景。问题的关键是，平等与自

---

① 《新民说》，《梁启超全集》第二册，北京出版社 1999 年版，第 675 页。
② 《新民说》，《梁启超全集》第二册，北京出版社 1999 年版，第 655 页。

由之间的分歧决定着康有为、梁启超对现实社会的不同审视和政治局势的分析，更决定着两人对中国出路的不同思考和选择。换言之，康有为、梁启超是出于救亡图存的迫切需要寻求平等、自由的，反过来，对平等、自由的不同侧重不仅在两人思想的各个领域得以贯彻，而且作为思维方式和价值旨趣决定着两人对现实社会的审视以及对改造中国方案的选择。可以看到，与理论上对平等、自由的不同侧重息息相通，在对现实社会的审视和改造中国的实践中，康有为、梁启超推出了两条不同的启蒙路径和救亡方案：第一，对中国落后原因的追问结果迥然相异。在对中国衰落原因的分剖析中，尽管康有为、梁启超都触及到了三纲以及社会体制问题，彼此之间的具体看法却大相径庭：康有为将中国衰落的原因归结为上下隔绝、严重的不平等，断言不能通下情是阻碍中国富强的瓶颈；梁启超则认定中国人处于没有权利的奴隶地位，不能将自己与国家的命运联系起来，国民没有自由以及由此导致的爱国心缺乏是中国积贫积弱的根源。第二，对中国出路的选择相去甚远。不同的视界和分析决定了并且最终演绎为对不同出路的选择：正如康有为的世界主义、大同情结是他的平等路径的极致表达一样，梁启超的"兴民权"和民族主义都是自由主旨的具体贯彻。

二、"开民智"与"兴民权"

问题的发现与问题的解决密切相关，发现问题的方法在某种程度上决定着对问题的发现，以何种方式发现问题、发现何种问题又在某种程度上决定着以何种方式解决问题。对中国社会的分析和改造中国的方案进一步加大了康有为与梁启超之间的分歧，导致两人改造中国的基本纲领和秉持的价值理念渐行渐远。在改造中国的具体方案上，康有为侧重"开民智"，梁启超则呼吁"兴民权"。

必须明确的是，近代启蒙思想家——特别是戊戌启蒙四大家都主张"开民智"，在这个问题上，将"开民智"奉为改造中国三大纲领之一的严复自不待言，康有为也是如此。正是出于"开民智"的需要，康有为从日本转译西书，广泛引进西方的各种学说。不仅如此，康有为还将智（康有为有时写作知）说成是人与禽兽的区别，故而将智视为人之本质。在对人性内容的具体界定上，他特意强调，智是人类的独特性，仁甚至包括义、礼在内则是一切生物的共性。从这个意义上说，智对于人更为重要，因为只有以智言仁，才是人间正道。在这方面，老子取巧，智而不仁固然不对，最终导致坏心术；墨子仁而不智，同样贻害匪浅，最终导致苦人生。以慈悲言仁的佛教，更是将离智言仁的危害推向了极致。正是由于这个原因，孔子在大多数情况下都仁智并举，而非仁义并举。康有为对于这个问题极为重视，从而不止一次地论证并解释说：

> 物皆有仁、义、礼，非独人也。鸟之反哺，羊之跪乳，仁也；即牛、马之大，未尝噬人，亦仁也；鹿之相呼，蚁之行列，礼也；犬之卫主，义也，惟无智，故安于禽兽耳。人惟有智，能造作饮食、宫室、饮食、衣服，饰之以礼乐、政事、文章，条之以伦常，精之以义理，皆智来也。苟使禽兽有智，彼亦能造作、宫室、衣服，饰之以伦常、政事、礼乐、文章，彼亦自有其义理矣。故惟智能生万理。或谓仁统四端，兼万善，非也。吾昔亦谓仁统义、礼、智、信，与朱子言"义者，仁之断制；礼者，仁之节文；信者仁之诚实；智者，仁之分别"同。既乃知人道之异于禽兽者，全在智。惟其智者，故能慈爱以为仁，断制以为义，节文以为礼，诚实以为信。夫约以人而言，有智而后仁、义、礼、信有所呈，而义、礼、信、智以之所为，亦以成其仁，故仁与智所以成终成始者也。昔夫子鲜以仁、义对举，多以仁、智对举。[①]

孔子多言仁智，孟子多言仁义，然禽兽所以异于人者，为其不智也，故莫急哉！然知而不仁，则不肯下手，如老氏之取巧。仁而不知，

则慈悲舍身，如佛氏之众生平等。二言管天下之道术矣。孔子之仁，专以爱人类为主；其智，专以除人害为先。此孔子大道之管辖也。①

与对智的崇尚以及智对于人的至关重要的认识密切相关，康有为多次在给光绪帝的上书中提出中国的弊政是上下隔绝、不通外情，并且对症下药，提出了"开民智"的药方。这就是说，"开民智"、通外情是康有为始终关注的问题，也是他借此拯救中国危难、通往平等的关键所在。

如果说康有为将"开民智"奉为拯救中国的必由之路的话，那么，梁启超则在对"开民智"寄予厚望的同时，呼吁"兴民权"，甚至将"开民智"理解为"兴民权"的需要。这就是说，对于"开民智"，梁启超与康有为之间的认识是一致的；是否"兴民权"则体现了梁启超在拯救中国这一现实问题上与康有为的根本分歧，也是两人争论的焦点。

如上所述，梁启超对自由心驰神往，自由与权利具有内在关联。因此，与康有为始终将目光聚焦在"开民智"上不同，梁启超在主张"开民智"的同时，大声疾呼"兴民权"，致使"兴民权"成为自由的一部分。对于"兴民权"，梁启超与严复一样看到了民权与民智之间的内在联系，却由于侧重从精神上讲自由，而从另一个角度最终将"广民智"而非"伸民权"奉为"第一义"。从这个意义上说，与严复侧重从个人与政府的权限来界定自由，故而将自由界定为法律上赋予的行动自由、政治自由相比，梁启超的思想较为温和，向康有为靠近了一大步。尽管如此，梁启超在"兴民权"的问题上与其师——康有为是有原则分歧的，两人也因此发生激烈的争执乃至思想交锋。这一点通过梁启超写给老师的回信清楚地展示出来。他在信中说："夫子谓今日'但当言开民智，不当言兴民权'，弟子见此二语，不禁讶其与张之洞之言，甚相类也。夫不兴民权则民智乌可得开哉。其脑质之思想，受数千年古学所束缚，曾不敢有一线之走开，虽尽授以外国学问，一切普通学皆充入其记性之中，终不过如机器切成之人形，毫无发

①　《春秋董氏学》卷六，《康有为全集》第二集，中国人民大学出版社 2007 年版，第 393 页。

生气象。试观现时世界之奉耶稣新教之国民，皆智而富；奉天主旧教之国民，皆愚而弱；（法国如路梭之辈，皆不为旧教所囿者，法人喜动，其国人之性质使然也。）无他，亦自由与不自由之分而已。（法国今虽民主，然绝不能自由。）故今日而知民智之为急，则舍自由无他道矣。……故有自治似颇善矣——而所谓不受治于他人者，非谓不受治于法律也。英人常自夸谓全国皆治人者，全国皆治于人者，盖公定法律而公守之，即自定法律而自守之也。实则仍受治于己而已。盖法律者，所以保护各人之自由，而不使互侵也。此自由之极则，即法律之精意也。抑以法国革命而谤自由，尤有不可者；盖自由二字，非法国之土产也。英之弥儿，德之康得，皆近世大儒，全球所仰，其言自由，真可谓博深切明矣。……实觉其为今日救时之良药，不二之法门耳。……又自由与服从二者相反而相成，凡真自由未有不服从者。英人所谓人人皆治人，人人皆治于人，是也。但使有丝毫不服从法律，则必侵人自由。盖法律者，除保护人自由权之外，无他掌也。而侵人自由者，自由界说中所大戒也。故真自由者，必服从。"①

信中内容显示，梁启超与康有为争论的焦点在于"兴民权"，对于"开民智"，两人的观点是一致的；争端在于，康有为只讲"开民智"而不讲"兴民权"，用梁启超所援引的话说就是"但当言开民智，不当言兴民权"。与康有为的做法不同，梁启超既讲"开民智"，又讲"兴民权"——甚至二相比较，更重视"兴民权"。按照梁启超的理解，不先"兴民权"，便无法"开民智"这是因为，中国民众受几千年古学束缚，在这种情况下，纵然输入西学，亦人云亦云，毫无创新；只有提倡自由，养成独立思考的自由精神，才可使民智大开。由此，他的结论是："近日而知民智之为急，则舍自由无他道矣。"梁启超必先"兴民权"、才可"开民智"的主张与康有为具有本质区别，也使"兴民权"成为两人思想分歧的焦点。这一分歧表面上呈现为"开民智"与"兴民权"的分歧，实质上则是以平等还是以自由来拯救中国分歧的延伸。

---

① 《致康有为》，《梁启超全集》第十册，北京出版社1999年版，第5932页。

三、世界主义与民族主义

近代中国的民族主义思想本属一种舶来品，康有为、梁启超的引介之功不可忽视。康有为在1898年提出过效法德国兴办"国民学"，教授国人所以为国民之道的主张。尽管如此，他的救亡之路归根结底不属于民族主义，而是属于世界主义、大同主义。与康有为相比，梁启超对大同主义、世界主义不以为然，却对民族主义津津乐道、情有独钟。这使大同主义与民族主义成为两人分歧的焦点之一。

康有为与梁启超的分歧表现在价值理念上便是：前者秉持大同主义、世界主义，后者坚守民族主义、国家主义。康有为将平等的实现寄托于取消国界、全球同一的大同社会，这使取消国家成为进入大同的必经阶段和实现平等的前提条件。他之所以主张取消国界，是认为国家与家庭一样是产生各种忧患和苦难的根源，人只有摆脱国家的束缚而"直隶于天"，才能真正享受自主、平等，从而使人生与乐俱来。循着这个逻辑，康有为号召人不做"家人"而做"天人"，不做"国民"而做"天民"。为此，他作《诸天讲》，目的就是让人在明白共生地球的基础上，了解地球只是无数星球中的一颗普通星球，人不应该囿于地球及其之上的国家或民族。人只有摆脱国家、家庭的拖累而做"天民"，才能成就快乐的人生；反之，做"地上人"与做"家人"或"国民"一样都是痛苦之源。

世界主义与国家主义是康有为与梁启超的重要分歧。正如梁启超宣传自由的初衷是基于社会有机体论而为中国争取自由一样，国家主义、民族主义是梁启超的价值核心之一。面对民族危机的日益严重，他强调，个人与国家密不可分，二者之间是一而二、二而一的关系：如果说个人是小我的话，那么，民族、国家则是大我。从这个意义上说，爱国、利群就是爱己和利己。对此，梁启超解释说："一人与一人交涉，则内吾身而外他人，是之谓一身之我；此群与彼群交涉，则内吾群而外他群，是之谓一群之我。同是我也，而有大我小我之别焉。有我则必有我之友与我之敌。既曰群矣，则群中皆吾友也。故善为群者，既认有一群外之公敌，则必不认有一群内之私敌。"①

基于这种理解，梁启超将国家思想视为国民资格的第一要义，断言"有国家思想"是国民区别于部民的标志。他说道："部民与国民之异安在？曰：群族而居，自成风俗者，谓之部民；有国家思想，能自布政治者，谓之国民。天下未有无国民而可以成国者也。国家思想者何？一曰对于一身而知有国家，二曰对于朝廷而知有国家，三曰对于外族而知有国家，四曰对于世界而知有国家。"②按照梁启超的说法，所谓国家思想，"一曰对于一身而知有国家"，这一点与康有为鼓吹做"天民"而不做国民的"个人的精神"是背道而驰的；"四曰对于世界而知有国家"，这一点与康有为取消国家的大同理想是针锋相对的；"三曰对于外族而知有国家"，更是在突出中国近代救亡图存的历史使命的同时，高扬了民族主义立场。"民族主义者何？各地同种族、同言语、同宗教、同习俗之人，相视如同胞，务独立自治，组织完备之政府，以谋公益而御他族是也。"③由此可见，梁启超所恪守的民族主义就是秉持本民族的价值立场，坚守本民族的种族、语言、宗教和习俗，这与康有为所讲的大同社会同一人种、同一语言和同一文化截然相反。遵循民族主义和国家主义的基本原则，梁启超在宣传西方社会、政治学说的过程中，有意突出群体意识、公德观念、国家思想和民族主义。他所发起的"道德革命"，就是针对中国人的束身寡过、独善其身和洁身自好——私德发达而公德缺失的实际情况有感而发的。因此，以国家主义、民族主义、公德意识和群体观念为核心的公德成为梁启超提倡的新道德的主体内容和灵魂所在。

梁启超的上述言论和做法与康有为心仪大同社会，呼吁取消国界、全球一体的世界主义南辕北辙。有鉴于此，对于康有为的世界主义和大同理想，梁启超批评说："先生教育之大段，固可以施诸中国，但其最缺点者有一事，则国家主义是也。先生教育之所重，曰个人的精神，曰世界的理

---

① 《新民说》，《梁启超全集》第二册，北京出版社1999年版，第694页。

② 《新民说》，《梁启超全集》第二册，北京出版社1999年版，第663页。

③ 《新民说》，《梁启超全集》第二册，北京出版社1999年版，第656页。

想。斯二者非不要，然以施诸今日之中国，未能操练国民以战胜于竞争界也。"① 在梁启超看来，康有为倚重的"个人的精神"和"世界的理想"都是缺乏国家主义、民族主义的体现，说到底无非是只知有个人之小我，而不知有国家、民族之大我的表现。正因为如此，秉持民族主义和国家主义的价值诉求，梁启超指出，个人凭借国家而自保，爱国、利群是个人自私、爱己的变相，是博爱的极致。只知爱己而不知爱国是野蛮的表现，超越国界而奢谈博爱同样流于野蛮。

基于这种认识，梁启超批判康有为的世界主义和大同理想充其量只是宗教家的幻想，并不适于身处生存竞争之中而自身难保的中国；对于深陷民族危机之中的中国人来说，"对于世界而知有国家"的国民素质、国家思想尤为重要。对此，他如是说："所谓对于世界而知有国家者何也？宗教家之论，动言天国，言大同，言一切众生。所谓博爱主义、世界主义，抑岂不至德而深仁也哉。虽然，此等主义，其脱离理想界而入于现实界也，果可期乎？此其事或待至万数千年后，吾不敢知，若今日将安取之？夫竞争者，文明之母也。竞争一日停，则文明之进步立止。由一人之竞争而为一家，由一家而为一乡族，由一乡族而为一国。一国者，团体之最大圈，而竞争之最高潮也。若曰并国界而破之，无论其事之不可成，即成矣，而竞争绝，毋乃文明亦与之俱绝乎！况人之性非能终无竞争者也，然则大同以后，不转瞬而必复以他事起竞争于天国中。而彼时则已返为部民之竞争，而非复国民之竞争，是率天下人而复归于野蛮也。今世学者，非不知此主义之为美也。然以其为心界之美，而非历史上之美。故定案以国家为最上之团体，而不以世界为最上之团体，盖有由也。然则言博爱者，杀其一身之私以爱一家可也，杀其一家之私以爱一乡族可也，杀其一身一家一乡族以爱一国可也。国也者，私爱之本位，而博爱之极点，不及焉者野蛮也，过焉者亦野蛮也。"②

---

① 《南海康先生传》，《梁启超全集》第一册，北京出版社 1999 年版，第 486 页。
② 《新民说》，《梁启超全集》第二册，北京出版社 1999 年版，第 663—664 页。

上述内容显示，尽管康有为、梁启超的思想异同俱见，然而，两人的观点在根本上以异为主。康有为、梁启超的思想之所以呈现出众多差异乃至分歧，有性格或表述方面的原因。在这方面，康有为的老成不变与梁启超的"流质易变"恰成强烈对比。正如梁启超在《清代学术概论》中所言："有为太有成见，启超太无成见。"① 这种差别成为康有为、梁启超思想分歧的潜在原因：一边是康有为一再对梁启超的"流质易变"提出警告和劝戒，一边是梁启超一面坦白承认、检讨，一面依旧我行我素，以至于养成终身特质。对此，梁启超自我剖析说："吾生性之长短，吾最自知之，吾亦与天下人共见之。要之，鄙人之言其心中之所怀抱，而不能一毫有所自隐蔽，（非直不欲，实不能也。）此则其一贯者也。辛壬之间，师友所以督责之者甚至，而吾终不能改。及一旦霍然自见其非，虽欲自无言焉，亦不可得。吾亦不知其何以如是也，故自认为真理者，则舍己以从；自认为谬误者，则不远而复。'如恶恶臭，如好好色'，此吾生之所长也。若其见理不定，屡变屡迁，此吾生之所最短也。南海先生十年前即以流质相戒，诸畏友中，亦频以为规焉。此性质实为吾生进德修业之大魔障，吾之所以不能抗希古人，弊皆坐是，此决不敢自讳。且日思自克，而竟无一进者，生平遗憾，莫此为甚。"② 在这里，梁启超对于自己的"流质易变"不是一味地检讨，而是振振有词，态度可见一斑。无论梁启超如何为自己辩解，可以肯定的是，不管出于何种原因，"流质易变"使梁启超的观点和思想变易甚大，以至于前后相互矛盾。于是，由早年标榜"述康南海之言"而与康有为思想如出一辙到后来与康有为的思想渐行渐远，亦在预料之中。尽管如此，从根本上说，康有为、梁启超思想的差异源于对中国社会的现实审视以及对中国出路的思考和抉择，与两人不同的思想来源密切相关，更多的则由于秉持不同的致思方向和价值旨趣所致。

不同的理论来源和价值旨趣决定了康有为、梁启超思想的不同内容，

---

① 《清代学术概论》，《梁启超全集》第五册，北京出版社 1999 年版，第 3102 页。
② 《答和事人》，《梁启超全集》第二册，北京出版社 1999 年版，第 975—976 页。

从这个角度说，两人思想的差异乃至分歧是必然的。不仅如此，理论侧重和学术兴趣的差异又进一步导致了康有为、梁启超不同的理论建构和学术贡献，"康、梁学派遂分"似乎不可避免。就历史定位来看，如果说康有为执著于阐发以《春秋》为核心的六经的微言大义，是经学大师的话，那么，梁启超则乐于介绍西方新学，是对西学兴趣盎然的宣传大家。正是由于这个原因，学术界通常将康有为界定为近代公羊学大师，梁启超对自己的定位则是"新思想界之陈涉"，一中一西恰好印证了两人迥异其趣的思想来源和学术兴趣。康有为与梁启超之间的思想差异、分歧和不同的历史定位表明，"康梁"的称谓只限于政治领域，意指两人在戊戌维新时期的共同主张和维新诉求，不可将这一称谓扩展到其他领域或其他时期。如果不加限制地将"康梁"称谓用以指称康有为、梁启超的全部思想，势必遮蔽康有为、梁启超思想的差异性，不利于深入了解、把握两人各自思想的特殊性和独创性。

第二十章　谭嗣同与梁启超无我思想比较

谭嗣同是中国近代最早对无我予以关注和阐释的戊戌启蒙思想家，梁启超则将全部的佛教经典都归结为"无我"二字，并专门作《说无我》申明无我思想。无我是佛教的重要概念，近代思想家的无我说直接源于佛教，同时融合了其他的思想要素，具有鲜明的近代特征。谭嗣同、梁启超的无我说异同辉映，其间的相同性直观地展示了近代佛教的时代气息和理论特征，差异性则流露出两人不同的立言宗旨和致思方向。

第一节　无我的执著

谭嗣同、梁启超都执著于无我，不仅对佛教的无我说津津乐道，而且从多个维度对无我予以阐发。正因为如此，两人所讲的无我都拥有多重意蕴和内涵。

一、谭嗣同之无我

综观谭嗣同的思想可以发现，无我是他的重要范畴。与此相一致，谭嗣同赋予无我多重内涵和诉求，也使无我承载了多种意蕴和意义。

首先，谭嗣同所讲的无我与宇宙本原——仁密切相关。作为仁的题中应有之义，无我是仁的内在规定和要求。

谭嗣同与康有为一样是中国近代仁学派的杰出代表。在奉仁为宇宙本原，释仁为自由、平等以及将仁与以太、电、力等自然科学概念相提并论上，两人的思想如出一辙。所不同的是，推崇无我的谭嗣同始终将仁与无我联系在一起，与康有为产生了学术分野。诚然，康有为说起过无我，即"血脉轮回，我无人，人亦无我，无质之轮回也"①，这个无我却与仁毫无关系。与康有为有别，谭嗣同始终将无我与仁联系起来，在给仁下定义时就宣称无我是仁的题中应有之义。对于仁，他从训诂学的角度进行了如下界定："'仁'从二从人，相偶之义也。'元'从二从儿，'儿'古人字，是亦'仁'也。'无'，许说通'元'为'无'，是'无'亦从二从人，亦'仁'也。故言仁者不可不知元，而其功用可极于无。"②这就是说，仁具有两个本质规定：第一，仁是元，表示仁是天地万物的本原，是宇宙间的第一存在。第二，仁是无，表示仁的最高境界是洞彻彼此、不分人己，这个境界和状态即是无我。谭嗣同对仁的界定使无以及无我不仅成为一种人生态度和生存状态，而且具有了形而上的地位和意蕴。在这个维度上，无我作为宇宙本相是一种世界法则。

其次，对于谭嗣同来说，仁的通而平等与无我的内涵相互规定，可以说是一个问题的两个方面。这决定了仁的通而平等离不开无我。

可以看到，在谭嗣同的规定中，仁的无我内涵不仅伸张了无我的至高无上性和绝对权威，而且表明了无我对于仁—通—平等的特殊意义。仁的两个内涵相互作用，共同指向了平等：如果说第一层内涵表明平等是宇宙的普遍法则的话，那么，第二层内涵则表明仁—通—平等与无我密不可分，因为仁—平等的最高境界是"通天地万物人我为一身"③的无我境界。其实，无论是谭嗣同对仁的推崇还是对仁通而平等的论证都与无我息息相关。对此，他不止一次地写道：

> 夫仁，通人我之谓也。④

---

① 《万木草堂口说·学术源流》，《康有为全集》第二集，中国人民大学出版社 2007 年版，第 134 页。
② 《仁学》，《谭嗣同全集》，中华书局 1998 年版，第 289 页。
③ 《仁学》，《谭嗣同全集》，中华书局 1998 年版，第 296 页；另见同书第 312 页。
④ 《仁学》，《谭嗣同全集》，中华书局 1998 年版，第 328 页。

惟平等然后无我，无我然后无所执而名为诚。①

再次，在谭嗣同看来，无我是破对待的必然要求。

谭嗣同认为，仁通而平等的方式是破除一切对待，破对待是通往平等的前提和原则。那么，破除对待从何做起呢？谭嗣同的回答是：从无我做起，破对待先要破除人我之对待，因为彼此、人我以及所有对待都生于有我。正是在这个意义上，他断言："对待生于彼此，彼此生于有我。我为一，对我者为人，则生二；人我之交，则生三。参之伍之，错之综之，朝三而暮四，朝四而暮三，名实未亏，而喜怒因之。由是大小多寡，长短久暂，一切对待之名，一切对待之分别，殽然哄然。"②谭嗣同强调，尽管仁的本真状态是通而平等，然而，人的偏见却妨碍了仁的通而平等。这就是说，人与人之间之所以不平等，原因在于人有对待而妄生分别，妄生分别的原因是妄生彼此和人我，进而固执于一己之我。基于这种理解，他指出，平等的方式和途径是破对待，进而强调破对待先是破除人我之对待；要破除人我之对待，先是要无我。

最后，谭嗣同指出，无我是平等的具体操作和实现途径，仁之通而平等和破对待均开始于无我，平等的各种表现都集中于无我。

谭嗣同认为，仁的通——平等主要表现在四个方面，即"通有四义"："中外通""上下通""男女内外通"和"人我通"；对于这四个方面的平等来说，"人我通"是最基本的。与此相联系，在所破的对待中，包括中外、上下、男女内外之对待，归根结底还是人我之对待。这是因为，无论中外、上下还是男女、内外之对待，都是因为有我引起的，根源都在于人我之对待。正是由于这个原因，谭嗣同强调，仁之不生不灭即破除生灭对待，破除生灭对待直指无我。其实，仁之"无"的界定即表示它的最高境界是"通天地万物人我为一身"。这些情况决定了尽管平等表现为中外、

---

① 《仁学》，《谭嗣同全集》，中华书局 1998 年版，第 332 页。

② 《仁学》，《谭嗣同全集》，中华书局 1998 年版，第 316 页。

上下、男女、内外等方面，就下手处而言，无我是最基本的；只有从无我做起——或者说，只有做到了无我，才能使上述各种平等落到实处。至此可见，无我是平等的必然要求，只有无我，才能真正实现或推进平等。正因为如此，谭嗣同从不同角度一再表示，破对待要破人我，不平等的原因在于人妄生人我、妄生彼此；既然人我之别是不平等的表现和原因，那么，臻于平等，依靠无我。

总之，在谭嗣同那里，无我与仁、平等息息相关、密不可分。有鉴于此，了解了谭嗣同对仁的推崇和对平等的向往，也就不难想象他对无我的推崇备至了。

二、梁启超之无我

梁启超对无我的热情与谭嗣同相比有过之而无不及，不仅专门作《说无我》伸张无我之义，而且在其他论文和著作中反复阐释无我思想。梁启超之所以对无我兴趣盎然，是因为他认定无我是佛教思想的核心内容——甚至可以说，所有的佛教经典都可以归结为"无我"两个字。正是在这个意义上，梁启超反复坚称：

> 佛说法五十年，其法语以我国文字书写解释，今存《大藏》中者垂八千卷，一言以蔽之，曰"无我"。①

> 倘若有人问佛教经典全藏八千卷，能用一句话包括他吗？我便一点不迟疑答道："无我、无所"。再省略也可以仅答两个字："无我"。②

梁启超将佛教的全部经典和教义都归结为无我，并且从佛教中寻找证

---

① 《说无我》，《梁启超全集》第七册，北京出版社 1999 年版，第 3751 页。
② 《佛教心理学浅测》，《梁启超全集》第七册，北京出版社 1999 年版，第 3898 页。

据加以证明。例如，五蕴说是佛教的原始教义，从小乘佛教开始就成为佛教的基本教义，佛教的很多教义包括一些大乘说法都是从五蕴说中演绎出来的。梁启超借助五蕴说论证无我，用五蕴说的至关重要性和基础地位为无我正名。他指出，五蕴说的目的是破除我和我所，就是讲无我的："佛家因为要破除'我'和'我所'，所以说五蕴。说五蕴何以能破除我、我所？因为常人所认为我、我所者，不出五蕴之外。"① 对于梁启超来说，既然全部佛经都可归结为无我，那么，佛教的所有教义便都可以归结为无我——至少与无我相关。既然是这样，无我的重要性也就无可置疑了。

进而言之，梁启超之所以对无我坚定不移，除了无我对于佛教教义的至关重要之外，还有一个重要理由，那就是：他认为佛教所讲的无我是建立在极其缜密的认识论之上的，彻悟了人生的真相，因而是真理性的认识。于是，梁启超宣称："所谓'无我'者，非本有我而强指为无也，若尔者，则是为戏论，为妄语，佛所断不肯出。《大智度论·三十六》云：'佛说，诸法性常自空，非以"空三昧"令法空'。佛之无我说，其所自证境界何若，非吾所敢妄谈，至其所施设以教吾人者，则实脱离纯主观的独断论，专用科学的分析法，说明'我'之决不存在。质言之，则谓吾人所认为我者，不过心理过程上一种幻影，求其实体，了不可得。更质言之，则此'无我'之断案，实建设于极隐实极致密的认识论之上，其义云何？即有名之'五蕴皆空说'是已。"②

事实上，对于佛教何以如此重视无我？无我究竟有何意义？早在推崇无我之时，梁启超便道出了自己的理论初衷，那就是破除我爱、我慢以及产生我爱、我慢的根源——我见。对此，他多次写道：

佛何故说无我耶？无我之义何以可尊耶？"我"之毒害在"我爱"、"我慢"，而其所由成立则在"我见"。③

---

① 《佛教心理学浅测》，《梁启超全集》第七册，北京出版社 1999 年版，第 3900 页。

② 《说无我》，《梁启超全集》第七册，北京出版社 1999 年版，第 3752 页。

③ 《说无我》，《梁启超全集》第七册，北京出版社 1999 年版，第 3751 页。

　　我们因为不明白五蕴皆空的道理，误认五蕴相续的状态为我，于是生出我见。因我见便有我痴我慢，我痴我慢的结果，不惟伤害人，而且令自己生无限苦恼。其实这全不是合理的生活，因为"他所缘境界非常真实违逆众生心"。人类沉迷于这种生活，闹到内界精神生活不能统一，长在交战混乱的状态中，所以如此者，全由不明真理，佛家叫他无明。我们如何才能脱离这种无明状态呢？要靠智慧去胜他，最关键的一句话是"转识成智"。怎么才转识为智呢？用佛家所设的方法虚心努力研究这种高深精密心理学，便是最妙法门。①

　　这就是说，我是无明的渊薮，固执于我是产生我爱、我慢、我痴、我见等各种妄见和偏执的原因；只有认识到无我是人生的本相，才能走出无明的状态；只有洞彻人生不过是心理现象，原本无我，才能从根本上消除人生的烦恼，进入清静的精神自由境界。

　　由上可见，谭嗣同、梁启超对无我的执著如出一辙，提倡无我的初衷也别无二致——消除异化，恢复世界、人生的本来状态。在这方面，谭嗣同设想通过破除我相而"通天地万物人我为一身"，通而平等；梁启超则试图凭借无我破除我爱、我慢、我所和我见，达到精神解脱的内心自由。于是，梁启超断言："然则佛家讲无我有什么好处呢？主意不外教人脱离无常苦恼的生活状态，归到清净轻安的生活状态。无常是不安定、不确实的意思，自然常常惹起苦恼。清净是纯粹真理的代名。佛家以为必须超越无常，才算合理生活，合理便是清净。"② 在对无我的推崇中，谭嗣同将无我视为一种理想和信念，梁启超则始终强调无我是佛教的基本教义。尽管具体观点不同，然而，通过无我使人摆脱生活无常的苦恼状态则是梁启超和谭嗣同的共同初衷。

　　中国近代既是救亡图存的时代，又是思想启蒙的时代。谭嗣同、梁

---

① 《佛教心理学浅测》，《梁启超全集》第七册，北京出版社1999年版，第3907页。

② 《佛教心理学浅测》，《梁启超全集》第七册，北京出版社1999年版，第3907页。

启超对无我的推崇兼具救亡与启蒙的双重意义，两人所讲的无我以及佛学带有鲜明的近代特征。在这方面，如果说突出无我的破除妄见，臻于平等、自由侧重精神解脱的思想启蒙的话，那么，作为救亡图存的表现，超越小我而走向无我则是两人的共同追求。与将"人我通"视为仁、平等的题中应有之义一脉相承，谭嗣同推崇无我是为了让人破除我相，铲除我相的目的则是克己与救人。对此，他写道："佛法以救度众生为本根，以檀波罗密为首义。（克己时，当以蝼蚁、草芥、粪土自待；救人时，当以佛天、圣贤、帝王自待。）即吾孔、孟救世之深心也。学者堕落小乘，不离我相，于是为孔、孟者独善其身，为佛者遁于断灭。揆之立教之初心，不啻背驰于燕、越，其无谓也。"[①] 正是基于无我的思路，推崇慈悲之心的谭嗣同将拯救中国的希望寄托于"以心挽劫"，"以心度一切苦恼众生"的《仁学》更是明确伸张了他凭借无我而平等的救亡主题。正因为如此，梁启超一再评价谭嗣同的《仁学》为救世界而作，同时指出谭嗣同的无我以及佛学思想是一种"应用佛学"。其实，不惟谭嗣同的佛教如此，梁启超本人通过佛教的业报轮回说将业因分为"共业"与"别业"，将因果报应的主体分为个人（小我）与群体（大我）的做法从另一个角度淋漓尽致地挥洒了佛教的救世情怀。

第二节　无我的论证

无我是佛教的基本概念和教义，谭嗣同、梁启超的无我说毫无疑问地与佛教密切相关。尽管如此，基于救亡和启蒙的理论初衷，两人在无我中容纳了自己的全新认识和理解，致使阐释无我的内涵成为无我思想的主要内容之一。谭嗣同、梁启超所讲的无我具有多层意义，其中最基本的含义是人生无常，无我是人生的本相，人的存在没有确定性或固定本质。

---

① 《壮飞楼治事·群学》，《谭嗣同全集》，中华书局1998年版，第443页。

一、诸法无常

在谭嗣同、梁启超看来，从诸法无常的角度看，人处于随生随灭之中，没有自性。所谓我，只是念念相续的假相，并无恒常不变的自在本体。

对于人变幻无常、生灭相续的无我状态，谭嗣同进行了如是论证和解释："体貌颜色，日日代变，晨起而观，人无一日同也。骨肉之亲，聚处数十年，不觉其异，然回忆数十年前之情景，宛若两人也。则日日生者，实日日死也。天曰生生，性曰存存。继继承承，运以不停。孰不欲攀援而从之哉？而势终处于不及。世人妄逐既逝之荣辱得丧，执之以为哀乐。过驹不留，而堕甑犹顾；前者未忘，而后者沓至。终其身接应不暇，而卒于无一能应，不亦悲乎！"①

谭嗣同是中国近代系统对脑予以研究和阐释的戊戌启蒙思想家，力主人的认识出于大脑。他通过脑之形有限与思之量无限且思出于脑的矛盾，杂糅、发挥华严宗"一多相容"的思想，凭借我与众生的相即相入、相互圆融直指无我。在对脑科学与华严宗的和合中，谭嗣同着重突出了我的瞬息万变、本无恒常，即"自以为知有我，逝者而已矣"。正如万物瞬息万变一样，人无一日相同，处于微生灭之中的人日日生、日日死。所谓我，其实处于"运以不停"的轮回变化之中。我既然为"逝者"，便无本体、无自性，故而无我。

与谭嗣同相比，始终强调无我是佛教教义的梁启超直接借助佛教诸法无常、因缘而起的教义诠释无我。对此，他写道："所谓人生，所谓宇宙，只是事情和事情的交互，状态和状态的衔接，随生随住，随变随灭，随灭复随生，便是五蕴皆空的道理，也便是无我的道理。"② 不仅如此，梁启超还拿电影作比喻，生动、形象地阐明了无我的道理："拿现在事物作譬，最确切的莫如电影，人之一生，只是活动和活动的关系衔接而成，活动是

---

① 《仁学》，《谭嗣同全集》，中华书局1998年版，第315—316页。
② 《佛教心理学浅测》，《梁启超全集》第七册，北京出版社1999年版，第3907页。

没有前后绝对同样的，也没有一刻休息，也没有一件停留，甲活动立刻引起乙活动，乙活动正现时，甲活动已跑得无影无踪了。白布上活动一旦停息，这一幕电影便算完。生理心理上活动一旦停息，这一期生命便算结束。活动即生命。除却活动别无生命，'逝者如斯夫，不舍昼夜。'人生的'如实相'，确是如此。"①

二、没有自性

既然人随生随灭，没有恒常不毁的自性，便不能固执地认定有我。更有甚者，宇宙诸法皆因缘相生，五蕴凑合的人与他人、他物相互因缘，更不能确指何者为我或哪部分是我。

对于何为无我——或者说，为何无我，谭嗣同、梁启超论证并解释说：

> 今夫我又何以知有我也？比于非我而知之。然而非我既已非我矣，又何以知有我？迨乎我知有我，则固已逝之我也。一身而有四体五官之分，四体五官而有筋骨血肉之分，筋骨血肉又各有无数之分，每分之质点，又各有无数之分，穷其数可由一而万万也。今试言某者是我，谓有一是我，余皆非我，则我当分裂。谓皆是我，则有万万我，而我又当分裂。由胚胎以至老死，由气质流质以成定质，由肤寸之形以抵七尺之干，又由体魄以终于溃烂朽化，转辗变为他物，其数亦由一而万万也。试言某者是我，谓有一是我，余皆非我，则我当分裂；谓皆是我，则有万万我，而我又当分裂。我之往来奔走也，昨日南而今日北，谓我在北，则昨南之我何往？谓我去南，则今北之我又非终于不去。确指南者是我，北者是我，不能也。我之饮食呼吸也，

---

① 《佛陀时代及原始佛教教理纲要》，《梁启超全集》第七册，北京出版社 1999 年版，第 3749 页。

将取乎精英以补我之气与血。然养气也旋化而为炭气，红血也旋变而为紫血；或由九窍而出之，为气，为唾涕，为泅湅，为矢溺，为凝结之物；或由毛孔而出之，为热气，为湿气，为汗，为油，为垢腻；或为须发之脱，或为爪甲之断落。方气血之为用也，曾不容秒忽而旋即谢去，确指某气缕之出入为我，某血轮之流动为我，不能也。以生为我，而我倏灭；以灭为我，而我固生。可云我在生中，亦可云我在灭中。故曰：不生不灭，即生灭也。①

生命不过物质精神两要素在一期间内因缘和合，俗人因唤之为我。今试问我在那里？若从物质要素中求我，到底眼是我呀，还是耳是我鼻是我舌是我身是我？若说都是我，岂不成了无数的我？若说分开不是我，合起来才成个我，既已不是我，合起来怎么合成个我？况且构成眼耳鼻舌身的物质排泄变迁，刻刻不同。若说这些是我，则今日之我还是昨日之我吗？若从精神要素中求我，到底受是我呀？还是想是我行是我识是我，析或合起来才成我。答案之不可通，正与前同。况且心理活动刻刻变迁，也和物质一样。②

在这里，谭嗣同、梁启超对无我的解释融纳了佛教的五蕴说和华严宗对共相与别相关系的论证，同时加入了近代西方自然科学的要素。在此基础上，两人从前面侧重宇宙万法生灭无常的宇宙状态转向了人之存在的生存状态，在人与人的关系中进一步解释、阐明了无我的道理。正是在这个意义上，谭嗣同、梁启超写道：

以人之游魂而变我耶？我不知其谁也。以我之游魂而变人耶？我不知其谁也。以今日之我，不知前后之我；则前后之我，亦必不知今

① 《仁学》，《谭嗣同全集》，中华书局1998年版，第314—315页。
② 《佛陀时代及原始佛教教理纲要》，《梁启超全集》第七册，北京出版社1999年版，第3749页。

日之我。试以前后之我，视今日之我，以今日之我，视前后之我，则所谓我，皆他人也。所谓我皆他人，安知所谓他人不皆我耶？原始反终，大《易》所以知生死，于以见万物一体，无容以自圈者自私也。大至于地球，而丽天之星，皆为地球，其数百千万亿而未止也。小至于虫豸，而一滴之水，皆有虫豸，其数百千万亿而未止也。以丽天之星视地球，则地球虽海粟仓稊可矣。以一滴之水视虫豸，则虫豸虽巴蛇溟鲲可矣。①

人不能单独存在，说世界上那一部分是我，很不对的。所以孔子"毋我"，佛家亦主张"无我"。所谓无我，并不是将固有的我压下或抛弃，乃根本就找不出我来。如说几十斤的肉体是我，那么，科学发明，证明我身体上的原质，也在诸君身上，也在树身上。如说精神的某部分是我，我敢说今天我讲演，我已跑入诸君精神里去了。常住学校中，许多精神变为我的一部分。读孔子的书及佛经，孔佛的精神，又有许多变为我的一部分。再就社会方面说，我与我的父母妻子，究竟有若干区别？许多人——不必尽是纯孝——看父母比自己还重要，此即我父母将我身之我压小。又如夫妇之爱，有妻视其夫，或夫视其妻，比己身更重的。然而何为我呢？男子为我，抑女子为我？实不易分。故彻底认清我之界限，是不可能的事，（此理佛家讲得最精，惜不能多说。）世界上本无我之存在。能体会此意，则自己作事，成败得失，根本没有。②

三、元素聚集

无我表明人的生命没有自性，这一点与佛教所讲的空一脉相承，是佛

---

① 《石菊影庐笔识·思篇十七》，《谭嗣同全集》，中华书局 1998 年版，第 132—133 页。
② 《东南大学课毕告别辞》，《梁启超全集》第七册，北京出版社 1999 年版，第 4161 页。

教基于五蕴说宣称人无我的主要内容。与此同时，谭嗣同、梁启超均利用自然科学尤其是化学元素说来解释人的肉体存在，以此突显人之躯体的虚幻性。于是，肉体的虚无成为两人所讲的无我的又一层基本含义。

在论证无我的过程中，谭嗣同、梁启超均将人分为躯体（行或物质之我）与精神（知或非物质之我）两个方面，在此基础上用化学元素说证明躯体由各种元素聚合而成，犹如佛教五蕴说宣扬世间万法皆由五蕴——色、受、想、行、识凑合而成如出一辙。按照两人的理解，既然人的躯体是由各种元素凑合而成的，便是假有。从这个意义上说，生不足恋，因为人的生命（人的躯体）作为假有，本身就是短暂而虚幻的。对此，谭嗣同、梁启超宣称：

> 人生数十年耳，与我周旋其间，无论天合人合，能六七十年者寡矣，然君子犹以为憾。使百年，则先乎我与同乎我者无存矣。更百年以至于无穷，则后乎我与后乎后乎我者又无存矣。新进后生，与我皆不习，念我同游，云徂何往？即我所生之子姓，亦或更数世而不可问，于斯时也，有泫然悲耳。乌睹所谓神仙之乐耶？而徒以块然之身，独立不坏，以与阴阳造化争衡。反不如顺时而死，犹不至四顾无亲，而恻怆感悼，以庶乎人道之常也。即谓神仙隳聪黜明，不复有知，则是石与土而已矣。土石虽寿，不得谓之生。人至无知，其心已死，身虽存，奚贵乎？①

> 故夫一生数十年间，至幻无常，无可留恋，无可宝贵，其事甚明。②

进而言之，谭嗣同、梁启超用无我标识人生的本相表达了自己的生

---

① 《石菊影庐笔识·思篇十八》，《谭嗣同全集》，中华书局1998年版，第133页。
② 《余之死生观》，《梁启超全集》第三册，北京出版社1999年版，第1370页。

死观，也表达了自己的价值观。其实，两人讲无我的目的不仅在于生不足恋，更主要的在于死不足畏，因为人是死而不死的。换言之，当谭嗣同、梁启超论证人生由于因缘和合而不可确指何者为我时，已经在我与他人的联为一体中隐藏着人的死而不死。于是，两人异口同声地断言：

> 所以第一当知人是永不死之物。所谓死者，躯壳变化耳；性灵无可死也。且躯壳之质料，亦分毫不失。西人以蜡烛譬之，既焚完后，若以化学法收其被焚之炭气、养气与蜡泪、蜡煤等，仍与原蜡烛等重，毫无损失，何况人为至灵乎？①

> 故佛之说教也，曰大雄，曰大无畏，曰奋迅勇猛，曰威力，括此数义，而取象于狮子。夫人之所以有畏者何也？畏莫大于生死。有宗教思想者，则知无所谓生，无所谓死。死者死吾体魄中之铁若余金类、木类、炭小粉、糖盐水若余杂质气质而已，而吾自有不死者存，曰灵魂。既常有不死者存，则死吾奚畏？②

谭嗣同指出，万物方生方死、方死方生，处于不生不灭的微生灭之中。这是无我的原因和表现，也是"人是永不死之物"的秘密所在。在此基础上，谭嗣同、梁启超将人之精神（知）与躯体相区分，在讲无我时强调人之精神的不灭性。这用梁启超本人的话说就是人虽死而有不死者存。不仅如此，人之不死预示着人的无畏。谭嗣同强调，无畏是佛教的基本教义。正是在这个意义上，他写道："佛说以无畏为主，已成德者名大无畏，教人也名施无畏，而无畏之源出于慈悲，故为度一切众生故，无不活畏，无恶名畏，无死畏，无地狱恶道畏，乃至无大众威德畏，盖仁之至矣。"③

---

① 《上欧阳中鹄十》，《谭嗣同全集》，中华书局1998年版，第462页。
② 《论宗教家与哲学家之长短得失》，《梁启超全集》第二册，北京出版社1999年版，第764页。
③ 《上欧阳中鹄十一》，《谭嗣同全集》，中华书局1998年版，第469页。

梁启超的下面这段话虽然不是从佛教的角度立论的，但是，他提到了佛教的勇猛、无畏和大雄，并且提到了"我"，从中可以窥见其以佛教之无畏破除"我"的思想端倪："其视柔静无为之旨，殆有大小乘之别，即彼释氏之为教，众以佛老并诋之，然其精意所在，曰威力，曰奋迅，曰勇猛，曰大无畏，曰大雄。括此数义，至取象于师子，而于柔静无为者，则斥为顽空，为断灭，为九十六种外道。即其言静之旨，不过以善其动，而遍度众生，与《大学》之以静生虑，太极之以静根动，同一智慧勇力，而即静即动，本无对待之可名。杨氏，述老氏者也，其意专主于为我。夫孔氏戒我，而杨氏为我，此仁不仁之判也。乃今天下营营于科目，孳孳于权利，伈伈俔俔于豆剖瓜分之日，不过'我'之一字横梗胸臆。而于一二任侠之士，思合大群联大力，血泪孤心，议更庶政，以拯时艰，则必以喜事多事诋之，以曲利其守旧不变之私。此真老杨之嫡派，孔孟之蟊贼，释氏之罪人！"①

进而言之，谭嗣同、梁启超之所以无畏，是因为确信人死而有不死者存，我之所以会死而不死，是因为我与众生通而为一，我与群体联为一体。对此，梁启超指出："吾辈皆死，吾辈皆不死。死者，吾辈之个体也；不死者，吾辈之群体也。"②在此基础上，他论证并解释了其中的道理："而我现在有所行为，此行为者，语其现象，虽复乍起即灭，若无所留，而其性格，常住不灭，因果相续，为我一身及我同类将来生活一切基础。世界之中，有人有畜，乃至更有其他一切众生；人类之中，有彼此国，有彼此家，有彼此族，彼此社会。所以者何？皆缘羯磨相习相熏组织而成。是故今日我辈一举一动，一言一话，一感一想，而其影象，直刻入此羯磨总体之中，永不消灭，将来我身及我同类受其影响，而食其报。此佛说之大概也。"③

由上可见，无我带给谭嗣同、梁启超的不是个人无我的悲观厌世，而

---

① 《说动》，《梁启超全集》第一册，北京出版社1999年版，第175—176页。
② 《余之死生观》，《梁启超全集》第三册，北京出版社1999年版，第1373页。
③ 《余之死生观》，《梁启超全集》第三册，北京出版社1999年版，第1370页。

是生不足恋的豁达胸襟和死不足惧的勇猛无畏。这与两人推崇无我的初衷相互印证，也奠定了通过无我入世、救世的解脱之方。

第三节　无我的解脱

在谭嗣同、梁启超那里，无我既是事实现状，表明人生真相；又是价值状态，引导人超越个体之我而通往无我之大我。正因为如此，两人都在对无我的界定和理解中找到了超越我的无我之方。在这方面，谭嗣同、梁启超都宣称肉体之我原本是虚幻的，是各种元素凑合的假相，故而无所贪恋；死后又归于四大，并非毁灭，故而无所恐惧。在此基础上，两人都轻视肉体的存在，同时突出精神的伟大：

> 吾贵知，不贵行也。知者，灵魂之事也；行者，体魄之事也。……是行有限而知无限，行有穷而知无穷也。①

> 夫使在精神与躯壳可以两全之时也，则无取夫戕之，固也。而所以养之者，其轻重大小，既当严辨焉。若夫不能两全之时，则宁死其可死者，而毋死其不可死者。死其不可死者，名曰心死。君子曰：哀莫大于心死。②

在轻视肉体而推崇灵魂的前提下，谭嗣同、梁启超通过无我找到了救世和解脱之方：谭嗣同希冀"超出体魄之上而独任灵魂"，以此菩萨发心、普度众生；梁启超则从个人与他人的相互熏染中引导个人融入群体之大我，从而找到了"岿然不死"的秘诀。

---

① 《仁学》，《谭嗣同全集》，中华书局1998年版，第369页。
② 《余之死生观》，《梁启超全集》第三册，北京出版社1999年版，第1375页。

一、超越体魄而独任灵魂

谭嗣同声称，重灵魂、讲慈悲是所有宗教的第一要义，并对密宗怀有好感，充满对天堂的向往。正是沿着这个思路，他在对无我的解脱中向往"超越体魄之上而独任灵魂"。这具体包括两个方面：第一，谭嗣同认定，无论是妄生分别还是执著于有我都源于人的认识，归根到底是一个知的问题。其实，整个世界都是人心的幻相，人与人之间的心力不同，世界便完全变样。正是在这个意义上，他写道："自有众生以来，即各各自有世界；各各之意识所造不同，即各各之五识所见不同。小而言之，同一朗日皓月，绪风晤雨，同一名山大川，长林幽谷，或把酒吟啸，触境皆虚，或怀远伤离，成形即惨，所见无一同者。大而言之，同一文字语言，而仁者见仁，智者见智；同一天下国家，而治者自治，乱者自乱；智慧深，则山河大地，立成金色；罪孽重，则食到口边，都化猛火，所见更无一同者。三界惟心，万法惟识，世界因众生而异，众生非因世界而异。然则世界众生度尽度不尽，亦随众生所见何如耳。且即其实而言之，佛与众生，同一不增不减之量。谓众生度不尽，则众生将日增；谓众生度尽，则佛将日增。有所增亦必有所减，二者皆非理也。"[1] 基于这种认识，谭嗣同甚至宣称："夫心力最大者，无不可为。"[2] 他推崇密宗便与心力相关，因为"盖心力之用，以专以一。佛教密宗，宏于咒力，咒非他，用心专耳。故梵咒不通翻译，恐一求其义，即纷而不专。然而必尚传授者，恐自我创造，又疑而不专。思之思之，鬼神通之"[3]。循着这个思路，谭嗣同将慈悲视为心力的实体，试图通过慈悲之心的感化破除人我之分，臻于无我的平等境界。于是，他写道："盖心力之实体，莫大于慈悲。慈悲则我视人平等，而我以无畏；人视我平等，而人亦以无畏。"[4] 谭嗣同坚信，慈悲尤化机心之妙药，

---

① 《仁学》，《谭嗣同全集》，中华书局 1998 年版，第 372 页。
② 《仁学》，《谭嗣同全集》，中华书局 1998 年版，第 357 页。
③ 《仁学》，《谭嗣同全集》，中华书局 1998 年版，第 361 页。
④ 《仁学》，《谭嗣同全集》，中华书局 1998 年版，第 357 页。

只有人与人的慈悲之心相互感化，才能无我而救世。更有甚者，沿着重知的思路，他设计了只有灵魂、没有形体的新人种，幻想"损其体魄，益其灵魂，……必别生种人，纯用智，不用力，纯有灵魂，不有体魄。……可以住水，可以住火，可以住风，可以住空气，可以飞行往来于诸星诸日，虽地球全毁，无所损害"①。这种新人类没有形体、不分亲疏，故而没有人我之分，是一种无我存在。第二，无我表明人与我是一体的，自度就是度人，自度就是救世。对于这一点，谭嗣同十分重视，故而一而再、再而三地宣称：

> 救人之外无事功，即度众生之外无佛法。然度人不先度己，则己之智慧不堪敷用，而度人之术终穷；及求度己，又易遗弃众生，显与本旨相违，若佛所谓证于实际，堕落二乘矣。然则先度人乎？先度己乎？曰：此皆人己太分之过，谛听谛听，当如是：知人外无己，己外无人，度人即是度己，度己即是度人。譬诸一身，先度头乎？先度手乎？头亦身之头，手亦身之手，度即并度，无所先后也。若因世俗，强分彼此，则可反言之曰：度己，非度己也，乃度人也；度人，非度人也，乃度己也。②

> 昨言化身菩萨为魔，魔皆化身菩萨。细想世间究竟无魔，魔必化身菩萨，何以故？菩萨与魔，皆众生自心所现，上等根器见之为菩萨，下等根器必见之为魔。佛说法度众生，亦可以误众生，（如仁说信不信二蔽。）在得度者见佛为佛，在被误者即不得谓佛非魔也。波旬劝佛入涅槃，亦不足异。当佛灭度时，尚有许多外道婆罗门不肯皈依，故六师终未闻得度，即已被剃为僧者，且嫌戒律太严，深以佛灭度为幸，虽大迦叶亦无可如何，（以上见《般涅槃经》。）此即请佛入

---

①　《仁学》，《谭嗣同全集》，中华书局 1998 年版，第 366—367 页。

②　《仁学》，《谭嗣同全集》，中华书局 1998 年版，第 371 页。

涅槃之魔也。可见世间断断无魔，即众生也；亦可见世间断断无佛，即众生也。①

　　魔佛众生，亦如∴字是一非三，魔安得不为化身菩萨乎？且必须如此，乃足以为不思议。今更以小事喻此深理。我辈以根本智生大爱力，由爱力又生许多牵挂，不能自断，仅凭此即足以致疾。夫爱力岂非佛性乎哉？然而已稍魔矣。即谓数日来所谈之佛法皆魔可也。故力劝公断绝爱根，方能入道。骨肉不易言，请先从朋友断起，深望公信此言。然恐以信此言，而爱根即从此言生长，则此信皆魔说、非佛说，嗣同亦一大魔矣。由此益知法真无可说，有说即非法。②

由上可见，谭嗣同所讲的无我对应着人我，无我的方法是破除人我之别，进而在人与我、佛与众生的相互弥合中通而为一。在他看来，通而致一的状态是无我状态，也是绝对平等的状态。

二、舍小我而成大我

梁启超所讲的无我对应的是小我（个体之我）与大我（群体之我），通往无我的方案是超越作为个体的小我而融入作为群体的大我。早在对无我内涵的界定以及人死而不死的说明中，他就强调个人与他人、群体、社会的相互熏染和相贯互生——人之所以无我而分不清哪部分是人、哪部分是我，原因在于：一方面，就生理遗传而言，我是祖、父所生，还要将我的躯体遗传给子、孙。这表明，父子和祖孙之间的生命是相续相生的，不能确指哪部分是我。另一方面，我在社会中受前代人、当代人的影响，我的一言一行、一举一动还会熏习现社会，影响同代人乃至波及后代人。这

---

① 《致梁启超二》，《谭嗣同全集》，中华书局1998年版，第518页。
② 《致梁启超二》，《谭嗣同全集》，中华书局1998年版，第518页。

表明，我的存在以及我的思想均与他人、社会不可分割。对于梁启超来说，如果说人的无我状态表明了个人与他人、社会不可分割的话，那么，无我之方便是超越个人的生死、利害和成败之念，从小我走向大我。

梁启超坚信："若夫至今岿然不死者，我也，历千百年乃至千百劫而终不死者，我也。何以故？我有群体故。我之家不死，故我不死；我之国不死，故我不死；我之群不死，故我不死；我之世界不死，故我不死；乃至我之大圆性海不死，故我不死。我不死而彼必死者何也？彼之死，非徒生理之公例应然，即道德之责任亦应然也。我有大我，有小我；彼亦有大彼，有小彼。何谓大我？我也群体是也。何谓小我？我之个体是也。何谓大彼？我个体所含物质的全部是也。（即躯壳）何谓小彼？我个体所含物质之各分子是也。（则五脏血轮乃至一身中所含诸质）小彼不死，无以全小我；大彼不死，无以全大我。我体中所含各原质，使其凝滞而不变迁，常住而不蝉脱，则不瞬息而吾无以为生矣。夫彼血轮等之在我身，为组成我身之分子也；我躯壳之在我群，又为组成我群之分子也。血轮等对于我身，而有以死利我之责任；故我躯壳之对于我群，亦有以死利群之责任，其理同也。"① 按照他的说法，人的生存依赖群体、社会和国家，群体、社会和国家即是人死而不死的最终寄托和秘密。他写道："故孔子死矣，而世界儒教徒之精神，皆其精神也，释迦死矣，而世界佛教徒之精神，皆其精神也。……死者其体魄，而生者其精神故耳。……其道何由？则惟有借来人之体魄，以载去我之精神而已。"② 基于这种认识，梁启超强调，人只有在为群体而死中才能长生不死，并借此将利己与爱他、爱己与爱国说成是一而二、二而一的关系。于是，他反复断言：

利己心与爱他心，一而非二者也。近世哲学家谓人类皆有两种爱己心：一本来之爱己心，二变相之爱己心。变相之爱己心者，即爱他

① 《余之死生观》，《梁启超全集》第三册，北京出版社1999年版，第1373页。
② 《余之死生观》，《梁启超全集》第三册，北京出版社1999年版，第1374页。

心是也。凡人不能以一身而独立于世界也，于是乎有群；其处于一群之中，而与侪侣共营生存也，势不能独享利益，而不顾侪侣之有害与否，苟或尔尔，则己之利未见而害先睹矣。故善能利己者，必先利其群，而后己之利亦从而进焉。以一家论，则我之家兴我必蒙其福，我之家替我必受其祸；以一国论，则国之强也，生长于其国者罔不强，国之亡也生长于其国者罔不亡。故真能爱己者，不得不推此心以爱家、爱国，不得不推此心以爱家人、爱国人，于是乎爱他之义生焉。凡所以爱他者，亦为我而已。故苟深明二者之异名同源，固不必侈谈兼爱以为名高，亦不必讳言为我以自欺蔽。但使举利己之实，自然成为爱他之行；充爱他之量，自然能收利己之效。①

不有民，何有国？不有国，何有民？民与国，一而二，二而一者也。②

议论至此，梁启超通过无我将个体之小我融入群体、国家之中而彰显群体之大我，进而号召个人为群体、国家做出牺牲。为此，他专门对人的本质予以界定，强调社会的观念和未来的观念是人区别于一切动物的本质属性。其中，社会的观念决定了人以社会、群体为价值依托，在个人利益与群体利益不能两全时（梁启超认为，二者原本就十有八九相互抵牾）甘愿为群体做出牺牲；未来的观念表明人是希望的存在，为了明天活着，情愿以今天"购买"明天。鉴于"小我之乐，必与大我之乐相缘"，梁启超强调，人为社会做出牺牲就是无我之方，也是希望所在。

作为佛教术语，无我具有相对特定的内涵，归纳起来不外乎两层意思：第一，人无我（人空）。人身不外色、受、想、行、识五蕴凑合的假相，没有永恒自在的主体。第二，法无我（法空）。宇宙间的一切事物都

---

① 《十种德性相反相成义》，《梁启超全集》第一册，北京出版社 1999 年版，第 431 页。
② 《爱国论》，《梁启超全集》第一册，北京出版社 1999 年版，第 272 页。

由种种因缘和合而成，不断变迁，无永恒的自体。小乘佛教主张人无我，大乘佛教主张两无我（我法两空），无论小乘还是大乘所讲的无我都否定世界上有物质性的实在自体（"我"ātman）的存在。由此可见，作为佛教术语的无我之我并非指人类中与你、他或她对应的第一人称我，而是指灵魂或业（梵文 karma 的义译，音译为羯磨）的施报和受报主体。

与佛教视界中的无我迥然相异，谭嗣同、梁启超所讲的无我之我指与其他人或社会相对应的人类个体。在两人那里，我不是万法或众生而专指人类，无我随之而成为人类的生存状态。经过这样的转变，无我侧重的是人类的个体与群体、自己与他人或小我与大我之间的关系。这样一来，无我的视野、内涵和意义都与佛教具有了根本性的变化。在这个前提下，可以看到，无论谭嗣同还是梁启超都试图冲破人类个性的局限而将小我融入到社会之中，使无我不仅成为人生意义的一部分，而且成为救亡图存的理论武器。在这个意义上，与其说两人大肆宣扬无我是由于崇尚佛教，不如说是利用佛教阐扬自己的人生追求和救亡哲学。

第四节　无我的分野

上述内容显示，谭嗣同、梁启超都热衷于无我，对无我的界定和通往无我的途径也具有相同性。尽管如此，这只是问题的一个方面，问题的另一方面是：两人的无我思想基于不同的宇宙本体，沿着不同的致思方向推演而来，具有不容忽视的差异性。

一、仁与心的不同本体根基

谭嗣同、梁启超都推崇心，对心的理解并不相同。这使两人的无我说拥有了不同的本体根基：谭嗣同所讲的心源于孔子所讲的仁和佛教的识，他的无我说由宇宙本体——仁推演而来，围绕着作为仁的慈悲展开，始终侧重宇宙状态；梁启超所讲的心源于佛教和唯意志论，心指情感之心，他的无我说属于心理学。

谭嗣同声称："仁为天地万物之源，故唯心，故唯识。"①这个说法包含了两层意思：第一，与仁学本体论一脉相承，谭嗣同所讲的心即仁。在这一点上，谭嗣同与康有为的认识别无二致，而与梁启超相去甚远。第二，与对佛教的推崇一脉相承，谭嗣同将仁理解为识，而不像康有为那样将仁诠释为孟子的不忍人之心或儒家的仁者爱人。在这个前提下不难想象，谭嗣同声称"仁为天地万物之源"表明，作为宇宙本原的仁就是识、慈悲，佛教所讲的慈悲即仁。对此，他明确地说："慈悲，吾儒所谓'仁'也。"②

在此基础上，谭嗣同指出，无我是仁、慈悲的题中应有之义，在仁、慈悲中就蕴含着无我。这不仅因为慈悲可以化机心而泯灭人我之分，而且因为仁的特征是不生不灭，不生不灭即表明人生而无我。对此，他进行了详细的论证和解释："不生不灭乌乎出？曰：出于微生灭。此非佛说菩萨地位之微生灭也，乃以太中自有之微生灭也。不生不灭，至于佛入涅槃，蔑以加矣，然佛固曰不离师子座，现身一切处，一切入一，一入一切，则又时时从兜率天宫下，时时投胎，时时住胎，时时出世，时时出家，时时成道，时时降魔，时时转法轮，时时般涅槃。一刹那顷，已有无量佛生灭，已有无量众生生灭，已有无量世界法界生灭。求之过去，生灭无始；求之未来，生灭无终；求之现在，生灭息息，过乎前而未尝或住。是故轮回者，不于生死而始有也，彼特大轮回耳。无时不生死，即无时非轮回。自有一出一处，一行一止，一语一默，一思一寂，一听一视，一饮一食，一梦一醒，一气缕，一血轮，彼去而此来，此连而彼断。去者死，来者又生；连者生，断者又死。何所为而生，何所为而死，乃终无能出于生死轮回之外，可哀矣哉！由念念相续而造之使成也。例乎此，则大轮回亦必念念所造成。佛故说'三界惟心'，又说'一切惟心所造'。人之能出大轮回

---

① 《仁学》，《谭嗣同全集》，中华书局1998年版，第292页。

② 《上欧阳中鹄十》，《谭嗣同全集》，中华书局1998年版，第464页。

与否，则于其细轮回而知之矣。细轮回不已，则生死终不得息，以太之微生灭亦不得息。庄曰：'藏舟于壑，自谓已固，有大力者夜半负之而走。'吾谓将并壑而负之走也。又曰：'鸿鹄已翔于万仞，而罗者犹视乎薮泽。'吾谓并薮泽亦一已翔者也。又曰：'日夜相代乎前。'吾谓代则无日夜者。又曰：'方生方死，方死方生。'吾谓方则无生死也。王船山曰：'已生之天地，今日是也；未生之天地，今日是也。'吾谓今日者即无今日也。皆自其生灭不息言之也。不息故久，久而不息。则暂者绵之永，短者引之长，涣者统之萃，绝者续之亘，有数者浑之而无数，有迹者沟之而无迹，有间者强之而无间，有等级者通之而无等级。人是故皆为所瞒，而自以为有生矣。孔在川上曰：'逝者如斯夫，不舍昼夜。'昼夜即川之理，川即昼夜之形。前者逝而后者不舍，乍以为前，又以居乎后，卒不能割而断之曰孰前孰后也。逝者往而不舍者复继，乍以为继，适以成乎往，卒不能执而私之曰孰往孰继也。可摄川于涓滴，涓滴所以汇而为川；可缩昼夜于瞬息，瞬息所以衍而为昼夜。亦逝而已矣，亦不舍而已矣。非一非异，非断非常。旋生旋灭，即灭即生。生与灭相授之际，微之又微，至于无可微；密之又密，至于无可密。夫是以融化为一，而成乎不生不灭。成乎不生不灭，而所以成之之微生灭，固不容掩焉矣。"①

有鉴于此，谭嗣同断言，无我是宇宙本体——仁即慈悲之心的表现。而他所讲的心是慈悲之心，侧重人与人之间的感化和感通。

梁启超所讲的心包含识的成分，是佛教思想使然；同时侧重心的个体差异性，他常称之为"吾心"。这使心具有了双重特征：一方面，梁启超的哲学本体是佛教的识、心。这正如他所言："境者心造也。一切物境皆虚幻，惟心所造之境为真实。"②物境是虚幻的，心、识是真实的，物境是心境的显现。从这个意义上说，梁启超的思想与佛教的万法唯识如出一辙，心即识。另一方面，梁启超重视心的主体性和个体性，甚至为了突出

① 《仁学》，《谭嗣同全集》，中华书局1998年版，第312—314页。
② 《自由书·惟心》，《梁启超全集》第一册，北京出版社1999年版，第361页。

心的主观性而将佛教所有的教义都归结为心理学。为此，他专门作《佛教心理学浅测》，其副标题是《从学理上解释"五蕴皆空"义》。在《佛教心理学浅测》中，梁启超论证了为什么佛法就是"心理学"，并在此基础上反复对无我予以辩证。现摘录如下：

> 佛家所说的叫做"法"。倘若有人问我法是什么？我便一点不迟疑答道："就是心理学"。不信，试看小乘俱舍家说的七十五法，大乘瑜伽家说的百法，除却说明心理现象外，更有何话？试看所谓五蕴，所谓十二因缘，所谓十二处、十八界，所谓八识，那一门子不是心理学？又如四圣谛、八正道等种种法门所说修养工夫，也不外根据心理学上正当见解，把意识结习层层剥落。严格的说，现代欧美所谓心理学和佛教所讲心识之相范围广狭既不同，剖析精粗亦迥别，当然不能混为一谈。但就学问大概的分类说，说"心识之相"的学问认为心理学，并无过咎。至于最高的"证"，原是超心理学的，那是学问范围以外的事，又当别论了。①

> 佛教为什么如此注重心理学呢？因为把心理状态研究得真确，便可以证明"无我"的道理。因为一般人所谓我，不过把"意识相续集起的统一状态"认为实体，跟着妄执这实体便是"我"。然而按诸事实，确非如此，状态是变迁无常的东西，如何能认为有体？《唯识颂》说：

> 由假说我法，有种种相转，彼依识所变。

> 意思说是"因为说话方便起见，假立'我'和'法'的名称，于是在这假名里头有种种流转状态之可言。其实在这假名和他所属的状态，不过依凭'识'那样东西变现出来。"简单说，除"识"之外无"我"

---

① 《佛教心理学浅测》，《梁启超全集》第七册，北京出版社1999年版，第3898—3899页。

体，然而"识"也不过一种状态。①

　　依据梁启超的分析，人生是心理的反映，正如物境是心境的显现一样。这表明，佛教的心理学与无我说是一个问题的两个方面：一方面，我是心理的一种幻相，原本就没有我。另一方面，因为佛法就是心理学，从佛眼看，原本无我。将我说成是心理的幻影，与"境者心造也"相呼应。在梁启超那里，色作为外部存在是空的，是心的显现，受、想、行也是如此。对此，他强调："这三蕴（指受、想、行三蕴——引者注）是讲心理的分析。"②梁启超将佛教归结为心理学无疑彰显了心的地位。其实，他所讲的心与佛教不无关系，并与谭嗣同一样肯定"三界惟心"。所不同的是，梁启超所讲的心重点不是佛教的阿赖耶识或宇宙精神，而是人的精神或内心世界。正因为如此，他往往将心称为吾心，以彰显心的个体性、主观性。不仅如此，鉴于对吾心的推崇，与谭嗣同心向天堂不同，梁启超指出佛教的天堂就是"吾心"，并在这个前提下判定"佛教之信仰乃入世而非厌世"③。

　　至此可见，因循不同的哲学本体，谭嗣同、梁启超对无我具有不同的理解和界定：谭嗣同所讲的无我是仁的显现，仁是宇宙本原决定了无我是一种宇宙状态；无我的意义集中在瓦解人我之分而恢复宇宙的本真状态，贯彻在认识领域和价值领域则是解脱之方。梁启超的无我说是境由心生的产物，表明我与物境一样是心的显现。从这个意义上说，他的无我说是"境者心造也"的一部分，侧重本体领域，无我的解脱则是这一本体哲学在人生领域的贯彻和展开。

二、庄子的思想与佛教的五蕴说的不同理论来源

　　不同的哲学路径使谭嗣同、梁启超利用不同的思想因素来丰富、诠释

---

① 《佛教心理学浅测》，《梁启超全集》第七册，北京出版社 1999 年版，第 3899 页。
② 《佛教心理学浅测》，《梁启超全集》第七册，北京出版社 1999 年版，第 3902 页。
③ 《论佛教与群治之关系》，《梁启超全集》第二册，北京出版社 1999 年版，第 907 页。

自己的无我说。在这方面，谭嗣同选择了庄子，以破除对待、人我与华严宗"一多相容"的圆融无碍相和合；梁启超则在因循佛教五蕴说的同时，融合了佛教的业报轮回说和进化论的遗传说。

正如《仁学》"欲将科学、哲学与宗教冶为一炉"的博杂一样，谭嗣同的无我说杂融了古今中外各种思想要素，最重要的理论来源除了佛教，便是庄子的思想。对于自己无我说的形成，谭嗣同有过多次回忆或解释，均提到了庄子及《庄子》。例如，他写道："方余之遭仲兄忧，偕从子傅简困顿海上也，晔云水之混茫，夕营魂而九逝，心诵《南华》，用深感乎方生方死、方死方生之言。死者长已矣，生者待死而未遽死。未遽死，岂得谓之无死哉？待焉已耳！是故今日之我虽生，昨日之我死已久矣，至明日而今日之我又死。自一息而百年，往者死，来者生，绝续无间，回环无端，固不必眼无光口无音而后死也。阅一年，则谓之增而不知其减也；易一境，则谓之舒而不知其蹙也。生而有即续之死，人之所以哀逝；死而终无可绝之生，天之所以显仁。衡阳王子曰：'未生之天地，今日是也；已生之天地，今日是也。'又曰：'以为德之已得，功之已成，皆逝者也。'夫川上之叹，虽圣人不能据天地之运以为己私。天与人固若是之不相谋也，而岂庄生河汉其言哉？虽然，若不委穷达素抱，深可惜夫！惟驰域外之观，极不忘情天下耳。"[1] 在这里，谭嗣同将孔子、庄子和王夫之均列入其无我的思想来源之中，主旨则是佛教与庄子思想的和合。这一点从他"心诵《南华》"的思想缘起和经典依据中即可见其一斑。不仅如此，在后来的《仁学》中，谭嗣同进一步发挥了无我说，也加大了对庄子思想的诠释力度。

进而言之，谭嗣同之所以极力利用庄子诠释自己的无我说，有两个根本原因：第一，谭嗣同的无我说与庄子一脉相承，甚至可以说，脱胎于庄子。之所以如此，是因为谭嗣同认为无我是庄子的思想，齐物论、名实论乃至全部庄子思想都是讲无我的。第二，谭嗣同的无我说直接源于庄子

---

[1] 《石菊影庐笔识·思篇二十》，《谭嗣同全集》，中华书局1998年版，第133—134页。

《齐物论》篇的"吾丧我",主要内容是在佛教华严宗"一入一切,一切入一"以及"一多相容"中加入了庄子齐生死、齐彼此的相对主义思想因素。这决定了谭嗣同的无我说与庄子强调的道的无限变化在思想旨趣上相通,故而所援引的孔子的"逝者如斯夫,不舍昼夜",王夫之的"未生之天地,今日是也;已生之天地,今日是也"和"以为德之已得,功之已成,皆逝者也"都突出一个"逝"字,以此彰显变化的主题。谭嗣同的这个做法使人不由想起了庄子的"方生方死,方死方生"以及谭嗣同对这一命题的津津乐道。其实,正如他本人所言,谭嗣同实现了从庄子的"丧我"到"无我"的思想飞跃,将庄子的"方生方死,方死方生"转换为"方则无生死"是谭嗣同无我思想的创建机制以及无我说的内容构成。

相映成趣的是,正如谭嗣同讲无我提及了孔子的川上之叹一样,梁启超将"子在川上曰"作为证明无我的根据,对于谭嗣同热衷的从庄子思想中演义出无我也是梁启超所认同的。在解释《庄子》的《齐物论》篇时,梁启超明确指出:"此篇(即《齐物论》——引者注)从消极方面诠释真我之体相。篇首南郭子綦所谓'吾丧我'即丧其幻我,即前篇所谓'无己',幻我可丧则必有真我明矣。然此真我非感觉所能见,非名相所能形容,全立于知识系统以外。当时墨学别派名家者流如惠施辈亦刻意欲解决此问题,然皆以知识之方式求之,庄子以为大误。故'齐物'之论,谓当离却万有的别相,即能得其共相。全篇主眼,在'天地与我并生,而万物与我为一'二语。此篇所论,颇似佛教之法相宗,检阅名相以破名相也。"[①] 这既肯定了庄子具有无我思想,又揭示了庄子的无我与佛教之间的密切关系。在《论中国学术思想变迁之大势》中,梁启超将先秦学派划分为孔子、墨子代表的北派与老子、庄子代表的南派,在比较两派的精神时指出"北派言排外。南派言无我"[②]。此处所讲的"南派",显然指庄子。这些是梁启超与谭嗣同的相同之处,也证明了他不否认庄子思想与无我密切相关。

---

① 《老孔墨以后学派概观》,《梁启超全集》第六册,北京出版社1999年版,第3310页。
② 《论中国学术思想变迁之大势》,《梁启超全集》第二册,北京出版社1999年版,第571页。

值得注意的是，与谭嗣同将无我的阐发归功于庄子有别，梁启超无我思想的主要构成并非庄子的思想。事实上，梁启超一再强调无我是佛教教义，佛教的五蕴说甚至全部佛教经典都是讲无我的。接下来的问题是，既然无我是佛教的宗旨，便应该在佛教理论内部以佛教为主体对之予以阐发。这使五蕴说成为梁启超无我思想的理论前提和主要论据，也暗示了他的无我思想以佛教为主体内容。于是，梁启超再三申明：

> 佛家以为这五种（指色、受、想、行、识五蕴——引者注）都是心理过程，一样无常不实，所以用平等观建设五蕴皆空的理论。我们要证明五蕴皆空说是否合于真理，非先将五蕴的内容性质分析研究不可。内中受、想、行三蕴，就常识的判断，人人都共知，为心理过程，没有多大问题。独有那客观存在的色蕴和主观所依的识蕴，一般人的常识都认为独立存在，何以佛家也把他和那三蕴平列，一律说是无常说是空。明白这道理，可以知道佛法的特色了。①

> 可见离却主观的经验，那客观是什么东西，我们便不能想象。严密勘下去，也可以说色蕴是受、想、行、识种种经历现出来。比如我们说屋外那棵是柳树，怎么知道有柳树呢？那认识活动过程第一步先感觉眼前有一棵高大青绿的东西，便是受；其次联想起我过去所知道的如何如何便是树，如何如何便是柳树，把这些影像都再现出来，便是想；其次将这些影像和眼前所见这样东西比较看对不对，便是行；最后了然认得他是柳树，便是识。凡我们认为外界的"色"，非经过这种种程序后不能成立，所以"色"是我们心理的表象。②

> 佛说五蕴，不外破除我相，因为常人都妄执五蕴为我……色、

---

① 《佛教心理学浅测》，《梁启超全集》第七册，北京出版社 1999 年版，第 3900 页。
② 《佛教心理学浅测》，《梁启超全集》第七册，北京出版社 1999 年版，第 3902 页。

受、想、行、识，本是心理活动过程，由粗入细的五种记号，常人不察，往往误认他全部或一部是我。最幼稚的思想，以为躯壳中住有个灵魂，如《韦陀》所说："身中神如净珠中缕"。数论派所谓"神我"正指这种境界。中国方士讲的什么"元神出窍"，基督教讲的什么"圣灵复活"都属此类。其实他们的"身中神"，就佛法看来，不过"法处所摄之无表色"，不过五蕴中之一种事实，认这种色相为我，可笑可怜已极。进一步的，稍为用些内省工夫认心理过程中之"受、想、行"为我，最高的认"识"为我，所谓"我思故我存"一类见解，内中尤以认"识"为我者最多，如前所引《杂集论》所说："世间有情多于识蕴计执为我，余蕴计执我所。"就佛法看来，他们指为观察对象之"第一我。"（阿赖耶识）与他们认作能观察的主体之"第二我"（末那识）不过时间上差别之同质的精神作用，一经彻底研究，则知一切自我活动，皆"唯识所变"而已。①

梁启超侧重从佛教经典中发掘无我思想，主要选中了五蕴说和业报轮回说。在他那里，如果说五蕴说侧重破除我见，标识无我之真相的话，那么，业报轮回说则通过小我与大我的沟通侧重无我之方。因此，对于业报轮回说，梁启超进行了新的诠释，其基本思路和具体做法是将业分为"共业"与"别业"。在此基础上，他通过"共业"证明了不能确指哪部分是我而无我（无个体之小我），同时彰显了大我（群体、社会之我）的地位和价值。

饶有兴趣的是，梁启超一再利用进化论来诠释无我，突出变化的进化论在他的视界中不是彰显人生的变化无常而推出无我，而是彰显个体之小我与群体之大我的相互和合、熏染而走向无我。可以看到，梁启超所讲的遗传或进化论是作为佛教的一部分存在的，而无论祖孙、父子之间的生理遗传还是个人与社会之间的"精神遗传"都是业报轮回中"共业"的一个

---

① 《佛教心理学浅测》，《梁启超全集》第七册，北京出版社1999年版，第3906页。

注脚。正是在这个意义上，他反复指出：

> 进化论家之说遗传也，谓一切众生，当其生命存立之间，所受境遇，乃至所造行为习性，悉皆遗传于其子孙。今日众生，其类种种，其族种种，各族类中，各各有其特形特性，千差万别，毂然不齐？所以者何？即其族类自无始来以迄今日生存竞争之总结果，质而言之，是即既往无量岁月种种境遇种种行为累积结集全量所构也。夫所谓遗传者，固非徒在无形之性格，即有形之肢体，其种种畸异之矣，亦皆汇传焉而有递变。①

> 我祖我父之业力我既受之，而我自受胎而出胎，而童弱，而壮强，而耄老，数十年间其所受现世社会之种种熏习者，我祖父未尝受也，我兼秉二者，于是乎我复有我之一特性。我数十年间，日日自举其特性而发挥之，以造出或善、或恶、或有意识、或无意识之种种事业，还复以熏习现社会。及吾之死也，则举吾所受诸吾祖父者。一吾所受诸现社会者，二及吾所自具之特性，三和合之以传诸我子。我子之所以传诸其子，我孙之所以传诸其孙者，亦复如是，乃至前世、现世、来世之人，所以传诸其子孙者，亦复如是，此所以虽不灭而有变也。②

凭借进化论，梁启超所讲的无我不是侧重变动不居的历时性，而且着眼于个人与他人、群体和社会之间"精神遗传"、相互熏染的共时性。这就是说，在以进化论论证无我的过程中，梁启超通过遗传强化个人与他人、家庭、群体和社会之间的相互联系，进而在对国家、群体的彰显中隐没了个人即小我。对此，他写道："今夫众生之大蔽，莫甚乎有我之见存，

① 《余之死生观》，《梁启超全集》第三册，北京出版社1999年版，第1370页。

② 《余之死生观》，《梁启超全集》第三册，北京出版社1999年版，第1370—1371页。

有我之见存，则因私利而生计较，因计较而生挂碍，因挂碍而生恐怖。驯至一事不敢办，一言不敢发，充其极也，乃至见孺子入井而不怵惕，闻邻榻呻吟而不动心，视同胞国民之糜烂而不加怜，任同体众生之痛痒而不知觉。于是乎大不仁之事起焉。故孔子绝四，终以无我，佛说曰：无我相。今夫世界乃至恒河沙数之星界，如此其广大，我之一身，如此其藐小，自地球初有人类，初有生物，乃至前此无量劫，后此无量劫，如此其长，我之一身。数十寒暑，如此其短，世界物质，如此其复杂，我之一身，分合七十三原质中之各质组织而成，如此其虚幻。然则我之一身，何可私之有？何可爱之有？既无可私，既无可爱，则毋宁舍其身以为众生之牺牲，以行吾心之所安。"①

三、任侠救世与精神自由的不同价值旨趣

谭嗣同以普度众生为己任，具有任侠风范，故而对墨子大加赞赏。与此相联系，在论证无我说时，他抒发了勇猛无畏、任侠救世的精神内涵和追求目标。正是因为如此，谭嗣同所讲的无我注重不生不灭：不生与不贪生相联系，是舍生取义、杀身成仁的哲学依据；不灭与推崇灵魂相联系，并且走向慈悲。按照他的说法，好生恶死是偏执于有我的表现，正如对人我妄生分别是由于不明白因果轮回报应一样；同样的道理，通达了因果轮回之理，便可"忘人我"。正是在这个意义上，谭嗣同反复论证说：

> 好生而恶死也，可谓大惑不解者矣！盖于"不生不灭"瞀焉。瞀而惑，故明知是义，特不胜其死亡之惧，缩朒而不敢为，方更于人祸所不及，益以纵肆于恶，而顾景汲汲，而四方爱爱，惟取自快慰焉已尔，天下岂复有可治也！今夫目力所得而谛观审视者，不出寻丈，顾谓此寻丈遂足以极天下之所至，无复能有余，而一切因以自画，则鲜

---

① 《〈仁学〉序》，《梁启超全集》第一册，北京出版社1999年版，第170页。

不谓之大愚。何独于其生也，乃谓止此卒卒数十年而已，于是心光之所注射，虽万变百迁，终不出乎饮食男女货利名位之外？则彼苍之生人，徒以供玩弄，而旋即毁之矣乎？呜呼，悲矣！孔曰："未知生，焉知死。"欲明乎死，试与论生。生何自？而生能记忆前生者，往往有之。借曰生无自也，则无往而不生矣。知不生，亦当知不灭。匪直其精灵然也，即体魄之至粗，为筋骨血肉之属，兼化学之医学家则知凡得铁若干，余金类若干，木类若干，燐若干，炭若干，小粉若干，糖若干，盐若干，油若干，水若干，余杂质若干，气质若干，皆用天地固有之质点粘合而成人。及其既敝而散，仍各还其质点之故，复他有所粘合而成新人新物。生固非生，灭亦非灭。又况体魄中之精灵，固无从睹其生灭者乎。庄曰："善吾生者，乃所以善吾死也。"①

或曰："来生不复记忆今生，犹今生之不知前生。虽有来生，竟是别为一人，善报恶报，与今生之我何与？"则告之曰：达此又可与忘人我矣。今生来生本为一我，而以为别一人，以其不相如也。则我于世之人，皆不相知，皆以为别一人，即安知皆非我耶？况佛说无始劫之事，耶曰"末日审判"，又未必终无记忆而知之日也。若夫道力不足任世之险阻，为一时愤怒所激，妄欲早自引决，孱弱诡避，转若恶生好死者，岂不以死则可以幸免矣。不知业力所缠，愈死且愈生，强脱此生之苦，而彼生忽然有加甚焉，虽百死复何济？……此修身俟命之学所以不可不讲，而轮回因果报应诸说所以穷古今无可诎焉。②

对于谭嗣同的这套思想，梁启超评价说，"此'应用佛学'之言也"，并且极力赞扬乃至不无煽情地说："浏阳一生得力在此，吾辈所以崇拜浏阳步趋浏阳者亦当在此。"③其实，正如强调佛教入世而非厌世一样，梁启

---

① 《仁学》，《谭嗣同全集》，中华书局1998年版，第308—309页。
② 《仁学》，《谭嗣同全集》，中华书局1998年版，第309—310页。
③ 《论佛教与群治之关系》，《梁启超全集》第二册，北京出版社1999年版，第908页。

超的佛教也属于"应用佛学"。

梁启超之所以如此界定、称谓谭嗣同的佛教，有两点值得注意：第一，表明了梁启超与谭嗣同佛教的不同。第二，谭嗣同特别强调舍身救世的精神，这是梁启超的无我说很少涉及的。可以看到，谭嗣同时刻准备着杀身成仁，并且在写给老师的信中说："今日中国能闹到新旧两党流血遍地，方有复兴之望。不然，则真亡种矣。……平日互相劝勉者，全在'杀身灭族'四字，岂临小小利害而变其初心乎？耶稣以一匹夫而撄当世之文网，其弟子十二人皆横被诛戮，至今传教者犹以遭杀为荣，此其魄力所以横绝于五大洲，而其学且历二千年而弥盛也。呜呼！人之度量相越岂不远哉！……佛语波旬曰：'今日但观谁勇猛耳。'"[1] 在他那里，无我强调佛与众生平等，度己与度人同步，这使舍己救世成为无我的一部分。谭嗣同无我思想的这一特点有目共睹，并且在梁启超对谭嗣同的介绍中淋漓尽致地反映出来：

> 当君之与余初相见也，极推崇耶氏兼爱之教，而不知有佛，不知有孔子；既而闻南海先生所发明《易》《春秋》之义，穷大同太平之条理，体乾元统天之精意，则大服；又闻《华严》性海之说，而悟世界无量，现身无量，无人无我，无去无住，无垢无净，舍救人外，更无他事之理；闻相宗识浪之说，而悟众生根器无量，故说法无量，种种差别，与圆性无碍之理，则益大服。自是豁然贯通，能汇万法为一，能衍一法为万，无所挂碍，而任事之勇猛亦益加。[2]

> 岂知大乘之法，悲智双修，与孔子必仁且智之义，如两爪之相印。惟智也，知即世间即出世间，无所谓净土；即人即我，无所谓众生。世界之外无净土，众生之外无我，故惟有舍身以救众生。佛说：

---

① 《上欧阳中鹄二十一》，《谭嗣同全集》，中华书局 1998 年版，第 474 页。
② 《谭嗣同传》，《梁启超全集》第一册，北京出版社 1999 年版，第 233 页。

"我不入地狱，谁入地狱？"孔子曰："吾非斯人之徒与，而谁与？""天下有道，丘不与易。"故即智即仁焉。既思救众生矣，则必有救之之条理。故孔子治《春秋》，为大同小康之制，千条万绪，皆为世界也，为众生也，舍此一大事，无他事也。《华严》之菩萨行也，所谓誓不成佛也。《春秋》三世之义，救过去之众生与救现在之众生，救现在之众生与救将来之众生，其法异而不异；救此土之众生与救彼土之众生，其法异而不异；救全世界之众生与救一国之众生，救一人之众生，其法异而不异：此相宗之唯识也。因众生根器，各各不同，故说法不同，而实法无不同也。既无净土矣，既无我矣，则无所希恋，无所挂碍，无所恐怖。夫净土与我且不爱矣，复何有利害毁誉称讥苦乐之可以动其心乎？故孔子言不忧不惑不惧，佛言大无畏，盖即仁即智即勇焉。通乎此者，则游行自在，可以出生，可以入死，可以仁，可以救众生。①

依据梁启超的介绍，以"《华严》性海之说"和"相宗识浪之说"为依托，谭嗣同以华严宗的菩萨行救世。应该说，梁启超的这个评价还是符合谭嗣同佛教思想的旨趣的。进而言之，谭嗣同的勇猛无畏和凭借任侠救世的慈悲情怀，都基于灵魂不死的信念。有鉴于此，他轻视躯体、向往灵魂，坚信灵魂可以轮回不死。

与谭嗣同相似，梁启超也讲人死而有不死者存。对于这个不死之物，梁启超不是称为灵魂而是称为精神。对此，他强调："夫佛说主解脱，将厌离此世间而灭度之，故其教义在不造诸业，进化论主争存，将缘饰此世间而庄严之，故其教义在善造诸业，其结论之相反亦甚矣。若其说一切众生皆死而有不死者存，则其揆若一，而丝毫无所容其疑难。佛说之羯磨，进化论之遗传性，吾皆欲名之曰精神。"②沿着人的肉体皆死而精神不死的

---

① 《谭嗣同传》，《梁启超全集》第一册，北京出版社 1999 年版，第 233—234 页。
② 《余之死生观》，《梁启超全集》第三册，北京出版社 1999 年版，第 1371 页。

思路，梁启超系统地阐发了自己的无我思想。他所推崇的人类代代相传的精神不是个人的灵魂，而是佛教的业报轮回主体——羯磨。羯磨是全体人类的共同体，羯磨的存在表明只有羯磨是"真如"，如果沾恋小我，便得不到解脱，因为个体的存在是刹那生灭的。这就是说，小我的本相是无，从小我的维度上说，人无我。对此，梁启超反复强调：

> 佛教之反对印度旧教言灵魂者何也？旧教言轮回，言解脱，佛教亦言轮回，言解脱，独轮回解脱之主体旧教惟属诸么匿，佛则么匿与拓都并言之，而所重全在其拓都，此其最异之点也。故此主体者，佛教不名之曰灵魂，而名之曰羯磨。旧教言灵魂，虽各各不同，然皆言有一"神我"，我为所轮回体，神我为能轮回体。佛教以为若此沾滞于小我，是求解脱而反系缚也，故排之而立羯磨义。……佛说以为一切众生自无始来，有"真如"、"无明"之二种性，在于识藏。而此无明，相熏相习，其业力总体演为器世间，是即世界也；其个体演为有情世间，即人类及其他六道众生也。[①]

> 佛说一切万象悉皆无常，刹那生灭，去而不留，独于其中有一物焉，因果连续一能生他，他复生一前波后波，相续不断，而此一物，名曰羯磨。（佛说经汗牛充栋，语其指归，不外发明此义。……羯磨为物，殆如然电灯者，电虽消去，而其遗渍，缘表筒中，铢黍不爽。（今各国然电灯煤气灯者，灯局皆置表于然者之室，每月视其表而量其所然之多寡，因以取价。）又如人食物品，品中土性盐质，除秽泄外，而其余精，遍灌血管。（以上设譬粗而不类，特举浅近以示证耳。）于是乎有因果之律，谓凡造一业，必食其报，无所逃避。（法句一二七偈云：汝虽复至大洋中央，乃至深山洞窟之下，举此世间终无能逃汝所造业结果之处。）人之肉身所含原质，一死之后，还归四大，

---

① 《余之死生观》，《梁启超全集》第三册，北京出版社1999年版，第1369页。

固无论已，（四大者谓地、水、火、风也。中国言五行，而印度言四行。圆觉经言：死后骨肉归土，血、唾归水，动力归火，气息归风，今此肉身更在何处。）就其生前，亦既刻刻变易，如川逝水，今日之我已非故吾，方见为新，交臂已故。（首楞严经云：若复令我微细思维其变宁惟一纪二纪？实为年变，岂惟年变，亦兼月化，何直月化？兼亦日迁，沉思谛观，刹那刹那，念念之间不得停住。）此其为说，证诸今日科学所言，血轮肌体循环代谢之理，既已确然无所容驳。①

这就是说，轮回的主体是羯磨，兼顾个体与群体而以群体为主，灵魂则指个人的精神。这决定了梁启超所讲的业报轮回包括"别业"与"共业"两个部分，并且以"共业"为主；谭嗣同则只侧重个人前世、现世与来世之间的因果报应。这种差异使两人所讲的无我具有不同的侧重。大致说来，梁启超对我之无的肯定更彻底——既曰无我，"我的所有物"便均当没有。正是在这个意义上，他声称："想明白佛教无我论的真谛，最好还是拿电影作譬。电影里一个人的动作，用无数照片凑成，拆开一张一张的片，只有极微的差异，完全是呆板一块纸，因为电力转得快，前片后片衔接不停的动，那动相映到看客的眼里，便俨然成了整个人整个马的动作。'恒转如瀑流'的人生活动，背后俨然像有个人格存在，就是这种道理。换句话说，一般人所指为人格为自我者，不过我们错觉所构成，并没有本体，佛家名之为补特伽罗 Pudgala 译言'假我'，不是真我。要而言之，佛以为在这种变坏无常的世间法中，绝对不能发见出有真我。既已无我，当然更没有我的所有物，所以佛教极重要一句格言曰'无我无所'。"② 不仅如此，为了让人彻底放弃对我的追逐而达到无我，梁启超利用佛教四谛说中的苦谛将人生的本质诠释为烦恼和苦。于是，他说道："在无我的人生底下，一切自己作不得主，全随着业力驱引，虽说是用自己意志开拓自己

① 《余之死生观》，《梁启超全集》第三册，北京出版社 1999 年版，第 1369—1370 页。
② 《佛陀时代及原始佛教教理纲要》，《梁启超全集》第七册，北京出版社 1999 年版，第 3750 页。

命运，然自己意志，先已自为过去业力所支配，业业相引，现前的行动又替将来作茧自缚，尘尘劫劫，在磨盘里旋转不能自拔，你说苦恼不苦恼？所以佛对于人生事实的判断，说'诸行无常，诸法无我。'对于人生价值的判断，说'一切苦'。"①

梁启超之所以对人生作如是观，不是认定人生没有任何意义或价值，而是让人在认定无我的前提下无所、无执，彻底进入自由状态。按照他的逻辑，人只有认识到无我（躯壳必死），才能摆脱贪生怕死之念，从而找到不死之方。有鉴于此，他不止一次地宣称：

> 颉德曰：死也者，人类进化之一原素也。可谓名言。抑死（以下之死字皆指恒言所谓死）之责任，非犹夫寻常之责任也，他责任容或可逃，惟此一责任，则断无可逃。常情莫不贪生而避死，然生终未闻以贪而能常，死终未闻以避而能免，夫亦尽人而知之矣。明知其不能常不能免，而犹贪焉避焉者，则人类志力薄弱之表征也，要之于"死后而有不死者存"之一义见之未莹也。吾之汲汲言此义也，非欲劝人祈速死以为责任也。盖惟懵于死而不死之理，故以为吾之事业之幸福限于此渺小之七尺，与区区之数十寒暑而已，此外更无有也，坐是之故，而社会的观念与将来的观念两不发达。②

> 我之躯壳，共知必死，且岁月日时，刹那刹那。夫既已死，而我乃从而宝贵之，罄吾心力以为彼谋，愚之愚也。譬之罄吾财产之总额以庄严轮奂一宿之逆旅，愚之愚也。我所庄严者，当在吾本家。逆旅者何？躯壳是已。本家者何？精神是已。吾精神何在？其一在么匿体，将来经无量劫缘以为轮回，乃至入无余涅槃皆此物焉，苟有可以为彼之利益者，虽糜其躯壳，不敢辞也。其一在拓都体，此群焉，此

---

① 《佛陀时代及原始佛教教理纲要》，《梁启超全集》第七册，北京出版社 1999 年版，第 3750 页。

② 《余之死生观》，《梁启超全集》第三册，北京出版社 1999 年版，第 1373—1074 页。

国焉，此世界焉，我遗传性所长与以为缘而靡尽者也，苟有可以为彼之利益者，虽糜其躯壳，不敢辞也。①

在此基础上，梁启超着意对物质之我与非物质之我进行区分，强调前者属于躯体，因缘而生，是假我——充其量只是暂时之住所；后者属于精神之我，是真我——因而才是人的本家。对此，他一再解释说：

> 吾辈躯壳之生命，恃日光空气乃至各动植物以为养，而空气及动植物其源皆自日光，故谓地球上只有一物，名曰日光，日光以外，更无他物可也。而日光之形，息息变动，息息循环，今日于彼，明日于此，方为动物，旋变植物，方为植物，旋变土石，方为土石，旋变空气。以此推之，岂徒即煤、即松、即蒸汽而已。虽谓即松即牛，即牛即犬，即犬即石，即石即梅，即梅即气可也。故我之一身谓之我之身也可，谓之并时某甲某乙之身也可，谓之过去或将来某甲某乙之身，例如谓之释迦之身，孔子之身，基督之身，尧之身，桀之身，华盛顿拿破仑之身也可。不宁惟是，谓之松也可，煤也可，蒸汽也可，牛也可，犬也可，石也可，空气也可，日光也可。何以故，息息变迁故。变迁而未尝灭故。此赫胥黎"言语即牛肉"之喻所由来也。虽然，此物质界之公例耳。若以应用诸精神界，则大不可。质而言之，则形而上的与形而下的截然不同物，未可搀杂以自乱其例也。夫使此例而可以适用于精神界也，则精神虽云不灭，而其所谓不灭者，不过如煤之然尽而复散为气，松之老朽而更转为煤，纯然为自然力之所支遣，如一机器。然则人类者，百岁汲汲为无意识之循环，块然与土石奚择哉！而其实相实不尔尔。凡人类皆有客观之我，有主观之我，质而言之，则主观者，真我也。客观者，物也，原质也，而非我也。非我之我，虽不灭而当迁，真我之我，则不灭而并不迁者也。真我之我

---

① 《余之死生观》，《梁启超全集》第三册，北京出版社1999年版，第1375页。

于何见之？于其自觉自决自动者见之。自觉自决自动之情志常住者也，故吾人一生数十寒暑，其客观的非我之我，刹那刹那变迁以去，至七八十岁时，身上所含之原质，迥非复童稚时之遗物矣，而其间能常保持一物焉，曰"同一之我"。此"我"者，其知识与经验日以进，其希望与爱情日以富，八十老翁围炉与其子孙谈幼时之经历，了然无异，此即其最显著者也。此物也无以名之，名之曰灵魂。若夫非我之我，则灵魂暂憩之逆旅而已。逆旅虽易，而主人未尝易。①

综诸尊诸哲之异说，不外将生命分为两界，一曰物质界，二曰非物质界。物质界属于么匿体，个人自私之，（么匿体又非徒有物质界而已，亦有属于非物质界者存。）非物质界属于拓都体，人人公有之。而拓都体复有大小焉。大拓都通于无量数大千世界，小拓都则家家而有之，族族而有之，国国而有之，社会社会而有之。拓都不死，故吾人之生命，其隶属于最大拓都者固不死，即隶属于次大又次大乃至最小之拓都者皆不死。今请以佛说之名词释之。佛之言羯磨也，个人有个人之羯磨，何以能集数人至十数人以为家？则以有其家特别同一之羯磨，乃至何以能集千万人以为族？集亿兆人以为国？集京垓人以为世界？则以有其族、其国、其世界特别同一之羯磨。个人之羯磨，则个人食其报；一家之羯磨，则全家食其报；一族一国乃至一世界之羯磨，则全族、全国、全世界食其报。②

透过上述内容可以发现，梁启超讲无我是让人重视精神之真我而抛弃物质之假我，因为物质之我是属于个体的，日日死、息息死，原本为无。这用他本人的话说便是："夫使以个体为我也，则岂必死之时而乃为死？诚有如波斯匿王所言，岁月日时，刹那刹那，全非故我。以今日生理学之

---

① 《余之死生观》，《梁启超全集》第三册，北京出版社 1999 年版，第 1371 页。
② 《余之死生观》，《梁启超全集》第三册，北京出版社 1999 年版，第 1372 页。

大明，知我血轮运输，瞬息不停，一来复间，身中所含原质全易，如执为我也，庸讵知今日之我，七日以后，则已变为松、为煤、为牛、为犬、为石、为气也。是故当知彼，彼也，而非我，杨朱所谓十年亦死百年亦死，仁圣亦死凶愚亦死者，彼也，而非我也。抑彼之死，又岂俟十年百年？岁岁死，月月死，日日死，刻刻死，息息死。"①

在否认个体之我的同时，梁启超通过精神的遗传、熏染强调个人与群体不可分离，并在羯磨的群体业报中呼吁人走向群体，融入大我。正是在这个意义上，他反复声称：

> 一家之善业恶业，余庆殃于其家，一群之善业恶业，余庆殃于其群，理无二也。故我族数千年来相传之家族报应说，非直不能以今世之科学破之，乃正得今世之科学而其壁垒愈坚也。问者曰：孔教言报之身后，佛教言报之后身，宁得云无异？应之曰：不然。佛固言有么匿之羯磨，有拓都之羯磨，则受报者必不仅死后轮回之么匿体明矣，然则佛之不废家族报应说，与家族报应说之不戾于真理，其可以类推也。故谓孔不如佛之备也可，谓孔佛殊别也不可。问者曰：既报之身后，又报之后身，毋乃重乎？应之曰：调诸遗传之说，则吾之本体固有传焉者，有不传焉者。其传焉者，则报之于其拓都，（拓都与么匿并报，盖虽传去而我身固尚有此业存也。）其不传者，则报之于其么匿，报诸么匿之义，此则孔教与进化学家所不言，而佛说逾密者也。若夫名誉之说，其理亦同一源。夫一群羯磨，（即遗传性）之总体，亦集其群中个人羯磨之别体而成耳，合无量数人同印此羯磨于其群中，而其间业力较大者则其印象必较显，此即所谓名誉也。显著之印象以视寻常普通之印象，其影响于总体之变化者，能力必倍蓰焉，故名誉能铸社会。一圣贤一豪杰出，而千百年后犹受其感化，而社会之幸福赖之，由斯道也。②

---

① 《余之死生观》，《梁启超全集》第三册，北京出版社 1999 年版，第 1373 页。

② 《余之死生观》，《梁启超全集》第三册，北京出版社 1999 年版，第 1373 页。

于中国言孔子，则孔子死；于日本言孔子则孔子生。于印度言释迦则释迦死；于日本言释迦，则释迦生。死者其体魄，而生者其精神故耳。由此推之，今世界之言共和者，无一而非华盛顿；言武功者，无一而非拿破仑；言天赋人权者，无一而非卢梭；言人群进化者，无一而非达尔文。盖自世有孔子、释迦、华盛顿、拿破仑、卢梭、达尔文诸杰以来，由古及今，其精神所递禅所传播者，已不知有几万亿兆之孔子、释迦、华盛顿、拿破仑、卢梭、达尔文矣，而遂以成今日灿烂瑰奇之世界。其余圣贤豪杰之士，皆无不如此者。[1]

由此可见，梁启超否认的是个体的肉体之我，并没有否认精神之我的存在。恰好相反，他强调，精神之我可以通过与他人、社会的熏染而超越个人的躯体得以永存。这是梁启超坚信人死而有不死者存的秘密，也表明了他所讲的无我专指个人之肉体之我为无。

谭嗣同、梁启超的无我说并非个人的解脱之方，实为救亡图存之路。在这方面，谭嗣同、梁启超的无我说如此，两人的全部佛学思想都是这样；谭嗣同、梁启超的思想如此，其他近代哲学家的佛学思想也不例外。甚至可以说，有裨于救亡图存，是近代哲学家崇尚佛教的根本原因之一。可以作为佐证的是，杨度（1875—1931）宣布自己开创了佛教的新宗派——无我宗，并在写于 1928 年 8 月的《新佛教论答梅光羲君》一文中说："此无我法门，又成为性相合一，教宗合一之法门。所有从前佛教一切难决问题，今皆一时解决，实于佛学界开一新纪元。"杨度还说："此无我宗所立教义，一切合于论理科学，所有迷信神秘之说，如灵魂轮回等义，以及违反生理之诸戒律，概与扫除，若与旧义相比，直为佛教革命。昔者德人路德革新耶教，分为旧教、新教，以此为例，则予所论，即为佛教革新，应即命曰新佛教论。"对于谭嗣同和梁启超来说，无我说共同呈现出一种有别于古代哲学的人生旨趣和价值理念。

---

[1]　《余之死生观》，《梁启超全集》第三册，北京出版社 1999 年版，第 1374 页。

至此，谭嗣同、梁启超从无我中推出了不同的价值理念和人生诉求，具体在对待自由、平等的态度上便是：谭嗣同侧重平等，梁启超向往自由。谭嗣同认为，宇宙本体——仁的基本内涵是通而平等，有我导致分别，无我通向平等。佛教的无我说与庄子的思想一样是破除对待的，故而被谭嗣同一起拿来为平等辩护。谭嗣同所讲的无我是不要妄生分别，因为世界原本是人我一体的"通天地万物人我为一身"的平等状态，无我就是在"视人之身若视其身"的前提下，发挥慈悲之心舍身救世。梁启超指出，佛教是人类文化的最高产品，因为它指明了人通往心灵自由的解脱之路，人通过无我的解脱可以不作外物的奴隶。佛教破除我爱、我慢、我执和我所，可以使人摆脱精神上的种种桎梏而臻于自由。在他看来，自由主要是精神上的独立，人若无我，不贪恋外物即是自由。梁启超所讲的无我是将自己融入社会之中，在与社会联为一体，以人类之体载我之灵魂中岿然不死——躯体死亡而精神常存。由此看来，无我使谭嗣同成为舍身取义的烈士，却使梁启超成为鼓动群体意识、公德观念和爱国主义的宣传家。

上述内容显示，谭嗣同、梁启超的无我说具有不同的哲学根基、理论来源和致思方向，呈现出明显的差异。这些差异是两人思想独特性的表现，应该予以重视。与此同时还应看到，谭嗣同、梁启超无我说的差异背后隐藏着相同的理论初衷，两人的无我说乃至全部佛学思想均非个人的解脱之方。谭嗣同、梁启超的无我思想之间异同互见，立言宗旨却别无二致。与此相联系，两人都对佛学予以改造，通过无我宣扬平等和自由思想。总之，无论以无我论证平等还是自由，谭嗣同、梁启超的无我说都是围绕着中国近代迫在眉睫的救亡图存展开的，无我则不啻为通往平等、自由的不二法门。

主要参考文献

杨伯峻：《论语译注》，中华书局 1980 年版。

老子著、朱谦之撰：《老子校释》，中华书局 2000 年版。

墨子著、毕沅校注、吴旭民标点：《墨子》，上海古籍出版社 1995 年版。

孟子著，杨伯峻译注：《孟子译注》，中华书局 1960 年版。

庄子著、曹础基注：《庄子浅注》，中华书局 1982 年版。

荀子著、王先谦集解：《荀子集解》，中华书局 1996 年版。

韩非著、《韩非子》校注组注：《韩非子校注》，江苏人民出版社 1982 年版。

董仲舒著，苏舆撰，钟哲点校：《春秋繁露义证》，中华书局 1996 年版。

张湛注、杨伯峻撰：《列子集释》，中华书局 1997 年版。

韩愈著，刘真伦、岳珍校注：《韩愈文集汇校笺注》（全七册），中华书局 2010 版。

程灏、程颐著，王孝鱼点校：《二程集》，中华书局 2004 年版。

朱熹撰，朱杰人、严佐之、刘永翔主编：《朱子全书》（全二十七册），上海古籍出版社、安徽教育出版社 2002 年版。

陆九渊著，钟哲点校：《陆九渊集》，中华书局 2008 年版。

王守仁著，吴光、钱明、董平、姚延福编校：《王阳明全集》，上海古籍出版社 1992 年版。

王夫之著，船山全书编辑委员会编校：《船山全书》（全十册），岳麓书社 1988—1996 年版。

颜元著，王星贤等点校：《颜元集》（上下册），中华书局 1987 年版。

颜元：《习斋四存编》，上海古籍出版社 2000 年版。

戴震著，戴震研究会、徽州师范专科学校、戴震纪念馆编纂：《戴震全集》（全六册），清华大学出版社 1991—1999 年版。

严复著，王栻主编，《严复集》（共 5 册），中华书局 1986 年版。

［英］赫胥黎：《天演论》，严复译，中州古籍出版社 1998 年版。

［英］亚当·斯密：《原富》，严复译，商务印书馆 1981 年版。

［英］斯宾塞：《群学肄言》，严复译，商务印书馆 1981 年版。

［英］甄克斯：《社会通诠》，严复译，商务印书馆 1981 年版。

［法］孟德斯鸠：《孟德斯鸠法意》，严复译，商务印书馆 1981 年版。

［英］约翰·穆勒：《穆勒名学》，严复译，商务印书馆 1981 年版。

［英］耶芳斯：《名学浅说》，严复译，商务印书馆 1981 年版。

康有为著，李似珍评注：《大同书》，中州古籍出版社 1998 年版。

康有为著，姜义华、张荣华编校：《康有为全集》（共 12 集），中国人民大学出版社 2007 年版。

谭嗣同著，蔡尚思、方行编：《谭嗣同全集》（增订本），中华书局 1998 年版。

梁启超著，张品兴等主编，《梁启超全集》（共 10 册），北京出版社 1999 年版。

章炳麟著，姜义华、汤志钧等点校：《章太炎全集》（全二十册），上海人民出版社 2014—2017 年版。

蔡元培著，中国蔡元培研究会编：《蔡元培全集》（共十八卷），浙江教育出版社 1997 年版。

陈独秀：《独秀文存》，安徽人民出版社 1987 年版。

胡适著，季羡林主编：《胡适全集》（共四十四卷），安徽教育出版社 2007 年版。

李大钊：《李大钊全集》（共五卷），人民出版社 2006 年版。

梁漱溟，中国文化书院学术委员会编：《梁漱溟全集》，山东人民出版社 2005 年版。

　　杨国荣：《孟子评传：走向内圣之境》，广西教育出版社 1994 年版。

　　杨国荣：《庄子的思想世界》，华东师范大学出版社 2009 年版。

　　杨国荣：《王学通论——从王阳明到熊十力》，华东师范大学出版社 2003 年版。

　　陈少明：《〈齐物论〉及其影响》，北京大学出版社 2004 年版。

　　向世陵：《中国学术通史（魏晋南北朝卷)》，人民出版社 2004 年版。

　　蔡方鹿：《程颢程颐与中国文化》，贵州人民出版社 1996 年版。

　　陈来：《朱熹哲学研究》，中国社会科学出版社 1993 年版。

　　陈来：《有无之境：王阳明哲学的精神》，人民出版社 1991 年版。

　　董平：《王阳明的生活世界》，中国人民大学出版社 2009 年版。

　　陈来：《宋明理学》，北京大学出版社 2020 年版。

　　朱汉民：《玄学与理学的学术思想理路研究》，中国社会科学出版社 2012 年版。

　　向世陵：《理气性心——宋明理学的分系与四系》，人民出版社 2008 年版。

　　吴根友：《中国现代价值观的初生历程：从李贽到戴震》，武汉大学出版社 2004 年版。

　　王中江：《严复与福泽谕吉：中日启蒙思想比较》，中国人民大学出版社 2020 年版。

　　李承贵：《中西文化之会通：严复中西文化比较与结合思想研究》，南昌：江西人民出版社 1997 年版。

　　刘星：《东传科学与康有为今文经学的嬗变》，中国社会科学出版社 2018 年版。

　　宋德华：《岭南维新思想述论：以康有为、梁启超为中心》，中华书局 2002 年版。

　　董德福：《梁启超与胡适：两代知识分子学思历程的比较研究》，吉林人民出版社 2004 年版。

易鑫鼎：《梁启超和中国现代文化思潮》，首都师范大学出版社 2009 年版。

刘长林：《中国人生哲学的重建——陈独秀、胡适、梁漱溟人生哲学研究》，上海：华东师范大学出版社 2001 年版。

钱穆：《中国近三百年学术史》，商务印书馆 1997 年版。

汤志钧：《近代经学与政治》，中华书局 2000 年版。

罗检秋：《近代诸子学与文化思潮》，中国社会科学出版社 1998 年版。

郑师渠：《晚清国粹派——文化思想研究》，北京师范大学出版社 1993 年版。

朱维铮：《求索真文明——晚清学术史论》，上海古籍出版社 1996 年版。

罗志田：《国家与学术——清季民初关于"国学"的思想论争》，生活·读书·新知三联书店 2003 年版。

王尔敏：《中国近代思想史论》，社会科学文献出版社 2003 年版。

侯外庐主编：《中国近代哲学史》，北京：人民出版社 1978 年版。

张广智、张广勇：《史学：文化中的文化——文化视野中的西方史学》，浙江人民出版社 1990 年版。

冯契：《中国近代哲学史》，生活·读书·新知三联书店 2014 年版。

张锡勤：《中国近代思想文化史稿》（上下卷），黑龙江教育出版社 2004 年版。

陈来：《中国近世思想史研究》，生活·读书·新知三联书店 2010 年版。

陈少明：《被解释的传统：近代思想史新论》，中山大学出版社 1995 年版。

杨国荣：《实证主义与中国近代哲学》，华东师范大学出版社 2018 年版。

王中江：《视域变化中的中国人文与思想世界》，中州古籍出版社 2005 年版。

王中江:《近代中国思维方式演变的趋势》,中国人民大学出版社 2018 年版。

王中江:《20 世纪西方哲学东渐史:进化主义在中国》,首都师范大学出版社 2007 年版。

乔清举:《儒家生态思想通史》,北京大学出版社 2013 年版。

朱汉民:《儒学的多维视域》,东方出版社 2015 年版。

蔡方鹿:《中华道统思想发展史》,四川人民出版社 2003 年版。

詹石窗:《易学与道教符号:玄通之妙》,中国书店 2001 年版。

洪修平:《中国儒佛道三教关系研究》,中国社会科学出版社 2011 年版。

郭颖颐:《中国现代思想中的唯科学主义》,江苏人民出版社 1995 年版。

乔清举:《当代中国哲学史(上下)》,上海古籍出版社 2014 年版。

李宗桂:《中国优秀传统文化的现代价值》,人民出版社 2019 年版。

钱穆:《中国文化史导论》,商务印书馆 1994 年版。

钱穆:《国史大纲》,商务印书馆 1996 年版。

张立文:《中国哲学思潮发展史》(上下卷),人民出版社 2014 年版。

张立文:《中国哲学范畴发展史》(天道篇),中国人民大学出版社 1989 年版。

白寿彝:《中国通史》(全二十二册),上海人民出版社 1999 年版。

龚书铎:《中国社会通史》(全八册),陕西教育出版社 1996 年版。

张岱年:《中国哲学大纲》,中国社会科学出版社 1982 年版。

苏渊雷:《中国思想文化论稿》,华东师范大学出版社 1989 年版。

后　记

　　"与科研院所的工作性质不同，高校教师的工作任务以教学为中心，科研是为教学服务的。所以，高校教师的科学研究必须围绕着教学内容展开。作为一名高校教师，我的科研选题和研究工作也不例外。"这段话写于2004年10月28日。时间过去了近20年，我的教学、科研状况都没变。在黑龙江大学庆祝第36个教师节大会上，我代表从教30年教师发言时曾经说过这样一段话："有人说，我很高产。只有我自己知道：我一直都在忙着写讲稿。大学教师的职业是教师而不是专职研究员，我的科研工作始终服务于教学，围绕着讲课内容展开。"这便是《中国哲学史研究——以人物比较为视域》的缘起。

　　曾经有一段时间，我一个人为本科生主讲从先秦到近代的整部中国哲学史课程。为时两个学期、144学时的讲授在当时对于我来说压力不小，却迫使我潜下心来对整个中国哲学史进行个案解读和整体把握。这对于以近代哲学为硕士毕业论文方向的我来说是十分必要的，也是受益匪浅的。在教学中，有学生反映，有些哲学家的思想相似，考试时容易记混。或许是因为没有比较就没有鉴别吧，我便在讲课时进行一些必要的比较。中国哲学史的教科书是以人物的形式呈现出来的，我的中国哲学比较便以人物比较为主。早在30年前我就以《庄谭相对主义同异观》为题对庄子与谭嗣同的思想进行比较，该文后来发表在《学术交流》1992年第6期上，《中国人民大学报刊复印资料》（中国哲学史）1993年第1期转载此文。尽管庄子与谭嗣同比较有别于本书的四个比较维度而没有被收录，然而，此文却从一个侧面反映了我从一开始就关注人物比较。不过，话又说回来了，《中国哲学史研究——以人物比较为视域》缘于教学，却不失为学术研究。

从内容来看，《中国哲学史研究——以人物比较为视域》借助从先秦到汉唐再到宋元明清最终到近代的人物思想比较，粗线条地串联起中国哲学史。具体地说，本书在以比较的方式对中国哲学史进行研究的过程中，采取了四种不同的比较方式：第一，同一学派内部的比较，如作为儒家的孔子与同样作为儒家的孟子之间的比较、作为道家的老子与同样作为道家的庄子之间的比较等。第二，不同学派之间的比较，如作为儒家的孔子与作为墨家的墨子之间的比较、作为墨家的墨子与作为法家的韩非之间的比较等。第三，同一时代的比较，如明清之际的颜元与戴震之间的比较、近代的严复与谭嗣同之间的比较等。第四，不同时代的比较，如南宋的朱熹与明代的王守仁之间的比较等。出于选题的需要，有些比较没有收入书中，上面提到的庄子与谭嗣同比较即是如此，发表在台湾《哲学与文化》上的康有为与梁漱溟比较也是如此。尽管难免遗珠之憾，然而，《中国哲学史研究——以人物比较为视域》能在人民出版社出版，这本身就是一件好事。感谢人民出版社一直以来对我的支持，也感谢杜文丽编审的辛勤付出。

魏义霞

2021 年 12 月

责任编辑：杜文丽

封面设计：汪　莹

图书在版编目（CIP）数据

中国哲学史研究：以人物比较为视域／魏义霞　著 ．—北京：人民出版社，
　2021.12

ISBN 978－7－01－024256－9

I.①中…　II.①魏…　III.①哲学史－研究－中国　IV.① B2

中国版本图书馆 CIP 数据核字（2021）第 254106 号

中国哲学史研究

ZHONGGUO ZHEXUESHI YANJIU

——以人物比较为视域

魏义霞　著

人民出版社 出版发行

（100706　北京市东城区隆福寺街 99 号）

北京九州迅驰传媒文化有限公司印刷　新华书店经销

2021 年 12 月第 1 版　2021 年 12 月北京第 1 次印刷

开本：710 毫米 ×1000 毫米 1/16　印张：39.25

字数：582 千字

ISBN 978－7－01－024256－9　定价：138.00 元

邮购地址 100706　北京市东城区隆福寺街 99 号

人民东方图书销售中心　电话（010）65250042　65289539